令和4年版

図解 組織再編税制

中村慈美 著

一般財団法人 大蔵財務協会

はしがき

経済環境の目覚ましい国際化、情報化の進展により、企業活動が多様化・複雑化し、さらに国際間競争による厳しい経営環境の中で、企業の生き残りをかけた組織再編成が求められるようになっています。このことは中小法人にあっても同様であるとともに、特に中小法人にあっては組織再編成が事業承継の有効な手法として活用されることが考えられます。

組織再編税制は、資産等の移転が形式的にも実質的にもその資産等を手放す場合には譲渡損益を計上し、他方、その移転が形式的なもので実質的に支配が継続している場合には特例的に譲渡損益の計上を繰り延べることになっています。資産等の移転に際して譲渡損益を計上するものを非適格組織再編成といい、譲渡損益の計上を繰り延べるものを適格組織再編成といいます。非適格組織再編成か適格組織再編成かは、基本的には譲渡損益を計上するか繰り延べるかの違いであり、どちらが有利か不利かはそれぞれの当事者・関係者の置かれている立場で判断することが重要となります。

なお、組織再編税制は申請することで適格組織再編成又は非適格組織再編成の適用が選択できるものではなく、適格要件を満たせば適格組織再編成、満たさなければ非適格組織再編成の適用が強制されることになります。

本書は、本職が行った組織再編税制の講演等のレジュメ資料が基になっていますが、本書作成に当たり、その内容、構成を補完、改訂するとともに、「図」、「表」を交じえ、より多くの方々に少しでも組織再編税制の内容等を容易に理解していただくよう編集しています。

本書の構成は、第１章及び第２章において組織再編税制の考え方や税制の取扱いの概要を、第３章及び第４章において税制上の適格判定の要件となる項目を解説しています。そして、第５章から第７章において各組織再編手法ごとに適格、非適格における具体的な課税関係や特有な制度等を解説し、第８章において組織再編税制と関連のあるグループ法人税制との関係を解説しています。したがって、組織再編成の手法が決まっている場合の具体的な課税関係を確認される場合には、第５章から読んでいただければ十分理解できるものと考えています。

今回の改訂に当たっては、令和４年度税制改正事項及び国税庁等による質疑応答の内容を織り込むとともに、読者の皆様から寄せられた貴重なご意見やご叱責を基に解説等を追加し、「令和４年版」として刊行することといたしました。

最後に、本書が難解といわれる組織再編税制の理解の一助となり、組織再編成を検討中の法人企業やオーナーの皆様に有効に活用していただければ幸いです。

令和４年９月

中村慈美税理士事務所
税理士　**中　村　慈　美**

〔凡　例〕

本書の文中、文末引用条文の略称は、次のとおりです。

(1) 法　　令

法法……………………………法人税法
法令……………………………法人税法施行令
法規……………………………法人税法施行規則
措法……………………………租税特別措置法
措令……………………………租税特別措置法施行令
平27年改正法…………………所得税法等の一部を改正する法律（平成27年法律第９号）
平27年改正政令………………法人税法施行令等の一部を改正する政令（平成27年政令第142号）
令３年改正法…………………所得税法等の一部を改正する法律（令和３年法律第11号）

(2) 通　　達

法基通…………………………法人税基本通達

(3) 情　　報

国税庁質疑応答その１……平成22年８月10日付「平成22年度税制改正に係る法人税質疑応答事例（グループ法人税制関係）（情報）」
国税庁質疑応答その２……平成22年10月６日付「平成22年度税制改正に係る法人税質疑応答事例（グループ法人税制その他の資本に関係する取引等に係る税制関係）（情報）」
国税庁 HP 質疑応答…………国税庁ホームページに掲載されている質疑応答事例（令和４年９月１日時点）
平成22年通達改正趣旨説明…平成22年６月30日付課法２－１ほか１課共同「法人税基本通達等の一部改正について」（法令解釈通達）の趣旨説明について

〈例〉
法令８①一イ ……………………法人税法施行令第８条第１項第１号イ

㈱　本書は、令和４年９月１日現在において施行又は公表されている法令及び通達並びに情報によっています。

〔目　　次〕

第１章　組織再編税制の基本

第２章　組織再編成の手法とその概要

第３章　完全支配関係・支配関係

第４章　適格要件

第５章　組織再編税制における課税関係

第６章　組織再編税制における繰越欠損金額・譲渡等損失額の取扱い

第７章　非適格合併等により移転を受ける資産等に係る調整勘定の損金算入等

第８章　組織再編税制とグループ法人税制との関係

第1章　組織再編税制の基本

第1　組織再編税制の意義

法人が合併や分割その他の組織再編成の行為（組織再編行為）によりその有する資産を他の法人に移転した場合（併せて負債を移転する場合も含みます。）には、通常の譲渡（売却）をした場合と同様に、その移転した資産の譲渡損益の計上（資産の含み損・含み益の実現）を行うことが法人税法上の原則です。

しかしながら、組織再編成により資産を移転する前後で経済実態に実質的な変更がないと考えられるような場合には、課税関係を継続させることが適当と考えられます。そこで、組織再編成により移転する資産に対する支配が組織再編成後も継続していると認められるものについては、移転する資産の譲渡損益の計上を繰り延べることとされています。

このように組織再編成による資産の移転につき、時価移転（時価による譲渡）をしたものとして譲渡損益を計上することを原則としつつも、一定の要件を充足する場合には、簿価移転（簿価による譲渡）をしたものとしてその譲渡損益の計上を繰り延べて課税関係を継続させることを主眼とする法人税法の税制を組織再編税制といいます。また、時価移転をしたものとして移転する資産の譲渡損益を計上する組織再編成を非適格組織再編成といい、簿価移転をしたものとして移転する資産の譲渡損益の計上を繰り延べる組織再編成を適格組織再編成といいます。

また、株式交換・株式移転は、完全子法人となる法人が完全親法人となる法人に発行済株式の全部を取得させる組織法上の行為であり、完全子法人株式を通じて完全子法人全体を取得することといえます。さらに、一定の全部取得条項付種類株式に係る取得決議・株式の併合・株式売渡請求に係る承認は、完全子法人となる法人が完全親法人となる法人に発行済株式の全部を取得させることが可能な組織法上の行為であり、この場合も完全子法人株式を通じて完全子法人全体を取得することといえます。そこで、他の組織再編成の手法との整合性を保つために、非適格組織再編成となる株式交換・株式移転及び一定の全部取得条項付種類株式に係る取得決議・株式の併合・株式売渡請求に係る承認による完全子法人化の場合には、完全子法人の有する資産を時価評価して含み損益を評価損益として計上することとされています。一方、適格組織再編成となる株式交換・株式移転及び一定の全部取得条項付種類株式に係る取得決議・株式の併合・株式売渡請求に係る承認による完全子法人化の場合にはこの評価損益の計上はしないこととされています。

なお、会社法上の組織再編行為の中には、株式交付がありますが（会社法２三十二の二他）、株式交付は、株式交換、株式移転のような発行済株式の全部を取得させる行為ではありませんので、組織再編税制の対象にはなっていません。ただし、一定の課税の特例が租税特別措置法において設けられています（株式交付の概要及び課税の特例については、巻末の参考資料を参照してください。）。

○　設例

(1)　含み益がある資産（土地：簿価100、時価120）を移転する場合

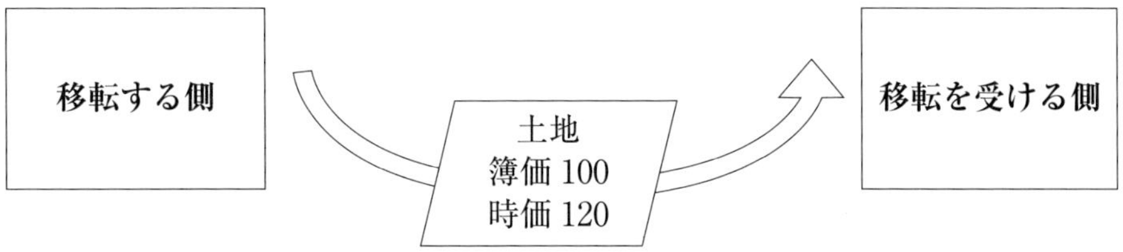

①　非適格組織再編成

移転する側では、時価120で譲渡したものとして、土地の含み益20が譲渡益20として発生します。

移転を受ける側では、時価相当額120を取得価額として土地を計上します。

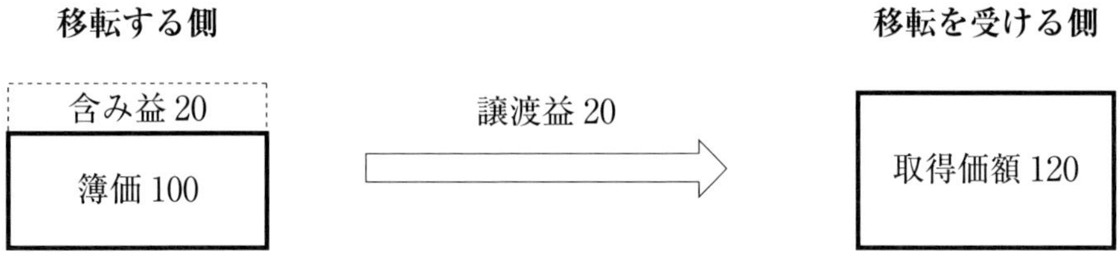

②　適格組織再編成

移転する側では、簿価100で譲渡したものとして譲渡益は生じません。

移転を受ける側では、移転する側の簿価相当額100を取得価額として土地を計上します。土地の含み益20は、移転を受ける側に引き継がれます。

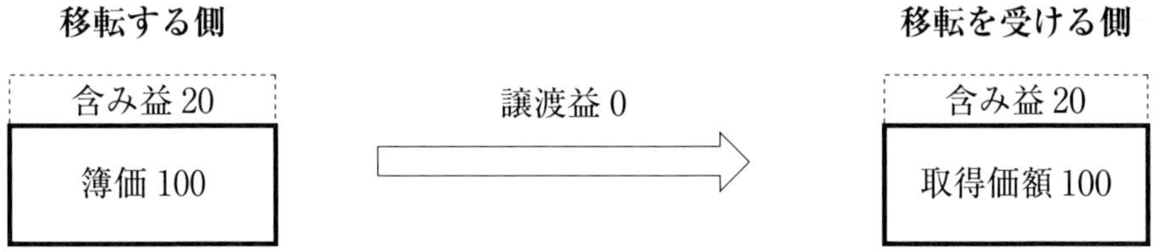

(2)　含み損がある資産（土地：簿価100、時価80）を移転する場合

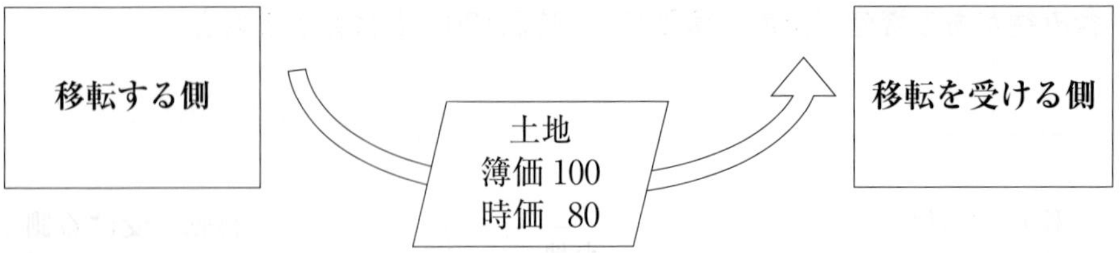

①　非適格組織再編成

移転する側では、時価80で譲渡したものとして、土地の含み損20が譲渡損20として発生します。

移転を受ける側では、時価相当額80を取得価額として土地を計上します。

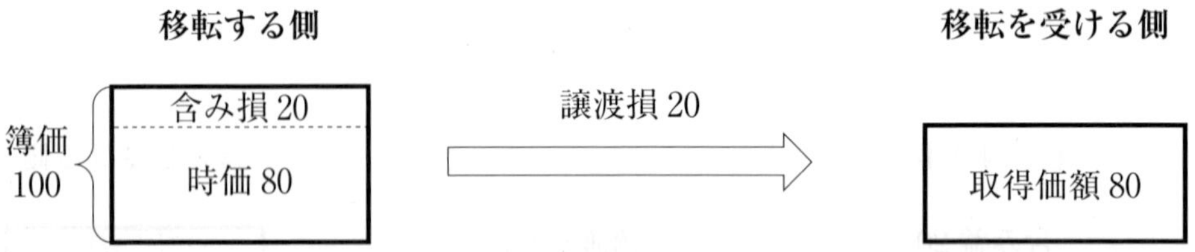

②　適格組織再編成

移転する側では、簿価100で譲渡したものとして譲渡損は生じません。

移転を受ける側では、移転する側の簿価相当額100を取得価額として土地を計上し、土地の含み損20は、移転を受ける側に引き継がれます。

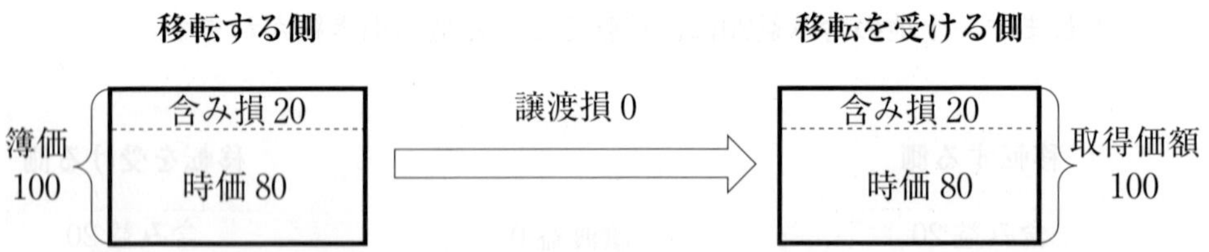

⑶　含み益のある資産（土地：簿価100、時価120）を保有する法人を完全子法人化する場合

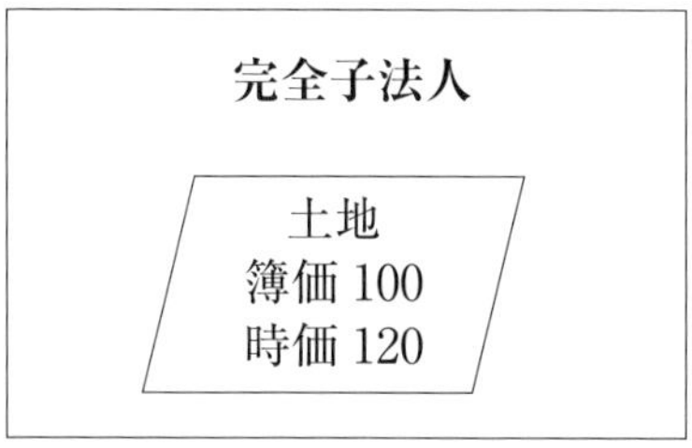

①　非適格組織再編成

完全子法人の側では、時価評価を行い、土地の含み益20が評価益20として発生し、簿価が120となります。

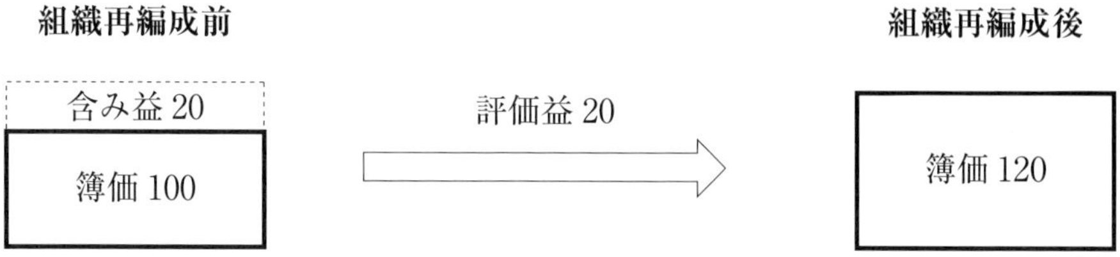

②　適格組織再編成

完全子法人の側では、評価益は計上しません。含み益の状態のままとなります。

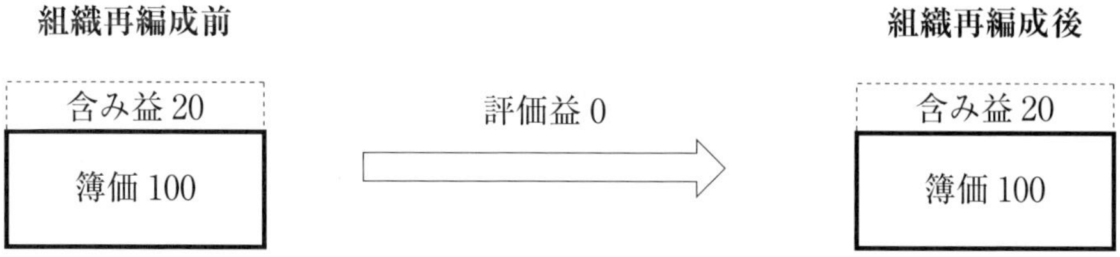

⑷ 含み損のある資産（土地：簿価100、時価80）を保有する法人を完全子法人化する場合

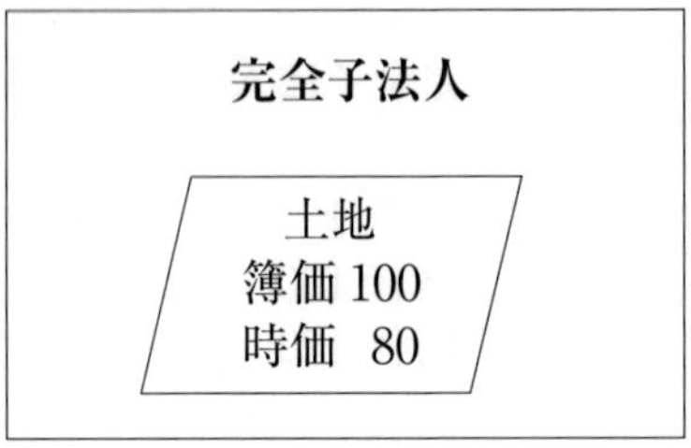

① 非適格組織再編成

完全子法人の側では、時価評価を行い、土地の含み損20が評価損20として発生し、簿価が80となります。

② 適格組織再編成

完全子法人の側では、評価損は計上しません。含み損の状態のままとなります。

第２　組織再編税制の対象となる組織再編行為

組織再編税制の対象となる組織再編行為とは、次に掲げるものをいいます。株式会社の場合においては、そのいずれの行為も会社法の規定に基づいて行われる行為です。

それぞれの手法の内容については、第２章第１から第11を参照してください。

①	合併
②	分割型分割
③	分社型分割
④	現物出資
⑤	現物分配
⑥	株式分配
⑦	株式交換
⑧	全部取得条項付種類株式に係る取得決議
⑨	株式の併合
⑩	株式売渡請求に係る承認
⑪	株式移転

第３　適格組織再編成

適格組織再編成となる組織再編成とは、次の①及び②の２つ（分割型分割の場合には、①から③の３つ）に大別されます。なお、現物分配の場合には、完全支配関係がある一定の場合（第４章第４参照）にのみ適格組織再編成となり、株式分配の場合には、③の場合のみ適格組織再編成となります。

①　企業グループ内組織再編成

組織再編成の実態や移転資産等に対する支配の継続という点に着目し、同一の企業グループ内の組織再編成により資産等を企業グループ内で移転した場合には、一定の要件（第４章参照）の下、移転資産等をその簿価のまま引き継ぎ、譲渡損益の計上が繰り延べられます。

企業グループ内組織再編成は、100％の資本グループ内で行われるもの（完全支配関係の場合の組織再編成）と50％超の資本グループ内で行われるもの（支配関係の場合の組織再編成）にさらに区分されます。

②　共同事業を行う場合の組織再編成

共同で事業を行うために組織再編成により資産等を移転した場合にも、移転の対価として取得した株式の継続保有等の一定の要件（第４章参照）を満たす限りにおいて、移転資産等に対する支配が継続していると考え、譲渡損益の計上が繰り延べられます。

③　独立して事業を行う場合の組織再編成

企業グループ内組織再編成又は共同事業を行う場合の組織再編成以外においても、資産の実質的な支配者である法人（支配株主のいない法人）が行う単独新設分割型分割又は株式分配であれば、資産等を移転した場合にも、一定の要件（第４章参照）を満たす限りにおいて、移転資産等に対する支配が継続していると考えられることから、譲渡損益の計上が繰り延べられます。

〈合併・分割型分割・分社型分割・現物出資の場合〉

- 組織再編成の種類
  合併
  分割型分割
  分社型分割
  現物出資
  - 適格組織再編成
    簿価移転
    （課税繰延べ）
    - 企業グループ内組織再編成
      - ○　完全支配関係（100％）の場合の組織再編成
        - ・金銭等不交付要件
        - ・完全支配関係継続要件
      - ○　支配関係（50％超）の場合の組織再編成
        - ・金銭等不交付要件
        - ・支配関係継続要件
        - ・独立事業単位要件
        - ・事業継続要件
    - 共同事業を行う場合の組織再編成
      - ・金銭等不交付要件
      - ・事業関連性要件
      - ・事業規模要件 or 経営参画要件
      - ・独立事業単位要件
      - ・事業継続要件
      - ・株式継続保有要件
    - 独立して事業を行う場合の組織再編成（分割型分割に限る。）
      - ・金銭等不交付要件
      - ・非支配要件
      - ・経営参画要件
      - ・独立事業単位要件
      - ・事業継続要件
  - 非適格組織再編成
    時価移転
    （課税発生）

〈現物分配の場合〉

- 組織再編成の種類
  現物分配
  - 適格組織再編成
    簿価移転
    （課税繰延べ）
    - 完全支配関係（100％）の場合の組織再編成
      - ・内国法人が現物分配法人であること
      - ・現物分配を受ける者が現物分配法人と完全支配関係がある内国法人（普通法人又は協同組合等に限る。）のみであること
  - 非適格組織再編成
    時価移転
    （課税発生）

〈株式分配の場合〉

組織再編成の種類
株式分配

- 適格組織再編成
  簿価移転
  （課税繰延べ）
  - 独立して事業を行う場合の組織再編成
    - ・株式按分交付要件
    - ・非支配要件
    - ・経営参画要件
    - ・従業者継続従事要件
    - ・事業継続要件
- 非適格組織再編成
  時価移転
  （課税発生）

〈株式交換等・株式移転の場合〉

組織再編成の種類
株式交換等(注)
株式移転

- 適格組織再編成
  簿価維持
  （課税繰延べ）
  - 企業グループ内組織再編成
    - ○　完全支配関係（100％）の場合の組織再編成
      - ・金銭等不交付要件
      - ・完全支配関係継続要件
    - ○　支配関係（50％超）の場合の組織再編成
      - ・金銭等不交付要件
      - ・支配関係継続要件
      - ・従業者継続従事要件
      - ・事業継続要件
  - 共同事業を行う場合の組織再編成
    - ・金銭等不交付要件
    - ・事業関連性要件
    - ・事業規模要件 or 経営参画要件
    - ・従業者継続従事要件
    - ・事業継続要件
    - ・株式継続保有要件
    - ・組織再編後完全支配関係継続要件
- 非適格組織再編成
  時価評価
  （課税発生）

(注)　株式交換等とは、株式交換及び全部取得条項付種類株式に係る取得決議、株式の併合、株式売渡請求に係る承認による完全子法人化をいいます。

第2章　組織再編成の手法とその概要

第1　合併

合併とは、別々の法人が１つの法人に合体する組織再編手法であり、消滅する法人（被合併法人）の権利義務（資産負債）の全てを存続する法人（合併法人）に承継させるものです。既に存在する法人の一方を合併法人、他方を被合併法人とする合併を吸収合併といいます（会社法２二十七他）。既に存在する２以上の法人が被合併法人として消滅し、その合併により新設される法人を合併法人とするものを新設合併といいます（会社法２二十八他）。

会社法では、合併法人は、被合併法人の有する資産負債の全部の移転を受けて、その合併対価を被合併法人の株主等に対して交付します（会社法749①、753①他）（次頁以降の図の実線矢印）。

法人税法では、非適格組織再編成となる合併（非適格合併）の場合には、合併対価をいったん被合併法人が交付を受けて、それを直ちにその株主等に対して交付したものとしています（法法62①）（次頁以降の図の破線矢印）。

なお、同日に行われる複数の法人を被合併法人とする吸収合併（いわゆる三社合併）は、会社法上複数の合併が行われたものとされ、個々の合併ごとに適格合併の判定を行い、個々の合併に順序が付されているときには、その順序に従って個々の合併に対する適格合併の判定を行うこととなります（平成21年１月29日国税庁課税部長文書回答「三社合併における適格判定について」）。

〈吸収合併〉

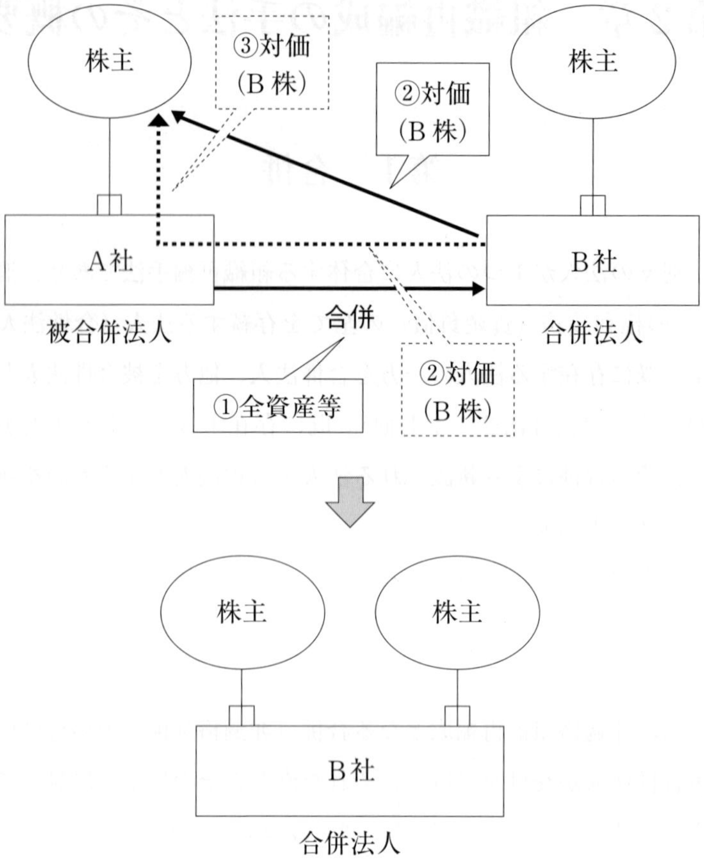

〈新設合併〉

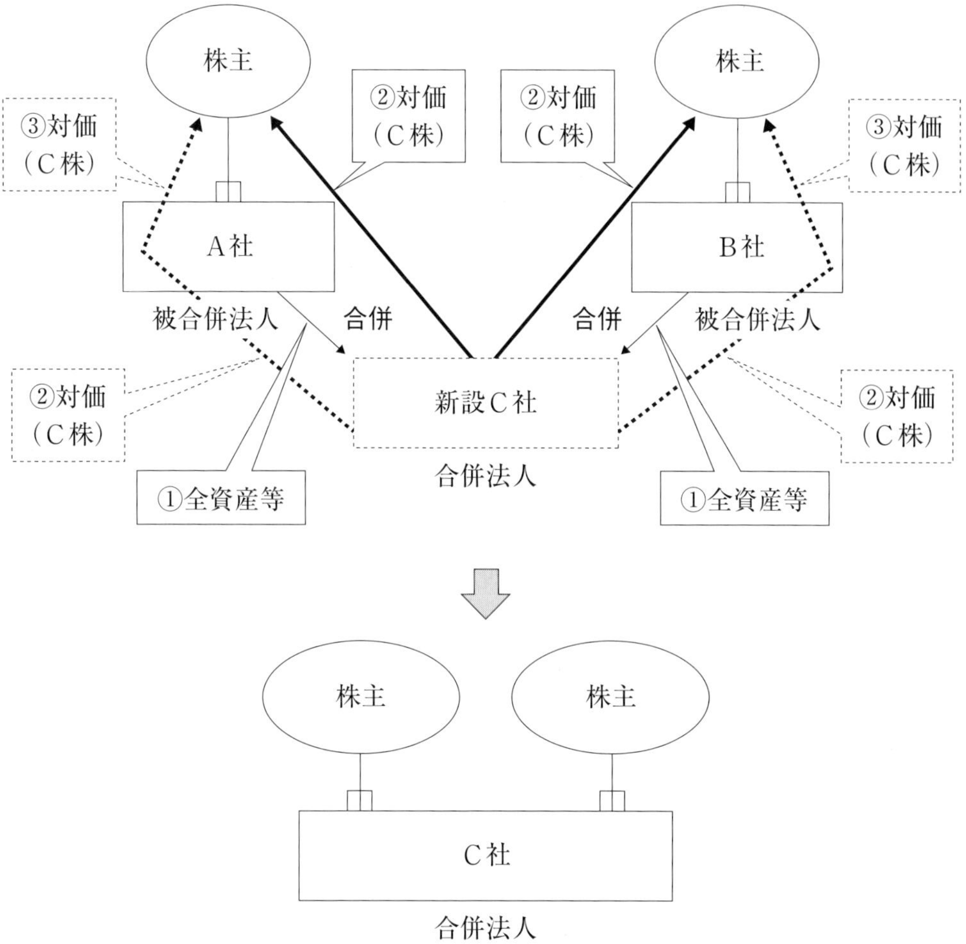
株主
株主
③対価
（C株）
②対価
（C株）
②対価
（C株）
③対価
（C株）
A社
B社
被合併法人
合併
合併
被合併法人
②対価
（C株）
新設C社
②対価
（C株）
合併法人
①全資産等
①全資産等
株主
株主
C社
合併法人

第２　分割型分割

分割とは、法人（分割法人）がその事業に関して有する権利義務（資産負債）の全部又は一部を他の法人（分割承継法人）に承継させる組織再編手法です。

既存の法人を分割承継法人とする分割を吸収分割といい（会社法２二十九他）、分割により新設される法人を分割承継法人とする分割を新設分割といいます（会社法２三十他）。会社法では、分割承継法人は、分割法人の有する資産負債の全部又は一部の移転を受けて、その分割対価を分割法人に対して交付することとされ、分割法人がその交付を受けた分割対価を直ちにその株主等に交付（配当）することも認められています（会社法758、763他）。会社法（会社計算規則）では、分割の対価の全部が直ちに分割法人の株主等に交付される分割を分割型吸収分割又は分割型新設分割といいますが（会社計算規則２③四十四、五十四）、対価を交付しない分割（無対価分割）も認められていること（下記第12の１参照）、会社法以外の法律に基づく分割では、分割対価が分割法人の株主等に直接に交付されるものがあること等から、法人税法上の分割型分割とは、次のいずれかに該当するものと規定されています（法法２十二の九）。

〈分割型分割〉

①	分割により分割法人が交付を受ける分割対価資産（分割により分割承継法人によって交付される分割承継法人の株式（出資を含みます。）その他の資産をいいます。）の全てがその分割の日においてその分割法人の株主等に交付される場合又は分割により分割対価資産の全てが分割法人の株主等に直接に交付される場合のこれらの分割
②	分割対価資産がない分割（無対価分割）で、その分割の直前において、分割承継法人が分割法人の発行済株式等（第３章第１の１⑴参照）の全部を保有している場合又は分割法人が分割承継法人の株式を保有していない場合のその無対価分割

法人税法では、非適格組織再編成となる分割型分割（非適格分割型分割）の場合には、分割対価が分割法人の株主等に直接に交付される分割及び一定の無対価分割㈲についても、分割対価をいったん分割法人が交付を受けて、それを直ちにその株主等に対して交付したものとしています（法法62①）。

㈲　一定の無対価分割とは、分割法人の株主等（分割法人及び分割承継法人を除きます。）

及び分割承継法人の株主等（分割承継法人を除きます。）の全てについて、その者が保有する分割法人の株式の数の分割法人の発行済株式等（分割承継法人が保有する分割法人の株式を除きます。）の総数のうちに占める割合とその者が保有する分割承継法人の株式の数の分割承継法人の発行済株式等の総数のうちに占める割合とが等しい場合における分割法人と分割承継法人との間の関係がある無対価分割をいいます（法令122の15）。

〈会社法上の吸収分割である分割型分割〉

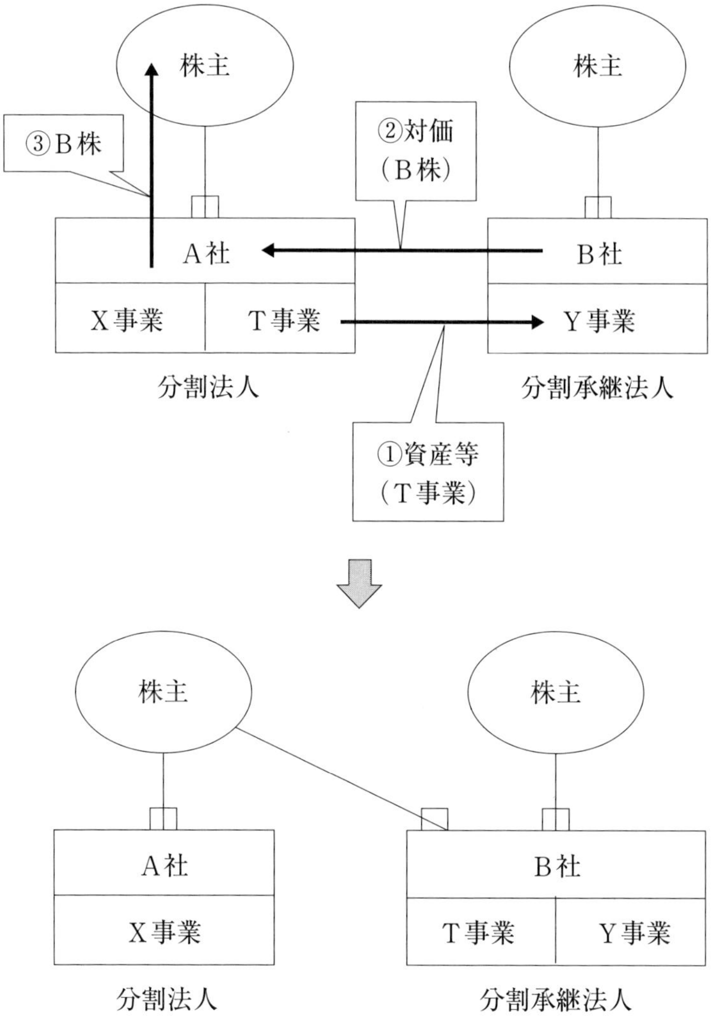

〈会社法上の新設分割である分割型分割〉

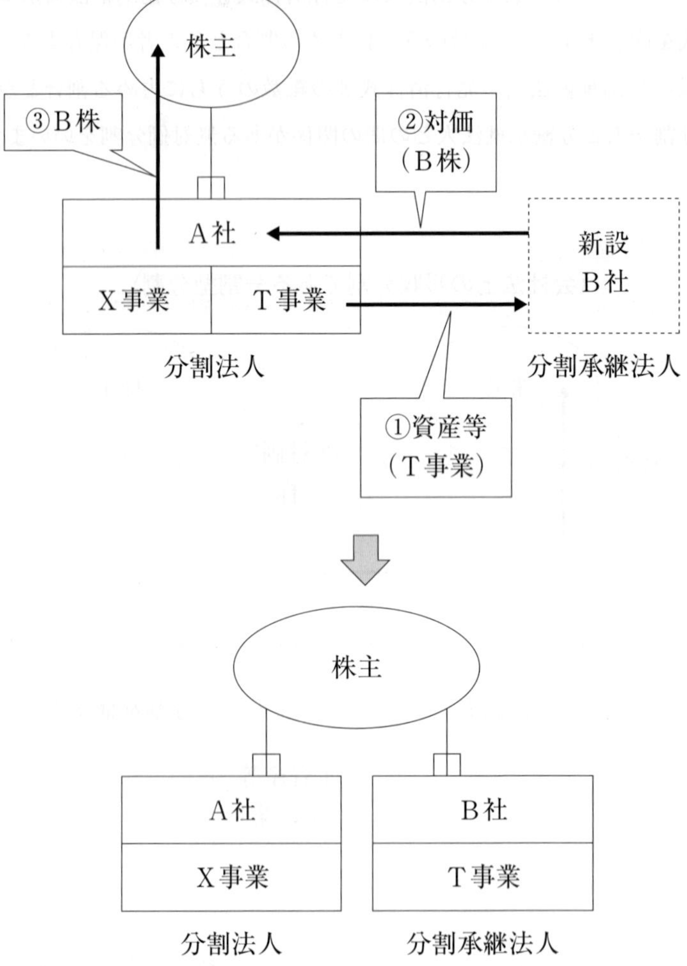

第３　分社型分割

分社型分割とは、次のいずれかに該当するものをいいます（法法２十二の十）。

〈分社型分割〉

①	分割により分割法人が交付を受ける分割対価資産がその分割の日においてその分割法人の株主等に交付されない場合のその分割（無対価分割を除きます。）
②	無対価分割で、その分割の直前において分割法人が分割承継法人の株式を保有している場合（分割承継法人が分割法人の発行済株式等の全部を保有している場合を除きます。）のその無対価分割

〈吸収分割である分社型分割〉

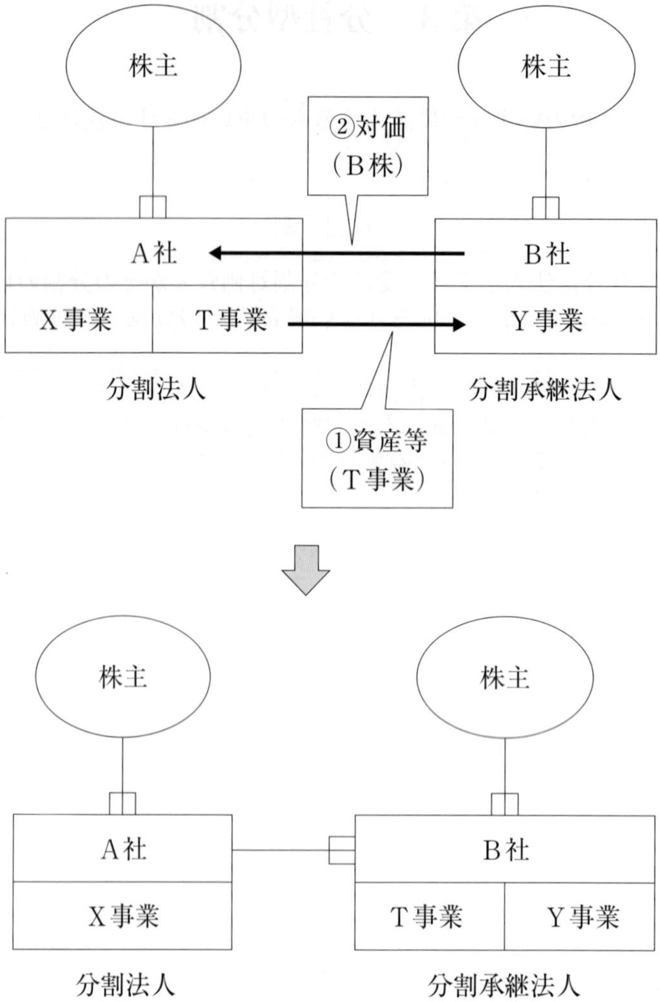

〈新設分割である分社型分割〉

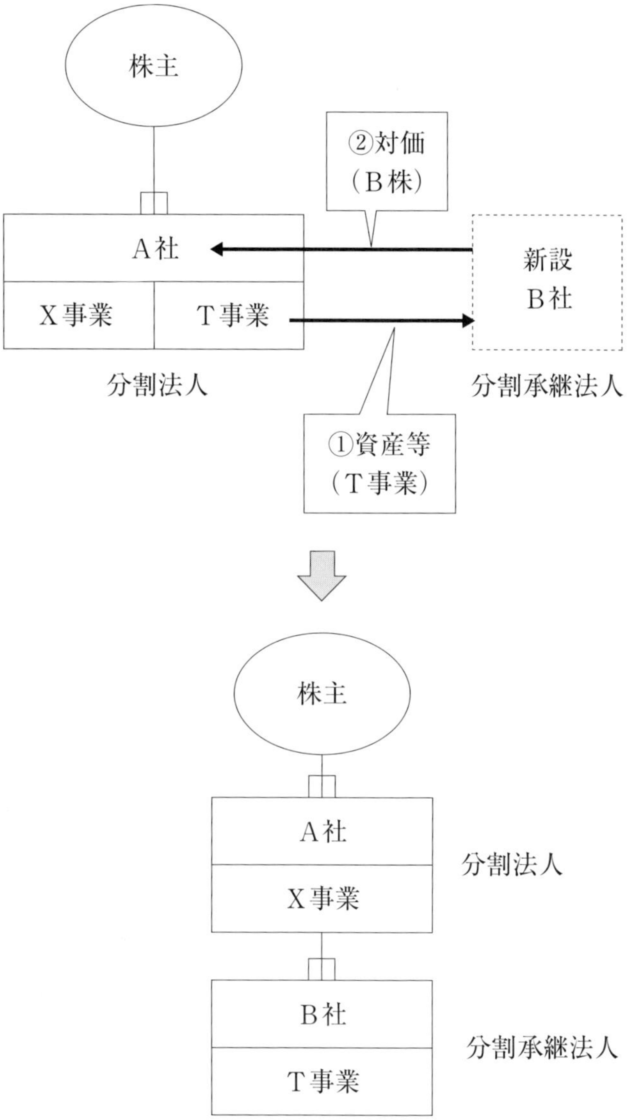

第４　現物出資

現物出資とは、法人への出資に際して、金銭以外の財産をその出資の目的とすることをいいます（会社法28、199他）。土地や建物といった資産単体のみならず、事業単位（事業に関係する資産負債単位）で現物出資することも有り得ます。

現物出資により資産負債の移転を行う法人を現物出資法人といい（法法２十二の四)、現物出資により資産負債の移転を受ける法人を被現物出資法人といいます（法法２十二の五)。また、現物出資のうち、法人が新設されるものを新設現物出資といいます（法令４の３⑬)。

〈通常の現物出資（既存の法人に対する現物出資)〉

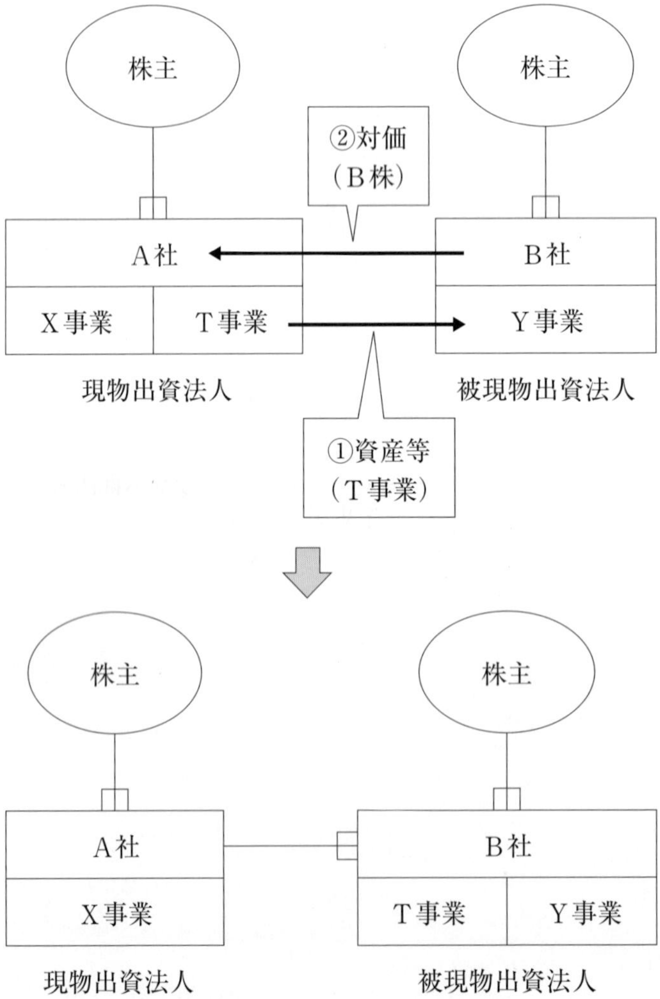

〈新設現物出資〉

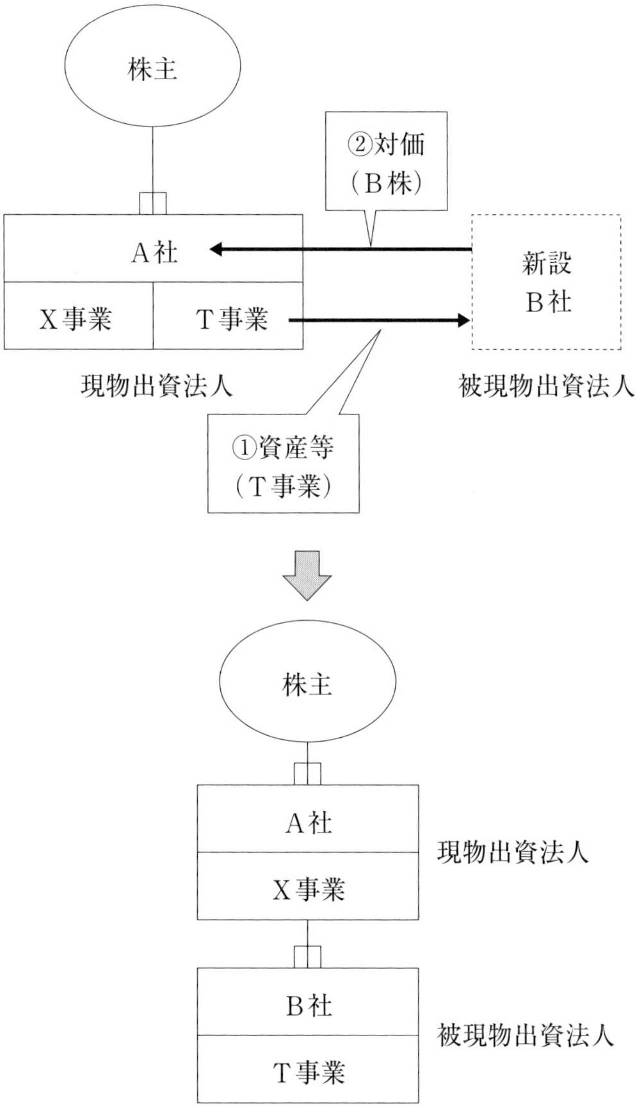
株主
②対価
（Ｂ株）
Ａ社
新設
Ｂ社
Ｘ事業
Ｔ事業
現物出資法人
被現物出資法人
①資産等
（Ｔ事業）
株主
Ａ社
Ｘ事業
現物出資法人
Ｂ社
Ｔ事業
被現物出資法人

第５　現物分配

現物分配とは、法人がその株主等に対し次に掲げる事由により金銭以外の資産の交付をすることをいいます（法法２十二の五の二）。

現物分配により資産の移転を行った法人を現物分配法人といい（法法２十二の五の二）、現物分配により資産の移転を受けた法人を被現物分配法人といいます（法法２十二の五の三）。

なお、現物分配は、資産単体での移転が前提であり、事業単位（事業に関係する資産負債集合体）での移転は想定されていません。

〈現物分配となる事由〉

①	剰余金の配当（株式又は出資に係るものに限るものとし、分割型分割によるものを除きます。）若しくは利益の配当（分割型分割によるものを除きます。）又は剰余金の分配（出資に係るものに限ります。）
②	解散による残余財産の分配
③	自己の株式又は出資の取得（市場における購入による取得その他の一定の取得㊟及び法人税法61条の２第14項１号から３号までに掲げる株式又は出資の同項に規定する場合に該当する場合における取得を除きます。）
④	出資の消却（取得した出資について行うものを除きます。）、出資の払戻し、社員その他法人の出資者の退社又は脱退による持分の払戻しその他株式又は出資をその発行した法人が取得することなく消滅させること
⑤	組織変更（組織変更に際して組織変更をした法人の株式又は出資以外の資産を交付したものに限ります。）

㊟　市場における購入による取得その他の一定の取得とは、次に掲げるものをいいます（法令23③）。

ⅰ　金融商品取引法２条16項に規定する金融商品取引所（これに類するもので外国の法令に基づき設立されたものを含みます。）の開設する市場における購入

ⅱ　店頭売買登録銘柄（株式で、金融商品取引法２条13項に規定する認可金融商品取引業協会が、その定める規則に従い、その店頭売買につき、その売買価格を発表し、かつ、その株式の発行法人に関する資料を公開するものとして登録したものをいいます。）として登録された株式のその店頭売買による購入

ⅲ　金融商品取引法２条８項に規定する金融商品取引業のうち同項10号に掲げる行為を行う者が同号の有価証券の売買の媒介、取次ぎ又は代理をする場合におけるその売買（同号ニに掲げる方法により売買価格が決定されるものを除きます。）

iv　事業の全部の譲受け

v　合併又は分割若しくは現物出資（適格分割若しくは適格現物出資又は事業を移転し、かつ、その事業に係る資産に分割若しくは現物出資に係る分割承継法人若しくは被現物出資法人の株式が含まれている場合の分割若しくは現物出資に限ります。）による被合併法人又は分割法人若しくは現物出資法人からの移転

vi　適格分社型分割（分割承継親法人（第４章第２の１⑴ロ参照）の株式が交付されるものに限ります。）による分割承継法人からの交付

vii　法人税法61条の２第９項に規定する金銭等不交付株式交換（株式交換の直前に株式交換完全親法人とその株式交換完全親法人以外の法人との間にその法人による完全支配関係がある法人の株式が交付されるものに限ります。）による株式交換完全親法人からの交付

viii　合併に反対する被合併法人の株主等の買取請求に基づく買取り

ix　会社法182条の４第１項（資産の流動化に関する法律38条又は50条１項において準用する場合を含みます。）、192条１項又は234条４項（会社法235条２項又は他の法律において準用する場合を含みます。）の規定による買取り

x　法人税法61条の２第14項３号に規定する全部取得条項付種類株式を発行する旨の定めを設ける法人税法13条１項に規定する定款等の変更に反対する株主等の買取請求に基づく買取り（その買取請求の時において、その全部取得条項付種類株式の同号に定める取得決議に係る取得対価の割当てに関する事項（その株主等に交付するその買取りをする法人の株式の数が１に満たない端数となるものに限ります。）がその株主等に明らかにされている場合（法人税法61条の２第14項に規定する場合に該当する場合に限ります。）におけるその買取りに限ります。）

xi　法人税法61条の２第14項３号に規定する全部取得条項付種類株式に係る同号に定める取得決議（取得決議に係る取得の価格の決定の申立てをした者でその申立てをしないとしたならば取得の対価として交付されることとなるその取得をする法人の株式の数が１に満たない端数となるものからの取得（同項に規定する場合に該当する場合における取得に限ります。）に係る部分に限ります。）

xii　会社法167条３項若しくは283条に規定する１株に満たない端数（これに準ずるものを含みます。）又は「投資信託及び投資法人に関する法律」88条の19に規定する１口に満たない端数に相当する部分の対価としての金銭の交付

〈現物分配〉

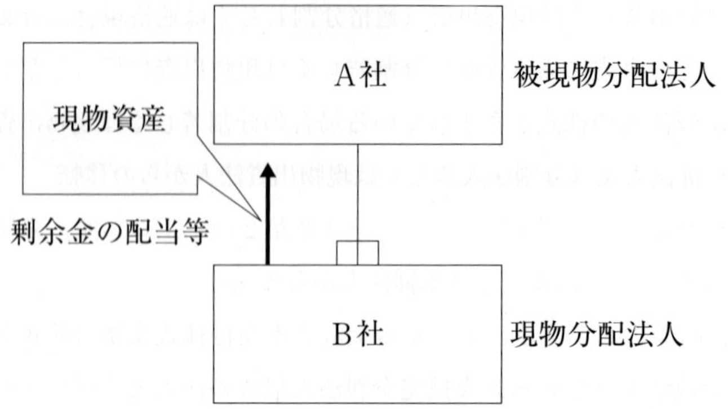

第６　株式分配

株式分配とは、現物分配（剰余金の配当又は利益の配当に限ります。）のうち、その現物分配の直前において現物分配法人により発行済株式等の全部を保有されていた法人（完全子法人）のその発行済株式等の全部が移転するもの（その現物分配によりその発行済株式等の移転を受ける者がその現物分配の直前においてその現物分配法人との間に完全支配関係がある者のみである場合におけるその現物分配を除きます。）をいいます（法法２十二の十五の二）。

〈株式分配〉

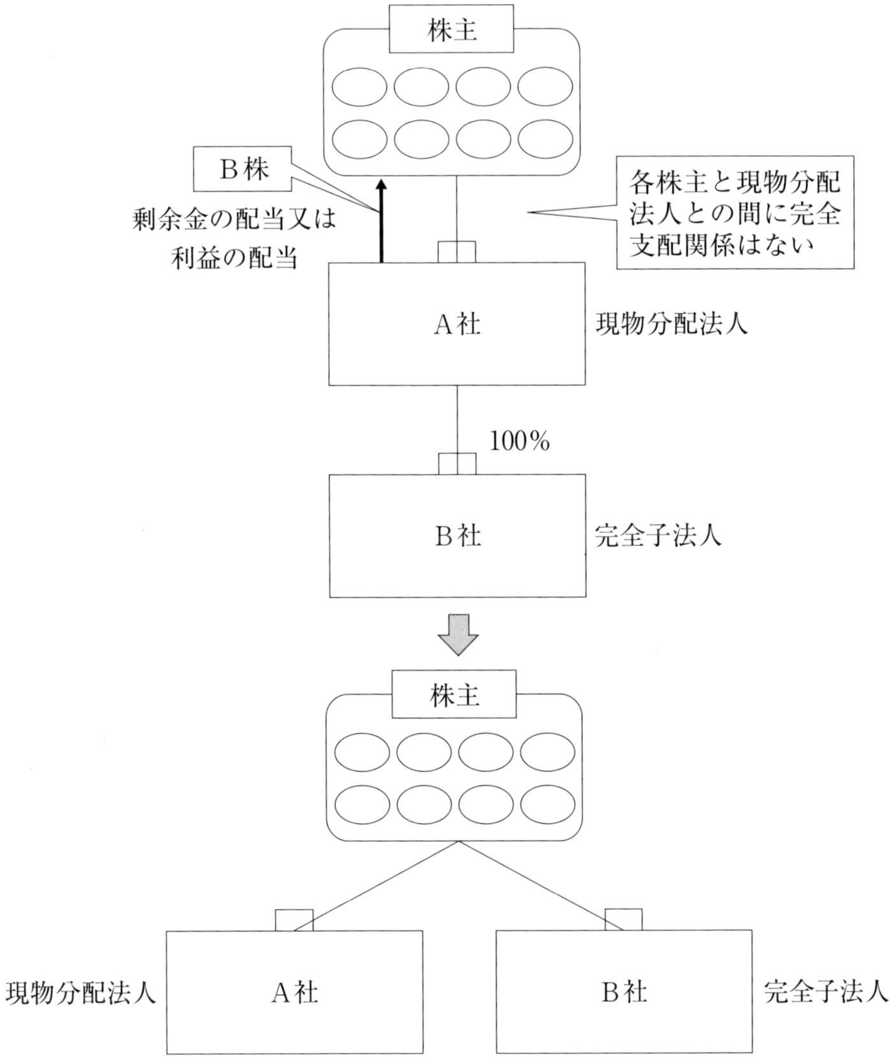

第７　株式交換

株式交換とは、法人（株式交換完全子法人）がその発行済株式の全部を他の法人（株式交換完全親法人）に取得させることをいいます（会社法２三十一）。すなわち、株式交換とは、自社を他社の完全子会社とするために行われるものです。

株式交換が行われると株式交換完全子法人の株主の有する株式交換完全子法人の株式は、株式交換完全親法人に移転し、株主は対価として株式交換完全親法人の株式その他の資産の交付を受けます（会社法768、770）。

〈株式交換〉

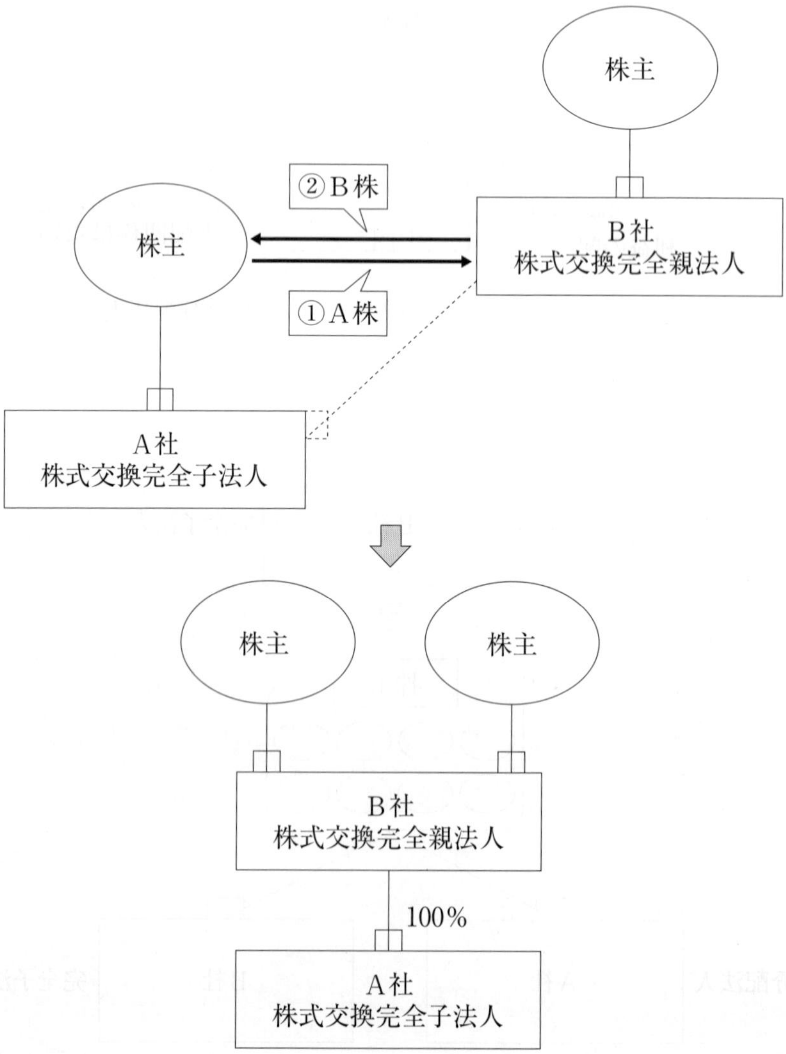

第８　全部取得条項付種類株式に係る取得決議

全部取得条項付種類株式とは、ある種類の株式について、これを発行した法人が株主総会その他これに類するものの決議（取得決議）によってその全部の取得をする旨の定めがある場合のその種類株式をいい（法法２十二の十六イ）、全部取得条項付種類株式に係る取得決議とは、株式会社であれば、全部取得条項付種類株式の全部を取得することについての株主総会の決議をいいます（会社法171①）。会社法では、その全部取得条項付種類株式に係る取得決議に伴い、対価として株主に株式を交付する場合において、その株式に１株に満たない端数が生ずるときは、その端数の競売、売却、又は買取り（競売等）による金銭化をし、その金銭を株主に交付をしなければならないこととされています（会社法234①二、②③④）。そのため、少数株主が保有する全部取得条項付種類株式には１株に満たない端数の株式しか交付されない交換比率とする取得決議を行い、その１株に満たない端数の競売等による金銭化により金銭を交付することで、少数株主以外の株主の完全子会社とすることができます。

法人税法では、全部取得条項付種類株式に係る取得決議のうち、その取得決議によりその取得の対価としてその法人（株式交換等完全子法人）の最大株主等（その株式交換等完全子法人以外の株主等のうち有する株式の数が最も多い者をいいます。）以外の全ての株主等（その株式交換等完全子法人及びその最大株主等との間に完全支配関係がある者を除きます。）に一に満たない端数の株式以外のその株式交換等完全子法人の株式が交付されないこととなる場合の取得決議で、その株式交換等完全子法人とその最大株主等である法人（株式交換等完全親法人）との間に株式交換等完全親法人による完全支配関係を有することになる場合を組織再編税制の対象としています（法法２十二の十六イ）。

〈全部取得条項付種類株式に係る取得決議〉

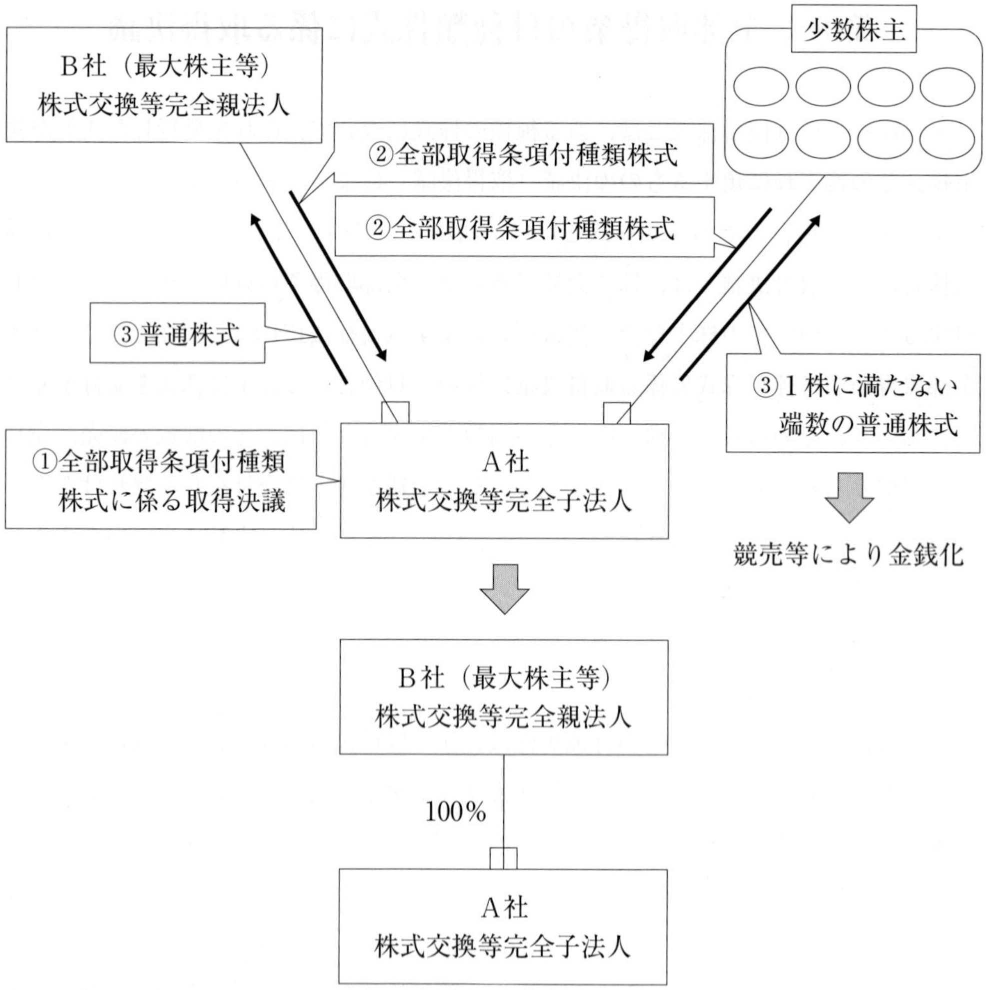

第９　株式の併合

株式の併合とは、「数個の株式（たとえば10株）を合わせてそれより少数の株式（たとえば１株）とする会社の行為」㈱をいい、株式会社は、株式の併合をすることができることとされています（会社法180①）。株式の併合に伴い株主の有する株式に１株に満たない端数が生ずる場合には、その端数の競売、売却又は買取り（競売等）による金銭化をし、その金銭を株主に交付しなければならないこととされているため（会社法235）、少数株主の保有する株式が１株に満たなくなる割合による株式の併合を行い、その１株に満たない端数の競売等による金銭化により金銭を交付することで、少数株主以外の株主の完全子会社とすることができます。

法人税法では、株式の併合のうち、その併合をした法人（株式交換等完全子法人）の最大株主等（その株式交換等完全子法人以外の株主等のうち有する株式の数が最も多い者をいいます。）以外の全ての株主等（その株式交換等完全子法人及びその最大株主等との間に完全支配関係がある者を除きます。）の有することとなる株式の数が一に満たない端数となるもので、その株式交換等完全子法人とその最大株主等である法人（株式交換等完全親法人）との間に株式交換等完全親法人による完全支配関係を有することになる場合を組織再編税制の対象としています（法法２十二の十六ロ）。

㈱　江頭憲治郎『株式会社法　第８版』287頁（有斐閣　令和３年）

〈株式の併合〉

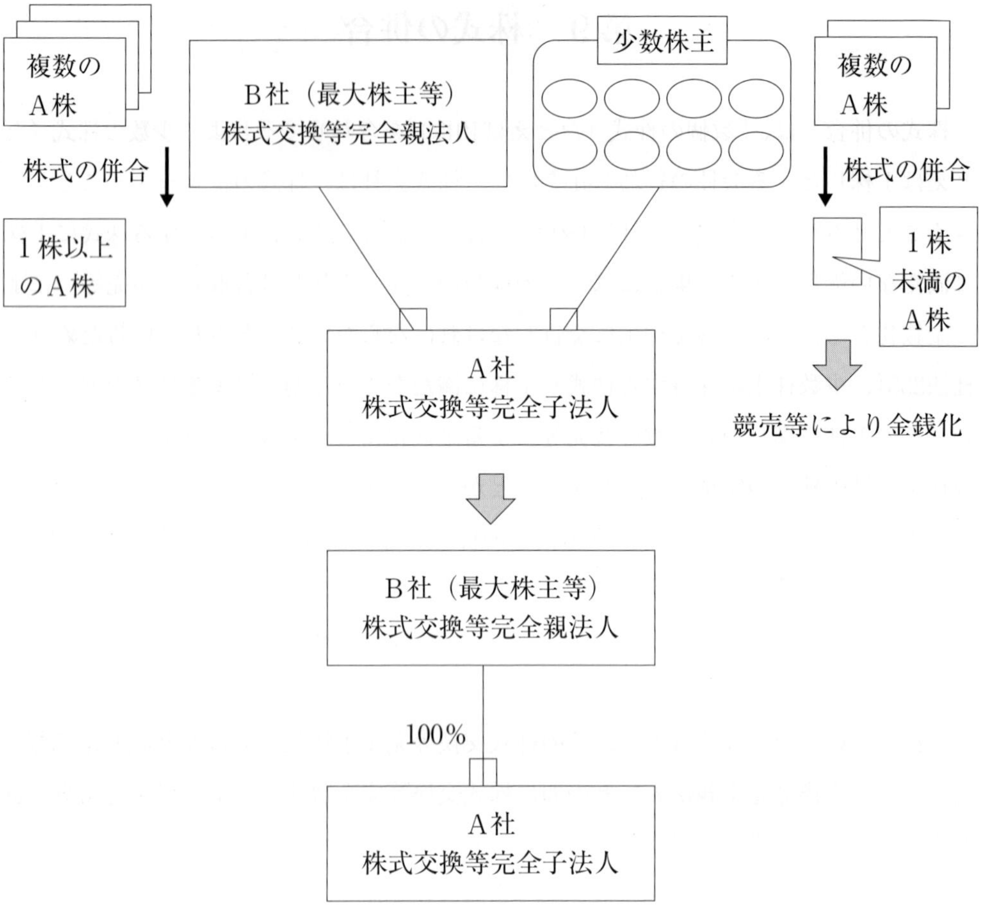
複数の
Ａ株
株式の併合
１株以上
のＡ株
Ｂ社（最大株主等）
株式交換等完全親法人
少数株主
複数の
Ａ株
株式の併合
１株
未満の
Ａ株
競売等により金銭化
Ａ社
株式交換等完全子法人
Ｂ社（最大株主等）
株式交換等完全親法人
100%
Ａ社
株式交換等完全子法人

第10　株式売渡請求に係る承認

株式売渡請求とは、法人の一の株主等がその法人の承認を得て他の株主等（その法人及び一の株主等との間に完全支配関係がある者を除きます。）の全てに対して法令（外国の法令を含みます。）の規定に基づいて行うその法人の株式の全部を売り渡すことの請求をいい（法法２十二の十六ハ）、株式会社であれば、株式会社の特別支配株主㈱が、その株式会社の株主（その株式会社及び特別支配株主を除きます。）の全員に対し、その有するその株式会社の株式の全部をその特別支配株主に売り渡すことを請求することをいいます（会社法179①）。

特別支配株主が株式売渡請求をしようとするときは、その株式会社に対してその旨及び取得日等の一定の事項の通知をし、その承認を受けなければならないこととされています（会社法179の３①）。また、その株式会社がその承認をするときは、特別支配株主に対してその承認をした旨の通知をし、その株式会社の株主に対してその承認をした旨等の事項の通知又は公告をしなければならないこととされており（会社法179の３④、179の４①②）、その特別支配株主は、その株式会社に通知をした取得日においてその株式会社の株主から株式の譲渡を受け（会社法179の２①五）、その株式会社を完全子会社とすることができます。

法人税法では、株式売渡請求に係る承認のうち、その承認により法人（株式交換等完全子法人）の発行済株式等の全部が、一の株主等に取得されることとなる場合の承認で、その株式交換等完全子法人とその一の株主等である法人（株式交換等完全親法人）との間に株式交換等完全親法人による完全支配関係を有することになる場合を組織再編税制の対象としています（法法２十二の十六ハ）。

㈱　特別支配株主とは、株式会社の総株主の議決権の90％以上をその株式会社以外の者及びその者が発行済株式の全部を有する株式会社その他これに準ずる一定の法人が有している場合におけるその者をいいます（会社法179①かっこ書）。

〈株式売渡請求に係る承認〉

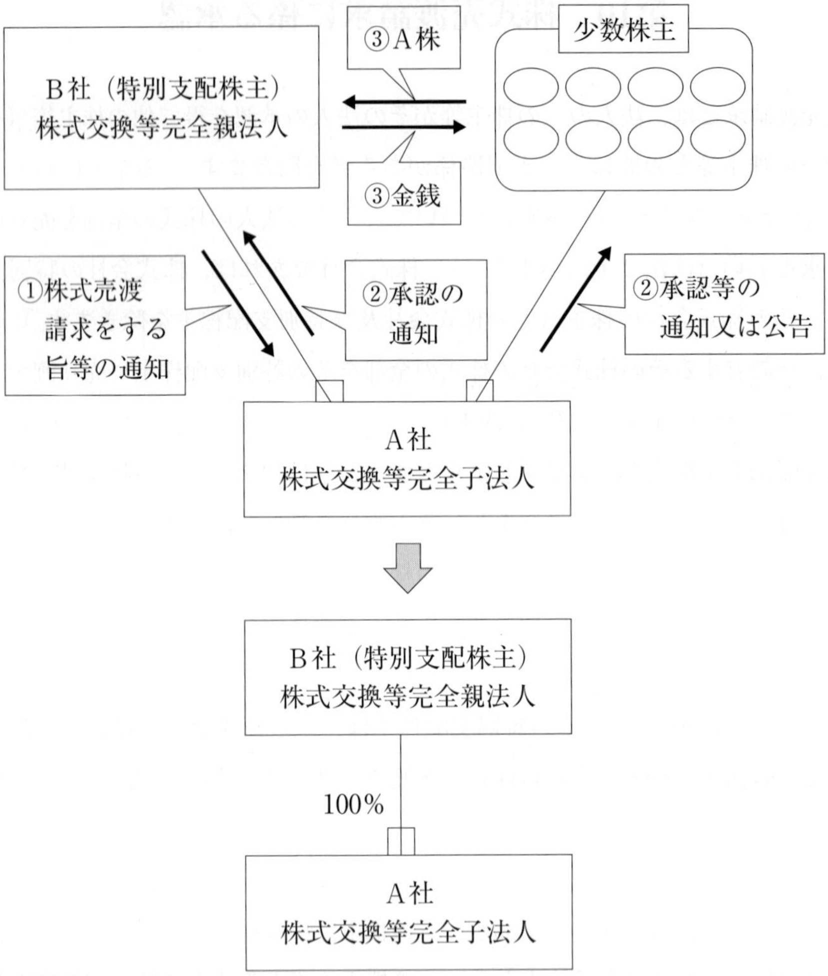

第11　株式移転

株式移転とは、法人（株式移転完全子法人）がその発行済株式の全部を新設する法人（株式移転完全親法人）に取得させることをいいます（会社法２三十二）。すなわち、株式移転とは、完全持株会社を新設して自社をその完全子会社とするために行われるものです。

株式移転が行われると株式移転完全子法人の株主の有する株式移転完全子法人の株式は、株式移転完全親法人に移転し、株主は対価として株式移転完全親法人の株式その他の資産の交付を受けます（会社法773）。

〈株式移転〉

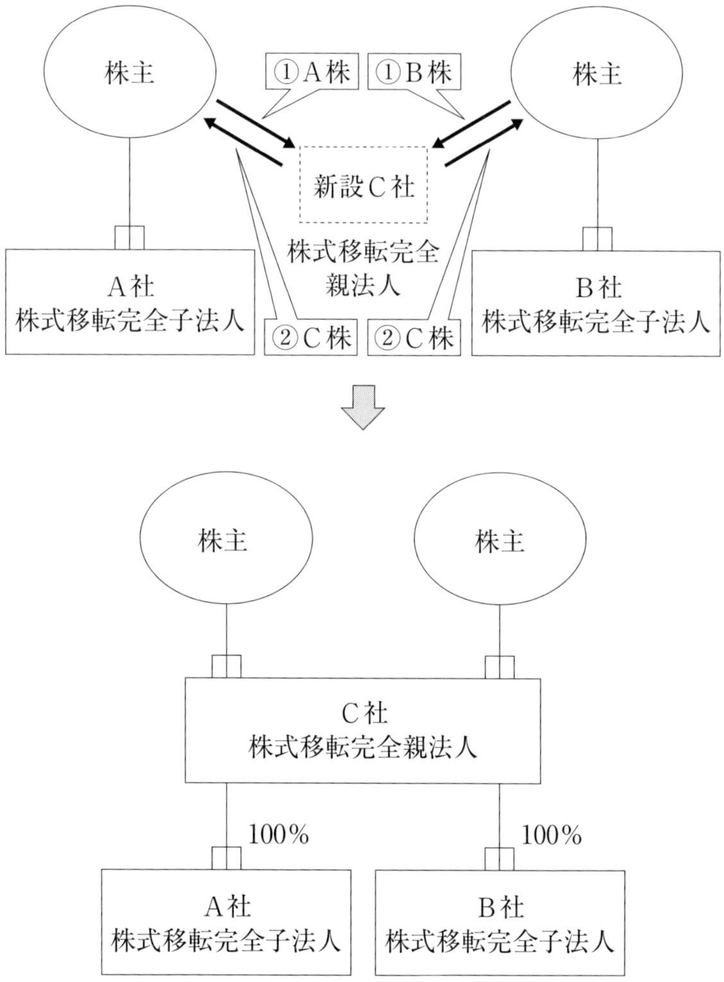

第12　組織再編に関する留意事項

1　対価の種類

会社法では、吸収型組織再編（吸収合併・吸収分割・株式交換）の場合にその対価として合併法人、分割承継法人、株式交換完全親法人が交付する資産の種類については、特段限定されていません（会社法749他）。自己の株式（合併法人の株式、分割承継法人の株式、株式交換完全親法人の株式）はもちろんのこと、それ以外の金銭その他の資産を交付することも可能です。

例えば、金銭のみを交付する合併（キャッシュアウトマージャー）や自己の親法人の株式を交付する合併（三角合併）、又は対価を一切交付しない合併（無対価合併）というような手法も可能です（分割、株式交換も同様です。）。

一方、新設型組織再編（新設合併・新設分割・株式移転）の場合には、法人が新設されるため、必ず自己の株式（合併法人の株式、分割承継法人の株式、株式移転完全親法人の株式）の交付が行われることとなりますので、無対価の新設合併、新設分割、株式移転というものはありません。なお、自己の株式のほか、自己の社債及び新株予約権を交付することが可能です（会社法753他）。

また、現物出資に関しては、既存の法人に対する現物出資及び新設現物出資のいずれの場合においても、対価として被現物出資法人の株式が交付されることとなり、また、現物分配に関しては、剰余金の配当等であり、それに対する対価の交付というものはありません。

〈吸収型組織再編・新設型組織再編と対価の種類等〉

吸収型組織再編 （吸収合併・吸収分割・株式交換）	対価の有無、対価の種類には制限がありません。
新設型組織再編 （新設合併・新設分割・株式移転）	無対価はありません（必ず株式が交付されます。）。 対価の種類は、自己の株式のほか、社債、新株予約権も可能です。

2　交付する株式に１株未満の端数が生じる場合の処理

⑴　会社法の規定

合併、株式交換、全部取得条項付種類株式の取得、株式の併合、株式移転に際して被合併法人、株式交換等完全子法人、株式移転完全子法人の株主に自己の株式を交付する場合において、その者に対し交付しなければならないその株式の数に１株未満の端数があるときは、その端数の合計数に相当する数の株式を競売し、かつ、その端数に応じてその競売により得られた代金をそれぞれに掲げる者に交付しなければならないこととされています（会社法234①、235①）。

なお、この競売に代えて、競売以外の方法による売却又は発行会社自身による買取りを行うこともできます（会社法234②④、235②）。

⑵　税務上の取扱い

株式の発行法人である内国法人が上記⑴の規定によりその株主等に交付すべきものとして収入する金額は、その内国法人の各事業年度の所得の金額の計算上、益金の額に算入しないこととされており、また、その内国法人が上記⑴の規定によりその株主に交付した金額は、その内国法人の各事業年度の所得の金額の計算上、損金の額に算入しないこととされています（法令139の３①②）。

また、三角合併における合併親法人（第４章第１の１⑴ロ参照）の株式、分割型分割における分割承継法人の株式、三角分割型分割における分割承継親法人（第４章第２の１⑴ロ参照）の株式、株式分配における完全子法人の株式、三角株式交換における株式交換完全支配親法人（第４章第６の２⑴ロ参照）の株式を交付する場合において１株未満の端数が生じるときには、１株未満の端数相当の金銭が交付されることがあります。会社法にはこの場合の端数の処理方法の規定はありませんが、税務上はそれぞれの株式が交付されたものとして取り扱うこととされています（法令139の３の２）。

なお、株主である法人がこれらの規定による１株未満の端数相当の金銭の交付を受けた場合には、その１株未満の株式の交付を受けて直ちにその株式を譲渡して金銭を取得したものとして譲渡損益の計上をすることになりますが、譲渡損益の計上はせずにその交付を受けた金銭の額を益金の額に算入することも認められています（法基通２－３－25）。

３　反対株主の株式買取請求

合併、分割、株式交換、株式の併合、株式移転（合併等）の場合には、反対株主（次に掲げる場合におけるそれぞれに定める株主をいいます。）は、その発行法人に対して、自己の有する株式を公正な価格で買い取ることを請求することができることとされています（会社法785他）。

買取請求に基づく対価として交付される金銭の税務上の取扱いについては、第４章第１の１⑴イ他を参照してください。

〈反対株主〉

①	合併等をするために株主総会（種類株主総会を含みます。）の決議を要する場合
	ⅰ　その株主総会に先立って合併等に反対する旨を発行法人に対し通知し、かつ、その株主総会においてその合併等に反対した株主（その株主総会において議決権を行使することができるものに限ります。） ⅱ　その株主総会において議決権を行使することができない株主
②	①に規定する場合以外の場合
	全ての株主

4　分割対価資産の一部のみを分割法人の株主等に交付する分割（中間型の分割）

⑴　複数新設分割以外の分割が行われた場合

分割法人が分割により交付を受ける分割対価資産（分割により分割承継法人によって交付される分割承継法人の株式その他の資産をいいます。）の一部のみをその分割法人の株主等に交付をする分割（下記⑵に該当する場合を除きます。）が行われたときは、分割型分割と分社型分割の双方（中間型の分割）が行われたものとみなされます（法法２十二の九イ、62の６①）。

⑵　複数新設分割が行われた場合

２以上の法人を分割法人とする分割で法人を設立するもの（複数新設分割）が行われた場合において、分割法人のうち、次の①及び②に該当する法人があるとき又は③の法人があるときは、次の①から③に掲げる法人を分割法人とする次の分割がそれぞれ行われたものとみなされます（法法62の６②）。

〈分割の区分〉

①	その分割により交付を受けた分割対価資産の全部をその株主等に交付した法人	分割型分割
②	その分割により交付を受けた分割対価資産をその株主等に交付しなかった法人	分社型分割
③	その分割により交付を受けた分割対価資産の一部のみをその株主等に交付した法人	分割型分割及び分社型分割の双方（中間型の分割）

5　組織再編成の日

合併、分割、現物出資、現物分配、株式交換等又は株式移転（組織再編成）が行われた場合におけるその組織再編成の日は、その組織再編成により合併法人、分割承継法人若しくは被現物出資法人に資産若しくは負債の移転があった日、被現物分配法人その他の株主等に資産の移転があった日又は株式交換等若しくは株式移転が行われた日をいうこととされています（法基通１－４－１）。

なお、合併又は分割の場合におけるその移転があった日とは、合併の効力を生ずる日（新設合併の場合は、新設合併設立法人の設立登記の日）又は分割の効力を生ずる日（新設分割の場合は、新設分割設立法人の設立登記の日）をいい（法基通１－４－１（注１））、現物出資が株式交付である場合におけるその移転があった日とは、株式交付の効力を生ずる日をいうこととされています（法基通１－４－１（注２））。

また、株式交換等又は株式移転が行われた日とは、次に掲げる組織再編成の区分に応じ、それぞれ次に掲げる日をいうこととされています（法基通１－４－１（注３））。

①　株式交換

株式交換の効力を生ずる日

②　株式交換以外の株式交換等で、株式会社を対象法人（第４章第６の１参照）とするもの

次に掲げる場合に応じ、それぞれ次に掲げる日

ⅰ　株式交換等が全部取得条項付種類株式に係る取得決議によるものである場合

全部取得条項付種類株式を発行した法人が、会社法234条２項の規定により最大株主等である法人（その法人と完全支配関係を有する法人を含みます。）へ１株未満の株式の全てを売却した日又は同条４項の規定により１株未満の株式の全てを買い取った日

ⅱ　株式交換等が株式の併合によるものである場合

株式の併合を行った法人が、会社法235条２項において準用する同法234条２項の規定により最大株主等である法人（その法人と完全支配関係を有する法人を含みます。）へ１株未満の株式の全てを売却した日又は同法235条２項において準用する同法234条４項の規定により１株未満の株式の全てを買い取った日

ⅲ　株式交換等が株式売渡請求に係る承認によるものである場合

一の株主等である法人が、株式売渡請求をするに際して、会社法179条の２第１項の規定によりその承認をする法人の発行済株式等の全部を取得する日として定めた日

③　株式移転

株式移転完全親法人の設立登記の日

第３章　完全支配関係・支配関係

第１　完全支配関係

１　意義

(1)　内容

完全支配関係とは、一の者が法人の発行済株式㈱若しくは出資（自己の株式又は出資を除きます。以下、発行済株式等といいます。）の全部を直接若しくは間接に保有する関係として下記２の関係（当事者間の完全支配の関係）又は一の者との間に当事者間の完全支配の関係がある法人相互の関係をいいます（法法２十二の七の六）。

㈱　法人税法上、株式には投資法人の投資口を含むものとされています（法法２十、法令４②一、法規３の３③）。

〈完全支配関係の例〉

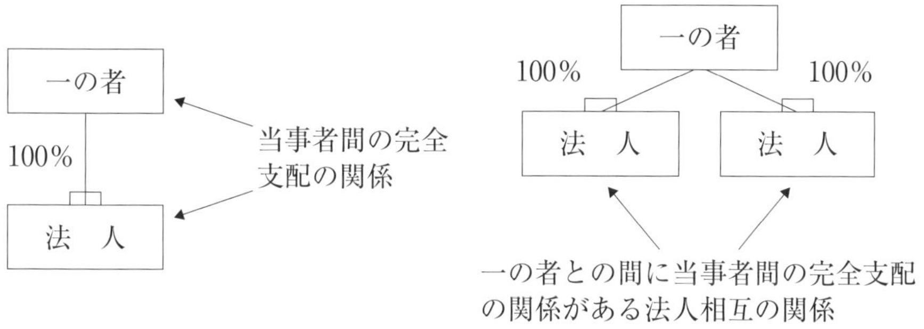

(2)　名義株がある場合の判定

一の者と法人との間に一の者による完全支配関係があるかどうかは、その株主等が単なる名義人であって、その株主等以外の者が実際の権利者である場合には、その実際の権利者が保有するものとして判定することとされています（法基通１－３の２－１）。

(3)　完全支配関係を有することとなった日

完全支配関係を有することとなった日とは、一般的には、一方の法人が他方の法人の発行済株式の全部を直接又は間接に保有するに至った日をいい、例えば、株式の購入により完全支配関係を有することとなる場合には、株式の購入に係る契約が成立した日ではなく、その株式の株主権が行使できる状態になる株式の引渡しが行われた日とされています（法基通１－３の２－２(1)）。これは、会社法上、株券発行会社の株式の譲渡は、その株式に係る株券を交付しなければ、その効力を生じないこととされているためです（会社法128①、平成22年通達改正趣旨説明）。

平成21年１月５日から実施されている株券の電子化（株式振替制度）により、上場会社の株式に係る株券は全て廃止され、株主権の管理が電子的に行われることとなり、上場会社の株式を譲渡する場合の株式の引渡しが行われた日とは、譲渡人の口座から譲受人の口座への株式の振替の記録がされた日とされています（社債、株式等の振替に関する法律140、平成22年通達改正趣旨説明）。

また、株式の譲渡により完全支配関係を有しないこととなる場合において、完全支配関係を有しないこととなった日とは、株主権が行使できない状態になる株式の引渡しの日とされています（国税庁質疑応答その１問１）。

なお、法人が株式を譲渡した場合の譲渡損益については、原則として、株式の引渡しの日ではなく、その譲渡に係る契約をした日の属する事業年度に計上することとされているため留意が必要です（法法61の２①、法基通１－３の２－２㈟、２－１－23前段）。

〈完全支配関係を有することとなった日〉

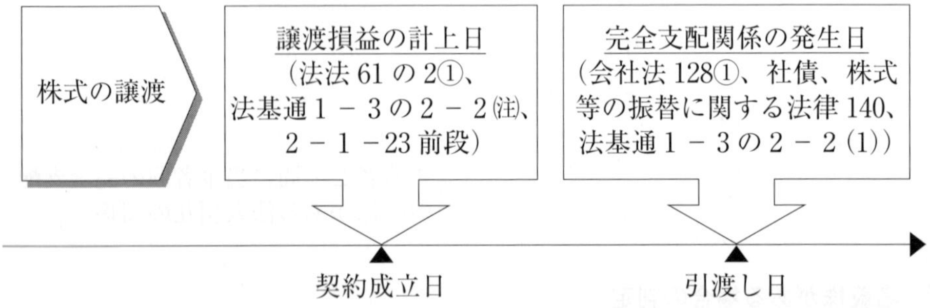

（国税庁資料に加筆）

2　当事者間の完全支配の関係

(1)　内容

当事者間の完全支配の関係は、一の者が法人の発行済株式等㈟の全部を保有する場合におけるその一の者とその法人との間の関係（直接完全支配関係）をいいます（法令４①、４の２②前段）。

この場合において、その一の者及びこれとの間に直接完全支配関係がある一若しくは二以上の法人又はその一の者との間に直接完全支配関係がある一若しくは二以上の法人が他の法人の発行済株式等の全部を保有するときは、その一の者は当該他の法人の発行済株式等の全部を保有するものとみなされます（法令４の２②後段）。

なお、一の者との間に直接完全支配関係があるとみなされる関係を一般的にみなし直接完全支配関係と言っており、その関係は、そのみなされた法人による直接完全支配関係（みなし直接完全支配関係を含みます。）がある法人が存在する限り連鎖することとされています（国税庁質疑応答その１問２）。

㈲　この場合の発行済株式等からは、その法人の従業員持株会所有株式と役員又は使用人のストックオプション行使による所有株式の合計が５％未満である場合のその株式は除くこととされています（法令４の２②、国税庁質疑応答その１問３）。

なお、ここでいう従業員持株会は、組合契約による組合によるものに限られるため、いわゆる証券会社方式による従業員持株会は原則として該当しますが、人格のない社団等に該当するいわゆる信託銀行方式による従業員持株会はこれに該当しないこととされています（法令４の２②一、法基通１－３の２－３）。

⑵　設例

①　一の者及びこれとの間に直接完全支配関係がある法人が発行済株式等の全部を保有する場合

［例１］

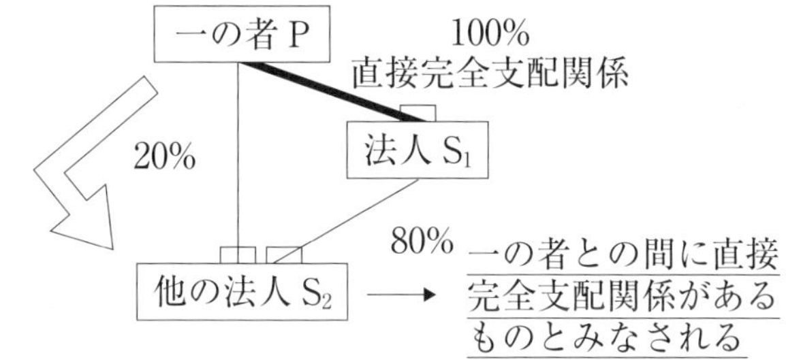

［例２］

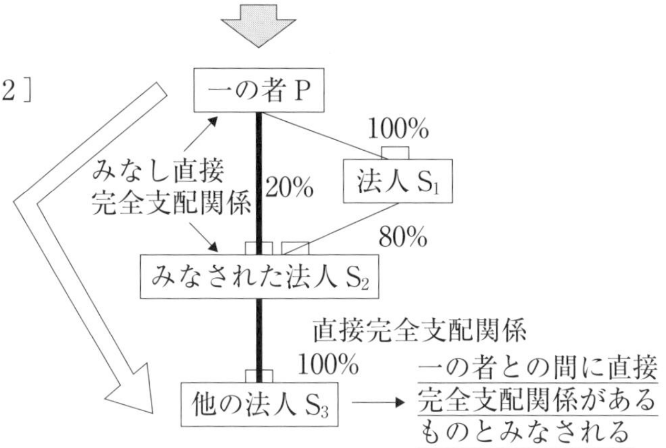

（財務省資料に加筆）

一の者（P）及びこれとの間に直接完全支配関係がある法人（S_1）が他の法人（S_2）の発行済株式等の全部を保有することから、一の者（P）は他の法人（S_2）の発行済株式等の全部を保有するものとみなされます（[例１]）。

言い換えるならば、他の法人（S_2）は一の者（P）との間に直接完全支配関係があるものとみなされます。

また、他の法人（S_2）との間に直接完全支配関係がある他の法人（S_3）がある場合には、一の者（P）が他の法人（S_3）の発行済株式等の全部を保有するものとみなされるため、他の法人（S_3）は一の者（P）との間に直接完全支配関係があるものとみなされます（[例２]）。

なお、一の者は、必ずしも完全支配関係のあるグループの最上層に位置する者に限られるものではありません（国税庁質疑応答その１問２）。上記の場合において、他の法人（S_3）からみれば、他の法人（S_2）も一の者とみることができます。

② 一の者との間に直接完全支配関係がある法人が発行済株式等の全部を保有する場合

[例３]

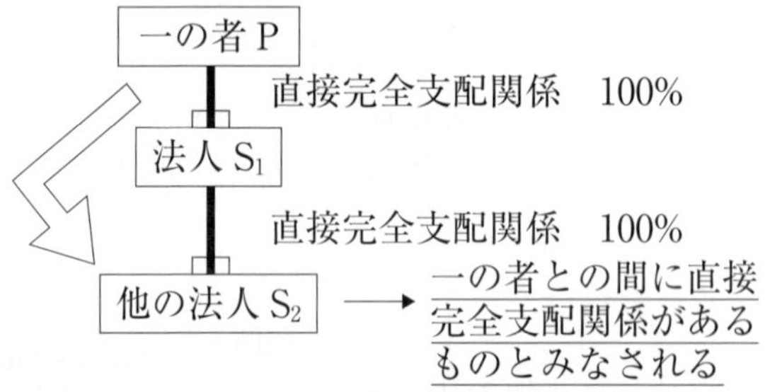

[例４]

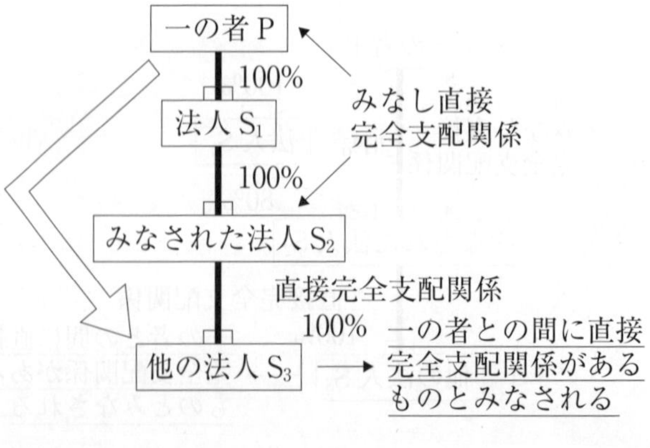

（財務省資料に加筆）

一の者（P）との間に直接完全支配関係がある法人（S_1）が他の法人（S_2）の発行済株式等の全部を保有することから、一の者（P）は他の法人（S_2）の発行済株式等の全部を保有するものとみなされます（[例３]）。

言い換えるならば、他の法人（S_2）は一の者（P）との間に直接完全支配関係があるものとみなされます。

また、他の法人（S_2）との間に直接完全支配関係がある他の法人（S_3）がある場合には、一の者（P）が他の法人（S_3）の発行済株式等の全部を保有するものとみなされるため、他の法人（S_3）は一の者（P）との間に直接完全支配関係があるものとみなされます（[例４]）。

なお、一の者は、必ずしも完全支配関係のあるグループの最上層に位置する者に限られるものではありません（国税庁質疑応答その１問２）。上記の場合において、他の法人（S_3）からみれば、他の法人（S_2）も一の者とみることができます。

③　発行済株式の一部を相互に持合いしている場合

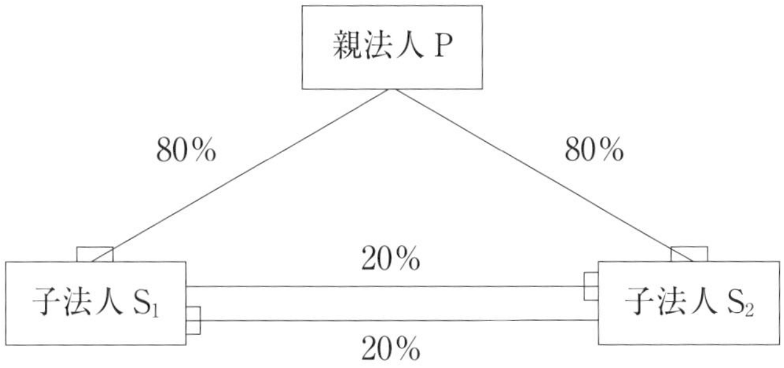

（国税庁資料に加筆）

完全支配関係とは、基本的な考え方として、法人の発行済株式の全てがグループ内のいずれかの法人によって保有され、その資本関係がグループ内で完結している関係、換言すればグループ内法人以外の者によってその発行済株式が保有されていない関係をいうものと解されています（国税庁質疑応答その１問４）。

したがって、グループ内法人以外の者によってその発行済株式が保有されていない子法人（S_1）と親法人（P）の間、子法人（S_2）と親法人（P）の間及び子法人（S_1）と子法人（S_2）の間には、完全支配関係があるものとして取り扱うこととなります。

3　一の者が個人である場合

一の者が個人である場合には、その者と特殊の関係のある次に掲げる個人を含むこととされています（法令４①、４の２②）。

〈特殊の関係〉

①	株主等の親族㈱
②	株主等と婚姻の届出をしていないが事実上婚姻関係と同様の事情にある者
③	株主等（個人である株主等に限ります。④において同じ。）の使用人
④	①から③に掲げる者以外の者で株主等から受ける金銭その他の資産によって生計を維持しているもの
⑤	②から④に掲げる者と生計を一にするこれらの者の親族

㈱　親族とは、６親等内の血族、配偶者及び３親等内の姻族をいいます（民法725）。

〈親族・親等の図表〉

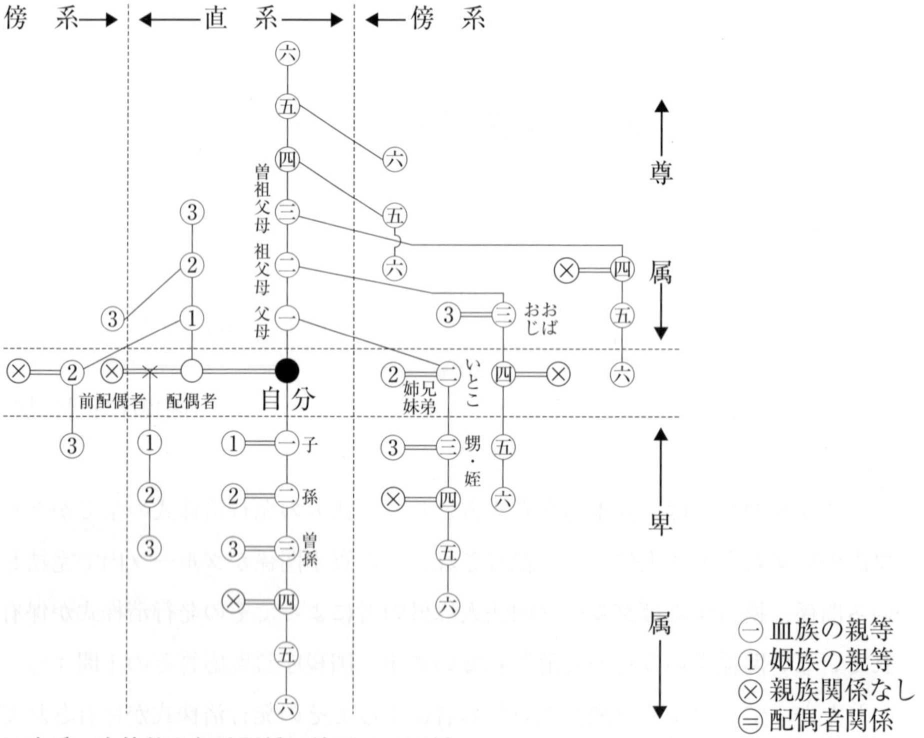

※直系…直接的な親子関係で結ばれる関係
　傍系…直系から分かれ出た系統

（板倉弘至編『令和４年版 図解 相続税・贈与税』８頁（大蔵財務協会 令和４年））

〈親族単位による完全支配関係の判定〉

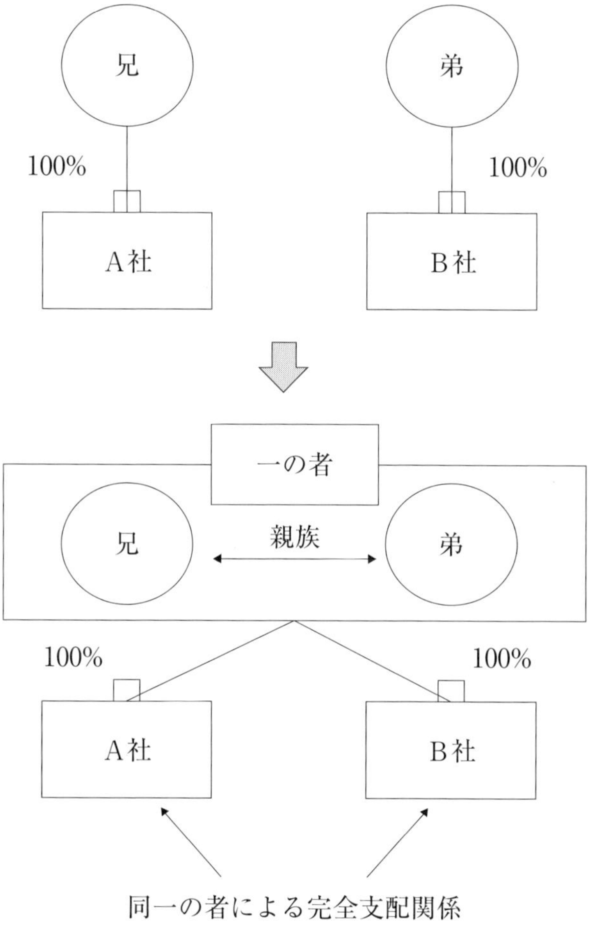

上図のように、兄が発行済株式の100%を保有するＡ社とその弟が発行済株式の100%を保有するＢ社の場合においては、兄と弟を一の者とみますので、Ａ社とＢ社との間には一の者との間に当事者間の完全支配の関係がある法人相互の関係（同一の者による完全支配関係）があることとなります。

ちなみに、下記の図のＡ社の株主である甲とＢ社の株主である丁は親族等の関係がありませんが、甲の弟の乙の配偶者丙が丁の妹であることから、Ａ社については、甲及びその親族等である乙（甲の２親等血族）と丙（甲の２親等姻族）が一の者となり、Ｂ社については、丁及びその親族等である乙（丁の２親等姻族）と丙（丁の２親等血族）が一の者となるため、Ａ社とＢ社との間には、同一の者（乙又は丙）による完全支配関係があることとなります（国税庁 HP 質疑応答「合併法人の株主と被合併法人の株主との間に親族関係がない場合の完全支配関係について」）。

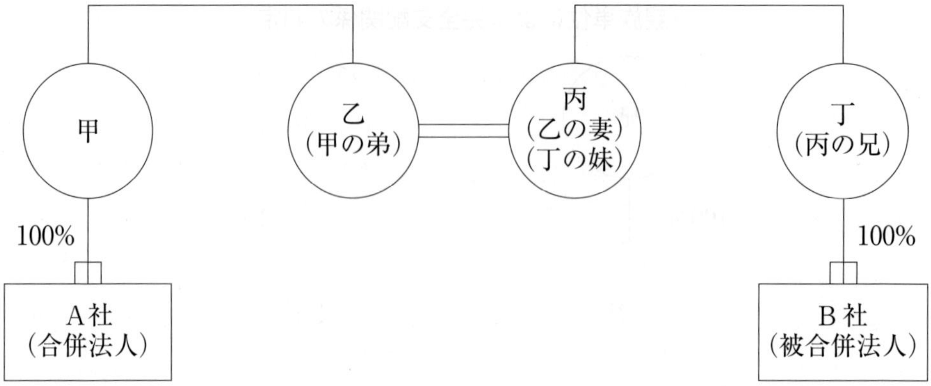

(国税庁 HP 質疑応答に加筆)

第２　支配関係

１　意義

(1)　内容

支配関係とは、一の者が法人の発行済株式等の総数若しくは総額の50％超の数若しくは金額の株式等を直接若しくは間接に保有する関係として下記２の関係（当事者間の支配の関係）又は一の者との間に当事者間の支配の関係がある法人相互の関係をいいます（法法２十二の七の五）。

〈支配関係の例〉

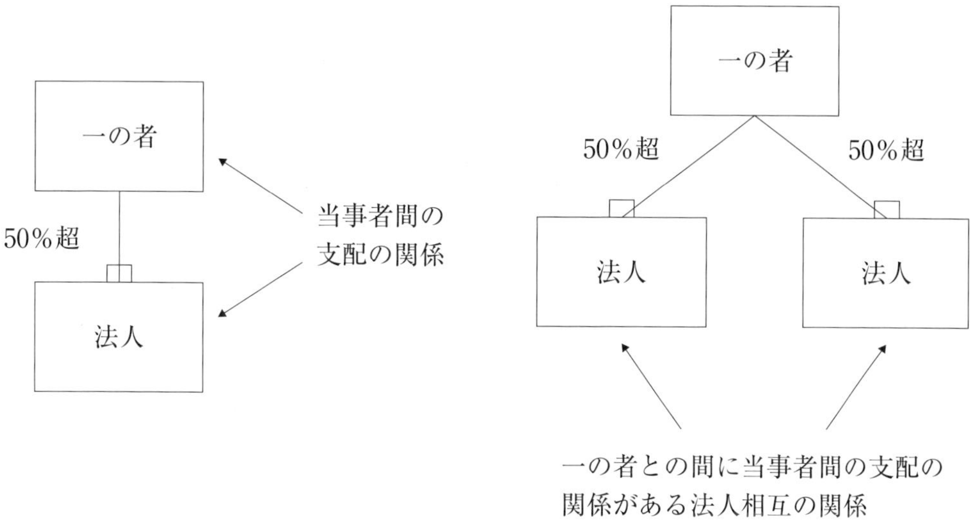

(2)　名義株がある場合の判定

一の者と法人との間に一の者による支配関係があるかどうかは、その株主等が単なる名義人であって、その株主等以外の者が実際の権利者である場合には、その実際の権利者が保有するものとして判定することとされています（法基通１－３の２－１）。

(3)　支配関係を有することとなった日

支配関係を有することとなった日とは、一方の法人が他方の法人を支配することができる関係が生じた日をいい、例えば、株式の購入により支配関係を有することとなる場合には、株式の購入に係る契約が成立した日ではなく、その株式の株主権が行使できる状態になる株式の引渡しが行われた日とされ（法基通１－３の２－２⑴）、逆に株式の譲渡により支配関係を有しないこととなる場合において、支配関係を有しないこととなった日とは、株主権が行使できない状態になる株式の引渡しの日とされています（国税庁質疑応答その１問１）。

また、法人が株式を譲渡した場合の譲渡損益については、原則として、株式の引渡しの日ではなく、その譲渡に係る契約をした日の属する事業年度に計上することとされているため留意が必要です（法法61の２①、法基通１－３の２－２㈲、２－１－23前段）。

２　当事者間の支配の関係

当事者間の支配の関係は、一の者が法人の発行済株式等の総数又は総額の50％超の数又は金額の株式等を保有する場合におけるその一の者と法人との関係（直接支配関係）をいいます（法令４①、４の２①前段）。

この場合において、その一の者及びこれとの間に直接支配関係がある一若しくは二以上の法人又はその一の者との間に直接支配関係がある一若しくは二以上の法人が他の法人の発行済株式等の総数又は総額の50％超の数又は金額の株式等を保有するときは、その一の者は当該他の法人の発行済株式等の総数又は総額の50％超の数又は金額の株式等を保有するものとみなされます（法令４の２①後段）。

なお、一の者との間に直接支配関係があるとみなされる関係を一般的にみなし直接支配関係と言っており、その関係は、そのみなされた法人による直接支配関係（みなし直接支配関係を含みます。）がある法人が存在する限り連鎖することとされています（国税庁質疑応答その１問２）。

〈みなし直接支配関係の例〉

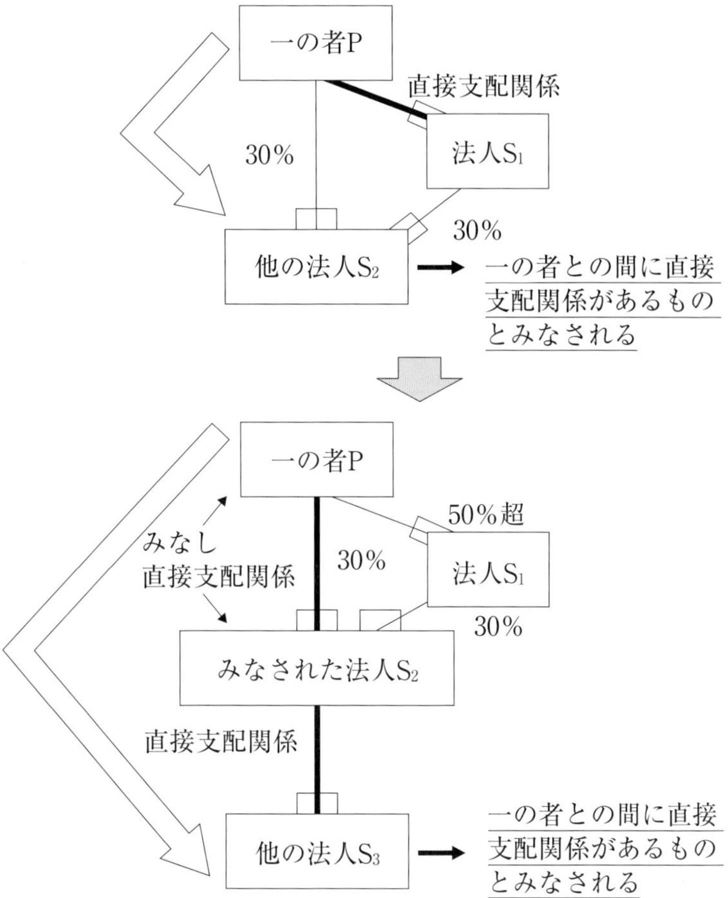

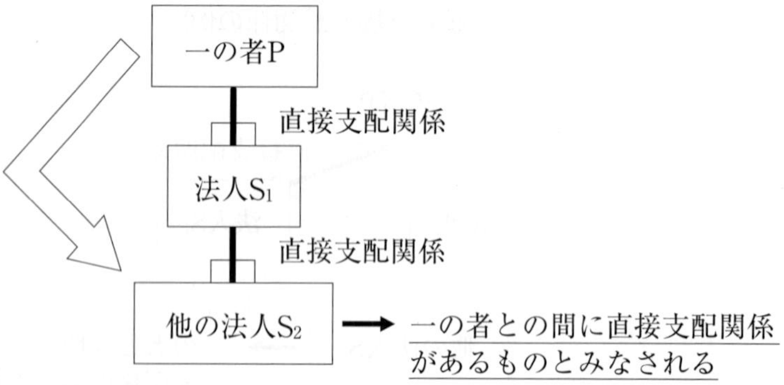

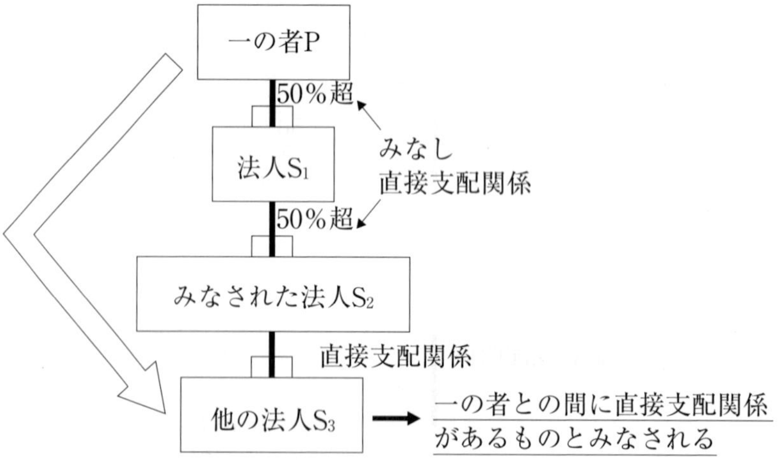

（財務省資料に加筆）

3　一の者が個人である場合

一の者が個人である場合には、その者と特殊の関係のある次に掲げる個人を含むこととされています（法令４①、４の２①）。

〈特殊の関係〉

①	株主等の親族㈱
②	株主等と婚姻の届出をしていないが事実上婚姻関係と同様の事情にある者
③	株主等（個人である株主等に限ります。④において同じ。）の使用人
④	①から③に掲げる者以外の者で株主等から受ける金銭その他の資産によって生計を維持しているもの
⑤	②から④に掲げる者と生計を一にするこれらの者の親族

㈱　親族とは、６親等内の血族、配偶者及び３親等内の姻族をいいます（民法725）。

〈親族単位による支配関係の判定〉

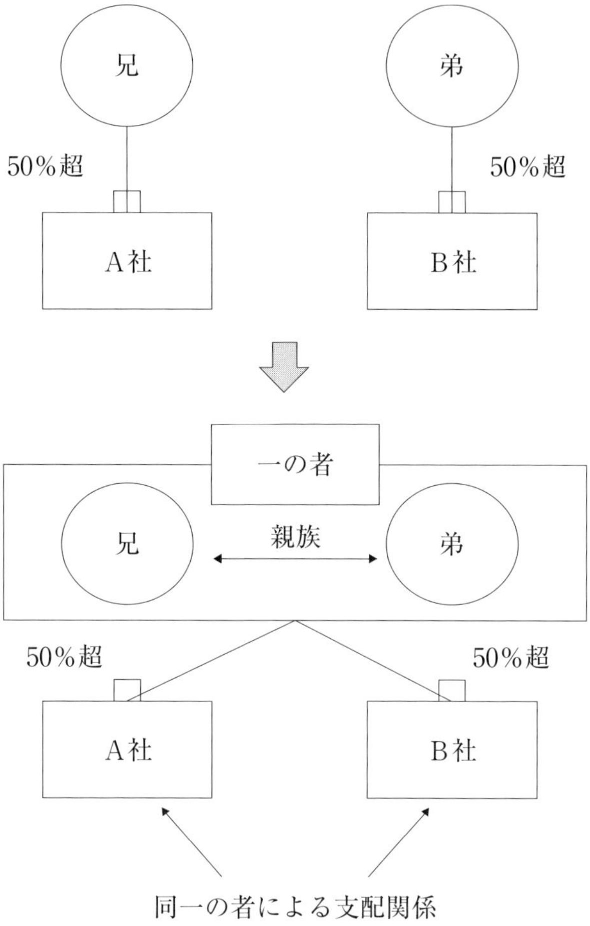

上図のように、兄が発行済株式の50％超を保有するＡ社とその弟が発行済株式の50％超を保有するＢ社の場合においては、兄と弟を一の者とみますので、Ａ社とＢ社との間には一の者との間に当事者間の支配の関係がある法人相互の関係（同一の者による支配関係）があることとなります。

第４章　適格要件

第１　適格合併

１　完全支配関係がある場合の適格要件

完全支配関係がある場合の適格要件は、次の２つの要件です。

〈完全支配関係がある場合の要件〉

①	金銭等不交付要件
②	完全支配関係継続要件

(1)　金銭等不交付要件

イ　内容

合併の対価として合併法人株式（合併法人の株式(注)をいいます。）又は合併親法人株式（合併親法人（下記ロ参照）の株式をいいます。）のうちいずれか一の株式以外の資産の交付がないこと（無対価も含まれます。）をいいます（法法２十二の八）。

ただし、株主等（株主又は合名会社、合資会社若しくは合同会社の社員その他法人の出資者をいいます（法法２十四)。）に対する剰余金の配当等（株式に係る剰余金の配当、利益の配当又は剰余金の分配をいいます。）として交付される金銭その他の資産、合併に反対する株主等に対する買取請求に基づく対価として交付される金銭その他の資産及び合併の直前において合併法人が被合併法人の発行済株式等（第３章第１の１(1)参照）の総数（出資にあっては総額。以下本章において同じです。）の３分の２以上に相当する数（出資にあっては金額。以下本章において同じです。）の株式を有する場合におけるその合併法人以外の株主等に交付される金銭その他の資産が交付されたとしても、この金銭等不交付要件を満たします（法法２十二の八かっこ書)。

なお、被合併法人の株主等に交付された金銭が、その合併に際して交付すべき合併法人株式に１株未満の端数が生じたためにその１株未満の株式の合計数に相当する数の株式を他に譲渡し、又は買い取った代金として交付されたものであるとき（第２章第12の２参照）は、その株主等に対してその１株未満の株式に相当する株式を交付したこととなります。ただし、その交付された金銭が、その交付の状況その他の事由を総合的に勘案して実質的にその株主等に対して支払う合併の対価であると認められるときは、合併の対価として金銭が交付されたものとして取り扱うこととされています（法基通１－４－２）。

また、合併法人が被合併法人の株主等に合併親法人株式を交付する場合にも、その交付する合併親法人株式に１株未満の端数が生ずる場合が有り得ますが、その場合においてその端数に応じて金銭が交付されるときは、その端数に相当する部分は、合併親法人株式に含まれるものとされています（法令139の３の２①）。

㈲　株式には出資が含まれます。以下、「第１　適格合併」において同じです。

〈対価の種類等と金銭等不交付要件の可否〉

対価の種類等		金銭等不交付要件の可否
①	合併法人株式	満たす
②	合併親法人株式	満たす
③	１株未満の端数相当の金銭	満たす
④	剰余金の配当としての金銭	満たす
⑤	反対株主買取請求に基づく対価としての金銭	満たす
⑥	合併法人が被合併法人の発行済株式等の総数の３分の２以上を保有する場合に他の株主に交付される金銭	満たす
⑦	無対価	満たす
⑧	上記以外の金銭その他の資産	満たさない

〈合併の対価として金銭等が交付されたとしても金銭等不交付要件を満たすこととされている合併〉

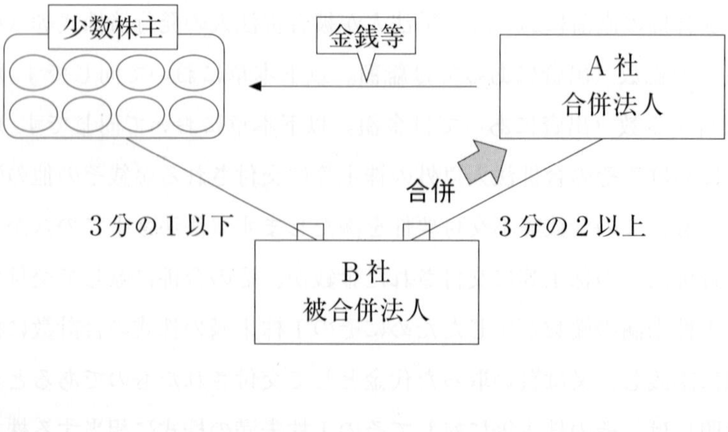

ロ　合併親法人

合併親法人とは、合併直前に合併法人と合併法人以外の法人との間にその法人による完全支配関係があり、かつ、合併後に合併法人とその法人（親法人）との間にその親法人㈱による完全支配関係が継続すること（当初合併後に当初合併に係る合併法人を被合併法人とする適格合併を行うことが見込まれている場合には、当初合併の時から適格合併の直前の時まで完全支配関係が継続すること）が見込まれている場合のその親法人をいいます（法法２十二の八、法令４の３①）。

㈱　その合併（当初合併）後に親法人を被合併法人とする適格合併を行うことが見込まれている場合には、適格合併に係る合併法人は、適格合併後においては親法人とみなすこととされています（法令４の３㉕一、下記第８の１参照）。

〈親法人と合併法人の関係〉

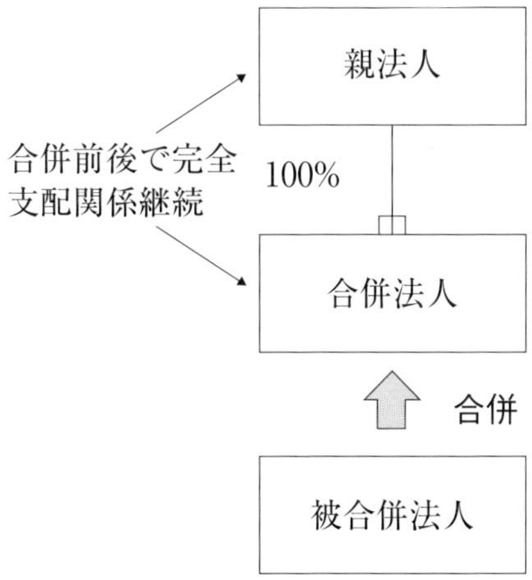

〈当初合併後に親法人を被合併法人とする適格合併を行うことが見込まれている場合〉

i 当初合併後、適格合併直前　　**ii 適格合併後**

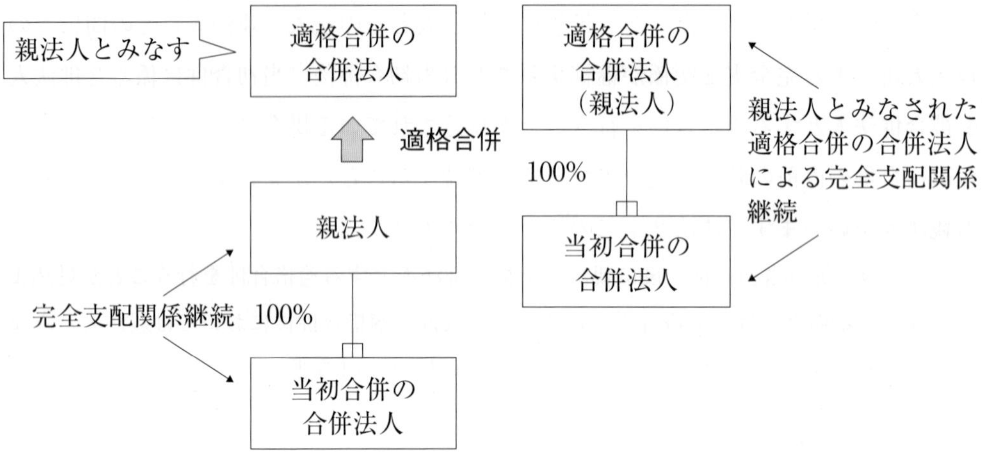

〈当初合併後に当初合併に係る合併法人を被合併法人とする適格合併を行うことが見込まれている場合〉

当初合併後、適格合併直前

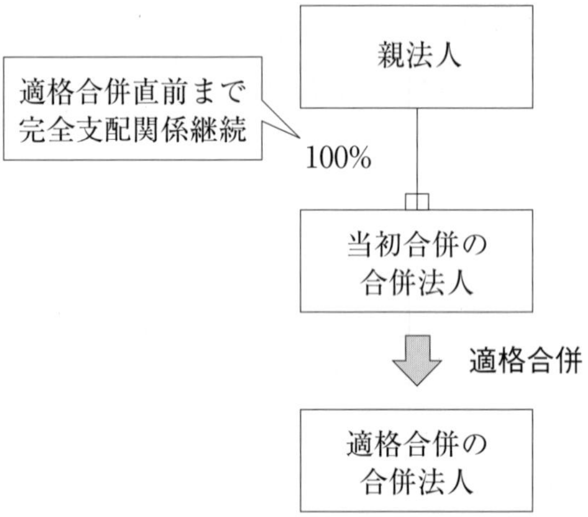

⑵　完全支配関係継続要件

次に掲げるいずれかの関係があることをいいます（法法2十二の八イ、法令4の3②)。なお、次のイの関係は、合併により一の法人となりますので、合併後の完全支配関係の継続は求められません。

イ　当事者間の完全支配関係

被合併法人と合併法人（合併が新設合併である場合にあっては、被合併法人と他の被合併法人。以下⑵において同じです。）との間にいずれか一方の法人による完全支配関係㈴がある場合における完全支配関係（ロに掲げる関係に該当するものを除きます。）をいいます（法令４の３②一）。

㈴　無対価合併の場合には、下記ハを参照してください。

〈被合併法人と合併法人との間にいずれか一方の法人による完全支配関係がある場合〉

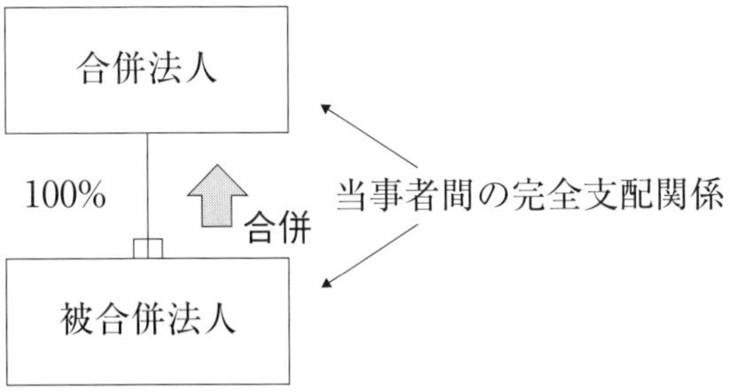

ロ　同一の者による完全支配関係

合併前に被合併法人と合併法人との間に同一の者による完全支配関係（注１）があり、かつ、合併後に同一の者と合併法人との間に同一の者（注２）による完全支配関係が継続すること（当初合併後に当初合併に係る合併法人を被合併法人又は完全子法人とする適格合併又は適格株式分配を行うことが見込まれている場合には、当初合併の時から適格合併又は適格株式分配の直前の時まで完全支配関係が継続すること）が見込まれている場合における当初合併に係る被合併法人と合併法人との間の関係をいいます（法令４の３②二）。

㈴１　無対価合併の場合には、下記ハを参照してください。

２　その合併（当初合併）後に同一の者を被合併法人とする適格合併を行うことが見込まれている場合には、適格合併に係る合併法人は、適格合併後においては同一の者とみなすこととされています（法令４の３㉕二、下記第８の２参照）。

〈合併前に被合併法人と合併法人との間に同一の者による完全支配関係がある場合〉

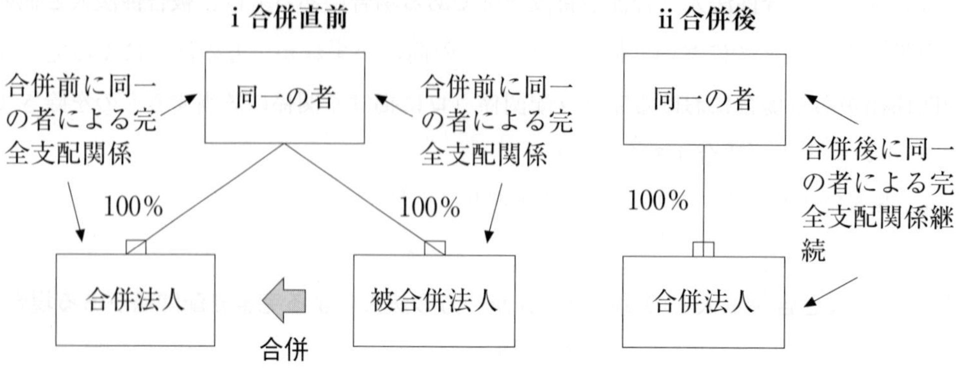

〈当初合併後に同一の者を被合併法人とする適格合併を行うことが
見込まれている場合〉

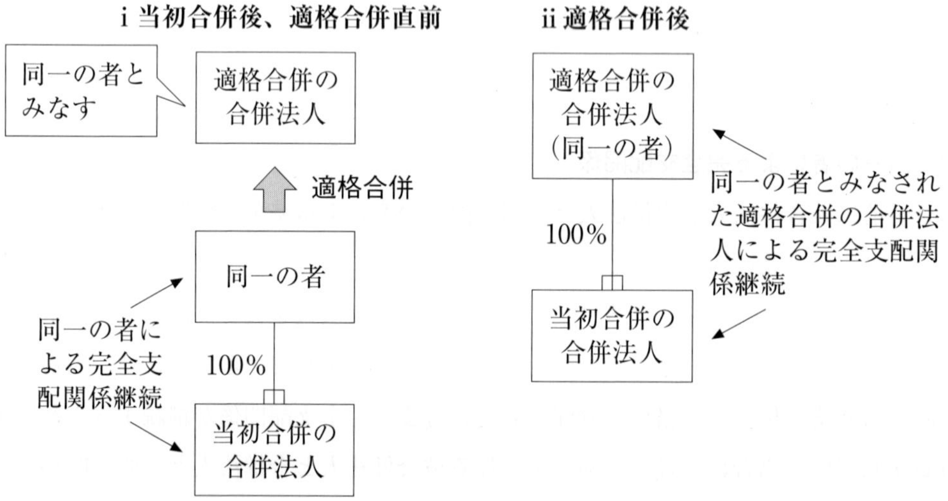

〈当初合併後に当初合併に係る合併法人を被合併法人とする適格合併を行うことが見込まれている場合〉

当初合併後、適格合併直前

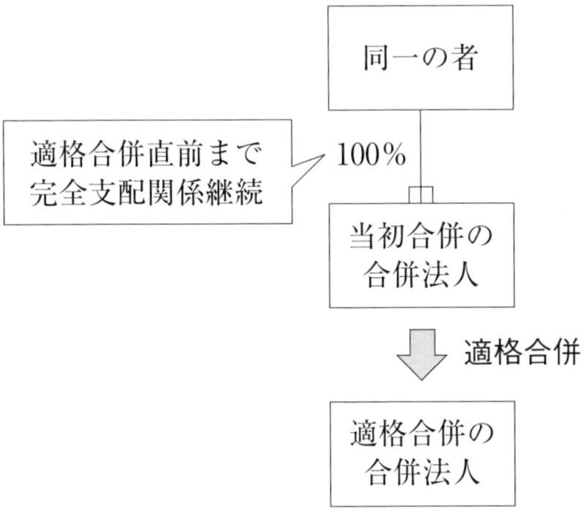

〈当初合併後に当初合併に係る合併法人を完全子法人とする適格株式分配を行うことが見込まれている場合〉

当初合併後、適格株式分配直前

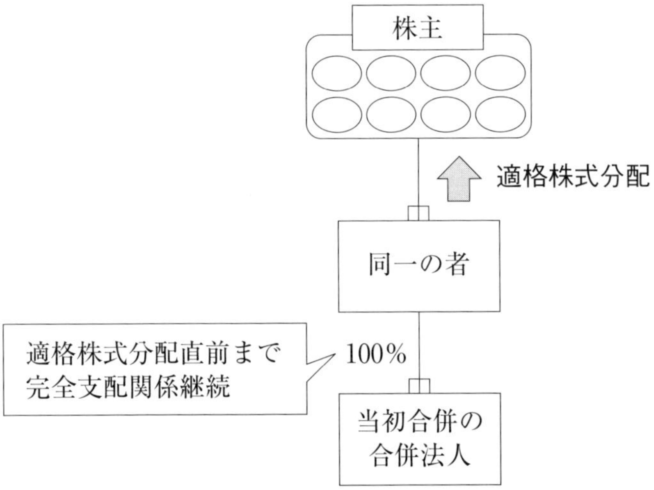

ちなみに、A社の100％子会社B社を合併法人、B社の100％子会社C社（A社の100％孫会社）を被合併法人とする合併が行われる場合において、合併後にA社がB社株式の一部を譲渡することが見込まれているときには、合併後の同一の者による完全支配関係（法人相互の完全支配関係）の継続は見込まれないものの、合併前に当事者間の完全支配関係があることから、金銭等不交付要件を満たすことを前提として、

その合併は適格合併に該当します（国税庁 HP 質疑応答「合併法人と被合併法人との間に「当事者間の完全支配関係」と「法人相互の完全支配関係」のいずれにも該当する関係がある場合の適格判定について」）。

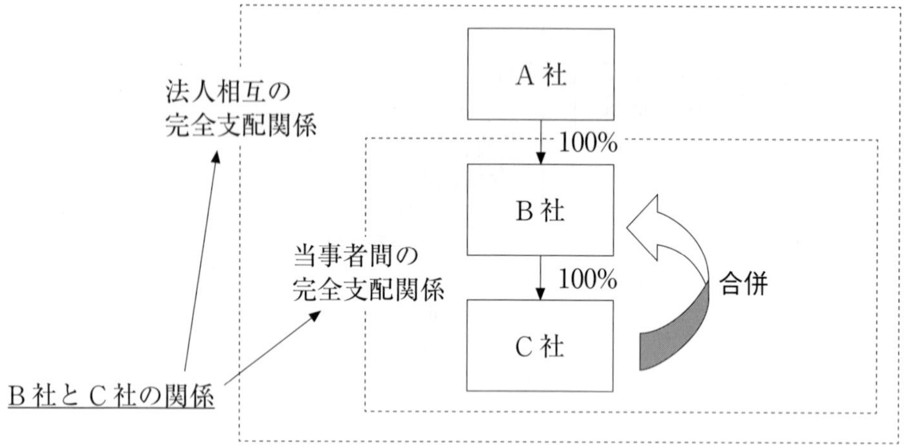

（国税庁 HP 質疑応答より）

また、A 社の70％子会社 B 社を合併法人、B 社の100％子会社 C 社を被合併法人とする合併が行われる場合において、同一の者による支配関係（法人相互の支配関係）と当事者間の完全支配関係のいずれにより適格要件を判定するかについては、当事者間の完全支配関係により行うこととなります（国税庁 HP 質疑応答「合併法人と被合併法人との間に「当事者間の完全支配関係」と「法人相互の支配関係」のいずれにも該当する関係がある場合の適格要件の適用関係について」）。

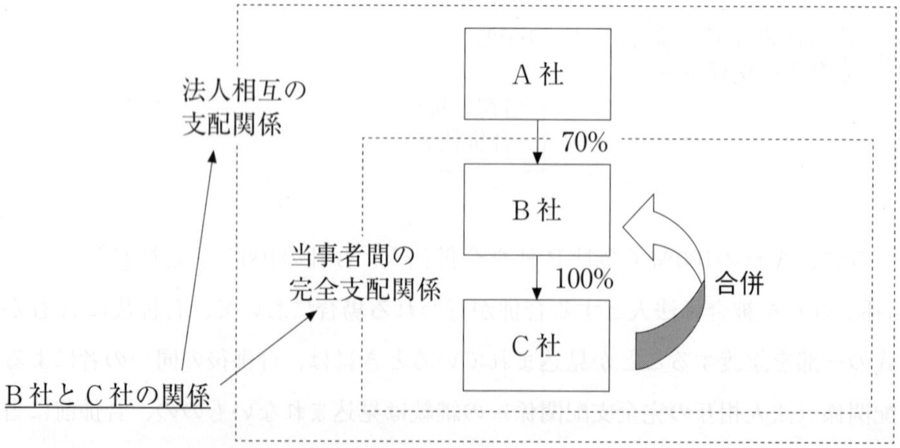

（国税庁 HP 質疑応答より）

ハ　無対価合併の場合

無対価合併の場合の完全支配関係継続要件は、合併前に次の①又は②に掲げる関係（上記イの場合には下記①の関係、上記ロの場合には下記①又は②の関係）にある場合に限られています（法令4の3②）。これは、無対価合併で適格合併とされるものは、合併法人株式の交付を省略したと考えられるもの（合併法人株式を交付した場合、交付しなかった場合のいずれであっても資本関係に差異がないもの）に限られているためです。

〈無対価合併で完全支配関係継続要件を満たすために要する関係〉

①	合併法人が被合併法人の発行済株式等の全部を保有する関係
②	被合併法人及び合併法人の株主等（被合併法人及び合併法人を除きます。）の全てについて、その者が保有する被合併法人株式（被合併法人の株式をいいます。）の数の被合併法人の発行済株式等（合併法人が保有する被合併法人株式を除きます。）の総数のうちに占める割合とその者が保有する合併法人株式の数の合併法人の発行済株式等（被合併法人が保有する合併法人株式を除きます。）の総数のうちに占める割合とが等しい場合における被合併法人と合併法人との間の関係

〈合併法人が被合併法人の発行済株式等の全部を保有する関係（上記①の関係）〉

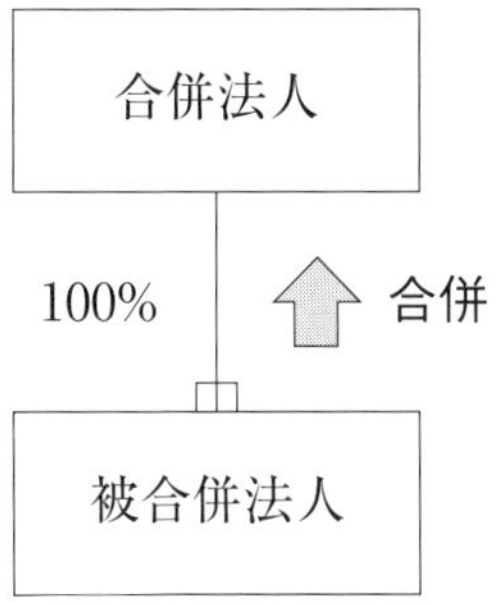

〈被合併法人と合併法人の株主の全てについて、その株主が保有する被合併法人株式の保有割合と合併法人株式の保有割合とが等しい関係（上記②の関係）の例〉

i　法人株主による完全支配関係

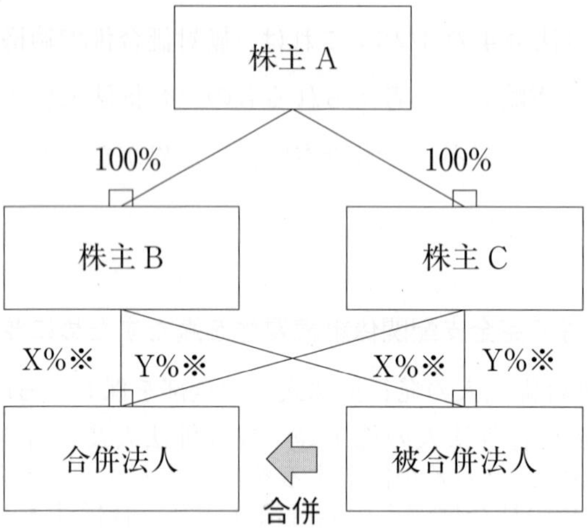

※X%＋Y%＝100%

ii　個人株主による完全支配関係

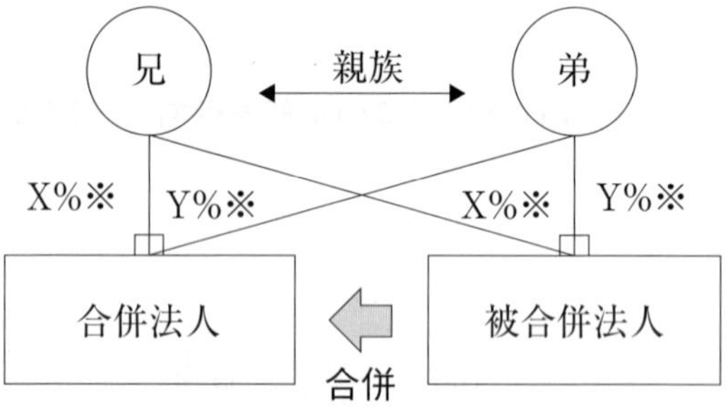

※X%＋Y%＝100%

（参考）

次のⅰからⅲの関係は、平成30年度税制改正前はそれぞれ無対価合併の個別の類型として認められていたものですが、同改正により個別の類型の規定が廃止されて上記②の包括的規定に一本化されたことにより、同改正後は上記②の包括的規定により無対価合併として認められています。

ⅰ　一の者㈲が被合併法人及び合併法人の発行済株式等の全部を保有する関係

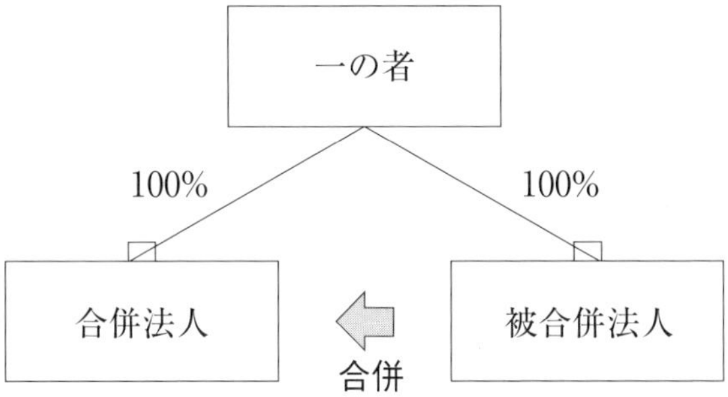

㈲　この場合の「一の者」は、完全支配関係の判定の場合（第３章第１の３参照）と異なり、個人の場合には、親族等の同族関係者を含まない単独の者を指します。

ⅱ　合併法人及び合併法人の発行済株式等の全部を保有する者が被合併法人の発行済株式等の全部を保有する関係

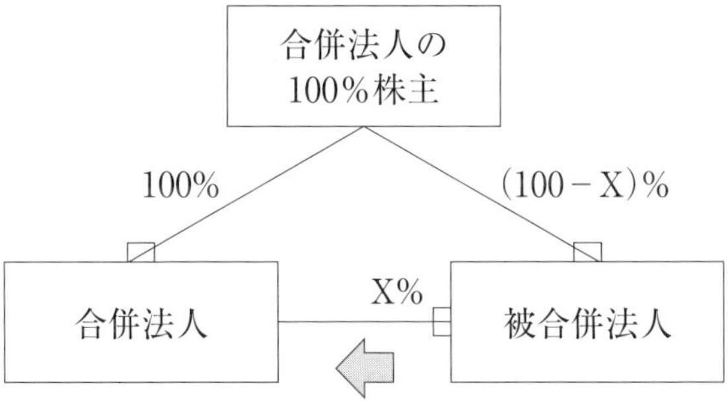

iii　被合併法人及び被合併法人の発行済株式等の全部を保有する者が合併法人の発行済株式等の全部を保有する関係

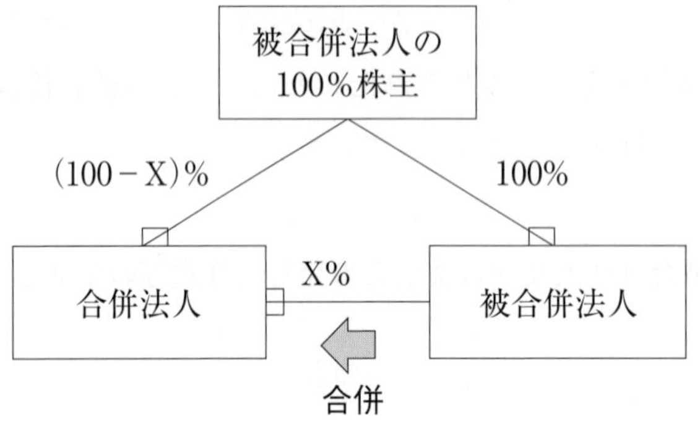

ちなみに、A社の100％子会社B社の100％子会社C社（A社の100％孫会社）を合併法人、A社の100％子会社D社を被合併法人とする無対価合併が行われた場合（下記図参照）には、両者の間には完全支配関係がありますが、上記の①又は②のいずれの関係にも該当しないことから適格合併には該当しません（国税庁HP質疑応答「合併対価が交付されない合併（無対価合併）に係る適格判定について」）。

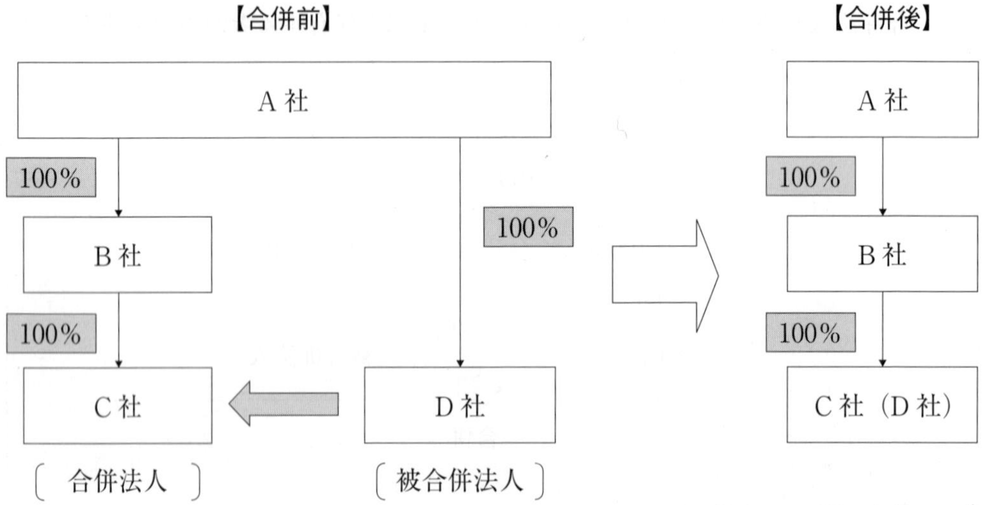

（国税庁HP質疑応答より）

また、個人Aによる完全支配関係があるX社を合併法人、個人A、個人B（Aの父）及び個人C（Aの妻）による完全支配関係があるY社を被合併法人とする無対価合併が行われた場合（下記図参照）には、両者の間には完全支配関係がありますが、上記①又は②のいずれの関係にも該当しないことから適格合併には該当しません（国税庁 HP 質疑応答「無対価合併に係る適格判定について（株主が個人である場合）」）。

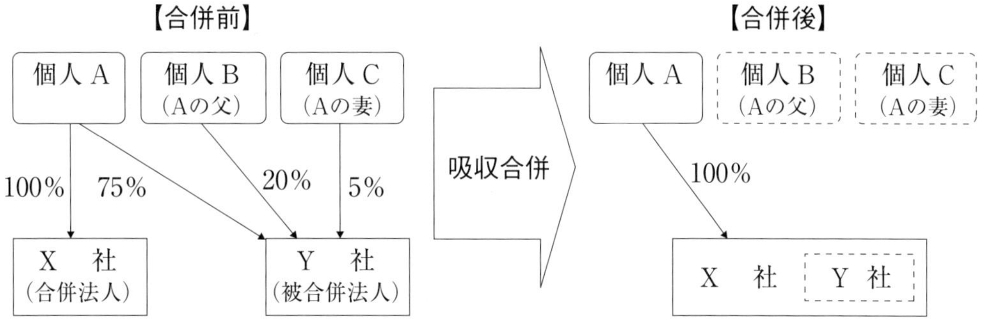

（国税庁 HP 質疑応答より）

２　支配関係がある場合の適格要件

支配関係がある場合の適格要件は、次の４つの要件です。

〈支配関係がある場合の要件〉

①	金銭等不交付要件
②	支配関係継続要件
③	独立事業単位要件（従業者引継要件）
④	事業継続要件

⑴　金銭等不交付要件

合併の対価として合併法人株式又は合併親法人株式のうちいずれか一の株式以外の資産の交付がないこと（無対価も含まれます。）をいいます（法法２十二の八）。その内容は、上記１⑴の金銭等不交付要件と同じです。

⑵　支配関係継続要件

次に掲げるいずれかの関係があることをいいます（法法２十二の八ロ、法令４の３③）。なお、次のイの関係は、合併により一の法人となりますので、合併後の支配関係の継続は求められません。

イ　当事者間の支配関係

被合併法人と合併法人（合併が新設合併である場合にあっては、被合併法人と他の被合併法人。以下⑵において同じです。）との間にいずれか一方の法人による支配関係(注)がある場合における支配関係（ロに掲げる関係に該当するものを除きます。）をいいます（法令４の３③一）。

(注)　無対価合併の場合には、下記ハを参照してください。

〈被合併法人と合併法人との間にいずれか一方の法人による支配関係がある場合〉

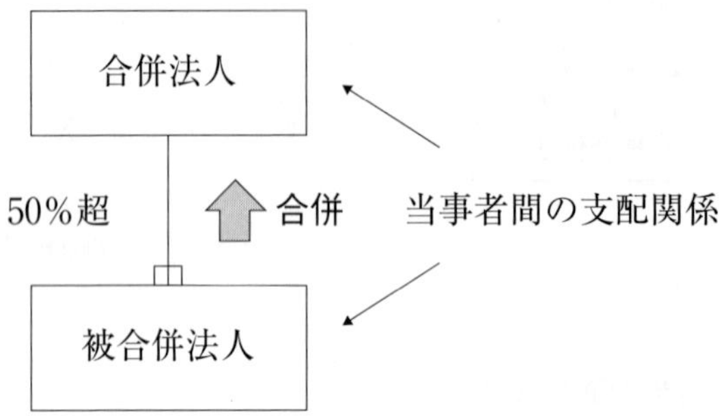

ロ　同一の者による支配関係

合併前に被合併法人と合併法人との間に同一の者による支配関係（注１）があり、かつ、合併後に同一の者と合併法人との間に同一の者（注２）による支配関係が継続すること（当初合併後に当初合併に係る合併法人を被合併法人とする適格合併を行うことが見込まれている場合には、当初合併の時から適格合併の直前の時まで支配関係が継続すること）が見込まれている場合における当初合併に係る被合併法人と合併法人との間の関係をいいます（法令４の３③二）。

(注)１　無対価合併の場合には、下記ハを参照してください。

２　その合併（当初合併）後に同一の者を被合併法人とする適格合併を行うことが見込まれている場合には、適格合併に係る合併法人は、適格合併後においては同一の者とみなすこととされます（法令４の３㉕二、下記第８の２参照）。

〈合併前に被合併法人と合併法人との間に同一の者による支配関係がある場合〉

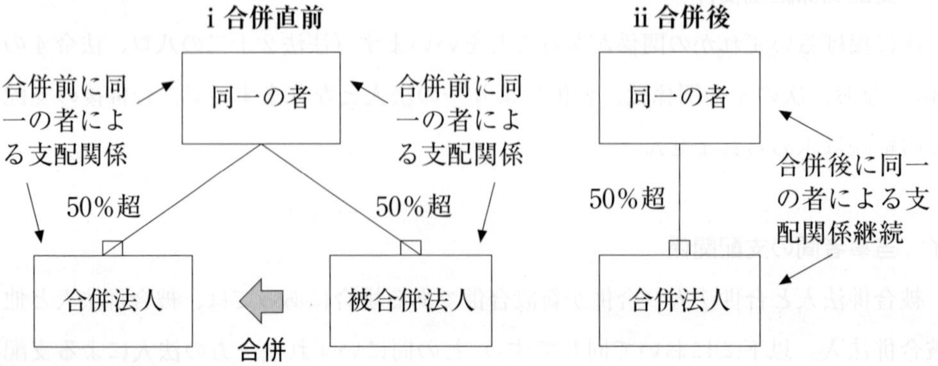

〈当初合併後に同一の者を被合併法人とする適格合併を行うことが見込まれている場合〉

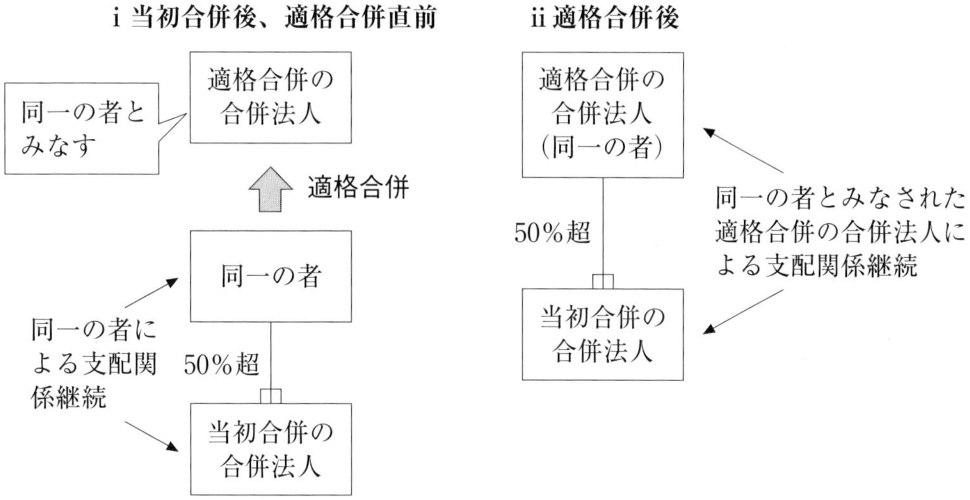

〈当初合併後に当初合併に係る合併法人を被合併法人とする適格合併を行うことが見込まれている場合〉

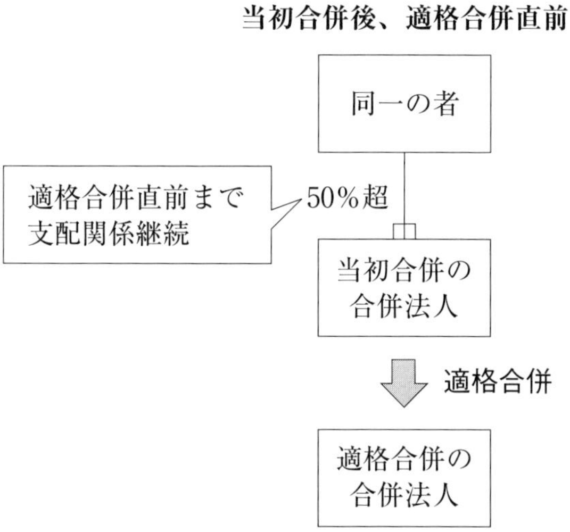

ハ　無対価合併の場合

無対価合併の場合の支配関係継続要件は、合併前に次の①又は②に掲げる関係（上記イの場合には下記②の関係、上記ロの場合には下記①又は②の関係）にある場合に限られています（法令４の３③）。これは、無対価合併で適格合併とされるものは、合併法人株式の交付を省略したと考えられるもの（合併法人株式を交付した場合、交付しなかった場合のいずれであっても資本関係に差異がないもの）に限られているためです。

〈無対価合併で支配関係継続要件を満たすために要する関係〉

①	合併法人が被合併法人の発行済株式等の全部を保有する関係
②	被合併法人及び合併法人の株主等（被合併法人及び合併法人を除きます。）の全てについて、その者が保有する被合併法人株式の数の被合併法人の発行済株式等（合併法人が保有する被合併法人株式を除きます。）の総数のうちに占める割合とその者が保有する合併法人株式の数の合併法人の発行済株式等（被合併法人が保有する合併法人株式を除きます。）の総数のうちに占める割合とが等しい場合における被合併法人と合併法人との間の関係

〈合併法人が被合併法人の発行済株式等の全部を保有する関係（上記①の関係）〉

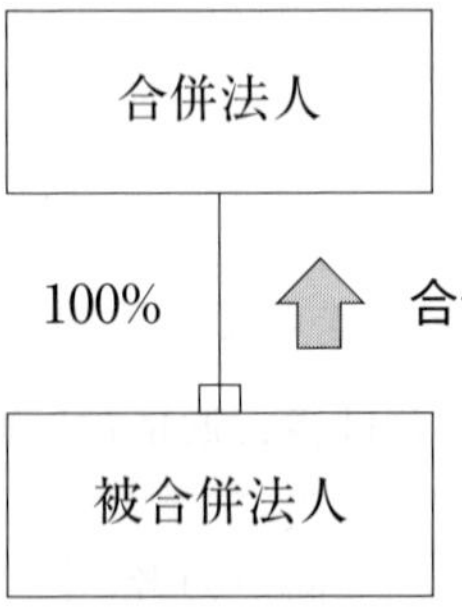

〈被合併法人と合併法人の株主の全てについて、その株主が保有する被合併法人株式の保有割合と合併法人株式の保有割合とが等しい関係（上記②の関係）の例〉

ｉ　法人株主による支配関係

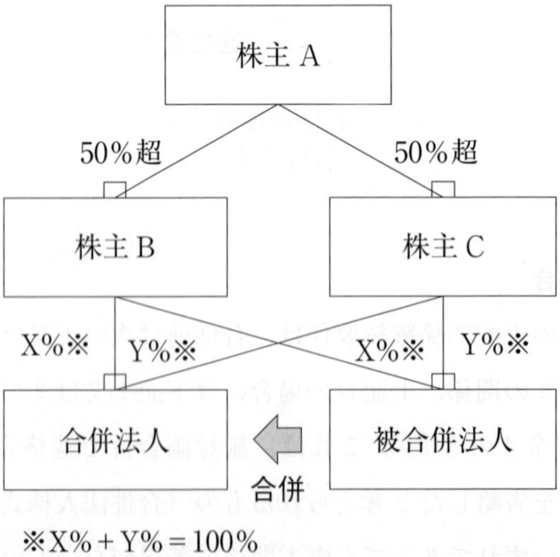

ⅱ　個人株主による支配関係

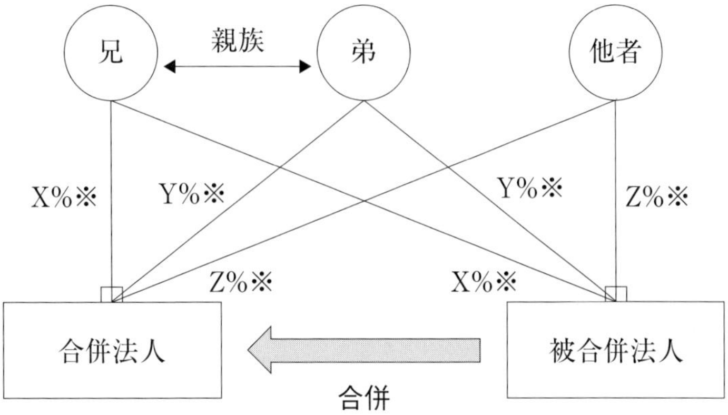

※X%＋Y%＞50%
　X%＋Y%＋Z%＝100%

⑶　独立事業単位要件（従業者引継要件）

独立事業単位要件は、①主要資産負債引継要件と②従業者引継要件の２つから成ります。ただし、合併の場合には、被合併法人の全ての資産負債が合併法人に包括的に承継されるため、①の主要資産負債引継要件は当然に満たすこととなりますので、あえて要件としては掲げられていません。

したがって、合併の場合には、②の従業者引継要件により独立事業単位要件を満たすかどうかを判定することとなります。

イ　内容

合併の場合の独立事業単位要件（従業者引継要件）とは、被合併法人の合併の直前の従業者のうち、その総数のおおむね80%以上に相当する数の者が合併後に合併法人の業務（その合併に係る合併法人との間に完全支配関係がある法人の業務を含みます。）に従事することが見込まれていることをいいます（法法２十二の八ロ⑴）。

〈従業者引継要件〉

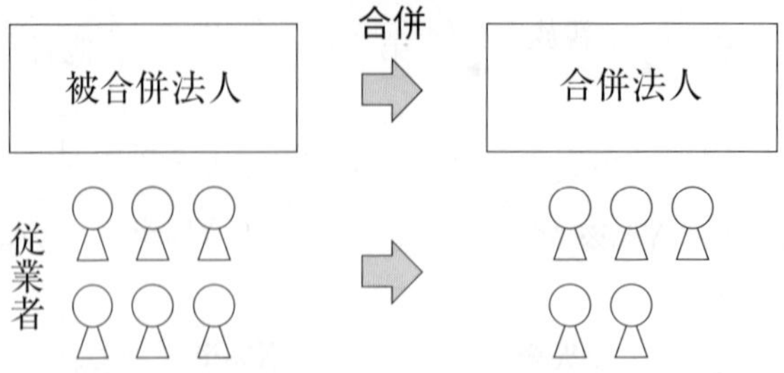

おおむね80％以上の引継ぎ

〈合併法人との間に完全支配関係がある法人がいる場合の従業者引継要件〉

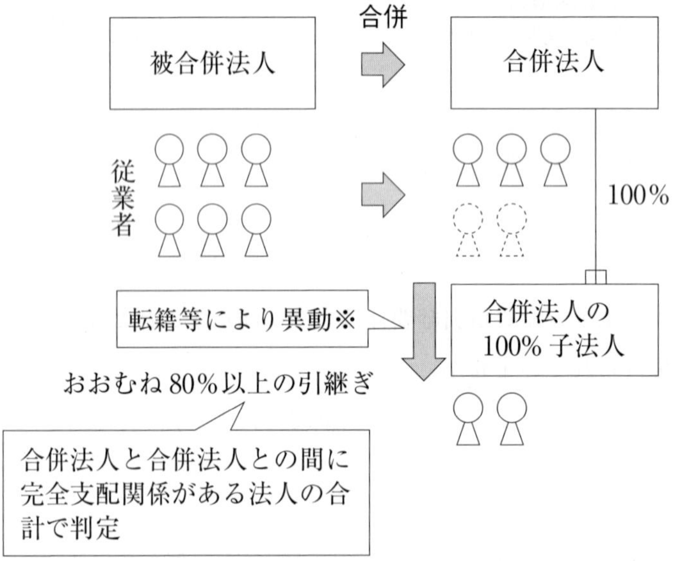

※合併法人を経由せず直接100％子法人等に異動する者も含まれます。

ちなみに、被合併法人の全従業者の雇用契約が、合併法人に承継されずに合併の日の前日に終了（退職）し、合併後にその従業者の総数のおおむね80％以上が合併法人との間に新たな雇用契約を締結して、合併法人の業務に従事することが見込まれている場合には、従業者引継要件を満たすものとされた事例があります（平成30年11月15日付名古屋国税局審理課長文書回答「合併に際し、被合併法人の従業者との雇用契約を終了させ、当該合併後に合併法人において当該従業者を新たに雇用する場合の従業者引継要件の判定」）。

ロ　合併後に適格合併を行うことが見込まれている場合

上記イの「合併法人の業務」には、その合併（当初合併）後に行われる適格合併によりその被合併法人のその合併前に行う主要な事業がその適格合併に係る合併法人に移転することが見込まれている場合におけるその適格合併に係る合併法人及びその適格合併に係る合併法人との間に完全支配関係がある法人の業務が含まれることとされています（法法２十二の八ロ(1)かっこ書）。したがって、当初合併と同日にその当初合併に係る合併法人を被合併法人とする適格合併が行われることで、被合併事業の従業者が当初合併に係る合併法人の業務に従事しない場合においても、その従業者が適格合併に係る合併法人又は適格合併に係る合併法人との間に完全支配関係がある法人の業務に従事することが見込まれているときには、その従業者は、従業者引継要件の判定対象となる従業者に含まれることになります。また、その適格合併後にさらに適格合併が行われることが見込まれている場合において、２回目以降の適格合併に係る合併法人にその主要な事業が移転することが見込まれているときにも、同様に取り扱われることになります。

なお、被合併法人の合併前に行う事業が２以上ある場合において、そのいずれが主要な事業であるかは、それぞれの事業に属する収入金額又は損益の状況、従業者の数、固定資産の状況等を総合的に勘案して判定することとされています（法基通１－４－５）。

〈当初合併後に当初合併に係る合併法人を被合併法人とする適格合併を行うことが見込まれている場合（当初合併に係る合併法人の業務に従事する場合）〉

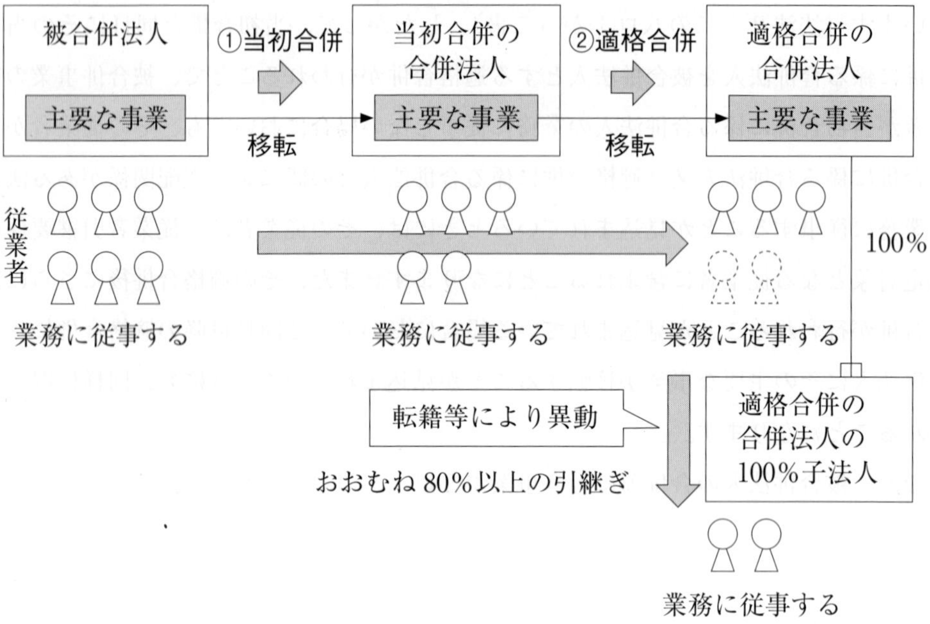

〈当初合併後に当初合併に係る合併法人を被合併法人とする適格合併を行うことが見込まれている場合（当初合併に係る合併法人の業務に従事しない場合）〉

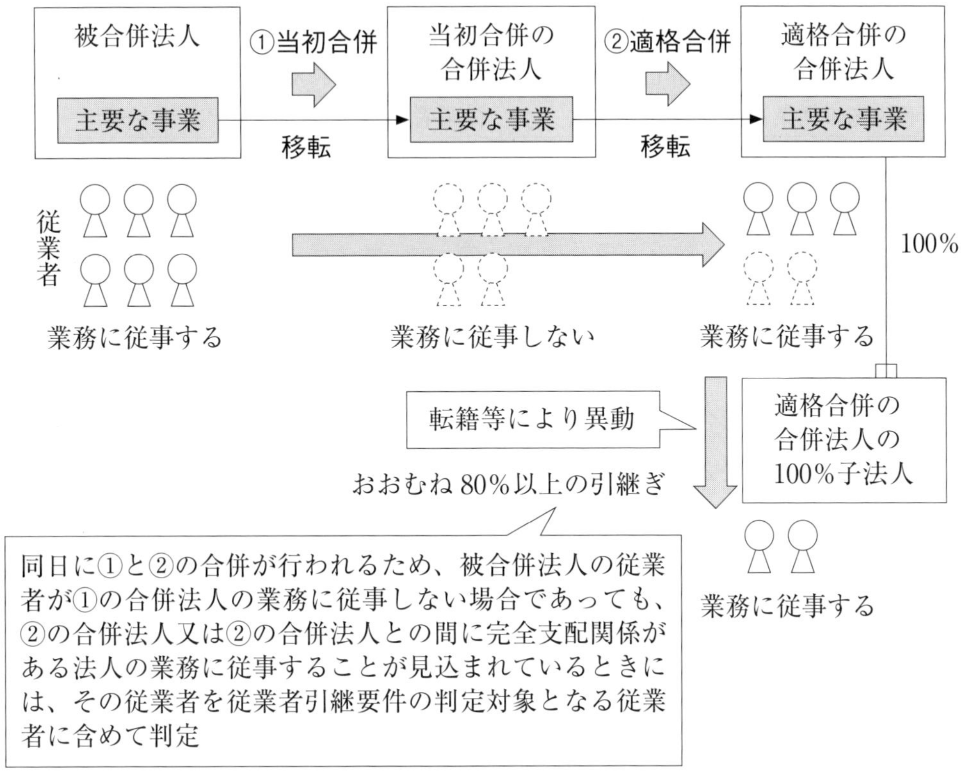

ハ　従業者の意義

従業者とは、役員、使用人その他の者で、合併直前において被合併法人の合併前に行う事業に現に従事する者（出向により受け入れている者等で被合併法人の事業に現に従事する者を含みますが、下請先の従業員は、例えば自己の工場内でその業務の特定部分を継続的に請け負っている企業の従業員であっても含みません。）をいいます。ただし、その事業に従事する者であっても、例えば、日々雇い入れられる者で従事した日ごとに給与等の支払を受ける者について、法人が従業者の数に含めないことが認められています（法基通１－４－４）。

また、これらの従業者が合併後に従事する事業は、合併により移転した事業に限定されません（法基通１－４－９）。

〈従業者の範囲〉

役員	従業者に含まれる
使用人	従業者に含まれる
出向受入れにより従事している者	従業者に含まれる
下請先の従業員	従業者に含まれない
日雇労働者	従業者に含めないことが認められる

⑷　事業継続要件

イ　内容

被合併法人の合併前に行う主要な事業が合併後に合併法人（合併法人との間に完全支配関係がある法人を含みます。）において引き続き行われることが見込まれていることをいいます（法法２十二の八ロ⑵）。

なお、被合併法人の合併前に行う事業が２以上ある場合において、そのいずれが主要な事業であるかは、それぞれの事業に属する収入金額又は損益の状況、従業者の数、固定資産の状況等を総合的に勘案して判定することとされています（法基通１－４－５）。

〈事業継続要件〉

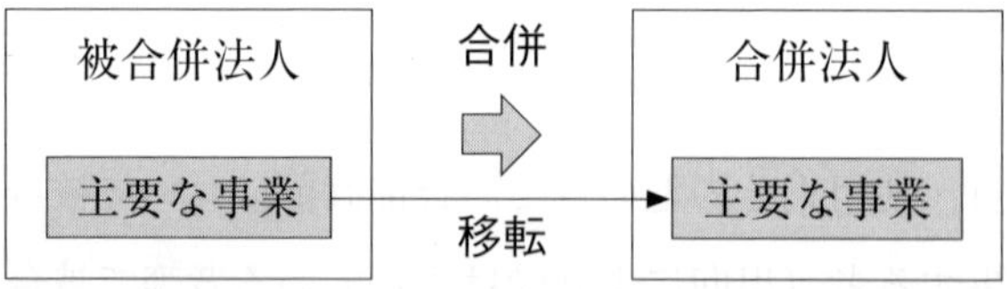

〈合併法人との間に完全支配関係がある法人に主要な事業が移転する場合の事業継続要件〉

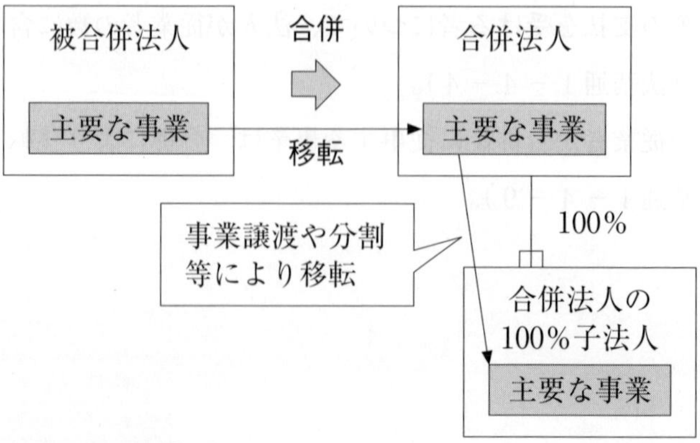

ロ　合併後に適格合併を行うことが見込まれている場合

上記イの「合併法人」には、その合併（当初合併）後に行われる適格合併によりその主要な事業がその適格合併に係る合併法人に移転することが見込まれている場合におけるその適格合併に係る合併法人及びその適格合併に係る合併法人との間に完全支配関係がある法人が含まれることとされています（法法２十二の八ロ(2)かっこ書）。つまり、当初合併後に行われる適格合併だけではなく、その適格合併後にさらに適格合併が行われることが見込まれている場合において、２回目以降の適格合併に係る合併法人にその主要な事業が移転することが見込まれているときにも、その２回目以降の適格合併に係る合併法人及びその２回目以降の適格合併に係る合併法人との間に完全支配関係がある法人は、上記イの「合併法人」に含まれることになります。

〈当初合併後に当初合併に係る合併法人を被合併法人とする適格合併を行うことが見込まれている場合〉

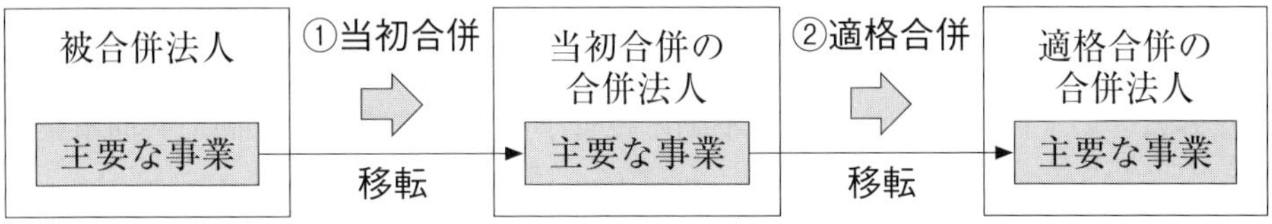

〈当初合併後に当初合併に係る合併法人を被合併法人とする適格合併を行うことが見込まれており、主要な事業がその適格合併に係る合併法人との間に完全支配関係がある法人に移転する場合〉

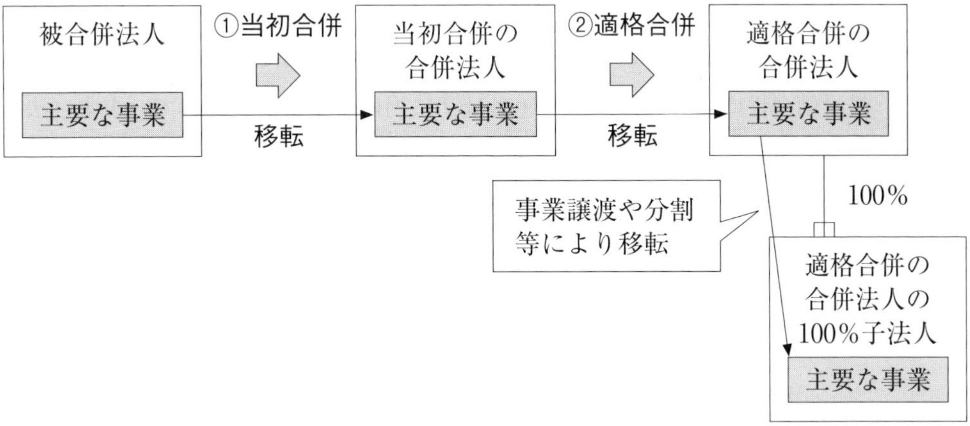

3　共同事業を行う場合の適格要件

共同事業を行う場合の適格要件は、次の６つの要件です。ただし、合併の直前にその合併に係る被合併法人の全てについて他の者との間に当該他の者による支配関係がない場合又はその合併に係る合併法人が資本若しくは出資を有しない法人である場合には、①から⑤までに掲げる５つの要件となります。

〈共同事業を行う場合の要件〉

①	金銭等不交付要件
②	事業関連性要件
③	事業規模等要件
④	独立事業単位要件 （従業者引継要件）
⑤	事業継続要件
⑥	株式継続保有要件

ちなみに、いずれも主たる事業が不動産投資事業である投資法人間で共同事業を行うための合併を行った場合において、共同事業を行う場合の適格要件を満たすものとされた事例があります（平成21年３月19日付国税庁課税部長文書回答「投資法人が共同で事業を営むための合併を行う場合の適格判定について」）。また、一般財団法人間の合併においては、その事業の相互関連性の有無や売上金額等による事業規模などの判定については、収益事業のみで判定を行うのではなく、非収益事業まで含めた事業全体により判定を行うとされた事例があります（国税庁 HP 質疑応答「一般財団法人間の合併に対する適格判定における「事業関連性要件」の判定」）。

また、無対価合併の場合には、次の①又は②に掲げる場合に限られています（法令４の３④かっこ書）。

〈無対価合併で共同事業を行う場合の適格要件を満たす場合〉

①	被合併法人及び合併法人の株主等（被合併法人及び合併法人を除きます。）の全てについて、その者が保有する被合併法人株式の数の被合併法人の発行済株式等（合併法人が保有する被合併法人株式を除きます。）の総数のうちに占める割合とその者が保有する合併法人株式の数の合併法人の発行済株式等（被合併法人が保有する合併法人株式を除きます。）の総数のうちに占める割合とが等しい場合における被合併法人と合併法人との間の関係がある場合
②	被合併法人の全て若しくは合併法人が資本若しくは出資を有しない法人である場合

〈被合併法人と合併法人の株主の全てについて、その株主が保有する被合併法人株式の保有割合と合併法人株式の保有割合とが等しい関係（上記①の関係）の例〉

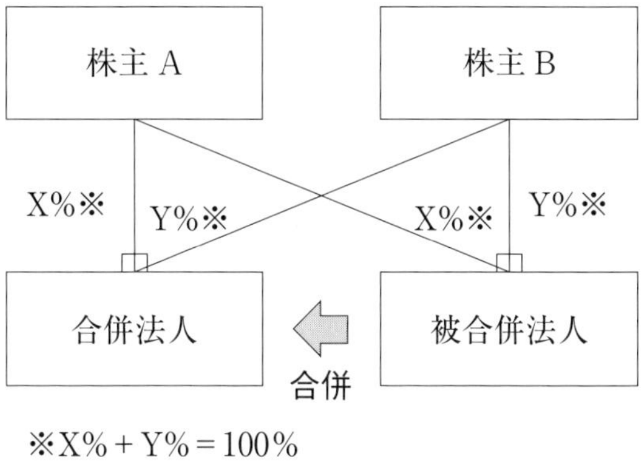

⑴　**金銭等不交付要件**

合併の対価として合併法人株式又は合併親法人株式のうちいずれか一の株式以外の資産の交付がないこと（無対価も含まれます。）をいいます（法法２十二の八）。その内容は、上記１⑴の金銭等不交付要件と同じです。

⑵　**事業関連性要件**

被合併法人の被合併事業（被合併法人の合併前に行う主要な事業のうちのいずれかの事業をいいます。）と合併法人の合併事業（合併法人の合併前に行う事業のうちのいずれかの事業をいい、新設合併である場合には、他の被合併法人の被合併事業をいいます。）とが相互に関連するものであることをいいます（法令４の３④一）。

なお、事業の相互関連性の判定については、下記第９を参照してください。

ちなみに、事務用品の製造卸売業を行う合併法人とその事務用品の販売業を行う被合併法人が合併する場合、それによってそれぞれの事業が一体となってユーザーに直結した流通網の構築を目指して合理化を図るもの（何らかの相乗効果が生ずるようなもの）となっていることから、事業関連性があるものとされた事例があります（国税庁 HP 質疑応答「事業関連性要件における相互に関連するものについて」）。

⑶　事業規模等要件

次の事業規模要件又は経営参画要件のいずれかを満たすことをいいます（法令４の３④二）。

〈事業規模等要件〉

①

事業規模要件

被合併法人の被合併事業と合併法人の合併事業（被合併事業と関連する事業に限ります。）のそれぞれの売上金額、被合併事業と合併事業のそれぞれの従業者の数、被合併法人と合併法人（新設合併の場合には、被合併法人と他の被合併法人）のそれぞれの資本金の額若しくは出資金の額若しくはこれらに準ずるものの規模（注１）の割合がおおむね５倍を超えないこと（注２）

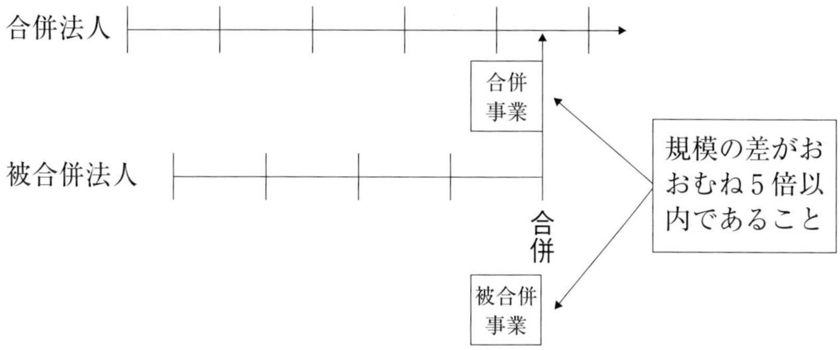

②

経営参画要件

合併前の被合併法人の特定役員（社長、副社長、代表取締役、代表執行役、専務取締役若しくは常務取締役又はこれらに準ずる者（注３）で法人の経営に従事している者をいいます。）のいずれかと合併法人（新設合併の場合には、他の被合併法人）の特定役員のいずれかとが合併後に合併法人の特定役員となることが見込まれていること

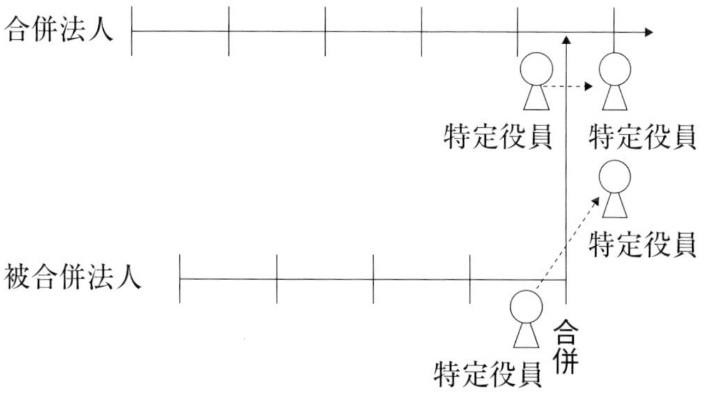

(注)１　「これらに準ずるものの規模」とは、例えば、金融機関における預金量等、客観的・外形的にその事業の規模を表すものと認められる指標をいいます（法基通１－４－６）。

２　事業の規模の割合がおおむね５倍を超えないかどうかは、これらのいずれか一の指標が要件を満たすかどうかにより判定します（法基通１－４－６(注)）。

３　「これらに準ずる者」とは、役員又は役員以外の者で、社長、副社長、代表取締役、代表執行役、専務取締役又は常務取締役と同等に法人の経営の中枢に参画している者をいいます（法基通１－４－７）。

ちなみに、会社法上の役員ではないものの被合併法人の経営の中枢に参画している「事業本部長」が合併法人においても「事業本部長」として合併法人の経営の中枢に参画する見込みがある場合には、経営参画要件を満たすものとされた事例があります（国税庁 HP 質疑応答「特定役員引継要件（みなし役員）の判定」）。

⑷　独立事業単位要件（従業者引継要件）

独立事業単位要件は、①主要資産負債引継要件と②従業者引継要件の２つから成りますが、合併の場合には、被合併法人の全ての資産負債が合併法人に包括的に承継されるため、①の主要資産負債引継要件は当然に満たすこととなりますので、あえて要件としては掲げられておらず、②の従業者引継要件により独立事業単位要件を満たすかどうかを判定することとなります。

従業者引継要件とは、被合併法人の合併の直前の従業者のうち、その総数のおおむね80％以上に相当する数の者が合併後に合併法人の業務に従事することが見込まれていることをいいます（法令４の３④三）。その内容は、上記２⑶の独立事業単位要件（従業者引継要件）と同じです。

⑸　事業継続要件

被合併法人の被合併事業（合併法人の合併事業に関連するものに限ります。）が合併後に合併法人において引き続き行われることが見込まれていることをいいます（法令４の３④四）。その内容は、上記２⑷の事業継続要件と同じです。

⑹　株式継続保有要件

イ　内容

合併により交付される合併法人株式又は合併親法人株式のうちいずれか一の株式（議決権のないもの（注１、２）を除きます。）であって支配株主（その合併の直前に被合併法人と他の者との間に当該他の者による支配関係がある場合における当該他の者及び当該他の者による支配関係があるもの（その合併法人を除きます。）をいいます。）に交付されるもの（以下、対価株式（注３、４）といいます。）の全部が支配株主により継続して保有されることが見込まれていることをいいます（法令４の３④五）。なお、合併後に適格合併を行うことが見込まれている場合には下記ロを参照してください。

㈡1　次のものは、議決権のないものに含まれます（法規3の3①、法基通1－4－2㈡）。

①　金銭等不交付要件における1株未満の株式（上記1⑴イ参照）

②　一定の事由が生じたことを条件として議決権を有することとなる旨の定めがある株式で、その事由が生じていないもの

2　次のものは、議決権のないものには含まれません（法規3の3②）。

①　会社法879条3項の規定により議決権を有するものとみなされる株式

②　会社法109条2項の規定により株主総会において決議をすることができる事項の全部につき議決権を行使することができない旨を定められた株主が有する株式

③　単元株式数に満たない株式

3　合併により被合併法人の株主等に交付される株式（以下、交付株式といいます。）が次に掲げる株式である場合には、その交付株式は、対価株式に含まれません（法規3の3③）。

①　会社法135条3項その他の法令の規定によりその株主等による保有の制限をされる株式

②　その株主等が発行した株式

4　無対価合併の場合には、次の算式により計算した数の合併法人株式をいいます（法令4の3④五かっこ書、法規3の2①）。

$$\text{合併法人株式の数} = \text{支配株主が合併の直後に保有する合併法人株式の数} \times \frac{\text{支配株主が合併の直前に保有していた被合併法人株式の帳簿価額}}{\text{合併が適格合併に該当するものとした場合における支配株主の合併の直後の合併法人株式の帳簿価額}}$$

〈合併の場合の株式継続保有要件の判定例〉

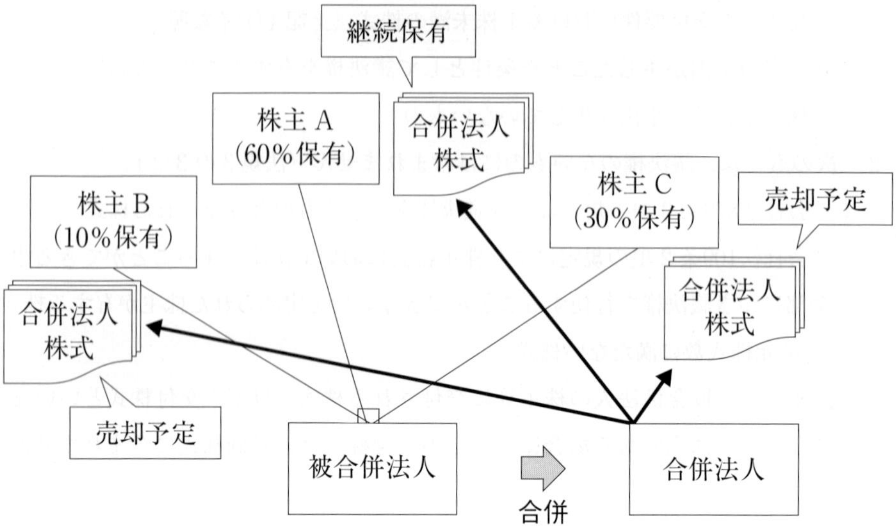

上記図では、株主Ａは、被合併法人株式の50％超（60％）を保有し、被合併法人との間に株主Ａによる支配関係があるため、支配株主となります。また、株主Ｂ及び株主Ｃは、被合併法人株式の50％未満（10％及び30％）の保有であり、支配株主との間に支配関係がないため、支配株主に該当しないことになります。

上記図の場合には、支配株主である株主Ａが、交付される合併法人株式の全部を継続して保有する見込みのため、この要件を満たすことになります。なお、株主Ｂ及び株主Ｃは支配株主ではないため、売却する見込みであっても、要件に影響はありません。

仮に株主Ａが、交付される合併法人株式を１株でも売却する見込みの場合には、この要件を満たさないことになります。

ロ　合併後に適格合併を行うことが見込まれている場合

(イ)　支配株主を被合併法人とする適格合併の場合

その合併（当初合併）後に行われる適格合併によりその対価株式がその適格合併に係る合併法人に移転することが見込まれている場合には、その適格合併に係る合併法人が支配株主に含まれます（法令４の３④五かっこ書）。

〈当初合併後に行われる適格合併によりその対価株式がその適格合併に係る合併法人に移転することが見込まれている場合〉

ｉ当初合併後、適格合併直前　　　　ⅱ適格合併後

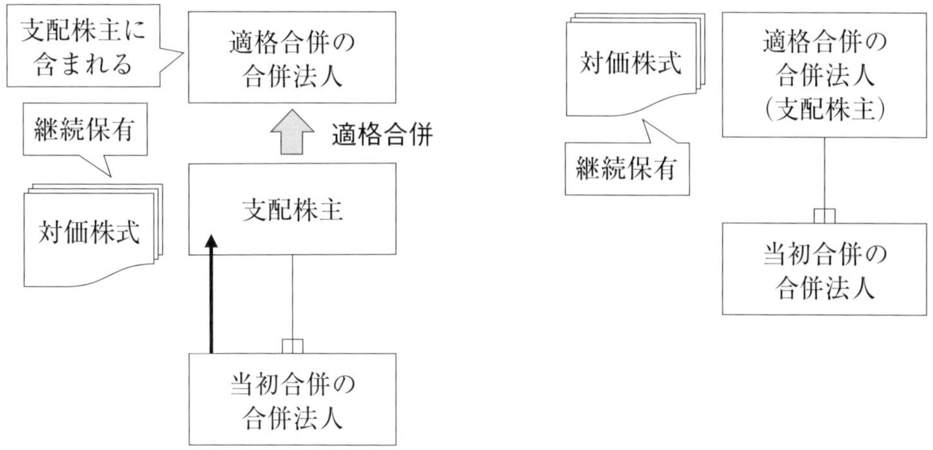

(ロ)　当初合併に係る合併法人又は合併親法人を被合併法人とする適格合併の場合

当初合併後に当初合併に係る合併法人（対価株式が合併親法人株式である場合には、合併親法人）を被合併法人とする適格合併を行うことが見込まれている場合で、当初合併の時から適格合併の直前の時までその対価株式の全部が支配株主により継続して保有されることが見込まれている場合には、上記イの対価株式の全部が支配株主により継続して保有されることが見込まれていることに含まれます（法令４の３④五かっこ書）。

〈当初合併後に当初合併に係る合併法人を被合併法人とする適格合併を行うことが見込まれている場合〉

当初合併後、適格合併直前

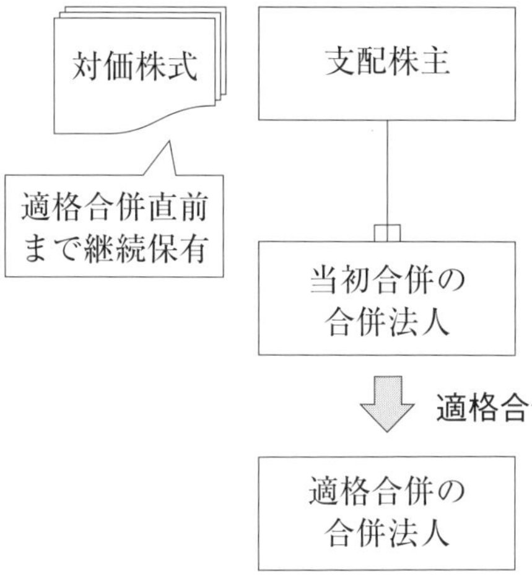

【合併の適格要件のまとめ】

各要件	完全支配関係がある場合	支配関係がある場合	共同事業を営む場合
金銭等不交付要件	必要	必要	必要
完全支配関係（支配関係）継続要件	必要	必要	－
独立事業単位要件（従業者引継要件）	－	必要	必要
事業継続要件	－	必要	必要
事業関連性要件	－	－	必要
事業規模等要件	－	－	必要
株式継続保有要件㈱	－	－	必要

㈱　合併の直前にその合併に係る被合併法人の全てについて他の者との間に当該他の者による支配関係がない場合又はその合併に係る合併法人が資本若しくは出資を有しない法人である場合には要件とはされていません。

第２　適格分割

１　完全支配関係がある場合の適格要件

完全支配関係がある場合の適格要件は、次の２つの要件です。

〈完全支配関係がある場合の適格要件〉

①	金銭等不交付要件
②	完全支配関係継続要件

(1)　金銭等不交付要件

イ　内容

分割対価資産（分割により分割承継法人によって交付される分割承継法人株式（分割承継法人の株式㈠をいいます。）その他の資産をいいます。）として分割承継法人株式又は分割承継親法人株式（分割承継親法人（下記ロ参照）の株式をいいます。）のうちいずれか一の株式以外の資産の交付がないこと（株式が交付される分割型分割にあっては、その株式が分割法人の発行済株式等の総数のうちに占めるその分割法人の各株主等の有する分割法人株式（分割法人の株式をいいます。）の数の割合に応じて交付されるものに限り、無対価も含まれます。）をいいます（法法２十二の十一）。

ただし、分割の場合にも株主等に対する剰余金の配当等（分割対価資産の交付を除きます。）又は分割に反対する株主等に対する買取請求に基づく対価として金銭その他の資産が交付されたとしても、これらの金銭その他の資産は、分割対価資産ではないため、この金銭等不交付要件を満たします。

なお、分割型分割に係る分割法人が分割型分割によりその株主等に交付すべき分割承継法人株式等（分割承継法人株式又は分割承継親法人株式をいいます。）の数に１株未満の端数が生ずる場合が有り得ますが、その場合においてその端数に応じて金銭が交付されるときは、その端数に相当する部分は、分割承継法人株式等に含まれるものとされています（法令139の３の２②）。

㈠　株式には出資が含まれます。以下「第２　適格分割」において同じです。

〈対価の種類等と金銭等不交付要件の可否〉

対価の種類等		金銭等不交付要件の可否
①	分割承継法人株式	満たす
②	分割承継親法人株式	満たす
③	１株未満の端数相当の金銭	満たす
④	剰余金の配当としての金銭（分割対価資産を除く）	満たす
⑤	反対株主買取り請求に基づく対価としての金銭	満たす
⑥	無対価	満たす
⑦	上記以外の金銭その他の資産	満たさない

ロ　分割承継親法人

分割承継親法人とは、分割直前に分割承継法人と分割承継法人以外の法人との間にその法人による完全支配関係があり、かつ、分割後に分割承継法人とその法人（親法人）との間にその親法人㈱による完全支配関係が継続すること（その分割後に分割承継法人を被合併法人とする適格合併を行うことが見込まれている場合には、その分割の時から適格合併の直前の時まで完全支配関係が継続すること）が見込まれている場合のその親法人をいいます（法法２十二の十一、法令４の３⑤）。

㈱　分割後に親法人を被合併法人とする適格合併を行うことが見込まれている場合には、適格合併に係る合併法人は、適格合併後においては親法人とみなすこととされています（法令４の３㉕一、下記第８の１参照）。

〈親法人と分割承継法人の関係〉

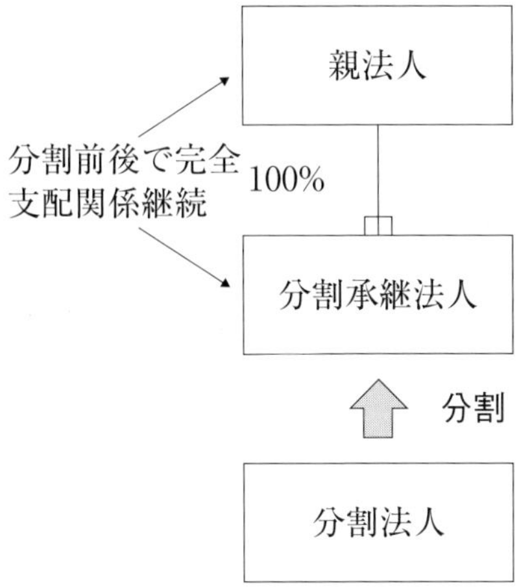

〈分割後に親法人を被合併法人とする適格合併を行うことが見込まれている場合〉

ⅰ分割後、適格合併直前　　**ⅱ適格合併後**

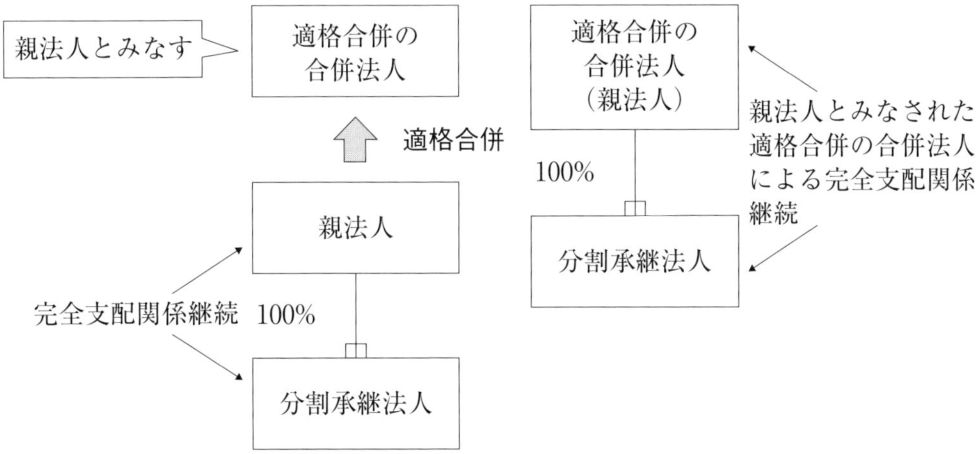

〈分割後に分割承継法人を被合併法人とする適格合併を行うことが見込まれている場合〉

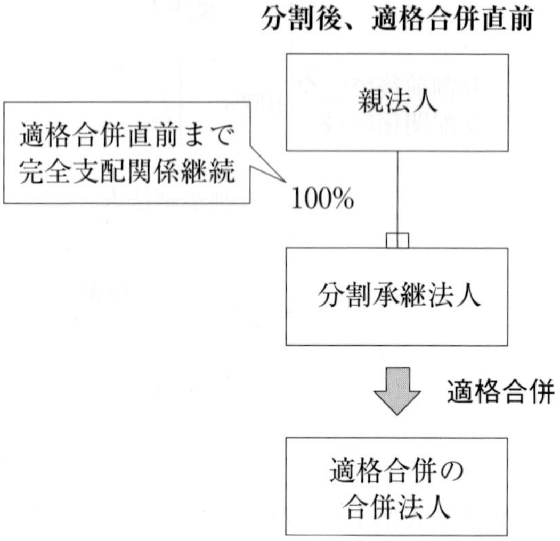

⑵　完全支配関係継続要件

次に掲げるいずれかの関係があることをいいます（法法２十二の十一イ、法令４の３⑥）。

イ　当事者間の完全支配関係

分割前（分割が新設分割で一の法人のみが分割法人となるもの（単独新設分割）である場合にあっては、分割後）に分割法人と分割承継法人（その分割が新設分割で単独新設分割に該当しないもの（複数新設分割）である場合にあっては、分割法人と他の分割法人）との間にいずれか一方の法人による完全支配関係がある分割の次に掲げる区分に応じそれぞれ次に掲げる関係（ロに掲げる関係に該当するものを除きます。）をいいます（法令４の３⑥一）。

⑴　新設分割以外の分割型分割（中間型の分割（第２章第12の４⑴参照）を除きます。）のうち分割型分割前に分割法人と分割承継法人との間に分割承継法人による完全支配関係㈱があるもの

その完全支配関係

㈱　無対価分割の場合には、下記ハを参照してください。

〈分割前に分割法人と分割承継法人との間に分割承継法人による
完全支配関係がある場合〉

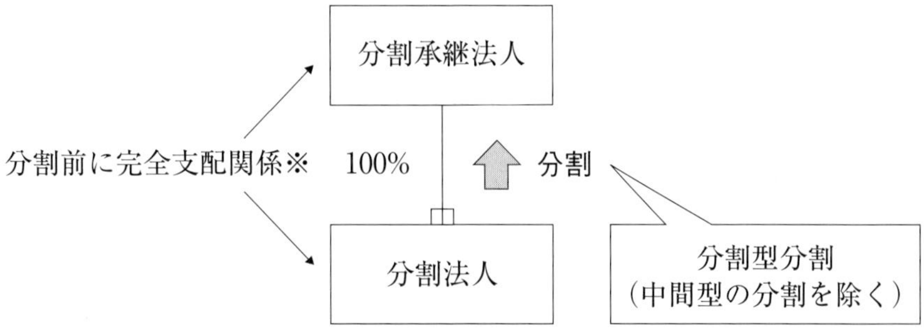

※分割後に分割承継法人と分割法人との間の完全支配関係継続は不要

(ロ)　新設分割以外の分割（(イ)に掲げる分割型分割を除きます。）のうち分割前に分割法人と分割承継法人との間に「いずれか一方の法人」による完全支配関係（注１）があるもの

分割後に分割法人と分割承継法人との間に「いずれか一方の法人」（注２）による完全支配関係が継続すること（分割後に「他方の法人」（分割法人及び分割承継法人のうち、「いずれか一方の法人」以外の法人をいいます。）を被合併法人又は完全子法人とする適格合併又は適格株式分配を行うことが見込まれている場合には、分割の時から適格合併又は適格株式分配の直前の時まで完全支配関係が継続すること）が見込まれている場合における分割法人と分割承継法人との間の関係

(注)１　無対価分割の場合には、下記ハを参照してください。

２　分割後に「いずれか一方の法人」を被合併法人とする適格合併を行うことが見込まれている場合には、適格合併に係る合併法人は、適格合併後においては「いずれか一方の法人」とみなすこととされています（法令４の３㉕三、下記第８の３参照）。

〈分割前に分割法人と分割承継法人との間に「いずれか一方の法人」による完全支配関係がある場合〉

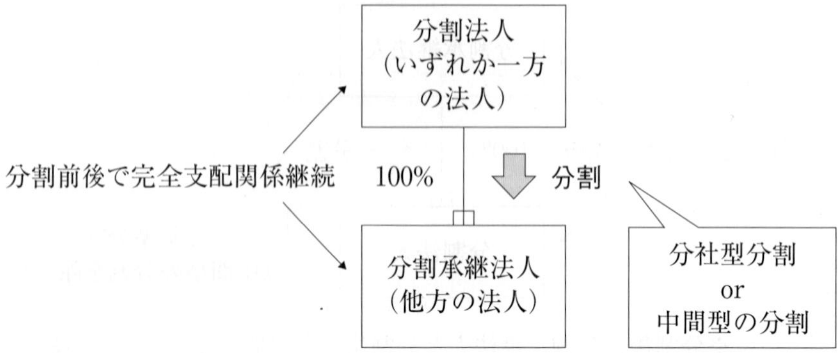

〈分割後に「いずれか一方の法人」を被合併法人とする適格合併を行うことが見込まれている場合〉

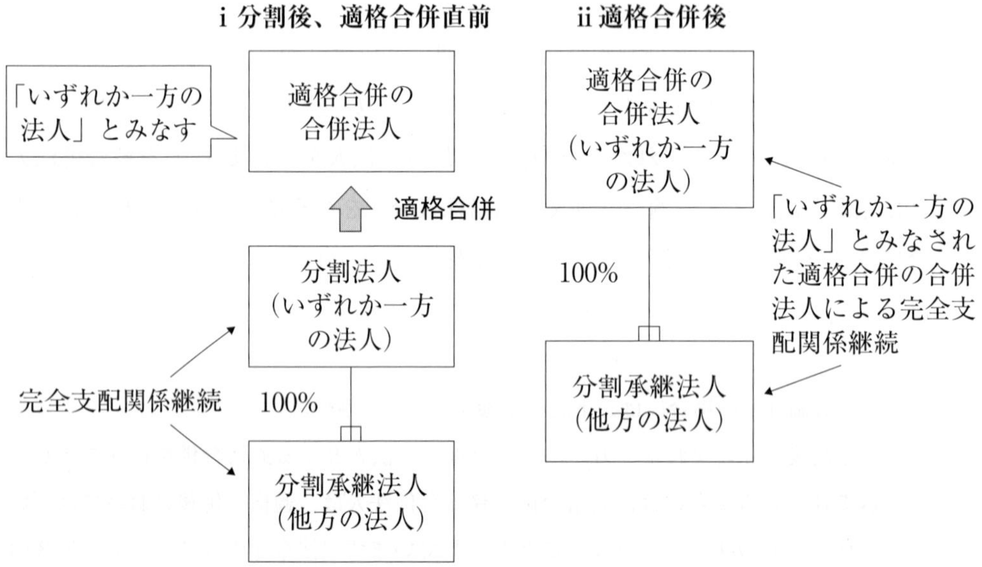

〈分割後に「他方の法人」を被合併法人とする適格合併を行うことが見込まれている場合〉

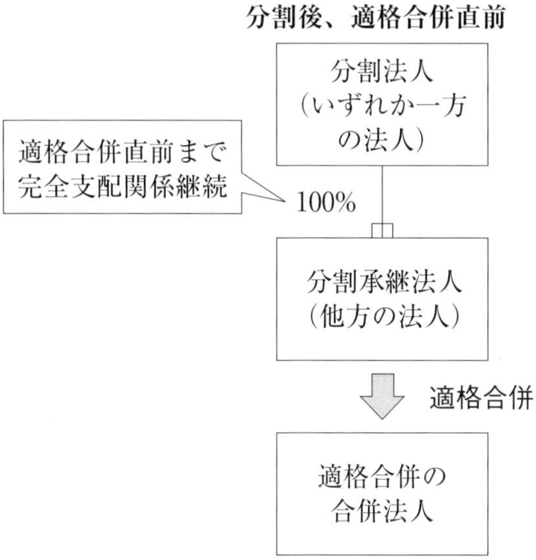

〈分割後に「他方の法人」を完全子法人とする適格株式分配を行うことが見込まれている場合〉

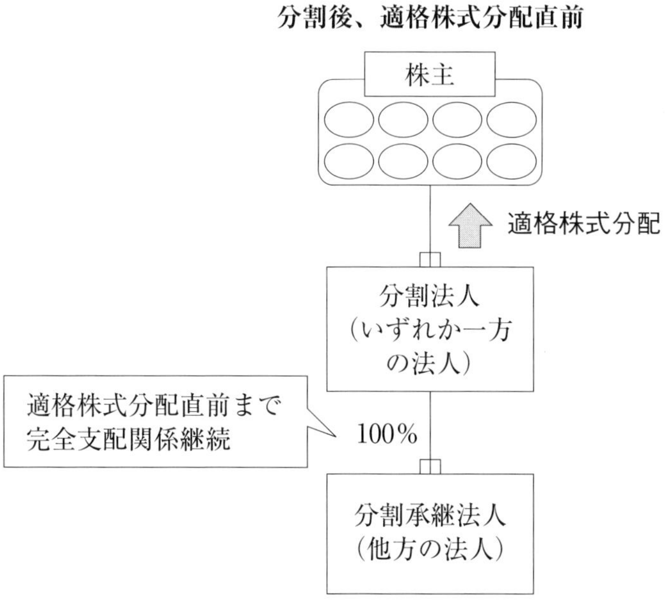

(ハ)　単独新設分割のうち単独新設分割後に分割法人と分割承継法人との間に分割法人による完全支配関係があるもの

単独新設分割後に完全支配関係が継続すること（単独新設分割後に分割承継法

人を被合併法人又は完全子法人とする適格合併又は適格株式分配を行うことが見込まれている場合には、単独新設分割の時から適格合併又は適格株式分配の直前の時までその完全支配関係が継続すること）が見込まれている場合における分割法人(注)と分割承継法人との間の関係

(注)　分割後に分割法人を被合併法人とする適格合併を行うことが見込まれている場合には、適格合併に係る合併法人は、適格合併後においては分割法人とみなすこととされています（法令4の3㉕四、下記第8の4参照）。

〈分割後に分割法人と分割承継法人との間に分割法人による完全支配関係がある場合〉

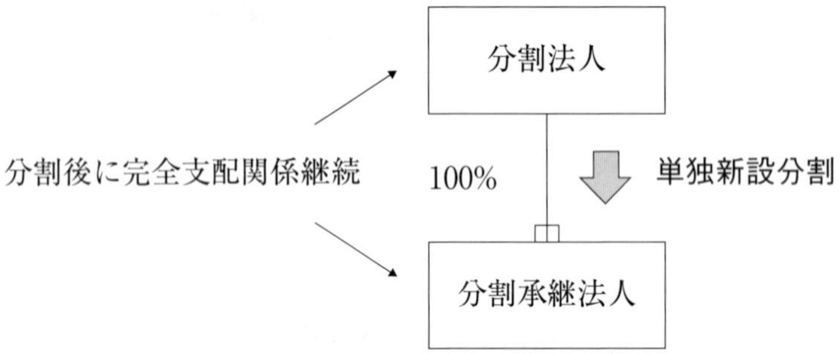

〈分割後に分割法人を被合併法人とする適格合併を行うことが見込まれている場合〉

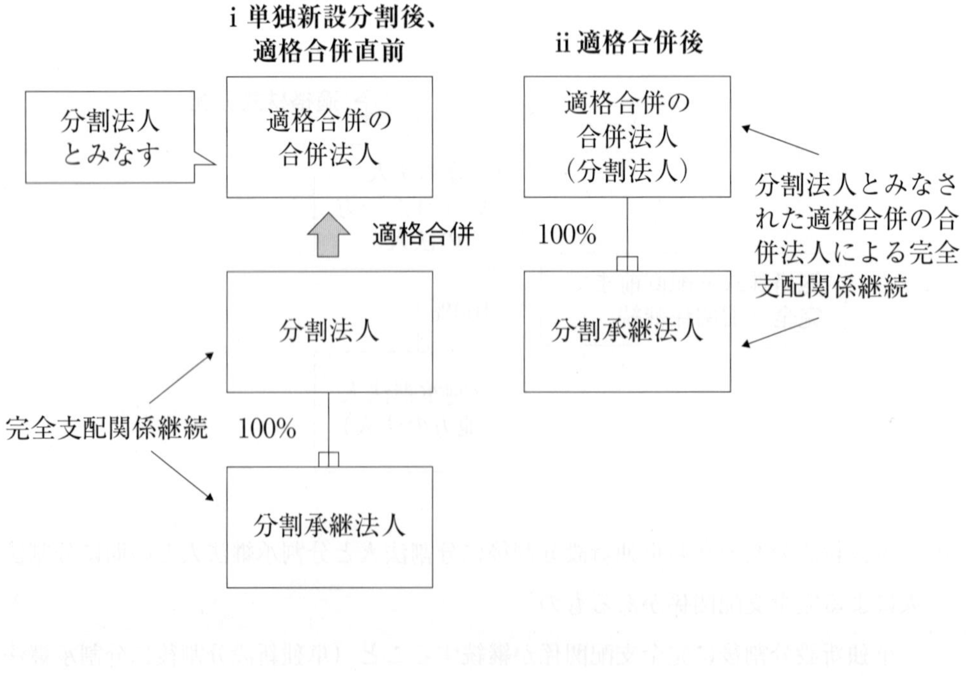

〈分割後に分割承継法人を被合併法人とする適格合併を行うことが見込まれている場合〉

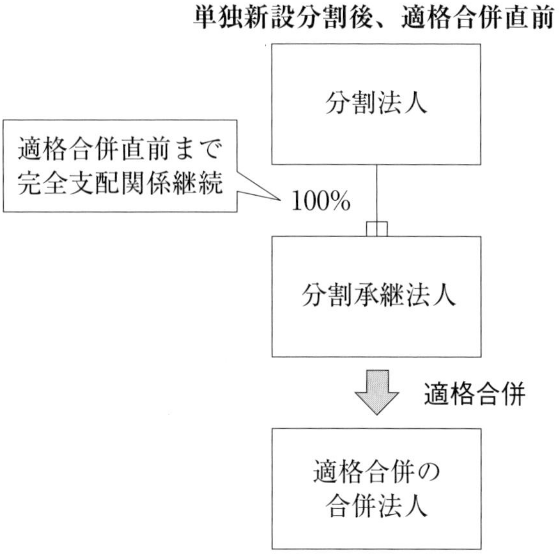

〈分割後に分割承継法人を完全子法人とする適格株式分配を行うことが見込まれている場合〉

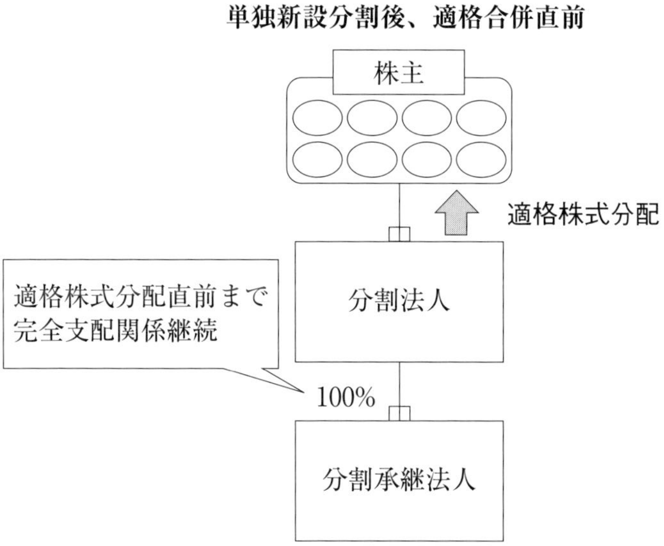

㈡　複数新設分割のうち複数新設分割前に分割法人と他の分割法人との間に「いずれか一方の法人」による完全支配関係があるもの

次に掲げる場合の区分に応じそれぞれ次に掲げる要件に該当することが見込まれている場合における分割法人及び他の分割法人と分割承継法人との間の関係

区　分	要　件
①　「他方の法人」（分割法人及び他の分割法人のうち、「いずれか一方の法人」以外の法人をいいます。）が分割により交付を受けた分割対価資産の全部をその株主等に交付した法人（第２章第12の４⑵①参照）である場合	複数新設分割後に「いずれか一方の法人」㈲と分割承継法人との間に「いずれか一方の法人」による完全支配関係が継続すること（複数新設分割後に分割承継法人を被合併法人又は完全子法人とする適格合併又は適格株式分配を行うことが見込まれている場合には、複数新設分割の時から適格合併又は適格株式分配の直前の時まで完全支配関係が継続すること）
②　①に掲げる場合以外の場合	複数新設分割後に「他方の法人」と分割承継法人との間に「いずれか一方の法人」㈲による完全支配関係が継続すること（複数新設分割後に「他方の法人」又は分割承継法人を被合併法人又は完全子法人とする適格合併又は適格株式分配を行うことが見込まれている場合には、複数新設分割の時から適格合併又は適格株式分配の直前の時まで完全支配関係が継続すること）

㈲　分割後に「いずれか一方の法人」を被合併法人とする適格合併を行うことが見込まれている場合には、適格合併に係る合併法人は、適格合併後においては「いずれか一方の法人」とみなすこととされています（法令４の３㉕三、下記第８の３参照）。

〈分割前に分割法人と他の分割法人との間に「いずれか一方の法人」による完全支配関係があり、かつ、「他方の法人」が分割対価資産の全部を交付した法人である場合（上記①の場合）〉

ⅰ 複数新設分割直前　　**ⅱ 複数新設分割後**

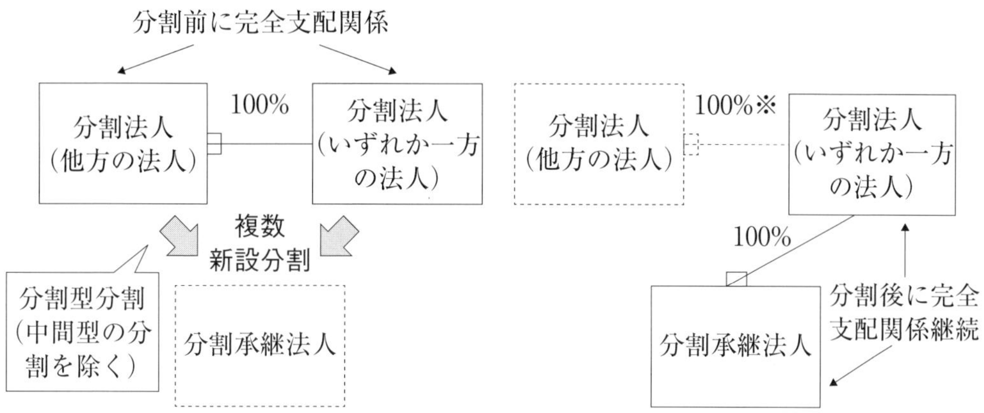

※分割後に「いずれか一方の法人」と「他方の法人」との間の完全支配関係継続は不要

〈上記①の場合において、分割後に「いずれか一方の法人」を被合併法人とする適格合併を行うことが見込まれている場合〉

ⅰ 複数新設分割後、適格合併直前　　**ⅱ 適格合併後**

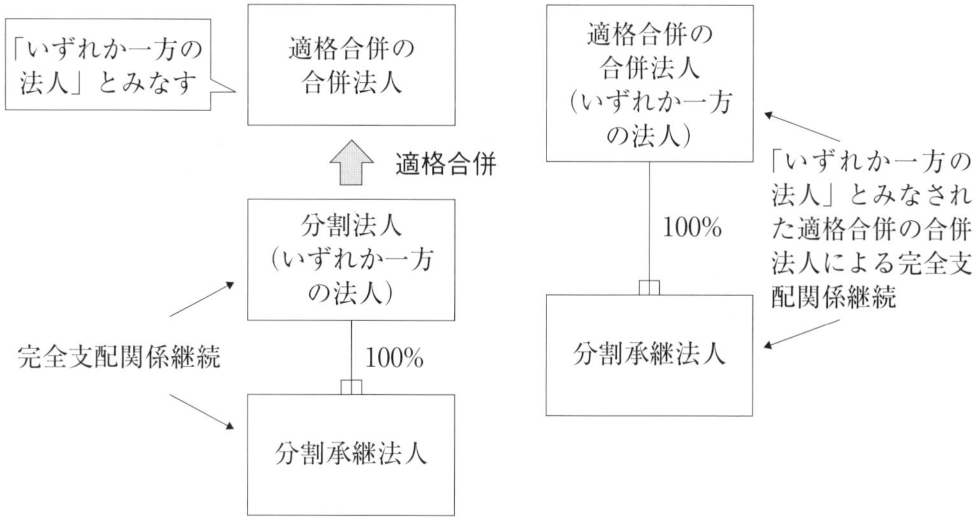

〈上記①の場合において、分割後に分割承継法人を被合併法人とする適格合併を行うことが見込まれている場合〉

複数新設分割後、適格合併直前

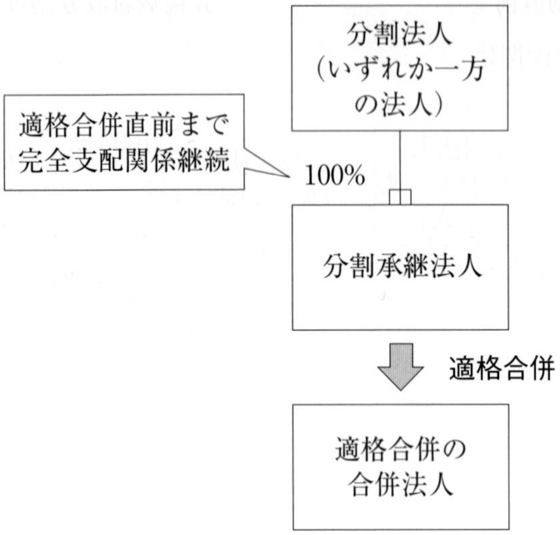

〈上記①の場合において、分割後に分割承継法人を完全子法人とする適格株式分配を行うことが見込まれている場合〉

複数新設分割後、適格株式分配直前

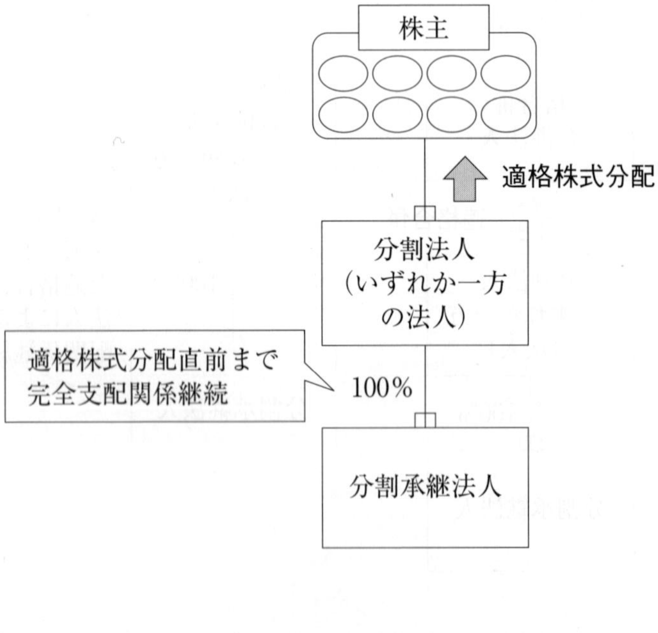

〈分割前に分割法人と他の分割法人との間に「いずれか一方の法人」による完全支配関係があり、かつ、「他方の法人」が分割対価資産の全部を交付した法人以外の法人である場合（上記②の場合）〉

ⅰ 複数新設分割直前

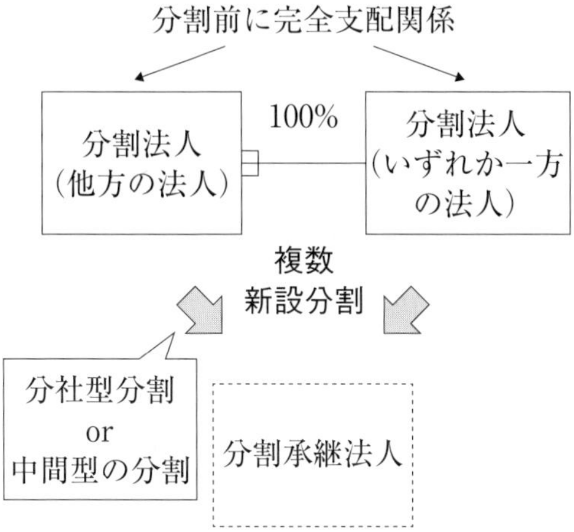

ⅱ 複数新設分割後

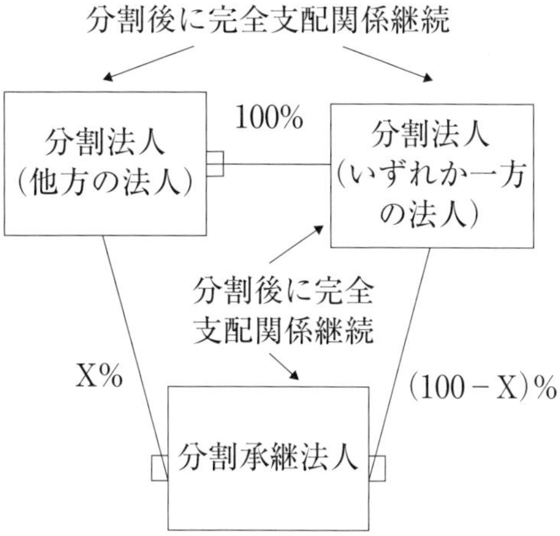

〈上記②の場合において、分割後に「いずれか一方の法人」を被合併法人とする適格合併を行うことが見込まれている場合〉

ⅰ 複数新設分割後、適格合併直前

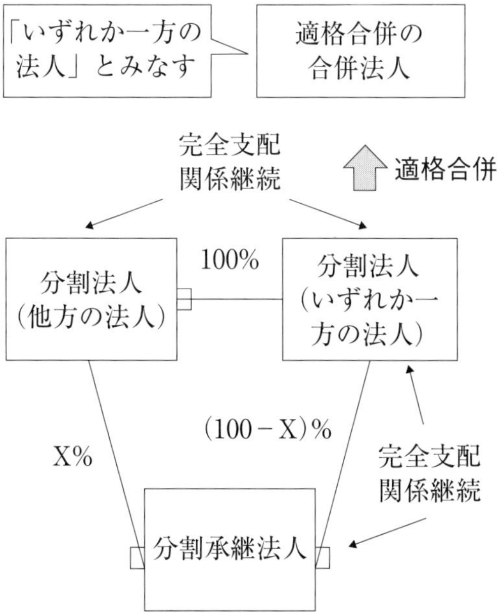

ⅱ 適格合併後

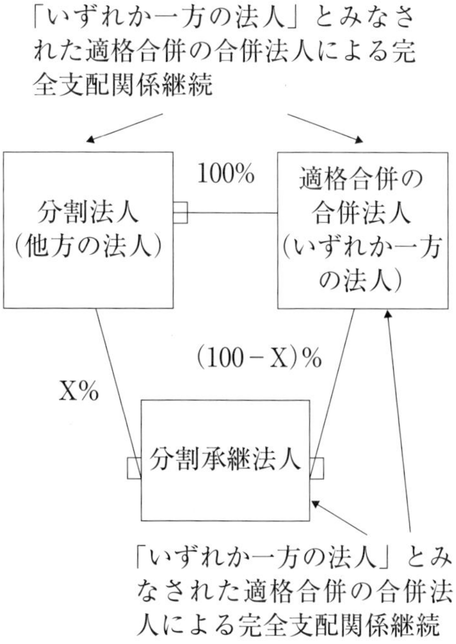

〈上記②の場合において、分割後に「他方の法人」又は分割承継法人を被合併法人とする適格合併を行うことが見込まれている場合〉

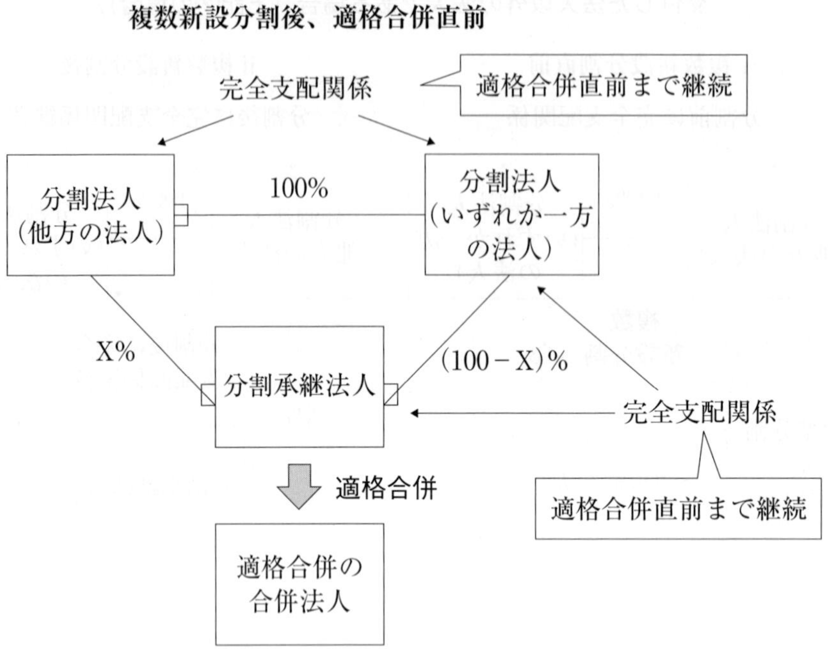

〈上記②の場合において、分割後に「他方の法人」又は分割承継法人を完全子法人とする適格株式分配を行うことが見込まれている場合〉

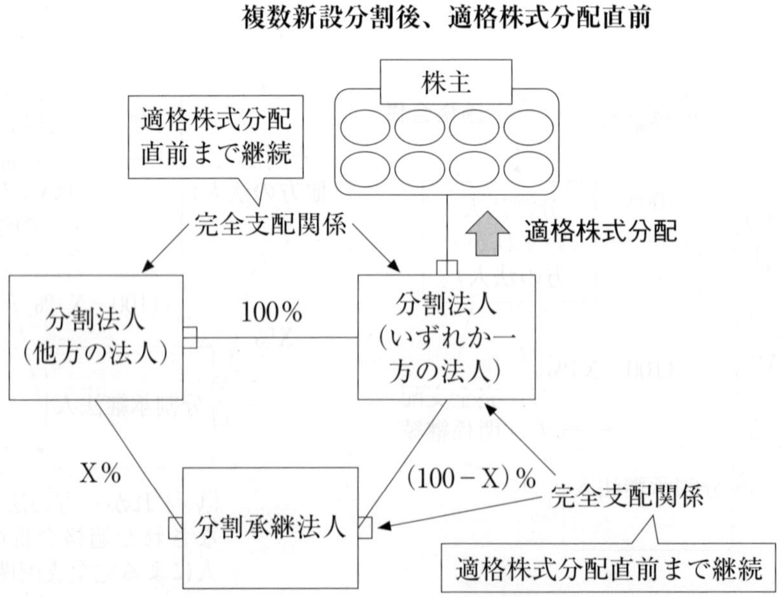

ロ　同一の者による完全支配関係

分割前（分割が単独新設分割である場合にあっては、分割後）に分割法人と分割承継法人（その分割が複数新設分割である場合にあっては、分割法人と他の分割法人）との間に同一の者による完全支配関係がある分割の次に掲げる区分に応じそれぞれ次に掲げる関係をいいます（法令４の３⑥二）。

(イ)　新設分割以外の分割型分割（中間型の分割（第２章第12の４(1)参照）を除きます。）のうち分割型分割前に分割法人と分割承継法人との間に同一の者による完全支配関係（注１）があるもの

分割型分割後に同一の者と分割承継法人との間にその同一の者（注２）による完全支配関係が継続すること（分割型分割後に分割承継法人を被合併法人又は完全子法人とする適格合併又は適格株式分配を行うことが見込まれている場合には、分割型分割の時から適格合併又は適格株式分配の直前の時まで完全支配関係が継続すること）が見込まれている場合における分割法人と分割承継法人との間の関係

(注)１　無対価分割の場合には、下記ハを参照してください。

２　分割後に同一の者を被合併法人とする適格合併を行うことが見込まれている場合には、適格合併に係る合併法人は、適格合併後においては同一の者とみなすこととされています（法令４の３㉕二、下記第８の２参照）。

〈分割前に分割法人と分割承継法人との間に同一の者による完全支配関係がある場合〉

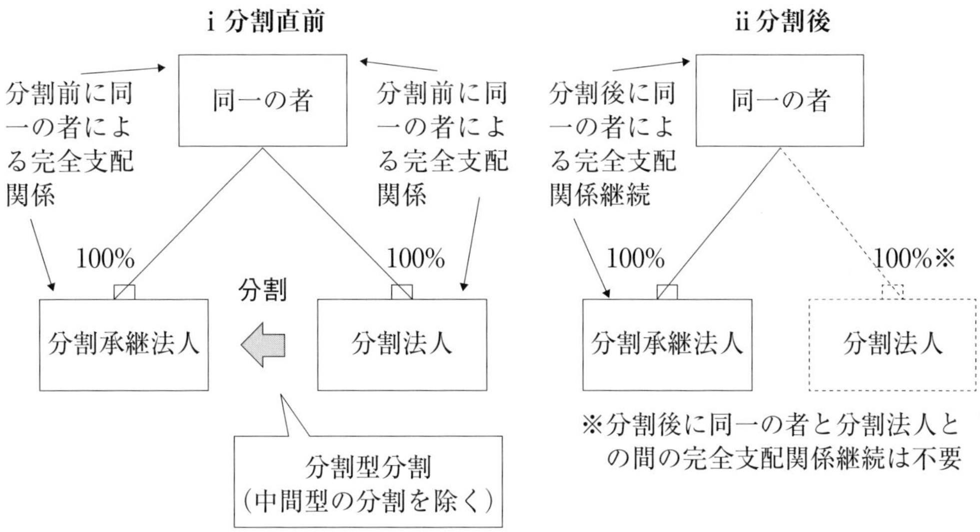

〈分割後に同一の者を被合併法人とする適格合併を行うことが見込まれている場合〉

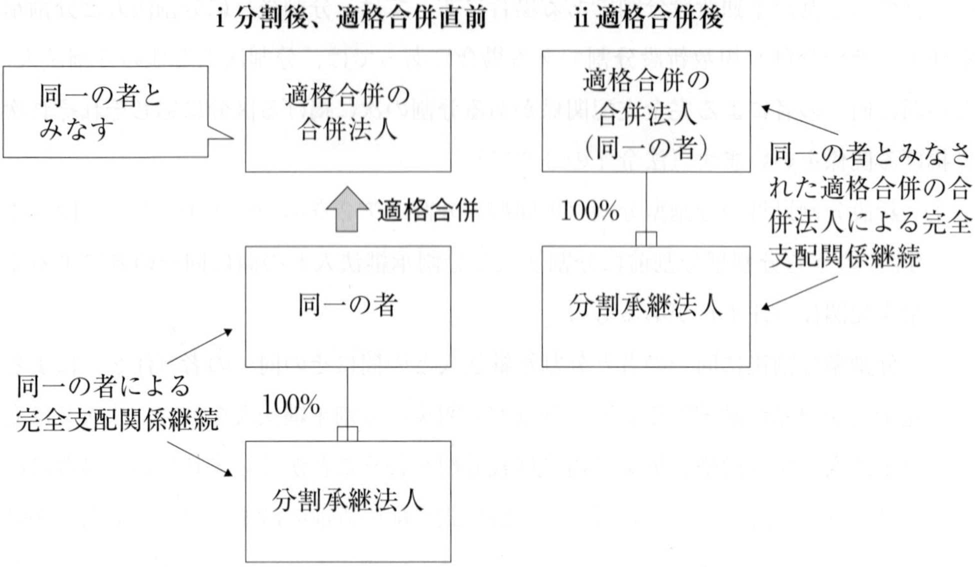

〈分割後に分割承継法人を被合併法人とする適格合併を行うことが
見込まれている場合〉

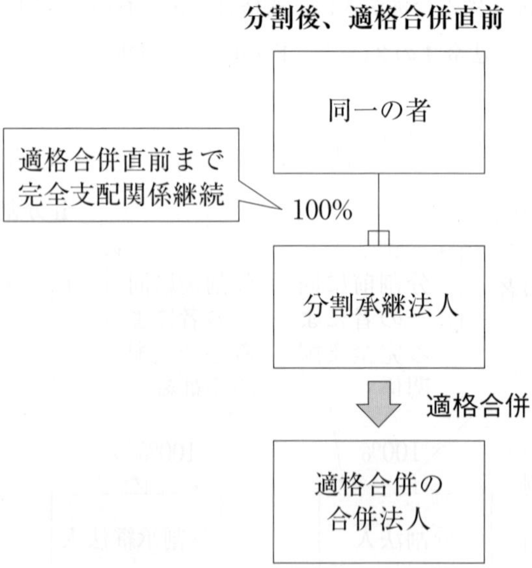

〈分割後に分割承継法人を完全子法人とする適格株式分配を行うことが見込まれている場合〉

分割後、適格株式分配直前

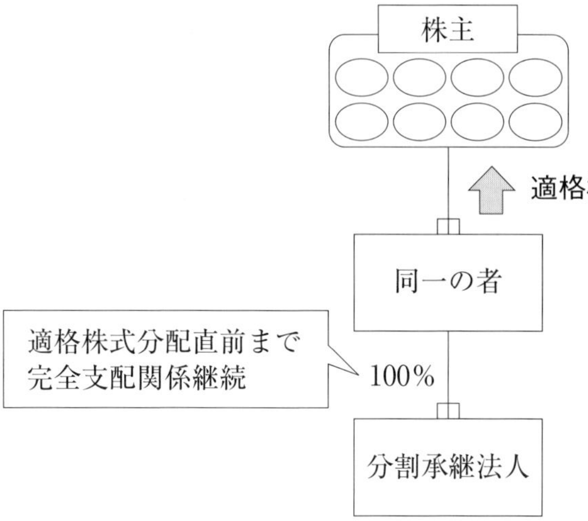

(ロ)　新設分割以外の分割（上記(イ)に掲げる分割型分割を除きます。）のうち分割前に分割法人と分割承継法人との間に同一の者による完全支配関係（注１）があるもの

分割後に分割法人と分割承継法人との間に同一の者（注２）による完全支配関係が継続すること（分割後に分割法人又は分割承継法人を被合併法人又は完全子法人とする適格合併又は適格株式分配を行うことが見込まれている場合には、分割の時から適格合併又は適格株式分配の直前の時まで完全支配関係が継続すること）が見込まれている場合における分割法人と分割承継法人との間の関係

(注)１　無対価分割の場合には、下記ハを参照してください。

２　分割後に同一の者を被合併法人とする適格合併を行うことが見込まれている場合には、適格合併に係る合併法人は、適格合併後においては同一の者とみなすこととされています（法令４の３㉕二、下記第８の２参照）。

〈分割前に分割法人と分割承継法人との間に同一の者による完全支配関係がある場合〉

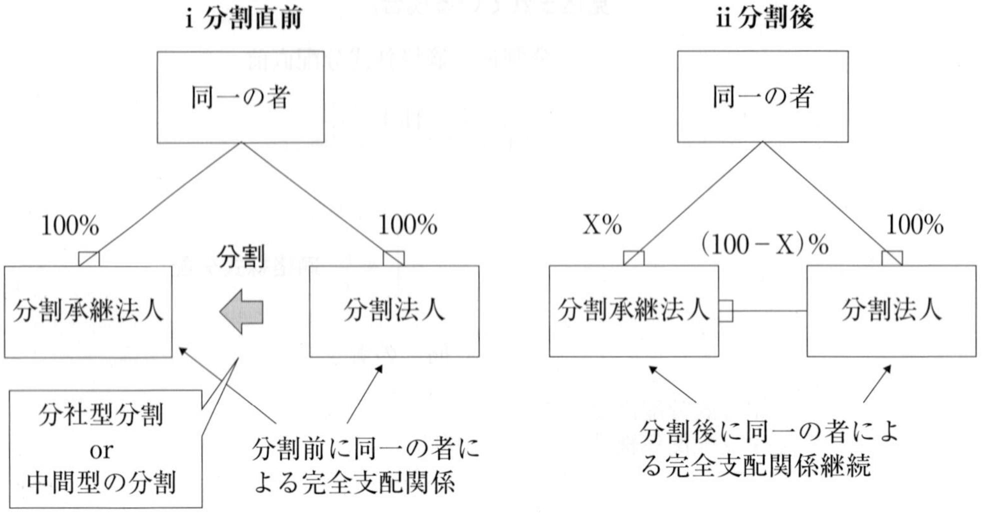

〈分割後に同一の者を被合併法人とする適格合併を行うことが見込まれている場合〉

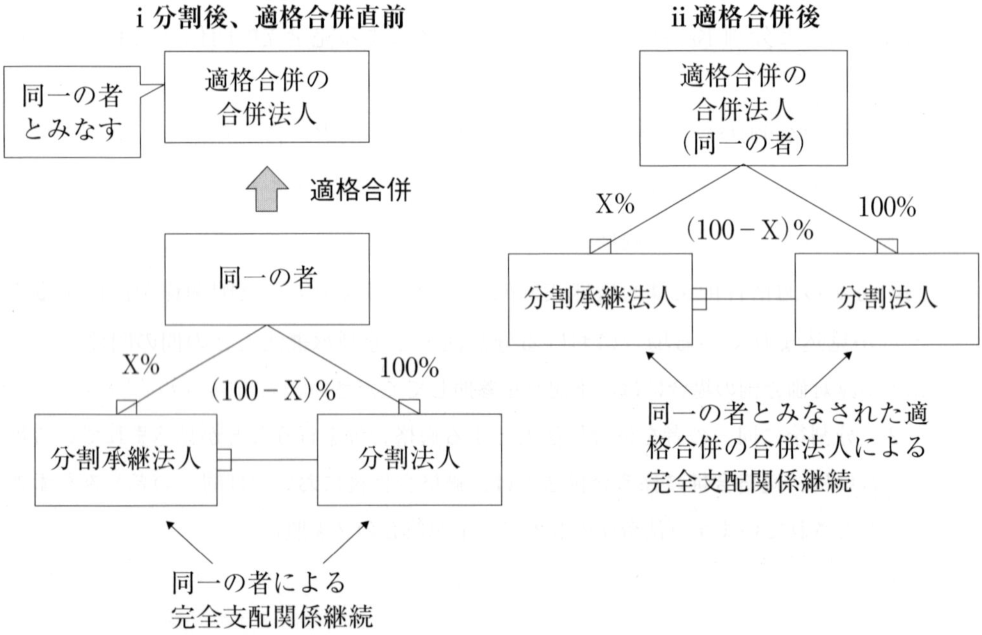

〈分割後に分割法人又は分割承継法人を被合併法人とする適格合併を行うことが見込まれている場合〉

分割後、適格合併直前

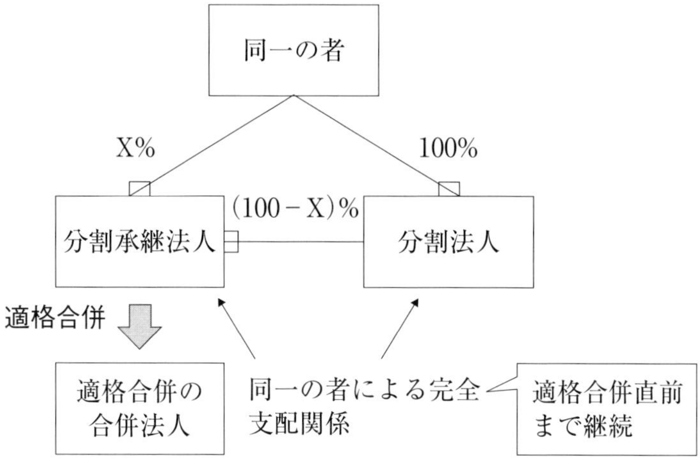

〈分割後に分割法人又は分割承継法人を完全子法人とする適格株式分配を行うことが見込まれている場合〉

分割後、適格株式分配直前

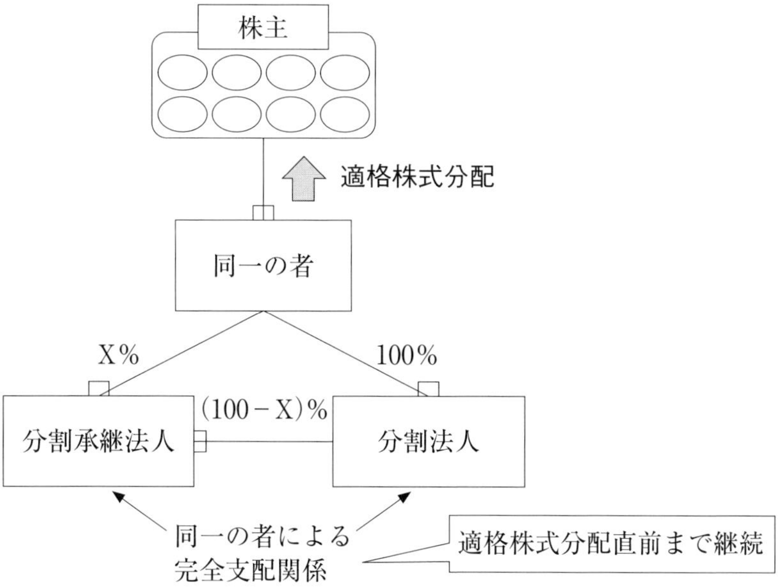

⑶　単独新設分割のうち単独新設分割後に分割法人と分割承継法人との間に同一の者による完全支配関係があるもの

次に掲げる場合の区分に応じそれぞれ次に掲げる要件に該当することが見込まれている場合における分割法人と分割承継法人との間の関係

区　分	要　件
①　単独新設分割が分割型分割（中間型の分割（第2章第12の4⑴参照）を除きます。）に該当する場合	単独新設分割後に同一の者と分割承継法人との間に同一の者㈱による完全支配関係が継続すること（単独新設分割後に分割承継法人を被合併法人又は完全子法人とする適格合併又は適格株式分配を行うことが見込まれている場合には、単独新設分割の時から適格合併又は適格株式分配の直前の時まで完全支配関係が継続すること）
②　①に掲げる場合以外の場合	単独新設分割後に分割法人と分割承継法人との間に同一の者㈱による完全支配関係が継続すること（単独新設分割後に分割法人又は分割承継法人を被合併法人又は完全子法人とする適格合併又は適格株式分配を行うことが見込まれている場合には、単独新設分割の時から適格合併又は適格株式分配の直前の時まで完全支配関係が継続すること）

㈱　分割後に同一の者を被合併法人とする適格合併を行うことが見込まれている場合には、適格合併に係る合併法人は、適格合併後においては同一の者とみなすこととされています（法令4の3㉕二、下記第8の2参照）。

〈分割後に分割法人と分割承継法人との間に同一の者による完全支配関係があり、かつ、分割型分割に該当する場合（上記①の場合）〉

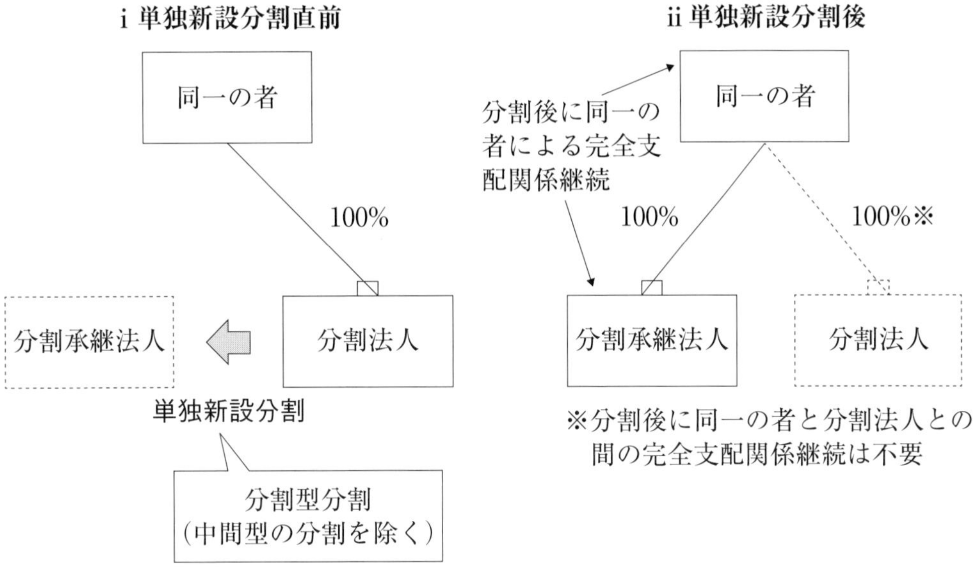

〈上記①の場合において、分割後に同一の者を被合併法人とする適格合併を行うことが見込まれている場合〉

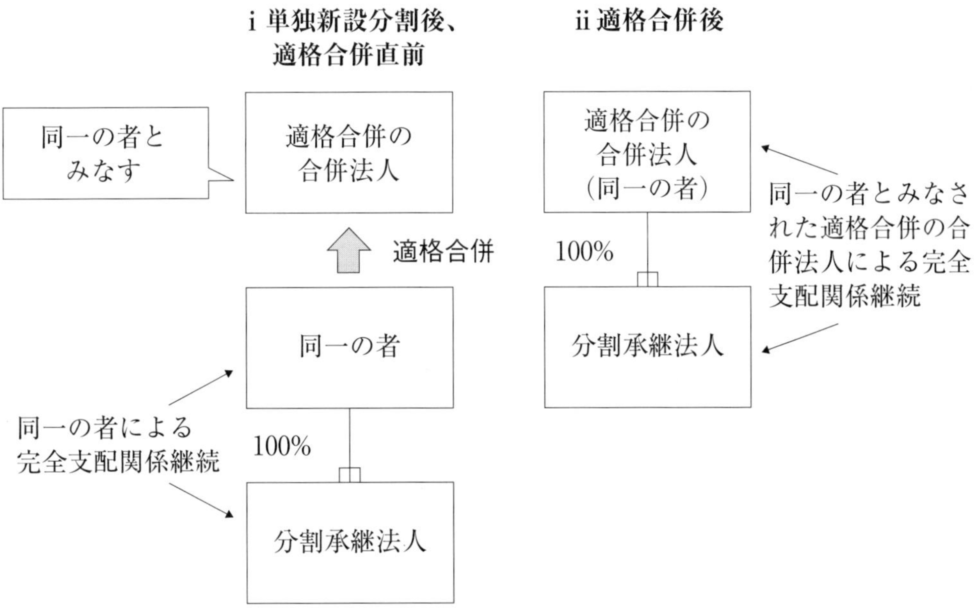

〈上記①の場合において、分割後に分割承継法人を被合併法人とする
適格合併を行うことが見込まれている場合〉

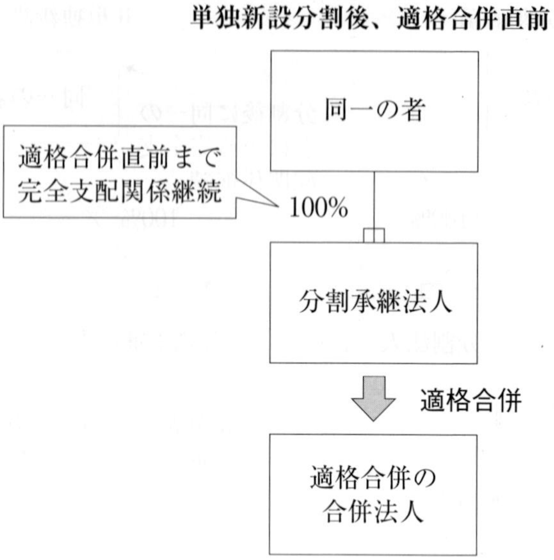

〈上記①の場合において、分割後に分割承継法人を完全子法人とする適格株式分配を
行うことが見込まれている場合〉

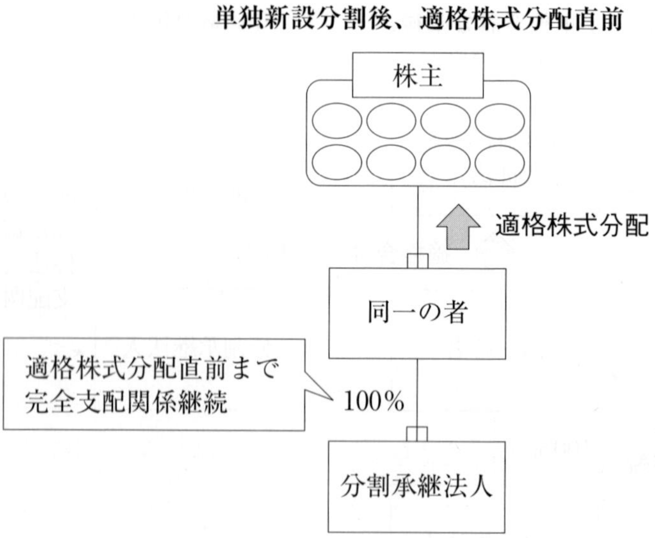

〈分割後に分割法人と分割承継法人との間に同一の者による完全支配関係があり、かつ、上記①以外の場合（上記②の場合）〉

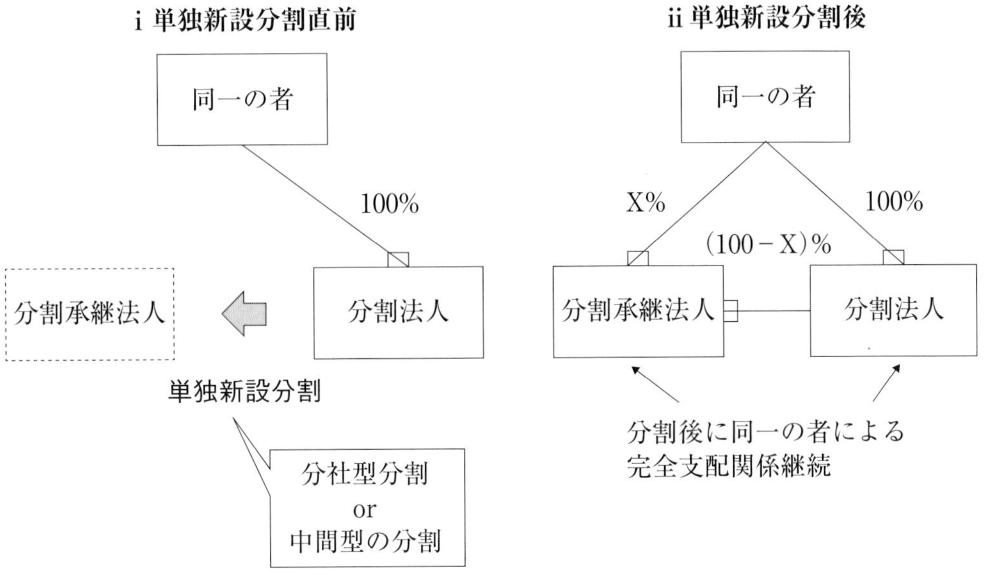

〈上記②の場合において、分割後に同一の者を被合併法人とする適格合併を行うことが見込まれている場合〉

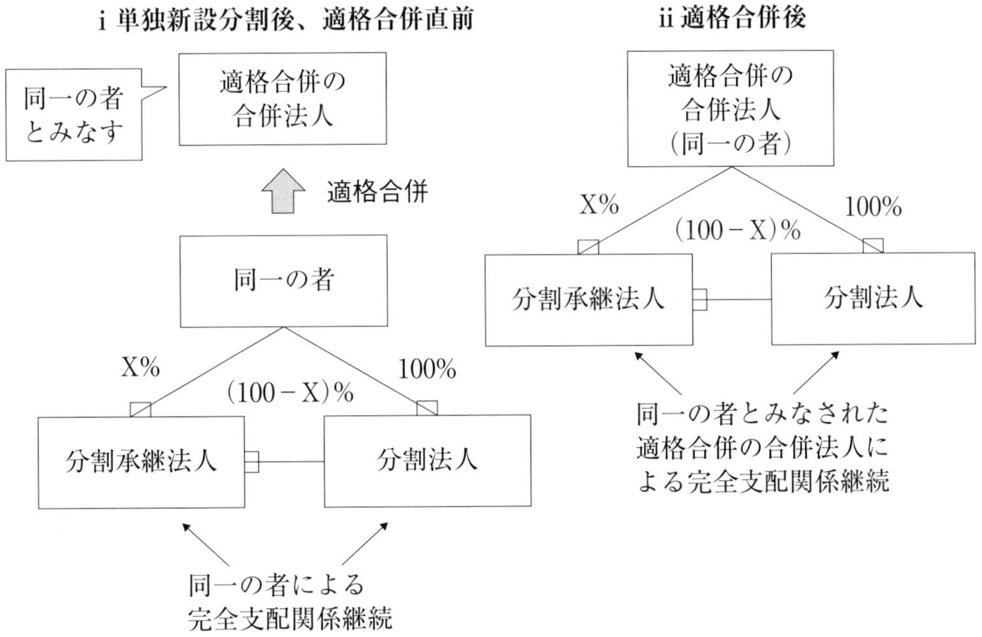

〈上記②の場合において、分割後に分割法人又は分割承継法人を被合併法人とする適格合併を行うことが見込まれている場合〉

単独新設分割後、適格合併直前

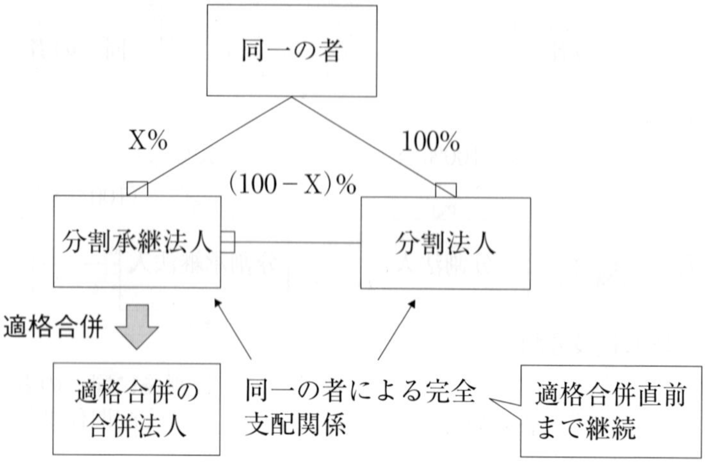

〈上記②の場合において、分割後に分割法人又は分割承継法人を完全子法人とする適格株式分配を行うことが見込まれている場合〉

単独新設分割後、適格株式分配直前

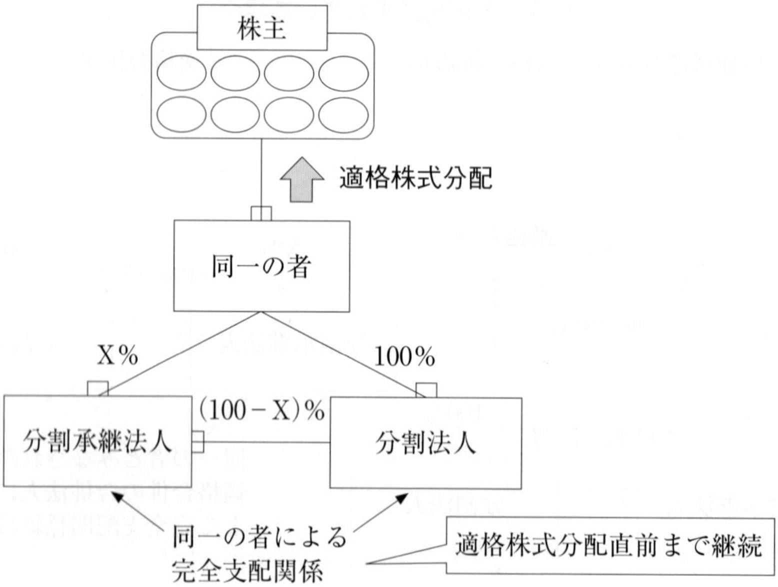

(ニ)　複数新設分割のうち複数新設分割前に分割法人と他の分割法人との間に同一の者による完全支配関係があるもの

複数新設分割後に分割法人及び他の分割法人（それぞれ分割により交付を受け

た分割対価資産の全部をその株主等に交付した法人（第２章第12の４⑵①参照）を除きます。）並びに分割承継法人と同一の者との間に同一の者㈱による完全支配関係が継続すること（複数新設分割後に分割法人、他の分割法人又は分割承継法人を被合併法人又は完全子法人とする適格合併又は適格株式分配を行うことが見込まれている場合には、複数新設分割の時から適格合併又は適格株式分配の直前の時まで完全支配関係が継続すること）が見込まれている場合における分割法人及び他の分割法人と分割承継法人との間の関係

㈱　分割後に同一の者を被合併法人とする適格合併を行うことが見込まれている場合には、適格合併に係る合併法人は、適格合併後においては同一の者とみなすこととされています（法令４の３㉕二、下記第８の２参照）。

〈分割前に分割法人と他の分割法人との間に同一の者による完全支配関係がある場合〉

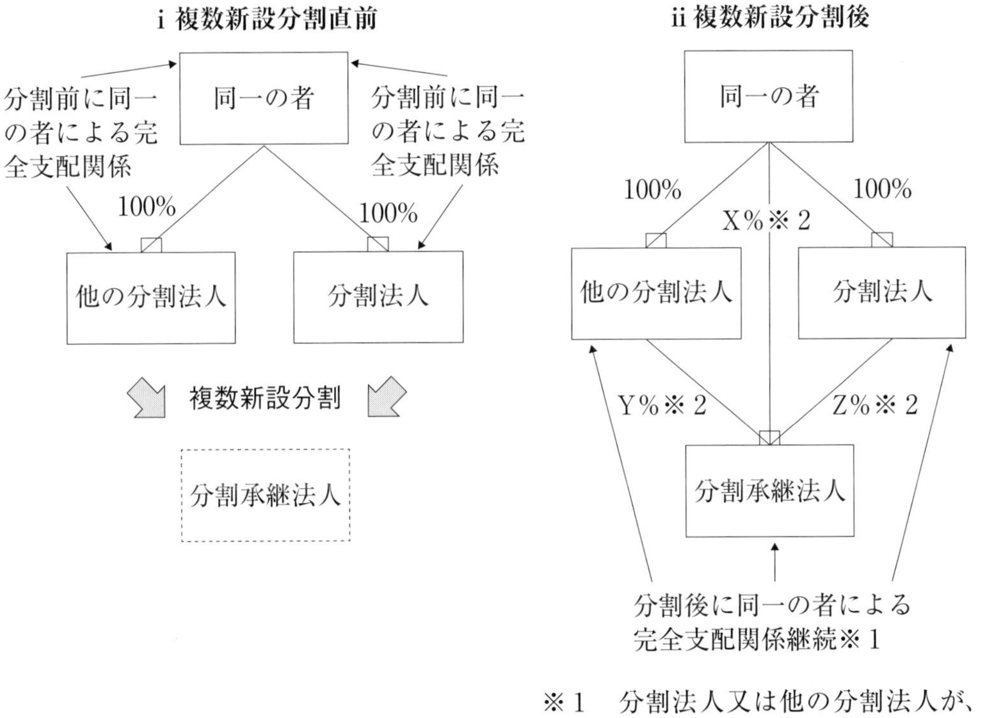

※１　分割法人又は他の分割法人が、分割対価資産の全部をその株主等に交付した法人である場合には、その分割法人又は他の割法人については、完全支配関係継続は不要

２　X％＋Y％＋Z％＝100％

〈分割後に同一の者を被合併法人とする適格合併を行うことが見込まれている場合〉

ｉ複数新設分割後、適格合併直前

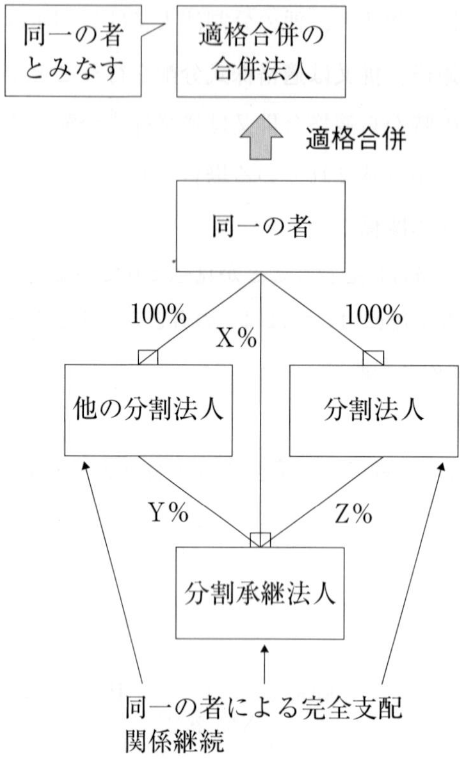

ⅱ適格合併後

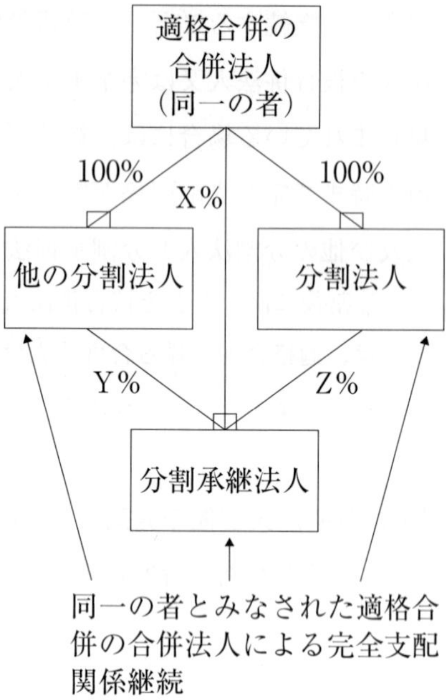

〈分割後に分割法人、他の分割法人又は分割承継法人を被合併法人とする
適格合併を行うことが見込まれている場合〉

複数新設分割後、適格合併直前

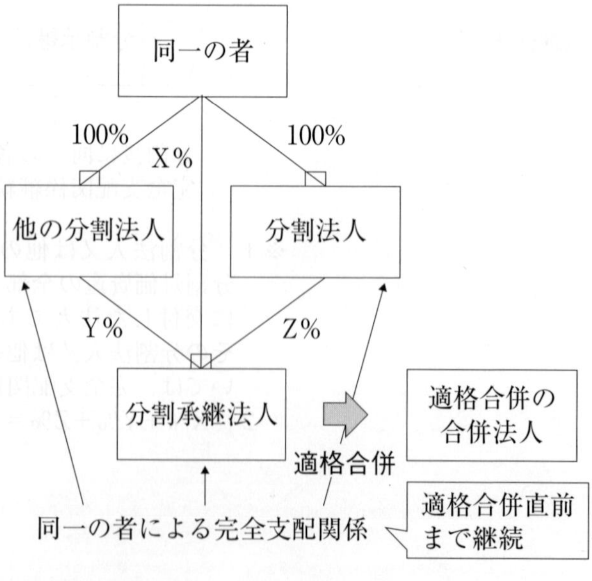

〈分割後に分割法人、他の分割法人又は分割承継法人を完全子法人とする適格株式分配を行うことが見込まれている場合〉

複数新設分割後、適格株式分配直前

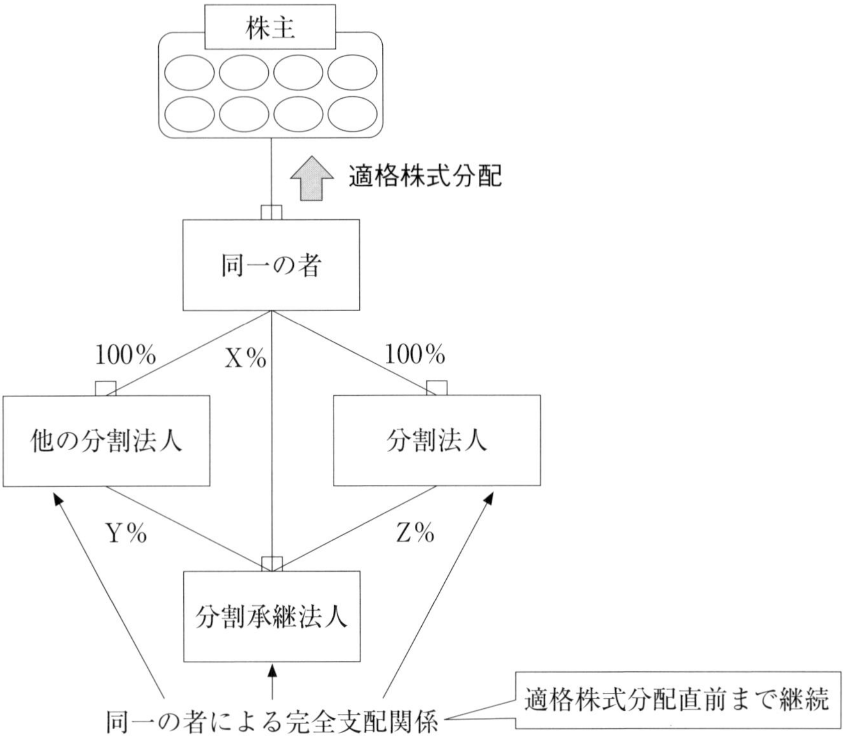

ハ　無対価分割の場合

無対価分割の場合の完全支配関係継続要件は、分割前に次の①又は②の区分に応じそれぞれ次に掲げる関係（上記イ(イ)の場合には下記①ⅰの関係、上記ロ(イ)の場合には下記①ⅰ又はⅱの関係、上記イ(ロ)及びロ(ロ)の場合には下記②の関係）にある場合に限られています（法令４の３⑥）。これは、無対価分割で適格分割とされるものは、分割承継法人株式の交付を省略したと考えられるもの（分割承継法人株式を交付した場合、交付しなかった場合のいずれであっても資本関係に差異がないもの）に限られているためです。

〈無対価分割で完全支配関係継続要件を満たすために要する関係〉

①　分割型分割（中間型の分割を除きます。）の場合	i　分割承継法人が分割法人の発行済株式等の全部を保有する関係
	ii　分割法人の株主等（分割法人及び分割承継法人を除きます。）及び分割承継法人の株主等（分割承継法人を除きます。）の全てについて、その者が保有する分割法人株式の数の分割法人の発行済株式等（分割承継法人が保有する分割法人株式を除きます。）の総数のうちに占める割合とその者が保有する分割承継法人株式の数の分割承継法人の発行済株式等の総数のうちに占める割合とが等しい場合における分割法人と分割承継法人との間の関係
②　分社型分割又は中間型の分割の場合	分割法人が分割承継法人の発行済株式等の全部を保有する関係

〈分割承継法人が分割法人の発行済株式等の全部を保有する関係（上記① i の関係）〉

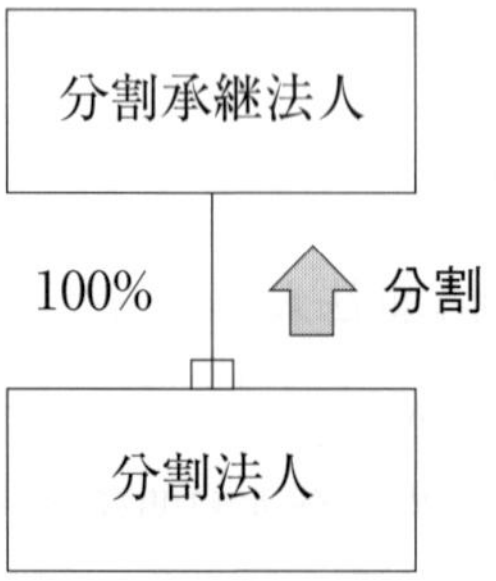

〈分割法人と分割承継法人の株主の全てについて、その株主が保有する分割法人株式の保有割合と分割承継法人株式の保有割合とが等しい関係（上記① ii の関係）の例〉

（i）**法人株主による完全支配関係**

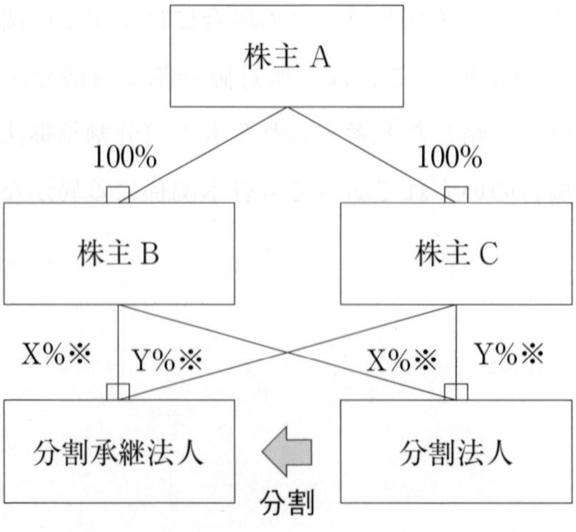

※X%＋Y%＝100%

(ii)　個人株主による完全支配関係

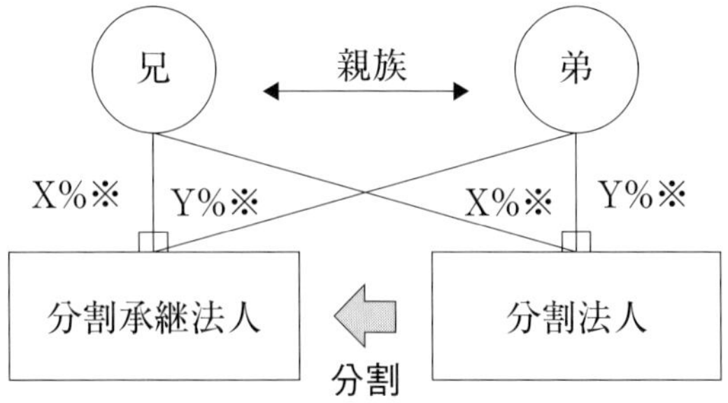

※X%＋Y%＝100%

〈分割法人が分割承継法人の発行済株式等の全部を保有する関係（上記②の関係）〉

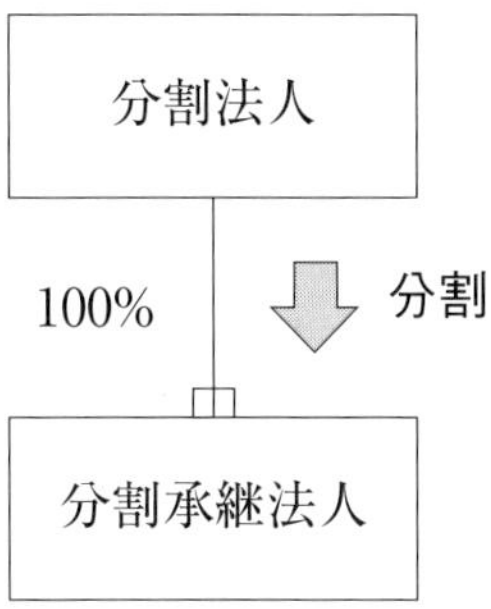

（参考）

次の(i)及び(ii)の関係は、平成30年度税制改正前はそれぞれ無対価分割の個別の類型として認められていたものですが、同改正により個別の類型の規定が廃止されて上記①ⅱの包括的規定に一本化されたことにより、同改正後は上記①ⅱの包括的規定により無対価分割として認められています。

(i)　一の者(注)が分割法人及び分割承継法人の発行済株式等の全部を保有する関係

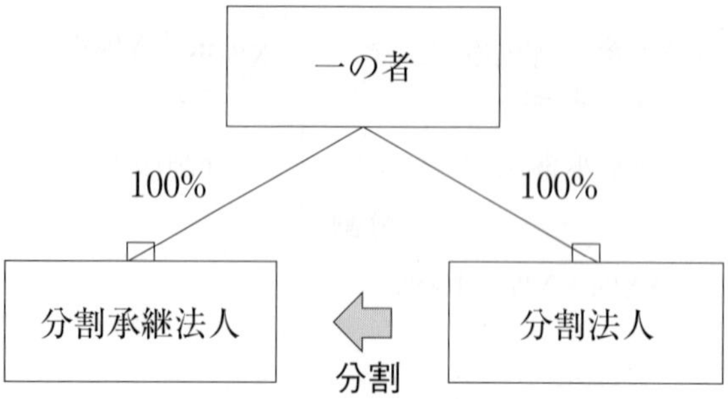

(注)　この場合の「一の者」は、完全支配関係の判定の場合（第3章第1の3参照）と異なり、個人の場合には、親族等の同族関係者を含まない単独の者を指します。

(ii)　分割承継法人及び分割承継法人の発行済株式等の全部を保有する者が分割法人の発行済株式等の全部を保有する関係

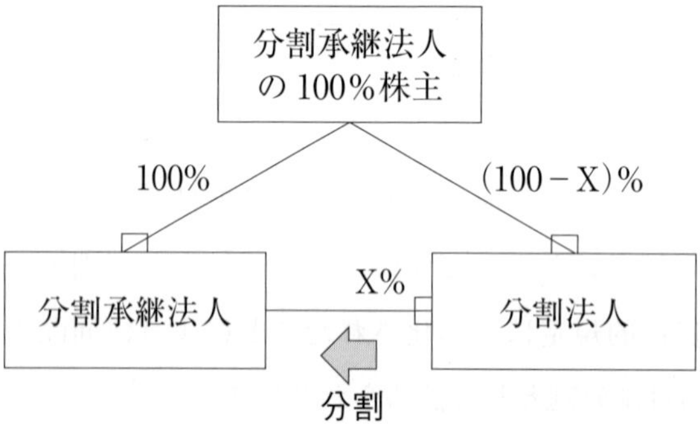

2　支配関係がある場合の適格要件

支配関係がある場合の適格要件は、次の4つの要件です。

〈支配関係がある場合の適格要件〉

①	金銭等不交付要件
②	支配関係継続要件
③	独立事業単位要件
④	事業継続要件

⑴　金銭等不交付要件

分割対価資産として分割承継法人株式又は分割承継親法人株式のうちいずれか一の株式以外の資産の交付がないこと（株式が交付される分割型分割にあっては、その株式が分割法人の発行済株式等の総数のうちに占めるその分割法人の各株主等の有する分割法人株式の数の割合に応じて交付されるものに限り、無対価も含まれます。）をいいます（法法２十二の十一）。その内容は、上記１⑴の金銭等不交付要件と同じです。

⑵　支配関係継続要件

次に掲げるいずれかの関係があることをいいます（法法２十二の十一ロ、法令４の３⑦）。

イ　当事者間の支配関係

分割前（分割が新設分割で一の法人のみが分割法人となるもの（単独新設分割）である場合にあっては、分割後）に分割法人と分割承継法人（その分割が新設分割で単独新設分割に該当しないもの（複数新設分割）である場合にあっては、分割法人と他の分割法人）との間にいずれか一方の法人による支配関係がある分割の次に掲げる区分に応じそれぞれ次に掲げる関係（ロに掲げる関係に該当するものを除きます。）をいいます（法令４の３⑦一）。

⑴　新設分割以外の分割型分割（中間型の分割（第２章第12の４⑴参照）を除きます。）のうち分割型分割前に分割法人と分割承継法人との間に分割承継法人による支配関係㈱があるもの

その支配関係

㈱　無対価分割の場合には、下記ハを参照してください。

〈分割前に分割法人と分割承継法人との間に分割承継法人による支配関係がある場合〉

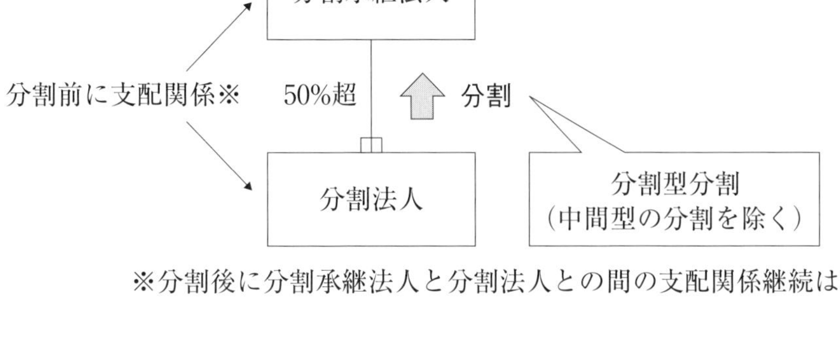

※分割後に分割承継法人と分割法人との間の支配関係継続は不要

(ロ)　新設分割以外の分割（(イ)に掲げる分割型分割を除きます。）のうち分割前に分割法人と分割承継法人との間に「いずれか一方の法人」による支配関係（注１）があるもの

分割後に分割法人と分割承継法人との間に「いずれか一方の法人」（注２）による支配関係が継続すること（分割後に「他方の法人」（分割法人及び分割承継法人のうち、「いずれか一方の法人」以外の法人をいいます。）を被合併法人とする適格合併を行うことが見込まれている場合には、分割の時から適格合併の直前の時まで支配関係が継続すること）が見込まれている場合における分割法人と分割承継法人との間の関係

(注)１　無対価分割の場合には、下記ハを参照してください。

２　分割後に「いずれか一方の法人」を被合併法人とする適格合併を行うことが見込まれている場合には、適格合併に係る合併法人は、適格合併後においては「いずれか一方の法人」とみなすこととされています（法令４の３㉕三、下記第８の３参照）。

〈分割前に分割法人と分割承継法人との間に「いずれか一方の法人」による支配関係がある場合〉

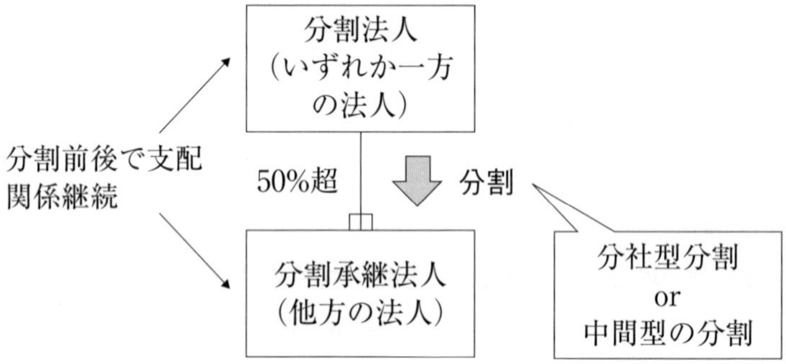

〈分割後に「いずれか一方の法人」を被合併法人とする適格合併を行うことが見込まれている場合〉

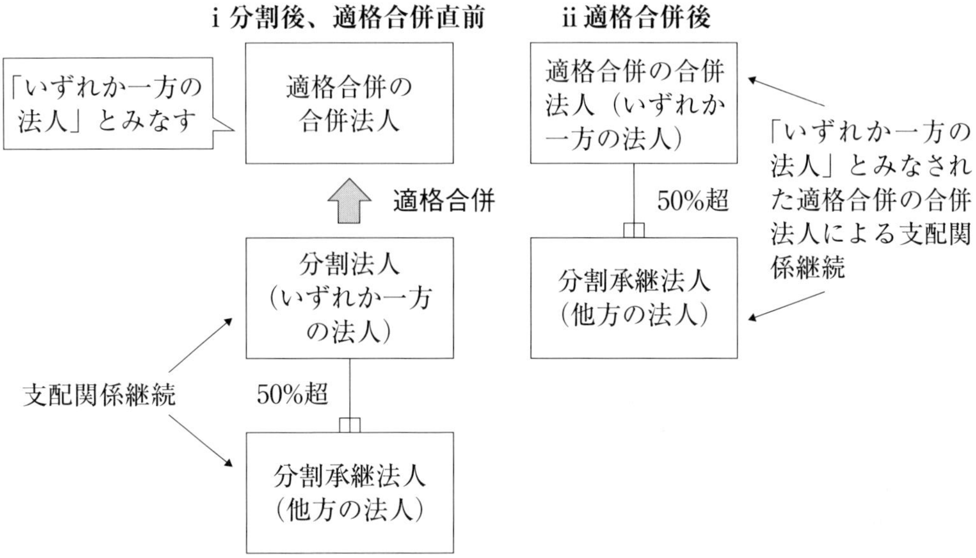

〈分割後に「他方の法人」を被合併法人とする適格合併を行うことが見込まれている場合〉

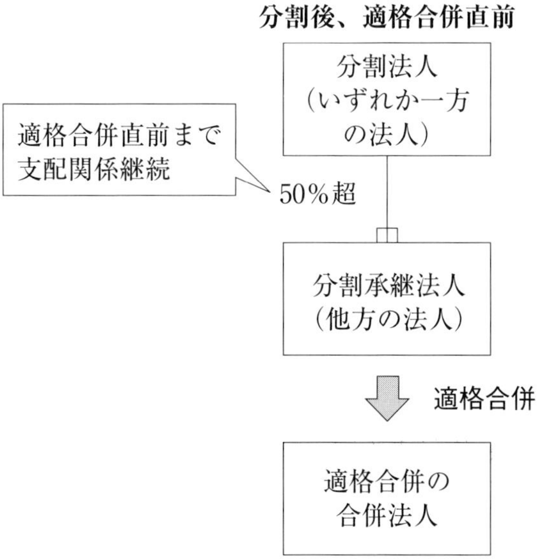

(ハ)　単独新設分割のうち単独新設分割後に分割法人と分割承継法人との間に分割法人による支配関係があるもの

単独新設分割後に支配関係が継続すること（単独新設分割後に分割承継法人を

被合併法人とする適格合併を行うことが見込まれている場合には、単独新設分割の時から適格合併の直前の時までその支配関係が継続すること）が見込まれている場合における分割法人㈱と分割承継法人との間の関係

㈱　分割後に分割法人を被合併法人とする適格合併を行うことが見込まれている場合には、適格合併に係る合併法人は、適格合併後においては分割法人とみなすこととされています（法令４の３㉕四、下記第８の４参照）。

〈分割後に分割法人と分割承継法人との間に分割法人による支配関係がある場合〉

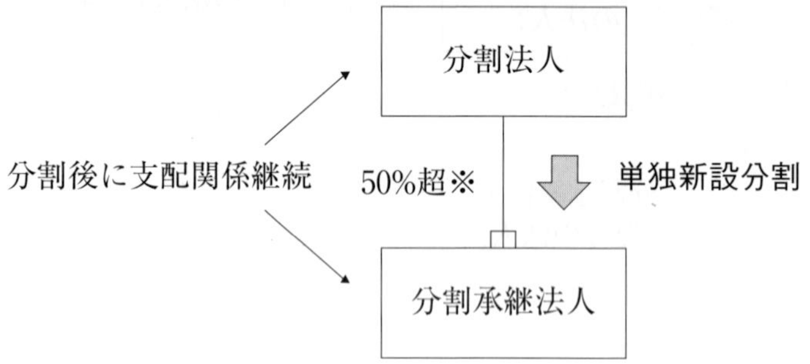

※分割直後は100%

〈分割後に分割法人を被合併法人とする適格合併を行うことが見込まれている場合〉

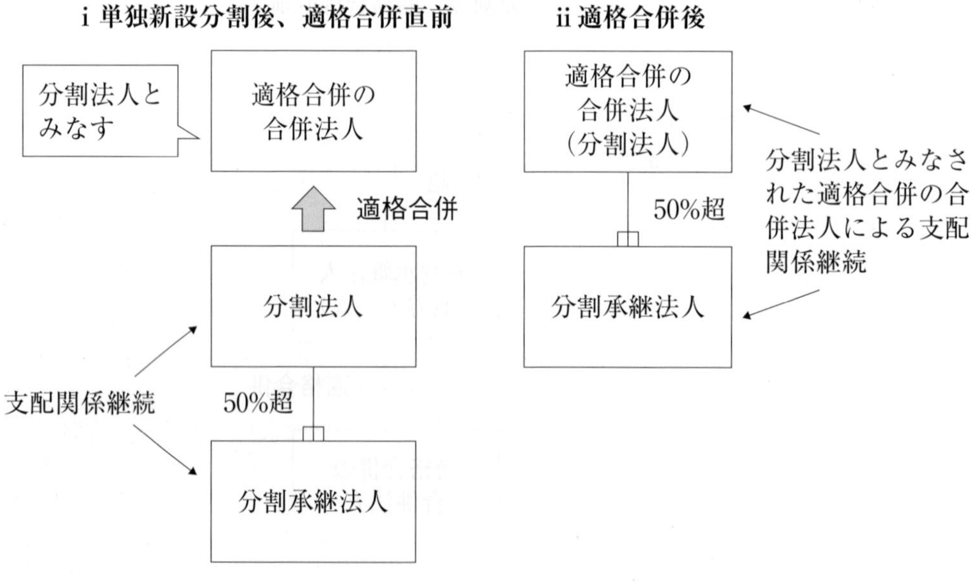

〈分割後に分割承継法人を被合併法人とする適格合併を行うことが見込まれている場合〉

単独新設分割後、適格合併直前

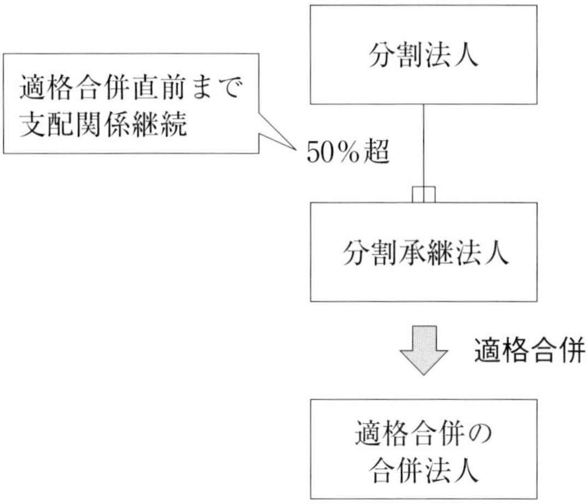

(二)　複数新設分割のうち複数新設分割前に分割法人と他の分割法人との間に「いずれか一方の法人」による支配関係があるもの

次に掲げる場合の区分に応じそれぞれ次に掲げる要件に該当することが見込まれている場合における分割法人及び他の分割法人と分割承継法人との間の関係

区　分	要　件
①「他方の法人」(分割法人及び他の分割法人のうち、「いずれか一方の法人」以外の法人をいいます。)が分割により交付を受けた分割対価資産の全部をその株主等に交付した法人（第２章第12の４(2)①参照）である場合	複数新設分割後に「いずれか一方の法人」(注)と分割承継法人との間に「いずれか一方の法人」による支配関係が継続すること（複数新設分割後に分割承継法人を被合併法人とする適格合併を行うことが見込まれている場合には、複数新設分割の時から適格合併の直前の時まで支配関係が継続すること）
②　①に掲げる場合以外の場合	複数新設分割後に「他方の法人」と分割承継法人との間に「いずれか一方の法人」(注)による支配関係が継続すること（複数新設分割後に「他方の法人」又は分割承継法人を被合併法人とする適格合併を行うことが見込まれている場合には、複数新設分割の時から適格合併の直前の時まで支配関係が継続すること）

(注)　分割後に「いずれか一方の法人」を被合併法人とする適格合併を行うことが見込まれている場合には、適格合併に係る合併法人は、適格合併後においては「いずれか一方の法人」とみなすこととされています（法令４の３㉕三、下記第８の３参照）。

〈分割前に分割法人と他の分割法人との間に「いずれか一方の法人」による支配関係があり、かつ、「他方の法人」が分割対価資産の全部を交付した法人である場合（上記①の場合）〉

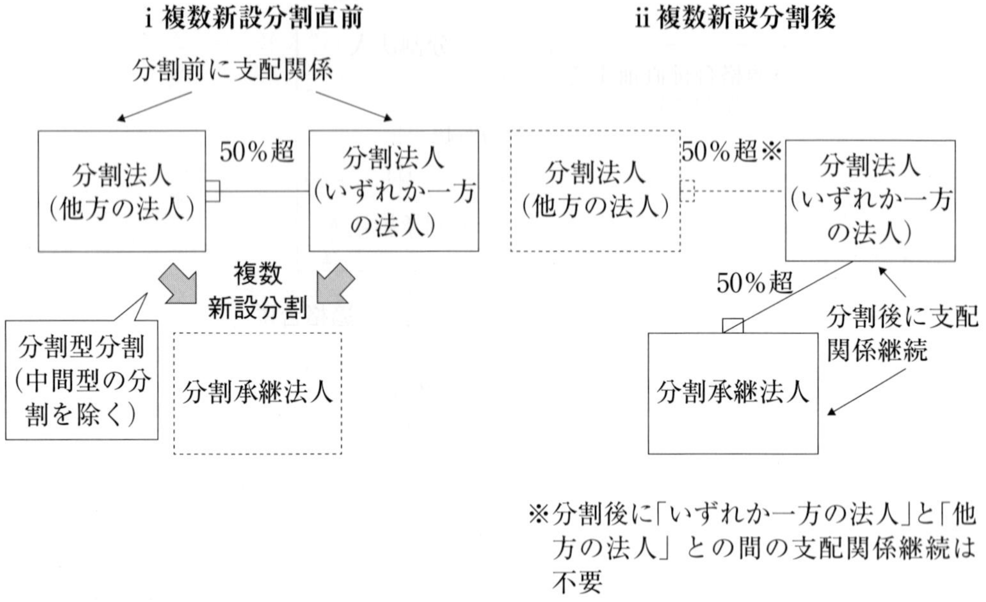

〈上記①の場合において、分割後に「いずれか一方の法人」を被合併法人とする適格合併を行うことが見込まれている場合〉

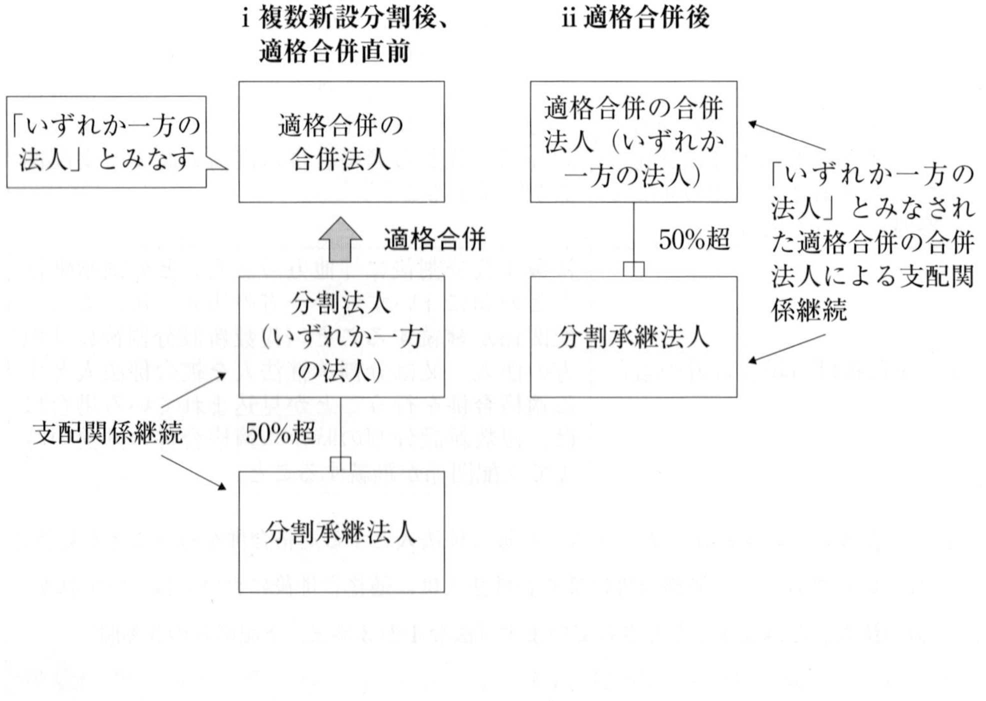

〈上記①の場合において、分割後に分割承継法人を被合併法人とする適格合併を行うことが見込まれている場合〉

複数新設分割後、適格合併直前

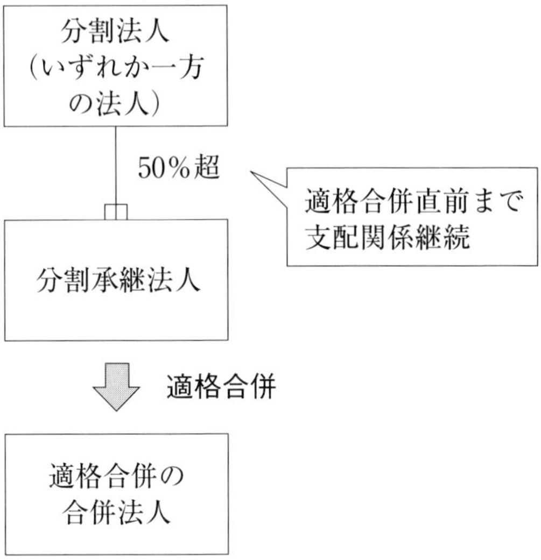

〈分割前に分割法人と他の分割法人との間に「いずれか一方の法人」による支配関係があり、かつ、「他方の法人」が分割対価資産の全部を交付した法人以外の法人である場合（上記②の場合）〉

ⅰ 複数新設分割直前

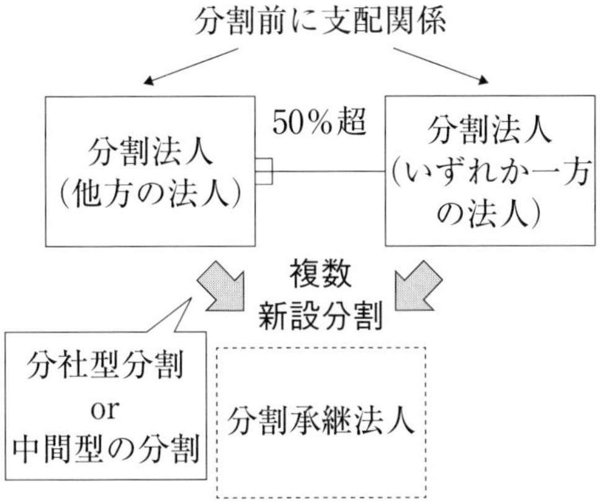

ⅱ 複数新設分割後

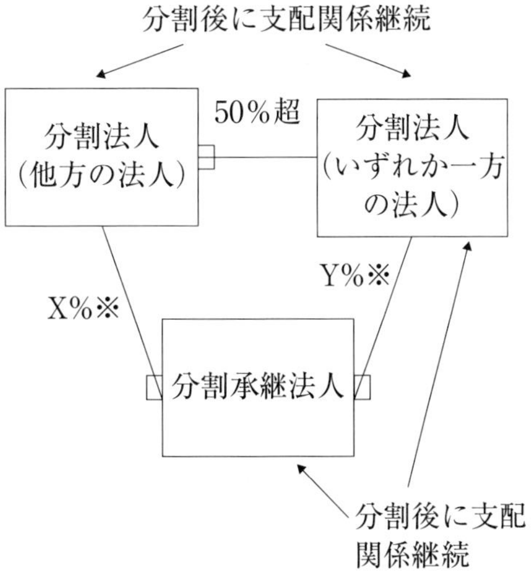

※X％＋Y％＞50％

〈上記②の場合において、分割後に「いずれか一方の法人」を被合併法人とする適格合併を行うことが見込まれている場合〉

ⅰ 複数新設分割後、適格合併直前

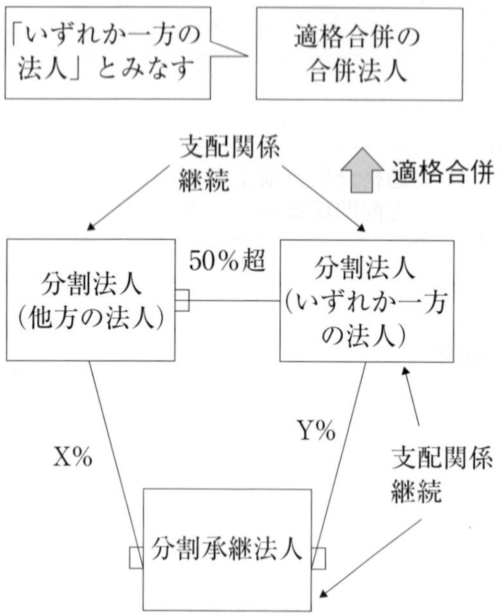

ⅱ 適格合併後

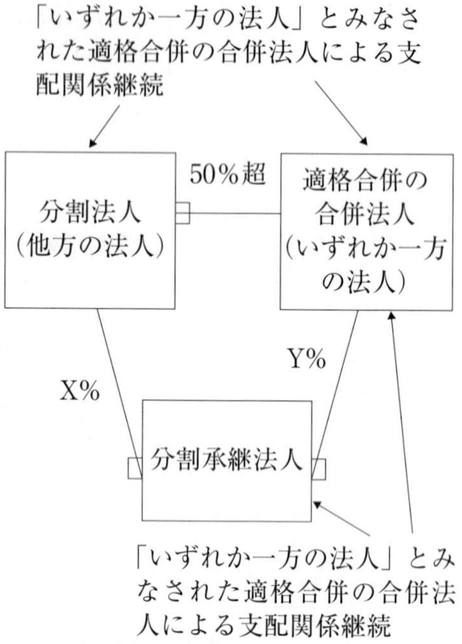

〈上記②の場合において、分割後に「他方の法人」又は分割承継法人を被合併法人とする適格合併を行うことが見込まれている場合〉

複数新設分割後、適格合併直前

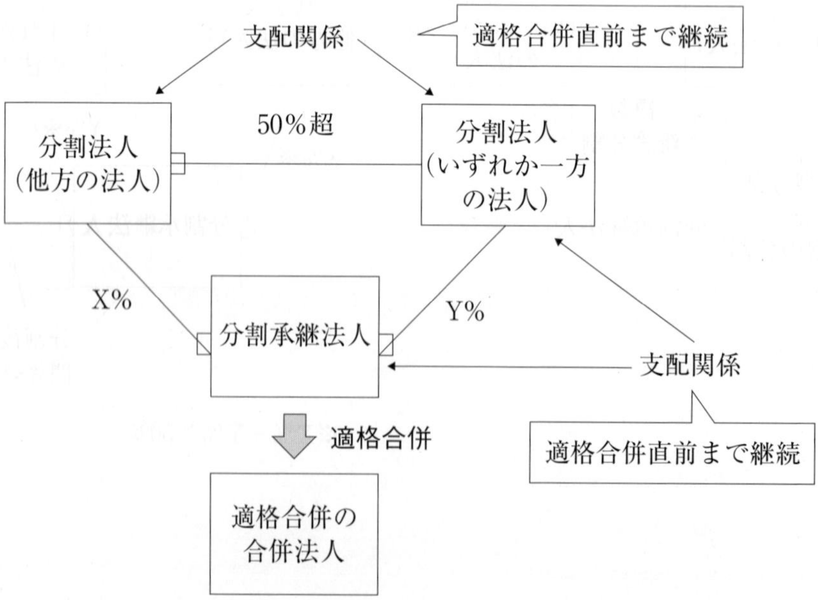

ロ　同一の者による支配関係

分割前（分割が単独新設分割である場合にあっては、分割後）に分割法人と分割承継法人（分割が複数新設分割である場合にあっては、分割法人と他の分割法人）との間に同一の者による支配関係がある分割の次に掲げる区分に応じそれぞれ次に掲げる関係をいいます（法令４の３⑦二）。

(イ)　新設分割以外の分割型分割（中間型の分割（第２章第12の４(1)参照）を除きます。）のうち分割型分割前に分割法人と分割承継法人との間に同一の者による支配関係（注１）があるもの

分割型分割後に同一の者と分割承継法人との間に同一の者（注２）による支配関係が継続すること（分割型分割後に分割承継法人を被合併法人とする適格合併を行うことが見込まれている場合には、分割型分割の時から適格合併の直前の時まで支配関係が継続すること。）が見込まれている場合における分割法人と分割承継法人との間の関係

(注)１　無対価分割の場合には、下記ハを参照してください。

２　分割後に同一の者を被合併法人とする適格合併を行うことが見込まれている場合には、適格合併に係る合併法人は、適格合併後においては同一の者とみなすこととされています（法令４の３㉕二、下記第８の２参照）。

〈分割前に分割法人と分割承継法人との間に同一の者による支配関係がある場合〉

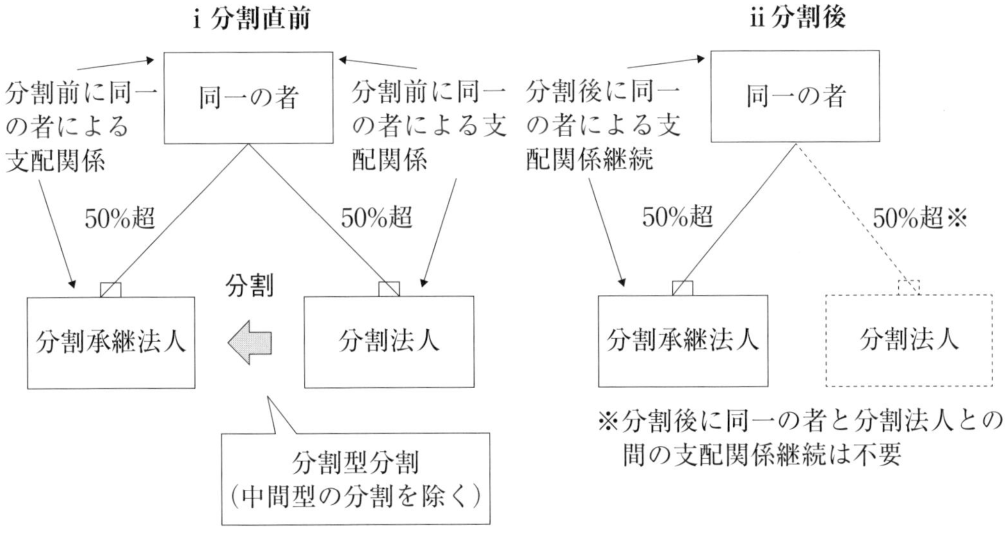

〈分割後に同一の者を被合併法人とする適格合併を行うことが見込まれている場合〉

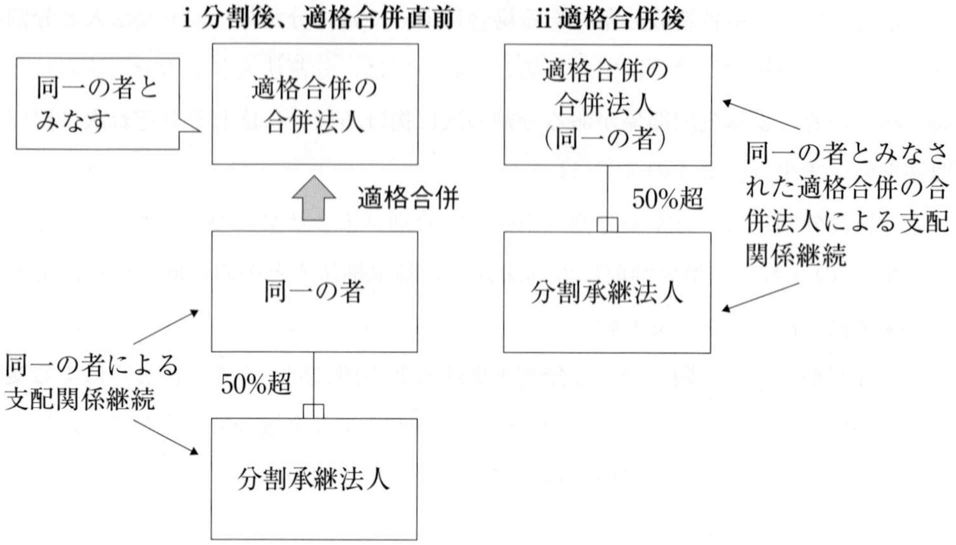

〈分割後に分割承継法人を被合併法人とする適格合併を行うことが見込まれている場合〉

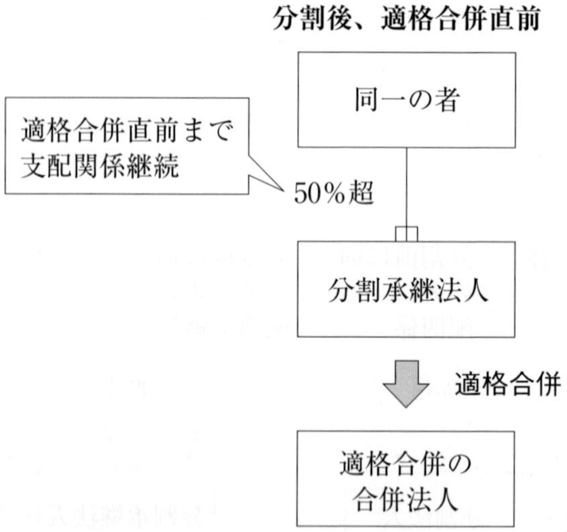

㈺　新設分割以外の分割（上記㈠に掲げる分割型分割を除きます。）のうち分割前に分割法人と分割承継法人との間に同一の者による支配関係（注１）があるもの

分割後に分割法人と分割承継法人との間に同一の者㈱による支配関係が継続すること（分割後に分割法人又は分割承継法人を被合併法人とする適格合併を行うことが見込まれている場合には、分割の時から適格合併の直前の時まで支配関係

が継続すること）が見込まれている場合における分割法人と分割承継法人との間の関係

㈱１　無対価分割の場合には、下記ハを参照してください。

２　分割後に同一の者を被合併法人とする適格合併を行うことが見込まれている場合には、適格合併に係る合併法人は、適格合併後においては同一の者とみなすこととされています（法令４の３㉕二、下記第８の２参照）。

〈分割前に分割法人と分割承継法人との間に同一の者による支配関係がある場合〉

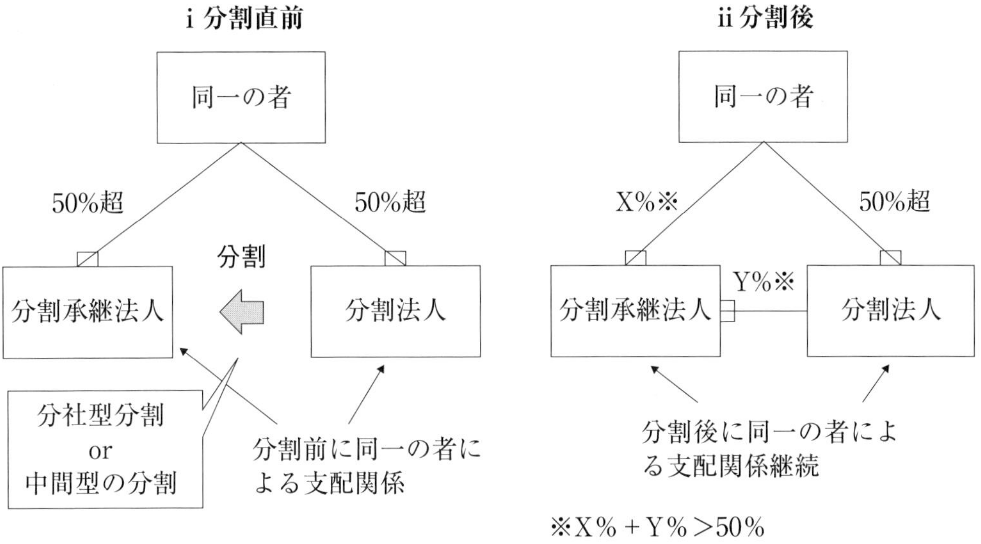

〈分割後に同一の者を被合併法人とする適格合併を行うことが見込まれている場合〉

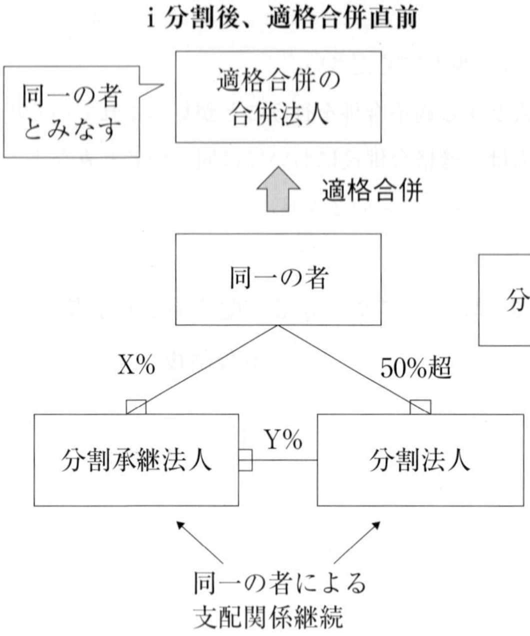

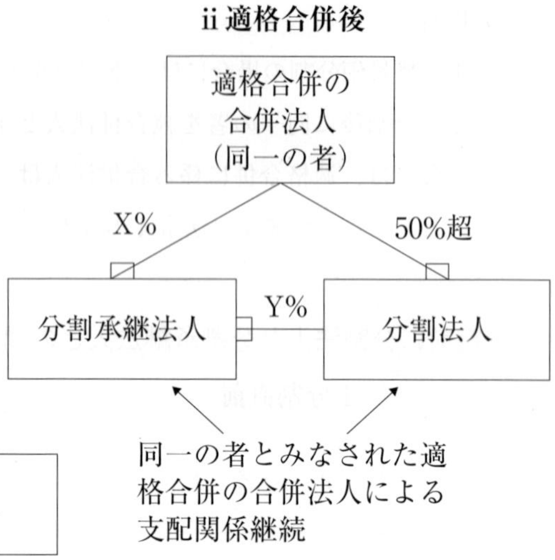

〈分割後に分割法人又は分割承継法人を被合併法人とする適格合併を行うことが見込まれている場合〉

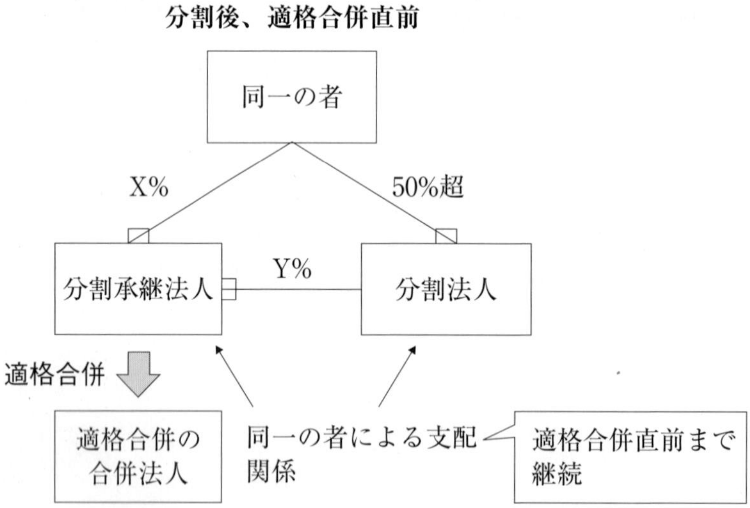

(ハ)　単独新設分割のうち単独新設分割後に分割法人と分割承継法人との間に同一の者による支配関係があるもの

次に掲げる場合の区分に応じそれぞれ次に掲げる要件に該当することが見込まれている場合における分割法人と分割承継法人との間の関係

区　分	要　件
①　単独新設分割が分割型分割（中間型の分割（第２章第12の４⑴参照）を除きます。）に該当する場合	単独新設分割後に同一の者と分割承継法人との間に同一の者㈨による支配関係が継続すること（単独新設分割後に分割承継法人を被合併法人とする適格合併を行うことが見込まれている場合には、単独新設分割の時から適格合併の直前の時まで支配関係が継続すること）
②　①に掲げる場合以外の場合	単独新設分割後に分割法人と分割承継法人との間に同一の者㈨による支配関係が継続すること（単独新設分割後に分割法人又は分割承継法人を被合併法人とする適格合併を行うことが見込まれている場合には、単独新設分割の時から適格合併の直前の時まで支配関係が継続すること）

㈨　分割後に同一の者を被合併法人とする適格合併を行うことが見込まれている場合には、適格合併に係る合併法人は、適格合併後においては同一の者とみなすこととされています（法令４の３㉕二、下記第８の２参照）。

〈分割後に分割法人と分割承継法人との間に同一の者による支配関係があり、かつ、分割が分割型分割に該当する場合（上記①の場合）〉

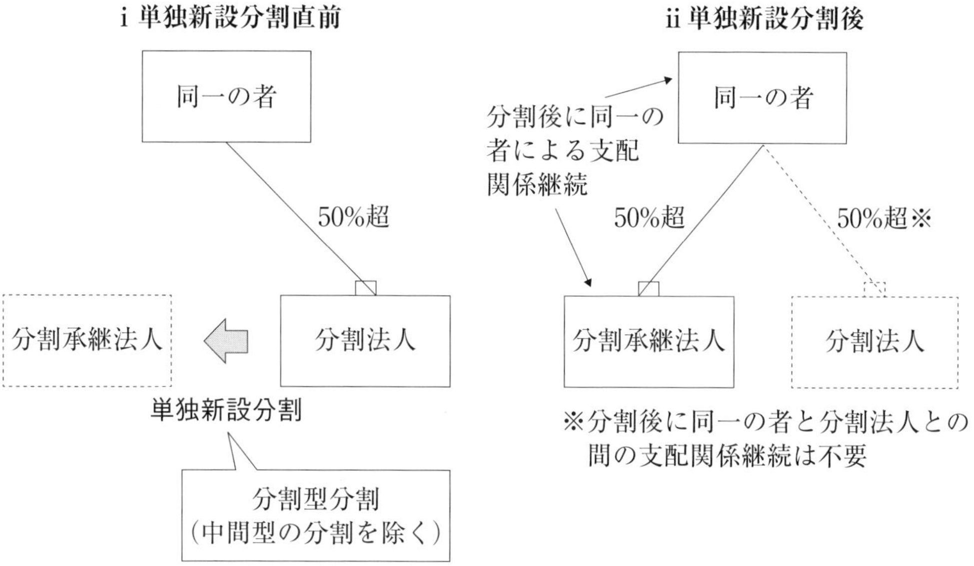

〈上記①の場合において、分割後に同一の者を被合併法人とする適格合併を行うことが見込まれている場合〉

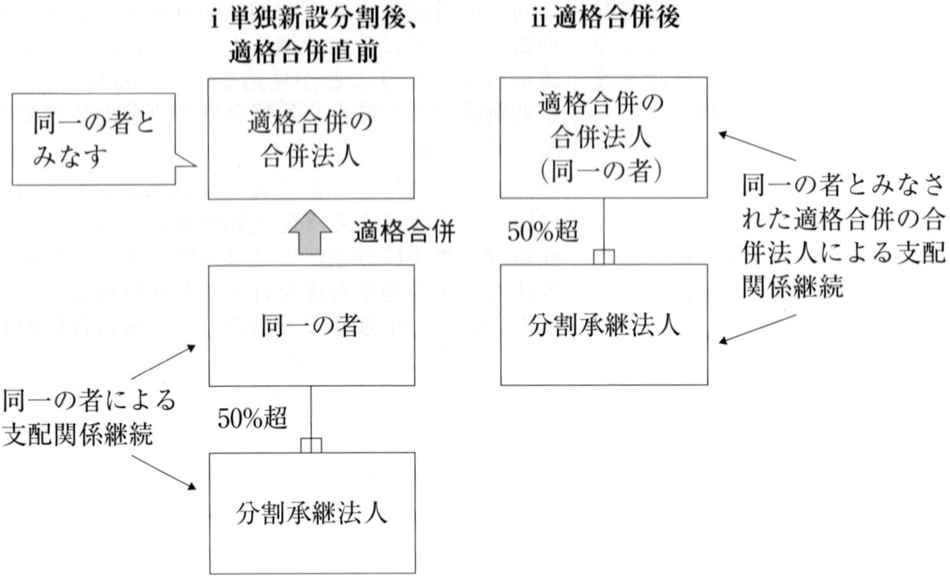

〈上記①の場合において、分割後に分割承継法人を被合併法人とする適格合併を行うことが見込まれている場合〉

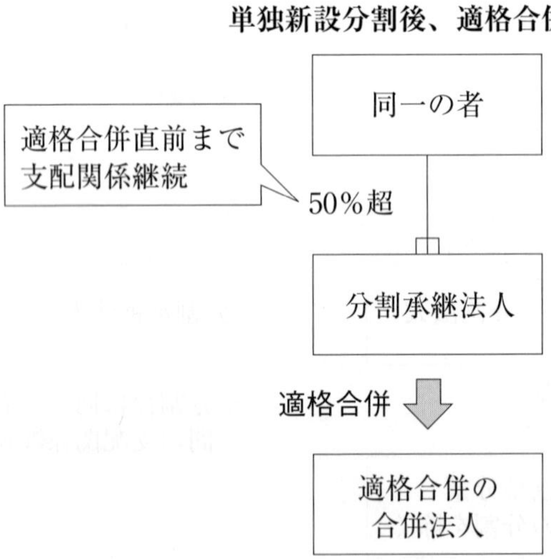

〈分割後に分割法人と分割承継法人との間に同一の者による支配関係があり、かつ、上記①以外の場合（上記②の場合）〉

ⅰ単独新設分割直前

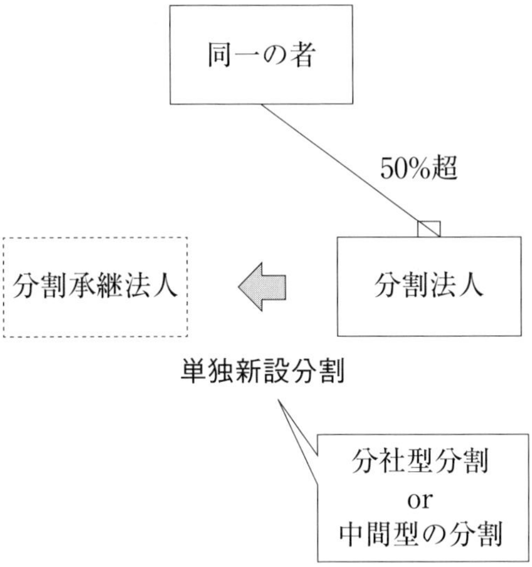

ⅱ単独新設分割後

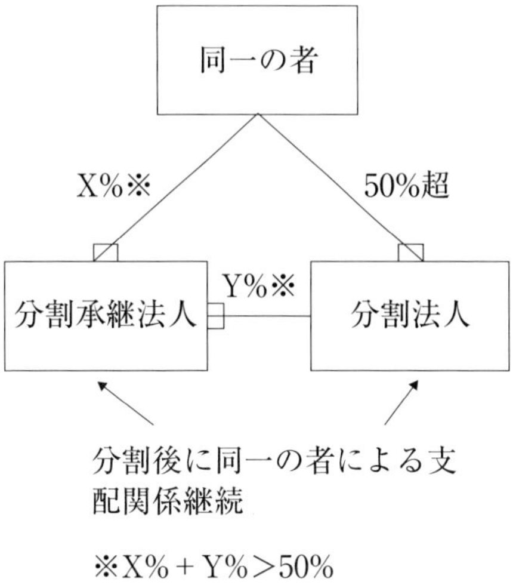

〈上記②の場合において、分割後に同一の者を被合併法人とする適格合併を行うことが見込まれている場合〉

ⅰ単独新設分割後、適格合併直前

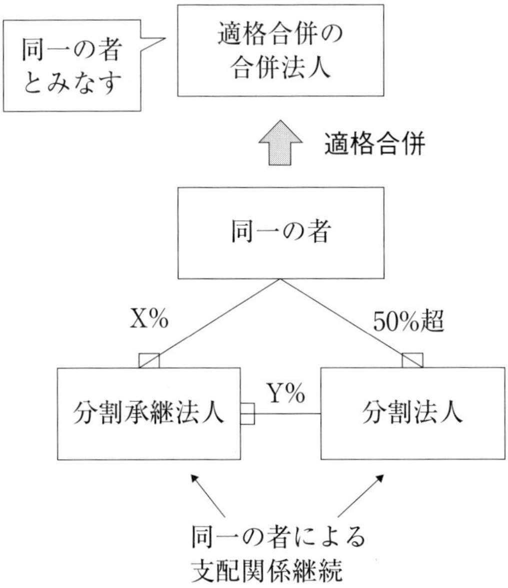

ⅱ適格合併後

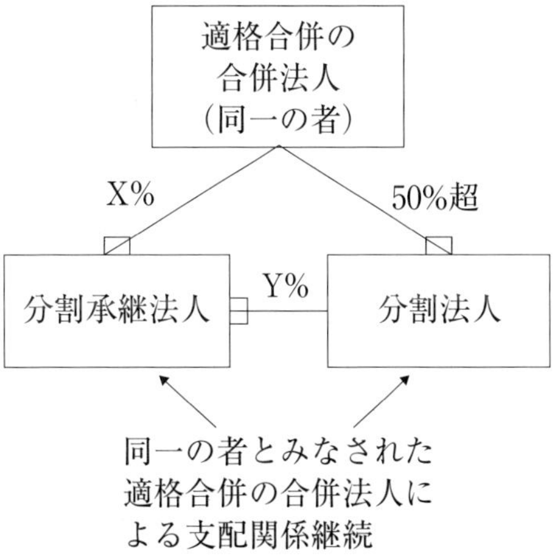

〈上記②の場合において、分割後に分割法人又は分割承継法人を被合併法人とする適格合併を行うことが見込まれている場合〉

単独新設分割後、適格合併直前

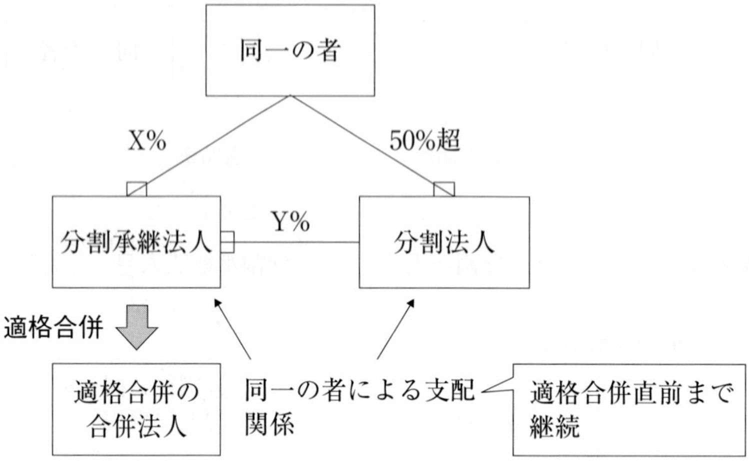

㈡　複数新設分割のうち複数新設分割前に分割法人と他の分割法人との間に同一の者による支配関係があるもの

複数新設分割後に分割法人及び他の分割法人（それぞれ分割により交付を受けた分割対価資産の全部をその株主等に交付した法人（第２章第12の４⑵①参照）を除きます。）並びに分割承継法人と同一の者㈱との間に同一の者による支配関係が継続すること（複数新設分割後に分割法人、他の分割法人又は分割承継法人を被合併法人とする適格合併を行うことが見込まれている場合には、複数新設分割の時から適格合併の直前の時まで支配関係が継続すること）が見込まれている場合における分割法人及び他の分割法人と分割承継法人との間の関係

㈱　分割後に同一の者を被合併法人とする適格合併を行うことが見込まれている場合には、適格合併に係る合併法人は、適格合併後においては同一の者とみなすこととされています（法令４の３㉕二、下記第８の２参照）。

〈分割前に分割法人と他の分割法人との間に同一の者による支配関係がある場合〉

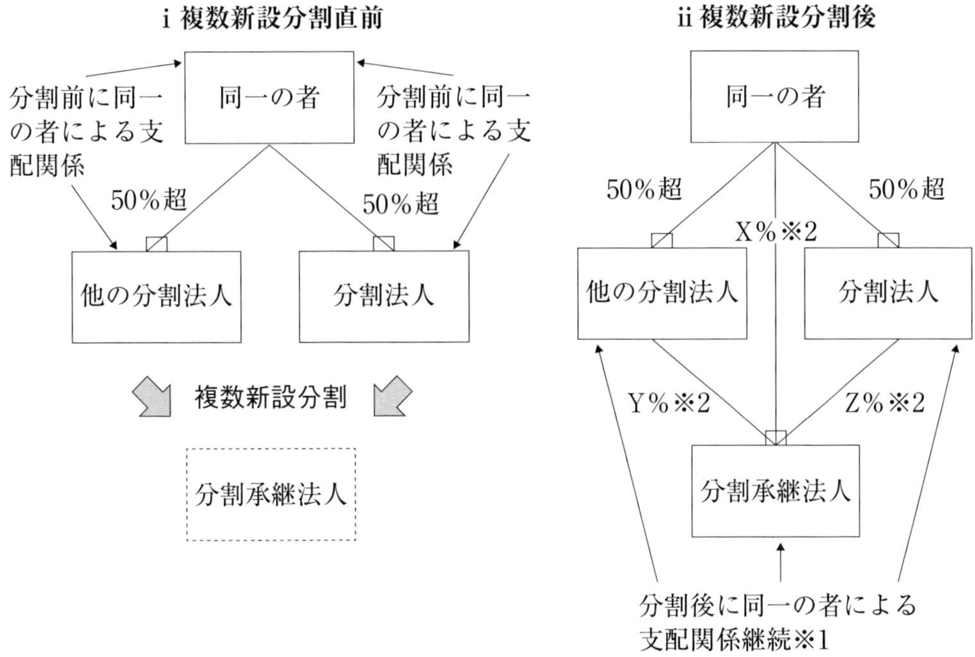

※１　分割法人又は他の分割法人が、分割対価資産の全部をその株主等に交付した法人である場合には、その分割法人又は他の分割法人については、支配関係継続は不要

２　X％＋Y％＋Z％＞50％

〈分割後に同一の者を被合併法人とする適格合併を行うことが見込まれている場合〉

i 複数新設分割後、適格合併直前

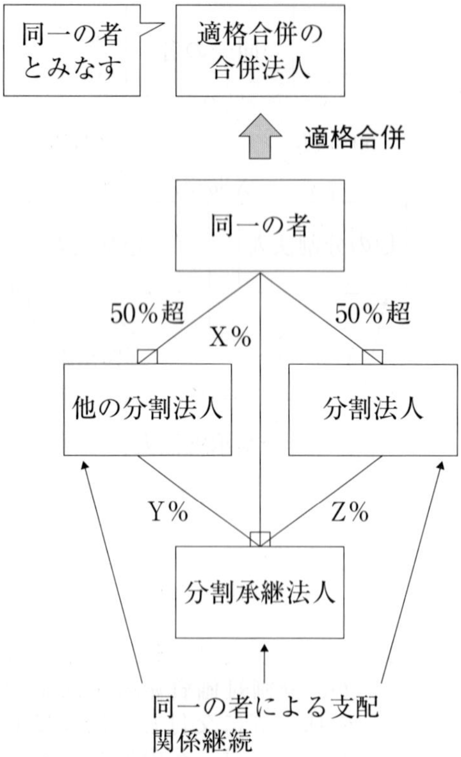

ii 適格合併後

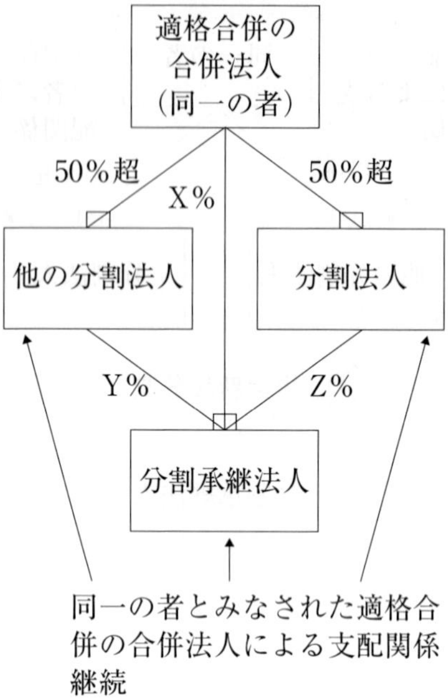

〈分割後に分割法人、他の分割法人又は分割承継法人を被合併法人とする
適格合併を行うことが見込まれている場合〉

複数新設分割後、適格合併直前

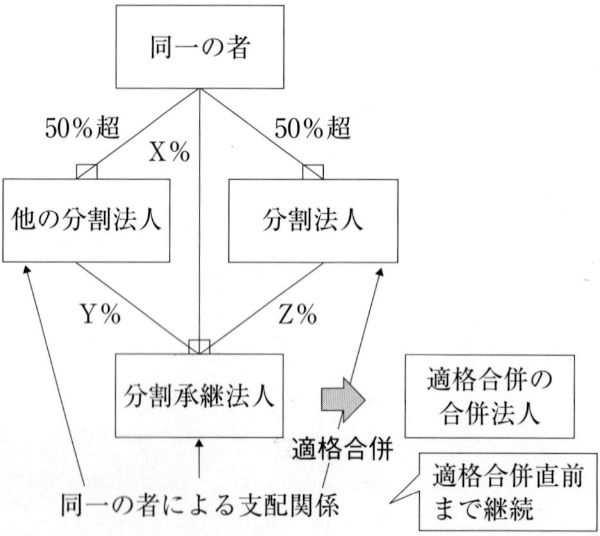

ハ　無対価分割の場合

無対価分割の場合の支配関係継続要件は、分割前に次の①又は②の区分に応じそれぞれに掲げる関係（上記イ(イ)の場合には下記①ⅱの関係、上記ロ(イ)の場合には下記①ⅰ又はⅱの関係、上記イ(ロ)及びロ(ロ)の場合には下記②の関係）にある場合に限られています（法令４の３⑦）。これは、無対価分割で適格分割とされるものは、分割承継法人株式の交付を省略したと考えられるもの（分割承継法人株式を交付した場合、交付しなかった場合のいずれであっても資本関係に差異がないもの）に限られているためです。

〈無対価分割で支配関係継続要件を満たすために要する関係〉

①　分割型分割（中間型の分割を除きます。）の場合	ⅰ　分割承継法人が分割法人の発行済株式等の全部を保有する関係
	ⅱ　分割法人の株主等（分割法人及び分割承継法人を除きます。）及び分割承継法人の株主等（分割承継法人を除きます。）の全てについて、その者が保有する分割法人株式の数の分割法人の発行済株式等（分割承継法人が保有する分割法人株式を除きます。）の総数のうちに占める割合とその者が保有する分割承継法人株式の数の分割承継法人の発行済株式等の総数のうちに占める割合とが等しい場合における分割法人と分割承継法人との間の関係
②　分社型分割又は中間型の分割の場合	分割法人が分割承継法人の発行済株式等の全部を保有する関係

〈分割承継法人が分割法人の発行済株式等の全部を保有する関係（上記①ⅰの関係）〉

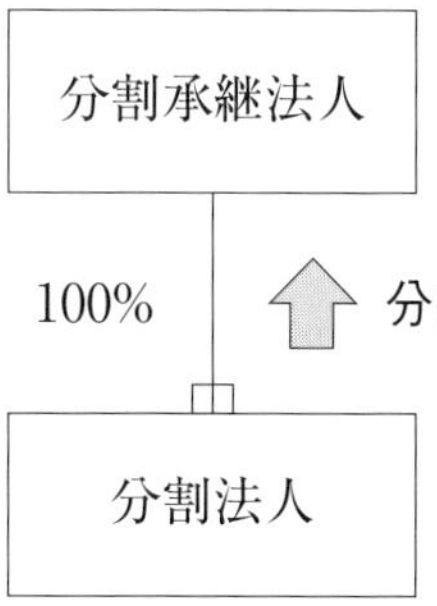

〈分割法人と分割承継法人の株主の全てについて、その株主が保有する分割法人株式の保有割合と分割承継法人株式の保有割合とが等しい関係（上記① ii の関係）の例〉

(i)　法人株主による支配関係

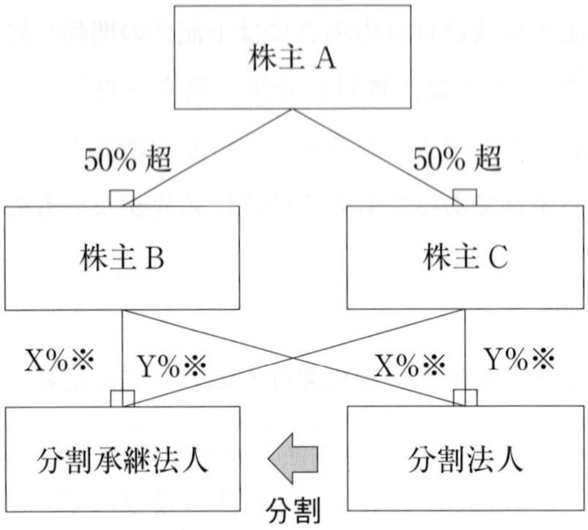

※X%＋Y%＝100%

(ii)　個人株主による支配関係

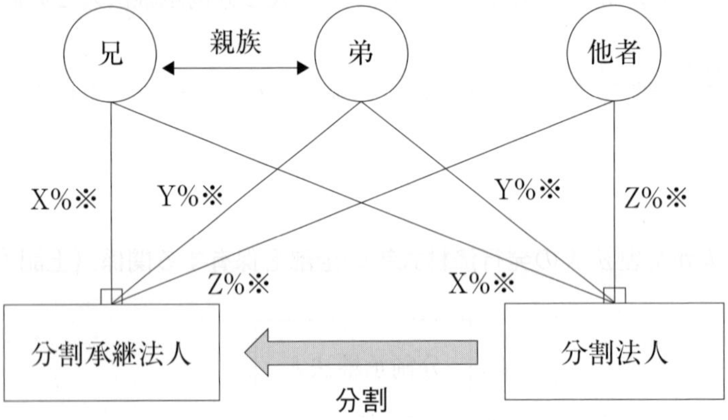

※X%＋Y%＞50%
X%＋Y%＋Z%＝100%

〈分割法人が分割承継法人の発行済株式等の全部を保有する関係（上記②の関係）〉

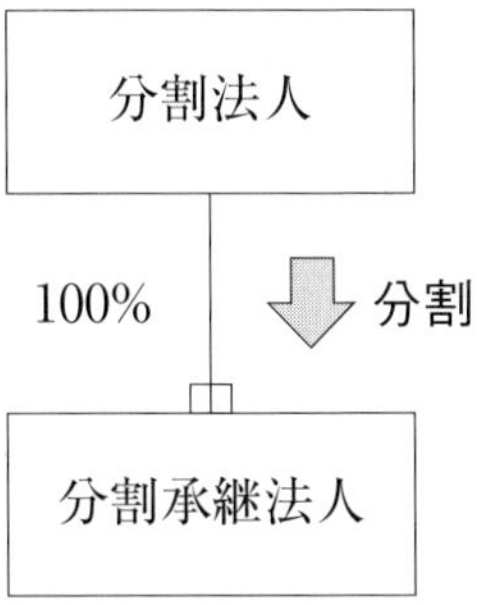

⑶　独立事業単位要件

独立事業単位要件は、①主要資産負債引継要件と②従業者引継要件の２つから成ります。

〈独立事業単位要件〉

①	主要資産負債引継要件
②	従業者引継要件

イ　主要資産負債引継要件

分割により分割事業（分割法人の分割前に行う事業のうち、分割により分割承継法人において行われることとなるものをいいます。）に係る主要な資産及び負債が分割承継法人に移転していることをいいます（法法２十二の十一ロ⑴）。

なお、分割事業に係る資産及び負債が主要なものであるかどうかは、分割法人がその事業を行う上でのその資産及び負債の重要性のほか、その資産及び負債の種類、規模、事業再編計画の内容等を総合的に勘案して判定するものとされています（法基通１－４－８）。

また、分割後に分割承継法人を被合併法人とする適格合併を行うことが見込まれている場合においては、主要な資産及び負債が、適格合併により適格合併に係る合併法人に移転することが見込まれている必要はありません。

ロ　従業者引継要件

(イ)　内容

分割の直前の分割事業に係る従業者のうち、その総数のおおむね80％以上に相当する数の者が分割後に分割承継法人の業務（分割承継法人との間に完全支配関係がある法人の業務を含みます。）に従事することが見込まれていること㈱をいいます（法法２十二の十一ロ(2)）。

㈱　出向により分割承継法人の業務に従事する場合が含まれます（法基通１－４－10）。

〈従業者引継要件〉

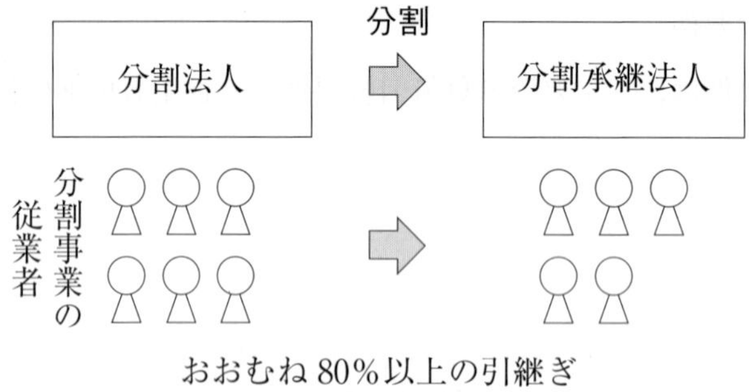

〈分割承継法人との間に完全支配関係がある法人がいる場合の従業者引継要件〉

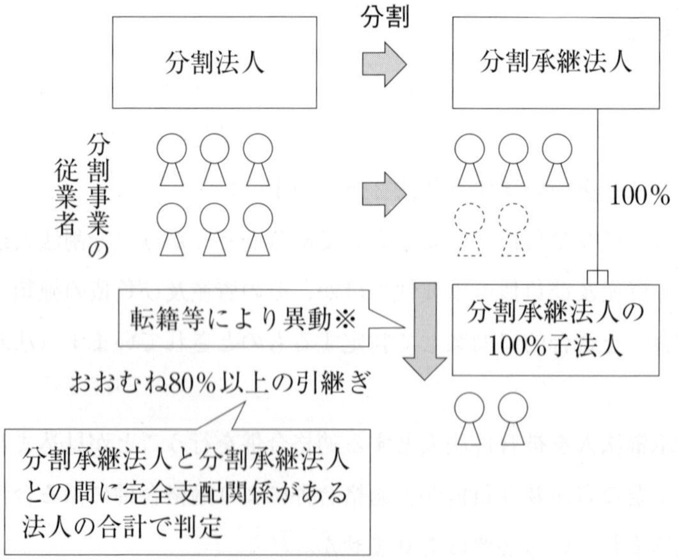

※分割承継法人を経由せず直接100％子法人等に異動する者も含まれます。

(ロ)　分割後に適格合併を行うことが見込まれている場合

上記(イ)の「分割承継法人の業務」には、分割後に行われる適格合併により分割事業が適格合併に係る合併法人に移転することが見込まれている場合におけるその合併法人及びその合併法人との間に完全支配関係がある法人の業務が含まれることとされています（法法２十二の十一ロ⑵かっこ書）。したがって、分割と同日にその分割承継法人を被合併法人とする適格合併が行われることで、分割事業の従業者が分割承継法人の業務に従事しない場合においても、その従業者が適格合併に係る合併法人又はその合併法人との間に完全支配関係がある法人の業務に従事することが見込まれているときには、その従業者は、従業者引継要件の判定対象となる従業者に含まれることになります。また、その適格合併後にさらに適格合併が行われることが見込まれている場合において、２回目以降の適格合併に係る合併法人にその分割事業が移転することが見込まれているときにも、同様に取り扱われることになります。

〈分割後に分割承継法人を被合併法人とする適格合併を行うことが見込まれている場合（分割承継法人の業務に従事する場合）〉

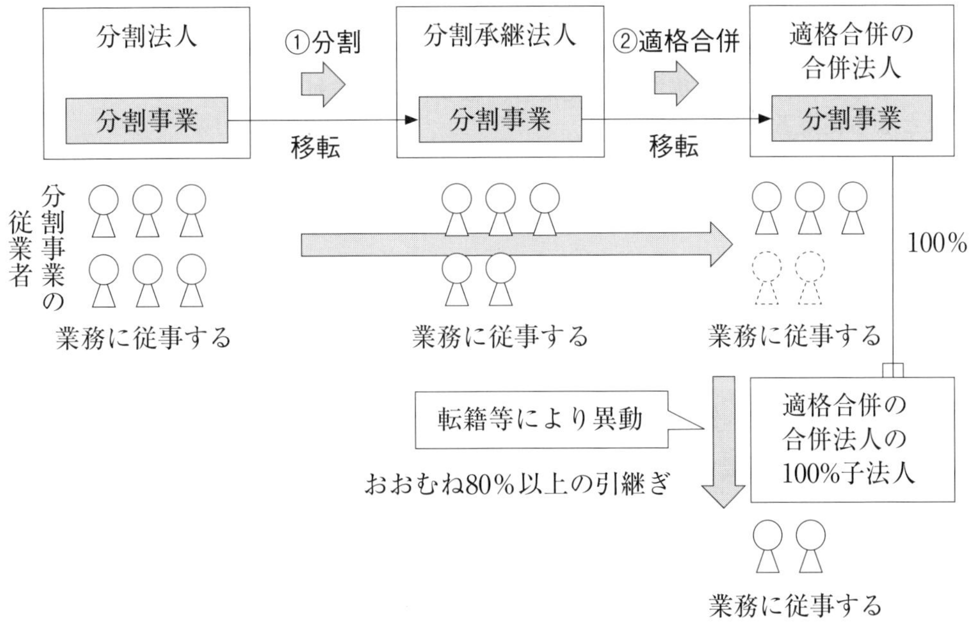

〈分割後に分割承継法人を被合併法人とする適格合併を行うことが見込まれている場合（分割承継法人の業務に従事しない場合）〉

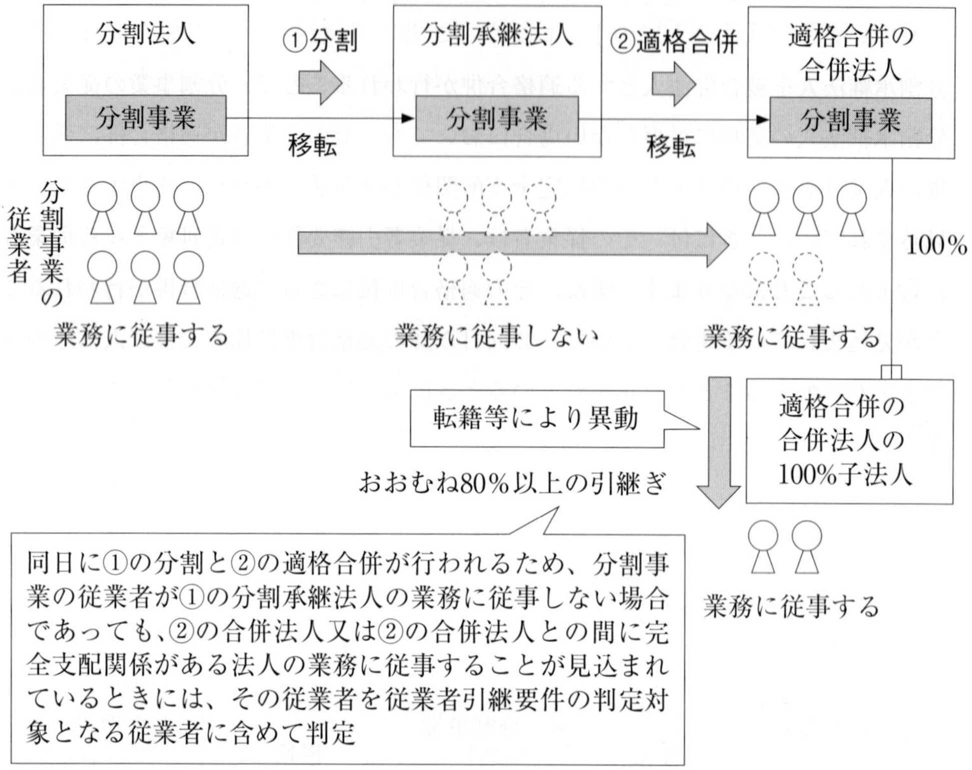

(ハ)　従業者の意義

従業者とは、役員、使用人その他の者で、分割直前において分割事業に現に従事する者（出向により受け入れている者等で分割事業に現に従事する者を含みますが、下請先の従業員は、例えば自己の工場内でその業務の特定部分を継続的に請け負っている企業の従業員であっても含みません。）をいい、分割事業とその他の事業とのいずれにも従事している者については、主として分割事業に従事しているかどうかにより判定します。ただし、分割事業に従事する者であっても、例えば、日々雇い入れられる者で従事した日ごとに給与等の支払を受ける者について、法人が従業者の数に含めないことが認められています（法基通１－４－４）。

また、これらの従業者が分割後に従事する事業は、分割事業に限定されません（法基通１－４－９）。

〈従業者の範囲〉

役員	従業者に含まれる
使用人	従業者に含まれる
出向受入れにより従事している者	従業者に含まれる
下請先の従業員	従業者に含まれない
日雇労働者	従業者に含めないことが認められる

⑷　事業継続要件

イ　内容

分割事業が分割後に分割承継法人（分割承継法人との間に完全支配関係がある法人を含みます。）において引き続き行われることが見込まれていることをいいます（法法２十二の十一ロ⑶）。

〈事業継続要件〉

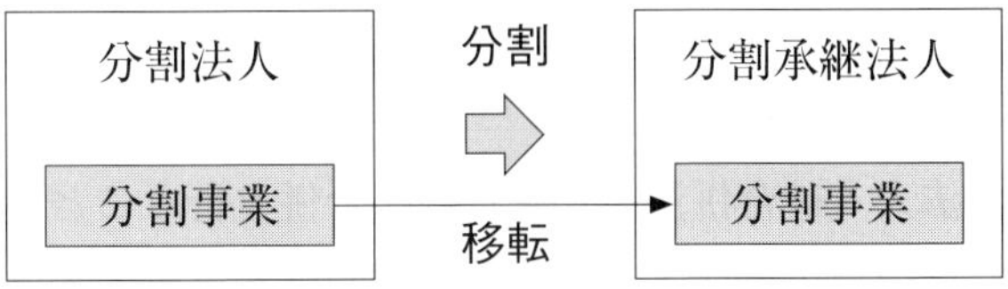

〈分割承継法人との間に完全支配関係がある法人に分割事業が移転する場合の事業継続要件〉

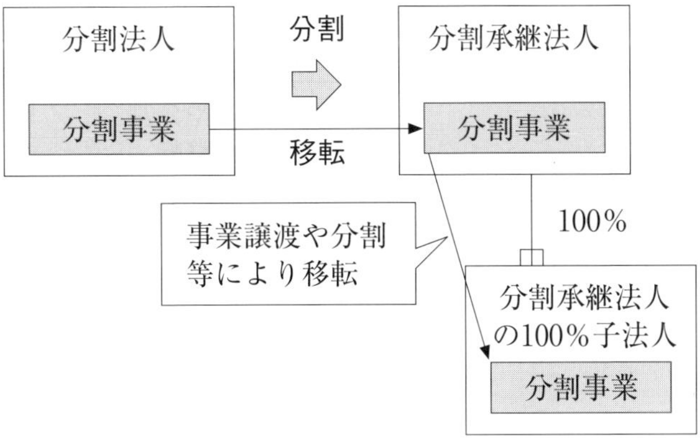

ロ　分割後に適格合併を行うことが見込まれている場合

上記イの「分割承継法人」には、その分割後に行われる適格合併によりその分割事業がその適格合併に係る合併法人に移転することが見込まれている場合におけるその合併法人及びその合併法人との間に完全支配関係がある法人が含まれることとされています（法法２十二の十一ロ(3)かっこ書）。つまり、分割後に行われる適格合併だけではなく、その適格合併後にさらに適格合併が行われることが見込まれている場合において、２回目以降の適格合併に係る合併法人にその分割事業が移転することが見込まれているときにも、その２回目以降の適格合併に係る合併法人及びその２回目以降の適格合併に係る合併法人との間に完全支配関係がある法人は、上記イの「分割承継法人」に含まれることになります。

〈分割後に分割承継法人を被合併法人とする適格合併を行うことが見込まれている場合〉

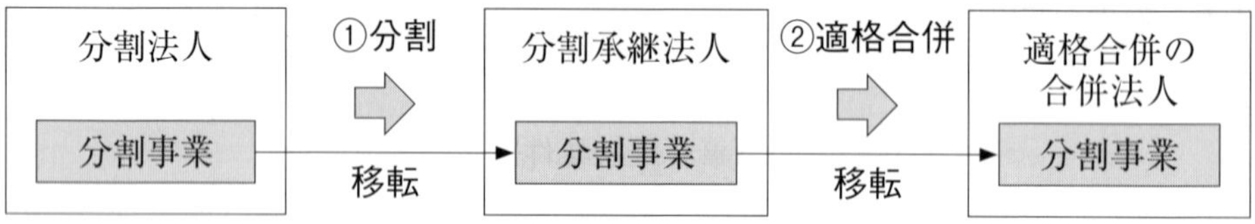

〈分割後に分割承継法人を被合併法人とする適格合併を行うことが見込まれており、分割事業がその適格合併に係る合併法人との間に完全支配関係がある法人に移転する場合〉

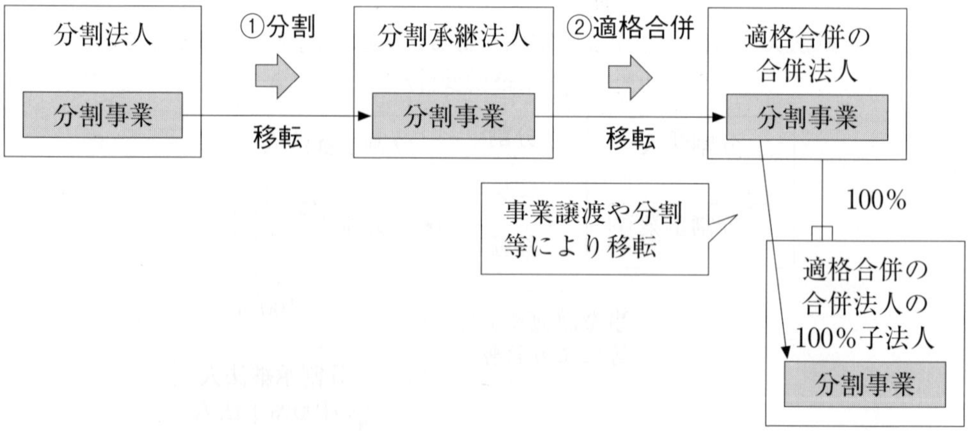

３　共同事業を行う場合の適格要件

共同事業を行う場合の適格要件は、次の６つの要件です。ただし、その分割が分割型分割である場合において、分割の直前にその分割に係る分割法人の全てについて他の者との間に当該他の者による支配関係がない場合には、①から⑤までに掲げる５つの要件となります。

〈共同事業を行う場合の適格要件〉

①	金銭等不交付要件
②	事業関連性要件
③	事業規模等要件
④	独立事業単位要件
⑤	事業継続要件
⑥	株式継続保有要件

また、無対価分割の場合には、次の①又は②の区分に応じそれぞれに掲げる場合に限られています（法令４の３⑧かっこ書）。

〈無対価分割で共同事業を行う場合の適格要件を満たす場合〉

①　分割型分割の場合	ⅰ　分割法人の株主等（分割法人及び分割承継法人を除きます。）及び分割承継法人の株主等（分割承継法人を除きます。）の全てについて、その者が保有する分割法人株式の数の分割法人の発行済株式等（分割承継法人が保有する分割法人株式を除きます。）の総数のうちに占める割合とその者が保有する分割承継法人株式の数の分割承継法人の発行済株式等の総数のうちに占める割合とが等しい場合における分割法人と分割承継法人との間の関係がある場合
	ⅱ　分割法人の全てが資本若しくは出資を有しない法人である場合
②　分社型分割の場合	分割法人が分割承継法人の発行済株式等の全部を保有する関係がある場合

〈分割法人と分割承継法人の株主の全てについて、その株主が保有する分割法人株式の保有割合と分割承継法人株式の保有割合とが等しい関係（上記① i の関係）の例〉

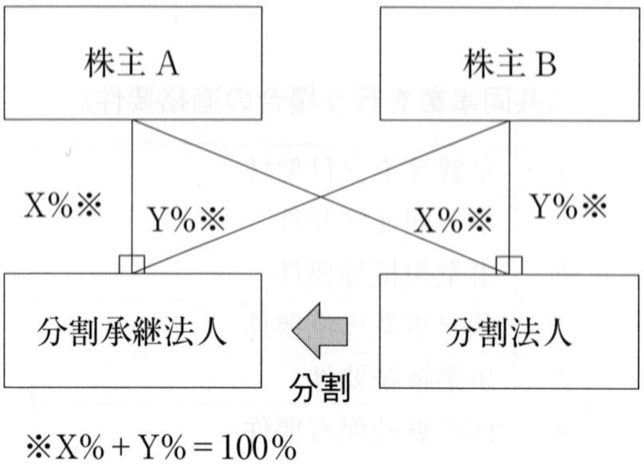

〈分割法人が分割承継法人の発行済株式等の全部を保有する関係がある場合（上記②の関係）〉

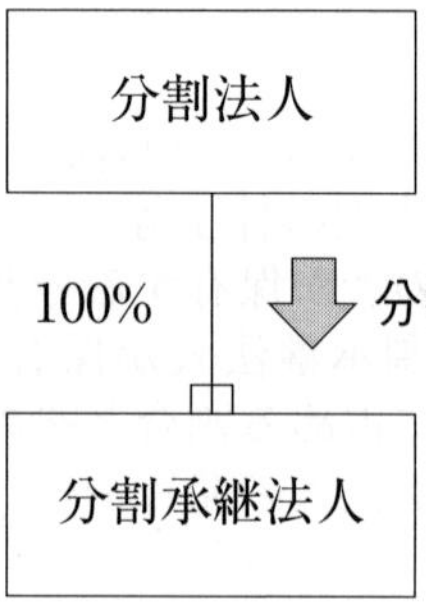

⑴　金銭等不交付要件

分割対価資産として分割承継法人株式又は分割承継親法人株式のうちいずれか一の株式以外の資産の交付がないこと（株式が交付される分割型分割にあっては、その株式が分割法人の発行済株式等の総数のうちに占める分割法人の各株主等の有する分割法人株式の数の割合に応じて交付されるものに限り、無対価も含まれます。）をいいます（法法２十二の十一）。その内容は、上記１⑴の金銭等不交付要件と同じです。

⑵　事業関連性要件

分割法人の分割事業（分割法人の分割前に行う事業のうち、分割により分割承継法人において行われることとなるものをいいます。）と分割承継法人の分割承継事業（分割承継法人の分割前に行う事業のうちのいずれかの事業をいい、分割が複数新設分割である場合には、他の分割法人の分割事業をいいます。）とが相互に関連するものであることをいいます（法令4の3⑧一）。

なお、事業の相互関連性の判定については、下記第9を参照してください。

⑶　事業規模等要件

次の事業規模要件又は経営参画要件のいずれかを満たすことをいいます（法令4の3⑧二）。

〈事業規模等要件〉

<table>
<tr><td>①</td><td>

事業規模要件

分割法人の分割事業と分割承継法人の分割承継事業（分割事業と関連する事業に限ります。）のそれぞれの売上金額、分割事業と分割承継事業のそれぞれの従業者の数若しくはこれらに準ずるものの規模（注１）の割合がおおむね５倍を超えないこと（注２）

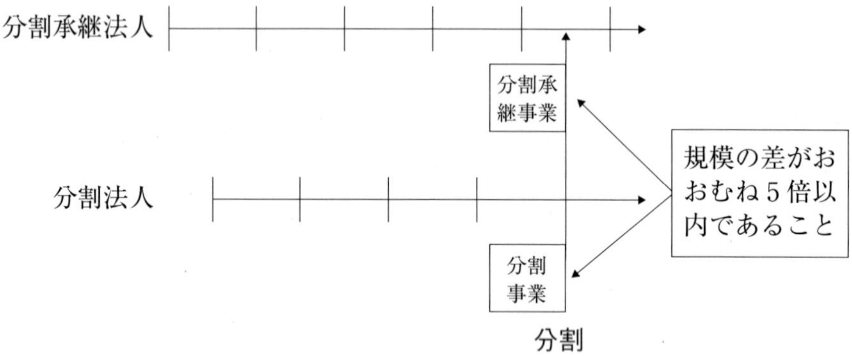

</td></tr>
<tr><td>②</td><td>

経営参画要件

分割前の分割法人の役員等（役員及び社長、副社長、代表取締役、代表執行役、専務取締役若しくは常務取締役に準ずる者（注３）で法人の経営に従事している者をいいます。）のいずれかと分割承継法人の特定役員（社長、副社長、代表取締役、代表執行役、専務取締役若しくは常務取締役又はこれらに準ずる者（注３）で法人の経営に従事している者をいい、分割が複数新設分割である場合には、他の分割法人の役員等となります。）のいずれかとが分割後に分割承継法人の特定役員となることが見込まれていること

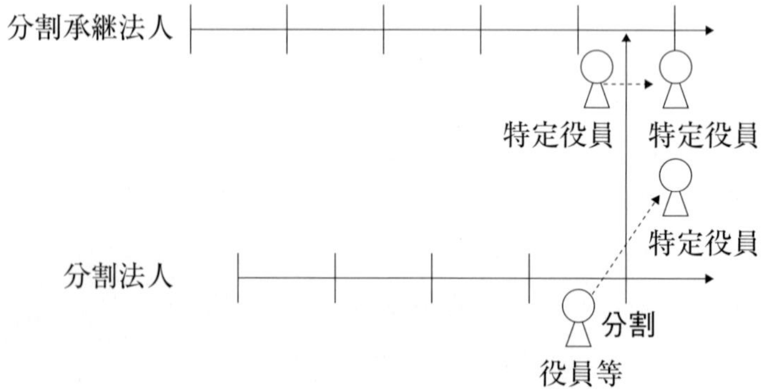

</td></tr>
</table>

㊟１　「これらに準ずるものの規模」とは、例えば、金融機関における預金量等、客観的・外形的にその事業の規模を表すものと認められる指標をいいます（法基通１－４－６）。

２　事業の規模の割合がおおむね５倍を超えないかどうかは、これらのいずれか一の指標が要件を満たすかどうかにより判定します（法基通１－４－６㊟）。

3 「これらに準ずる者」とは、役員又は役員以外の者で、社長、副社長、代表取締役、代表執行役、専務取締役又は常務取締役と同等に法人の経営の中枢に参画している者をいいます（法基通１－４－７）。

⑷　独立事業単位要件

独立事業単位要件は、①主要資産負債引継要件（分割により分割事業に係る主要な資産及び負債が分割承継法人に移転していることをいいます。）と②従業者引継要件（分割の直前の分割事業に係る従業者のうち、その総数のおおむね80％以上に相当する数の者が分割後に分割承継法人の業務に従事することが見込まれていることをいいます。）の２つから成ります（法令４の３⑧三・四）。その内容は、上記２⑶の独立事業単位要件と同じです。

⑸　事業継続要件

分割事業（分割承継法人の分割承継事業と関連する事業に限ります。）が分割後に分割承継法人において引き続き行われることが見込まれていることをいいます（法令４の３⑧五）。その内容は、上記２⑷の事業継続要件と同じです。

⑹　株式継続保有要件

分割型分割の場合と分社型分割の場合でそれぞれ次のような要件となっています。

イ　分割型分割の場合

㈠　内容

分割型分割により交付される分割承継法人株式又は分割承継親法人株式のうちいずれか一の株式（議決権のないもの（注１、２）を除きます。）であって支配株主（その分割型分割の直前にその分割法人と他の者との間に当該他の者による支配関係がある場合における当該他の者及び当該他の者による支配関係があるもの（その分割承継法人を除きます。）をいいます。）に交付されるもの（以下、対価株式（注３、４）といいます。）の全部が支配株主により継続して保有されることが見込まれていることをいいます（法令４の３⑧六イ）。なお、分割型分割後に適格合併が行われることが見込まれている場合には、下記㈡を参照してください。

㈱１　一定の事由が生じたことを条件として議決権を有することとなる旨の定めがある株式で、その事由が生じていないものは、議決権のないものに含まれます（法規3の3①)。

2　次のものは、議決権のないものには含まれません（法規3の3②)。

①　会社法879条3項の規定により議決権を有するものとみなされる株式

②　会社法109条2項の規定により株主総会において決議をすることができる事項の全部につき議決権を行使することができない旨を定められた株主が有する株式

③　単元株式数に満たない株式

3　分割型分割により分割法人の株主等に交付される株式（以下、交付株式といいます。）が次に掲げる株式である場合には、その交付株式は、対価株式に含まれません（法規3の3③)。

①　会社法135条3項その他の法令の規定によりその株主等による保有の制限をされる株式

②　その株主等が発行した株式

4　無対価分割の場合には、次の算式により計算した数の分割承継法人株式をいいます（法令4の3⑧六イかっこ書、法規3の2②③)。

分割承継法人株式の数 ＝ 支配株主が分割型分割の直後に保有する分割承継法人株式の数 × （支配株主が分割型分割の直前に保有していた分割法人株式の帳簿価額のうち分割純資産対応帳簿価額（第5章第2の1(3)ロ(イ)参照））／（分割型分割が適格分割型分割に該当するものとした場合における支配株主の分割型分割の直後の分割承継法人株式の帳簿価額）

〈分割型分割の場合の株式継続保有要件の判定例〉

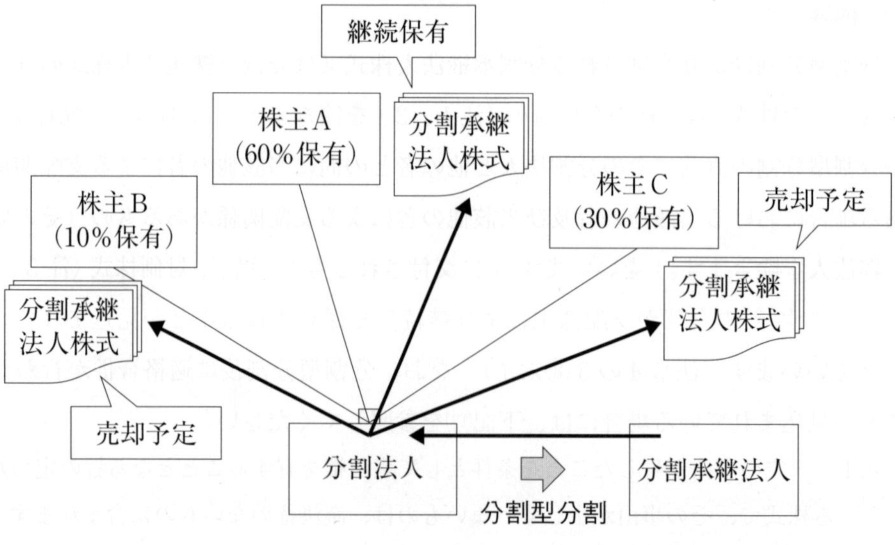

上記図では、株主Ａは、分割法人株式の50％超（60％）を保有し、分割法人との間に株主Ａによる支配関係があるため、支配株主となります。また、株主Ｂ及び株主Ｃは、分割法人株式の50％未満（10％及び30％）の保有であり、支配株主との間に支配関係がないため、支配株主に該当しないことになります。

上記図の場合には、支配株主である株主Ａが、交付される分割承継法人の株式の全部を継続して保有する見込みのため、この要件を満たすことになります。なお、株主Ｂ及び株主Ｃは支配株主ではないため、売却する見込みであっても、要件に影響はありません。

仮に株主Ａが、交付される分割承継法人の株式を１株でも売却する見込みの場合には、この要件を満たさないことになります。

(ロ)　分割型分割後に適格合併を行うことが見込まれている場合

ａ　支配株主を被合併法人とする適格合併の場合

分割型分割後に行われる適格合併によりその対価株式がその適格合併に係る合併法人に移転することが見込まれている場合には、その適格合併に係る合併法人が支配株主に含まれます（法令４の３⑧六イかっこ書）。

〈分割型分割後に行われる適格合併によりその対価株式がその適格合併に係る合併法人に移転することが見込まれている場合〉

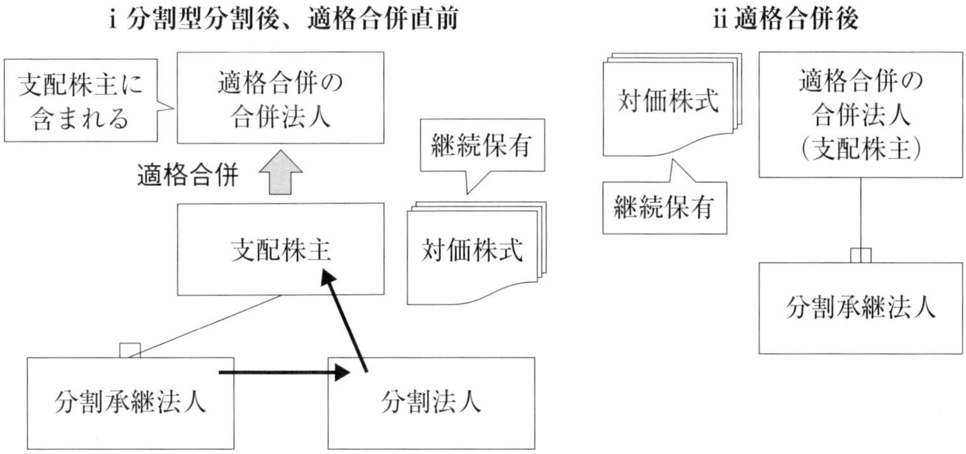

b　分割承継法人又は分割承継親法人を被合併法人とする適格合併の場合

分割型分割後に分割承継法人（対価株式が分割承継親法人株式である場合には、分割承継親法人）を被合併法人とする適格合併を行うことが見込まれている場合で、分割型分割の時から適格合併の直前の時までその対価株式の全部が支配株主により継続して保有されることが見込まれている場合には、上記(イ)の対価株式の全部が支配株主により継続して保有されることが見込まれていることに含まれます（法令４の３⑧六イかっこ書）。

〈分割承継法人を被合併法人とする適格合併を行うことが見込まれている場合〉

分割型分割後、適格合併直前

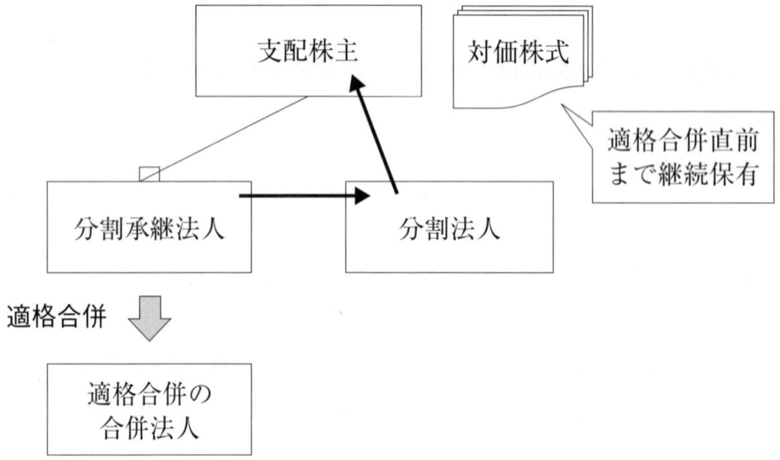

ロ　分社型分割の場合

(イ)　内容

分社型分割により交付される分割承継法人株式又は分割承継親法人株式のうちいずれか一の株式(注)の全部が分割法人により継続して保有されることが見込まれていることをいいます（法令４の３⑧六ロ）。

(注)　無対価分割の場合には、次の算式により計算した数の分割承継法人株式をいいます（法令４の３⑧六ロかっこ書、法規３の２④⑤）。

$$\text{分割承継法人株式の数} = \text{分割法人が分社型分割の直後に保有する分割承継法人株式の数} \times \frac{\text{分社型分割の直前の移転資産（その分社型分割により分割承継法人に移転した資産をいいます。）の帳簿価額から移転負債（その分社型分割により分割承継法人に移転した負債をいいます。）の帳簿価額を控除した金額}}{\text{分社型分割が適格分社型分割に該当するものとした場合における分割法人の分社型分割の直後の分割承継法人株式の帳簿価額}}$$

〈分社型分割の場合の株式継続保有要件〉

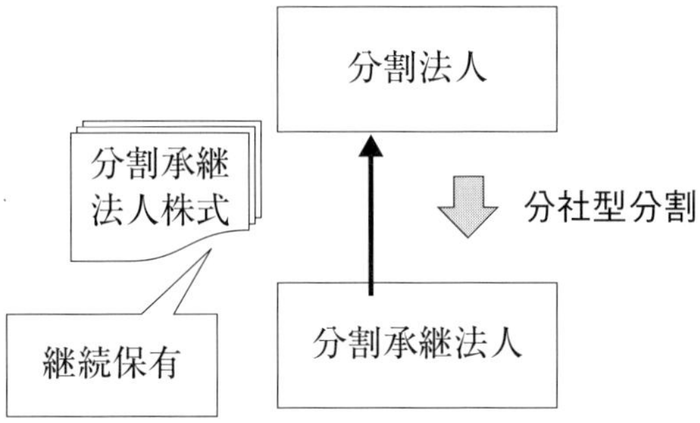

ちなみに、２社が分社型分割として新会社を設立した場合で、新会社が分割後に第三者から第三者割当増資を受けること、新会社がその増資後に上場することをそれぞれ予定している場合においても株式継続保有要件を満たすこと、また、実際にその２社がその上場後に保有株式を売却した場合には、その売却が新設分割時に当初から見込まれたものでなく事後的に決定されたものである場合には、株式継続保有要件に影響を与えないこととされた事例があります（国税庁 HP 質疑応答「分割後に分割承継法人が上場する場合の株式継続保有要件について」）。

㈺　分社型分割後に適格合併を行うことが見込まれている場合

a　分割法人を被合併法人とする適格合併の場合

分社型分割後に行われる適格合併により上記㈴のいずれか一の株式の全部がその適格合併に係る合併法人に移転することが見込まれている場合には、その適格合併に係る合併法人が分割法人に含まれます（法令４の３⑧六ロかっこ書）。

〈分社型分割後に行われる適格合併により上記(イ)のいずれか一の株式の全部がその適格合併に係る合併法人に移転することが見込まれている場合〉

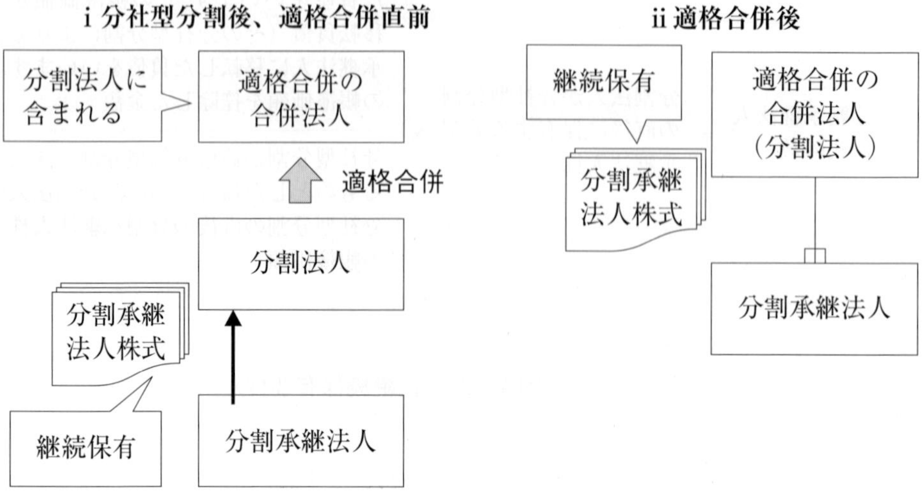

b　分割承継法人又は分割承継親法人を被合併法人とする適格合併の場合

分社型分割後に分割承継法人（上記(イ)のいずれか一の株式が分割承継親法人株式である場合には、分割承継親法人）を被合併法人とする適格合併を行うことが見込まれている場合で、分社型分割の時から適格合併の直前の時まで上記(イ)のいずれか一の株式の全部が分割法人により継続して保有されることが見込まれている場合には、上記(イ)のいずれか一の株式の全部が分割法人により継続して保有されることが見込まれていることに含まれます（法令4の3⑧六ロかっこ書）。

〈分割承継法人を被合併法人とする適格合併を行うことが見込まれている場合〉

分社型分割後、適格合併直前

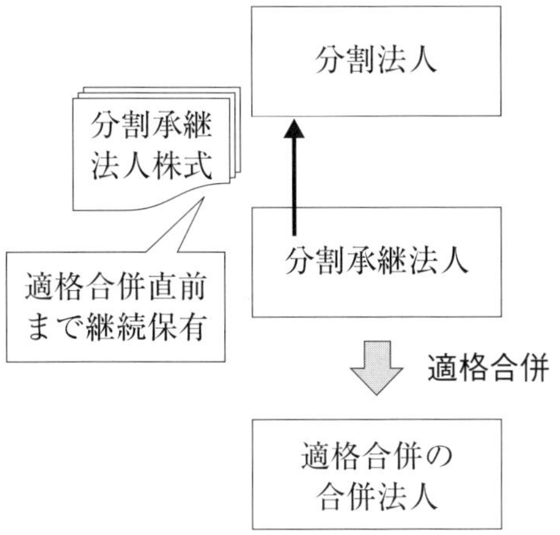

4　独立して事業を行う場合の適格要件

独立して事業を行う場合とは、単独新設分割となる分割型分割（中間型の分割（第２章第12の４(1)参照）を除きます。）で、分割法人の分割前に行う事業をその分割により新たに設立する分割承継法人において独立して行うための分割をいい（法法２十二の十一ニ、法令４の３⑨）、その場合の適格分割の適格要件は、次の５つの要件です。

〈独立して事業を行う場合の適格分割の要件〉

①	金銭等不交付要件
②	非支配要件
③	経営参画要件
④	独立事業単位要件
⑤	事業継続要件

(1)　金銭等不交付要件

分割対価資産として分割承継法人株式以外の資産の交付がないこと（分割承継法人株式が分割法人の発行済株式等の総数のうちに占めるその分割法人の各株主等の有する分割法人株式の数の割合に応じて交付されるものに限ります。）をいいます（法法２十二の十一）。基本的な内容は、上記１(1)の金銭等不交付要件と同じですが、新設分割に限られているため、必ず分割承継法人株式の交付が行われることとなり、無対価はありません。

⑵　非支配要件

分割の直前に分割法人と他の者㈱との間に当該他の者による支配関係がなく、かつ、分割後に分割承継法人と他の者との間に当該他の者による支配関係があることとなることが見込まれていないことをいいます（法令4の3⑨一）。

㈱　他の者とは、その者（その者が個人である場合には、その個人との間に特殊の関係のある者（第3章第1の3参照）を含みます。）が締結している民法667条1項に規定する組合契約、投資事業有限責任組合契約に関する法律3条1項に規定する投資事業有限責任組合契約及び有限責任事業組合契約に関する法律3条1項に規定する有限責任事業組合契約並びに外国におけるこれらの契約に類する契約（以下、組合契約といいます。）並びに次に掲げる組合契約に係る他の組合員である者を含みます（法令4の3⑨一かっこ書）。

① その者が締結している組合契約による組合（これに類するものを含みます。）が締結している組合契約
② ①又は③に掲げる組合契約による組合が締結している組合契約
③ ②に掲げる組合契約による組合が締結している組合契約

〈非支配要件〉

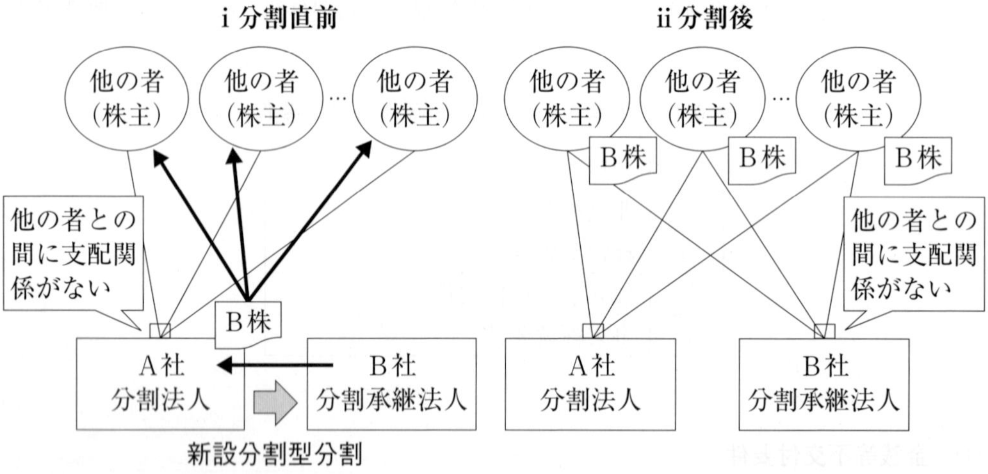

⑶　経営参画要件

分割前の分割法人の役員等（上記3⑶②の役員等をいい、その分割法人の重要な使用人（その分割法人の分割事業に係る業務に従事している者に限ります。）を含みます。）のいずれかがその分割後にその分割に係る分割承継法人の特定役員となることが見込まれていることをいいます（法令4の3⑨二）。基本的な内容は、上記3⑶②

の経営参画要件と同じですが、役員等の中に分割法人の重要な使用人を含むところに違いがあります。

なお、重要な使用人については、具体的な定義規定はありませんが、会社法362条４項３号の「重要な使用人」と同様のものであり、通常、支店長、本店部長、執行役員といった者が該当するものと考えられています（藤山智博他『平成29年版　改正税法のすべて』319頁（大蔵財務協会　平成29年））。

ちなみに、使用人の選任について取締役会の決定事項としている場合であっても、会社法上の重要な使用人としての実態がないような場合には、経営参画要件における重要な使用人に該当しないこととされています（国税庁ＨＰ質疑応答「単独新設分割型分割（スピンオフ）に係る適格要件のうち役員引継要件における「重要な使用人」について」）。

⑷　独立事業単位要件

独立事業単位要件は、①主要資産負債引継要件（分割により分割事業に係る主要な資産及び負債が分割承継法人に移転していることをいいます。）と②従業者引継要件（分割の直前の分割事業に係る従業者のうち、その総数のおおむね80％以上に相当する数の者が分割後に分割承継法人の業務に従事することが見込まれていることをいいます。）の２つから成ります（法令４の３⑨三・四）。基本的な内容は、上記２⑶の独立事業単位要件と同じですが、分割後に適格合併が行われることが見込まれている場合の規定はなく、従業者引継要件に係る「分割承継法人の業務」には、分割承継法人との間に完全支配関係がある法人の業務を含まないこととされています。

⑸　事業継続要件

分割事業が分割後に分割承継法人において引き続き行われることが見込まれていることをいいます（法令４の３⑨五）。基本的な内容は、上記２⑷の事業継続要件と同じですが、分割後に適格合併が行われることが見込まれている場合の規定はなく、「分割承継法人」には、分割承継法人との間に完全支配関係がある法人を含まないこととされています。

【分割の適格要件のまとめ】

各要件	完全支配関係がある場合	支配関係がある場合	共同事業を行う場合	事業を独立して行う場合
金銭等不交付要件	必要	必要	必要	必要
（完全）支配関係継続要件	必要	必要	－	－
独立事業単位要件	－	必要	必要	必要
事業継続要件	－	必要	必要	必要
事業関連性要件	－	－	必要	－
事業規模等要件	－	－	必要	必要（注２）
株式継続保有要件（注１）	－	－	必要	－
非支配要件	－	－	－	必要

㈲１　分割型分割については、分割の直前にその分割に係る分割法人の全てについて他の者との間に当該他の者による支配関係がない場合には要件とされません。

２　経営参画要件に限ります。

第３　適格現物出資

１　適格現物出資の対象とならない現物出資

現物出資のうち次に掲げるものは、適格現物出資の対象から除外されており、下記２から４の適格要件を充足する場合であっても適格現物出資には該当しません（法法２十二の十四かっこ書、法令４の３⑩⑪⑫）。

〈適格現物出資の対象とならない現物出資〉

①	外国法人に国内にある不動産、国内にある不動産の上に存する権利、鉱業法の規定による鉱業権及び採石法の規定による採石権その他国内にある事業所に属する資産（外国法人の発行済株式等の総数の25％以上の数の株式（注１）を有する場合におけるその外国法人の株式を除きます。）又は負債（以下、国内資産等といいます。）（注２）の移転を行うもの（注３）
②	外国法人が内国法人又は他の外国法人に国外にある事業所に属する資産（国内にある不動産、国内にある不動産の上に存する権利、鉱業法の規定による鉱業権及び採石法の規定による採石権を除きます。）又は負債（以下、国外資産等といいます。）の移転を行うもの（注４）
③	内国法人が外国法人に国外資産等の移転を行うものでその国外資産等の全部又は一部がその外国法人の恒久的施設に属しないもの（注５）
④	新株予約権付社債に付された新株予約権の行使に伴う新株予約権付社債についての社債の給付（注６）

㈱１　株式には出資が含まれます、以下「第３　適格現物出資」において同じです。

２「国内にある事業所に属する資産又は負債」に該当するかどうかは、原則として、その資産又は負債が国内にある事業所又は国外にある事業所のいずれの事業所の帳簿に記帳されているかにより判定するものとされます。ただし、国外にある事業所の帳簿に記帳されている資産又は負債であっても、実質的に国内にある事業所において経常的な管理が行われていたと認められる資産又は負債については、国内にある事業所に属する資産又は負債に該当します（法基通１－４－12）。

３　外国法人に国内資産等の移転を行う現物出資のうちその国内資産等の全部がその移転によりその外国法人の恒久的施設を通じて行う事業に係るものとなる現物出資（その国内資産等に法人税法138条１項３号又は５号に掲げる国内源泉所得を生ずべき資産が含まれている場合には、その資産につきその移転後にその恒久的施設による譲渡に相当する同項1号に規定する内部取引がないことが見込まれているものに限ります。）を除きます（法法２十二の十四かっこ書、法令４の３⑩）。

４　当該他の外国法人に国外資産等の移転を行うものにあっては、外国法人が他の外国法人に国外資産等の移転を行う現物出資のうちその国外資産等の全部又は一部がその移転により当該他の外国法人の恒久的施設を通じて行う事業に係るものとなる現物出資に限ります（法法２十二の十四かっこ書、法令４の３⑪）。

5　内国法人が外国法人に国外資産等（現金、預金、貯金、棚卸資産（不動産及び不動産の上に存する権利を除きます。）及び有価証券以外の資産でその現物出資の日以前１年以内に法人税法69条４項１号に規定する内部取引その他これに準ずるものにより国外資産等となったものに限ります。以下、特定国外資産等といいます。）の移転を行う現物出資（その特定国外資産等の全部がその移転によりその外国法人の恒久的施設を通じて行う事業に係るものとなる現物出資を除きます。）に限ります（法法２十二の十四かっこ書、法令４の３⑫）。

6　いわゆる転換社債型新株予約権付社債の権利行使に伴う社債の株式への「転換」は、会社法上、社債の現物出資として取り扱われています（会社法236①三、284①⑨）。

この場合、給付をする社債とおおむね同額の株式が交付される限りにおいて、譲渡損益は生じません（法法61の２⑭四）。

2　完全支配関係がある場合の適格要件

完全支配関係がある場合の適格現物出資の適格要件は、次の２つの要件です。

〈完全支配関係がある場合の適格現物出資の要件〉

①	金銭等不交付要件
②	完全支配関係継続要件

(1)　金銭等不交付要件

現物出資法人に被現物出資法人株式（被現物出資法人の株式をいいます。）のみが交付されることをいいます（法法２十二の十四）。

なお、現物出資という性質上、合併や分割等と異なり、無対価の現物出資というものはなく、また、１株未満の端数相当の金銭の交付や反対株主買取請求に基づく金銭の交付もありません。被現物出資法人株式の交付と併せて金銭その他の資産が交付される場合には、金銭等不交付要件を満たさないこととなります。

〈対価の種類と金銭等不交付要件の可否〉

対価の種類等		金銭等不交付要件の可否
①	被現物出資法人株式	満たす
②	上記以外の金銭その他の資産	満たさない

(2)　完全支配関係継続要件

次に掲げるいずれかの関係があることをいいます（法法２十二の十四イ、法令４の３⑬）。

イ　当事者間の完全支配関係

現物出資前（現物出資が新設現物出資で一の法人のみが現物出資法人となるもの（単独新設現物出資）である場合にあっては、現物出資後）に現物出資法人と被現物出資法人（その現物出資が新設現物出資で単独新設現物出資に該当しないもの（複数新設現物出資）である場合にあっては、現物出資法人と他の現物出資法人）との間にいずれか一方の法人による完全支配関係がある現物出資の次に掲げる区分に応じそれぞれ次に掲げる関係（ロに掲げる関係に該当するものを除きます。）をいいます（法令４の３⑬一）。

(イ)　新設現物出資以外の現物出資のうち現物出資前に現物出資法人と被現物出資法人との間に「いずれか一方の法人」による完全支配関係があるもの

現物出資後に現物出資法人と被現物出資法人との間に「いずれか一方の法人」(注)による完全支配関係が継続すること（現物出資後に「他方の法人」（現物出資法人及び被現物出資法人のうち、「いずれか一方の法人」以外の法人をいいます。）を被合併法人又は完全子法人とする適格合併又は適格株式分配を行うことが見込まれている場合には、現物出資の時から適格合併又は適格株式分配の直前の時まで完全支配関係が継続すること）が見込まれている場合における現物出資法人と

被現物出資法人との間の関係

㈤　現物出資後に「いずれか一方の法人」を被合併法人とする適格合併を行うことが見込まれている場合には、適格合併に係る合併法人は、適格合併後においては「いずれか一方の法人」とみなすこととされています（法令４の３㉕三、下記第８の３参照）。

〈現物出資前に現物出資法人と被現物出資法人との間に「いずれか一方の法人」による完全支配関係がある場合〉

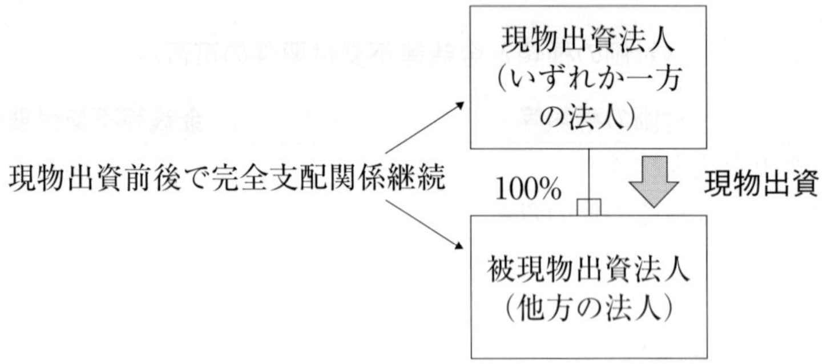

〈現物出資後に「いずれか一方の法人」を被合併法人とする適格合併を行うことが見込まれている場合〉

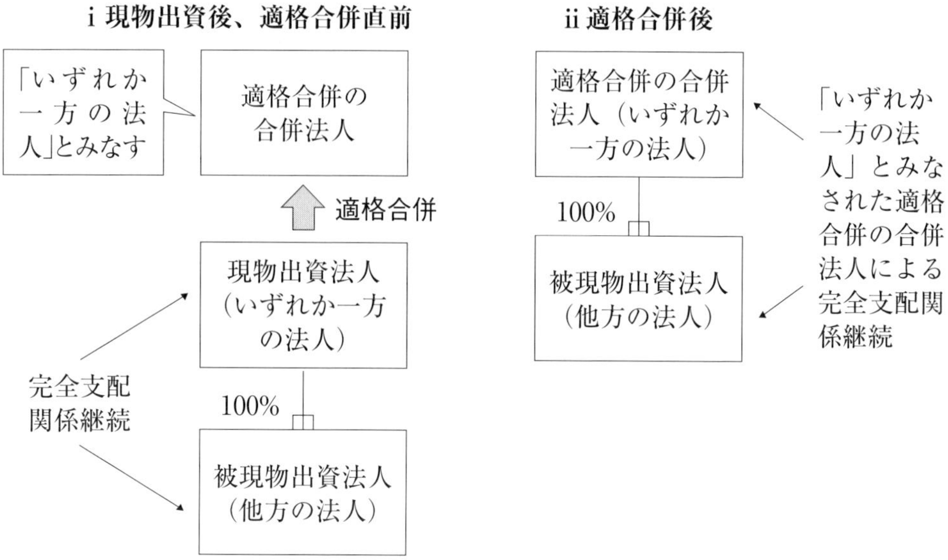

〈現物出資後に「他方の法人」を被合併法人とする適格合併を行うことが見込まれている場合〉

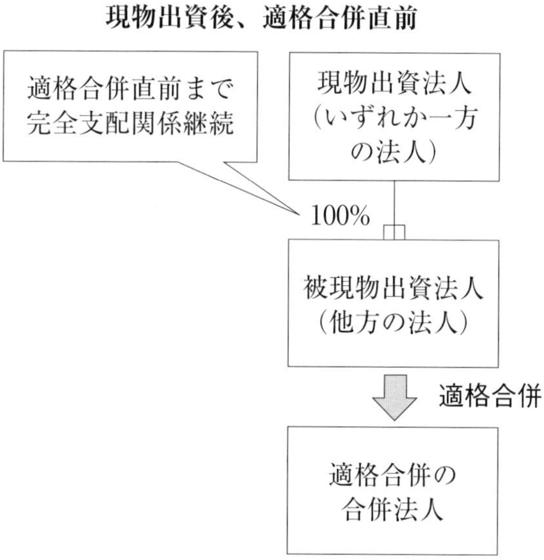

〈現物出資後に「他方の法人」を完全子法人とする適格株式分配を行うことが見込まれている場合〉

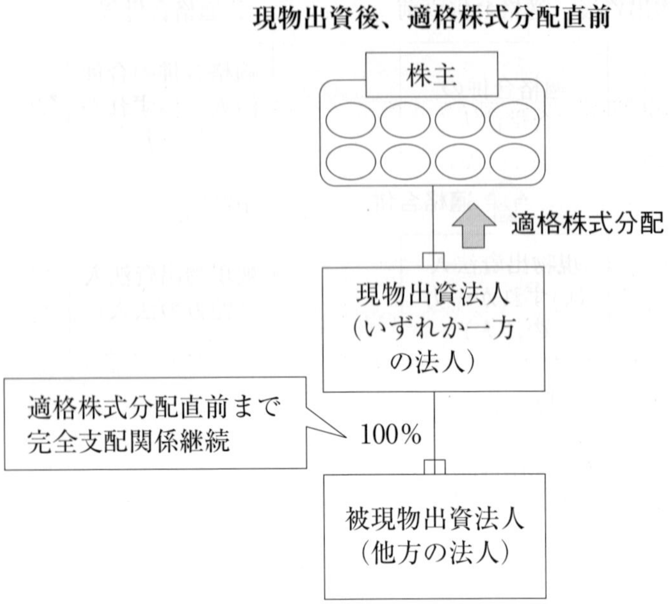

(ロ)　単独新設現物出資のうち単独新設現物出資後に現物出資法人と被現物出資法人との間に現物出資法人による完全支配関係があるもの

単独新設現物出資後に完全支配関係が継続すること（単独新設現物出資後に被現物出資法人を被合併法人又は完全子法人とする適格合併又は適格株式分配を行うことが見込まれている場合には、単独新設現物出資の時から適格合併又は適格株式分配の直前の時までその完全支配関係が継続すること）が見込まれている場合における現物出資法人(注)と被現物出資法人との間の関係

(注)　現物出資後に現物出資法人を被合併法人とする適格合併を行うことが見込まれている場合には、適格合併に係る合併法人は、適格合併後においては現物出資法人とみなすこととされています（法令４の３㉕五、下記第８の５参照）。

〈現物出資後に現物出資法人と被現物出資法人との間に現物出資法人による完全支配関係がある場合〉

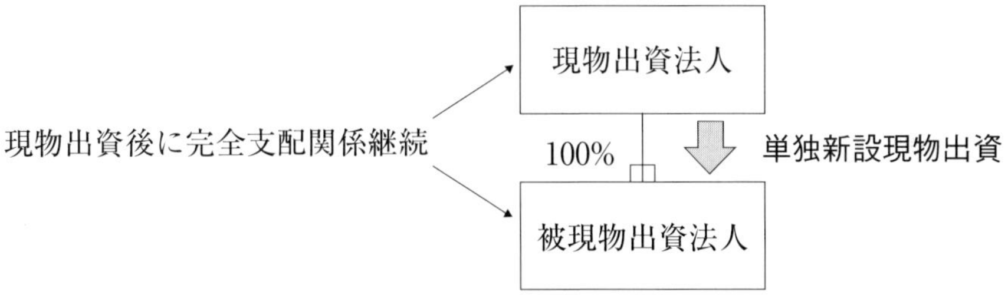

〈現物出資後に現物出資法人を被合併法人とする適格合併を行うことが見込まれている場合〉

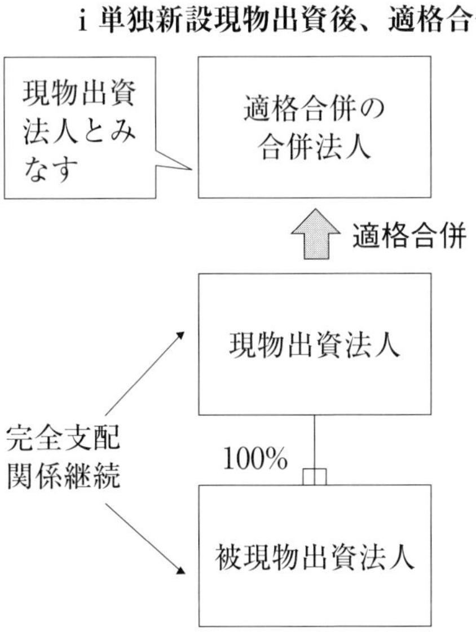

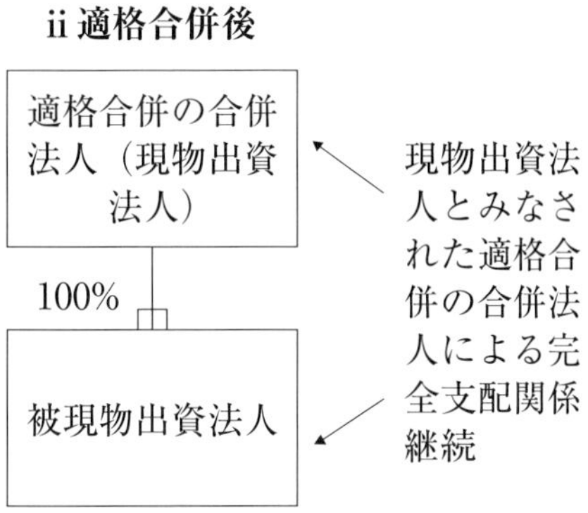

〈現物出資後に被現物出資法人を被合併法人とする適格合併を行うことが見込まれている場合〉

単独新設現物出資後、適格合併直前

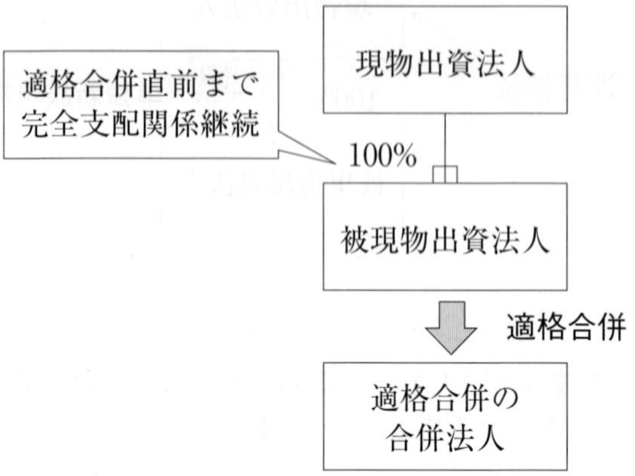

〈現物出資後に被現物出資法人を完全子法人とする適格株式分配を行うことが見込まれている場合〉

単独新設現物出資後、適格株式分配直前

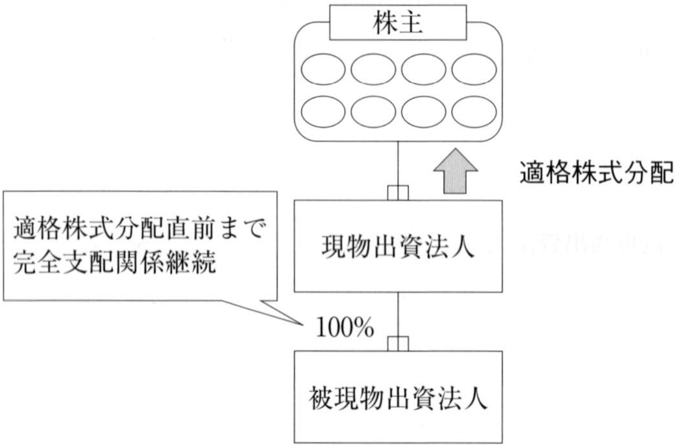

(ハ)　複数新設現物出資のうち複数新設現物出資前に現物出資法人と他の現物出資法人との間に「いずれか一方の法人」による完全支配関係があるもの

複数新設現物出資後に「他方の法人」（現物出資法人及び他の現物出資法人のうち、「いずれか一方の法人」以外の法人をいいます。）と被現物出資法人との間に「いずれか一方の法人」(注)による完全支配関係が継続すること（複数新設現物出資後に「他方の法人」又は被現物出資法人を被合併法人又は完全子法人とする適格合併又は適格株式分配を行うことが見込まれている場合には、複数新設現物出資の時から適格合併又は適格株式分配の直前の時まで完全支配関係が継続すること）が見込まれている場合における現物出資法人及び他の現物出資法人と被現物出資法人との間の関係

(注)　現物出資後に「いずれか一方の法人」を被合併法人とする適格合併を行うことが見込まれている場合には、適格合併に係る合併法人は、適格合併後においては「いずれか一方の法人」とみなすこととされています（法令４の３㉕三、下記第８の３参照）。

〈現物出資前に現物出資法人と他の現物出資法人との間に「いずれか一方の法人」による完全支配関係がある場合〉

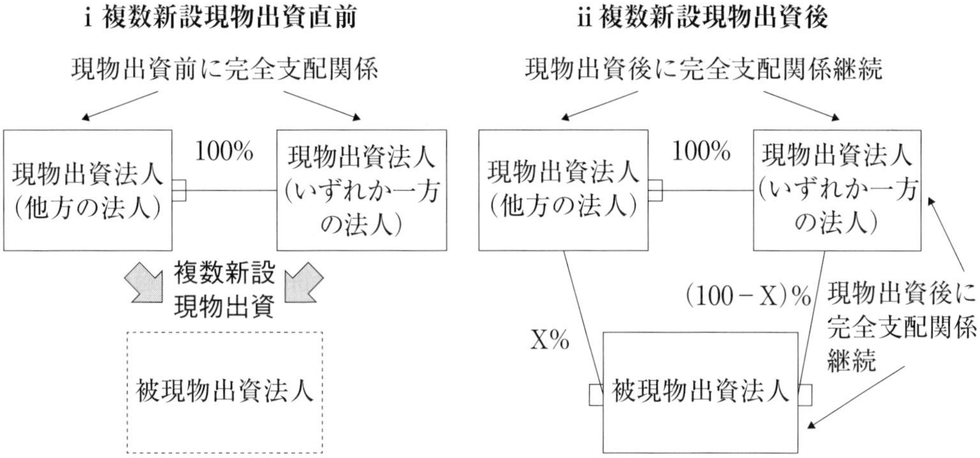

〈現物出資後に「いずれか一方の法人」を被合併法人とする適格合併を行うことが見込まれている場合〉

ⅰ 複数新設現物出資後、適格合併直前

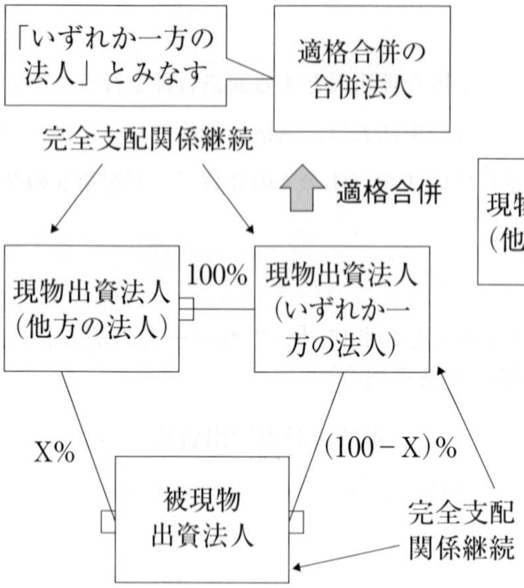

ⅱ 適格合併後

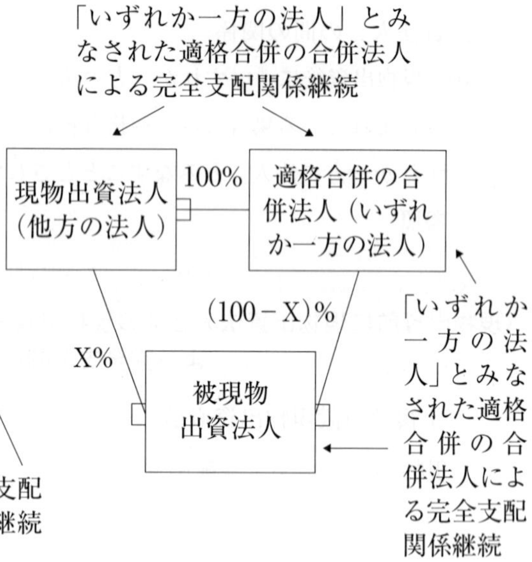

〈現物出資後に「他方の法人」又は被現物出資法人を被合併法人とする適格合併を行うことが見込まれている場合〉

複数新設現物出資後、適格合併直前

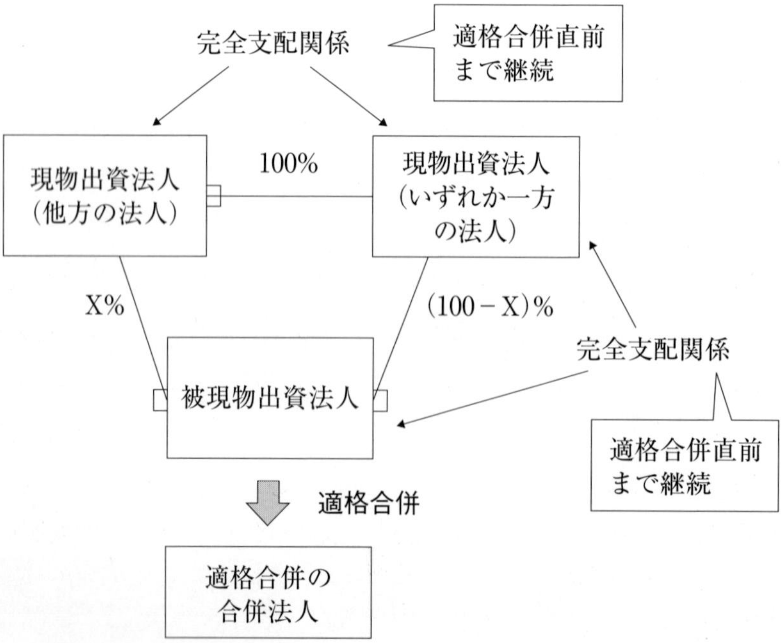

〈現物出資後に「他方の法人」又は被現物出資法人を完全子法人とする
適格株式分配を行うことが見込まれている場合〉

複数新設分割後、適格株式分配直前

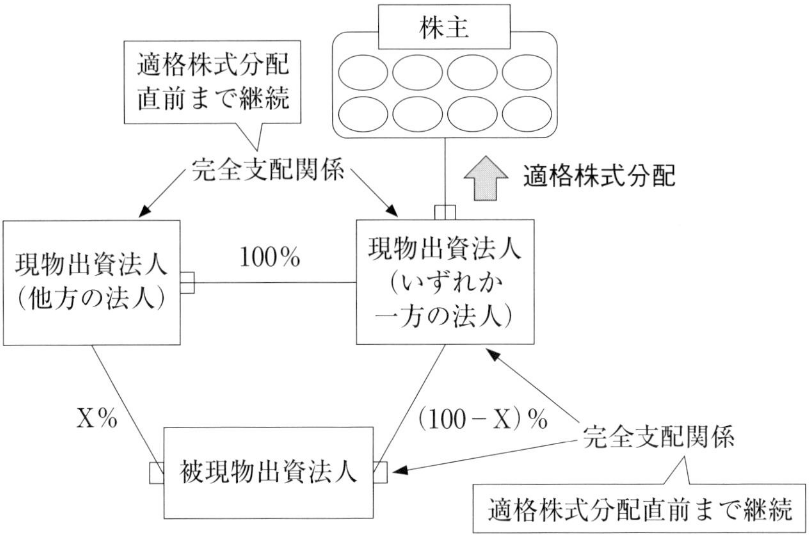

ロ　同一の者による完全支配関係

現物出資前（現物出資が単独新設現物出資である場合にあっては、現物出資後）に現物出資法人と被現物出資法人（その現物出資が複数新設現物出資である場合にあっては、現物出資法人と他の現物出資法人）との間に同一の者による完全支配関係がある現物出資の次に掲げる区分に応じそれぞれ次に掲げる関係をいいます（法令４の３⑬二）。

㈠　新設現物出資以外の現物出資のうち現物出資前に現物出資法人と被現物出資法人との間に同一の者による完全支配関係があるもの

現物出資後に現物出資法人と被現物出資法人との間に同一の者㈱による完全支配関係が継続すること（現物出資後に現物出資法人又は被現物出資法人を被合併法人又は完全子法人とする適格合併又は適格株式分配を行うことが見込まれている場合には、現物出資の時から適格合併又は適格株式分配の直前の時まで完全支配関係が継続すること）が見込まれている場合における現物出資法人と被現物出資法人との間の関係

㈱　現物出資後に同一の者を被合併法人とする適格合併を行うことが見込まれている場合には、適格合併に係る合併法人は、適格合併後においては同一の者とみなすこととされています（法令４の３㉕二、下記第８の２参照）。

〈現物出資前に現物出資法人と被現物出資法人との間に同一の者による完全支配関係がある場合〉

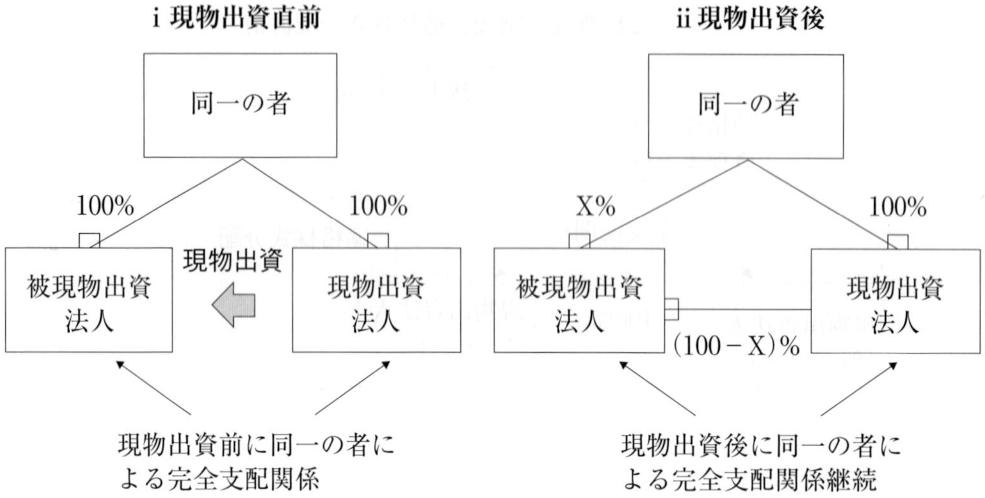

〈現物出資後に同一の者を被合併法人とする適格合併を行うことが見込まれている場合〉

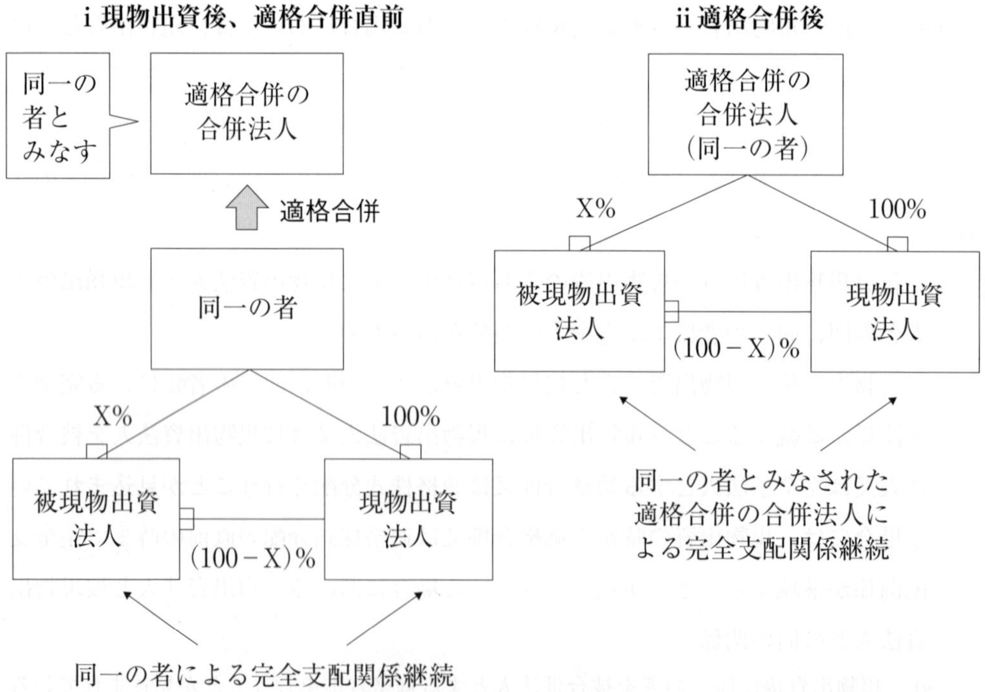

〈現物出資後に現物出資法人又は被現物出資法人を被合併法人とする適格合併を行うことが見込まれている場合〉

現物出資後、適格合併直前

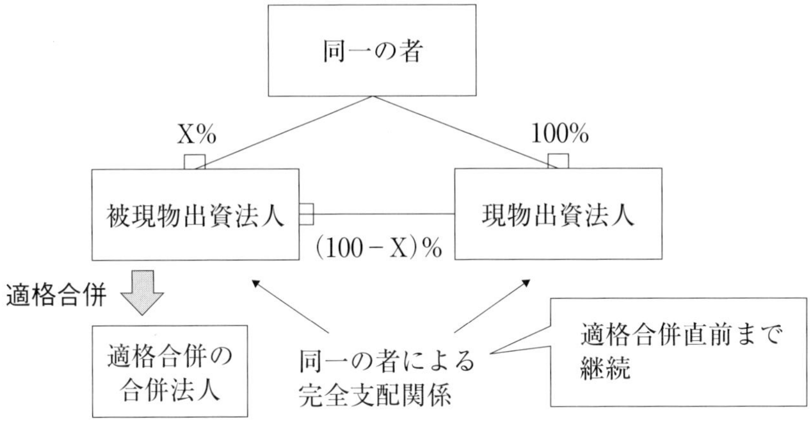

〈現物出資後に現物出資法人又は被現物出資法人を完全子法人とする適格株式分配を行うことが見込まれている場合〉

現物出資後、適格株式分配直前

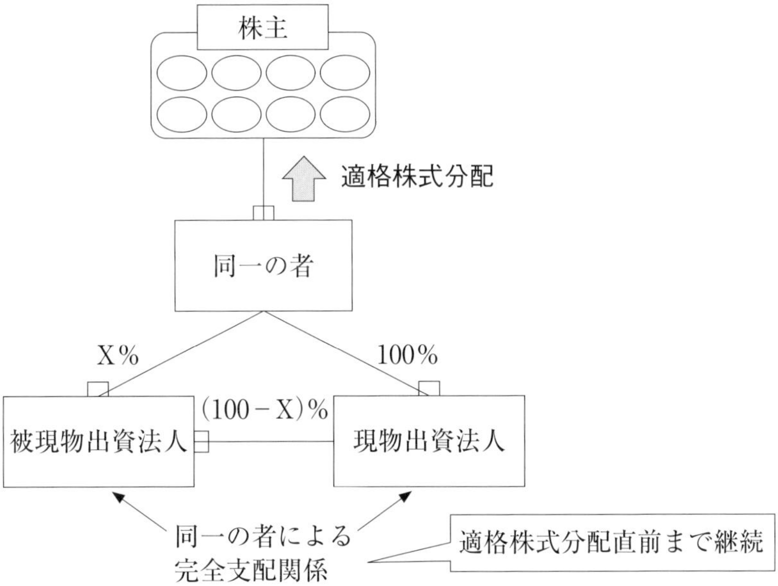

(ロ)　単独新設現物出資のうち単独新設現物出資後に現物出資法人と被現物出資法人との間に同一の者による完全支配関係があるもの

単独新設現物出資後に現物出資法人と被現物出資法人との間に同一の者(注)によ

る完全支配関係が継続すること（単独新設現物出資後に現物出資法人又は被現物出資法人を被合併法人又は完全子法人とする適格合併又は適格株式分配を行うことが見込まれている場合には、単独新設現物出資の時から適格合併又は適格株式分配の直前の時まで完全支配関係が継続すること）が見込まれている場合における現物出資法人と被現物出資法人との間の関係

㈲　現物出資後に同一の者を被合併法人とする適格合併を行うことが見込まれている場合には、適格合併に係る合併法人は、適格合併後においては同一の者とみなすこととされています（法令４の３㉕二、下記第８の２参照）。

〈現物出資後に現物出資法人と被現物出資法人との間に同一の者による完全支配関係がある場合〉

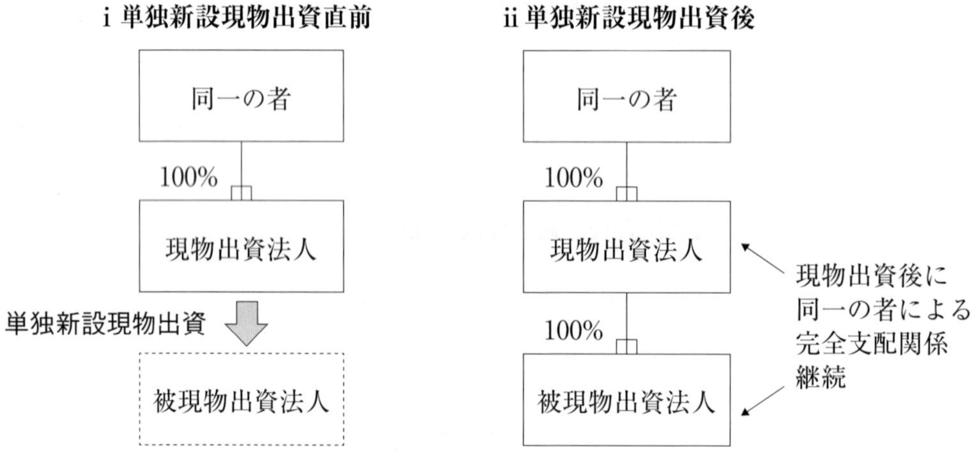

〈現物出資後に同一の者を被合併法人とする適格合併を行うことが見込まれている場合〉

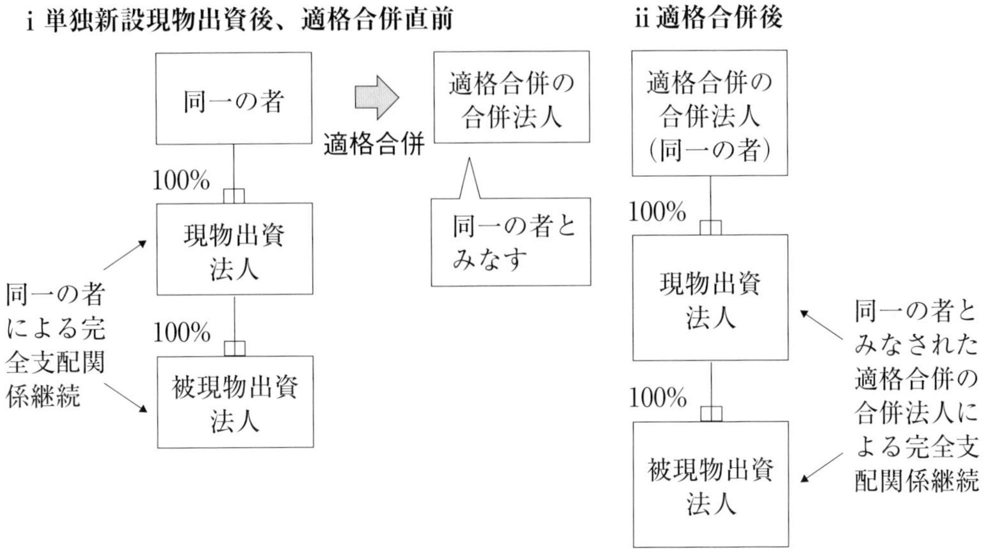

〈現物出資後に現物出資法人又は被現物出資法人を被合併法人とする適格合併を行うことが見込まれている場合〉

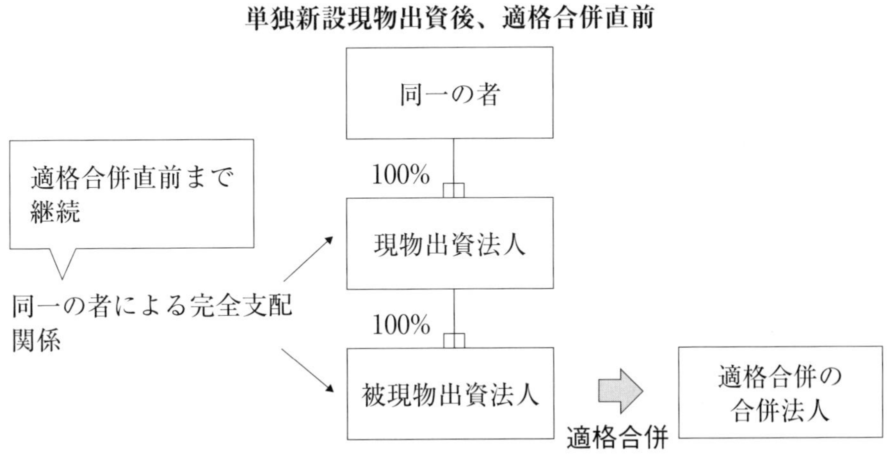

〈現物出資後に現物出資法人又は被現物出資法人を完全子法人とする適格株式分配を行うことが見込まれている場合〉

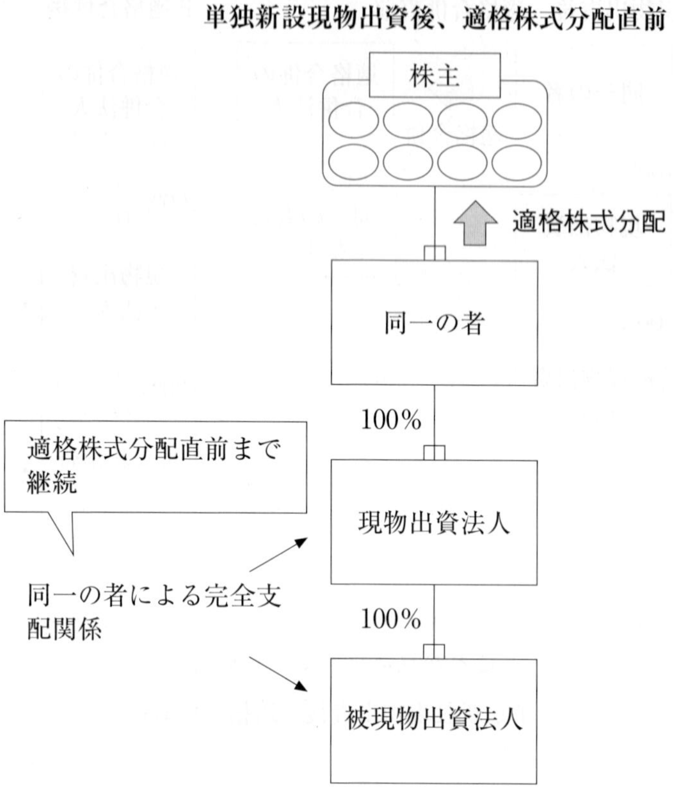

(ハ)　複数新設現物出資のうち複数新設現物出資前に現物出資法人と他の現物出資法人との間に同一の者による完全支配関係があるもの

複数新設現物出資後に現物出資法人、他の現物出資法人及び被現物出資法人と同一の者との間に同一の者(注)による完全支配関係が継続すること（複数新設現物出資後に現物出資法人、他の現物出資法人又は被現物出資法人を被合併法人又は完全子法人とする適格合併又は適格株式分配を行うことが見込まれている場合には、複数新設現物出資の時から適格合併又は適格株式分配の直前の時まで完全支配関係が継続すること）が見込まれている場合における現物出資法人及び他の現物出資法人と被現物出資法人との間の関係

(注)　現物出資後に同一の者を被合併法人とする適格合併を行うことが見込まれている場合には、適格合併に係る合併法人は、適格合併後においては同一の者とみなすこととされています（法令４の３㉕二、下記第８の２参照）。

〈現物出資前に現物出資法人と他の現物出資法人との間に同一の者による完全支配関係がある場合〉

ⅰ 複数新設現物出資直前　　**ⅱ 複数新設現物出資後**

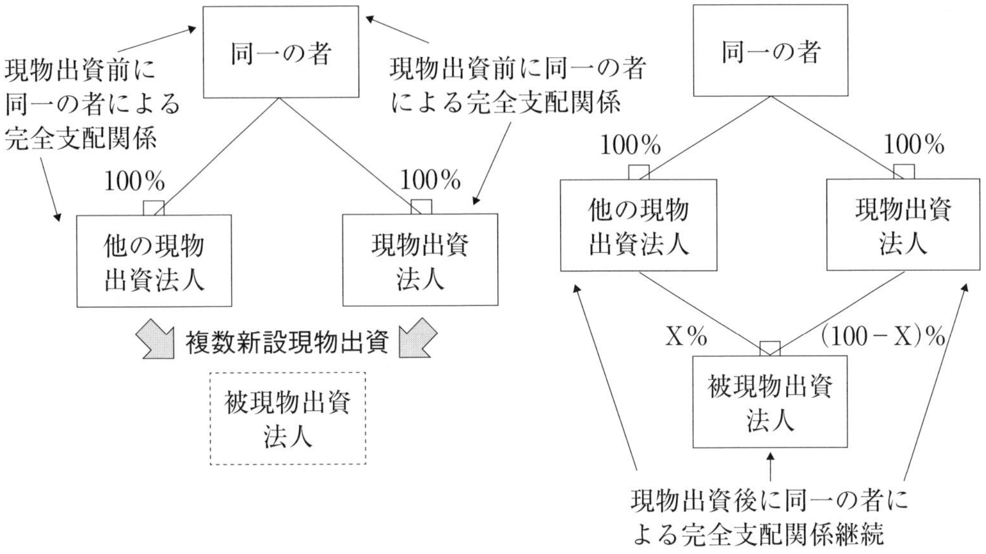

〈現物出資後に同一の者を被合併法人とする適格合併を行うことが見込まれている場合〉

ⅰ 複数新設現物出資後、適格合併直前　　**ⅱ 適格合併後**

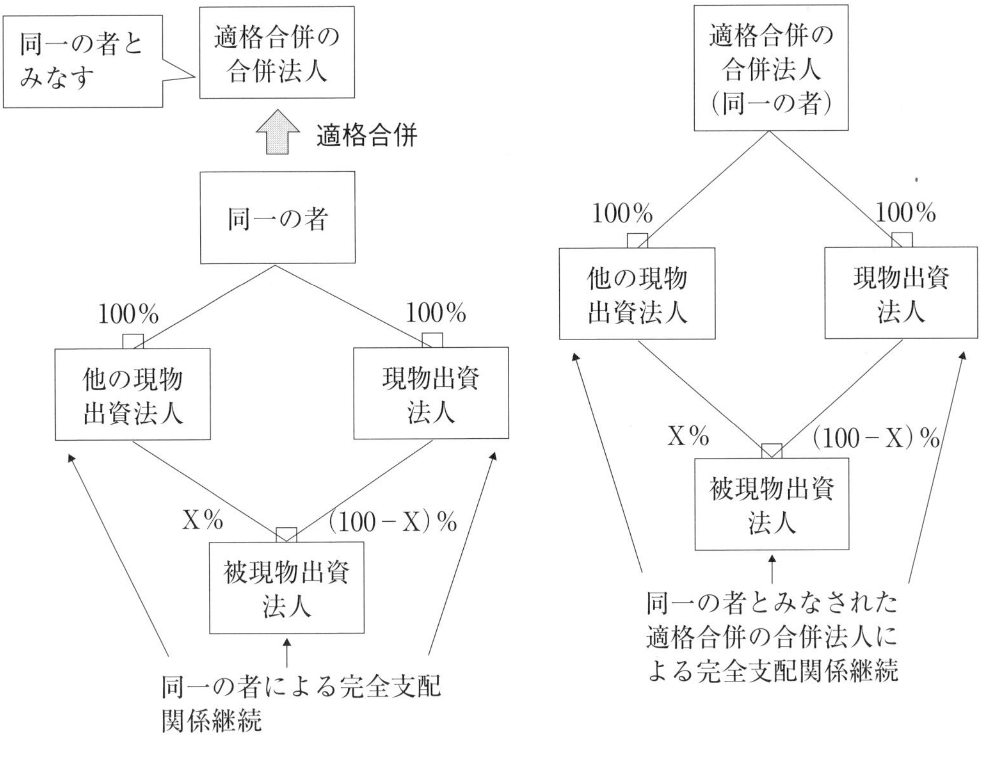

〈現物出資後に現物出資法人、他の現物出資法人又は被現物出資法人を被合併法人とする適格合併を行うことが見込まれている場合〉

複数新設現物出資後、適格合併直前

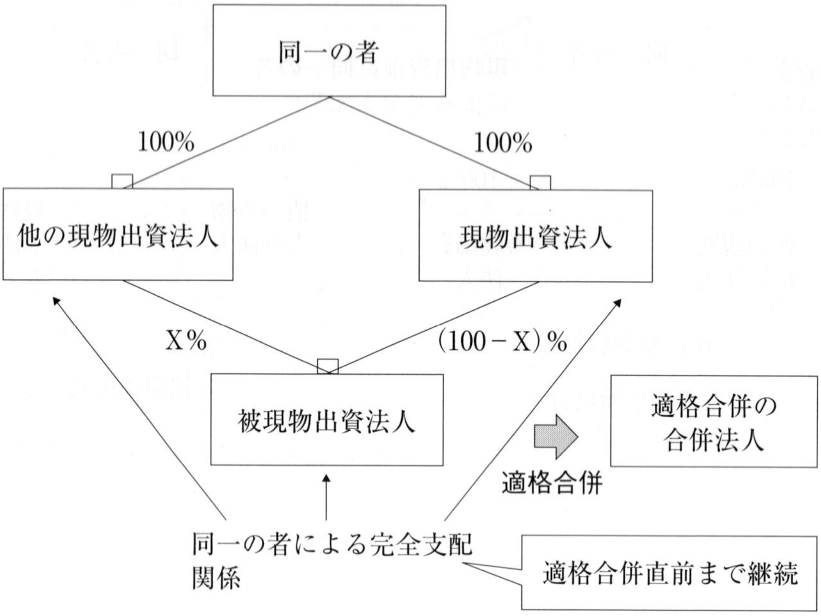

〈現物出資後に現物出資法人、他の現物出資法人又は被現物出資法人を完全子法人とする適格株式分配を行うことが見込まれている場合〉

複数新設現物出資後、適格株式分配直前

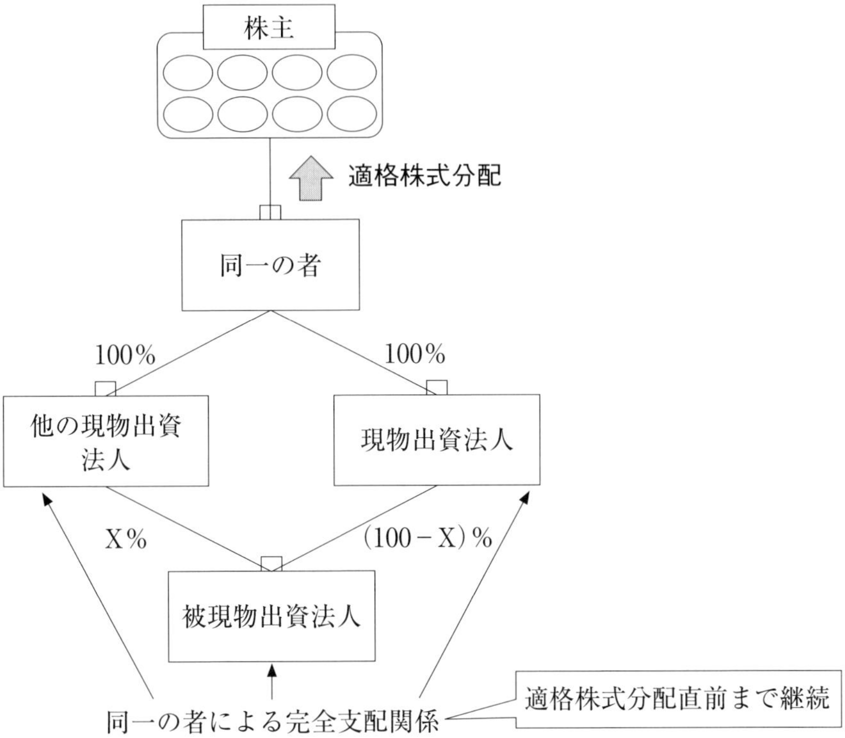

3　支配関係がある場合の適格要件

支配関係がある場合の適格現物出資の適格要件は、次の４つの要件です。

〈支配関係がある場合の適格現物出資の要件〉

①	金銭等不交付要件
②	支配関係継続要件
③	独立事業単位要件
④	事業継続要件

⑴　金銭等不交付要件

現物出資法人に被現物出資法人株式のみが交付されることをいいます（法法２十二の十四）。その内容は、上記２⑴の金銭等不交付要件と同じです。

⑵　支配関係継続要件

次に掲げるいずれかの関係があることをいいます（法法2十二の十四ロ、法令4の3⑭）。

イ　当事者間の支配関係

現物出資前（現物出資が新設現物出資で一の法人のみが現物出資法人となるもの（単独新設現物出資）である場合にあっては、現物出資後）に現物出資法人と被現物出資法人（その現物出資が新設現物出資で単独新設現物出資に該当しないもの（複数新設現物出資）である場合にあっては、現物出資法人と他の現物出資法人）との間にいずれか一方の法人による支配関係がある現物出資の次に掲げる区分に応じそれぞれ次に掲げる関係（ロに掲げる関係に該当するものを除きます。）をいいます（法令4の3⑭一）。

㈠　新設現物出資以外の現物出資のうち現物出資前に現物出資法人と被現物出資法人との間に「いずれか一方の法人」による支配関係があるもの

現物出資後に現物出資法人と被現物出資法人との間に「いずれか一方の法人」㈟による支配関係が継続すること（現物出資後に「他方の法人」（現物出資法人及び被現物法人のうち、「いずれか一方の法人」以外の法人をいいます。）を被合併法人とする適格合併を行うことが見込まれている場合には、現物出資の時から適格合併の直前の時まで支配関係が継続すること）が見込まれている場合における現物出資法人と被現物出資法人との間の関係

㈟　現物出資後に「いずれか一方の法人」を被合併法人とする適格合併を行うことが見込まれている場合には、適格合併に係る合併法人は、適格合併後においては「いずれか一方の法人」とみなすこととされています（法令4の3㉕三、下記第8の3参照）。

〈現物出資前に現物出資法人と被現物出資法人との間に「いずれか一方の法人」による支配関係がある場合〉

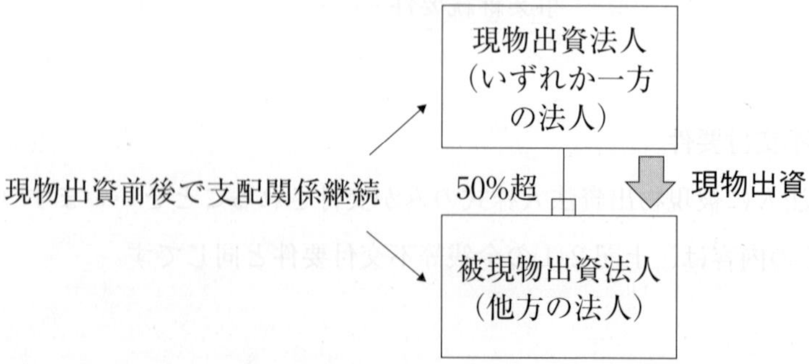

〈現物出資後に「いずれか一方の法人」を被合併法人とする適格合併を行うことが見込まれている場合〉

ⅰ現物出資後、適格合併直前

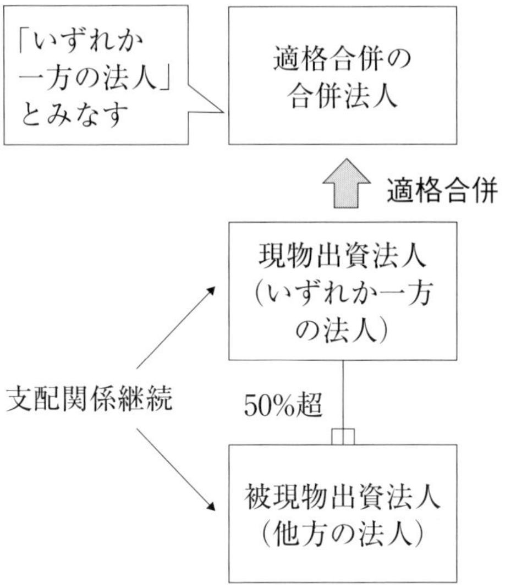

ⅱ適格合併後

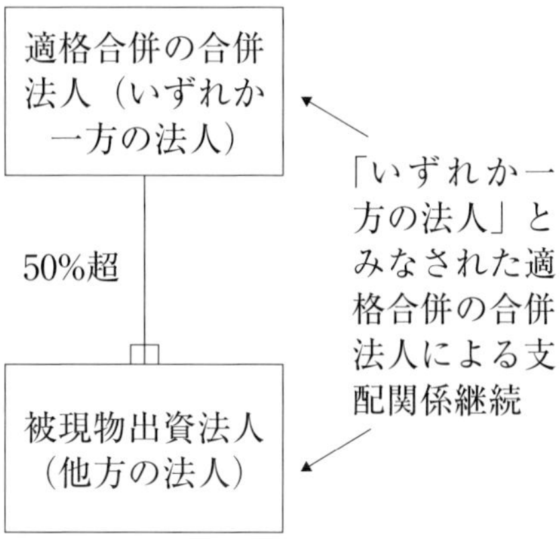

〈現物出資後に「他方の法人」を被合併法人とする適格合併を行うことが見込まれている場合〉

現物出資後、適格合併直前

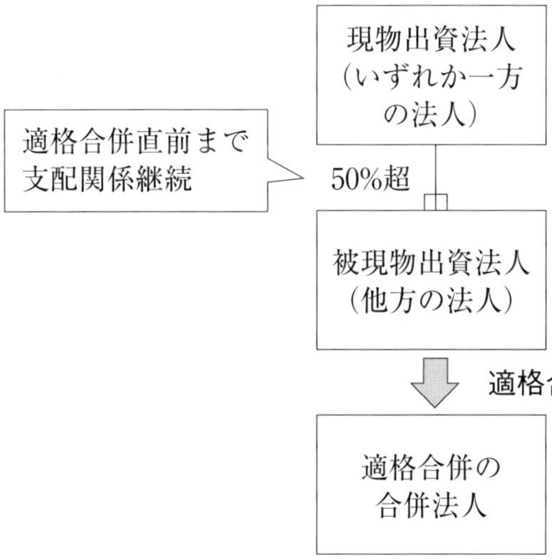

㈺　単独新設現物出資のうち単独新設現物出資後に現物出資法人と被現物出資法人との間に現物出資法人による支配関係があるもの

単独新設現物出資後に支配関係が継続すること（単独新設現物出資後に被現物

出資法人を被合併法人とする適格合併を行うことが見込まれている場合には、単独新設現物出資の時から適格合併の直前の時までその支配関係が継続すること）が見込まれている場合における現物出資法人㈱と被現物出資法人との間の関係

㈱　現物出資後に現物出資法人を被合併法人とする適格合併を行うことが見込まれている場合には、適格合併に係る合併法人は、適格合併後においては現物出資法人とみなすこととされています（法令４の３㉕五、下記第８の５参照）。

〈現物出資後に現物出資法人と被現物出資法人との間に現物出資法人による支配関係がある場合〉

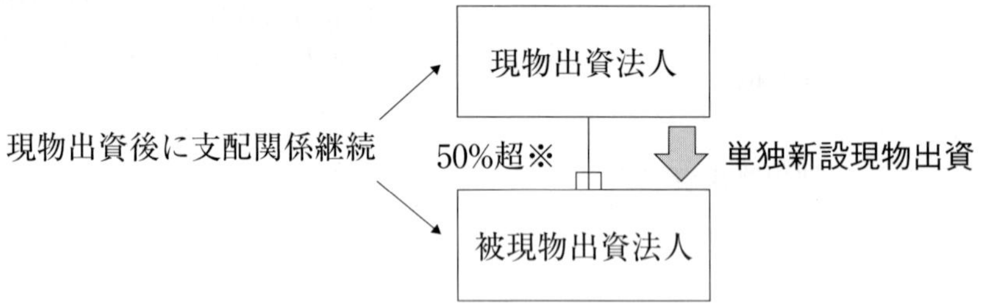

※現物出資直後は100%

〈現物出資後に現物出資法人を被合併法人とする適格合併を行うことが見込まれている場合〉

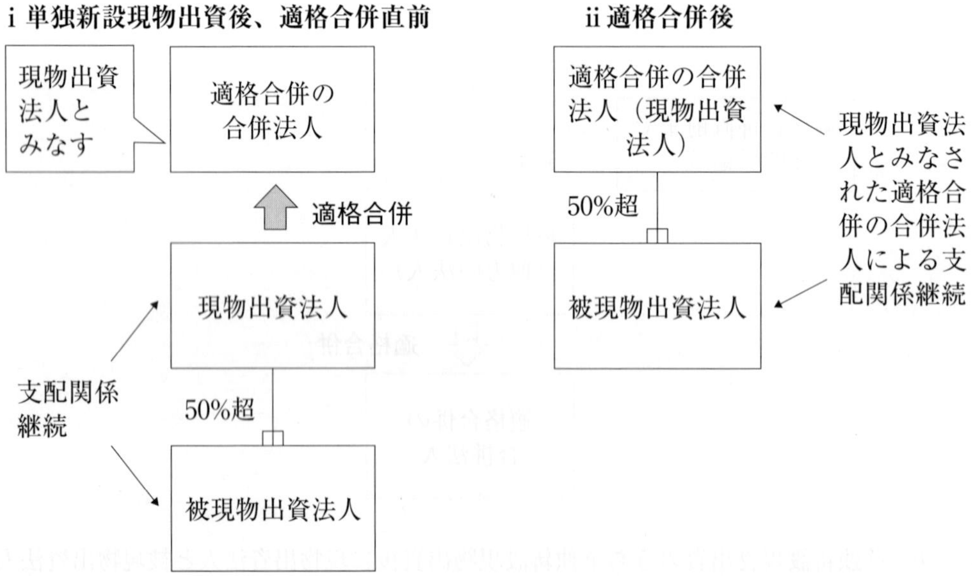

〈現物出資後に被現物出資法人を被合併法人とする適格合併を行うことが見込まれている場合〉

単独新設現物出資後、適格合併直前

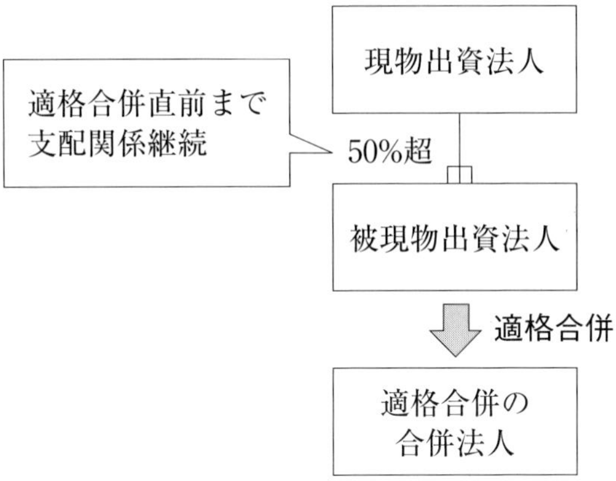

(ハ)　複数新設現物出資のうち複数新設現物出資前に現物出資法人と他の現物出資法人との間に「いずれか一方の法人」による支配関係があるもの

複数新設現物出資後に「他方の法人」（現物出資法人及び他の現物出資法人のうち、「いずれか一方の法人」以外の法人をいいます。）と被現物出資法人との間に「いずれか一方の法人」(注)による支配関係が継続すること（複数新設現物出資後に「他方の法人」又は被現物出資法人を被合併法人とする適格合併を行うことが見込まれている場合には、複数新設現物出資の時から適格合併の直前の時まで支配関係が継続すること）が見込まれている場合における現物出資法人及び他の現物出資法人と被現物出資法人との間の関係

(注)　現物出資後に「いずれか一方の法人」を被合併法人とする適格合併を行うことが見込まれている場合には、適格合併に係る合併法人は、適格合併後においては「いずれか一方の法人」とみなすこととされています（法令4の3㉕三、下記第8の3参照）。

〈現物出資前に現物出資法人と他の現物出資法人との間に「いずれか一方の法人」による支配関係がある場合〉

i 複数新設現物出資直前

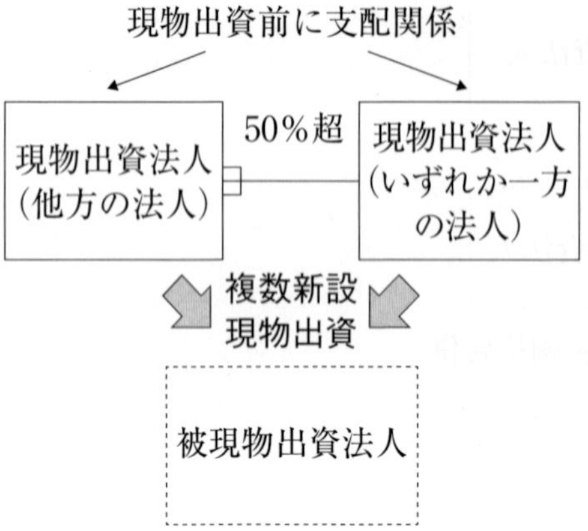

ii 複数新設現物出資後

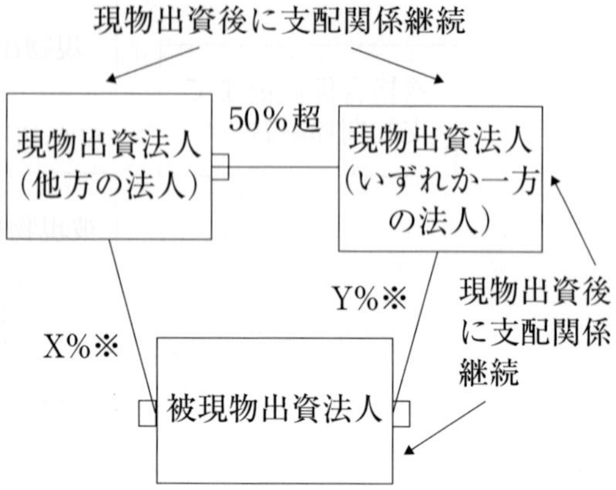

※ X％＋Y％＞50％
　ただし、現物出資直後は
　X％＋Y％＝100％

〈現物出資後に「いずれか一方の法人」を被合併法人とする適格合併を行うことが見込まれている場合〉

i 複数新設現物出資後、適格合併直前

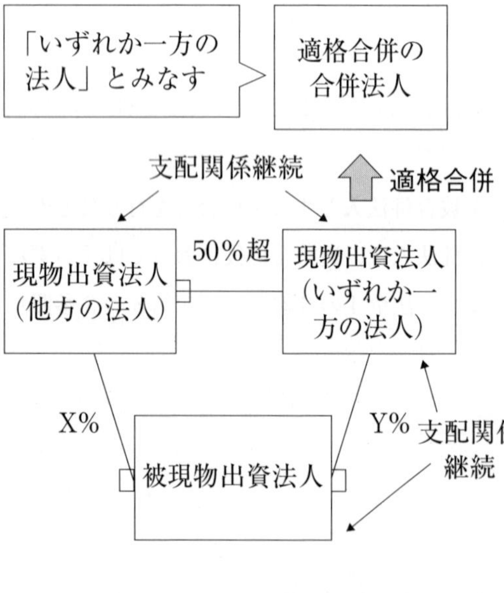

ii 適格合併後

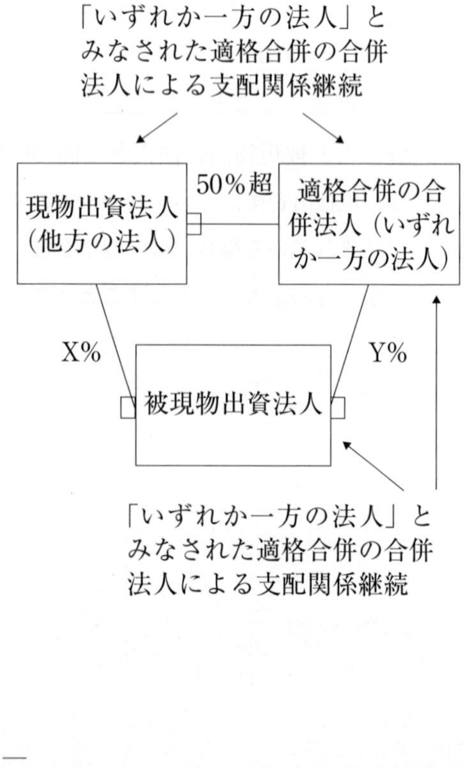

〈現物出資後に「他方の法人」又は被現物出資法人を被合併法人とする適格合併を行うことが見込まれている場合〉

複数新設現物出資後、適格合併直前

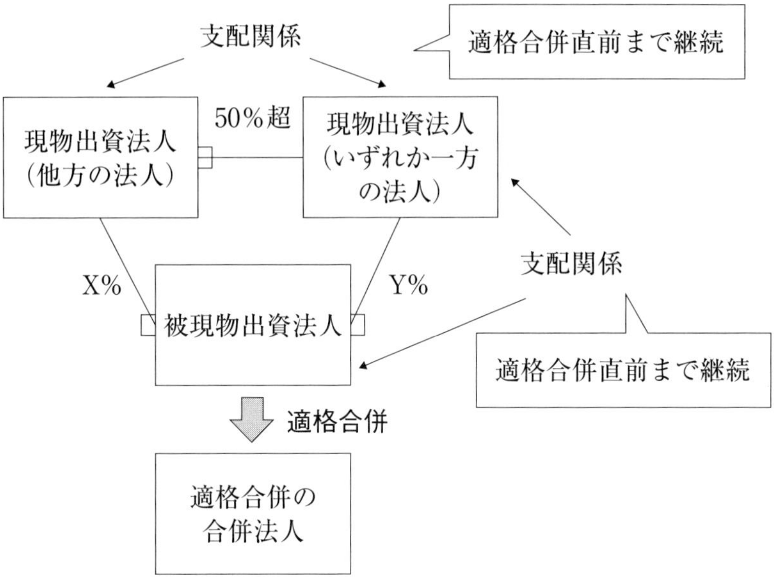

ロ　同一の者による支配関係

現物出資前（現物出資が単独新設現物出資である場合にあっては、現物出資後）に現物出資法人と被現物出資法人（その現物出資が複数新設現物出資である場合にあっては、現物出資法人と他の現物出資法人）との間に同一の者による支配関係がある現物出資の次に掲げる区分に応じそれぞれ次に掲げる関係をいいます（法令４の３⑭二）。

⑴　新設現物出資以外の現物出資のうち現物出資前に現物出資法人と被現物出資法人との間に同一の者による支配関係があるもの

現物出資後に現物出資法人と被現物出資法人との間に同一の者㈱による支配関係が継続すること（現物出資後に現物出資法人又は被現物出資法人を被合併法人とする適格合併を行うことが見込まれている場合には、現物出資の時から適格合併の直前の時まで支配関係が継続すること）が見込まれている場合における現物出資法人と被現物出資法人との間の関係

㈱　現物出資後に同一の者を被合併法人とする適格合併を行うことが見込まれている場合には、適格合併に係る合併法人は、適格合併後においては同一の者とみなすこととされています（法令４の３㉕二、下記第８の２参照）。

〈現物出資前に現物出資法人と被現物出資法人との間に同一の者による支配関係がある場合〉

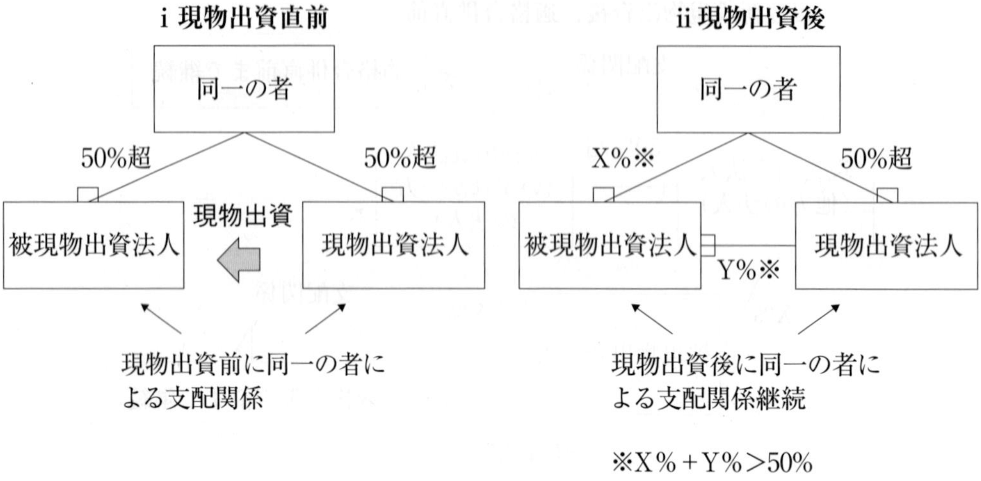

〈現物出資後に同一の者を被合併法人とする適格合併を行うことが見込まれている場合〉

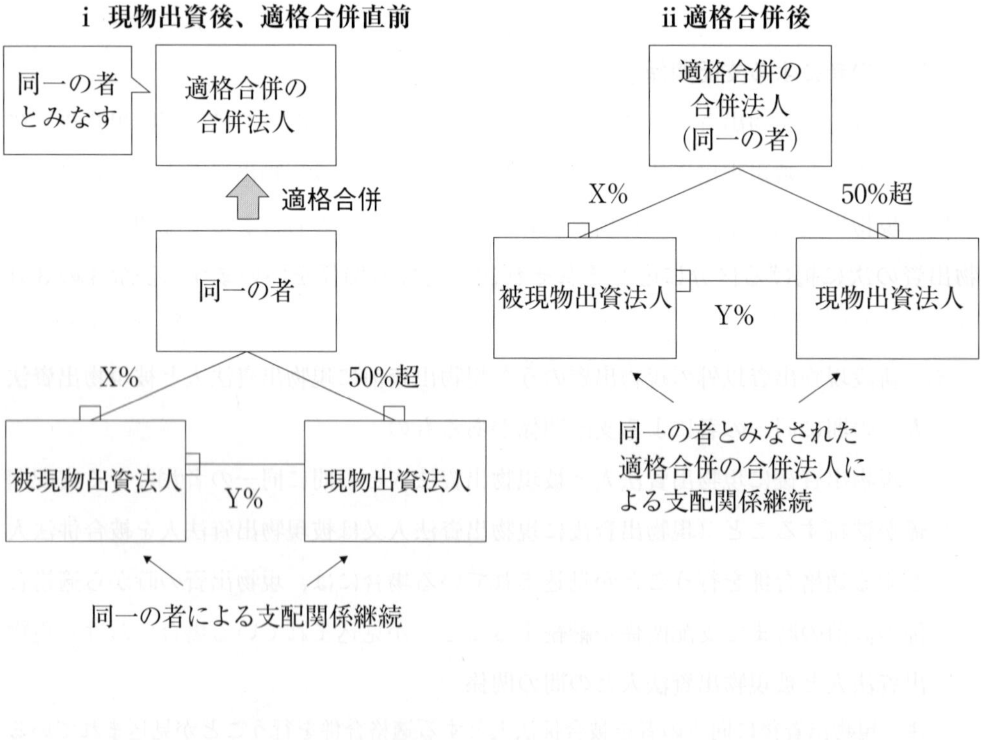

〈現物出資後に現物出資法人又は被現物出資法人を被合併法人とする適格合併を行うことが見込まれている場合〉

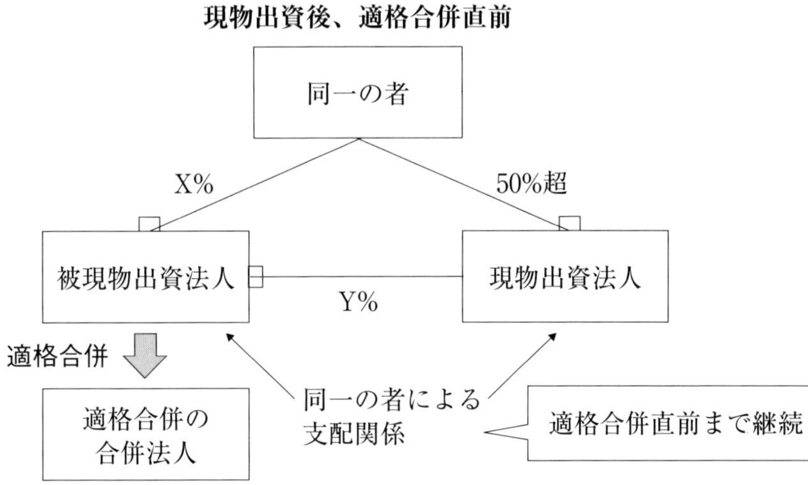

(ロ)　単独新設現物出資のうち単独新設現物出資後に現物出資法人と被現物出資法人との間に同一の者による支配関係があるもの

単独新設現物出資後に現物出資法人と被現物出資法人との間に同一の者(注)による支配関係が継続すること（単独新設現物出資後に現物出資法人又は被現物出資法人を被合併法人とする適格合併を行うことが見込まれている場合には、単独新設現物出資の時から適格合併の直前の時まで支配関係が継続すること）が見込まれている場合における現物出資法人と被現物出資法人との間の関係

(注)　現物出資後に同一の者を被合併法人とする適格合併を行うことが見込まれている場合には、適格合併に係る合併法人は、適格合併後においては同一の者とみなすこととされています（法令４の３㉕二、下記第８の２参照）。

〈現物出資後に現物出資法人と被現物出資法人との間に同一の者による支配関係がある場合〉

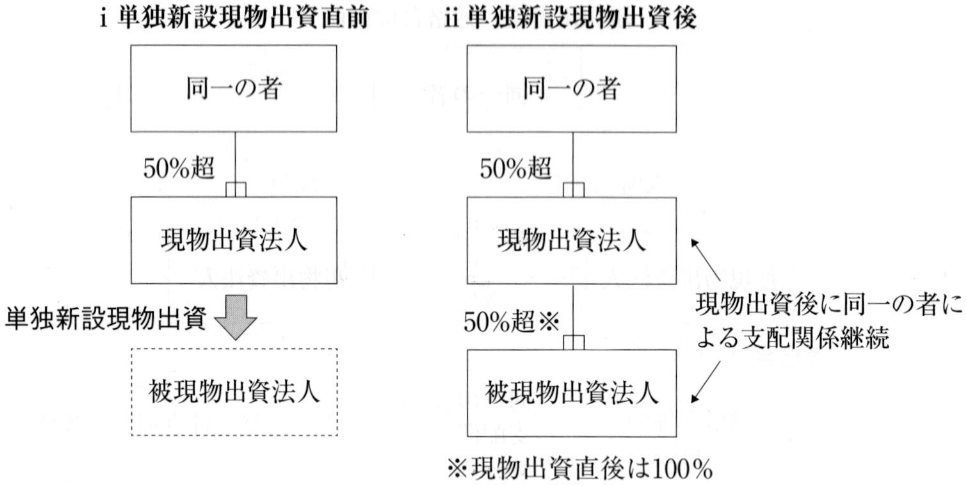

〈現物出資後に同一の者を被合併法人とする適格合併を行うことが見込まれている場合〉

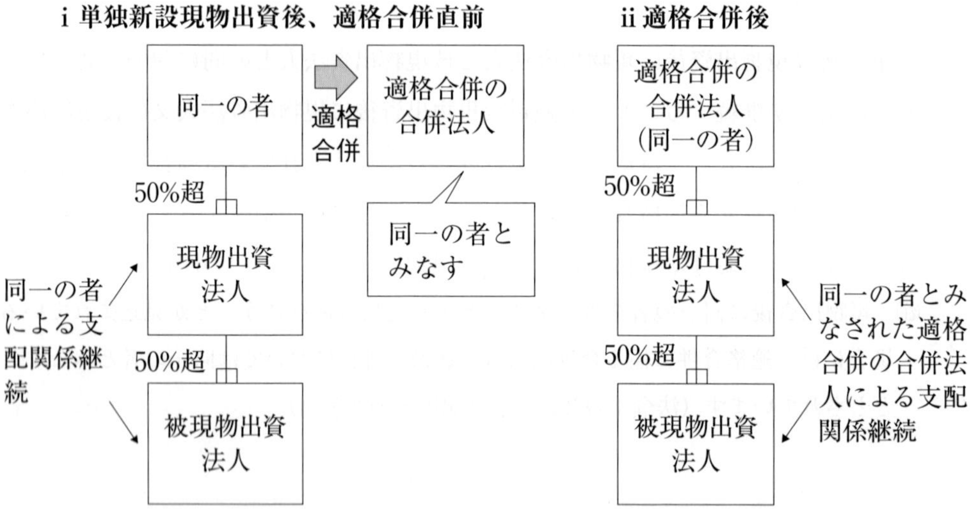

〈現物出資後に現物出資法人又は被現物出資法人を被合併法人とする適格合併を行うことが見込まれている場合〉

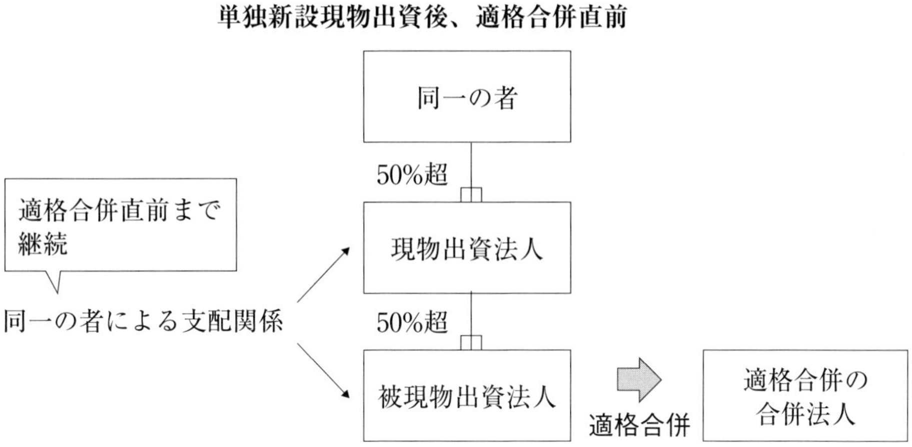

(ハ)　複数新設現物出資のうち複数新設現物出資前に現物出資法人と他の現物出資法人との間に同一の者による支配関係があるもの

複数新設現物出資後に現物出資法人、他の現物出資法人及び被現物出資法人と同一の者との間に同一の者(注)による支配関係が継続すること（複数新設現物出資後に現物出資法人、他の現物出資法人又は被現物出資法人を被合併法人とする適格合併を行うことが見込まれている場合には、複数新設現物出資の時から適格合併の直前の時まで支配関係が継続すること）が見込まれている場合における現物出資法人及び他の現物出資法人と被現物出資法人との間の関係

(注)　現物出資後に同一の者を被合併法人とする適格合併を行うことが見込まれている場合には、適格合併に係る合併法人は、適格合併後においては同一の者とみなすこととされています（法令４の３㉕二、下記第８の２参照）。

〈現物出資前に現物出資法人と他の現物出資法人との間に同一の者による支配関係がある場合〉

ⅰ 複数新設現物出資直前

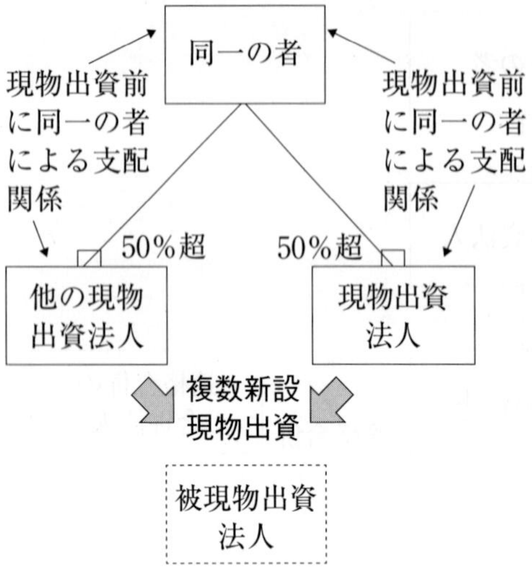

ⅱ 複数新設現物出資後

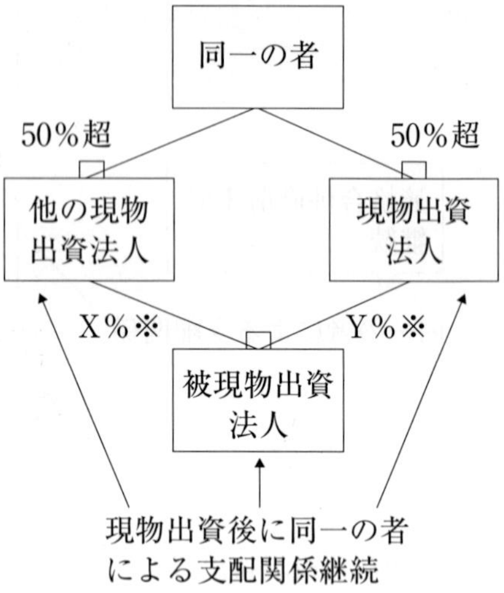

※X％＋Y％＞50％
　ただし、現物出資直後はX％＋Y％＝100％

〈現物出資後に同一の者を被合併法人とする適格合併を行うことが見込まれている場合〉

ｉ 複数新設現物出資後、適格合併直前

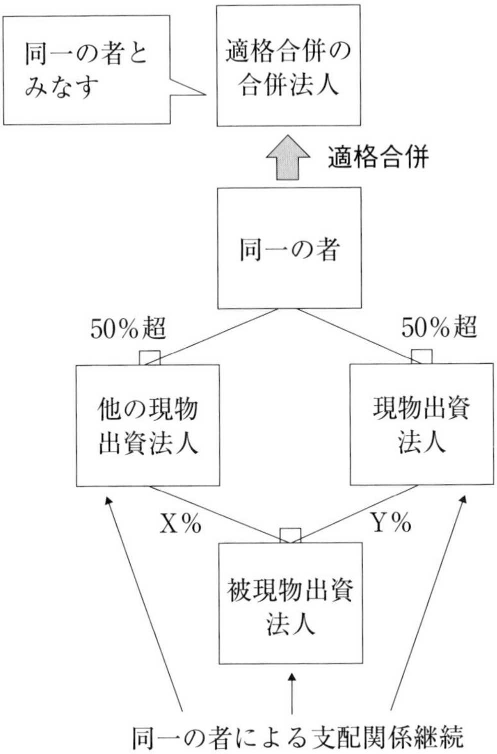

ii 適格合併後

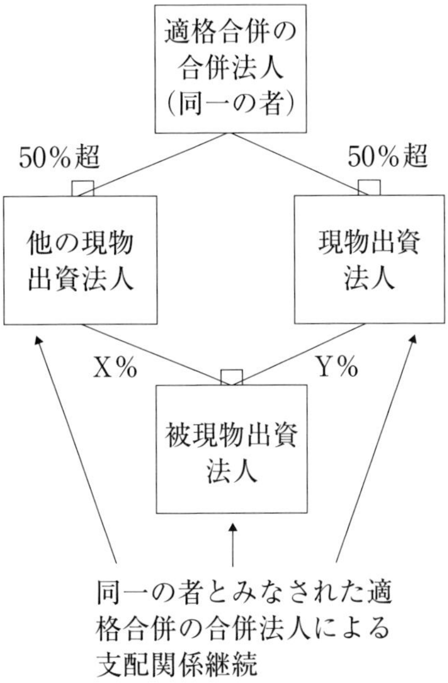

〈現物出資後に現物出資法人、他の現物出資法人又は被現物出資法人を被合併法人とする適格合併を行うことが見込まれている場合〉

複数新設現物出資後、適格合併直前

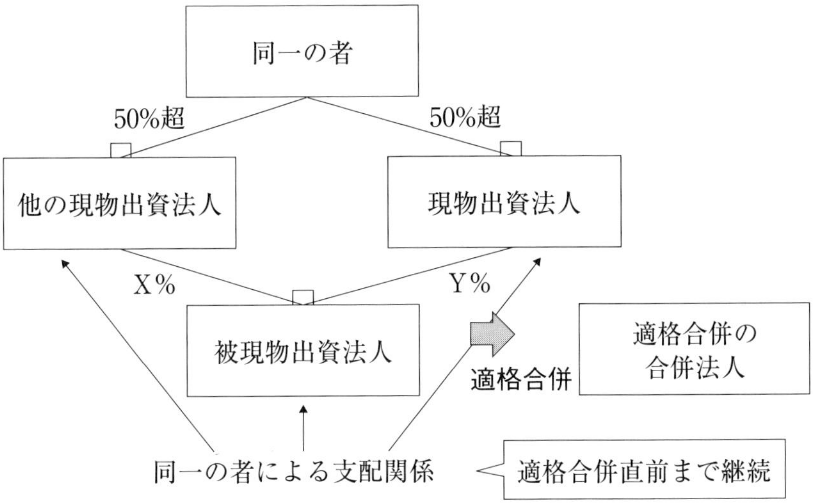

(3) 独立事業単位要件

独立事業単位要件は、①主要資産負債引継要件と②従業者引継要件の２つから成ります。

〈独立事業単位要件〉

①	主要資産負債引継要件
②	従業者引継要件

イ　主要資産負債引継要件

現物出資により現物出資事業（現物出資法人の現物出資前に行う事業のうち、現物出資により被現物出資法人において行われることとなるものをいいます。）に係る主要な資産及び負債が被現物出資法人に移転していることをいいます（法法２十二の十四ロ(1)）。

なお、現物出資事業に係る資産及び負債が主要なものであるかどうかは、現物出資法人がその事業を行う上でのその資産及び負債の重要性のほか、その資産及び負債の種類、規模、事業再編計画の内容等を総合的に勘案して判定するものとされています（法基通１－４－８）。

また、現物出資後に被現物出資法人を被合併法人とする適格合併を行うことが見込まれている場合においては、主要な資産及び負債が、適格合併により適格合併に係る合併法人に移転することが見込まれている必要ありません。

ロ　従業者引継要件

(イ) 内容

現物出資の直前の現物出資事業に係る従業者のうち、その総数のおおむね80％以上に相当する数の者が現物出資後に被現物出資法人の業務（被現物出資法人との間に完全支配関係がある法人の業務を含みます。）に従事することが見込まれていること(注)をいいます（法法２十二の十四ロ(2)）。

(注)　出向により被現物出資法人の業務に従事する場合が含まれます（法基通１－４－10）。

〈従業者引継要件〉

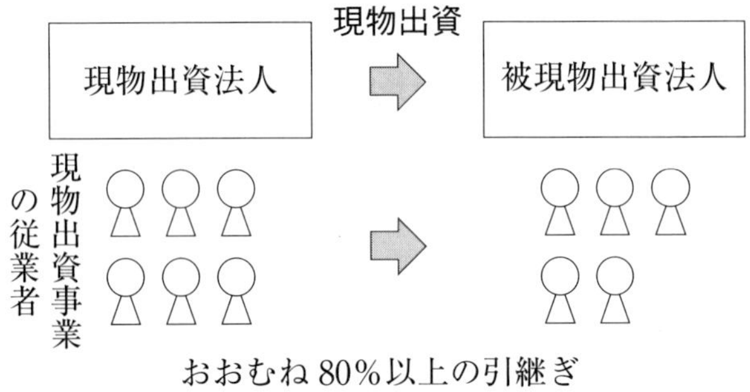

〈被現物出資法人との間に完全支配関係がある法人がいる場合の従業者引継要件〉

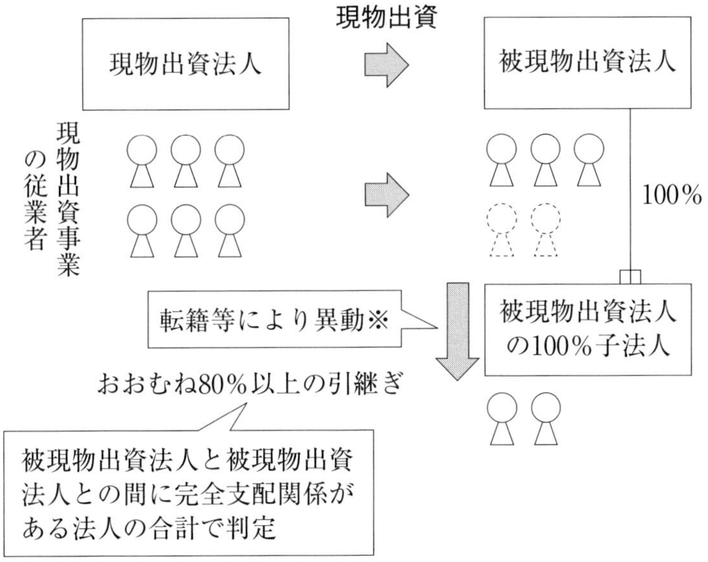

※被現物出資法人を経由せず直接100％子法人等に異動する者も含まれます。

(ロ)　現物出資後に適格合併を行うことが見込まれている場合

上記(イ)の「被現物出資法人の業務」には、現物出資後に行われる適格合併により現物出資事業が適格合併に係る合併法人に移転することが見込まれている場合におけるその合併法人及びその合併法人との間に完全支配関係がある法人の業務が含まれることとされています（法法２十二の十四ロ(2)かっこ書）。したがって、現物出資と同日にその被現物出資法人を被合併法人とする適格合併が行われることで、現物出資事業の従業者が被現物出資法人の業務に従事しない場合においても、その従業者が適格合併に係る合併法人又はその合併法人との間に完全支配関係がある法人の業務に従事することが見込まれているときには、その従業者は、従業者引継要件の判定対象となる従業者に含まれることになります。また、その適格合併後にさらに適格合併が行われることが見込まれている場合において、２回目以降の適格合併に係る合併法人にその現物出資事業が移転することが見込まれているときにも、同様に取り扱われることになります。

〈現物出資後に被現物出資法人を被合併法人とする適格合併を行うことが見込まれている場合（被現物出資法人の業務に従事する場合）〉

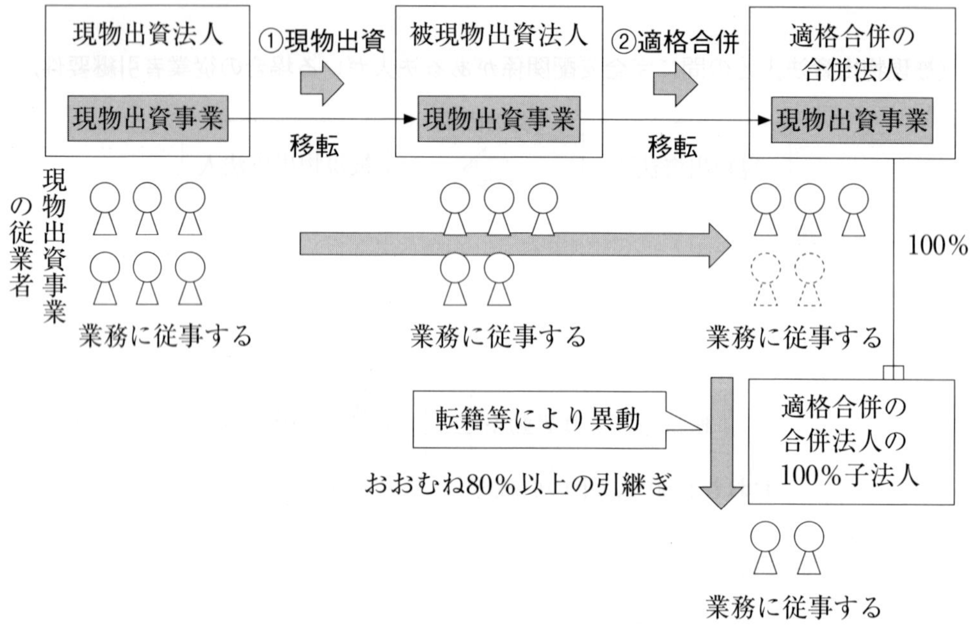

〈現物出資後に被現物出資法人を被合併法人とする適格合併を行うことが見込まれている場合（被現物出資法人の業務に従事しない場合）〉

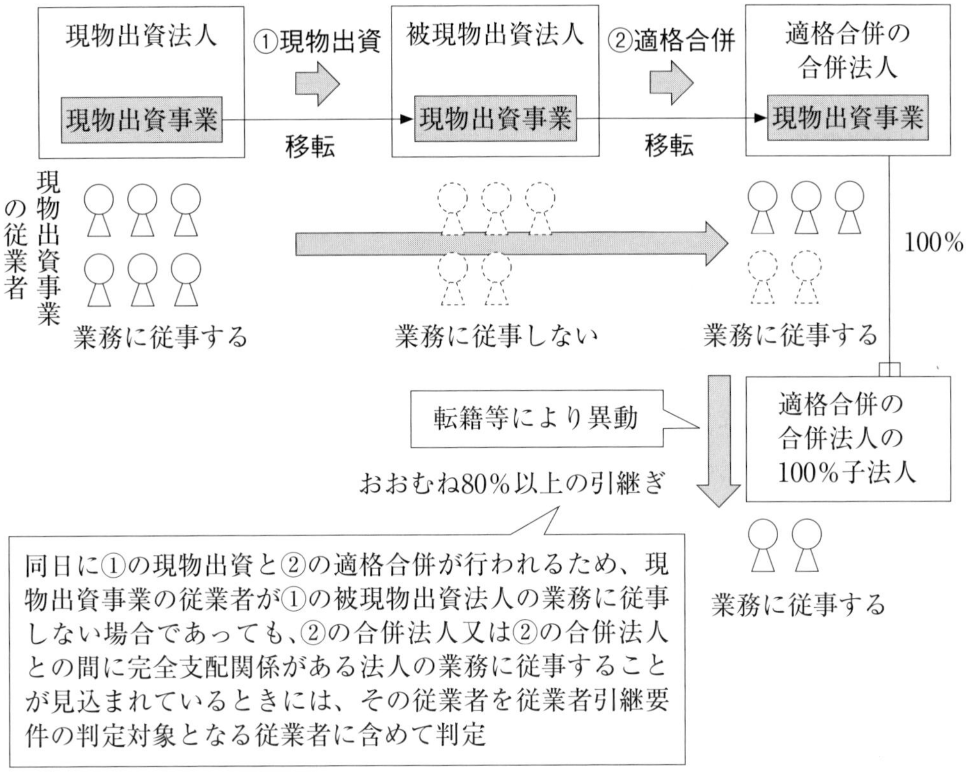

㈧　従業者の意義

従業者とは、役員、使用人その他の者で、現物出資直前において現物出資事業に現に従事する者（出向により受け入れている者等で現物出資事業に現に従事する者を含みますが、下請先の従業員は、例えば自己の工場内でその業務の特定部分を継続的に請け負っている企業の従業員であっても含みません。）をいい、現物出資事業とその他の事業とのいずれにも従事している者については、主として現物出資事業に従事しているかどうかにより判定します。ただし、現物出資事業に従事する者であっても、例えば、日々雇い入れられる者で従事した日ごとに給与等の支払を受ける者について、法人が従業者の数に含めないことが認められています（法基通１－４－４）。

また、これらの従業者が現物出資後に従事する事業は、現物出資事業に限定されません（法基通１－４－９）。

〈従業者の範囲〉

役員	従業者に含まれる
使用人	従業者に含まれる
出向受入れにより従事している者	従業者に含まれる
下請先の従業員	従業者に含まれない
日雇労働者	従業者に含めないことが認められる

⑷　事業継続要件

イ　内容

現物出資事業が現物出資後に被現物出資法人（被現物出資法人との間に完全支配関係がある法人を含みます。）において引き続き行われることが見込まれていることをいいます（法法２十二の十四ロ⑶）。

〈事業継続要件〉

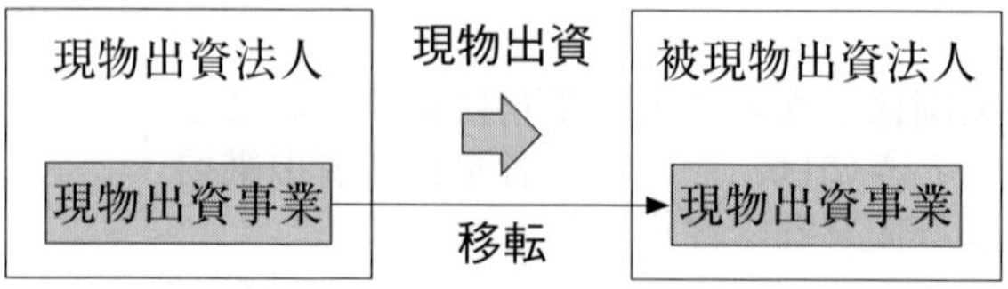

〈被現物出資法人との間に完全支配関係がある法人に現物出資事業が移転する場合の事業継続要件〉

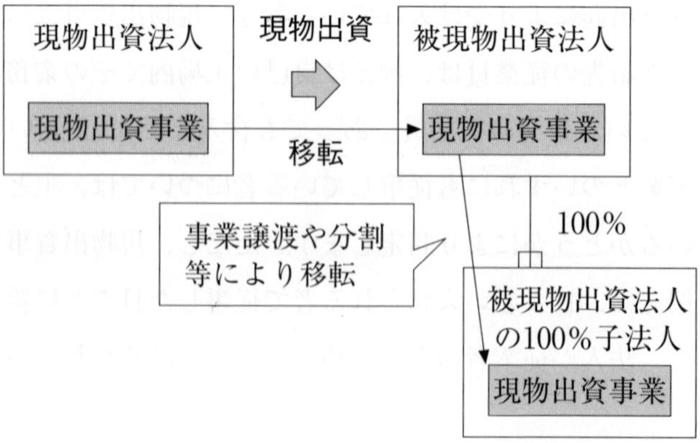

ロ　現物出資後に適格合併を行うことが見込まれている場合

上記イの「被現物出資法人」には、その現物出資後に行われる適格合併によりその現物出資事業がその適格合併に係る合併法人に移転することが見込まれている場合におけるその合併法人及びその合併法人との間に完全支配関係がある法人が含まれることとされています（法法２十二の十四ロ(3)かっこ書）。つまり、現物出資後に行われる適格合併だけではなく、その適格合併後にさらに適格合併が行われることが見込まれている場合において、２回目以降の適格合併に係る合併法人にその現物出資事業が移転することが見込まれているときにも、その２回目以降の適格合併に係る合併法人及びその２回目以降の適格合併に係る合併法人との間に完全支配関係がある法人は、上記イの「被現物出資法人」に含まれることになります。

〈現物出資後に被現物出資法人を被合併法人とする適格合併を行うことが見込まれている場合〉

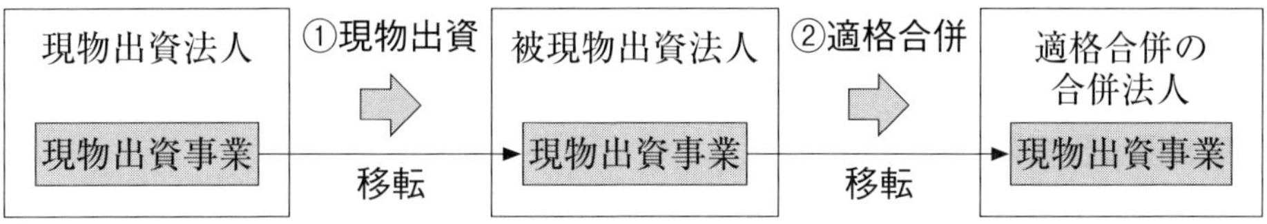

〈現物出資後に被現物出資法人を被合併法人とする適格合併を行うことが見込まれており、現物出資事業がその適格合併に係る合併法人との間に完全支配関係がある法人に移転する場合〉

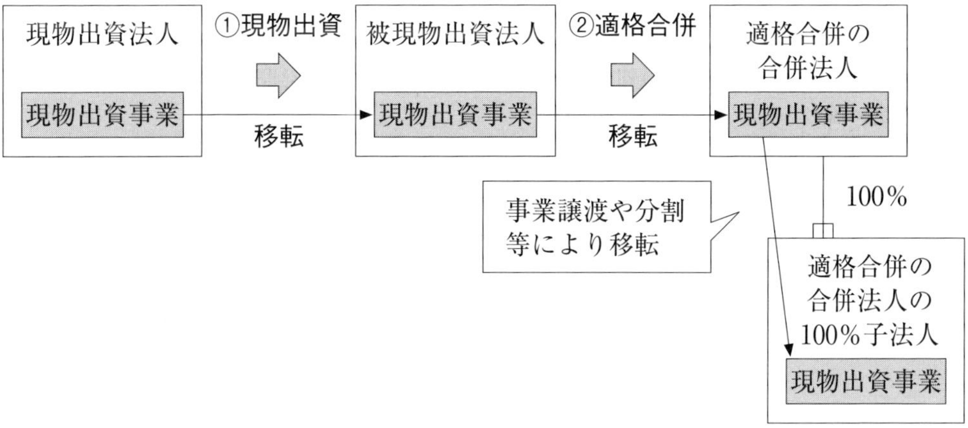

4　共同事業を行う場合の適格要件

共同事業を行う場合の適格要件は、次の6つの要件です。

〈共同事業を行う場合の適格要件〉

①	金銭等不交付要件
②	事業関連性要件
③	事業規模等要件
④	独立事業単位要件
⑤	事業継続要件
⑥	株式継続保有要件

(1)　金銭等不交付要件

現物出資法人に被現物出資法人株式のみが交付されることをいいます（法法2十二の十四）。その内容は、上記2(1)の金銭等不交付要件と同じです。

(2)　事業関連性要件

現物出資法人の現物出資事業（現物出資法人の現物出資前に行う事業のうち、現物出資により被現物出資法人において行われることとなるものをいいます。）と被現物出資法人の被現物出資事業（被現物出資法人の現物出資前に行う事業のうちのいずれかの事業をいい、現物出資が複数新設現物出資である場合には、他の現物出資法人の現物出資事業をいいます。）とが相互に関連するものであることをいいます（法令4の3⑮一）。

なお、事業の相互関連性の判定については、下記第9を参照してください。

(3)　事業規模等要件

次の事業規模要件又は経営参画要件のいずれかを満たすことをいいます（法令4の3⑮二）。

〈事業規模等要件〉

<table>
<tr><td>①</td><td>事業規模要件
現物出資法人の現物出資事業と被現物出資法人の被現物出資事業（現物出資事業と関連する事業に限ります。）のそれぞれの売上金額、現物出資事業と被現物出資事業のそれぞれの従業者の数若しくはこれらに準ずるものの規模（注１）の割合がおおむね５倍を超えないこと（注２）
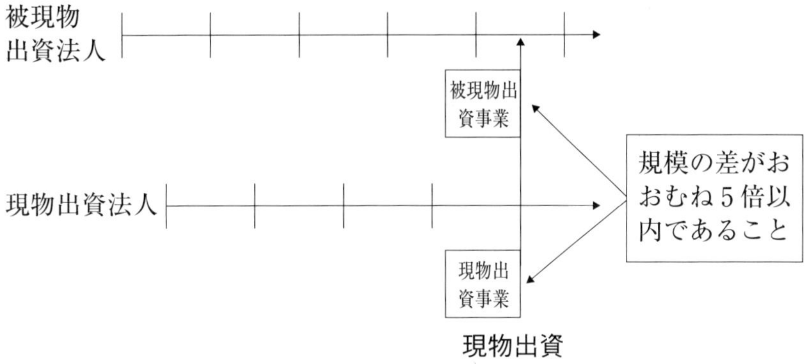
</td></tr>
<tr><td>②</td><td>経営参画要件
現物出資前の現物出資法人の役員等（役員及び社長、副社長、代表取締役、代表執行役、専務取締役若しくは常務取締役に準ずる者（注３）で法人の経営に従事している者をいいます。）のいずれかと被現物出資法人の特定役員（社長、副社長、代表取締役、代表執行役、専務取締役若しくは常務取締役又はこれらに準ずる者（注３）で法人の経営に従事している者をいい、現物出資が複数新設現物出資である場合には、他の現物出資法人の役員等となります。）のいずれかとが現物出資後に被現物出資法人の特定役員となることが見込まれていること
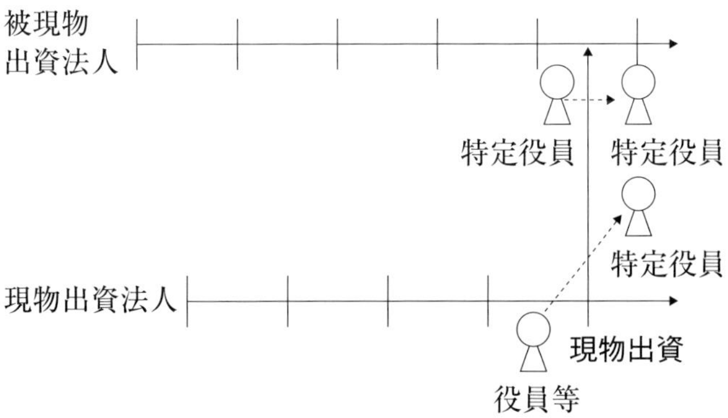
</td></tr>
</table>

㊟１　「これらに準ずるものの規模」とは、例えば、金融機関における預金量等、客観的・外形的にその事業の規模を表すものと認められる指標をいいます（法基通１－４－６）。

２　事業の規模の割合がおおむね５倍を超えないかどうかは、これらのいずれか一の指標が要件を満たすかどうかにより判定します（法基通１－４－６㊟）。

3　「準ずる者」とは、役員又は役員以外の者で、社長、副社長、代表取締役、代表執行役、専務取締役又は常務取締役と同等に法人の経営の中枢に参画している者をいいます（法基通１－４－７）。

⑷　独立事業単位要件

独立事業単位要件は、①主要資産負債引継要件（現物出資により現物出資事業に係る主要な資産及び負債が被現物出資法人に移転していることをいいます。）と②従業者引継要件（現物出資の直前の現物出資事業に係る従業者のうち、その総数のおおむね80％以上に相当する数の者が現物出資後に被現物出資法人の業務に従事することが見込まれていることをいいます。）の２つから成ります（法令４の３⑮三・四）。その内容は、上記３⑶の独立事業単位要件と同じです。

⑸　事業継続要件

現物出資事業（被現物出資法人の被現物出資事業と関連するものに限ります。）が現物出資後に被現物出資法人において引き続き行われることが見込まれていることをいいます（法令４の３⑮五）。その内容は、上記３⑷の事業継続要件と同じです。

⑹　株式継続保有要件

イ　内容

現物出資により交付される被現物出資法人の株式の全部が現物出資法人により継続して保有されることが見込まれていることをいいます（法令４の３⑮六）。

〈株式継続保有要件〉

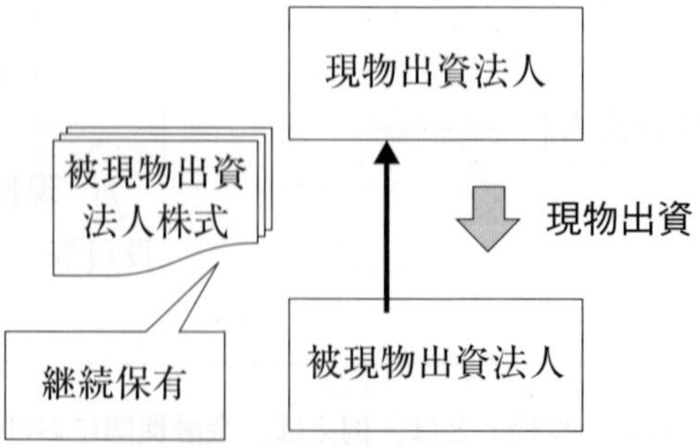

ロ　現物出資後に適格合併を行うことが見込まれている場合

(イ)　現物出資法人を被合併法人とする適格合併の場合

現物出資後に行われる適格合併によりその株式の全部がその適格合併に係る合併法人に移転することが見込まれている場合には、その適格合併に係る合併法人が現物出資法人に含まれます（法令４の３⑮六かっこ書）。

〈現物出資後の適格合併によりその被現物出資法人株式がその適格合併に係る合併法人に移転することが見込まれている場合〉

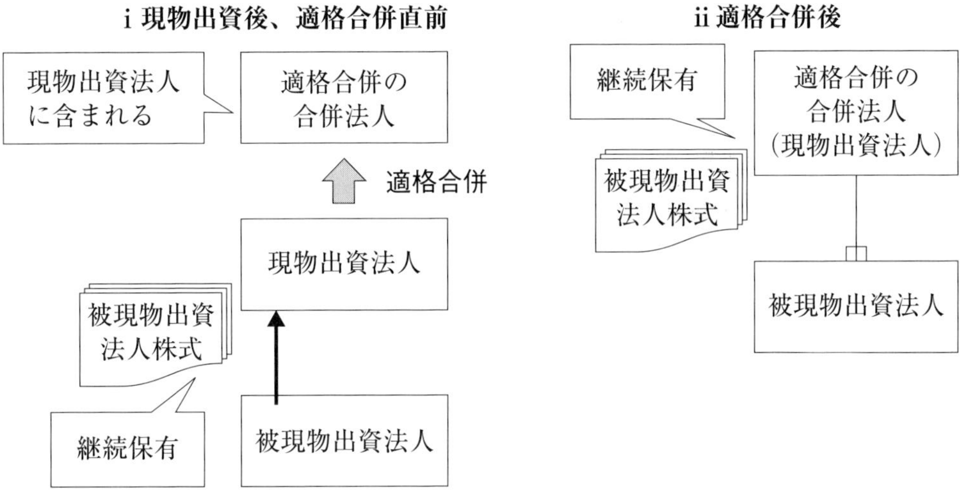

(ロ)　被現物出資法人を被合併法人とする適格合併の場合

現物出資後に被現物出資法人を被合併法人とする適格合併を行うことが見込まれている場合で、現物出資の時から適格合併の直前の時までその株式の全部が現物出資法人により継続して保有されることが見込まれている場合には、上記イの株式の全部が現物出資法人により継続して保有されることが見込まれていることに含まれます（法令４の３⑮六かっこ書）。

〈現物出資後に被現物出資法人を被合併法人とする適格合併を行うことが見込まれている場合〉

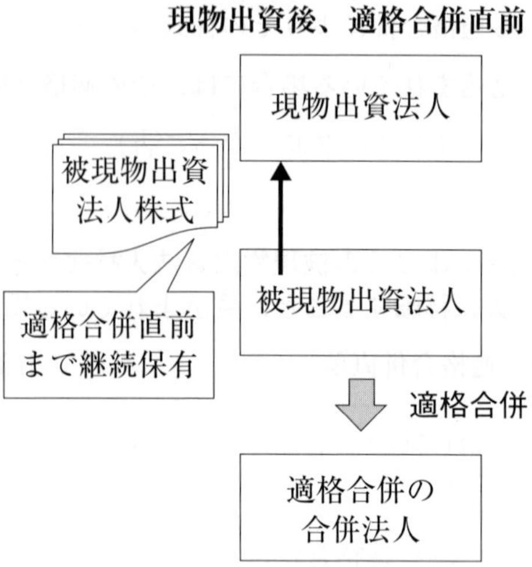

【現物出資の適格要件のまとめ】

各要件	完全支配関係がある場合	支配関係がある場合	共同事業を行う場合
金銭等不交付要件	必要	必要	必要
完全支配関係（支配関係）継続要件	必要	必要	－
独立事業単位要件	－	必要	必要
事業継続要件	－	必要	必要
事業関連性要件	－	－	必要
事業規模等要件	－	－	必要
株式継続保有要件	－	－	必要

第４　適格現物分配

現物分配の適格要件は、次の２つの要件です（法法２十二の十五）。

〈適格現物分配の適格要件〉

①	内国法人を現物分配法人とする現物分配であること
②	現物分配により資産の移転を受ける者がその現物分配の直前において現物分配法人である内国法人との間に完全支配関係がある内国法人（普通法人又は協同組合等に限ります。）のみであること㈡

㈡　現物分配を受ける者の中に、内国法人である普通法人又は協同組合等以外に、個人、外国法人、公共法人、公益法人等又は人格のない社団等がいる場合には、内国法人である普通法人又は協同組合等に対するものを含め、その現物分配全体が適格要件を満たさないことになります。

〈適格現物分配〉

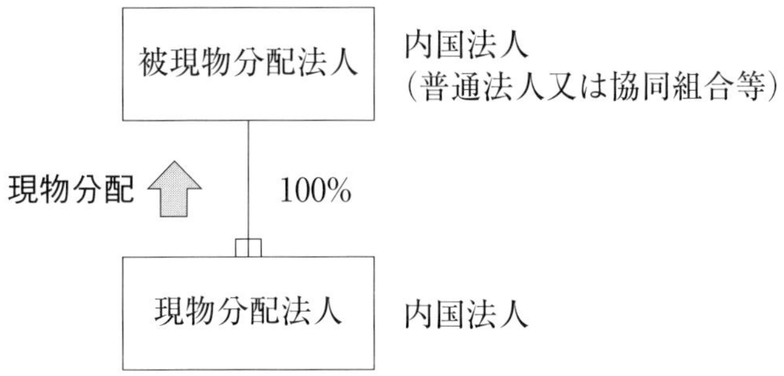

第５　適格株式分配

株式分配の適格要件は、次の５つの要件です。

〈適格株式分配の要件〉

①	株式按分交付要件
②	非支配要件
③	経営参画要件
④	従業者継続従事要件
⑤	事業継続要件

ちなみに、現物分配法人以外の法人が完全子法人の新株予約権を保有し、その法人が現物分配後に新株予約権の行使をして、完全子法人の株式が新規発行される予定である場合であっても、現物分配により完全子法人の発行済株式等の全部が移転する場合には、その現物分配は株式分配に該当し、その株式分配が上記の要件を満たしていることから、適格株式分配に該当するものとされた事例があります（令和元年５月31日付関東信越国税局審理課長文書回答「現物分配法人の株主が新株予約権を保有している場合の適格株式分配（適格スピンオフ）該当性について」）

⑴　株式按分交付要件

完全子法人の株式㈱のみが移転する株式分配のうち、その株式が現物分配法人の発行済株式等の総数のうちに占めるその現物分配法人の各株主等の有するその現物分配法人の株式の数の割合に応じて交付されるものをいいます（法法２十二の十五の三）。

㈱　株式には出資が含まれます。⑴において同様です。

⑵　非支配要件

株式分配の直前に現物分配法人と他の者㈱との間に当該他の者による支配関係がなく、かつ、株式分配後に完全子法人と他の者との間に当該他の者による支配関係があることとなることが見込まれていないこと（法令４の３⑯一）。

㈱　他の者とは、その者（その者が個人である場合には、その個人との間に特殊の関係のある者（第３章第１の３参照）を含みます。）が締結している民法667条１項に規定する組合契約、投資事業有限責任組合契約に関する法律３条１項に規定する投資事業有限責任組合契約及び有限責任事業組合契約に関する法律３条１項に規定する有限責任事業組合契約並びに外国におけるこれらの契約に類する契約（以下、組合契約といいます。）並びに次に掲げる組合契約に係る他の組合員である者が含まれます（法令４の３⑯一かっこ書）。

① その者が締結している組合契約による組合（これに類するものを含みます。）が締結している組合契約

② ①又は③に掲げる組合契約による組合が締結している組合契約

③ ②に掲げる組合契約による組合が締結している組合契約

〈非支配要件〉

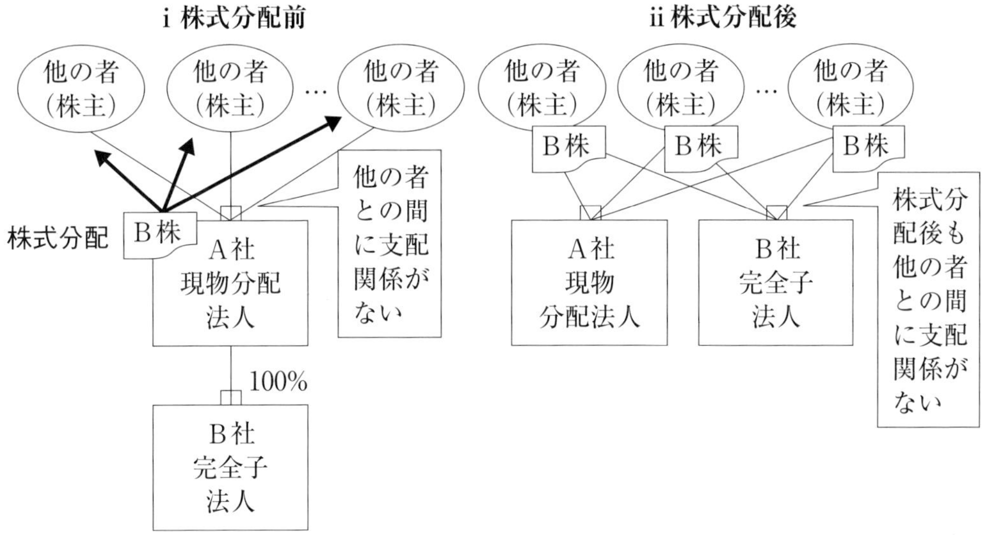

⑶ 経営参画要件

株式分配前の完全子法人の特定役員（社長、副社長、代表取締役、代表執行役、専務取締役若しくは常務取締役又はこれらに準ずる者㈱で法人の経営に従事している者をいいます。）の全てが株式分配に伴って退任をするものでないことをいいます（法令４の３⑯二）。

㈱ 「これらに準ずる者」とは、役員又は役員以外の者で、社長、副社長、代表取締役、代表執行役、専務取締役又は常務取締役と同等に法人の経営の中枢に参画している者をいいます（法基通１－４－７）。

〈経営参画要件〉

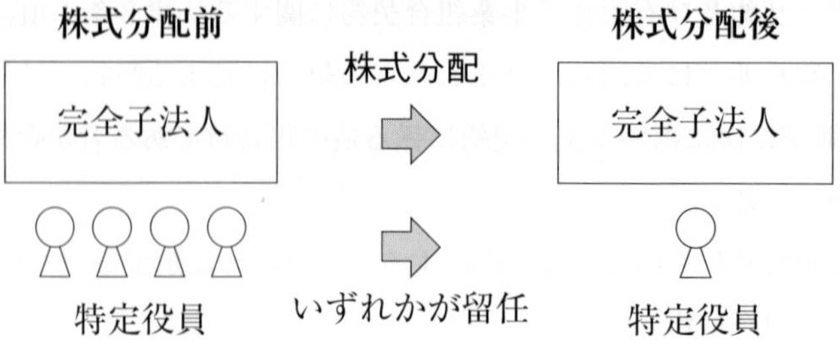

⑷　**従業者継続従事要件**

イ　内容

完全子法人の株式分配の直前の従業者のうち、その総数のおおむね80％以上に相当する数の者が完全子法人の業務に引き続き従事することが見込まれていることをいいます（法令４の３⑯三）。

〈従業者継続従事要件〉

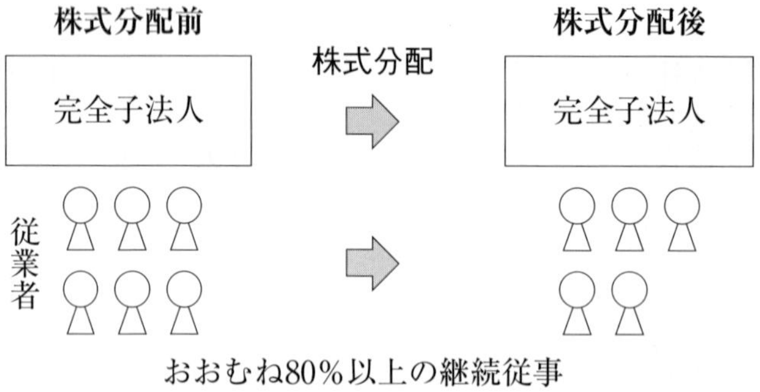

ロ　従業者の意義

従業者とは、役員、使用人その他の者で、株式分配直前において完全子法人の事業に現に従事する者（出向により受け入れている者等で完全子法人の事業に現に従事する者を含みますが、下請先の従業員は、例えば自己の工場内でその業務の特定部分を継続的に請け負っている企業の従業員であっても含みません。）をいいます。ただし、その事業に従事する者であっても、例えば、日々雇い入れられる者で従事した日ごとに給与等の支払を受ける者について、法人が従業者の数に含めないことが認められています（法基通１－４－４）。

〈従業者の範囲〉

役員	従業者に含まれる
使用人	従業者に含まれる
出向受入れにより従事している者	従業者に含まれる
下請先の従業員	従業者に含まれない
日雇労働者	従業者に含めないことが認められる

⑸　事業継続要件

完全子法人の株式分配前に行う主要な事業が完全子法人において引き続き行われることが見込まれることをいいます（法令４の３⑯四）。

なお、完全子法人の株式分配前に行う事業が２以上ある場合において、そのいずれが主要な事業であるかは、それぞれの事業に属する収入金額又は損益の状況、従業者の数、固定資産の状況等を総合的に勘案して判定することとされています（法基通１－４－５）。

第６　適格株式交換等

１　株式交換等の意義

株式交換等とは、株式交換及び次の①から③までに掲げる行為により対象法人（①から③までの行為を行う法人をいいます。）がそれぞれ次の①若しくは②の行為に係る最大株主等である法人又は次の③の行為に係る一の株主等である法人との間にこれらの法人による完全支配関係を有することとなることをいいます（法法２十二の十六）。

①　全部取得条項付種類株式に係る取得決議（第２章第８参照）

②　株式の併合（第２章第９参照）

③　株式売渡請求に係る承認（第２章第10参照）

また、適格株式交換等とは、株式交換の場合には、下記２から４の適格要件のいずれかを満たすものをいい、株式交換以外の株式交換等の場合には、下記３の適格要件を満たすものをいいます（法法２十二の十七）。したがって、下記２及び４の適格要件は、株式交換の適格要件となります。

なお、株式交換等完全子法人とは、株式交換完全子法人及び対象法人をいい、株式交換等完全親法人とは、株式交換完全親法人及び上記①又は②の行為に係る最大株主等である法人並びに上記③の行為に係る一の株主等である法人をいいます（法法２十二の六の二、十二の六の四）。

２　完全支配関係がある場合の適格要件

完全支配関係がある場合の適格要件は、次の２つの要件です。

〈完全支配関係がある場合の適格要件〉

①	金銭等不交付要件
②	完全支配関係継続要件

⑴　金銭等不交付要件

イ　内容

株式交換完全子法人の株主に株式交換完全親法人株式（株式交換完全親法人の株式又は出資をいいます。）又は株式交換完全支配親法人株式（株式交換完全支配親法人

（下記ロ参照）の株式又は出資をいいます。）のうちいずれか一の株式以外の資産が交付されないこと（無対価も含まれます。）をいいます（法法２十二の十七）。

ただし、株式交換完全子法人の株主に対する剰余金の配当として交付される金銭その他の資産、株式交換に反対する株主に対する買取請求に基づく対価として交付される金銭その他の資産及び株式交換の直前において、株式交換完全親法人が株式交換完全子法人の発行済株式（株式交換完全子法人が有する自己の株式を除きます。）の総数の３分の２以上に相当する数の株式を有する場合におけるその株式交換完全親法人以外の株主に交付される金銭その他の資産が交付されたとしても、この金銭等不交付要件を満たします（法法２十二の十七かっこ書）。

なお、株式交換完全子法人の株主に交付された金銭が、その株式交換に際して交付すべき株式交換完全親法人株式に１株未満の端数が生じたためにその１株未満の株式の合計数に相当する数の株式を他に譲渡し、又は買い取った代金として交付されたものであるとき（第２章第12の２参照）は、その株主に対してその１株未満の株式に相当する株式を交付したこととなります。ただし、その交付された金銭が、その交付の状況その他の事由を総合的に勘案して実質的にその株主に対して支払う株式交換の対価であると認められるときは、株式交換の対価として金銭が交付されたものとして取り扱うこととされています（法基通１－４－２）。

また、株式交換完全親法人が株式交換完全子法人の株主に株式交換完全支配親法人株式を交付する場合にも、その交付する株式交換完全支配親法人株式に１株未満の端数が生ずる場合が有り得ますが、その場合においてその端数に応じて金銭が交付されるときは、その端数に相当する部分は、株式交換完全支配親法人株式に含まれるものとされています（法令139の３の２④）。

〈対価の種類等と金銭等不交付要件の可否〉

対価の種類等		金銭等不交付要件の可否
①	株式交換完全親法人株式	満たす
②	株式交換完全支配親法人株式	満たす
③	1株未満の端数相当の金銭	満たす
④	剰余金の配当としての金銭	満たす
⑤	反対株主買取り請求に基づく対価としての金銭	満たす
⑥	株式交換完全親法人が株式交換完全子法人の発行済株式（自己株式を除きます。）の総数の3分の2以上を保有する場合に他の株主に交付される金銭	満たす
⑦	無対価	満たす
⑧	上記以外の金銭その他の資産	満たさない

〈株式交換の対価として金銭等が交付されたとしても金銭等不交付要件を満たすこととされている株式交換〉

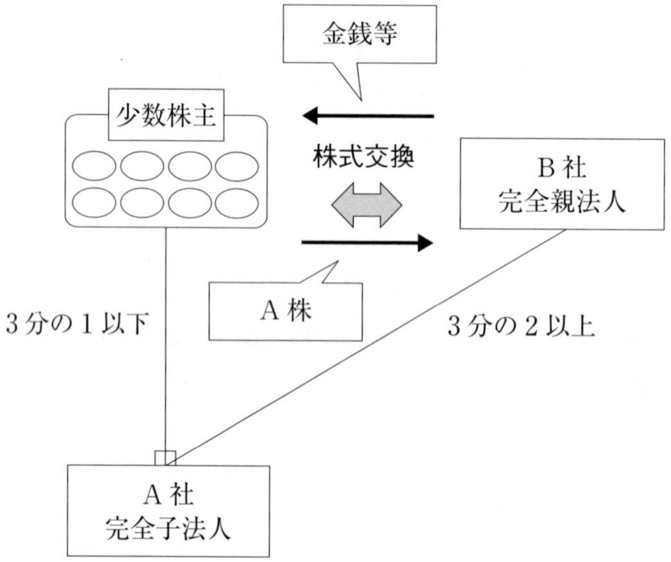

ロ　株式交換完全支配親法人

株式交換完全支配親法人とは、株式交換直前に株式交換完全親法人と株式交換完全親法人以外の法人との間にその法人による完全支配関係があり、かつ、株式交換後に株式交換完全親法人とその法人（親法人）との間にその親法人(注)による完全支配関係が継続すること（株式交換後に株式交換完全親法人を被合併法人とする適格合併を行うことが見込まれている場合には、株式交換の時から適格合併の直前の時まで完全支配関係が継続すること）が見込まれている場合のその親法人をいいます（法法２十二の十七、法令４の３⑰）。

㈱　株式交換後に親法人を被合併法人とする適格合併を行うことが見込まれている場合には、適格合併に係る合併法人は、適格合併後においては親法人とみなすこととされています（法令４の３㉕一、下記第８の１参照）。

〈親法人と株式交換完全親法人の関係〉

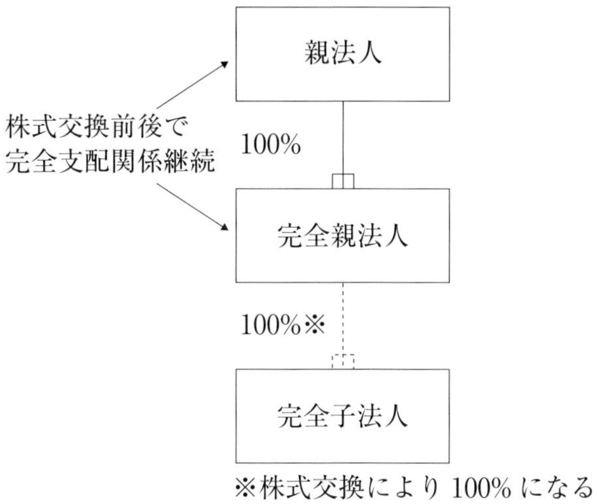

〈株式交換後に親法人を被合併法人とする適格合併を行うことが見込まれている場合〉

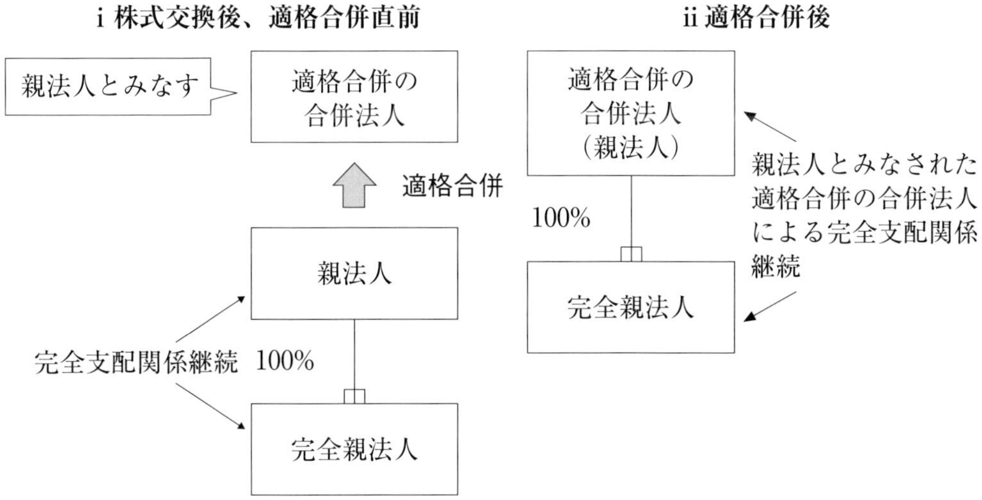

〈株式交換後に株式交換完全親法人を被合併法人とする適格合併を行うことが見込まれている場合〉

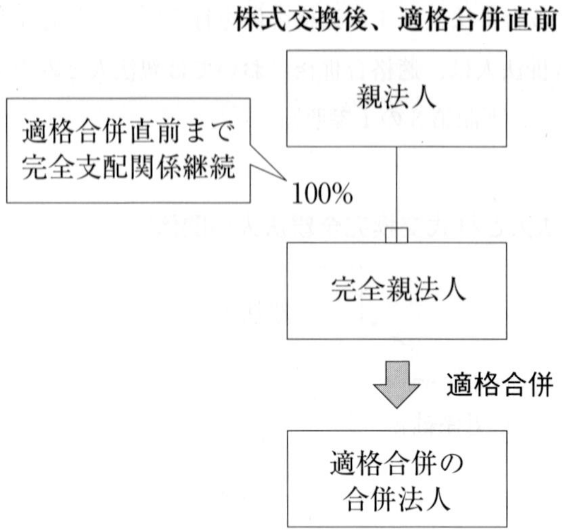

⑵　完全支配関係継続要件

次に掲げるいずれかの関係があることをいいます（法法２十二の十七イ、法令４の３⑱）。

イ　当事者間の完全支配関係

株式交換前に株式交換完全子法人と株式交換完全親法人との間に株式交換完全親法人による完全支配関係（その株式交換が株式交換完全子法人の株主に株式交換完全親法人株式その他の資産が交付されないもの（無対価株式交換）である場合における完全支配関係を除きます。）があり、かつ、株式交換後に株式交換完全子法人と株式交換完全親法人との間に株式交換完全親法人㈱による完全支配関係が継続すること（株式交換後に株式交換完全子法人を被合併法人とする適格合併、株式交換完全親法人を被合併法人とし、株式交換完全子法人を合併法人とする適格合併又は株式交換完全子法人を完全子法人とする適格株式分配（適格合併等）を行うことが見込まれている場合には、株式交換の時から適格合併等の直前の時までその完全支配関係が継続すること）が見込まれている場合における株式交換完全子法人と株式交換完全親法人との間の関係（ロに掲げる関係に該当するものを除きます。）をいいます（法令４の３⑱一）。

㈱　株式交換後に株式交換完全親法人を被合併法人とする適格合併を行うことが見込まれている場合には、適格合併に係る合併法人は、適格合併後においては株式交換完全親法人とみなすこととされています（法令４の３㉕六、下記第８の６参照）。

〈株式交換前に株式交換完全子法人と株式交換完全親法人との間に
株式交換完全親法人による完全支配関係がある場合〉

ⅰ 株式交換前　　　　**ⅱ 株式交換後**

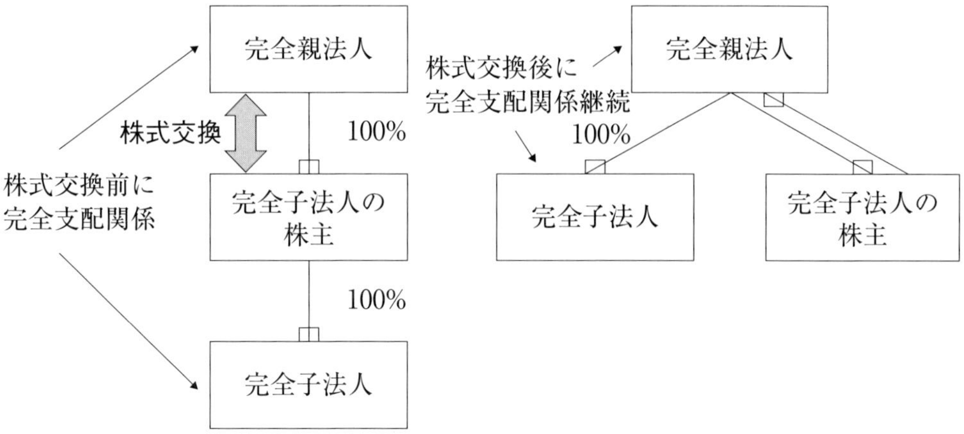

〈株式交換後に適格合併又は適格株式分配を行うことが見込まれている場合〉

ⅰ　**株式交換完全親法人を被合併法人とする適格合併を行うことが見込まれている場合**

⒤**株式交換後、適格合併直前**　　　　(ⅱ)**適格合併後**

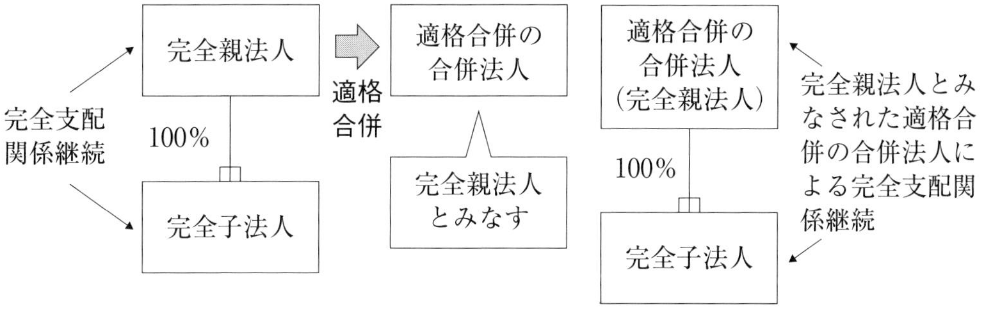

ⅱ　株式交換完全子法人を被合併法人とする適格合併を行うことが見込まれている場合

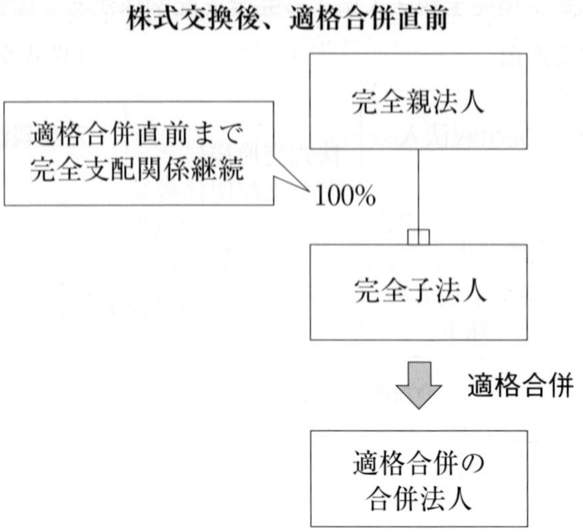

ⅲ　株式交換完全親法人を被合併法人とし、株式交換完全子法人を合併法人とする適格合併を行うことが見込まれている場合

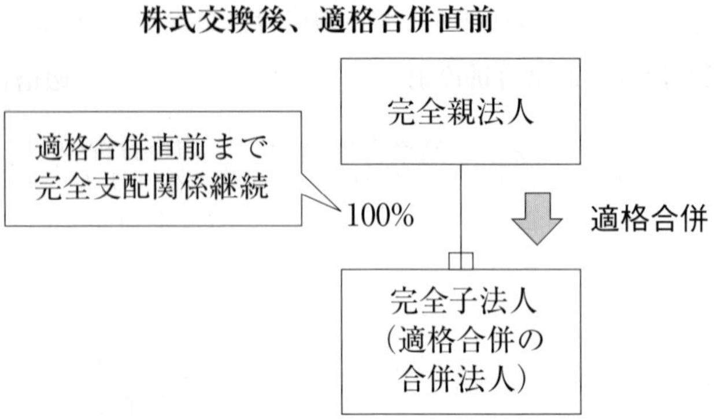

iv　株式交換完全子法人を完全子法人とする適格株式分配を行うことが見込まれている場合

株式交換後、適格株式分配直前

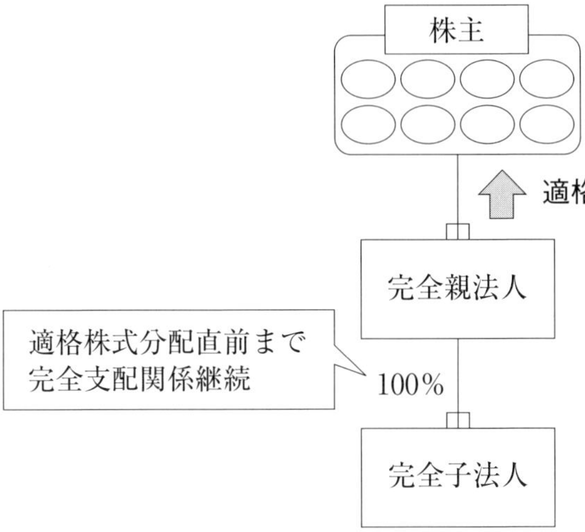

ロ　同一の者による完全支配関係

株式交換前に株式交換完全子法人と株式交換完全親法人との間に同一の者による完全支配関係（注1）があり、かつ、次に掲げる要件の全てに該当することが見込まれている場合における株式交換完全子法人と株式交換完全親法人との間の関係をいいます（法令4の3⑱二）。

(イ)　株式交換後に同一の者（注2）と株式交換完全親法人（注3）との間に同一の者による完全支配関係が継続すること（株式交換後に株式交換完全親法人若しくは株式交換完全子法人を被合併法人とする適格合併（株式交換完全親法人を被合併法人とする適格合併にあっては、同一の者と適格合併に係る合併法人との間に同一の者による完全支配関係がない場合における適格合併（特定適格合併）又は株式交換完全子法人を合併法人とする場合における適格合併に限ります。）又は株式交換完全親法人を完全子法人とする適格株式分配を行うことが見込まれている場合には、株式交換の時から適格合併又は適格株式分配の直前の時まで同一の者と株式交換完全親法人との間に同一の者による完全支配関係が継続すること）

(ロ)　株式交換後に同一の者と株式交換完全子法人との間に同一の者による完全支配関係が継続すること（株式交換後に株式交換完全親法人若しくは株式交換完全子法人を被合併法人とする適格合併（株式交換完全親法人を被合併法人とする適格合併にあっては、特定適格合併に限ります。）又は株式交換完全親法人を完全子法人とする適格株式分配を行うことが見込まれている場合には、株式交換の時から適格合併又は適格株式分配の直前の時まで完全支配関係が継続すること）

(ハ)　株式交換後に次に掲げる適格合併を行うことが見込まれている場合には、それぞれ次に掲げる要件に該当すること

ａ　同一の者又は株式交換完全親法人を被合併法人とする適格合併

株式交換の時から適格合併の直前の時まで株式交換完全子法人と株式交換完全親法人との間に株式交換完全親法人による完全支配関係が継続すること（株式交換後に下記ｂ又はｃに掲げる適格合併を行うことが見込まれている場合には、それぞれ下記ｂ又はｃの要件に該当すること）

ｂ　株式交換完全親法人を被合併法人とする特定適格合併

株式交換の時から特定適格合併の直前の時まで株式交換完全子法人と株式交換完全親法人との間に株式交換完全親法人による完全支配関係が継続し、特定適格合併後に特定適格合併に係る合併法人（注４）と株式交換完全子法人との間にその合併法人による完全支配関係が継続すること（株式交換後に下記ｃに掲げる適格合併を行うことが見込まれている場合には、下記ｃの要件に該当すること）

ｃ　株式交換完全親法人（特定適格合併に係る合併法人を含みます。）を被合併法人とし、株式交換完全子法人を合併法人とする適格合併又は株式交換完全子法人を被合併法人とする適格合併

株式交換の時から適格合併の直前の時まで株式交換完全子法人と株式交換完全親法人との間に株式交換完全親法人による完全支配関係が継続すること

(ニ)　株式交換後に株式交換完全親法人を完全子法人とする適格株式分配を行うことが見込まれている場合には、株式交換後に株式交換完全子法人と株式交換完全親法人との間に株式交換完全親法人による完全支配関係が継続すること（株式交換後に株式交換完全子法人を被合併法人とする適格合併を行うことが見込まれている場合には、株式交換の時から適格合併の直前の時まで完全支配関係が継続すること）

(注)１　無対価株式交換の場合には、下記ハを参照してください。

２　株式交換後に同一の者（上記(ハ)ａの同一の者を除きます。）を被合併法人とする適格合併を行うことが見込まれている場合には、適格合併に係る合併法人は、適格合併後においては同一の者とみなすこととされています（法令４の３㉕二、下記第８の２参照）。

３　株式交換後に株式交換完全親法人（上記(ハ)ａの株式交換完全親法人を除きます。）

を被合併法人とする適格合併（同一の者と適格合併に係る合併法人との間に同一の者による完全支配関係がある場合における適格合併に限ります。）を行うことが見込まれている場合には、適格合併に係る合併法人は、適格合併後においては株式交換完全親法人とみなすこととされています（法令4の3㉕六、下記第8の6参照）。

4　特定適格合併後に特定適格合併に係る合併法人を被合併法人とする適格合併を行うことが見込まれている場合には、その適格合併に係る合併法人は、適格合併後においては特定適格合併に係る合併法人とみなすこととされています（法令4の3㉕七、下記第8の7参照）。

〈株式交換前に同一の者と株式交換完全親法人及び株式交換完全子法人との間に同一の者による完全支配関係がある場合〉

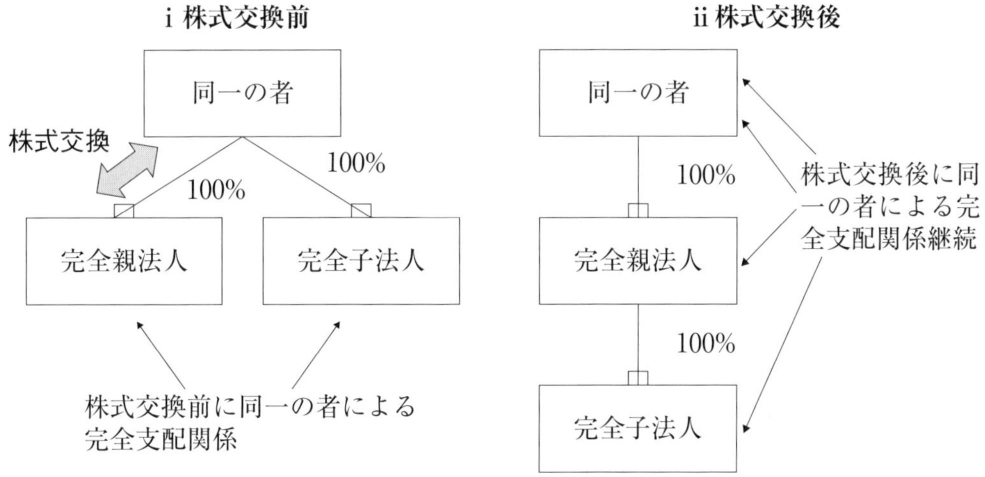

〈株式交換後に適格合併又は適格株式分配を行うことが見込まれている場合〉

i　同一の者を被合併法人とする適格合併を行うことが見込まれている場合（下記iii、ｖ又はviの場合を除く）

(i)株式交換後、適格合併直前　　**(ii)適格合併後**

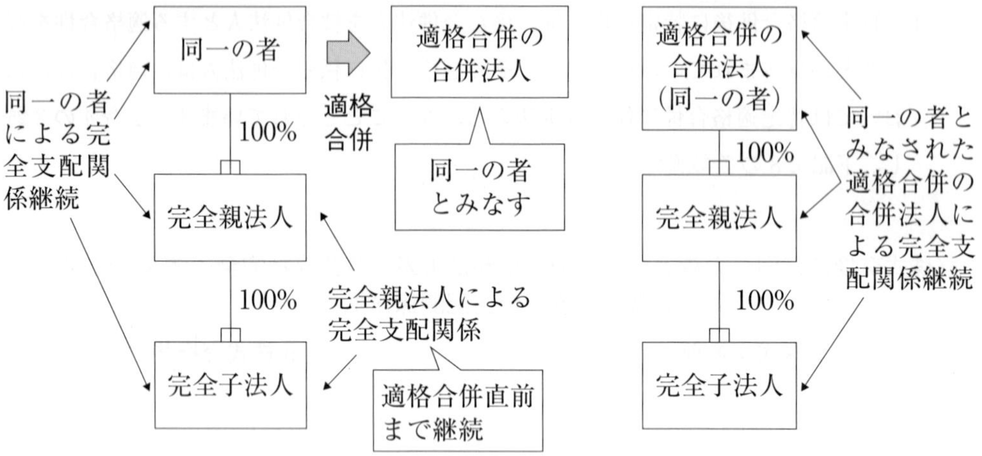

ii　株式交換完全親法人を被合併法人とする適格合併を行うことが見込まれている場合（同一の者と適格合併に係る合併法人との間に同一の者による完全支配関係がある場合で、下記iii、ｖ又はviの場合を除く）

(i)株式交換後、適格合併直前　　**(ii)適格合併後**

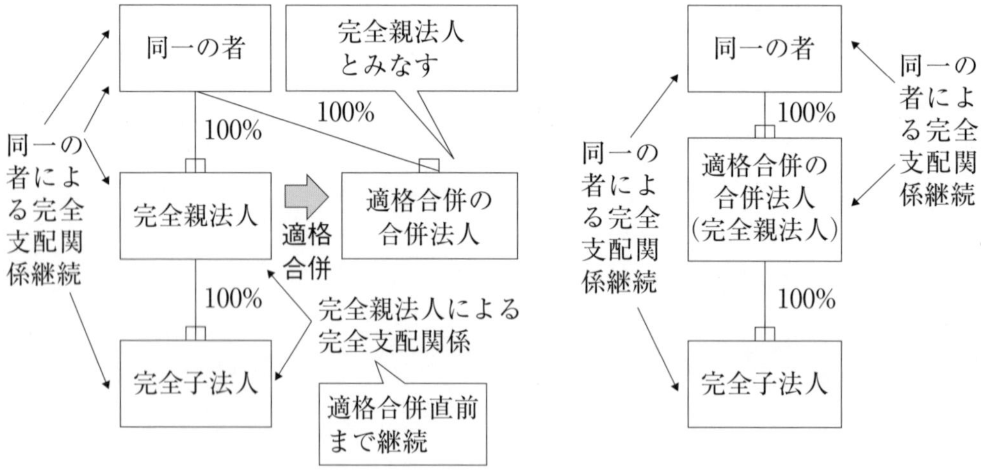

iii　**株式交換完全親法人を被合併法人とする特定適格合併を行うことが見込まれている場合（下記ｖ又はviの場合を除く）**

(i)**株式交換後、特定適格合併直前**

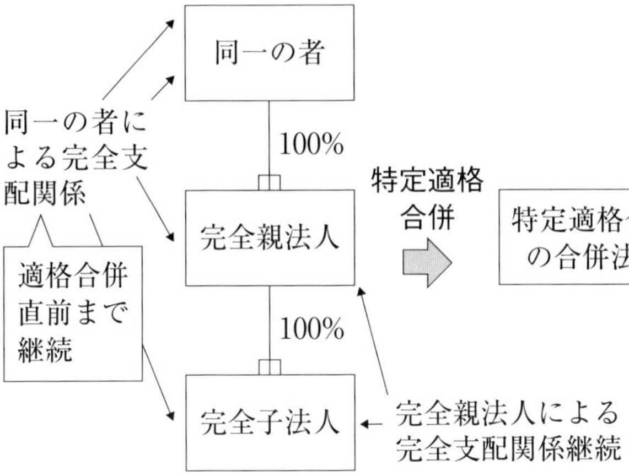

(ii)**特定適格合併後**

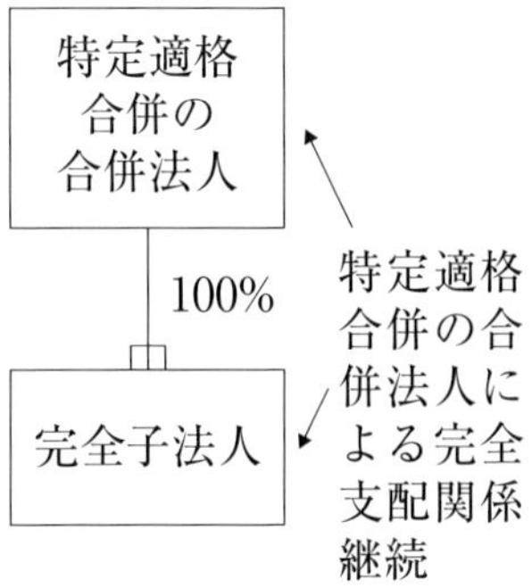

iv　**上記iiiの特定適格合併後に特定適格合併に係る合併法人を被合併法人とする適格合併を行うことが見込まれている場合**

(i)**特定適格合併後、適格合併直前**

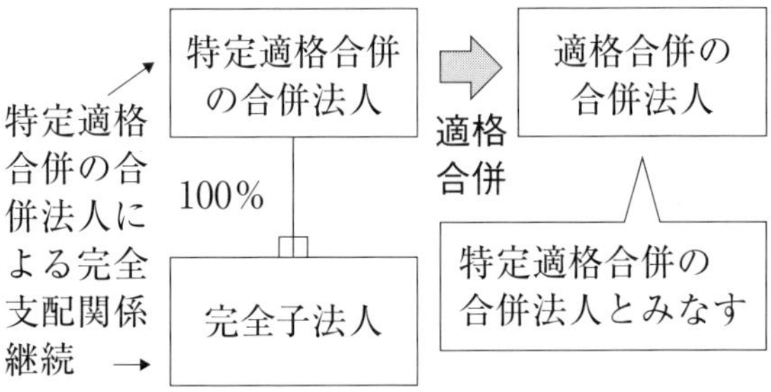

(ii)**適格合併後**

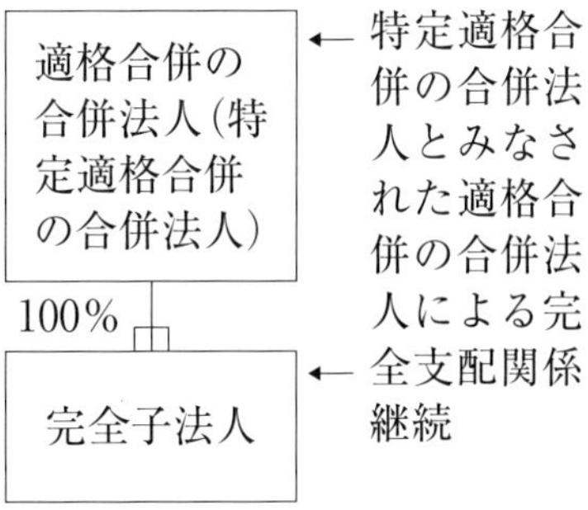

v　株式交換完全親法人を被合併法人とし、株式交換完全子法人を合併法人とする適格合併を行うことが見込まれている場合（下記viの場合を除く）

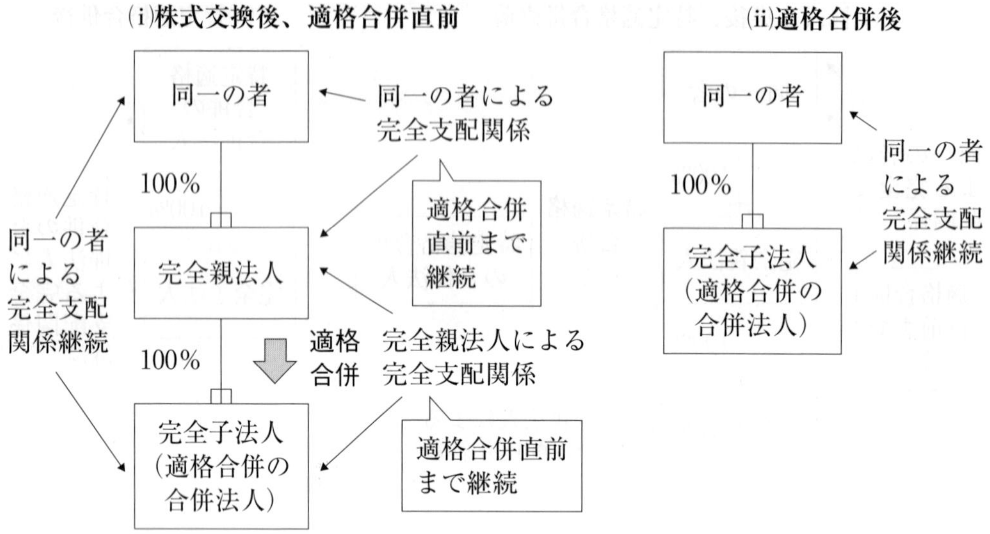

vi　株式交換完全子法人を被合併法人とする適格合併を行うことが見込まれている場合

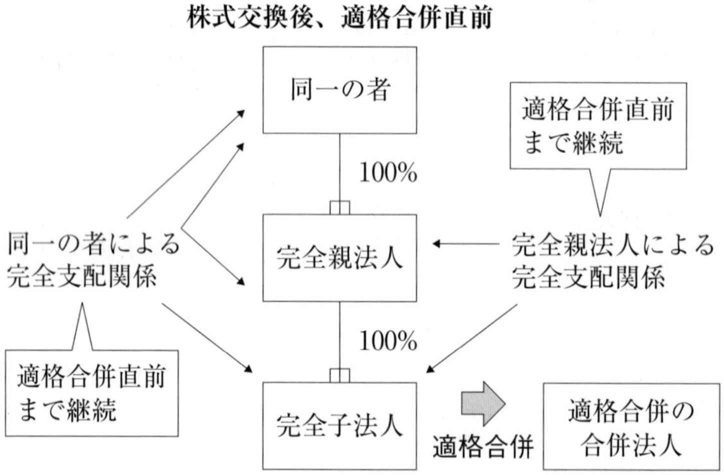

vii　株式交換完全親法人を完全子法人とする適格株式分配を行うことが見込まれている場合

(i)株式交換後、適格株式分配直前

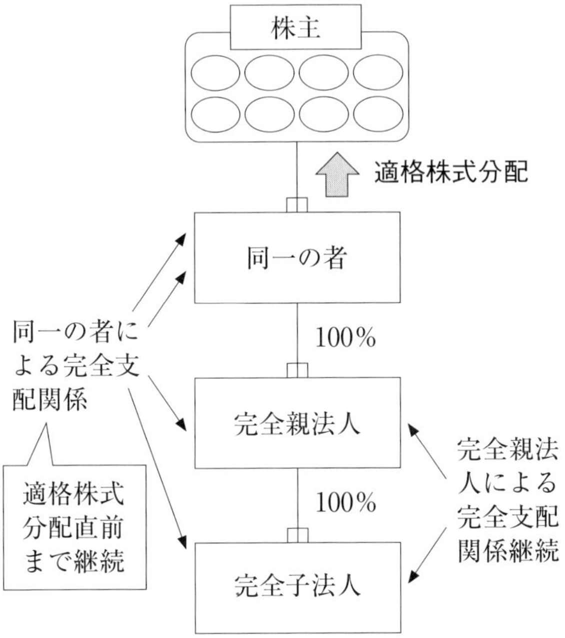

(ii)適格株式分配後

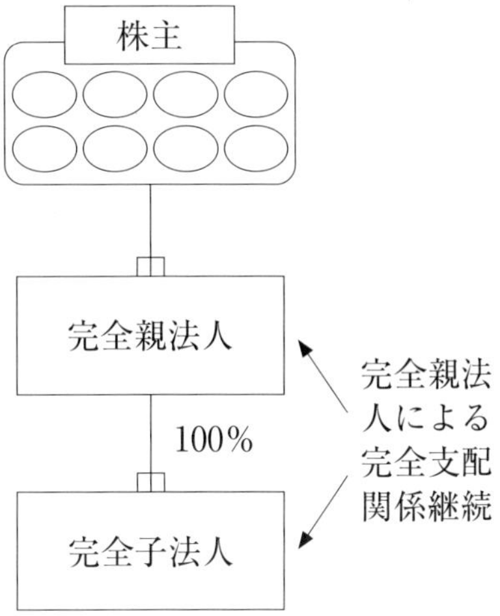

viii　上記viiの適格株式分配後に株式交換完全子法人を被合併法人とする適格合併を行うことが見込まれている場合

適格株式分配後、適格合併直前

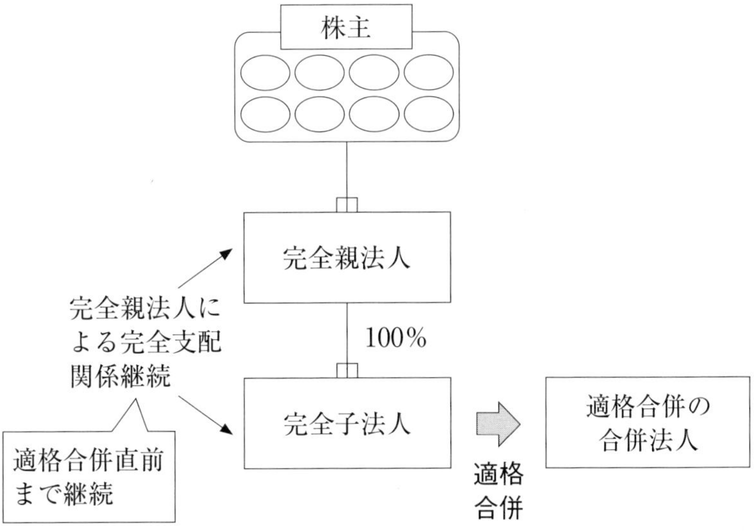

（参考）

○　株式交換後に複数回の適格合併を行うことが見込まれている場合の完全支配関係継続要件について

例：株式交換後に上記ⅰ・ⅲ・ⅵの（特定）適格合併を行うことが見込まれている場合

株式交換後

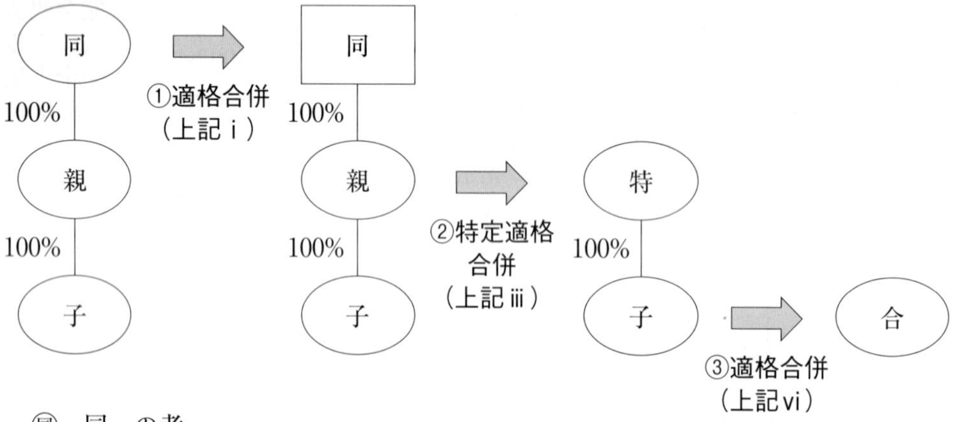

㊐ 同一の者

㊑ 株式交換完全親法人

㊒ 株式交換完全子法人

[同] 同一の者とみなされる適格合併に係る合併法人

㊕ 特定適格合併に係る合併法人

㊖ 株式交換完全子法人と適格合併を行う合併法人

同一の者（及び同一の者とみなされる合併法人）と株式交換完全親法人・株式交換完全子法人との間の完全支配関係は、②の特定適格合併の直前まで継続する見込みがあり、株式交換完全親法人（及び特定適格合併に係る合併法人）と株式交換完全子法人との間の完全支配関係は、最後の③の適格合併の直前まで継続する見込みがある場合には完全支配関係継続要件を満たすことになります。

ハ　無対価株式交換の場合

無対価株式交換の場合（上記ロの場合に限ります。）の完全支配関係継続要件は、株式交換前に次の株主均等割合保有関係がある場合に限られています（法令４の３⑱

二)。これは、無対価株式交換で適格株式交換とされるものは、株式交換完全親法人株式の交付を省略したと考えられるもの（株式交換完全親法人株式を交付した場合、交付しなかった場合のいずれであっても資本関係に差異がないもの）に限られているためです。

〈株主均等割合保有関係〉

株式交換完全子法人の株主（株式交換完全子法人及び株式交換完全親法人を除きます。）及び株式交換完全親法人の株主等（株式交換完全親法人を除きます。）の全てについて、その者が保有する株式交換完全子法人株式（株式交換完全子法人の株式をいいます。）の数の株式交換完全子法人の発行済株式等（株式交換完全親法人が保有する株式交換完全子法人株式を除きます。）の総数のうちに占める割合とその者が保有する株式交換完全親法人株式の数の株式交換完全親法人の発行済株式等の総数のうちに占める割合とが等しい場合における株式交換完全子法人と株式交換完全親法人との間の関係

〈株主均等割合保有関係の例〉

ｉ　法人株主による完全支配関係

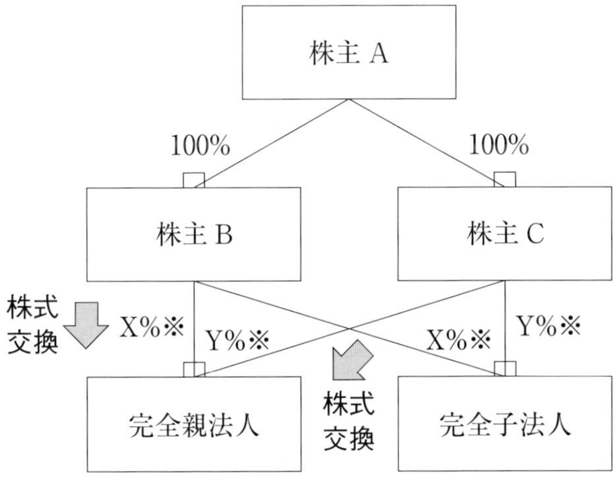

※X%＋Y%＝100%

ⅱ　個人株主による完全支配関係

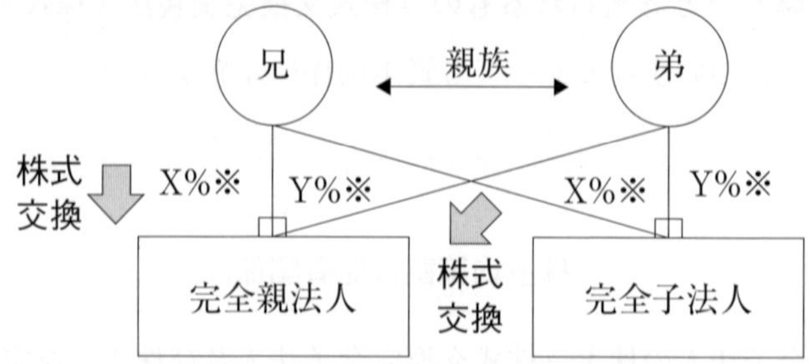

※X%＋Y%＝100%

（参考）

次のⅰ及びⅱの関係は、平成30年度税制改正前はそれぞれ無対価株式交換の個別の類型として認められていたものですが、同改正により個別の類型の規定が廃止されて包括的規定である上記の株主均等割合保有関係に一本化されたことにより、同改正後は上記の株主均等割合保有関係により無対価株式交換として認められています。

ⅰ　一の者㈱が株式交換完全子法人及び株式交換完全親法人の発行済株式等の全部を保有する関係

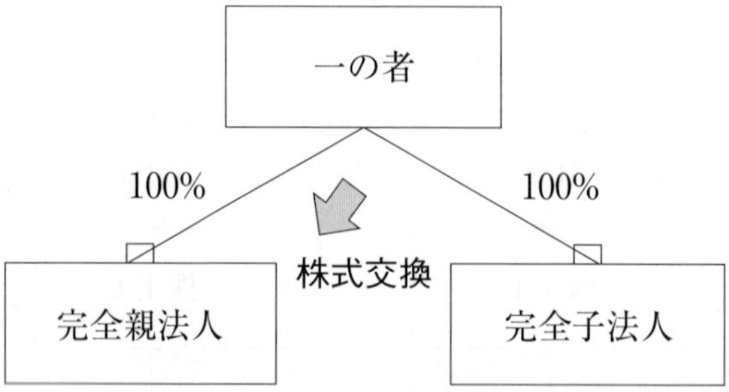

㈱　この場合の「一の者」は、完全支配関係の判定の場合（第３章第１の３参照）と異なり、個人の場合には、親族等の同族関係者を含まない単独の者を指します。

ii　株式交換完全親法人及び株式交換完全親法人の発行済株式等の全部を保有する者が株式交換完全子法人の発行済株式等の全部を保有する関係

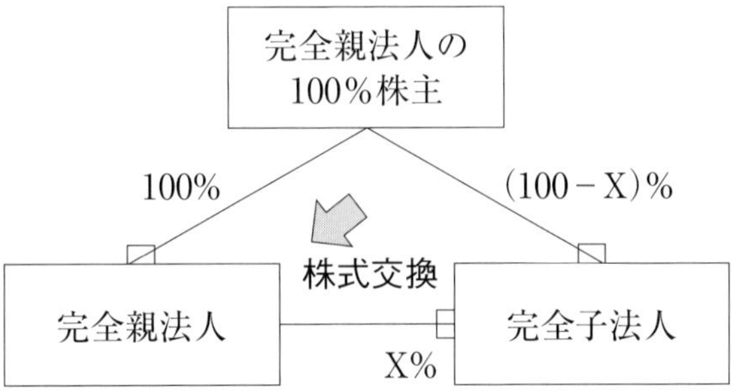

3　支配関係がある場合の適格要件

支配関係がある場合の適格要件は、次の４つの要件です。

〈支配関係がある場合の適格要件〉

①	金銭等不交付要件
②	支配関係継続要件
③	従業者継続従事要件
④	事業継続要件

⑴　金銭等不交付要件

株式交換等完全子法人の株主等に株式交換等完全親法人の株式又は株式交換完全支配親法人株式のうちいずれか一の株式以外の資産が交付されないこと（無対価も含みます。）をいいます（法法２十二の十七）。その内容は、上記２⑴イと同様ですが、株式交換以外の株式交換等の場合には、次の株式交換等に係る行為の区分に応じ、それぞれ次の資産が交付された場合にも金銭等不交付要件を満たすものとされています(法法２十二の十七かっこ書)。

①　全部取得条項付種類株式に係る取得決議

i　全部取得条項付種類株式に係る取得の価格の決定の申立て㈱に基づいて交付される金銭その他の資産

ii　全部取得条項付種類株式に係る一に満たない端数の株式の取得の対価として交付される金銭その他の資産

② 株式の併合

i 株式の併合に反対する株主に対する買取請求に基づく対価として交付される金銭その他の資産

ii 株式の併合により生ずるその併合をした法人の一に満たない端数の株式の取得の対価として交付される金銭その他の資産

③ 株式売渡請求に係る承認

株式売渡請求に係る取得の対価として交付される金銭その他の資産

㈱ 会社法では、全部取得条項付種類株式に係る取得決議が行われた場合には、その取得に反対する一定の株主及びその取得決議に係る株主総会において議決権を行使できない株主は、裁判所に対し、取得の価格の決定の申立てをすることができることとされています（会社法172①）。

〈対価の種類等と金銭等不交付要件の可否〉

対価の種類等		金銭等不交付要件の可否
①	株式交換等完全親法人の株式	満たす
②	株式交換完全支配親法人株式	満たす
③	１株未満の端数相当の金銭	満たす
④	剰余金の配当としての金銭	満たす
⑤	反対株主買取り請求に基づく対価としての金銭	満たす
⑥	株式交換完全親法人が株式交換完全子法人の発行済株式（自己株式を除きます。）の総数の３分の２以上を保有する場合に他の株主に交付される金銭	満たす
⑦	全部取得条項付種類株式に係る取得の価格の決定の申立てに基づいて交付される金銭	満たす
⑧	株式売渡請求に係る取得の対価として交付される金銭	満たす
⑨	無対価	満たす
⑩	上記以外の金銭その他の資産	満たさない

⑵ 支配関係継続要件

次に掲げるいずれかの関係があることをいいます（法法２十二の十七ロ、法令４の３⑲）。

イ 当事者間の支配関係

株式交換等前に株式交換等完全子法人と株式交換等完全親法人との間にいずれか一

方の法人による支配関係（注1）があり、かつ、株式交換等後に株式交換等完全子法人と株式交換等完全親法人との間に「いずれか一方の法人」による支配関係が継続すること（株式交換等後に次の適格合併を行うことが見込まれている場合には、それぞれ次の要件に該当すること）が見込まれている場合における株式交換等完全子法人と株式交換等完全親法人との間の関係（ロに掲げる関係に該当するものを除きます。）をいいます（法令4の3⑲一）。

(イ)　株式交換等完全親法人を被合併法人とする適格合併（特定適格合併）

株式交換等の時から特定適格合併の直前の時まで株式交換等完全子法人と株式交換等完全親法人との間に株式交換等完全親法人による完全支配関係が継続し、特定適格合併後に株式交換等完全子法人と特定適格合併に係る合併法人（注2）との間にその合併法人による完全支配関係が継続すること（株式交換等後に下記(ロ)に掲げる適格合併を行うことが見込まれている場合には、下記(ロ)に掲げる要件に該当すること）

(ロ)　株式交換等完全親法人（特定適格合併に係る合併法人を含みます。）を被合併法人とし、株式交換等完全子法人を合併法人とする適格合併又は株式交換等完全子法人を被合併法人とする適格合併

株式交換等の時から適格合併の直前の時まで株式交換等完全子法人と株式交換等完全親法人との間に株式交換等完全親法人による完全支配関係が継続すること

(注)1　無対価株式交換の場合には、下記ハを参照してください。

2　特定適格合併後に特定適格合併に係る合併法人を被合併法人とする適格合併を行うことが見込まれている場合には、その適格合併に係る合併法人は、適格合併後においては特定適格合併に係る合併法人とみなすこととされています（法令4の3㉕七、下記第8の7参照）。

〈株式交換等前に株式交換等完全子法人と株式交換等完全親法人との間に「いずれか一方の法人」による支配関係がある場合〉

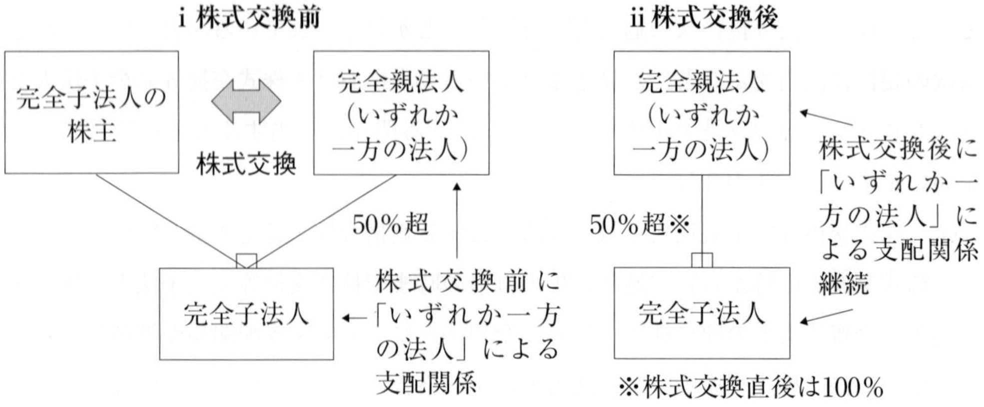

〈株式交換等後に適格合併を行うことが見込まれている場合〉

i　特定適格合併を行うことが見込まれている場合（下記iiiの場合を除く）

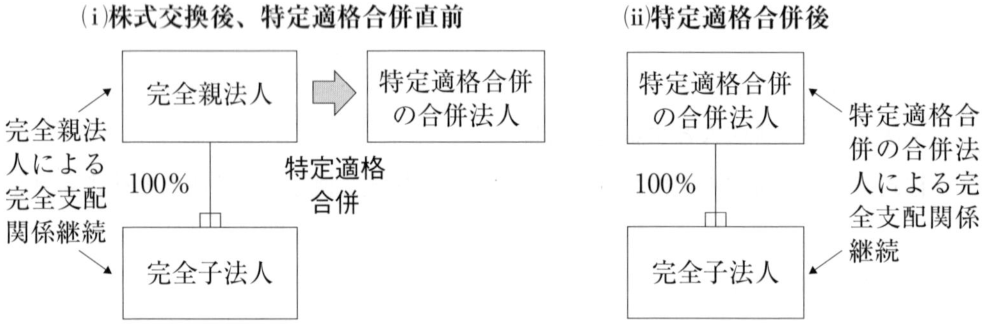

ii　上記iの特定適格合併後に特定適格合併に係る合併法人を被合併法人とする適格合併を行うことが見込まれている場合

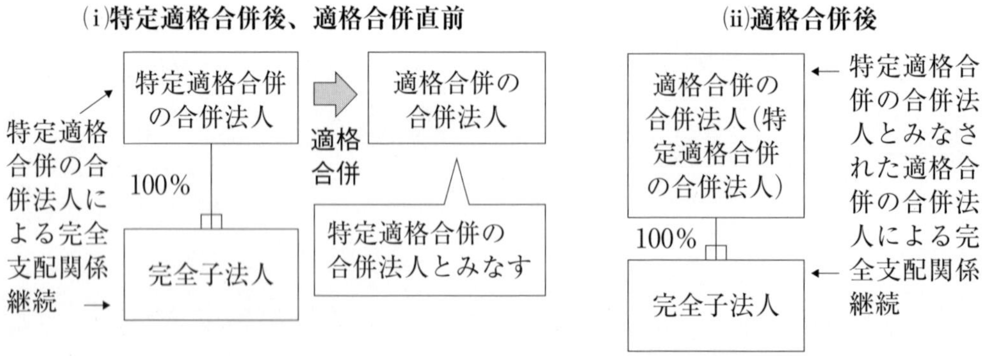

iii　株式交換等完全親法人を被合併法人とし、株式交換等完全子法人を合併法人とする適格合併を行うことが見込まれている場合

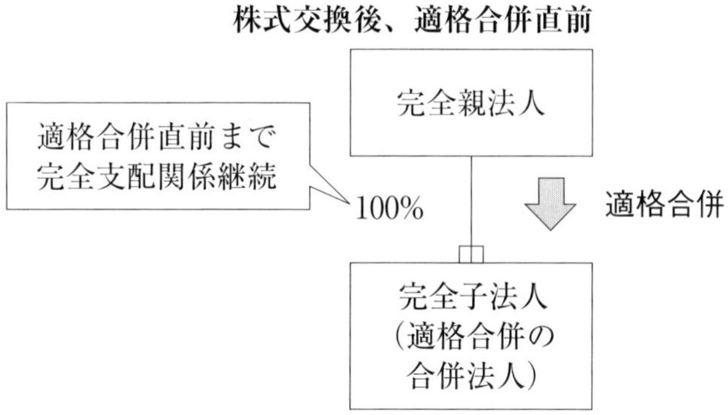

iv　株式交換等完全子法人を被合併法人とする適格合併を行うことが見込まれている場合

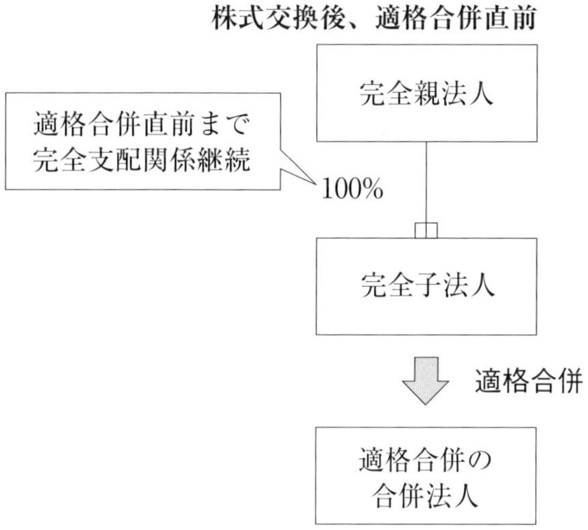

ロ　同一の者による支配関係

株式交換等前に株式交換等完全子法人と株式交換等完全親法人との間に同一の者による支配関係（注１）があり、かつ、次に掲げる要件の全てに該当することが見込まれている場合における株式交換等完全子法人と株式交換等完全親法人との間の関係をいいます（法令４の３⑲二）。

(イ)　株式交換等後に同一の者（注２）と株式交換等完全親法人との間に同一の者による支配関係が継続すること（株式交換等後に株式交換等完全親法人を被合併法人とする適格合併（特定適格合併）又は株式交換等完全子法人を被合併法人とする適格合併を行うことが見込まれている場合には、株式交換等の時から適格合併

の直前の時まで支配関係が継続すること）

(ロ)　株式交換等後に同一の者と株式交換等完全子法人との間に同一の者による支配関係が継続すること（株式交換等後に特定適格合併（株式交換等完全子法人を合併法人とするものを除きます。）又は株式交換等完全子法人を被合併法人とする適格合併を行うことが見込まれている場合には、株式交換等の時から適格合併の直前の時まで支配関係が継続すること）

(ハ)　株式交換等後に次に掲げる適格合併を行うことが見込まれている場合には、それぞれ次に掲げる要件に該当すること

ａ　同一の者を被合併法人とする適格合併

株式交換等の時から適格合併の直前の時まで株式交換等完全子法人と株式交換等完全親法人との間に株式交換等完全親法人による完全支配関係が継続すること（株式交換等後に下記ｂ又はｃに掲げる適格合併を行うことが見込まれている場合には、それぞれ下記ｂ又はｃの要件に該当すること）

ｂ　特定適格合併

株式交換等の時から特定適格合併の直前の時まで株式交換等完全子法人と株式交換等完全親法人との間に株式交換等完全親法人による完全支配関係が継続し、特定適格合併後に特定適格合併に係る合併法人（注３）と株式交換等完全子法人との間にその合併法人による完全支配関係が継続すること（株式交換等後に下記ｃに掲げる適格合併を行うことが見込まれている場合には、下記ｃの要件に該当すること）

ｃ　株式交換等完全親法人（特定適格合併に係る合併法人を含みます。）を被合併法人とし、株式交換等完全子法人を合併法人とする適格合併又は株式交換等完全子法人を被合併法人とする適格合併

株式交換等の時から適格合併の直前の時まで株式交換等完全子法人と株式交換等完全親法人との間に株式交換等完全親法人による完全支配関係が継続すること

(注)１　無対価株式交換の場合には、下記ハを参照してください。

２　株式交換等後に同一の者（上記(ハ)ａの同一の者を除きます。）を被合併法人とする適格合併を行うことが見込まれている場合には、適格合併に係る合併法人は、適格合併後においては同一の者とみなすこととされています（法令４の３㉕二、下記第８の２参照）。

３　特定適格合併後に特定適格合併に係る合併法人を被合併法人とする適格合併を行うことが見込まれている場合には、その適格合併に係る合併法人は、適格合併後に

おいては特定適格合併に係る合併法人とみなすこととされています（法令4の3㉕七、下記第8の7参照）。

〈株式交換等前に同一の者と株式交換等完全親法人との間に同一の者による支配関係がある場合〉

ⅰ 株式交換前　　**ⅱ 株式交換後**

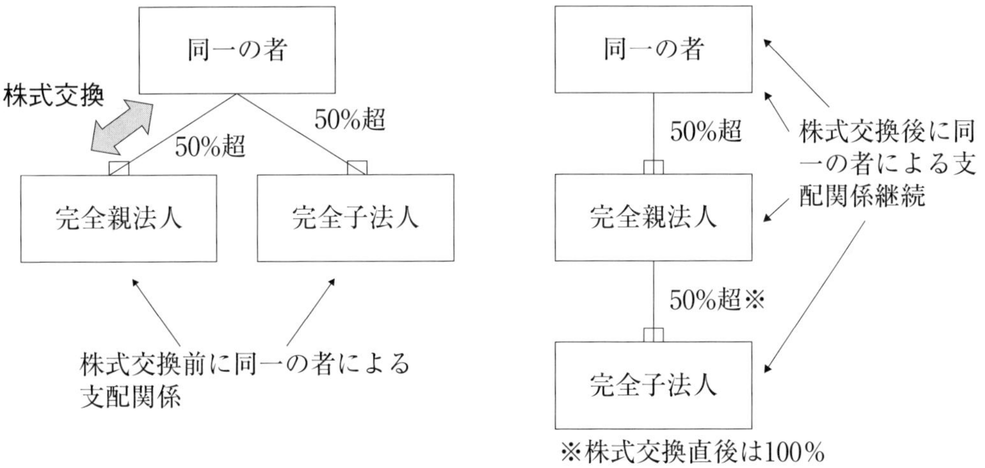

〈株式交換等後に適格合併を行うことが見込まれている場合〉

ⅰ　同一の者を被合併法人とする適格合併を行うことが見込まれている場合（下記ⅱ、ⅳ又はⅴの場合を除く）

(ⅰ)株式交換後、適格合併直前　　**(ⅱ)適格合併後**

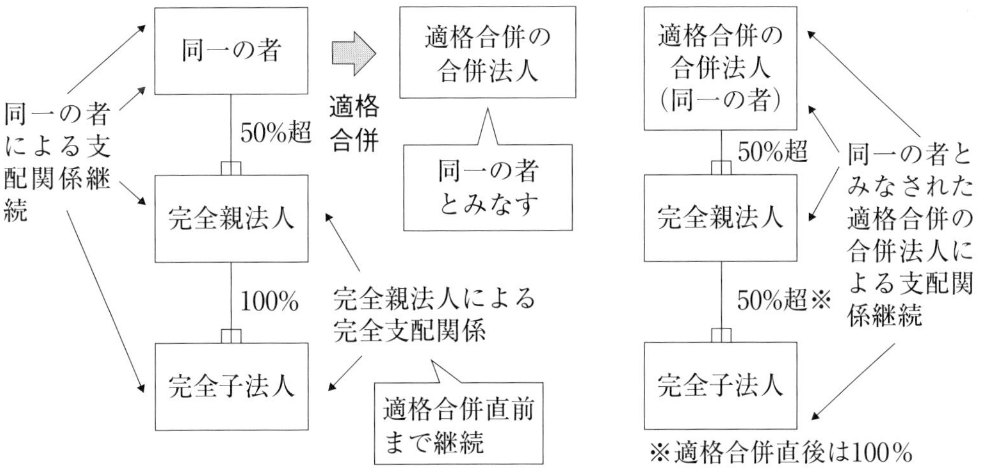

ⅱ　特定適格合併を行うことが見込まれている場合（下記ⅳ又はⅴの場合を除く）

(ⅰ)株式交換後、特定適格合併直前

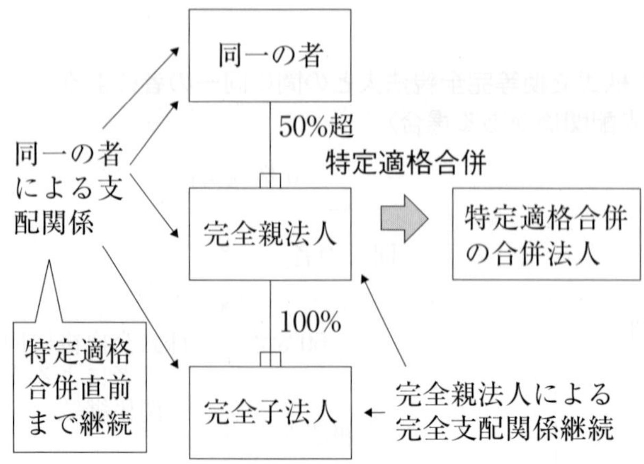

(ⅱ)特定適格合併後

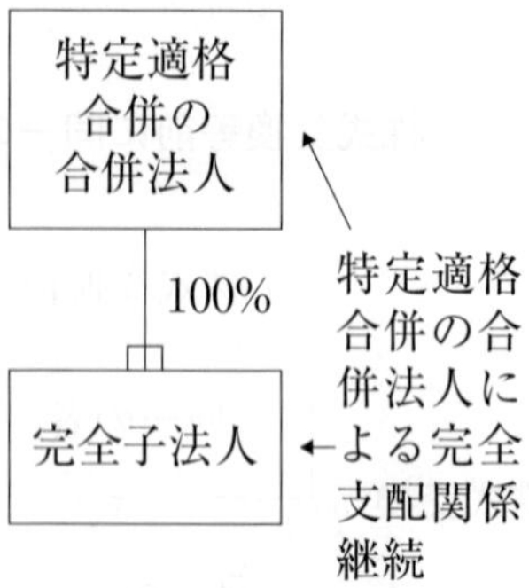

ⅲ　上記ⅱの特定適格合併後に特定適格合併に係る合併法人を被合併法人とする適格合併を行うことが見込まれている場合

(ⅰ)特定適格合併後、適格合併直前

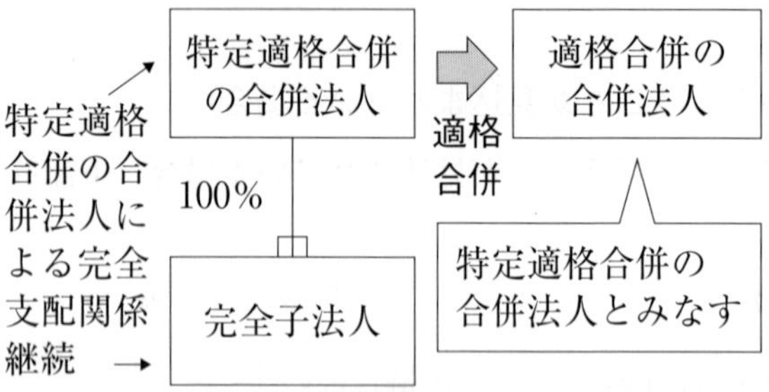

(ⅱ)適格合併後

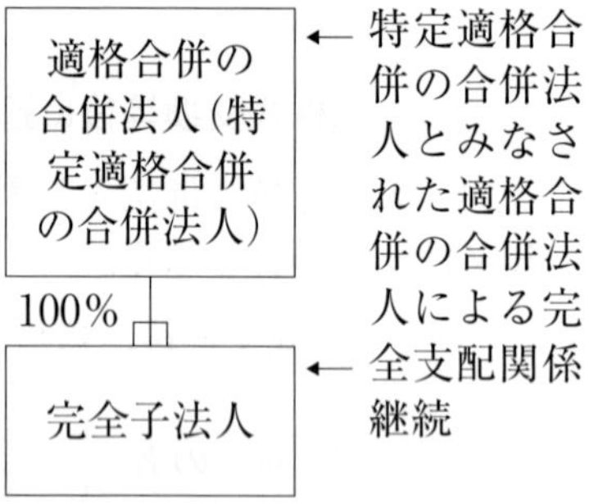

iv　株式交換等完全親法人を被合併法人とし、株式交換等完全子法人を合併法人とする適格合併を行うことが見込まれている場合（下記ｖの場合を除く）

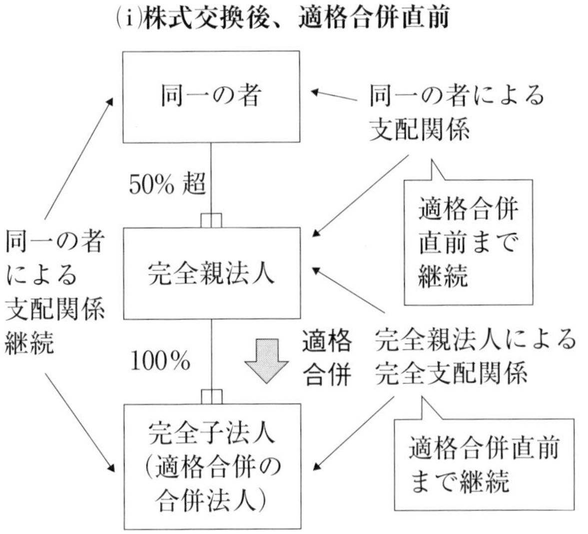

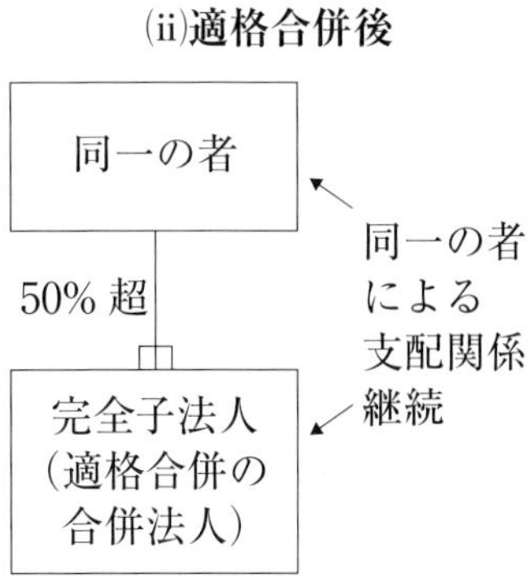

ｖ　株式交換等完全子法人を被合併法人とする適格合併を行うことが見込まれている場合

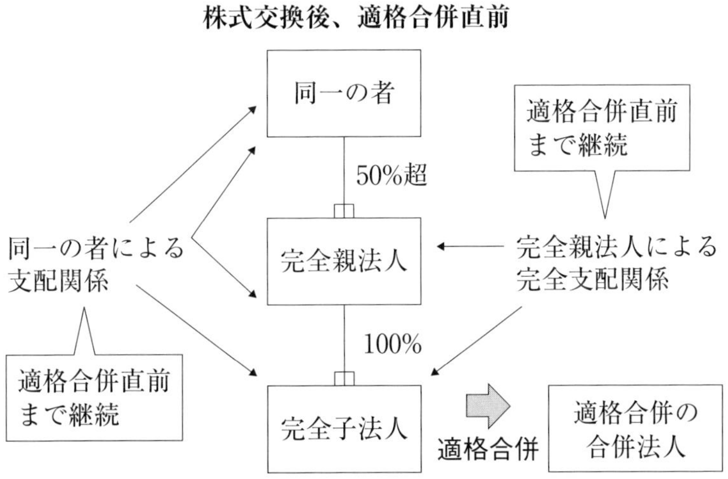

ハ　無対価株式交換の場合

無対価株式交換の場合の支配関係継続要件は、株式交換前に次の株主均等割合保有関係がある場合に限られています（法令４の３⑲）。これは、無対価株式交換で適格株式交換とされるものは、株式交換完全親法人株式の交付を省略したと考えられるもの（株式交換完全親法人株式を交付した場合、交付しなかった場合のいずれであっても資本関係に差異がないもの）に限られているためです。

〈株主均等割合保有関係〉

株式交換完全子法人の株主（株式交換完全子法人及び株式交換完全親法人を除きます。）及び株式交換完全親法人の株主等（株式交換完全親法人を除きます。）の全てについて、その者が保有する株式交換完全子法人株式の数の株式交換完全子法人の発行済株式等（株式交換完全親法人が保有する株式交換完全子法人株式を除きます。）の総数のうちに占める割合とその者が保有する株式交換完全親法人株式の数の株式交換完全親法人の発行済株式等の総数のうちに占める割合とが等しい場合における株式交換完全子法人と株式交換完全親法人との間の関係

〈株主均等割合保有関係の例〉

i　法人株主による支配関係

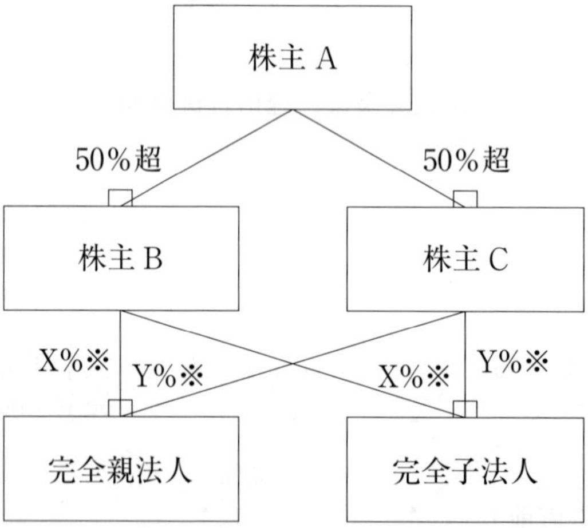

※X％＋Y％＝100％

ii　個人株主による支配関係

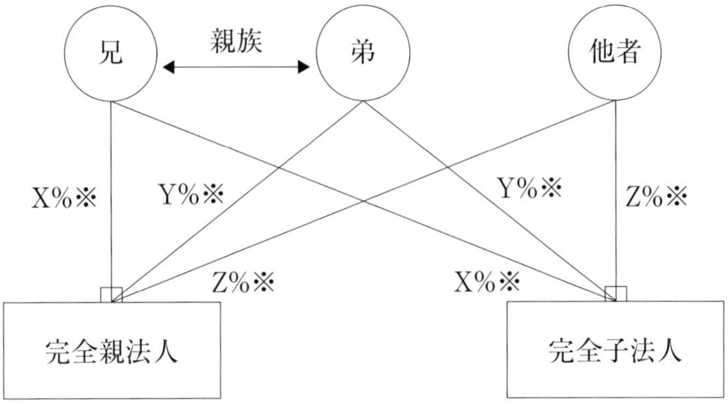

※X%＋Y%＞50%
　X%＋Y%＋Z%＝100%

⑶　従業者継続従事要件

イ　内容

株式交換等完全子法人の株式交換等の直前の従業者のうち、その総数のおおむね80%以上に相当する数の者が株式交換等完全子法人の業務（株式交換等完全子法人との間に完全支配関係がある法人の業務を含みます。）に引き続き従事することが見込まれていることをいいます（法法2十二の十七ロ⑴）。

〈従業者継続従事要件〉

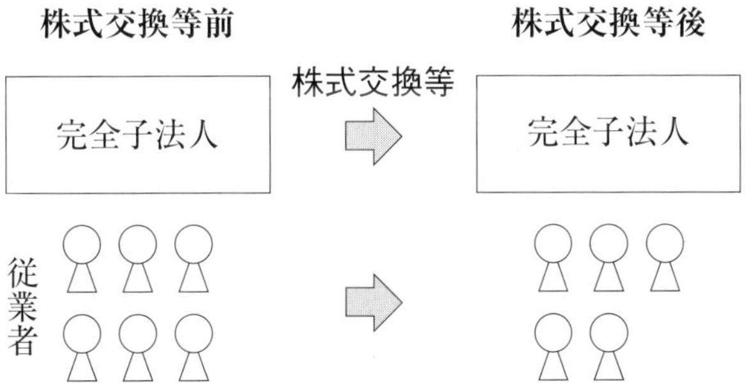

おおむね80%以上の継続従事

〈完全子法人との間に完全支配関係がある法人がいる場合の従業者継続従事要件〉

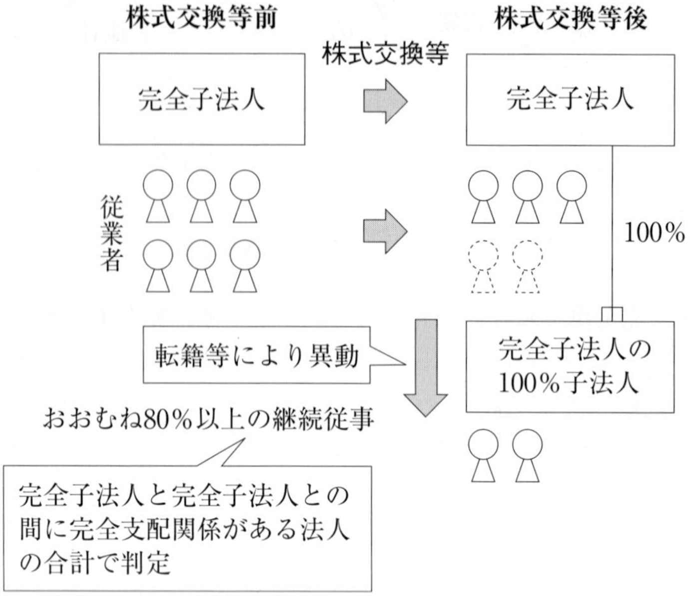

ロ　株式交換等後に適格合併等を行うことが見込まれている場合

上記イの「株式交換等完全子法人の業務」には、その株式交換等後に行われる適格合併又は株式交換等完全子法人を分割法人若しくは現物出資法人とする適格分割若しくは適格現物出資（適格合併等）により株式交換等完全子法人の株式交換等前に行う主要な事業が適格合併等に係る合併法人、分割承継法人又は被現物出資法人（合併法人等）に移転することが見込まれている場合におけるその合併法人等及びその合併法人等との間に完全支配関係がある法人の業務が含まれることとされています（法法２十二の十七ロ⑴かっこ書）。したがって、株式交換等と同日にその株式交換等完全子法人を被合併法人、分割法人又は現物出資法人（被合併法人等）とする適格合併等が行われることで、株式交換等完全子法人の従業者が株式交換等後に株式交換等完全子法人の業務に引き続き従事しない場合においても、その従業者が適格合併等に係る合併法人等又はその合併法人等との間に完全支配関係がある法人の業務に従事することが見込まれているときには、その従業者は、従業者継続従事要件の判定対象となる従業者に含まれることになります。また、適格合併の場合には、その適格合併後にさらに適格合併が行われることが見込まれている場合において、２回目以降の適格合併に係る合併法人にその主要な事業が移転することが見込まれているときにも、同様に取り扱われることになります。一方、適格分割又は適格現物出資の場合には、株式交換等後の１回のみの適格分割又は適格現物出資により分割承継法人又は被現物出資法人にその主要な事業が移転することが見込まれている場合に限り、同様に取り扱われることになります。

なお、株式交換等完全子法人の株式交換等前に行う事業が２以上ある場合において、そのいずれが主要な事業であるかは、それぞれの事業に属する収入金額又は損益の状況、従業者の数、固定資産の状況等を総合的に勘案して判定することとされています（法基通１－４－５）。

〈株式交換等後に株式交換等完全子法人を被合併法人等とする適格合併等を行うことが見込まれている場合（株式交換等完全子法人の業務に引き続き従事する場合）〉

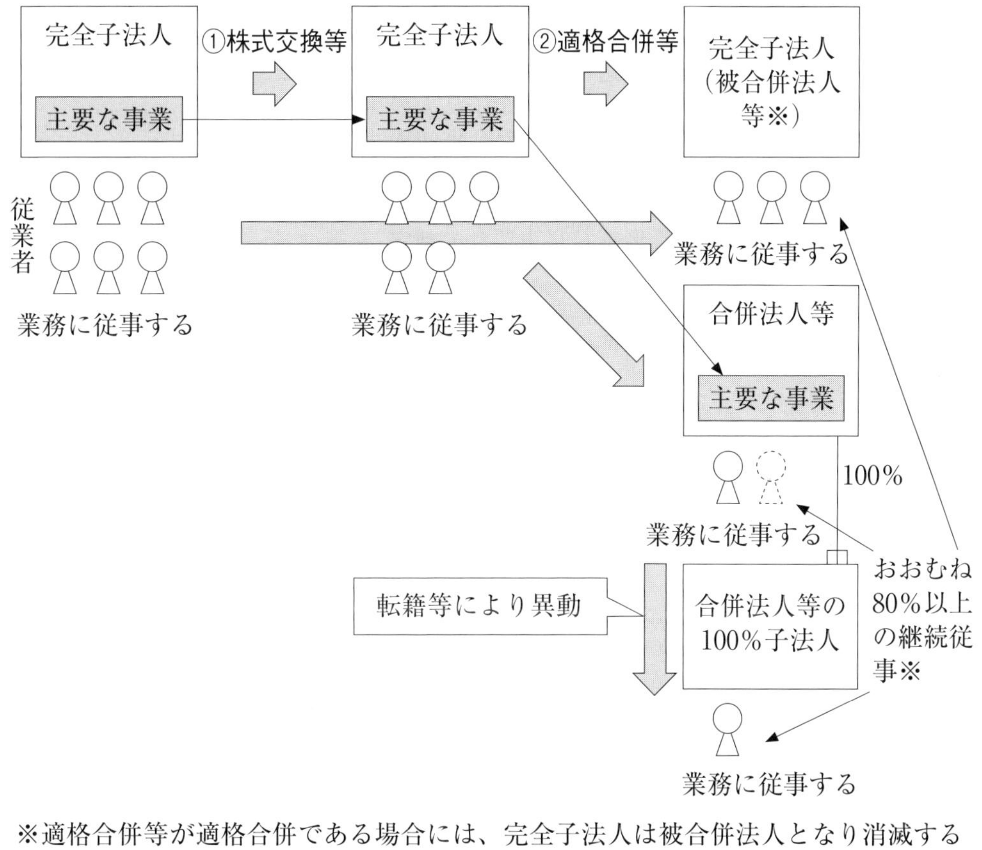

※適格合併等が適格合併である場合には、完全子法人は被合併法人となり消滅するため、おおむね80%以上の継続従事の判定は、適格合併の合併法人及びその合併法人との間に完全支配関係がある法人により行う。

〈株式交換等後に株式交換等完全子法人を被合併法人等とする適格合併等を行うことが見込まれている場合（株式交換等完全子法人の業務に引き続き従事しない場合）〉

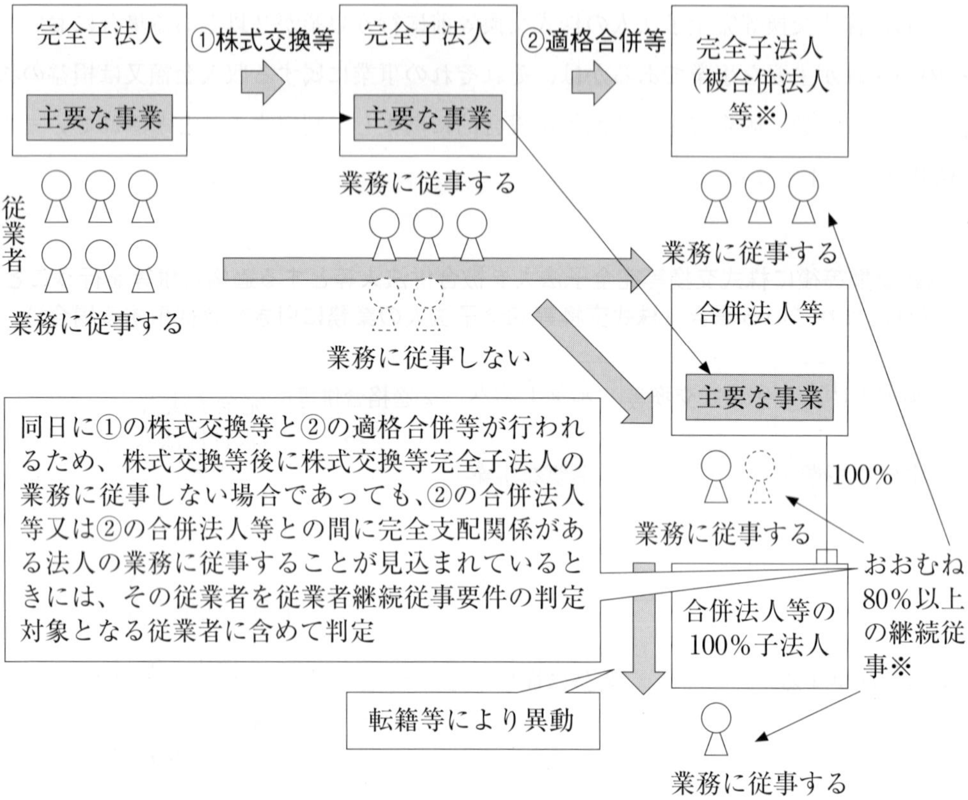

※適格合併等が適格合併である場合には、完全子法人は被合併法人となり消滅するため、おおむね80%以上の継続従事の判定は、適格合併の合併法人及びその合併法人との間に完全支配関係がある法人により行う。

ハ　従業者の意義

従業者とは、役員、使用人その他の者で、株式交換等直前において株式交換等完全子法人の事業に現に従事する者（出向により受け入れている者等で株式交換等完全子法人の事業に現に従事する者を含みますが、下請先の従業員は、例えば自己の工場内でその業務の特定部分を継続的に請け負っている企業の従業員であっても含みません。）をいいます。ただし、その事業に従事する者であっても、例えば、日々雇い入れられる者で従事した日ごとに給与等の支払を受ける者について、法人が従業者の数に含めないことが認められています（法基通1－4－4）。

〈従業者の範囲〉

役員	従業者に含まれる
使用人	従業者に含まれる
出向受入れにより従事している者	従業者に含まれる
下請先の従業員	従業者に含まれない
日雇労働者	従業者に含めないことが認められる

(4) 事業継続要件

イ　内容

株式交換等完全子法人の株式交換等前に行う主要な事業が株式交換等完全子法人（株式交換等完全子法人との間に完全支配関係がある法人を含みます。）において引き続き行われることが見込まれていることをいいます（法法２十二の十七ロ(2)）。

なお、株式交換完全子法人の株式交換等前に行う事業が２以上ある場合において、そのいずれが主要な事業であるかは、それぞれの事業に属する収入金額又は損益の状況、従業者の数、固定資産の状況等を総合的に勘案して判定することとされています（法基通１－４－５）。

〈事業継続要件〉

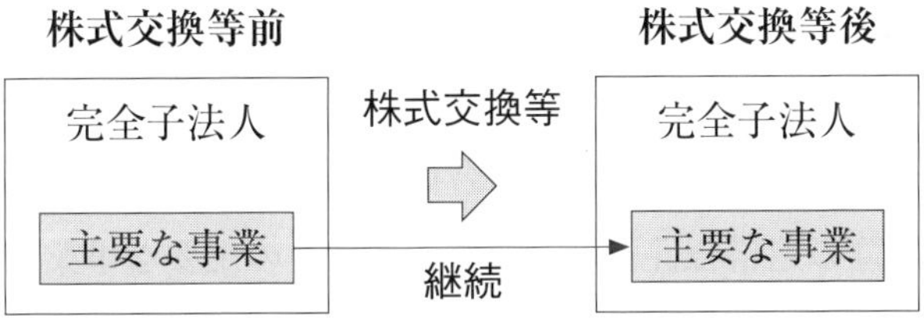

〈完全子法人との間に完全支配関係がある法人に主要な事業が移転する場合の事業継続要件〉

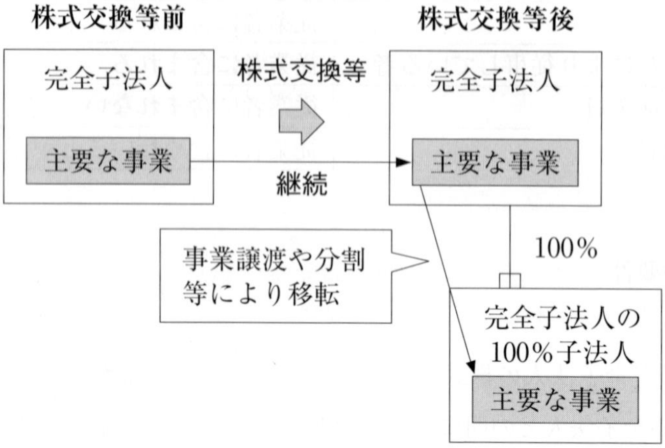

ロ　株式交換等後に適格合併等を行うことが見込まれている場合

上記イの「株式交換等完全子法人」には、その株式交換等後に行われる適格合併又は株式交換等完全子法人を分割法人若しくは現物出資法人とする適格分割若しくは適格現物出資（適格合併等）により株式交換等完全子法人の株式交換等前に行う主要な事業が適格合併等に係る合併法人、分割承継法人又は被現物出資法人（合併法人等）に移転することが見込まれている場合におけるその合併法人等及びその合併法人等との間に完全支配関係がある法人が含まれることとされています（法法２十二の十七ロ⑵かっこ書）。つまり、適格合併の場合には、株式交換等後に行われる適格合併だけではなく、その適格合併後にさらに適格合併が行われることが見込まれている場合において、２回目以降の適格合併に係る合併法人にその主要な事業が移転することが見込まれているときにも、その２回目以降の適格合併に係る合併法人及びその２回目以降の適格合併に係る合併法人との間に完全支配関係がある法人は、上記イの「株式交換等完全子法人」に含まれることになります。

一方、適格分割又は適格現物出資（適格分割等）の場合には、基本的に株式交換等後の１回のみの適格分割等によりその主要な事業が分割承継法人又は被現物出資法人（分割承継法人等）に移転することが見込まれている場合に限り、その分割承継法人等は、上記イの「株式交換等完全子法人」に含まれることになります。ただし、合併法人等との間に完全支配関係がある法人は、株式交換等完全子法人に含まれることから、上記の分割承継法人等が完全支配関係がある法人に事業譲渡や分割等により主要な事業を移転させることについては、特に制限はありません。

〈株式交換等後に株式交換等完全子法人を被合併法人等とする適格合併等を行うことが見込まれている場合〉

〈株式交換等後に株式交換等完全子法人を被合併法人とする適格合併等を行うことが見込まれており、主要な事業がその適格合併等に係る合併法人等との間に完全支配関係がある法人に移転する場合〉

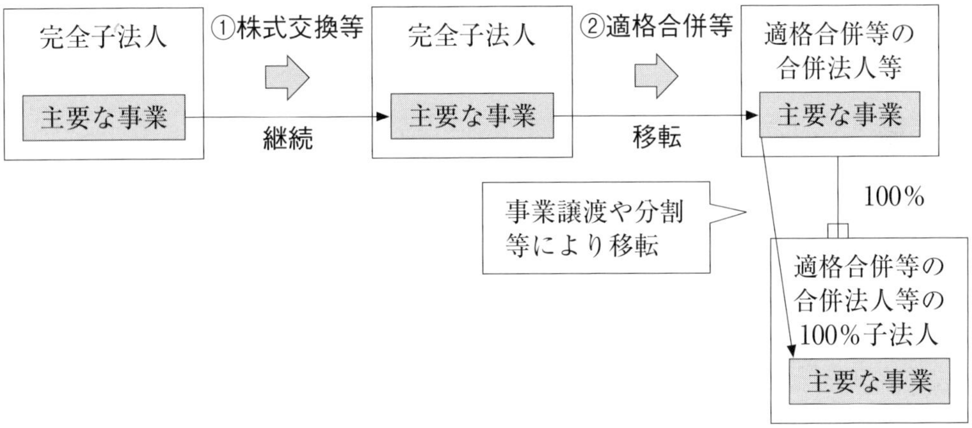

4　共同事業を行う場合の適格要件

共同事業を行う場合の適格要件は、次の７つの要件です。ただし、株式交換の直前に株式交換完全子法人と他の者との間に当該他の者による支配関係がない場合には、①から⑤まで及び⑦に掲げる６つの要件となります。

〈共同事業を行う場合の適格要件〉

①	金銭等不交付要件
②	事業関連性要件
③	事業規模等要件
④	従業者継続従事要件
⑤	事業継続要件
⑥	株式継続保有要件
⑦	組織再編後完全支配関係継続要件

また、無対価株式交換の場合には、次の株主均等割合保有関係がある場合に限られ

ています（法令4の3⑳かっこ書）。

〈株主均等割合保有関係〉

株式交換完全子法人の株主（株式交換完全子法人及び株式交換完全親法人を除きます。）及び株式交換完全親法人の株主等（株式交換完全親法人を除きます。）の全てについて、その者が保有する株式交換完全子法人株式の数の株式交換完全子法人の発行済株式等（株式交換完全親法人が保有する株式交換完全子法人株式を除きます。）の総数のうちに占める割合とその者が保有する株式交換完全親法人株式の数の株式交換完全親法人の発行済株式等の総数のうちに占める割合とが等しい場合における株式交換完全子法人と株式交換完全親法人との間の関係

〈株主均等割合保有関係の例〉

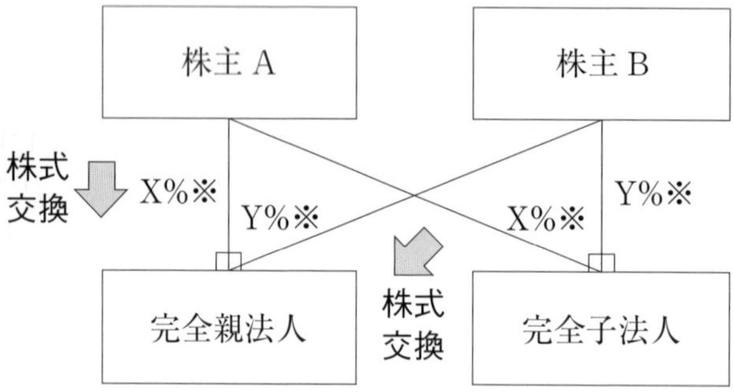

※X%＋Y%＝100%

⑴　金銭等不交付要件

株式交換完全子法人の株主に株式交換完全親法人株式又は株式交換完全支配親法人株式のうちいずれか一の株式以外の資産が交付されないこと（無対価も含まれます。）をいいます（法法2十二の十七）。その内容は、上記2⑴の金銭等不交付要件と同じです。

⑵　事業関連性要件

株式交換完全子法人の子法人事業（株式交換完全子法人の株式交換前に行う主要な事業のうちのいずれかの事業をいいます。）と株式交換完全親法人の親法人事業（株式交換完全親法人の株式交換前に行う事業のうちのいずれかの事業をいいます。）とが相互に関連するものであることをいいます（法令４の３⑳一）。

なお、事業の相互関連性の判定については、下記第９を参照してください。

ちなみに、百貨店等の小売業等を営む傘下の各子会社に対して、事業計画の策定、予算管理、監査等の経営指導、資金管理、経理業務支援を行う持株会社である株式交換完全親法人とスーパーマーケット事業（小売業）を営む事業会社である株式交換完全子法人との間の株式交換について事業関連性要件を満たすものとされた事例があります（平成26年11月12日付大阪国税局審理課長文書回答「持株会社を株式交換完全親法人とする株式交換における事業関連性の判定について」）。

(3)　事業規模等要件

次の事業規模要件又は経営参画要件のいずれかを満たすことをいいます（法令４の３⑳二）。

〈事業規模等要件〉

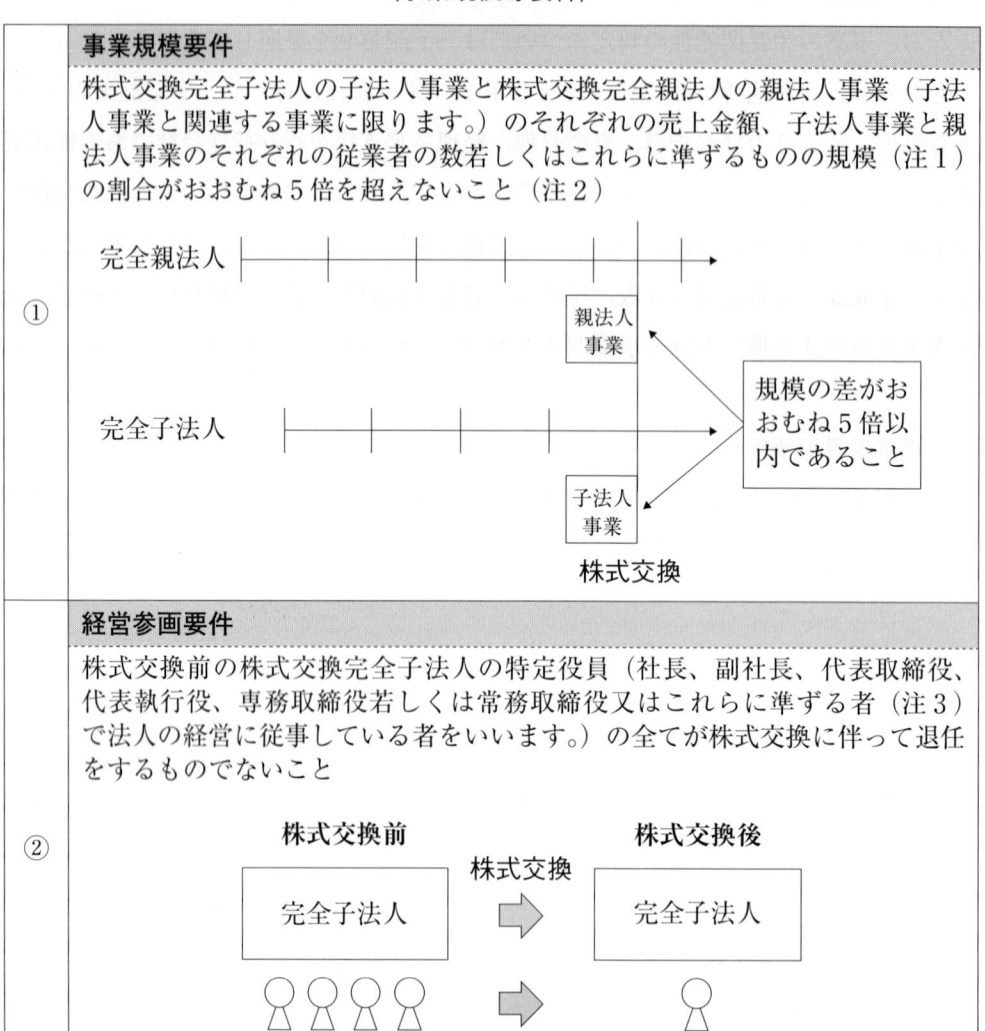

①	**事業規模要件** 株式交換完全子法人の子法人事業と株式交換完全親法人の親法人事業（子法人事業と関連する事業に限ります。）のそれぞれの売上金額、子法人事業と親法人事業のそれぞれの従業者の数若しくはこれらに準ずるものの規模（注１）の割合がおおむね５倍を超えないこと（注２） 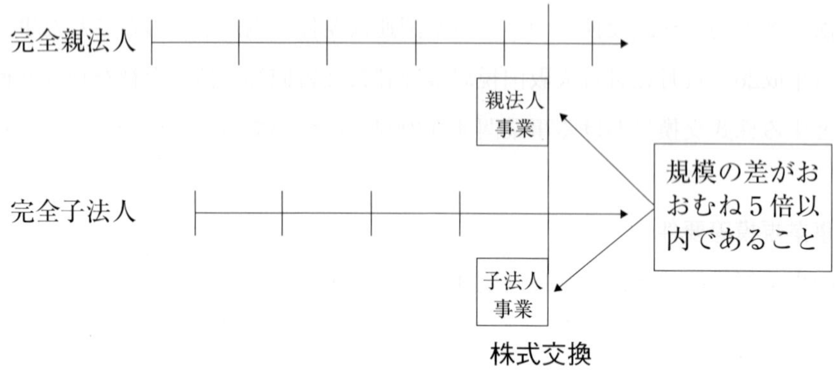
②	**経営参画要件** 株式交換前の株式交換完全子法人の特定役員（社長、副社長、代表取締役、代表執行役、専務取締役若しくは常務取締役又はこれらに準ずる者（注３）で法人の経営に従事している者をいいます。）の全てが株式交換に伴って退任をするものでないこと 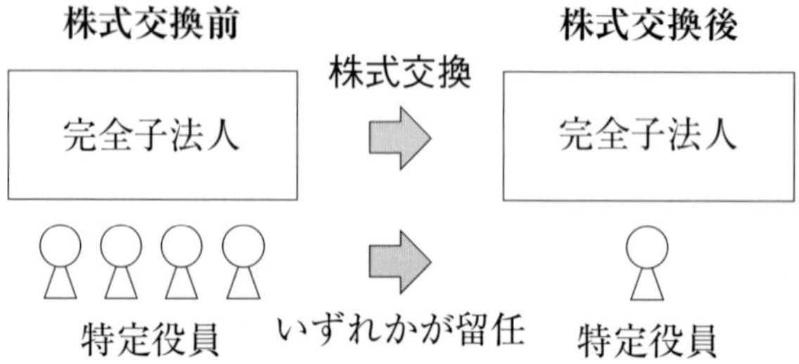

㈵1　「これらに準ずるものの規模」とは、例えば、金融機関における預金量等、客観的・外形的にその事業の規模を表すものと認められる指標をいいます（法基通１－４－６）。

2　事業の規模の割合がおおむね５倍を超えないかどうかは、これらのいずれか一の指標が要件を満たすかどうかにより判定します（法基通１－４－６㈵）。

3　「これらに準ずる者」とは、役員又は役員以外の者で、社長、副社長、代表取締役、代表執行役、専務取締役又は常務取締役と同等に法人の経営の中枢に参画している者をいいます（法基通１－４－７）。

(4)　従業者継続従事要件

株式交換完全子法人の株式交換の直前の従業者のうち、その総数のおおむね80％以上に相当する数の者が株式交換完全子法人の業務に引き続き従事することが見込まれていることをいいます（法令4の3⑳三）。その基本的な内容は、上記3(3)の従業者継続従事要件と同じです。

(5)　事業継続要件

株式交換完全子法人の子法人事業（親法人事業と関連する事業に限ります。）が株式交換完全子法人において引き続き行われることが見込まれていることをいいます（法令4の3⑳四）。その基本的な内容は、上記3(4)の事業継続要件と同じです。

(6)　株式継続保有要件

イ　内容

株式交換により交付される株式交換完全親法人株式又は株式交換完全支配親法人株式のうちいずれか一の株式（議決権のないもの（注1、2）を除きます。）であって支配株主（その株式交換の直前にその株式交換完全子法人と他の者との間に当該他の者による支配関係がある場合における当該他の者及び当該他の者による支配関係があるもの（その株式交換完全親法人を除きます。）をいいます。）に交付されるもの（以下、対価株式（注3、4）といいます。）の全部が支配株主により継続して保有されることが見込まれていることをいいます（法令4の3⑳五）。なお、株式交換後に適格合併が行われることが見込まれている場合には、下記ロを参照してください。

(注)1　次のものは、議決権のないものに含まれます（法規3の3①、法基通1－4－2(注)）。

① 金銭等不交付要件における1株未満の株式（上記2(1)イ参照）

② 一定の事由が生じたことを条件として議決権を有することとなる旨の定めがある株式又は出資で、その事由が生じていないもの

2　次のものは、議決権のないものには含まれません（法規3の3②）。

① 会社法879条3項の規定により議決権を有するものとみなされる株式

② 会社法109条2項の規定により株主総会において決議をすることができる事項の全部につき議決権を行使することができない旨を定められた株主が有する株式

③ 単元株式数に満たない株式

3　株式交換により株式交換完全子法人の株主に交付される株式又は出資（以下、交付株式といいます。）が次に掲げる株式（出資を含みます。）である場合には、その交付株式は、対価株式に含まれません（法規3の3③）。

① 会社法135条３項その他の法令の規定によりその株主による保有の制限をされる株式

② その株主が発行した株式

4 無対価株式交換の場合には、次の算式により計算した数の株式交換完全親法人株式をいいます（法令４の３⑳五かっこ書）。

$$\text{株式交換完全親法人株式の数} = \text{支配株主が株式交換の直後に保有する株式交換完全親法人株式の数} \times \frac{\text{支配株主が株式交換の直前に保有していた株式交換完全子法人株式の帳簿価額}}{\text{支配株主が株式交換の直後に保有する株式交換完全親法人株式の帳簿価額}}$$

〈株式交換の場合の株式継続保有要件の判定例〉

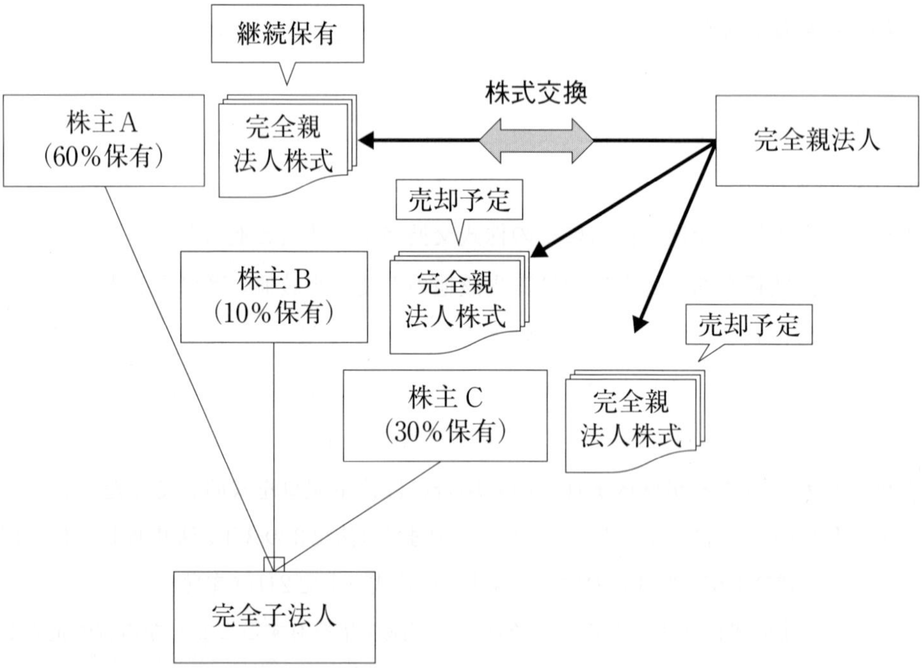

上記図では、株主Ａは、株式交換完全子法人株式の50％超（60％）を保有し、株式交換完全子法人との間に株主Ａによる支配関係があるため、支配株主となります。また、株主Ｂ及び株主Ｃは、株式交換完全子法人株式の50％未満（10％及び30％）の保有であり、支配株主との間に支配関係がないため、支配株主に該当しないことになります。

上記図の場合には、支配株主である株主Ａが、交付される株式交換完全親法人株式の全部を継続して保有する見込みのため、この要件を満たすことになります。なお、株主Ｂ及び株主Ｃは支配株主ではないため、売却する見込みであっても、要件に影響はありません。

仮に株主Ａが、交付される株式交換完全親法人株式を１株でも売却する見込みの場合には、この要件を満たさないことになります。

ロ　株式交換後に適格合併を行うことが見込まれている場合

⑴　支配株主を被合併法人とする適格合併の場合

株式交換後に行われる適格合併によりその対価株式がその適格合併に係る合併法人に移転することが見込まれている場合には、その適格合併に係る合併法人が支配株主に含まれます（法令４の３⑳五かっこ書）。

〈株式交換後に行われる適格合併によりその対価株式がその適格合併に係る合併法人に移転することが見込まれている場合〉

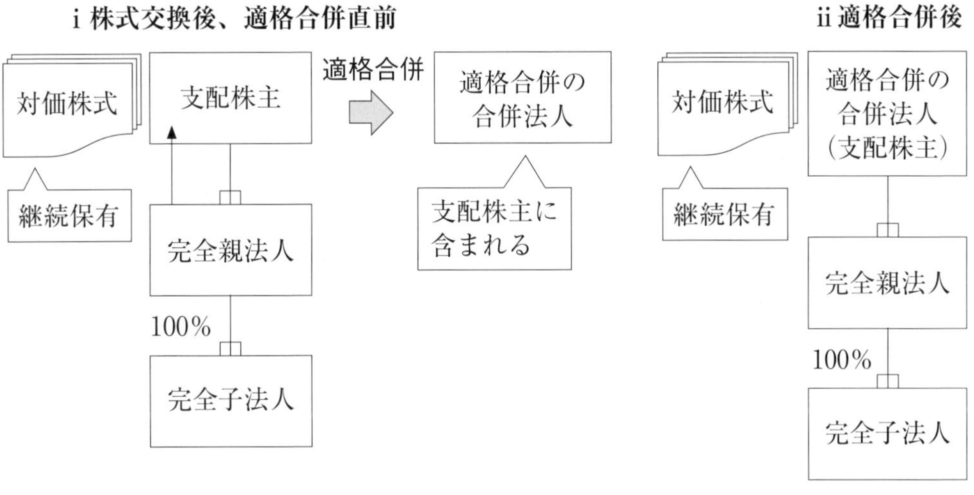

⑵　株式交換完全親法人を被合併法人とする適格合併の場合

株式交換後に株式交換完全親法人（対価株式が株式交換完全支配親法人株式である場合には、株式交換完全支配親法人）を被合併法人とする適格合併を行うことが見込まれている場合で、株式交換の時から適格合併の直前の時までその対価株式の全部が支配株主により継続して保有されることが見込まれている場合には、上記イの対価株式の全部が支配株主により継続して保有されることが見込まれていることに含まれます（法令４の３⑳五かっこ書）。

〈株式交換後に株式交換完全親法人を被合併法人とする適格合併を行うことが見込まれている場合〉

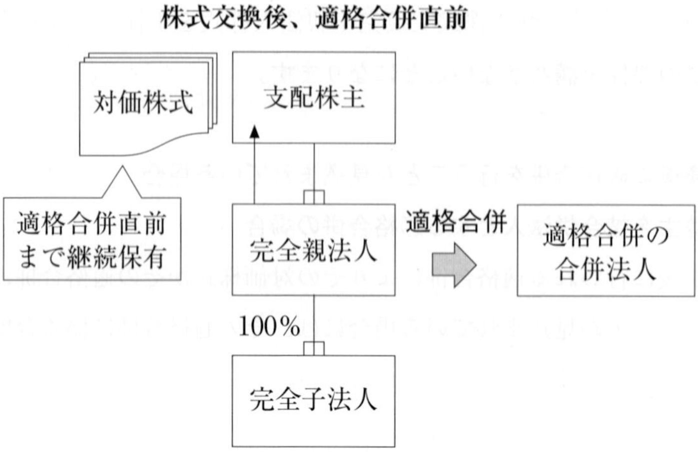

(7)　組織再編後完全支配関係継続要件

株式交換後に株式交換完全親法人㈱と株式交換完全子法人との間に株式交換完全親法人による完全支配関係が継続することが見込まれていることをいいます（法令４の３⑳六）。

また、組織再編後完全支配関係継続要件には、次の①及び②が含まれます（法令４の３⑳六かっこ書）。

①　株式交換後に株式交換完全親法人を被合併法人とし、株式交換完全子法人を合併法人とする適格合併又は株式交換完全子法人を被合併法人とする適格合併を行うことが見込まれている場合には、株式交換の時から適格合併の直前の時まで株式交換完全親法人と株式交換完全子法人との間に株式交換完全親法人による完全支配関係が継続することが見込まれていること

②　株式交換後に株式交換完全子法人を合併法人、分割承継法人又は被現物出資法人（合併法人等）とする適格合併（合併親法人株式が交付されるもの及び株式交換完全親法人を被合併法人とするものを除きます。）、適格分割（分割承継親法人株式が交付されるものを除きます。）又は適格現物出資（適格合併等）が行われることが見込まれている場合には、株式交換の時から適格合併等の直前の時まで株式交換完全親法人と株式交換完全子法人との間に株式交換完全親法人による完全支配関係が継続し、その適格合併等後にその株式交換完全親法人（株式交換完全親法人による完全支配関係がある法人を含みます。）が株式交換完全子法人の適格合併等の直前の発行済株式等の全部に相当する数の株式を継続して保有する

ことが見込まれていること

㈱　株式交換後に株式交換完全親法人を被合併法人とする適格合併を行うことが見込まれている場合には、適格合併に係る合併法人は、適格合併後においては株式交換完全親法人とみなすこととされています（法令４の３㉕六、下記第８の６参照）。

〈組織再編後完全支配関係継続要件〉

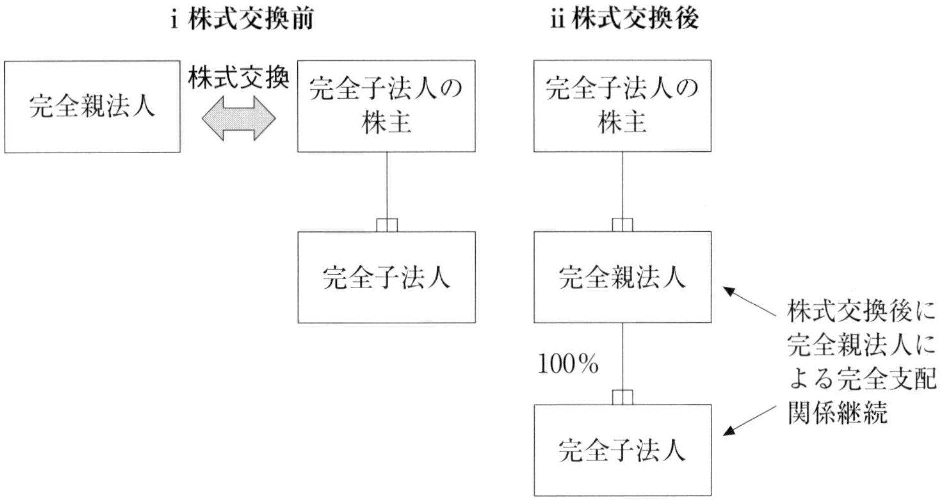

〈株式交換後に適格合併等を行うことが見込まれている場合〉

i　株式交換完全親法人を被合併法人とする適格合併を行うことが見込まれている場合

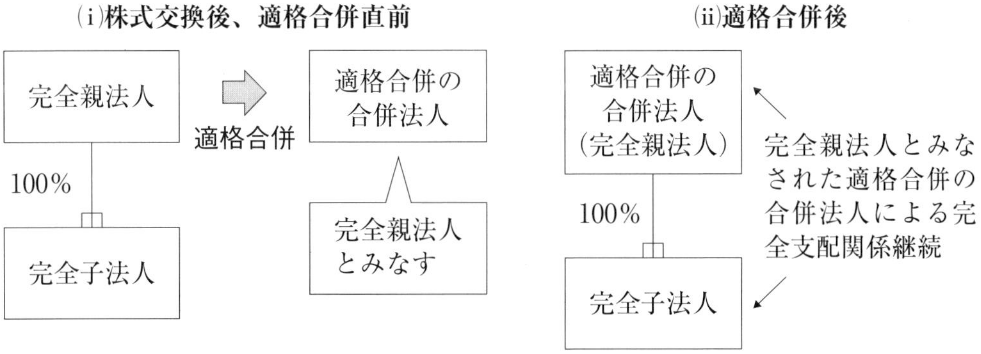

ii　株式交換完全親法人を被合併法人とし、株式交換完全子法人を合併法人とする適格合併を行うことが見込まれている場合

株式交換後、適格合併直前

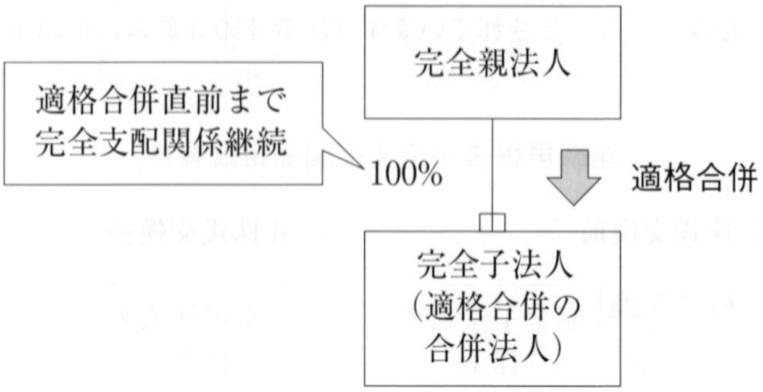

iii　株式交換完全子法人を被合併法人とする適格合併を行うことが見込まれている場合

株式交換後、適格合併直前

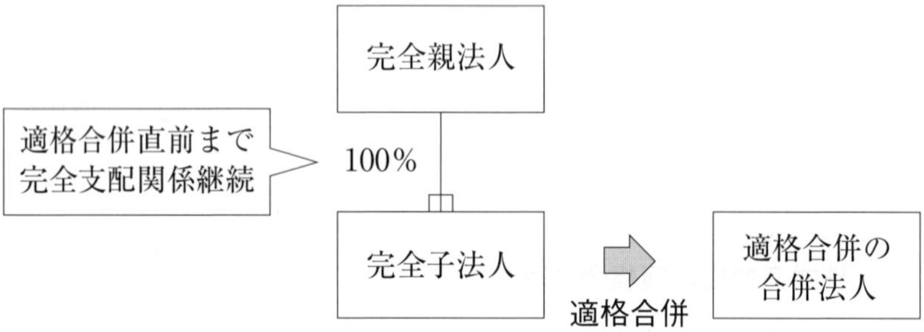

iv　株式交換完全子法人を合併法人等とする適格合併等が行われることが見込まれている場合

(i)株式交換後、適格合併等直前

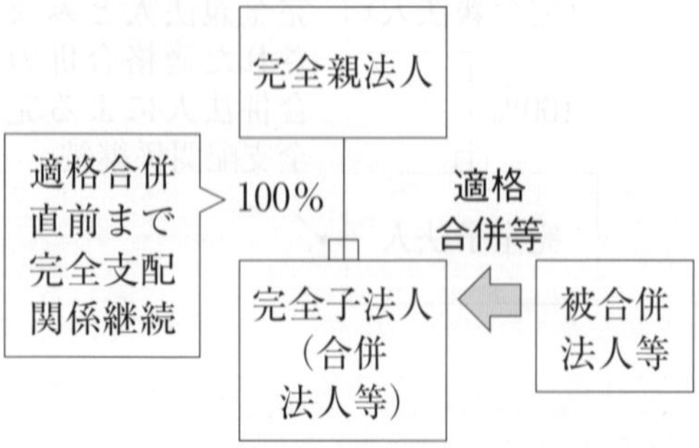

(ii)適格合併等後

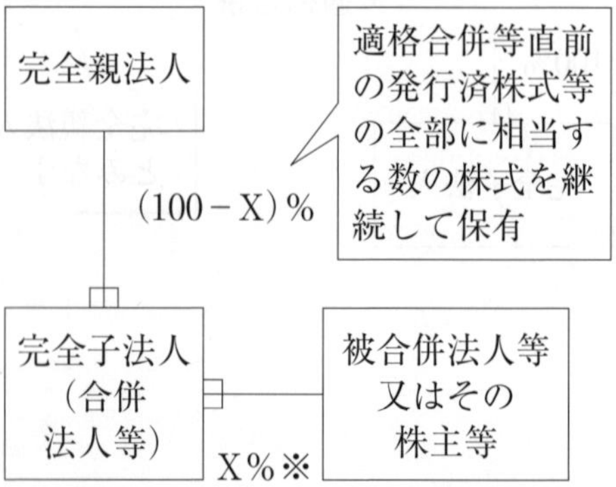

※継続保有の必要はない。

【株式交換等の適格要件のまとめ】

各要件	完全支配関係がある場合	支配関係がある場合	共同事業を行う場合
金銭等不交付要件	必要	必要	必要
完全支配関係（支配関係）継続要件	必要	必要	−
従業者継続従事要件	−	必要	必要
事業継続要件	−	必要	必要
事業関連性要件	−	−	必要
事業規模等要件	−	−	必要
株式継続保有要件 (注)	−	−	必要
組織再編後完全支配関係継続要件	−	−	必要

(注)　株式交換の直前に株式交換完全子法人と他の者との間に当該他の者による支配関係がない場合には要件とされません。

第７　適格株式移転

１　完全支配関係がある場合の適格要件

完全支配関係がある場合の適格要件は、次の２つの要件です。

〈完全支配関係がある場合の適格要件〉

①	金銭等不交付要件
②	完全支配関係継続要件

(1)　金銭等不交付要件

株式移転完全子法人の株主に株式移転完全親法人株式（株式移転完全親法人の株式をいいます。）以外の資産が交付されないことをいいます（法法２十二の十八）。

ただし、株式移転に反対する株主に対する買取請求に基づく対価として交付される金銭その他の資産が交付されたとしても、この金銭等不交付要件を満たします（法法２十二の十八かっこ書）。

なお、株式移転完全子法人の株主に交付された金銭が、その株式移転に際して交付すべき株式移転完全親法人株式に１株未満の端数が生じたためにその１株未満の株式の合計数に相当する数の株式を他に譲渡し、又は買い取った代金として交付されたものであるとき（第２章第12の２参照）は、その株主に対してその１株未満の株式に相当する株式を交付したこととなります。ただし、その交付された金銭が、その交付の状況その他の事由を総合的に勘案して実質的にその株主に対して支払う株式移転の対価であると認められるときは、株式移転の対価として金銭が交付されたものとして取り扱うこととされています（法基通１－４－２）。

〈対価の種類等と金銭等不交付要件の可否〉

対価の種類等		金銭等不交付要件の可否
①	株式移転完全親法人株式	満たす
②	１株未満の端数相当の金銭	満たす
③	反対株主買取り請求に基づく対価としての金銭	満たす
④	上記以外の金銭その他の資産	満たさない

(2) 完全支配関係継続要件

次のイの関係があること又はロの単独株式移転であることをいいます（法法2十二の十八イ、法令4の3㉑㉒）。

イ　同一の者による完全支配関係

株式移転前に株式移転完全子法人と他の株式移転完全子法人との間に同一の者による完全支配関係があり、かつ、次に掲げる要件の全てに該当することが見込まれている場合における株式移転完全子法人と他の株式移転完全子法人との間の関係をいいます（法令4の3㉑）。

(イ) 株式移転後に同一の者（注1）と株式移転完全親法人（注2）との間に同一の者による完全支配関係が継続すること（株式移転後に株式移転完全親法人を被合併法人とする適格合併（同一の者と適格合併に係る合併法人との間に同一の者による完全支配関係がない場合における適格合併（特定適格合併）に限ります。）又は株式移転完全親法人を完全子法人とする適格株式分配を行うことが見込まれている場合には、株式移転の時から特定適格合併又は適格株式分配の直前の時まで完全支配関係が継続すること）

(ロ) 株式移転後に同一の者と株式移転完全子法人との間に同一の者による完全支配関係が継続すること（株式移転後に株式移転完全子法人若しくは株式移転完全親法人を被合併法人とする適格合併（株式移転完全親法人を被合併法人とする適格合併にあっては、特定適格合併に限ります。）又は株式移転完全親法人を完全子法人とする適格株式分配を行うことが見込まれている場合には、株式移転の時から適格合併又は適格株式分配の直前の時まで完全支配関係が継続すること）

(ハ) 株式移転後に同一の者と他の株式移転完全子法人との間に同一の者による完全支配関係が継続すること（株式移転後に他の株式移転完全子法人若しくは株式移転完全親法人を被合併法人とする適格合併（株式移転完全親法人を被合併法人とする適格合併にあっては、特定適格合併に限ります。）又は株式移転完全親法人を完全子法人とする適格株式分配を行うことが見込まれている場合には、株式移転の時から適格合併又は適格株式分配の直前の時まで完全支配関係が継続すること）

(ニ) 株式移転後に次に掲げる適格合併を行うことが見込まれている場合には、それぞれ次に掲げる要件に該当すること

a　同一の者又は株式移転完全親法人を被合併法人とする適格合併

株式移転の時から適格合併の直前の時まで株式移転完全親法人と株式移転完全

子法人及び他の株式移転完全子法人との間に株式移転完全親法人による完全支配関係が継続すること（株式移転後に下記ｂ又はｃに掲げる適格合併を行うことが見込まれている場合には、それぞれ下記ｂ又はｃの要件に該当すること）

ｂ　特定適格合併

株式移転の時から特定適格合併の直前の時まで株式移転完全親法人と株式移転完全子法人及び他の株式移転完全子法人との間に株式移転完全親法人による完全支配関係が継続し、特定適格合併後に特定適格合併に係る合併法人（注３）と株式移転完全子法人及び他の株式移転完全子法人との間にその合併法人による完全支配関係が継続すること（株式移転後に下記ｃに掲げる適格合併を行うことが見込まれている場合には、下記ｃの要件に該当すること）

ｃ　株式移転完全子法人又は他の株式移転完全子法人を被合併法人とする適格合併

株式移転の時から適格合併の直前の時まで株式移転完全親法人（特定適格合併に係る合併法人を含みます。）と株式移転完全子法人又は他の株式移転完全子法人との間に株式移転完全親法人による完全支配関係が継続すること

㈭　株式移転後に株式移転完全親法人を完全子法人とする適格株式分配を行うことが見込まれている場合には、株式移転後に株式移転完全親法人と株式移転完全子法人及び他の株式移転完全子法人との間に株式移転完全親法人による完全支配関係が継続すること（株式移転後に株式移転完全子法人又は他の株式移転完全子法人を被合併法人とする適格合併を行うことが見込まれている場合には、株式移転の時から適格合併の直前の時まで株式移転完全親法人と株式移転完全子法人又は他の株式移転完全子法人との間に株式移転完全親法人による完全支配関係が継続すること）

㈲１　株式移転後に同一の者（上記㈡ａの同一の者を除きます。）を被合併法人とする適格合併を行うことが見込まれている場合には、適格合併に係る合併法人は、適格合併後においては同一の者とみなすこととされています（法令４の３㉕二、下記第８の２参照）。

２　株式移転後に株式移転完全親法人（上記㈡ａの株式移転完全親法人を除きます。）を被合併法人とする適格合併（同一の者と適格合併に係る合併法人との間に同一の者による完全支配関係がある場合における適格合併に限ります。）を行うことが見込まれている場合には、適格合併に係る合併法人は、適格合併後においては株式移転完全親法人とみなすこととされています（法令４の３㉕八、下記第８

の８参照）。

３　特定適格合併後に特定適格合併に係る合併法人を被合併法人とする適格合併を行うことが見込まれている場合には、その適格合併に係る合併法人は、適格合併後においては特定適格合併に係る合併法人とみなすこととされています（法令４の３㉕七、下記第８の７参照）。

〈株式移転前に株式移転完全子法人と他の株式移転完全子法人との間に同一の者による完全支配関係がある場合〉

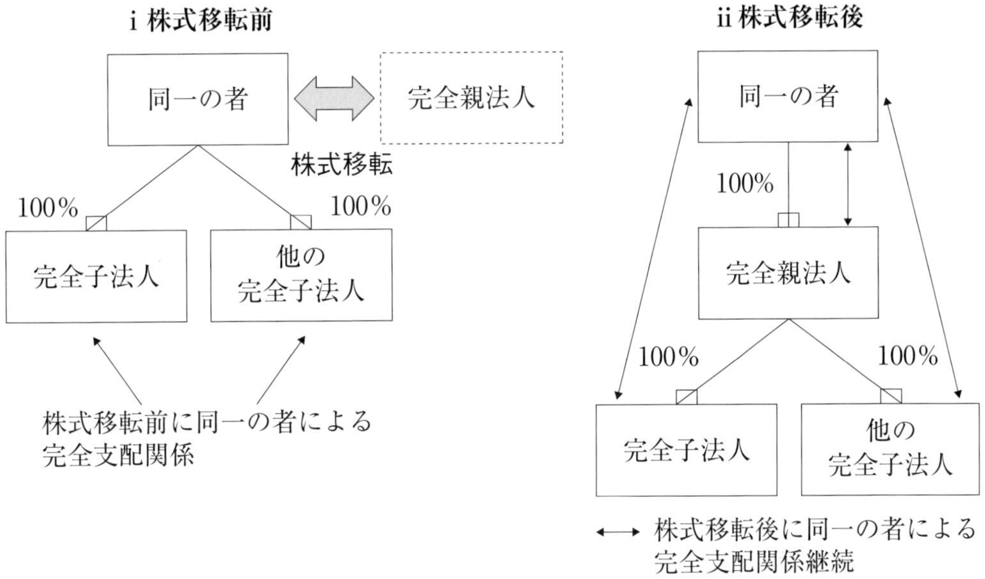

〈株式移転後に適格合併又は適格株式分配を行うことが見込まれている場合〉

i　同一の者を被合併法人とする適格合併を行うことが見込まれている場合（下記iii又はvの場合を除く）

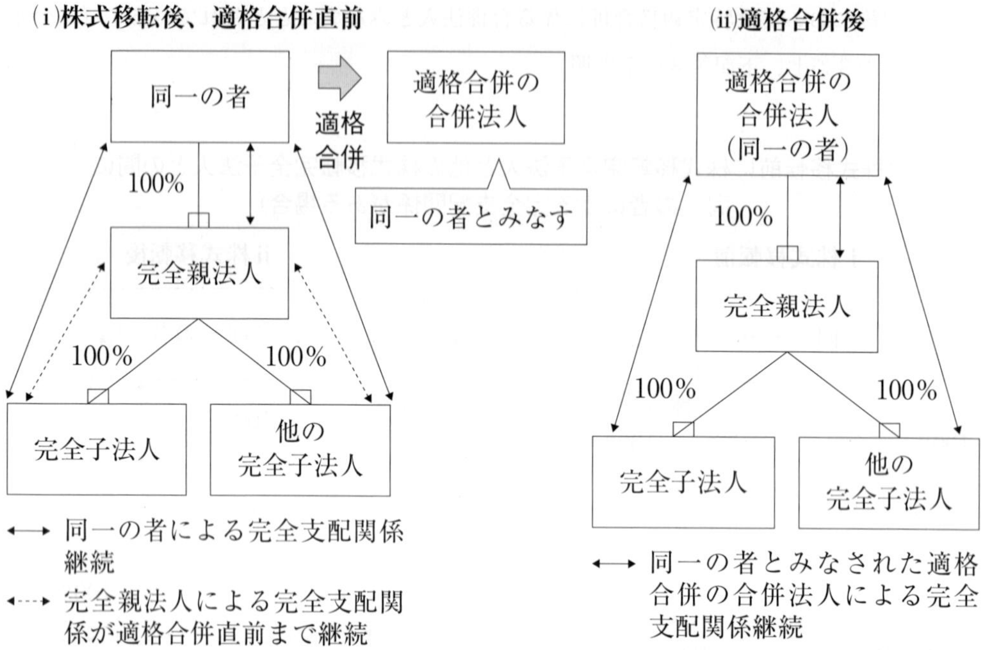

ⅱ　株式移転完全親法人を被合併法人とする適格合併を行うことが見込まれている場合（同一の者と合併法人との間に同一の者による完全支配関係がある場合で、下記ⅲ又はⅴの場合を除く）

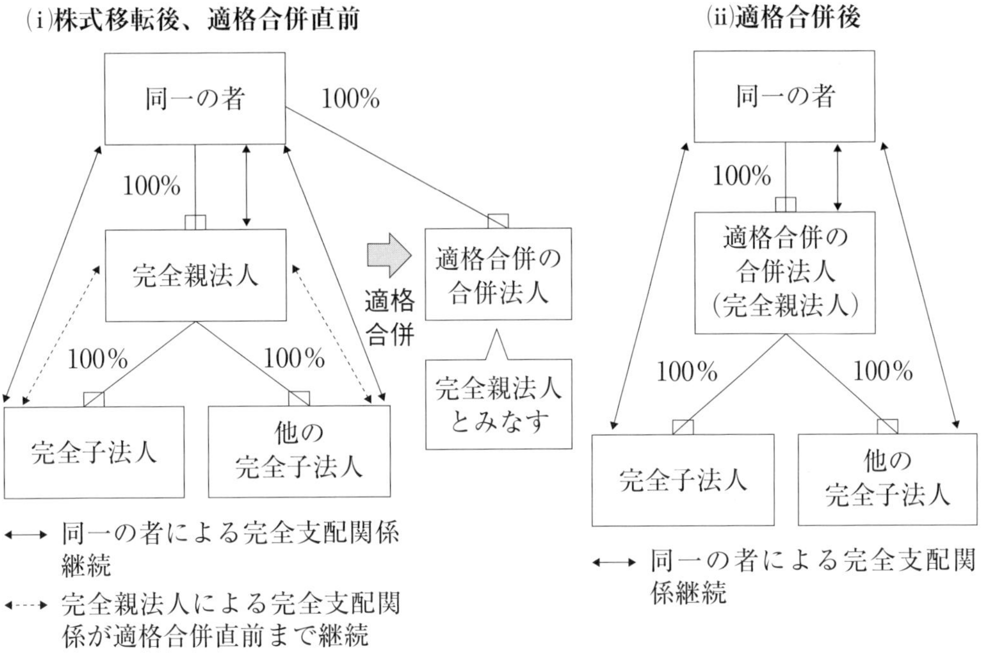

iii　株式移転完全親法人を被合併法人とする特定適格合併を行うことが見込まれている場合（下記ｖの場合を除く）

(i)株式移転後、特定適格合併直前　　　(ii)特定適格合併後

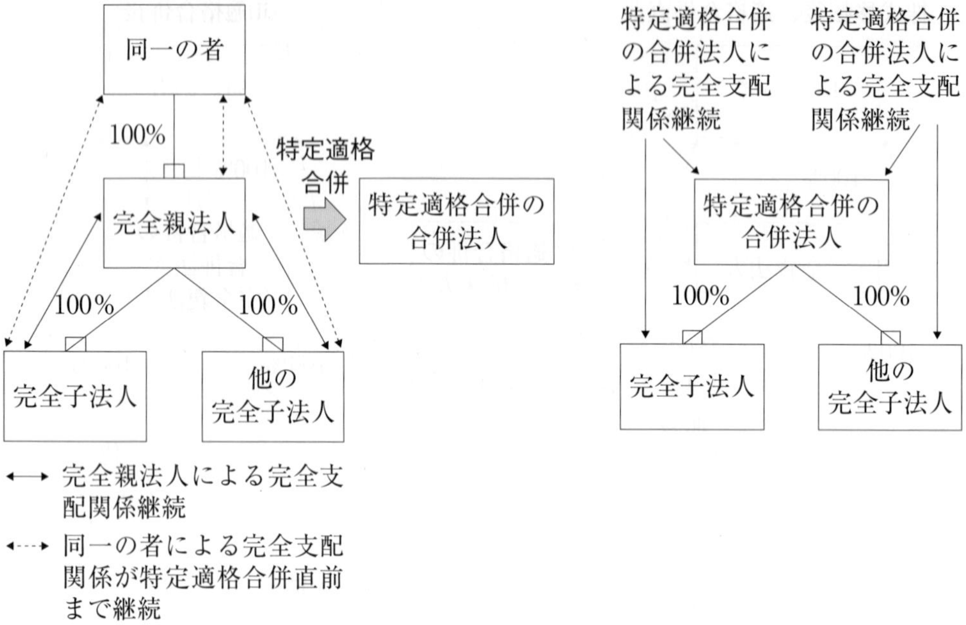

iv　上記iiiの特定適格合併後に特定適格合併に係る合併法人を被合併法人とする適格合併を行うことが見込まれている場合

(i)特定適格合併後、適格合併直前　　　(ii)適格合併後

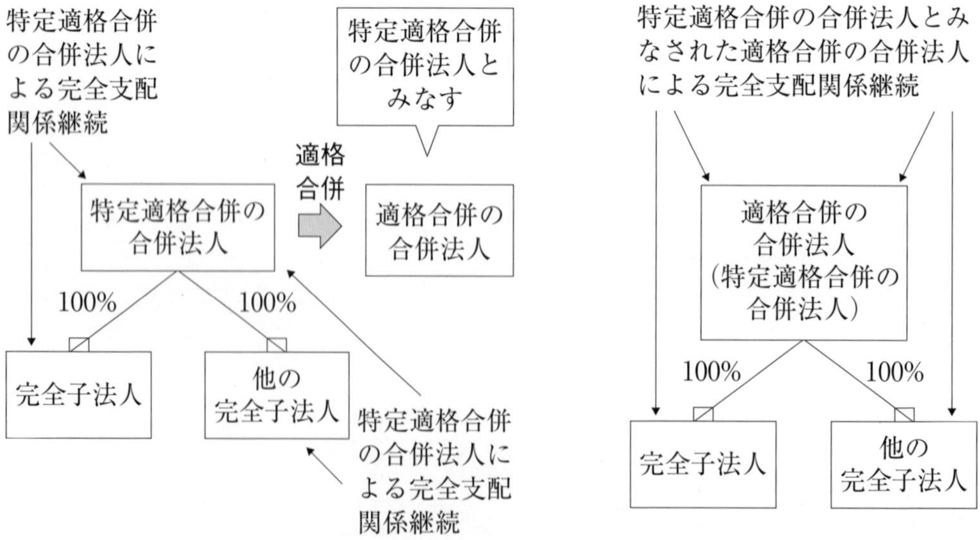

ｖ　株式移転完全子法人又は他の株式移転完全子法人を被合併法人とする適格合併を行うことが見込まれている場合

株式移転後、適格合併直前

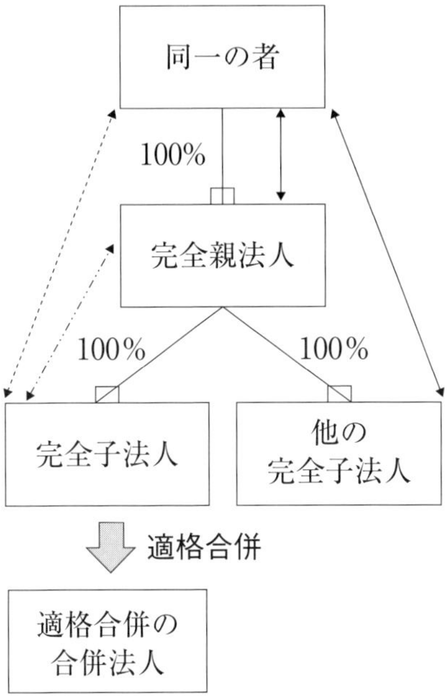

←→ 同一の者による完全支配関係継続

←‥→ 同一の者による完全支配関係が適格合併直前まで継続

←・→ 完全親法人による完全支配関係が適格合併直前まで継続

vi　株式移転完全親法人を完全子法人とする適格株式分配を行うことが見込まれている場合

(i)株式移転後、適格株式分配直前

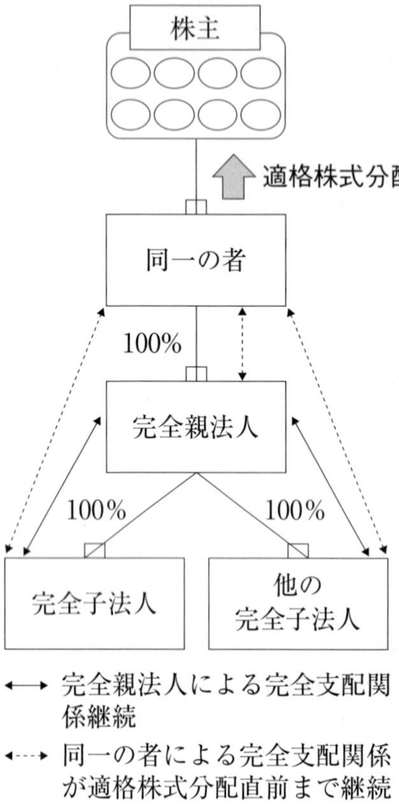

(ii)適格株式分配後

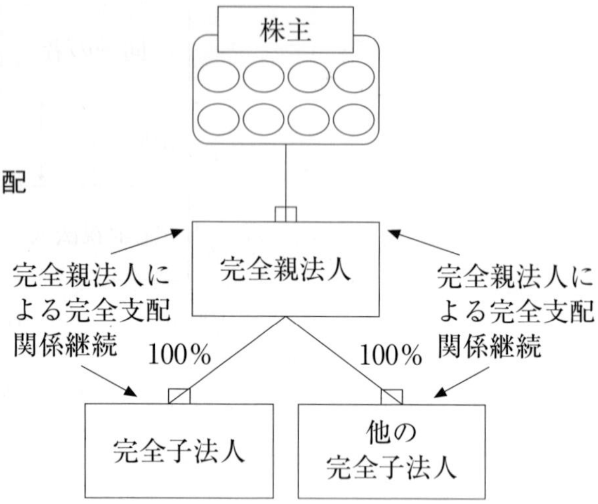

vii　上記viの適格株式分配後に株式移転完全子法人又は他の株式移転完全子法人を被合併法人とする適格合併を行うことが見込まれている場合

適格株式分配後、適格合併直前

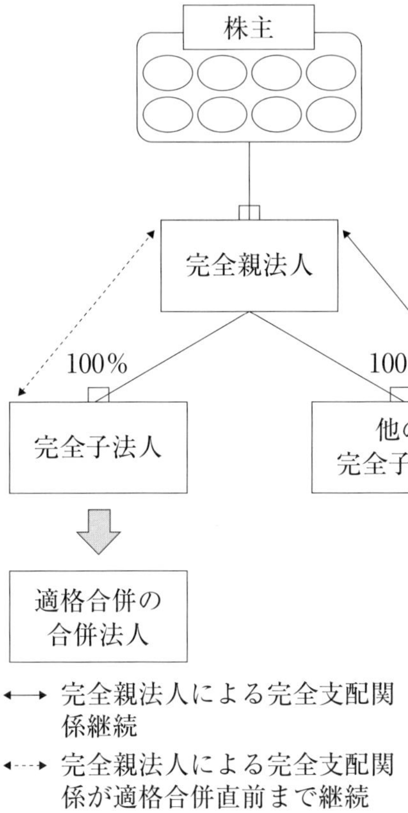

ロ　単独株式移転

一の法人のみが株式移転完全子法人となる株式移転（単独株式移転）で、株式移転後に株式移転完全親法人(注)と株式移転完全子法人との間に株式移転完全親法人による完全支配関係が継続することが見込まれている場合における株式移転をいいます（法令４の３㉒）。

なお、「株式移転完全親法人による完全支配関係が継続すること」には、次の(イ)及び(ロ)が含まれます（法令４の３㉒かっこ書）。

(イ)　株式移転後に株式移転完全子法人を被合併法人又は完全子法人とする適格合併又は適格株式分配を行うことが見込まれている場合で、株式移転の時から適格合併又は適格株式分配の直前の時まで株式移転完全親法人(注)と株式移転完全子法人との間に株式移転完全親法人による完全支配関係が継続すること

(ロ)　株式移転後に株式移転完全子法人を合併法人、分割承継法人又は被現物出資法人（合併法人等）とする適格合併（合併親法人株式が交付されるものを除きます。）、適格分割（分割承継親法人株式が交付されるものを除きます。）又は適格現物出資（適格合併等）が行われることが見込まれている場合で、株式移転の時から適格合併等の直前の時まで株式移転完全親法人と株式移転完全子法人との間に株式移転完全親法人による完全支配関係が継続し、適格合併等後に株式移転完全親法人（株式移転完全親法人による完全支配関係がある法人を含みます。）が株式移転完全子法人の適格合併等の直前の発行済株式等の全部に相当する数の株式を継続して保有すること

(注)　株式移転後に株式移転完全親法人を被合併法人とする適格合併を行うことが見込まれている場合には、適格合併に係る合併法人は、適格合併後においては株式移転完全親法人とみなすこととされています（法令４の３㉕八、下記第８の８参照）。

〈単独株式移転の場合〉

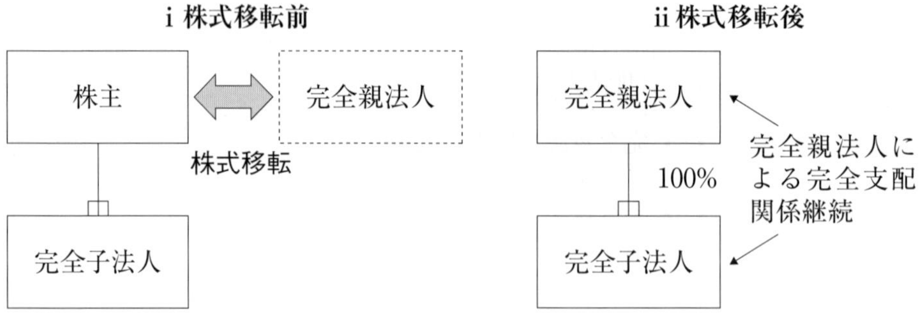

〈単独株式移転後に株式移転完全親法人を被合併法人とする適格合併を行うことが見込まれている場合〉

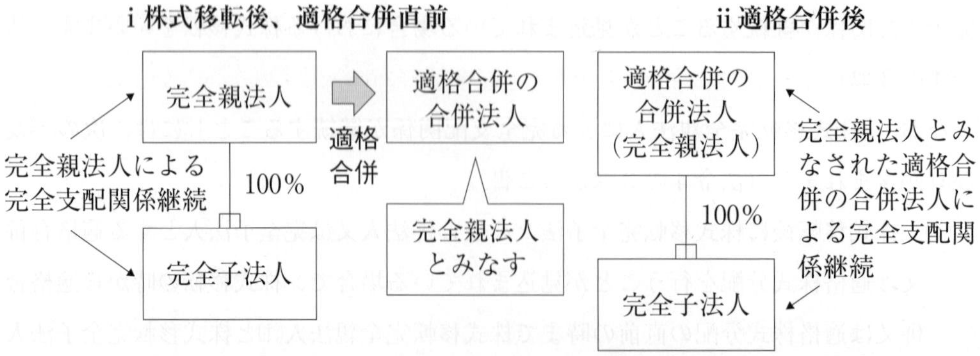

〈単独株式移転後に株式移転完全子法人を被合併法人とする適格合併を行うことが見込まれている場合〉

株式移転後、適格合併直前

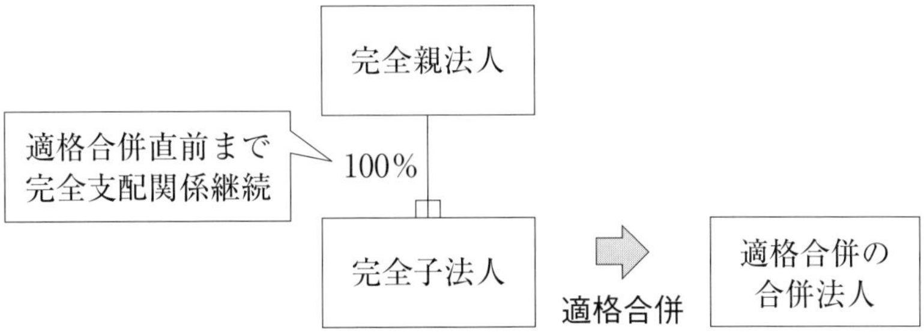

〈単独株式移転後に株式移転完全子法人を完全子法人とする適格株式分配を行うことが見込まれている場合〉

株式移転後、適格株式分配直前

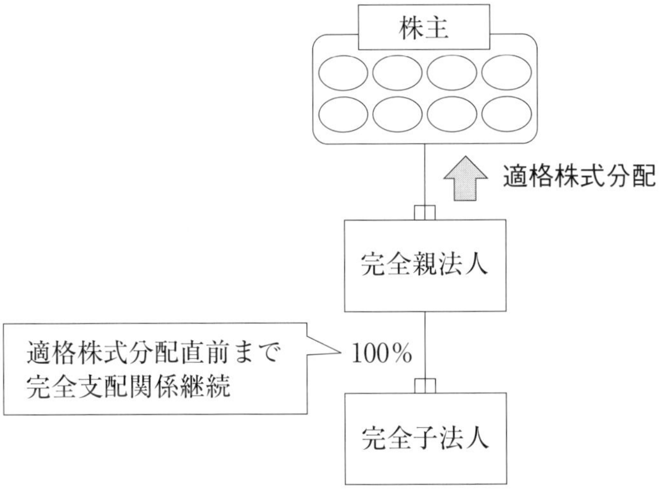

〈単独株式移転後に株式移転完全子法人を合併法人等とする適格合併等が
行われることが見込まれている場合〉

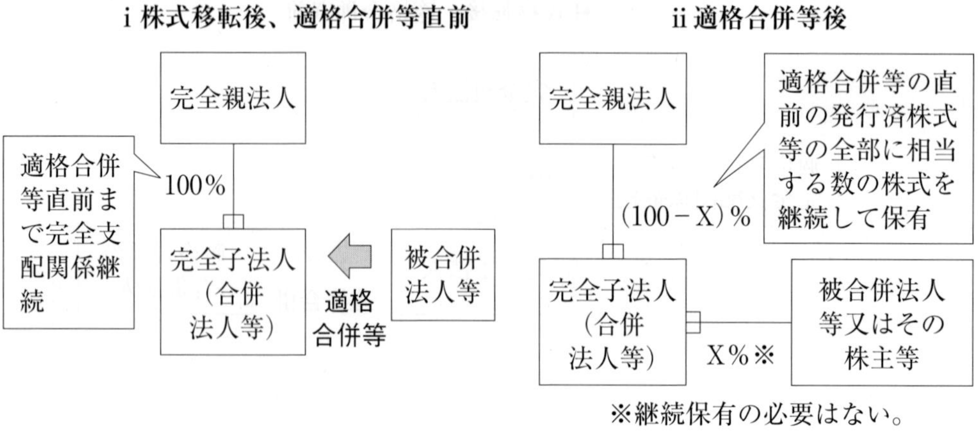

2　支配関係がある場合の適格要件

支配関係がある場合の適格要件は、次の４つの要件です。

〈支配関係がある場合の適格要件〉

①	金銭等不交付要件
②	支配関係継続要件
③	従業者継続従事要件
④	事業継続要件

(1)　金銭等不交付要件

株式移転完全子法人の株主に株式移転完全親法人株式以外の資産が交付されないことをいいます（法法２十二の十八）。その内容は、上記１(1)の金銭等不交付要件と同じです。

(2)　支配関係継続要件

次に掲げるいずれかの関係があることをいいます（法法２十二の十八ロ、法令４の３㉓）。

イ　当事者間の支配関係

(イ)　内容

株式移転前に株式移転完全子法人と他の株式移転完全子法人との間に「いずれか一方の法人」による支配関係があり、かつ、株式移転後に株式移転完全親法人と株式移転完全子法人及び他の株式移転完全子法人との間に株式移転完全親法人による支配関係が継続すること㈱が見込まれている場合における株式移転完全子法人と他の株式移転完全子法人との間の関係（ロに掲げる関係に該当するものを除きます。）をいいます（法令４の３㉓一）。

㈱　株式移転後に適格合併を行うことが見込まれている場合には、下記(ロ)を参照してください。

〈株式移転前に株式移転完全子法人と他の株式移転完全子法人との間に「いずれか一方の法人」による支配関係がある場合〉

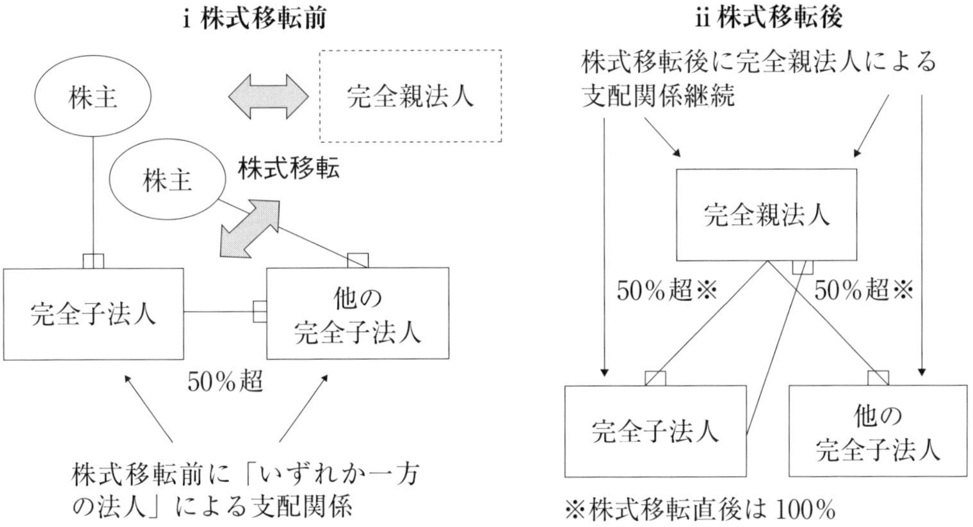

(ロ)　株式移転後に適格合併を行うことが見込まれている場合

上記(イ)の「株式移転完全親法人による支配関係が継続すること」には、次の①から③までに掲げる適格合併を行うことが見込まれている場合には、それぞれに掲げる要件に該当することが含まれます（法令４の３㉓一イかっこ書）。

①　株式移転完全親法人を被合併法人とする適格合併（特定適格合併）

株式移転の時から特定適格合併の直前の時まで株式移転完全親法人と株式移転完全子法人及び他の株式移転完全子法人との間に株式移転完全親法人による完全支配関係が継続し、特定適格合併後に特定適格合併に係る合併法人㈱と株式移転完全子法人及び他の株式移転完全子法人との間にその合併法人による完全支配関係が継続すること（株式移転後に下記②に掲げる適格合併を行うことが見込まれている場合には、下記②の要件に該当すること）

(注)　特定適格合併後に特定適格合併に係る合併法人を被合併法人とする適格合併を行うことが見込まれている場合には、その適格合併に係る合併法人は、適格合併後においては特定適格合併に係る合併法人とみなすこととされています（法令4の3㉕七、下記第8の7参照）。

〈株式移転後に特定適格合併を行うことが見込まれている場合（下記②の場合を除く）〉

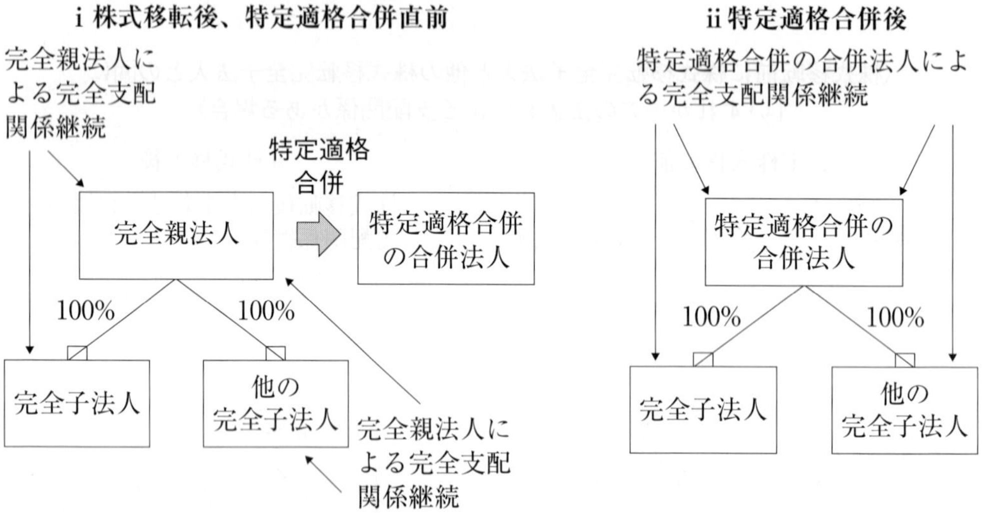

〈特定適格合併後に特定適格合併に係る合併法人を被合併法人とする適格合併を行うことが見込まれている場合〉

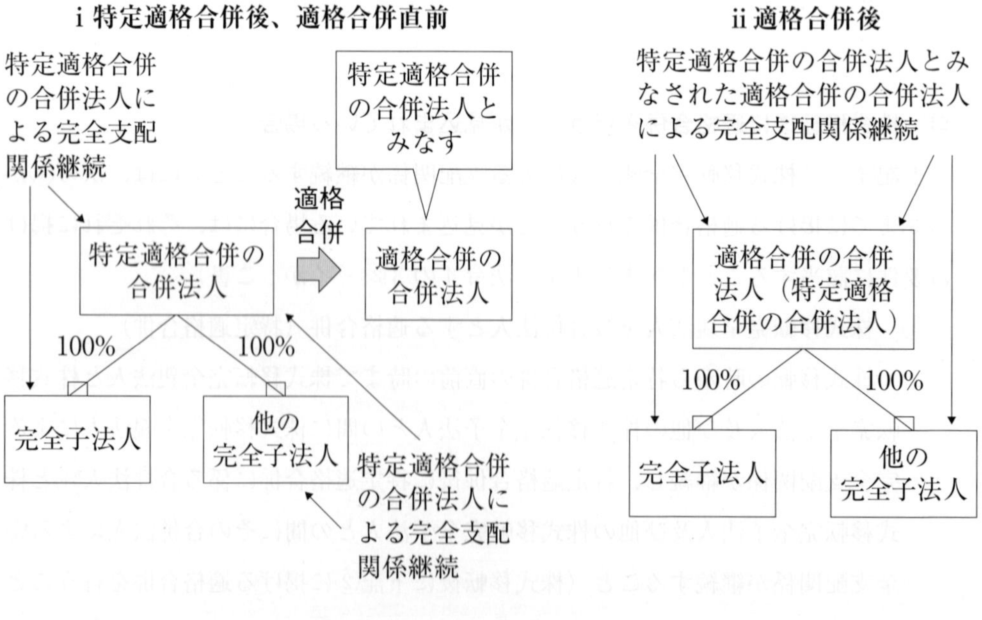

② 他の株式移転完全子法人を被合併法人とする適格合併

株式移転の時から適格合併の直前の時まで株式移転完全親法人（特定適格合併に係る合併法人㈱を含みます。）と他の株式移転完全子法人との間に株式移転完全親法人による完全支配関係が継続し、かつ、株式移転の時から適格合併の直前の時まで株式移転完全親法人と株式移転完全子法人との間に株式移転完全親法人による完全支配関係が継続し、適格合併後に株式移転完全親法人と株式移転完全子法人との間に株式移転完全親法人による支配関係が継続すること（株式移転後に上記①に掲げる適格合併を行うことが見込まれている場合には、上記①の要件に該当し、株式移転完全子法人を被合併法人とする適格合併を行うことが見込まれている場合には、株式移転の時からその適格合併の直前の時まで株式移転完全親法人（特定適格合併に係る合併法人を含みます。）と株式移転完全子法人との間に株式移転完全親法人による完全支配関係が継続すること）

㈱ 特定適格合併後に特定適格合併に係る合併法人を被合併法人とする適格合併を行うことが見込まれている場合には、その適格合併に係る合併法人は、適格合併後においては特定適格合併に係る合併法人とみなすこととされています（法令４の３㉕七、下記第８の７参照）。

〈株式移転後に他の株式移転完全子法人を被合併法人とする適格合併を行うことが見込まれている場合（上記①の場合を除く）〉

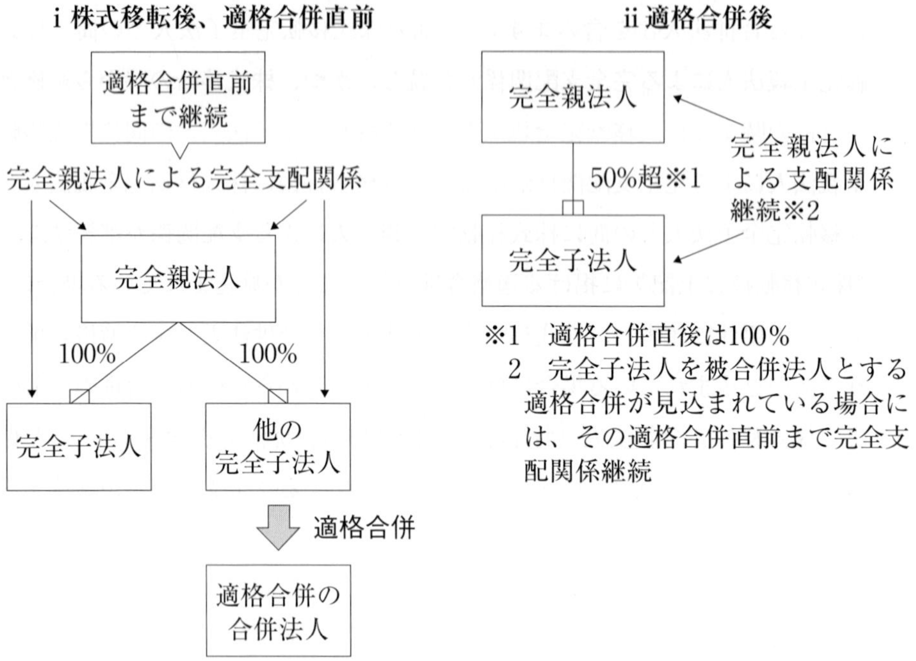

③　株式移転完全子法人を被合併法人とする適格合併

上記②の「株式移転完全子法人」を「他の株式移転完全子法人」に、「他の株式移転完全子法人」を「株式移転完全子法人」に読み替えた場合の上記②の要件

ロ　同一の者による支配関係

株式移転前に株式移転完全子法人と他の株式移転完全子法人との間に同一の者による支配関係があり、かつ、次に掲げる要件の全てに該当することが見込まれている場合における株式移転完全子法人と他の株式移転完全子法人との間の関係をいいます(法令4の3㉓二)。

(イ)　株式移転後に同一の者（注1）と株式移転完全親法人との間に同一の者による支配関係が継続すること（株式移転後に株式移転完全親法人を被合併法人とする適格合併（特定適格合併）を行うことが見込まれている場合には、株式移転の時から特定適格合併の直前の時まで支配関係が継続すること）

(ロ)　株式移転後に同一の者と株式移転完全子法人との間に同一の者による支配関係が継続すること（株式移転後に株式移転完全子法人又は株式移転完全親法人を被

合併法人とする適格合併を行うことが見込まれている場合には、株式移転の時から適格合併の直前の時まで支配関係が継続すること）

(ハ)　株式移転後に同一の者と他の株式移転完全子法人との間に同一の者による支配関係が継続すること（株式移転後に他の株式移転完全子法人又は株式移転完全親法人を被合併法人とする適格合併を行うことが見込まれている場合には、株式移転の時から適格合併の直前の時まで支配関係が継続すること）

(ニ)　株式移転後に次に掲げる適格合併を行うことが見込まれている場合には、それぞれ次に掲げる要件に該当すること

ａ　同一の者を被合併法人とする適格合併

株式移転の時から適格合併の直前の時まで株式移転完全親法人と株式移転完全子法人及び他の株式移転完全子法人との間に株式移転完全親法人による完全支配関係が継続すること（株式移転後に下記ｂ又はｃに掲げる適格合併を行うことが見込まれている場合には、それぞれ下記ｂ又はｃの要件に該当すること）

ｂ　特定適格合併

株式移転の時から特定適格合併の直前の時まで株式移転完全親法人と株式移転完全子法人及び他の株式移転完全子法人との間に株式移転完全親法人による完全支配関係が継続し、特定適格合併後に特定適格合併に係る合併法人（注２）と株式移転完全子法人及び他の株式移転完全子法人との間にその合併法人による完全支配関係が継続すること（株式移転後に下記ｃに掲げる適格合併を行うことが見込まれている場合には、下記ｃの要件に該当すること）

ｃ　株式移転完全子法人又は他の株行移転完全子法人を被合併法人とする適格合併

株式移転の時から適格合併の直前の時まで株式移転完全親法人（特定適格合併に係る合併法人を含みます。）と株式移転完全子法人又は他の株式移転完全子法人との間に株式移転完全親法人による完全支配関係が継続すること

(注)１　株式移転後に同一の者（上記(ニ)ａの同一の者を除きます。）を被合併法人とする適格合併を行うことが見込まれている場合には、適格合併に係る合併法人は、適格合併後においては同一の者とみなすこととされています（法令４の３㉕二、下記第８の２参照）。

２　特定適格合併後に特定適格合併に係る合併法人を被合併法人とする適格合併を行うことが見込まれている場合には、その適格合併に係る合併法人は、適格合併後においては特定適格合併に係る合併法人とみなすこととされています（法令４の３㉕七、下記第８の７参照）。

〈株式移転前に株式移転完全子法人と他の株式移転完全子法人との間に同一の者による支配関係がある場合〉

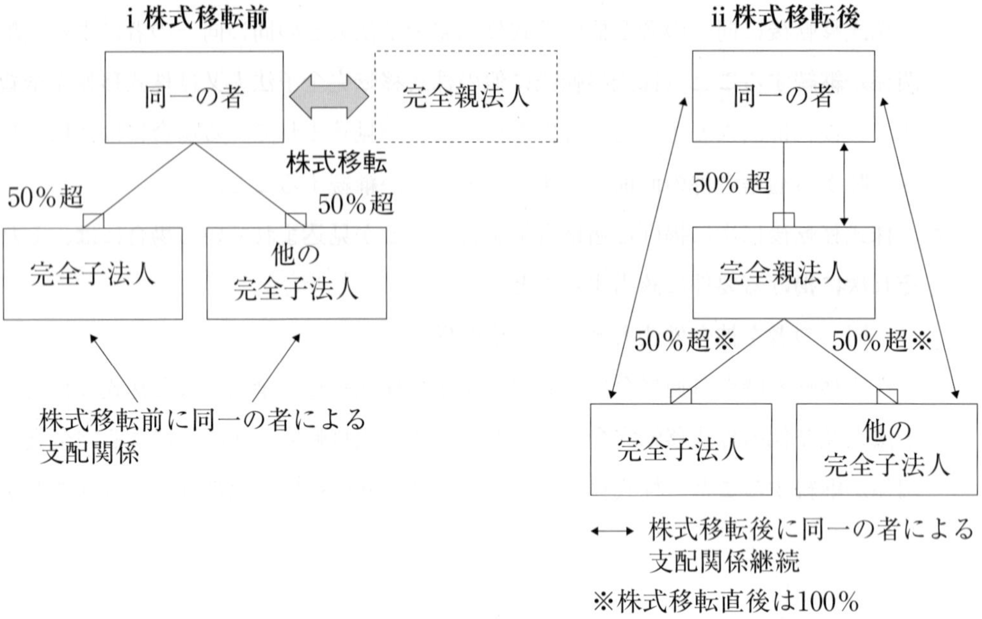

〈株式移転後に適格合併を行うことが見込まれている場合〉

ⅰ　同一の者を被合併法人とする適格合併を行うことが見込まれている場合（下記ⅱ又はⅳの場合を除く）

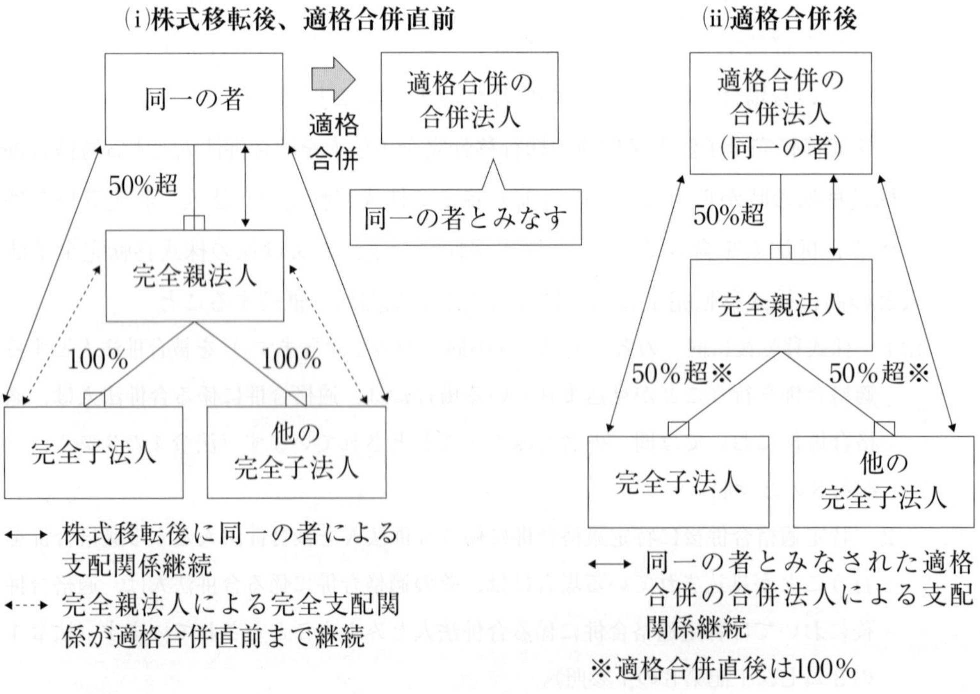

ii　特定適格合併を行うことが見込まれている場合（下記ivの場合を除く）

(i)株式移転後、特定適格合併直前

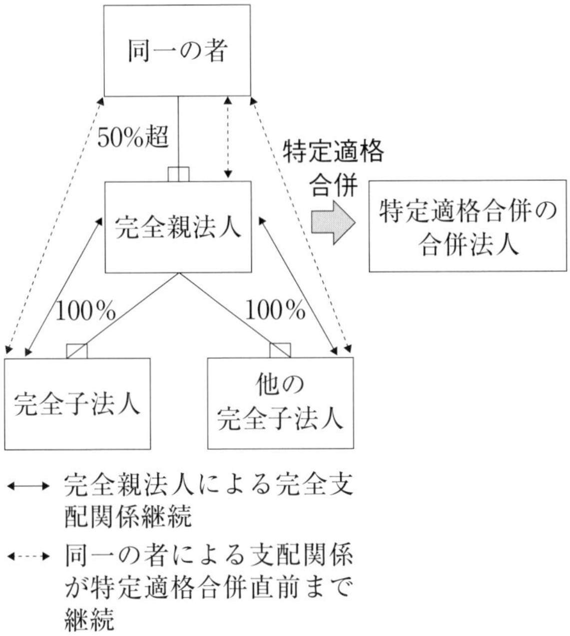

(ii)特定適格合併後

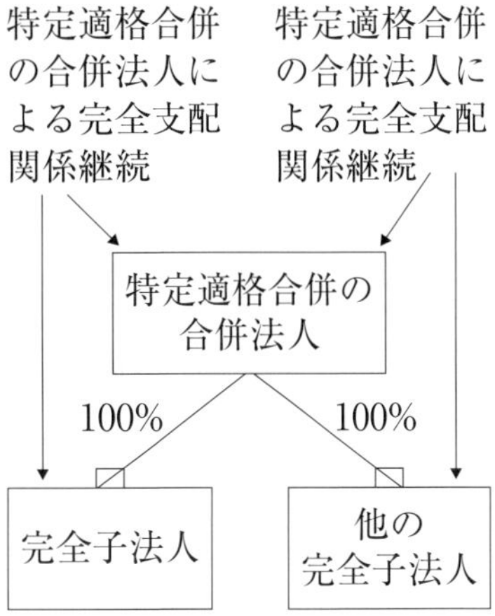

iii　上記iiの特定適格合併後に特定適格合併に係る合併法人を被合併法人とする適格合併を行うことが見込まれている場合

(i)特定適格合併後、適格合併直前

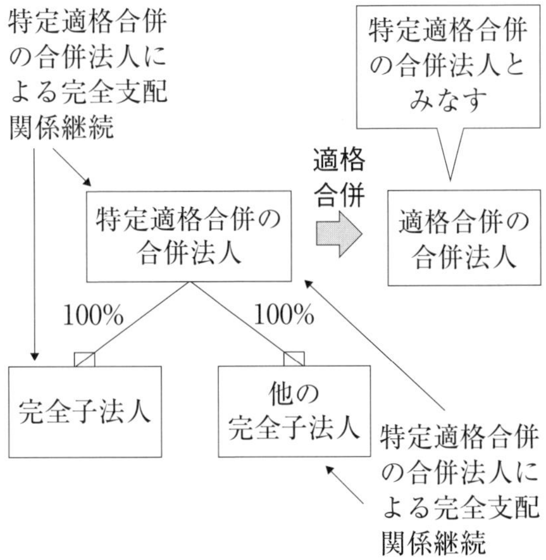

(ii)適格合併後

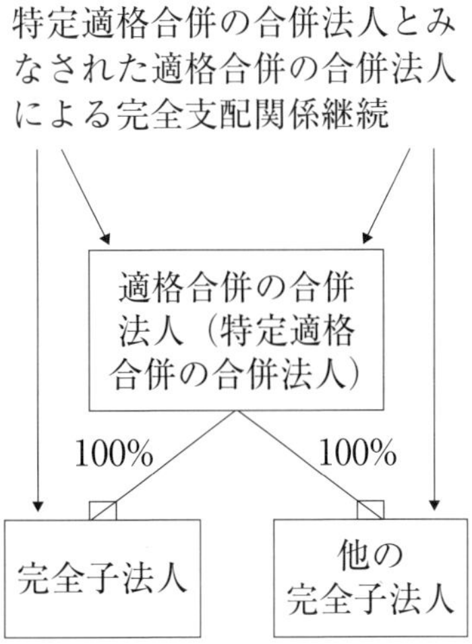

iv　株式移転完全子法人又は他の株式移転完全子法人を被合併法人とする適格合併を行うことが見込まれている場合

株式移転後、適格合併直前

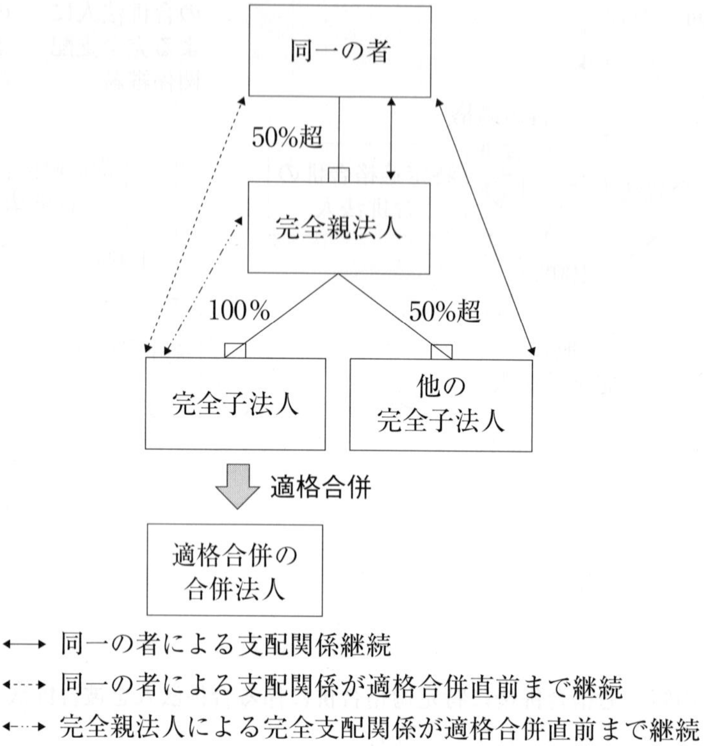

(3)　従業者継続従事要件

イ　内容

各株式移転完全子法人の株式移転の直前の従業者のうち、その総数のおおむね80%以上に相当する数の者がその株式移転完全子法人の業務（株式移転完全子法人との間に完全支配関係がある法人の業務を含みます。）に引き続き従事することが見込まれていることをいいます（法法２十二の十八ロ(1)）。

〈従業者継続従事要件〉

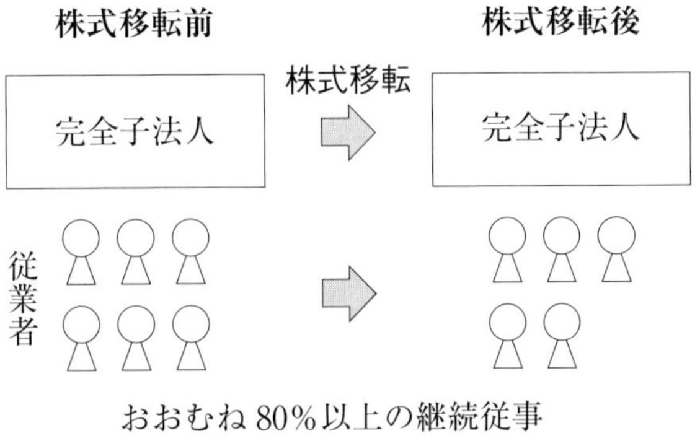

〈完全子法人との間に完全支配関係がある法人がいる場合の従業者継続従事要件〉

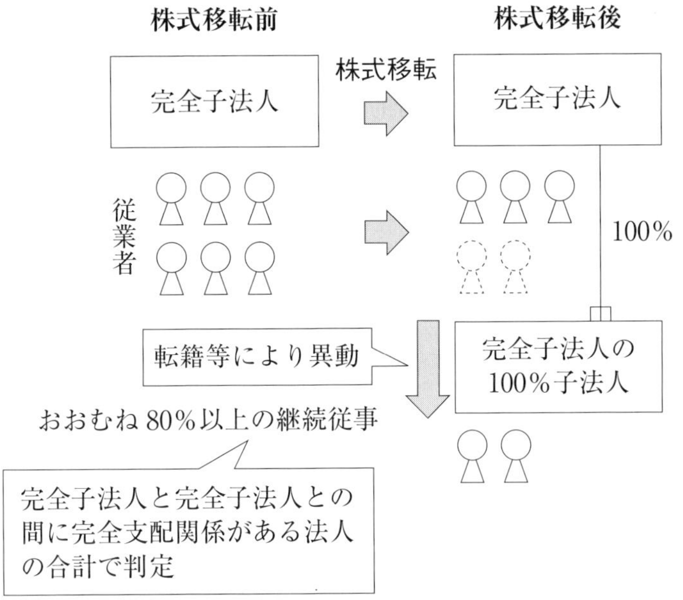

ロ　株式移転後に適格合併等を行うことが見込まれている場合

上記イの「株式移転完全子法人の業務」には、株式移転後に行われる適格合併又は株式移転完全子法人を分割法人若しくは現物出資法人とする適格分割若しくは適格現物出資（適格合併等）により株式移転完全子法人の株式移転前に行う主要な事業が適格合併等に係る合併法人、分割承継法人又は被現物出資法人（合併法人等）に移転することが見込まれている場合におけるその合併法人等及びその合併法人等との間に完全支配関係がある法人の業務が含まれることとされています（法法２十二の十八ロ(1)かっこ書）。したがって、株式移転と同日にその株式移転完全子法人を被合併法人、分割法人又は現物出資法人（被合併法人等）とする適格合併等が行われることで、株式移転完全子法人の従業者が株式移転後に株式移転完全子法人の業務に引き続き従事しない場合においても、その従業者が適格合併等に係る合併法人等又はその合併法人等との間に完全支配関係がある法人の業務に従事することが見込まれているときには、その従業者は、従業者継続従事要件の判定対象となる従業者に含まれることになります。また、適格合併の場合には、その適格合併後にさらに適格合併が行われることが見込まれている場合において、２回目以降の適格合併に係る合併法人にその主要な事業が移転することが見込まれているときにも、同様に取り扱われることになります。一方、適格分割又は適格現物出資の場合には、株式移転後の１回のみの適格分割又は適格現物出資により分割承継法人又は被現物出資法人にその主要な事業が移転することが見込まれている場合に限り、同様に取り扱われることになります。

なお、株式移転完全子法人の株式移転前に行う事業が２以上ある場合において、そのいずれが主要な事業であるかは、それぞれの事業に属する収入金額又は損益の状況、従業者の数、固定資産の状況等を総合的に勘案して判定することとされています（法基通１－４－５）。

〈株式移転後に株式移転完全子法人を被合併法人等とする適格合併等を行うことが見込まれている場合（株式移転完全子法人の業務に引き続き従事する場合）〉

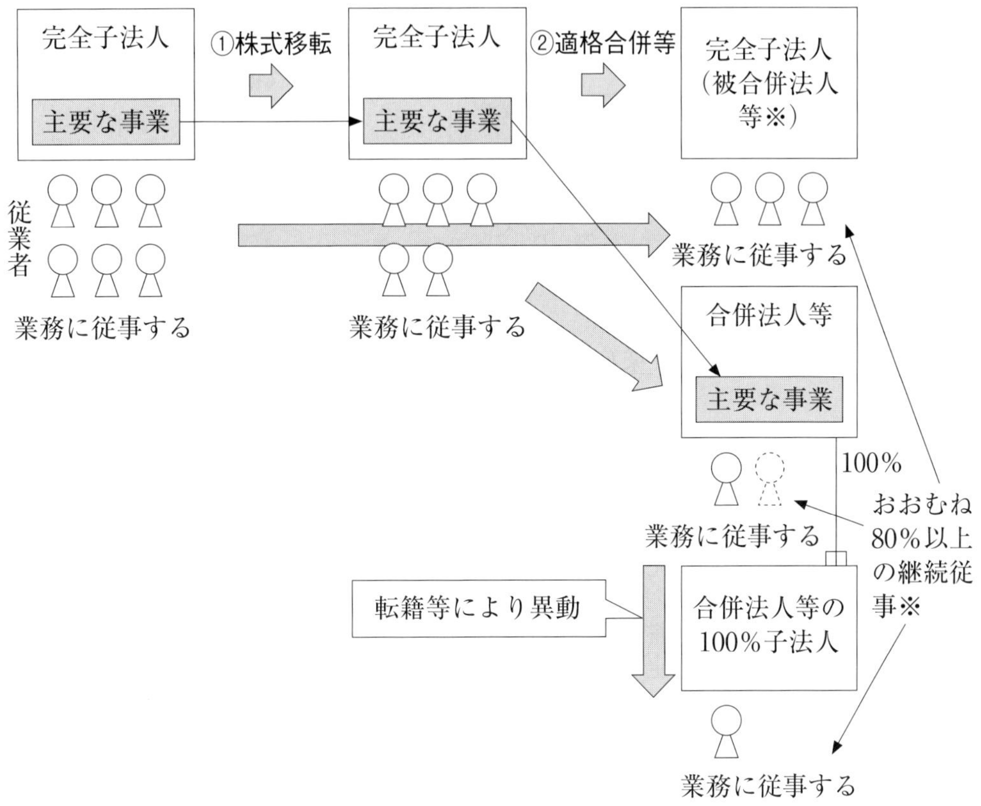

※適格合併等が適格合併である場合には、完全子法人は被合併法人となり消滅するため、おおむね80％以上の継続従事の判定は、適格合併の合併法人及びその合併法人との間に完全支配関係がある法人により行う。

〈株式移転後に株式移転完全子法人を被合併法人等とする適格合併等を行うことが見込まれている場合（株式移転完全子法人の業務に引き続き従事しない場合)〉

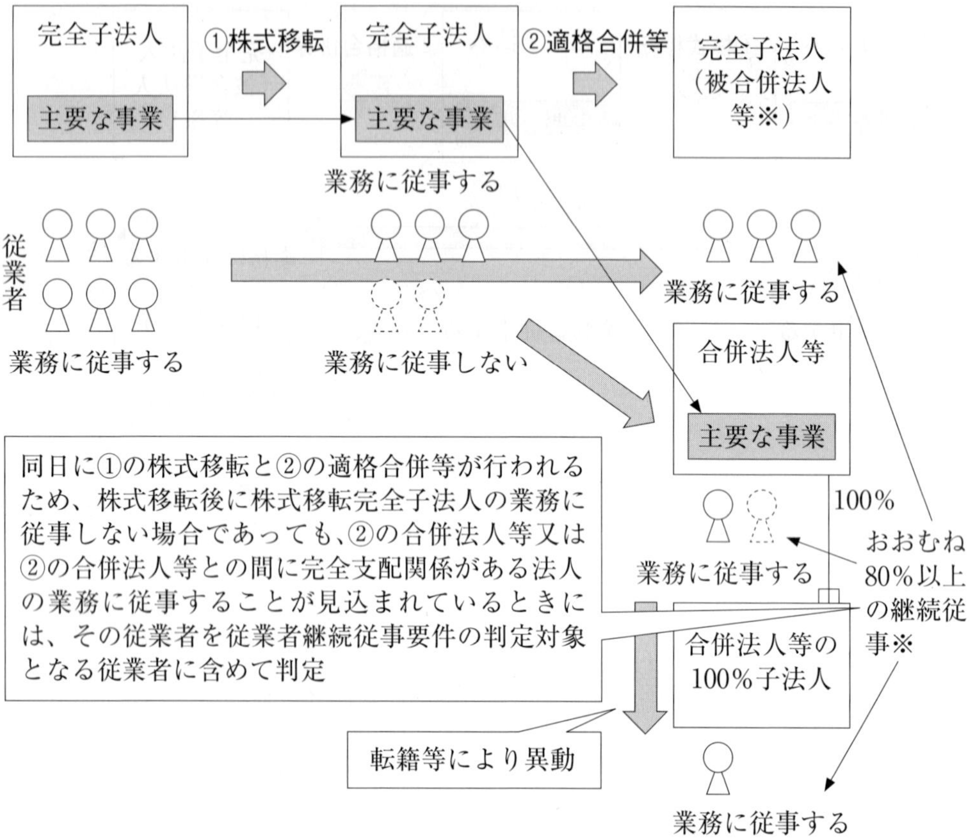

※適格合併等が適格合併である場合には、完全子法人は被合併法人となり消滅するため、おおむね80％以上の継続従事の判定は、適格合併の合併法人及びその合併法人との間に完全支配関係がある法人により行う。

ハ　従業者の意義

従業者とは、役員、使用人その他の者で、株式移転直前において株式移転完全子法人の事業に現に従事する者（出向により受け入れている者等で株式移転完全子法人の事業に現に従事する者を含みますが、下請先の従業員は、例えば自己の工場内でその業務の特定部分を継続的に請け負っている企業の従業員であっても含みません。）をいいます。ただし、その事業に従事する者であっても、例えば、日々雇い入れられる者で従事した日ごとに給与等の支払を受ける者について、法人が従業者の数に含めないことが認められています（法基通１－４－４）。

〈従業者の範囲〉

役員	従業者に含まれる
使用人	従業者に含まれる
出向受入れにより従事している者	従業者に含まれる
下請先の従業員	従業者に含まれない
日雇労働者	従業者に含めないことが認められる

(4)　事業継続要件

イ　内容

各株式移転完全子法人の株式移転前に行う主要な事業がその株式移転完全子法人（株式移転完全子法人との間に完全支配関係がある法人を含みます。）において引き続き行われることが見込まれていることをいいます（法法２十二の十八ロ(2)）。

なお、株式移転完全子法人の株式移転前に行う事業が２以上ある場合において、そのいずれが主要な事業であるかは、それぞれの事業に属する収入金額又は損益の状況、従業者の数、固定資産の状況等を総合的に勘案して判定することとされています（法基通１－４－５）。

〈事業継続要件〉

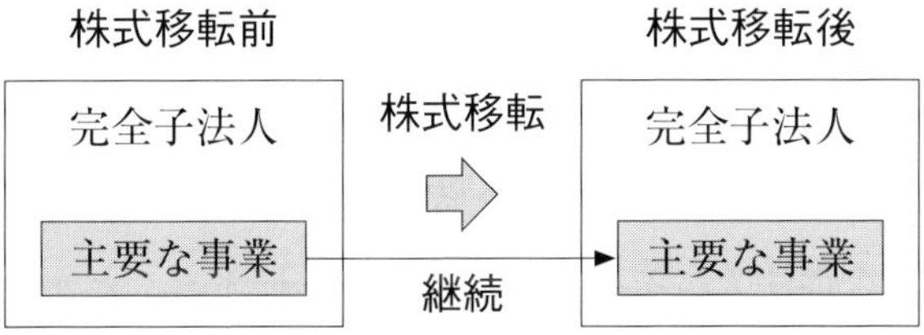

〈完全子法人との間に完全支配関係がある法人に主要な事業が移転する場合の事業継続要件〉

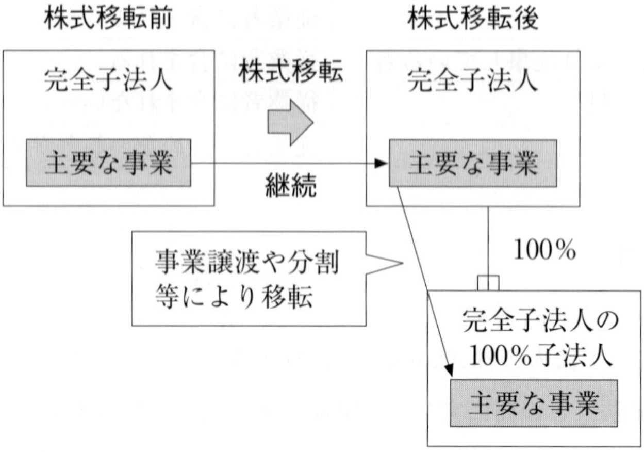

ロ　株式移転後に適格合併等を行うことが見込まれている場合

上記イの「株式移転完全子法人」には、その株式移転後に行われる適格合併又は株式移転完全子法人を分割法人若しくは現物出資法人とする適格分割若しくは適格現物出資（適格合併等）によりその株式移転完全子法人の株式移転前に行う主要な事業が適格合併等に係る合併法人、分割承継法人又は被現物出資法人（合併法人等）に移転することが見込まれている場合におけるその合併法人等及びその合併法人等との間に完全支配関係がある法人が含まれることとされています（法法２十二の十八ロ⑵）。つまり、適格合併の場合には、株式移転後に行われる適格合併だけではなく、その適格合併後にさらに適格合併が行われることが見込まれている場合において、２回目以降の適格合併に係る合併法人にその主要な事業が移転することが見込まれているときにも、その２回目以降の適格合併に係る合併法人及びその２回目以降の適格合併に係る合併法人との間に完全支配関係がある法人は、上記イの「株式移転完全子法人」に含まれることになります。

一方、適格分割又は適格現物出資（適格分割等）の場合には、基本的に株式移転後の１回のみの適格分割等によりその主要な事業が分割承継法人又は被現物出資法人（分割承継法人等）に移転することが見込まれている場合に限り、その分割承継法人等は、上記イの「株式移転完全子法人」に含まれることになります。ただし、合併法人等との間に完全支配関係がある法人は、株式移転完全子法人に含まれることから、上記の分割承継法人等が完全支配関係がある法人に事業譲渡や分割等により主要な事業を移転させることについては、特に制限はありません。

〈株式移転後に株式移転完全子法人を被合併法人等とする適格合併等を行うことが見込まれている場合〉

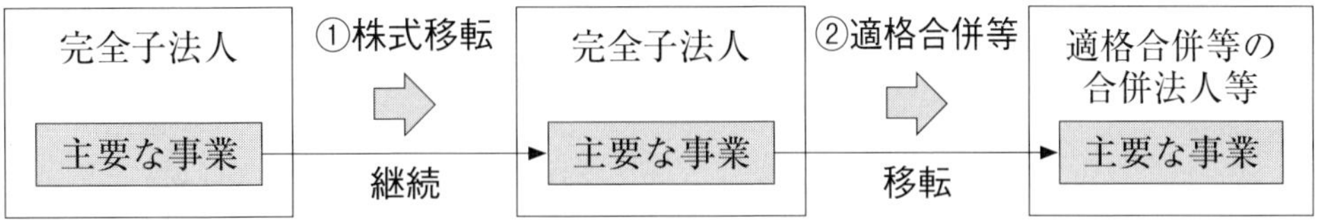

〈株式移転後に株式移転完全子法人を被合併法人等とする適格合併等を行うことが見込まれており、主要な事業がその適格合併等に係る合併法人等との間に完全支配関係がある法人に移転する場合〉

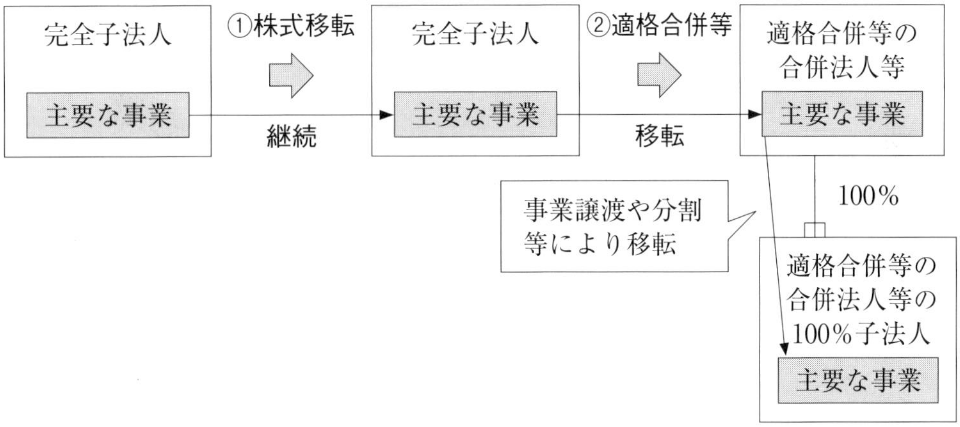

3　共同事業を行う場合の適格要件

共同事業を行う場合の適格要件は、次の7つの要件です。ただし、株式移転の直前に株式移転完全子法人の全てについて他の者との間に当該他の者による支配関係がない場合には、①から⑤まで及び⑦に掲げる6つの要件となります。

〈共同事業を行う場合の適格要件〉

①	金銭等不交付要件
②	事業関連性要件
③	事業規模等要件
④	従業者継続従事要件
⑤	事業継続要件
⑥	株式継続保有要件
⑦	組織再編後完全支配関係継続要件

(1)　金銭等不交付要件

株式移転完全子法人の株主に株式移転完全親法人株式以外の資産が交付されないことをいいます（法法２十二の十八）。その内容は、上記１(1)の金銭等不交付要件と同じです。

(2)　事業関連性要件

株式移転完全子法人の子法人事業（株式移転完全子法人の株式移転前に行う主要な事業のうちのいずれかの事業をいいます。）と他の株式移転完全子法人の他の子法人事業（他の株式移転完全子法人の株式移転前に行う事業のうちのいずれかの事業をいいます。）とが相互に関連するものであることをいいます（法令４の３㉔一）。

なお、事業の相互関連性の判定については、下記第９を参照してください。

(3)　事業規模等要件

次の事業規模要件又は経営参画要件のいずれかを満たすことをいいます（法令４の３㉔二）。

〈事業規模等要件〉

①

事業規模要件

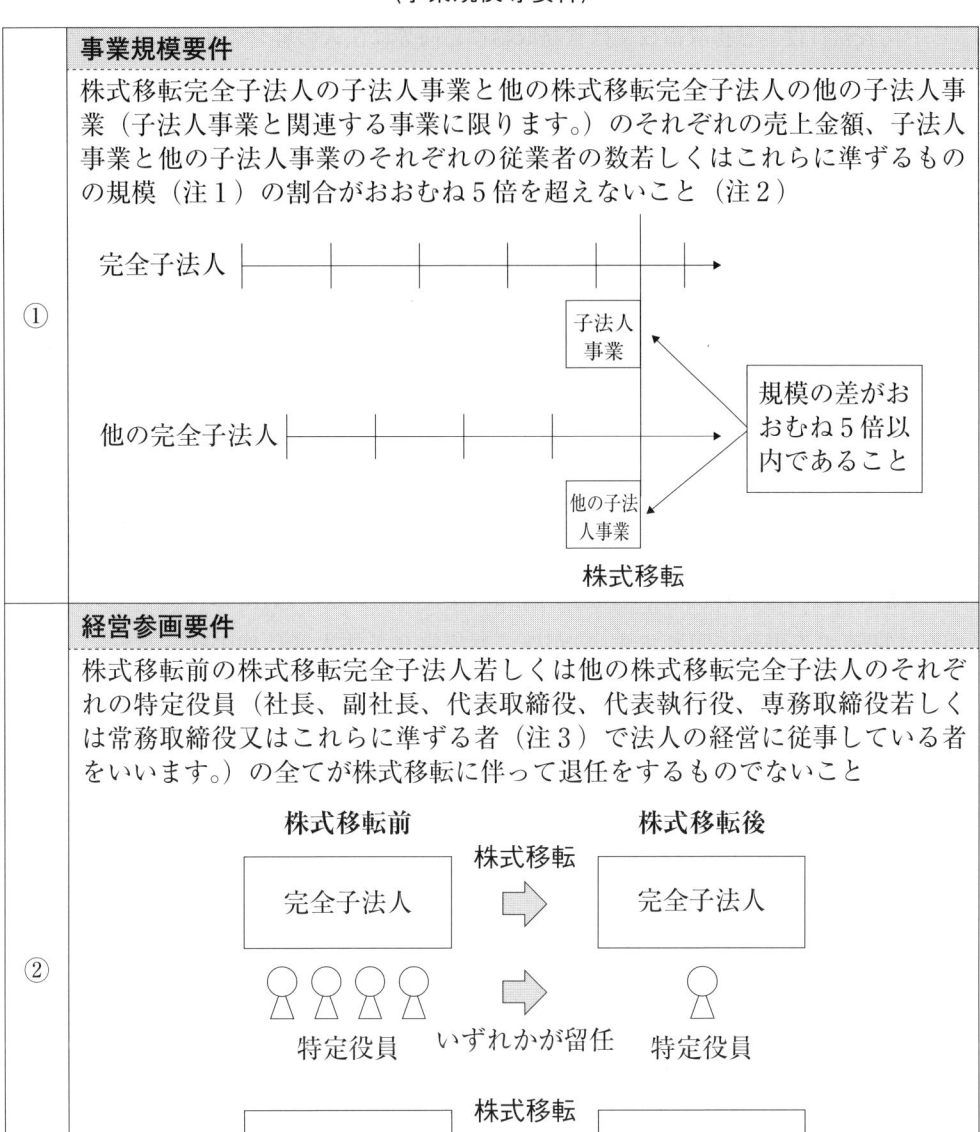

株式移転完全子法人の子法人事業と他の株式移転完全子法人の他の子法人事業（子法人事業と関連する事業に限ります。）のそれぞれの売上金額、子法人事業と他の子法人事業のそれぞれの従業者の数若しくはこれらに準ずるものの規模（注１）の割合がおおむね５倍を超えないこと（注２）

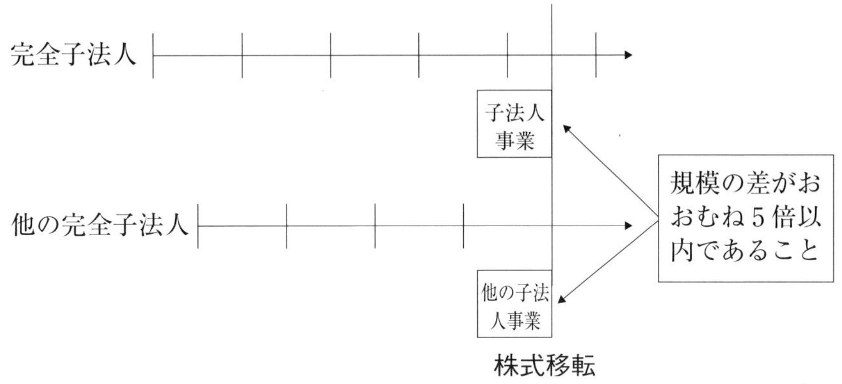

②

経営参画要件

株式移転前の株式移転完全子法人若しくは他の株式移転完全子法人のそれぞれの特定役員（社長、副社長、代表取締役、代表執行役、専務取締役若しくは常務取締役又はこれらに準ずる者（注３）で法人の経営に従事している者をいいます。）の全てが株式移転に伴って退任をするものでないこと

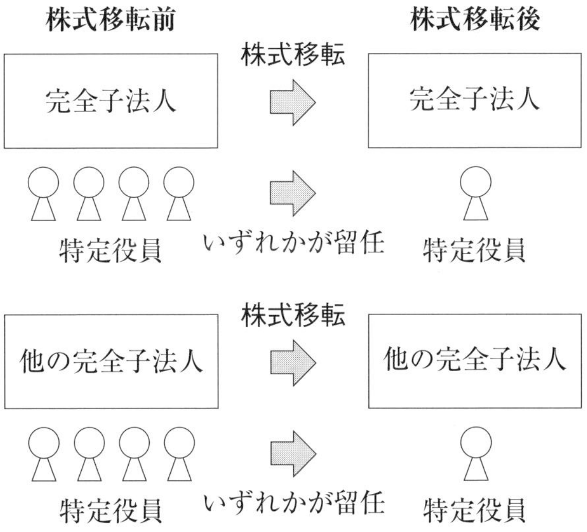

(注)１　「これらに準ずるものの規模」とは、例えば、金融機関における預金量等、客観的・外形的にその事業の規模を表すものと認められる指標をいいます（法基通１－４－６）。

２　事業の規模の割合がおおむね５倍を超えないかどうかは、これらのいずれか一の指標が要件を満たすかどうかにより判定します（法基通１－４－６(注)）。

3　「これらに準ずる者」とは、役員又は役員以外の者で、社長、副社長、代表取締役、代表執行役、専務取締役又は常務取締役と同等に法人の経営の中枢に参画している者をいいます（法基通１－４－７）。

⑷　従業者継続従事要件

株式移転完全子法人又は他の株式移転完全子法人の株式移転の直前の従業者のうち、それぞれの総数のおおむね80％以上に相当する数の者がそれぞれ株式移転完全子法人又は他の株式移転完全子法人の業務に引き続き従事することが見込まれていることをいいます（法令４の３㉔三）。その基本的な内容は、上記２⑶の従業者継続従事要件と同じです。

⑸　事業継続要件

株式移転完全子法人又は他の株式移転完全子法人の子法人事業又は他の子法人事業（相互に関連する事業に限ります。）が株式移転完全子法人又は他の株式移転完全子法人において引き続き行われることが見込まれていることをいいます（法令４の３㉔四）。その基本的な内容は、上記２⑷の事業継続要件と同じです。

⑹　株式継続保有要件

イ　内容

株式移転により交付される株式移転完全親法人の株式（議決権のないもの（注１、２）を除きます。）のうち支配株主（その株式移転の直前にその株式移転完全子法人又は他の株式移転完全子法人と他の者との間に当該他の者による支配関係がある場合における当該他の者及び当該他の者による支配関係があるものをいいます。）に交付されるもの（以下、対価株式（注３）といいます。）の全部が支配株主により継続して保有されることが見込まれていることをいいます（法令４の３㉔五）。なお、株式移転後に適格合併が行われることが見込まれている場合には、下記ロを参照してください。

㈡1　次のものは、議決権のないものに含まれます（法規３の３①、法基通１－４－２㈡）

①　金銭等不交付要件における１株未満の株式（上記１⑴参照）

②　一定の事由が生じたことを条件として議決権を有することとなる旨の定めがある株式で、その事由が生じていないもの

2　次のものは、議決権のないものには含まれません（法規３の３②）。

①　会社法879条３項の規定により議決権を有するものとみなされる株式

②　会社法109条２項の規定により株主総会において決議をすることができる事項の全部につき議決権を行使することができない旨を定められた株主が有する株式

③　単元株式数に満たない株式

3　株式移転により株式移転完全子法人の株主に交付される株式（以下、交付株式といいます。）が会社法135条３項その他の法令の規定によりその株主による保有の制限をされる株式である場合には、その交付株式は、対価株式に含まれません（法規３の３③）。

〈株式移転の場合の株式継続保有要件の判定例〉

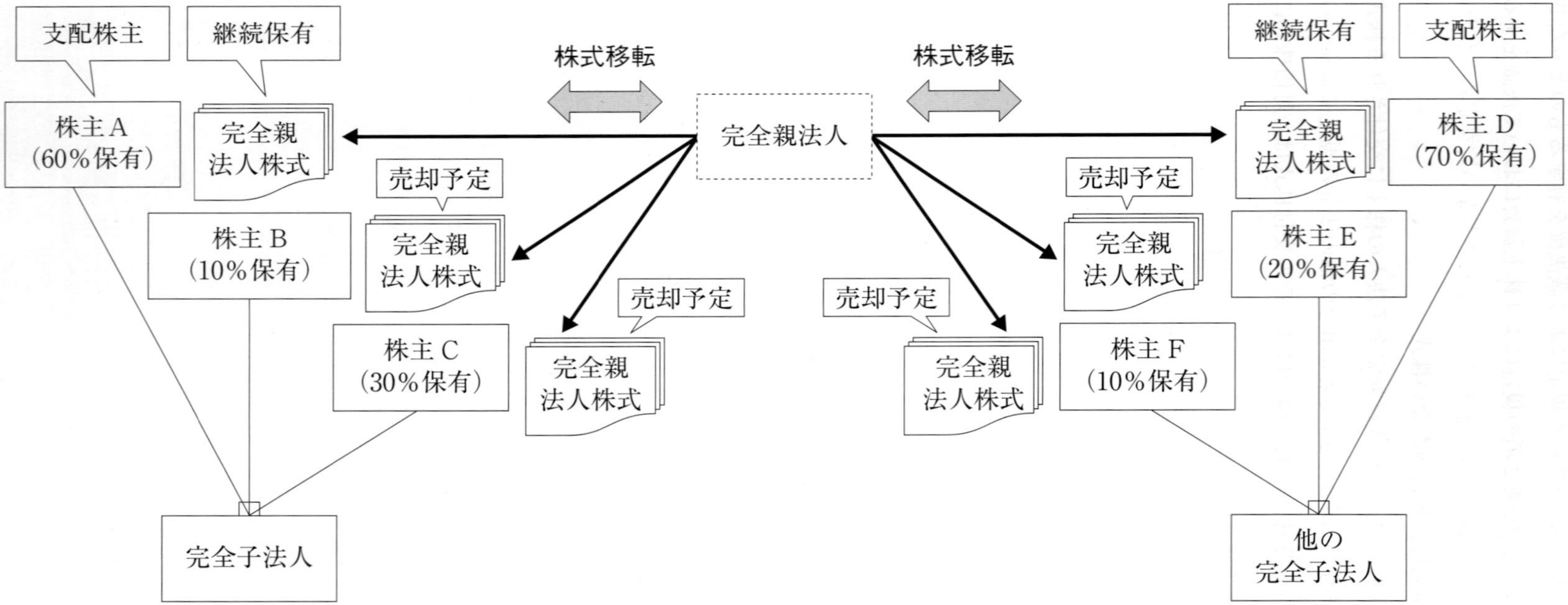

上記図では、株主Ａは、株式移転完全子法人の株式の50％超（60％）を保有し、株式移転完全子法人との間に株主Ａによる支配関係があるため、支配株主となり、一方で、株主Ｄは、他の株式移転完全子法人の株式の50％超（70％）を保有し、他の株式移転完全子法人との間に株主Ｄによる支配関係があるため、支配株主となります。

また、株主Ｂ、株主Ｃ、株主Ｅ及び株主Ｆは、株式移転完全子法人又は他の株式移転完全子法人の株式の50％未満（10％、30％、20％及び10％）の保有であり、支配株主との間に支配関係がないため、支配株主に該当しないことになります。

上記図の場合には、支配株主である株主Ａ及び株主Ｄが、交付される株式移転完全親法人の株式の全部を継続して保有する見込みのため、この要件を満たすことになります。なお、株主Ｂ、株主Ｃ、株主Ｅ及び株主Ｆは支配株主ではないため、売却する見込みであっても、要件に影響はありません。

仮に株主Ａ又は株主Ｄが、交付される株式移転完全親法人の株式を１株でも売却する見込みの場合には、この要件を満たさないことになります。

ロ　株式移転後に適格合併を行うことが見込まれている場合

㈠　支配株主を被合併法人とする適格合併の場合

株式移転後に行われる適格合併によりその対価株式がその適格合併に係る合併法人に移転することが見込まれている場合には、その適格合併に係る合併法人が支配株主に含まれます（法令４の３㉔五かっこ書）。

〈株式移転後の適格合併によりその対価株式がその適格合併に係る合併法人に移転することが見込まれている場合〉

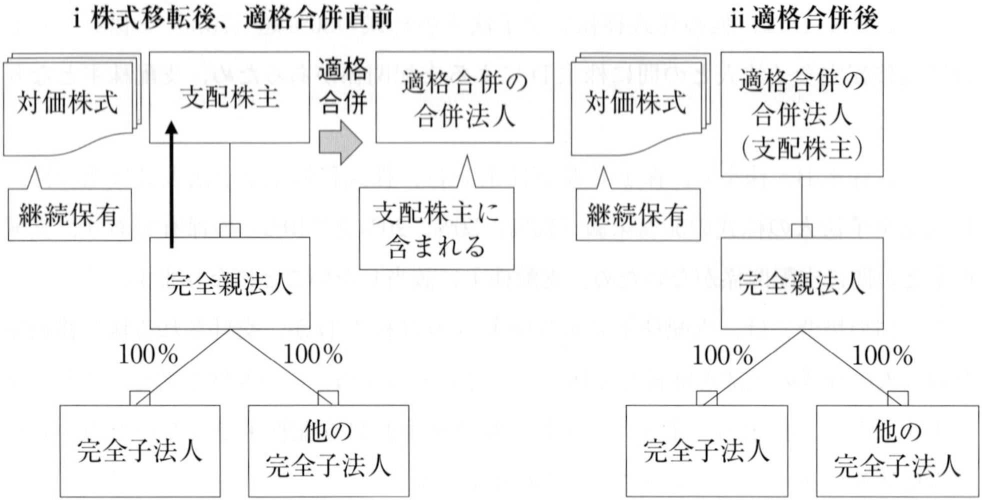

(ロ)　株式移転完全親法人を被合併法人とする適格合併の場合

株式移転後に株式移転完全親法人を被合併法人とする適格合併を行うことが見込まれている場合で、株式移転の時から適格合併の直前の時までその対価株式の全部が支配株主により継続して保有されることが見込まれている場合には、上記イの対価株式の全部が支配株主により継続して保有されることが見込まれていることに含まれます（法令4の3㉔五かっこ書）。

〈株式移転後に株式移転完全親法人を被合併法人とする適格合併を行うことが見込まれている場合〉

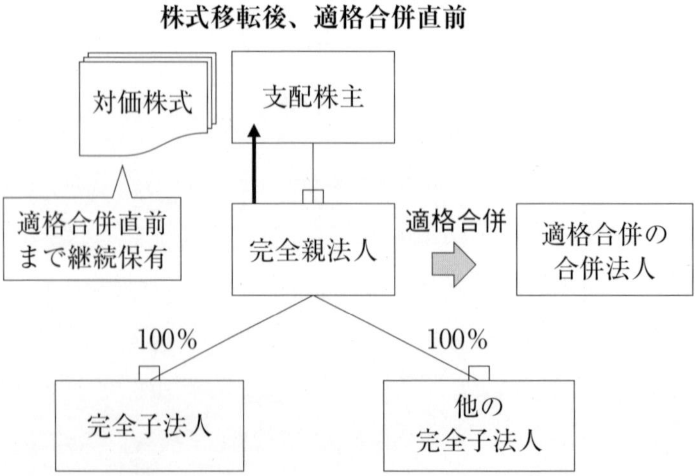

⑺　組織再編後完全支配関係継続要件

株式移転後に株式移転完全子法人と他の株式移転完全子法人との間に株式移転完全親法人㈱による完全支配関係が継続することが見込まれていることをいいます（法令４の３㉔六）。

また、組織再編後完全支配関係継続要件には、次の①から③が含まれます（法令４の３㉔六かっこ書）。

①　株式移転後に株式移転完全子法人を被合併法人とする適格合併を行うことが見込まれている場合には、次に掲げる要件の全てに該当すること

ⅰ　株式移転後に株式移転完全親法人と他の株式移転完全子法人との間に株式移転完全親法人による完全支配関係が継続すること（株式移転後に②に掲げる適格合併を行うことが見込まれている場合には、②ⅱに掲げる要件に該当すること）

ⅱ　株式移転の時から適格合併の直前の時まで株式移転完全親法人と株式移転完全子法人との間に株式移転完全親法人による完全支配関係が継続すること

②　株式移転後に他の株式移転完全子法人を被合併法人とする適格合併を行うことが見込まれている場合には、次に掲げる要件の全てに該当すること

ⅰ　株式移転後に株式移転完全親法人と株式移転完全子法人との間に株式移転完全親法人による完全支配関係が継続すること（株式移転後に①に掲げる適格合併を行うことが見込まれている場合には、①ⅱに掲げる要件に該当すること）

ⅱ　株式移転の時から適格合併の直前の時まで株式移転完全親法人と他の株式移転完全子法人との間に株式移転完全親法人による完全支配関係が継続すること

③　株式移転後に株式移転完全子法人又は他の株式移転完全子法人を合併法人、分割承継法人若しくは被現物出資法人（合併法人等）とする適格合併、適格分割若しくは適格現物出資（適格合併等）（①又は②に掲げる適格合併及び合併親法人株式が交付される適格合併並びに分割承継親法人株式が交付される適格分割を除きます。）が行われることが見込まれている場合には、株式移転の時から適格合併等の直前の時まで株式移転完全親法人と株式移転完全子法人及び他の株式移転完全子法人との間に株式移転完全親法人による完全支配関係が継続し、適格合併等後に次に掲げる要件の全てに該当すること

ⅰ　株式移転完全親法人（株式移転完全親法人による完全支配関係がある法人を含みます。）が株式移転完全子法人又は他の株式移転完全子法人（適格合併等に係る合併法人等となるものに限ります。）の適格合併等の直前の発行済株式

等の全部に相当する数の株式を継続して保有すること

ⅱ　株式移転完全親法人と株式移転完全子法人又は他の株式移転完全子法人（適格合併等に係る合併法人等となるものを除きます。）との間に株式移転完全親法人による完全支配関係が継続すること

(注)　株式移転後に株式移転完全親法人を被合併法人とする適格合併を行うことが見込まれている場合には、適格合併に係る合併法人は、適格合併後においては株式移転完全親法人とみなすこととされています（法令4の3㉕八、下記8の8参照）。

〈組織再編後完全支配関係継続要件〉

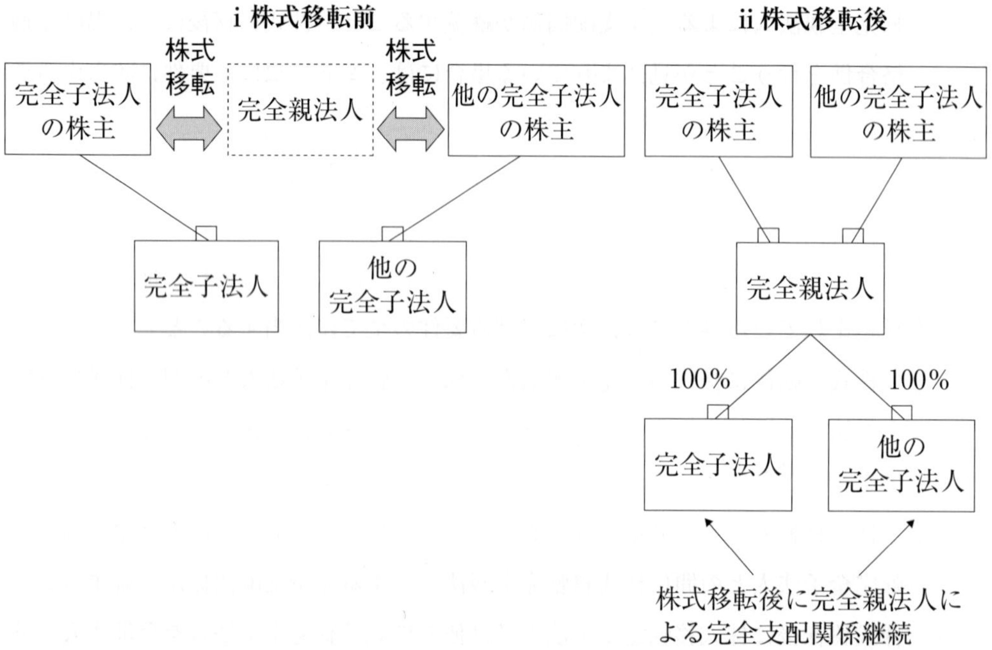

〈株式移転後に株式移転完全親法人を被合併法人とする適格合併を行うことが見込まれている場合〉

ⅰ 株式移転後、適格合併直前　　**ⅱ 適格合併後**

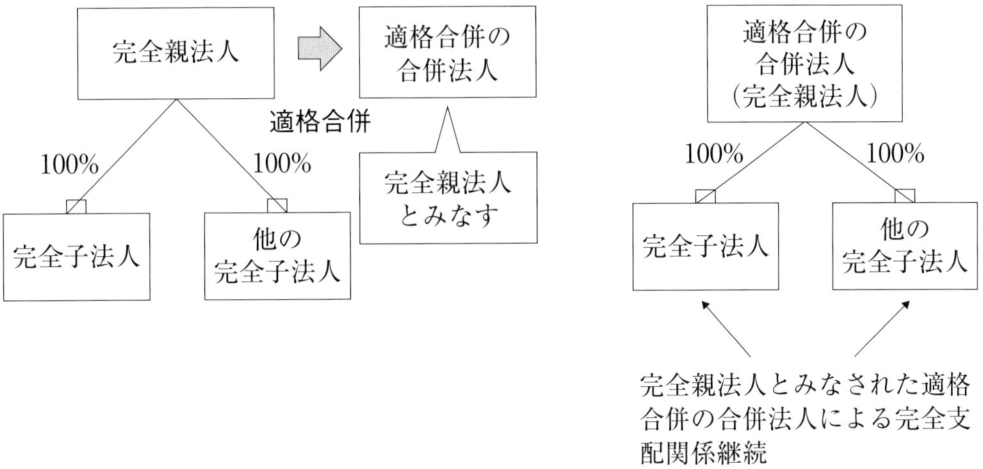

〈株式移転後に株式移転完全子法人又は他の株式移転完全子法人を被合併法人とする適格合併を行うことが見込まれている場合〉

株式移転後、適格合併直前

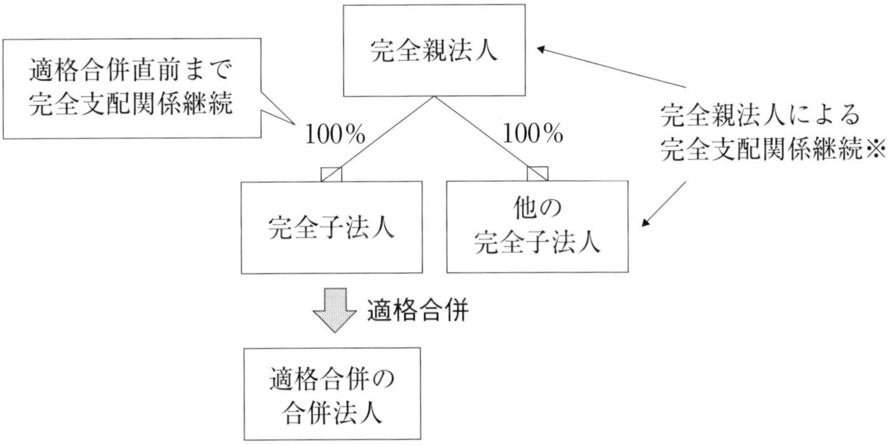

※株式移転後に他の株式移転完全子法人を被合併法人とする適格合併を行うことが見込まれている場合には株式移転後からその適格合併直前まで完全支配関係継続

〈株式移転後に株式移転完全子法人又は他の株式移転完全子法人を合併法人等とする適格合併等が行われることが見込まれている場合〉

ⅰ株式移転後、適格合併等直前

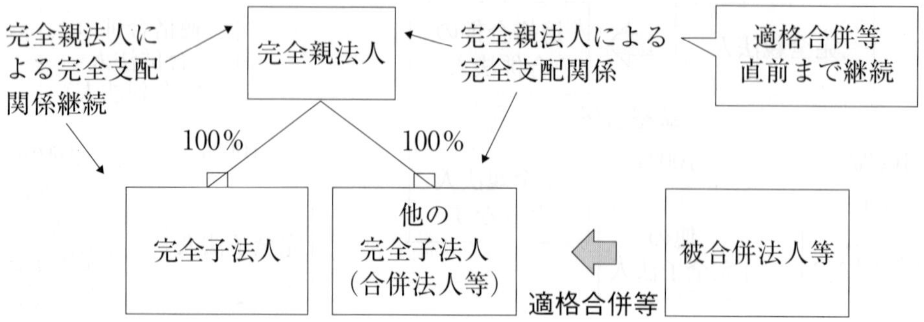

ⅱ適格合併等後

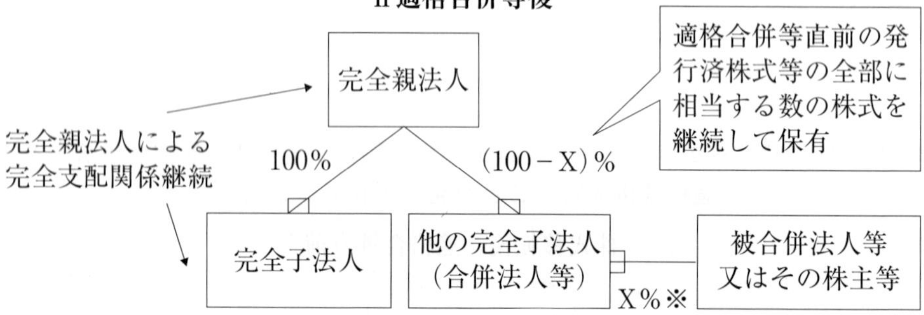

※継続保有の必要はない。

【株式移転の適格要件のまとめ】

各要件	完全支配関係がある場合	支配関係がある場合	共同事業を行う場合
金銭等不交付要件	必要	必要	必要
完全支配関係（支配関係）継続要件	必要	必要	−
従業者継続従事要件	−	必要	必要
事業継続要件	−	必要	必要
事業関連性要件	−	−	必要
事業規模等要件	−	−	必要
株式継続保有要件㈷	−	−	必要
組織再編後完全支配関係継続要件	−	−	必要

㈷　株式移転の直前に株式移転完全子法人の全てについて他の者との間に当該他の者による支配関係がない場合には要件とされません。

第８　組織再編成後に適格合併を行うことが見込まれている場合の完全支配関係継続要件等の判定

1　親法人を被合併法人とする適格合併を行うことが見込まれている場合

次に掲げる組織再編成後に、それぞれの組織再編成に係る親法人を被合併法人とする適格合併を行うことが見込まれている場合には、その適格合併に係る合併法人は、適格合併後においては、その親法人とみなして、それぞれの組織再編成における金銭等不交付要件に係る合併親法人、分割承継親法人及び株式交換完全支配親法人の判定をすることとされています（法令４の３㉕一）。これは、適格合併が２回以上行われることが見込まれている場合も同様であり、それぞれの適格合併に係る合併法人をその親法人とみなして判定することになります。

①　第１の１⑴ロの当初合併

②　第２の１⑴ロの分割

③　第６の２⑴ロの株式交換

〈当初合併後に親法人を被合併法人とする適格合併を行うことが見込まれている場合（上記①の当初合併の場合）〉

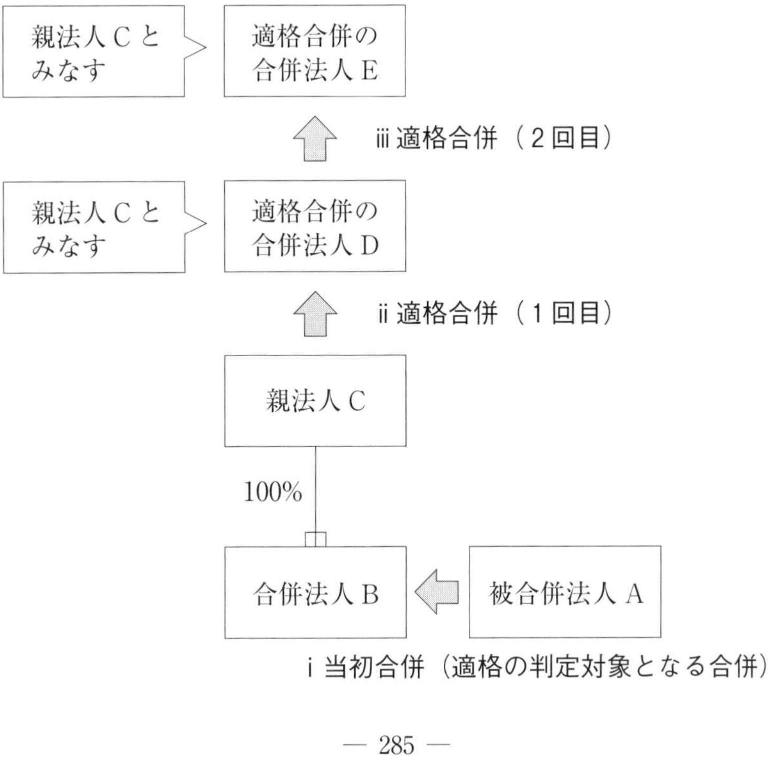

上記の図の場合の金銭等不交付要件に係る合併親法人の判定は、次のようになります。

① ｉの当初合併前は、合併法人Ｂと親法人Ｃとの間に親法人Ｃによる完全支配関係があること
② ｉの当初合併後からⅱの適格合併前までの間は、親法人Ｃと合併法人Ｂとの間に親法人Ｃによる完全支配関係が継続することが見込まれていること
③ ⅱの適格合併後からⅲの適格合併前までの間は、親法人Ｃとみなされた合併法人Ｄと合併法人Ｂとの間に合併法人Ｄによる完全支配関係が継続することが見込まれていること
④ ⅲの適格合併後は、親法人Ｃとみなされた合併法人Ｅと合併法人Ｂとの間に合併法人Ｅによる完全支配関係が継続することが見込まれていること

2　同一の者を被合併法人とする適格合併を行うことが見込まれている場合

次に掲げる組織再編成後に、それぞれの組織再編成に係る同一の者を被合併法人とする適格合併を行うことが見込まれている場合には、その適格合併に係る合併法人は、適格合併後においては、その同一の者とみなして、それぞれの組織再編成に係る完全支配関係継続要件又は支配関係継続要件を判定することとされています（法令４の３㉕二）。これは、適格合併が２回以上行われることが見込まれている場合も同様であり、それぞれの適格合併に係る合併法人をその同一の者とみなして判定することになります。

① 第１の１⑵ロの当初合併
② 第１の２⑵ロの当初合併
③ 第２の１⑵ロ㈠の分割型分割、㈡の分割、㈢の単独新設分割、㈣の複数新設分割
④ 第２の２⑵ロ㈠の分割型分割、㈡の分割、㈢の単独新設分割、㈣の複数新設分割
⑤ 第３の２⑵ロ㈠の現物出資、㈡の単独新設現物出資、㈢の複数新設現物出資
⑥ 第３の３⑵ロ㈠の現物出資、㈡の単独新設現物出資、㈢の複数新設現物出資
⑦ 第６の２⑵ロの株式交換（㈢ａの同一の者を除きます。）
⑧ 第６の３⑵ロの株式交換等（㈢ａの同一の者を除きます。）
⑨ 第７の１⑵イの株式移転（㈣ａの同一の者を除きます。）
⑩ 第７の２⑵ロの株式移転（㈣ａの同一の者を除きます。）

〈当初合併後に同一の者を被合併法人とする適格合併を行うことが見込まれている場合
(上記①の当初合併の場合)〉

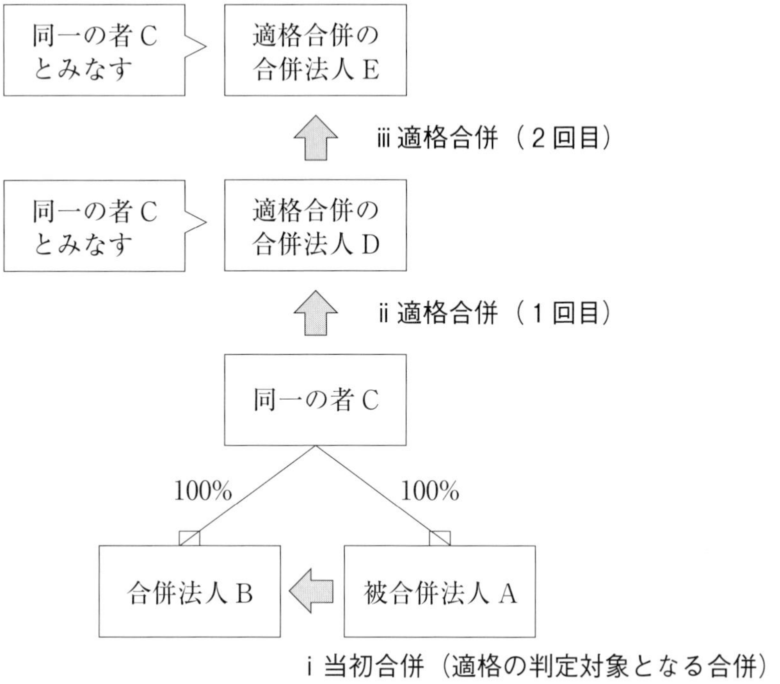

上記の図の場合の完全支配関係継続要件の判定は、次のようになります。

①　ⅰの当初合併前は、被合併法人Ａと合併法人Ｂとの間に同一の者Ｃによる完全支配関係があること

②　ⅰの当初合併後からⅱの適格合併前までの間は、同一の者Ｃと合併法人Ｂとの間に同一の者Ｃによる完全支配関係が継続することが見込まれていること

③　ⅱの適格合併後からⅲの適格合併前までの間は、同一の者Ｃとみなされた合併法人Ｄと合併法人Ｂとの間に合併法人Ｄによる完全支配関係が継続することが見込まれていること

④　ⅲの適格合併後は、同一の者Ｃとみなされた合併法人Ｅと合併法人Ｂとの間に合併法人Ｅによる完全支配関係が継続することが見込まれていること

3　いずれか一方の法人を被合併法人とする適格合併を行うことが見込まれている場合

次に掲げる組織再編成後に、それぞれの組織再編成に係る「いずれか一方の法人」を被合併法人とする適格合併を行うことが見込まれている場合には、その適格合併に係る合併法人は、適格合併後においては、その「いずれか一方の法人」とみなして、それぞれの組織再編成に係る完全支配関係継続要件又は支配関係継続要件を判定する

こととされています（法令４の３㉕三）。これは、適格合併が２回以上行われることが見込まれている場合も同様であり、それぞれの適格合併に係る合併法人をその「いずれか一方の法人」とみなして判定することになります。

①　第２の１⑵イ㈺の分割、㈡の複数新設分割

②　第２の２⑵イ㈺の分割、㈡の複数新設分割

③　第３の２⑵イ㈵の現物出資、㈧の複数新設現物出資

④　第３の３⑵イ㈵の現物出資、㈧の複数新設現物出資

〈分割後に「いずれか一方の法人」を被合併法人とする適格合併を行うことが見込まれている場合（上記①の分割の場合）〉

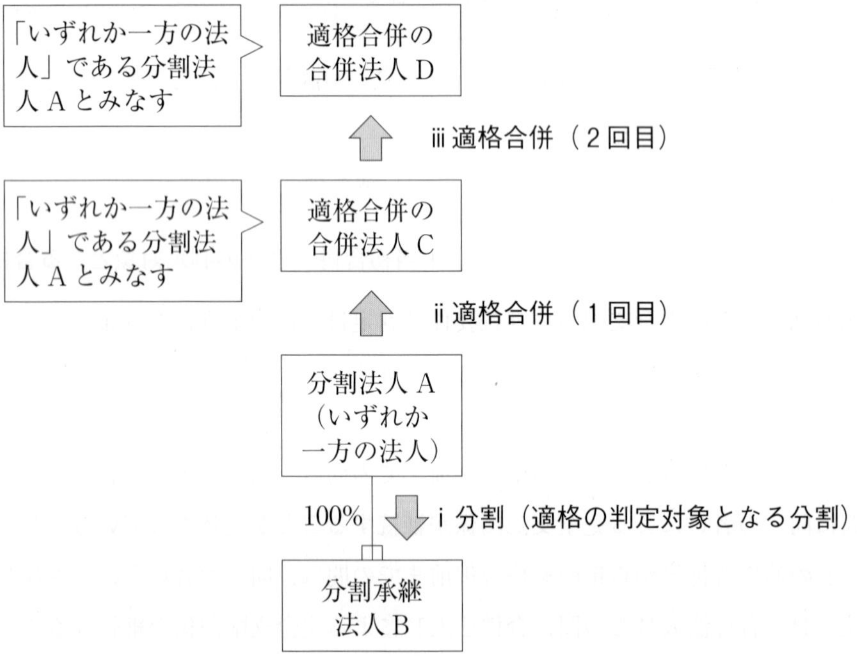

上記の図の場合の完全支配関係継続要件の判定は、次のようになります。

①　ⅰの分割前は、分割法人Ａと分割承継法人Ｂとの間に「いずれか一方の法人」である分割法人Ａによる完全支配関係があること

②　ⅰの分割後からⅱの適格合併前までの間は、「いずれか一方の法人」である分割法人Ａと分割承継法人Ｂとの間に「いずれか一方の法人」である分割法人Ａによる完全支配関係が継続することが見込まれていること

③　ⅱの適格合併後からⅲの適格合併前までの間は、「いずれか一方の法人」である分割法人Ａとみなされた合併法人Ｃと分割承継法人Ｂとの間に合併法人Ｃに

よる完全支配関係が継続することが見込まれていること

④　ⅲの適格合併後は、「いずれか一方の法人」である分割法人Ａとみなされた合併法人Ｄと分割承継法人Ｂとの間に合併法人Ｄによる完全支配関係が継続することが見込まれていること

4　単独新設分割に係る分割法人を被合併法人とする適格合併を行うことが見込まれている場合

次に掲げる単独新設分割後に、その単独新設分割に係る分割法人を被合併法人とする適格合併を行うことが見込まれている場合には、その適格合併に係る合併法人は、適格合併後においては、その分割法人とみなして、その単独新設分割に係る完全支配関係継続要件又は支配関係継続要件を判定することとされています（法令４の３㉕四)。これは、適格合併が２回以上行われることが見込まれている場合も同様であり、それぞれの適格合併に係る合併法人をその分割法人とみなして判定することになります。

①　第２の１⑵イ㈧の単独新設分割

②　第２の２⑵イ㈧の単独新設分割

〈単独新設分割後に分割法人を被合併法人とする適格合併を行うことが見込まれている場合（上記①の単独新設分割の場合)〉

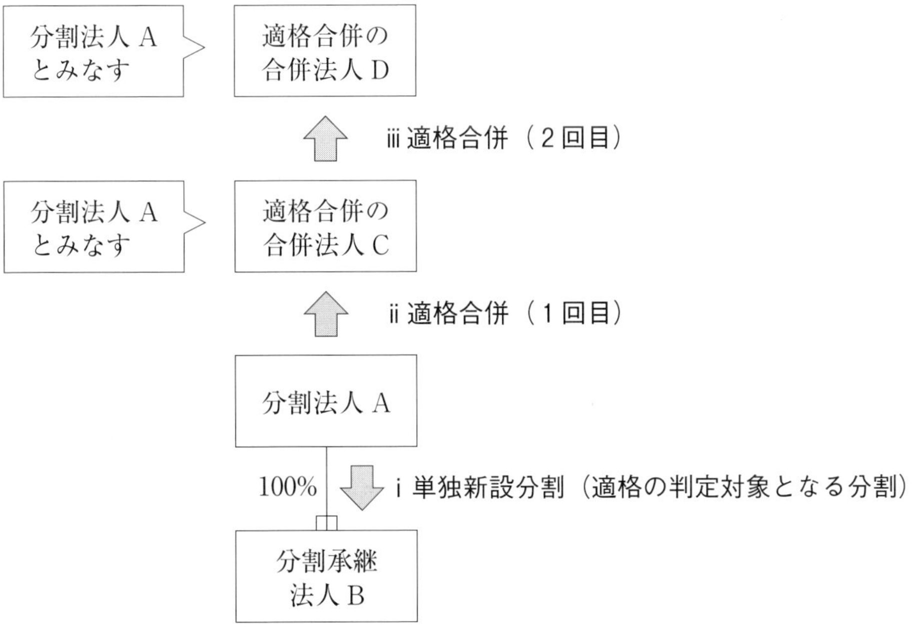

上記の図の場合の完全支配関係継続要件の判定は、次のようになります。

① ⅰの単独新設分割後からⅱの適格合併前までの間は、分割法人Ａと分割承継法人Ｂとの間に分割法人Ａによる完全支配関係が継続することが見込まれていること

② ⅱの適格合併後からⅲの適格合併前までの間は、分割法人Ａとみなされた合併法人Ｃと分割承継法人Ｂとの間に合併法人Ｃによる完全支配関係が継続することが見込まれていること

③ ⅲの適格合併後は、分割法人Ａとみなされた合併法人Ｄと分割承継法人Ｂとの間に合併法人Ｄによる完全支配関係が継続することが見込まれていること

5　単独新設現物出資に係る現物出資法人を被合併法人とする適格合併を行うことが見込まれている場合

次に掲げる単独新設現物出資後に、その単独新設現物出資に係る現物出資法人を被合併法人とする適格合併を行うことが見込まれている場合には、その適格合併に係る合併法人は、適格合併後においては、その現物出資法人とみなして、その単独新設現物出資に係る完全支配関係継続要件又は支配関係継続要件を判定することとされています（法令４の３㉕五）。これは、適格合併が２回以上行われることが見込まれている場合も同様であり、それぞれの適格合併に係る合併法人をその現物出資法人とみなして判定することになります。

① 第３の２⑵イ㈺の単独新設現物出資

② 第３の３⑵イ㈺の単独新設現物出資

〈単独新設現物出資後に現物出資法人を被合併法人とする適格合併を行うことが見込まれている場合（上記①の単独新設現物出資の場合）〉

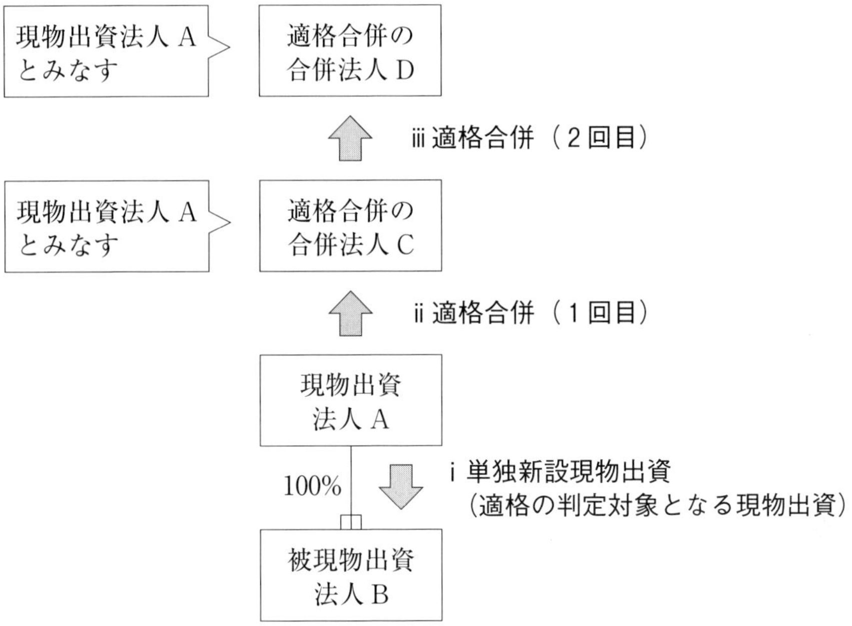

上記の図の場合の完全支配関係継続要件の判定は、次のようになります。

①　ⅰの単独新設現物出資後からⅱの適格合併前までの間は、現物出資法人Ａと被現物出資法人Ｂとの間に現物出資法人Ａによる完全支配関係が継続することが見込まれていること

②　ⅱの適格合併後からⅲの適格合併前までの間は、現物出資法人Ａとみなされた合併法人Ｃと被現物出資法人Ｂとの間に合併法人Ｃによる完全支配関係が継続することが見込まれていること

③　ⅲの適格合併後は、現物出資法人Ａとみなされた合併法人Ｄと被現物出資法人Ｂとの間に合併法人Ｄによる完全支配関係が継続することが見込まれていること

6　株式交換に係る株式交換完全親法人を被合併法人とする適格合併を行うことが見込まれている場合

次に掲げる株式交換後に、その株式交換に係る株式交換完全親法人を被合併法人とする適格合併（次の②の株式交換に係る適格合併にあっては、同一の者と合併法人との間に同一の者による完全支配関係がある場合における適格合併に限ります。）を行うことが見込まれている場合には、その適格合併に係る合併法人は、適格合併後においては、その株式交換完全親法人とみなして、その株式交換に係る完全支配関係継続

要件又は組織再編後完全支配関係継続要件を判定することとされています（法令4の3㉕六）。これは、適格合併が2回以上行われることが見込まれている場合も同様であり、それぞれの適格合併に係る合併法人をその株式交換完全親法人とみなして判定することになります。

① 第6の2(2)イの株式交換

② 第6の2(2)ロの株式交換（(ハ)aの株式交換完全親法人を除きます。）

③ 第6の4(7)の株式交換

〈株式交換後に株式交換完全親法人を被合併法人とする適格合併を行うことが見込まれている場合（上記①の株式交換の場合）〉

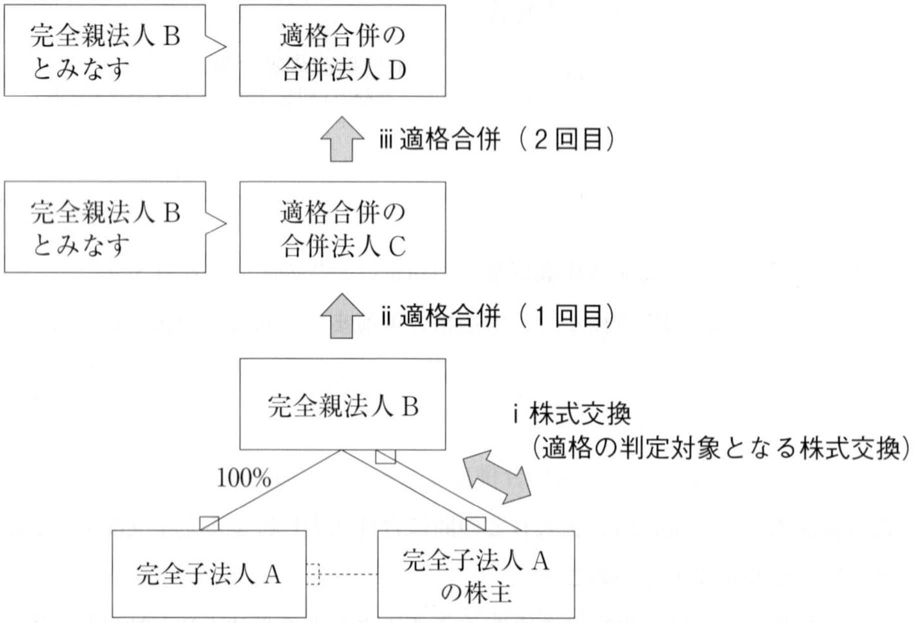

上記の図の場合の完全支配関係継続要件の判定は、次のようになります。

① ｉの株式交換前は、株式交換完全子法人Aと株式交換完全親法人Bとの間に株式交換完全親法人Bによる完全支配関係があること

② ｉの株式交換後からⅱの適格合併前までの間は、株式交換完全子法人Aと株式交換完全親法人Bとの間に株式交換完全親法人Bによる完全支配関係が継続することが見込まれていること

③ ⅱの適格合併後からⅲの適格合併前までの間は、株式交換完全親法人Bとみなされた合併法人Cと株式交換完全子法人Aとの間に合併法人Cによる完全支配関係が継続することが見込まれていること

④　ⅲの適格合併後は、株式交換完全親法人Ｂとみなされた合併法人Ｄと株式交換完全子法人Ａとの間に合併法人Ｄによる完全支配関係が継続することが見込まれていること

7　特定適格合併に係る合併法人を被合併法人とする適格合併を行うことが見込まれている場合

次に掲げる特定適格合併後に、その特定適格合併に係る合併法人を被合併法人とする適格合併を行うことが見込まれている場合には、その適格合併に係る合併法人は、適格合併後においては、その特定適格合併に係る合併法人とみなして、その特定適格合併前に行われた株式交換等又は株式移転に係る完全支配関係継続要件又は支配関係継続要件を判定することとされています（法令４の３㉕七）。これは、適格合併が２回以上行われることが見込まれている場合も同様であり、それぞれの適格合併に係る合併法人をその特定適格合併に係る合併法人とみなして判定することになります。

①　第６の２⑵ロ㈧の特定適格合併

②　第６の３⑵イの特定適格合併

③　第６の３⑵ロ㈧の特定適格合併

④　第７の１⑵イ㈡の特定適格合併

⑤　第７の２⑵イ㈺の特定適格合併

⑥　第７の２⑵ロ㈡の特定適格合併

〈株式交換後の特定適格合併後に特定適格合併に係る合併法人を被合併法人とする適格合併を行うことが見込まれている場合（上記①の特定適格合併の場合）〉

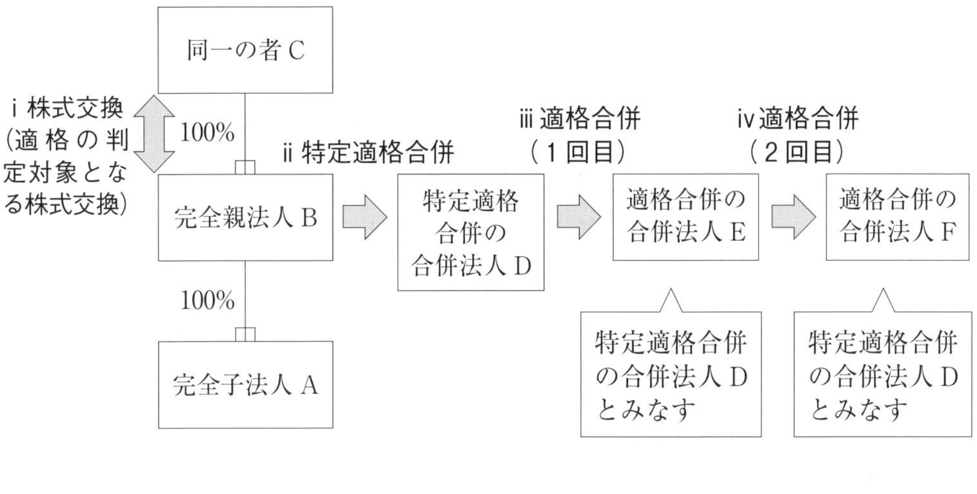

上記の図の場合の完全支配関係継続要件の判定は、次のようになります。

① ｉの株式交換前は、株式交換完全子法人Ａと株式交換完全親法人Ｂとの間に同一の者Ｃによる完全支配関係があること

② ｉの株式交換後からⅱの特定適格合併前までの間は、同一の者Ｃと株式交換完全親法人Ｂ及び株式交換完全子法人Ａとの間に同一の者Ｃによる完全支配関係があり、かつ、株式交換完全子法人Ａと株式交換完全親法人Ｂとの間に株式交換完全親法人Ｂによる完全支配関係が継続することが見込まれていること

③ ⅱの特定適格合併後からⅲの適格合併前までの間は、特定適格合併の合併法人Ｄと株式交換完全子法人Ａとの間に合併法人Ｄによる完全支配関係が継続することが見込まれていること

④ ⅲの適格合併後からⅳの適格合併前までの間は、特定適格合併の合併法人Ｄとみなされた合併法人Ｅと株式交換完全子法人Ａとの間に合併法人Ｅによる完全支配関係が継続することが見込まれていること

⑤ ⅳの適格合併後は、特定適格合併の合併法人Ｄとみなされた合併法人Ｆと株式交換完全子法人Ａとの間に合併法人Ｆによる完全支配関係が継続することが見込まれていること

8　株式移転に係る株式移転完全親法人を被合併法人とする適格合併を行うことが見込まれている場合

次に掲げる株式移転後に、その株式移転に係る株式移転完全親法人を被合併法人とする適格合併（次の①の株式移転に係る適格合併にあっては、同一の者と合併法人との間に同一の者による完全支配関係がある場合における適格合併に限ります。）を行うことが見込まれている場合には、その適格合併に係る合併法人は、適格合併後においては、その株式移転完全親法人とみなして、その株式移転に係る完全支配関係継続要件又は組織再編後完全支配関係継続要件を判定することとされています（法令４の３㉕八）。これは、適格合併が２回以上行われることが見込まれている場合も同様であり、それぞれの適格合併に係る合併法人をその株式移転完全親法人とみなして判定することになります。

① 第７の１⑵イの株式移転（㈡ａの株式移転完全親法人を除きます。）

② 第７の１⑵ロの単独株式移転

③ 第７の３⑺の株式移転

〈株式移転後に株式移転完全親法人を被合併法人とする適格合併を行うことが見込まれている場合（上記②の単独株式移転の場合）〉

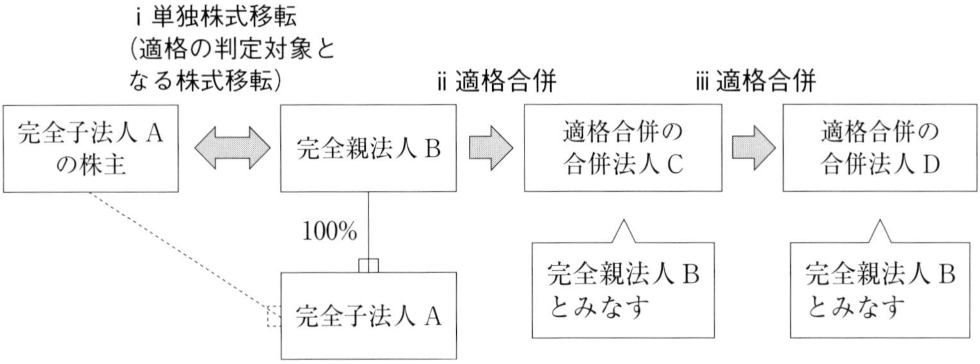

上記の図の場合の完全支配関係継続要件の判定は、次のようになります。

①　ⅰの単独株式移転後からⅱの適格合併前までの間は、株式移転完全子法人Ａと株式移転完全親法人Ｂとの間に株式移転完全親法人Ｂによる完全支配関係が継続することが見込まれていること

②　ⅱの適格合併後からⅲの適格合併前までの間は、株式移転完全親法人Ｂとみなされた合併法人Ｃと株式移転完全子法人Ａとの間に合併法人Ｃによる完全支配関係が継続することが見込まれていること

③　ⅲの適格合併後は、株式移転完全親法人Ｂとみなされた合併法人Ｄと株式移転完全子法人Ａとの間に合併法人Ｄによる完全支配関係が継続することが見込まれていること

第９　事業関連性の判定

共同事業を行う場合の合併の適格要件の一つである事業関連性要件の判定においては、その被合併法人の被合併事業とその合併法人の合併事業とが、次の要件の全てに該当する場合には、事業関連性を有するものとされます（法規３①）。

また、共同事業を行う場合の分割、現物出資、株式交換及び株式移転の事業関連性要件の判定の場合、繰越欠損金の引継ぎ等の制限に係るいわゆるみなし共同事業要件（第６章第１の１⑶ロ他参照）のうち事業関連性要件の判定の場合についても同様です（法規３③、26）。

なお、この要件は、あくまでこれを満たす場合には事業関連性を有するものと判定するというものであり、事業関連性要件の絶対的な要件ではありません。

①	**被合併法人及び合併法人が合併の直前においてそれぞれ次に掲げる要件の全てに該当すること** ⅰ　事務所、店舗、工場その他の固定施設（その本店又は主たる事務所の所在地がある国又は地域にあるこれらの施設に限ります。以下、固定施設といいます。）を所有し、又は賃借していること。 ⅱ　従業者があること。ただし、役員にあっては、その法人の業務に専ら従事するものに限ります。 ⅲ　自己の名義をもって、かつ、自己の計算（注１）において次に掲げるいずれかの行為をしていること（注２） (ⅰ)　商品販売等（商品の販売、資産の貸付け又は役務の提供で、継続して対価を得て行われるものをいい、その商品の開発若しくは生産又は役務の開発を含みます。） (ⅱ)　広告又は宣伝による商品販売等に関する契約の申込み又は締結の勧誘 (ⅲ)　商品販売等を行うために必要となる資料を得るための市場調査 (ⅳ)　商品販売等を行うに当たり法令上必要となる行政機関の許認可等（行政手続法２条３号に規定する許認可等をいいます。）についての同号に規定する申請又はその許認可等に係る権利の保有 (ⅴ)　知的財産権（特許権、実用新案権、育成者権、意匠権、著作権、商標権その他の知的財産に関して法令により定められた権利又は法律上保護される利益に係る権利をいいます。）の取得をするための出願若しくは登録（移転の登録を除きます。）の請求若しくは申請（これらに準ずる手続を含みます。）、知的財産権（実施権及び使用権を含むものとし、商品販売等を行うために必要となるものに限ります。以下、知的財産権等といいます。）の移転の登録（実施権及び使用権にあっては、これらの登録を含みます。）の請求若しくは申請（これらに準ずる手続を含みます。）又は知的財産権若しくは知的財産権等の所有 (ⅵ)　商品販売等を行うために必要となる資産（固定施設を除きます。）の所有又は賃借 (ⅶ)　(ⅰ)から(ⅵ)までに掲げる行為に類するもの
②	**被合併事業と合併事業との間に合併の直前において次に掲げるいずれかの関係があること**（注３） ⅰ　被合併事業と合併事業とが同種のものである場合におけるその被合併事業と合併事業との間の関係 ⅱ　被合併事業に係る商品、資産若しくは役務（注４）又は経営資源（注５）と合併事業に係る商品、資産若しくは役務又は経営資源とが同一のもの又は類似するものである場合におけるその被合併事業と合併事業との間の関係 ⅲ　被合併事業と合併事業とが合併後にその被合併事業に係る商品、資産若しくは役務又は経営資源とその合併事業に係る商品、資産若しくは役務又は経営資源とを活用して行われることが見込まれている場合におけるその被合併事業と合併事業との間の関係

(注)１　「自己の計算」とは、合併後においても、上記①ⅲに該当するかどうかの判定を行う法人自らがその判定を行う際の要件となる商品販売等により収益を獲得すること

が見込まれる状態にあることをいいます。したがって、上記①ⅲ(ⅰ)から(ⅶ)までに掲げる行為が行われていたとしても、それが合併の相手方のために行われるものと認められる場合には、合併後にその判定を行う法人においてその行為により収益を獲得する見込みであるとはいえないため、上記①ⅲの要件に該当しないこととなります（青木孝徳他『平成19年版 改正税法のすべて』283・284頁（大蔵財務協会 平成19年））。

2　他人の名義をもって、かつ自己の計算においてする行為、例えば代理店として他の法人の名義を掲げているものの当該他の法人からは独立して自ら収益を獲得している法人の行為についても含まれることとなります（青木孝徳他『平成19年版 改正税法のすべて』284頁（大蔵財務協会 平成19年））。

3　合併に係る被合併法人の被合併事業とその合併に係る合併法人の合併事業とが、その合併後にその被合併事業に係る商品、資産若しくは役務又は経営資源とその合併事業に係る商品、資産若しくは役務又は経営資源とを活用して一体として行われている場合には、その被合併事業と合併事業とは、上記②の要件に該当するものと推定されます（法規３②）。

4　商品、資産又は役務は、継続して対価を得るためのものであることから、それぞれ販売され、貸し付けられ、又は提供されるものに限ります（青木孝徳他『平成19年版 改正税法のすべて』284頁（大蔵財務協会 平成19年））。

5　「経営資源」とは、事業の用に供される設備、事業に関する知的財産権等、生産技術又は従業者の有する技能若しくは知識、事業に係る商品の生産若しくは販売の方式又は役務の提供の方式その他これらに準ずるものをいいます（法規３①かっこ書）。

第５章　組織再編税制における課税関係

第１　合併

１　非適格合併の場合

(1)　被合併法人の処理

イ　資産負債の時価譲渡

内国法人が非適格合併により合併法人にその有する資産（新設合併における他の被合併法人株式（被合併法人の株式（注１）をいいます。）を含みます。）及び負債の移転をしたときは、合併法人に移転をした資産及び負債の合併の時の価額による譲渡をしたものとして譲渡損益が生じます（法法62①前段、法令123①）。この場合においては、合併により資産及び負債の移転をした内国法人（資本又は出資を有しないものを除きます。）は、合併法人から新株等（合併法人が合併により交付した合併法人株式（合併法人の株式をいいます。）その他の資産（下記(3)イ(ロ)の規定により交付を受けたものとみなされる合併法人株式その他の資産及び下記(3)イ(ハ)の規定により被合併法人の株主等が交付を受けたものとみなされる合併法人株式を含みます。）をいいます。）をその時の価額により取得したものとされます（法法62①後段）。

〈被合併法人の税務仕訳（資産負債の時価譲渡）〉

（借方）		（貸方）	
諸負債	××	諸資産	××
株式等（時価）	××	譲渡益	××

合併により合併法人に移転をした資産及び負債のその移転による譲渡に係る譲渡利益額（合併の時の価額が譲渡に係る原価の額を超える場合における超える部分の金額をいいます。）又は譲渡損失額（譲渡に係る原価の額が合併の時の価額を超える場合における超える部分の金額をいいます。）は、最後事業年度（被合併法人の合併の日の前日の属する事業年度をいいます。）の所得の金額の計算上、益金の額又は損金の額に算入します（法法62②）（注２、３）。

また、内国法人が合併により合併法人に移転をする負債には、その内国法人の法人税（退職年金等積立金に対する法人税その他一定の法人税及び附帯税を除きます。）

及び地方法人税（基準法人税額（退職年金等積立金の額につき一定の方法により計算した法人税額をいいます。）に対する地方法人税その他一定の地方法人税及び附帯税を除きます。）として納付する金額並びに地方税法の規定によりその法人税に係る道府県民税及び市町村民税（都民税及びこれらの税に係る均等割を含みます。）として納付する金額でその申告書の提出期限が合併の日以後であるもの及び内国法人の合併により消滅する新株予約権又は株式引受権に代えて新株予約権又は株式引受権を有する者に交付すべき資産の交付に係る債務が含まれます（法令123②③）。

㈱１　株式会社以外の法人にあっては、出資となります（以下、本章において同じです。）。

２　新設合併において、他の被合併法人株式を移転する場合のその合併の時の価額は、次に掲げる場合のいずれに該当するかに応じそれぞれに掲げる金額とされます（法令123①）。

①　被合併法人の株主等に合併法人株式以外の資産（合併に反対する株主等に対するその買取請求の対価として交付される金銭その他の資産を除きます。）が交付されない場合…当該他の被合併法人株式の合併の直前の帳簿価額に相当する金額

②　①に掲げる場合以外の場合…当該他の被合併法人株式の合併の時の価額（みなし配当の金額がある場合には、そのみなし配当の金額に相当する金額を控除した金額）

３　譲渡に係る原価の額を計算する場合において、資産及び負債に棚卸資産（低価法を適用するものに限ります。）、短期売買商品等（法法61②）、暗号資産信用取引に係る契約（法法61⑦）、売買目的有価証券（法法61の３①一）、有価証券の空売り、信用取引、発行日取引若しくは有価証券の引受けに係る契約（法法61の４①）、デリバティブ取引に係る契約（法法61の５①）、時価ヘッジ処理の規定の適用を受けた売買目的外有価証券（法法61の７①）又は期末時換算法により換算される外貨建資産等（法法61の９②）が含まれていたときは、これらの資産及び負債の金額は、最後事業年度終了の時の帳簿価額によります（法令123の２）。

ロ　合併対価の交付

上記イの内国法人は、直ちにその新株等を内国法人の株主等（被合併法人の株主等）に交付したものとされます（法法62①後段）。この場合、資本金等の額の全額及び利益積立金額の全額が減少する旨を定めた明文規定はありませんが、資本金等の額の全額及び利益積立金額の全額がその新株等の交付原資となります。

〈被合併法人の税務仕訳（株式等の交付）〉

（借方）		（貸方）	
資本金等の額（全額）	××	株式等	××
利益積立金額（全額）	××		

(2) 合併法人の処理

イ　資産負債の時価取得

合併法人は、被合併法人の資産及び負債をその時の価額により取得します（法令32①三他）。

なお、棚卸資産及び減価償却資産については、その時の価額に付随費用を加算した金額により取得しますが（法令32①三、54①六）、デューディリジェンス費用（被合併法人の事業内容や権利義務関係の把握などを内容とする業務委託に要する費用をいいます。）については、付随費用に該当しないため、加算しないこととされています（国税庁 HP 質疑応答「合併に伴うデューディリジェンス費用の取扱い」）。

ロ　資本金等の額

合併により増加する資本金等の額のうち資本金（出資金を含みます。）の額は、会社法その他の法令の規定等により決まります。一方、合併により増加する資本金以外の資本金等の額は、次のようになります（法令８①五）。ただし、被合併法人の全て又は合併法人が資本又は出資を有しない法人である場合には零となります（法令８①五かっこ書）。

〈合併により増加する資本金以外の資本金等の額〉

増加する資本金以外の資本金等の額（注１）	＝	〔純資産価額〕 被合併法人の株主等に交付した合併法人株式、金銭並びに合併法人株式及び金銭以外の資産（注２）並びに抱合株式（注３）に係るみなし割当て（注３）の資産の価額の合計額（注４）	－	（増加資本金額等（注５） ＋ 抱合株式（注３）の帳簿価額及び抱合株式（注３）に係るみなし配当の金額（注６））

㈱１　計算結果がマイナスとなる場合には、資本金等の額から減算します。

２　株主等に対する剰余金の配当等として交付した金銭その他の資産及び合併に反対する株主等に対するその買取請求に基づく対価として交付される金銭その他の資産

を除きます。

3　下記⑶イ㈺を参照してください。

4　無対価合併のうち第４章第１の１⑵ハ②に掲げる関係があるものの場合には、合併により移転を受けた資産（営業権にあっては、独立取引営業権（第７章第２の２参照）に限ります。）の価額（資産調整勘定（第７章第２の４⑴参照）の金額を含みます。）から合併により移転を受けた負債の価額（負債調整勘定（第７章第２の３及び５参照）の金額を含みます。）を控除した金額となります。

5　合併により増加した資本金の額又は出資金の額（新設合併にあっては、その設立の時における資本金の額又は出資金の額）並びに合併により被合併法人の株主等に交付した金銭並びに金銭及び合併法人株式以外の資産（株主等に対する剰余金の配当等として交付した金銭その他の資産及び合併に反対する株主等に対するその買取請求に基づく対価として交付される金銭その他の資産を除きます。）の価額の合計額をいいます。

6　新設合併にあっては抱合株式に交付されるべき金銭及び金銭以外の資産の価額となります。

ハ　利益積立金額

非適格合併の場合には、合併法人では利益積立金額は増加しません。

ニ　抱合株式の処理

合併法人の抱合株式（下記⑶イ㈺参照）に係る譲渡損益の計算において、その譲渡対価の額は抱合株式の合併直前の帳簿価額相当額とされ、譲渡損益は生じません（法法61の２②③）。

なお、他の株主等においてみなし配当（下記⑶イ参照）が生じる場合には、合併法人においても同様にみなし配当が生じます（法法24②③）。

ホ　資産調整勘定又は差額負債調整勘定の計上

移転を受ける資産及び負債の時価純資産価額と交付する金銭等の額とに差額が生じる一定の場合には、正ののれんに相当する資産調整勘定又は負ののれんに相当する差額負債調整勘定を計上します（法法62の８①③）。詳しくは第７章を参照してください。

〈合併法人の税務仕訳〉

（借方）		（貸方）	
諸資産	××	諸負債	××
資産調整勘定	××	資本金	××
		交付金銭等	××
		抱合株式	××
		みなし配当	××
		資本金以外の資本金等の額	××

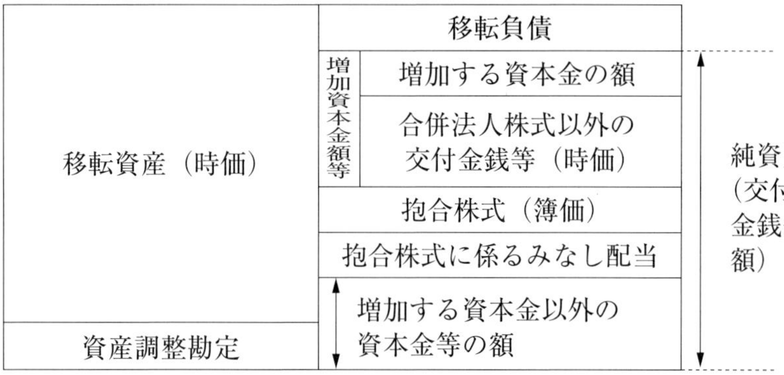

⑶　被合併法人の株主等の処理

イ　みなし配当

㈠　内容

法人（公益法人等及び人格のない社団等を除きます。）の株主等（株主又は合名会社、合資会社若しくは合同会社の社員その他法人の出資者をいいます（法法２十四）。）である内国法人がその法人の非適格合併により金銭その他の資産の交付を受けた場合において、その金銭の額及び金銭以外の資産の価額の合計額がその法人の資本金等の額のうちその交付の基因となったその法人の株式又は出資に対応する部分の金額（下記算式参照）を超えるときは、その超える部分の金額は、剰余金の配当若しくは利益の配当又は剰余金の分配の額又は投資法人による金銭の分配の額とみなされ（法法24①一、法令23①一）、投資法人による金銭の分配の額を除き受取配当等の益金不算入の適用対象になります（法法23①、措法67の15④）。

なお、合併法人は、各株主等に１株当たりのみなし配当の金額その他の一定事項を通知することとされています（法令23④）。

〈みなし配当の金額〉

みなし配当の金額	＝	交付を受けた金銭の額及び金銭以外の資産の価額の合計額	−	資本金等の額のうち交付の基因となった法人の株式又は出資に対応する部分の金額

〈資本金等の額のうち交付の基因となった法人の株式又は出資に対応する部分の金額〉

資本金等の額のうち交付の基因となった法人の株式又は出資に対応する部分の金額	＝	被合併法人の合併の日の前日の属する事業年度終了の時の資本金等の額 ／ 被合併法人のその時の発行済株式等の総数（出資にあっては総額。以下、本章において同じ。）	×	内国法人が合併の直前に有していた被合併法人株式の数（出資にあっては金額。以下、本章において同じ。）

(ロ)　みなし割当て

合併において抱合株式（合併法人が合併直前に有していた被合併法人株式又は被合併法人が合併直前に有していた他の被合併法人株式をいいます。）に対して株式その他の資産の交付を受けなかった場合に、税務上は、抱合株式に対して他の株主等がその有していた被合併法人株式に対して株式その他の資産の交付を受けた基準と同一の基準により、株式その他の資産の交付を受けたものとみなして上記(イ)の規定を適用することとされています（法法24②、法令23⑤）。

(ハ)　合併法人株式の交付が省略されたものと認められる場合のみなし割当て

無対価合併のうち、合併法人株式の交付が省略されたと認められるもの（具体的には、第４章第１の１(2)ハ②に掲げる関係があるもの）の場合には、被合併法人が合併により合併法人に移転をした資産（営業権にあっては、独立取引営業権（第７章第２の２参照）に限ります。）の価額（資産調整勘定（第７章第２の４(1)参照）の金額を含みます。）から被合併法人が合併により合併法人に移転をした負債の価額（負債調整勘定（第７章第２の３及び５参照）の金額を含みます。）を控除した金額を被合併法人のその合併の日の前日の属する事業年度終了の時の発行済株式等の総数で除し、これに被合併法人の株主等が合併の直前に有していた被合併法人株式の数を乗じて計算した金額に相当する合併法人株式の交付を受けたものとみなして、上記(イ)の規定を適用することとされています（法法24③、法令23⑥⑦）。

ロ　譲渡損益

⑴　譲渡損益が生じない場合（譲渡損益の繰延べ）

内国法人が、旧株（内国法人が有していた株式をいいます。）を発行した法人の合併（その法人の株主等に合併法人又は合併法人と合併法人以外の法人との間にその法人による完全支配関係がある場合のその法人（親法人）のうちいずれか一の法人の株式以外の資産（注１）が交付されなかったものに限ります。以下、金銭等不交付合併といいます。）により株式の交付を受けた場合又は旧株を発行した法人の特定無対価合併（注２）により旧株を有しないこととなった場合における旧株の譲渡損益の計算については、その譲渡対価の額は、旧株の金銭等不交付合併又は特定無対価合併の直前の帳簿価額に相当する金額とされ、譲渡損益は生じません（法法61の２②、法令119の７の２①②）。

この場合に取得する合併法人株式又は親法人の株式の取得価額は、旧株の合併の直前の帳簿価額に相当する金額（上記イのみなし配当の金額がある場合にはその金額を、合併法人株式又は親法人の株式の交付を受けるために要した費用がある場合にはその費用の額をそれぞれ加算した金額）となります（法令119①五）。また、特定無対価合併の場合には、旧株の帳簿価額（上記イのみなし配当の金額がある場合にはその金額を加算した金額）をその保有している合併法人株式の帳簿価額に付け替えることとなります（法令119の３⑳、119の４①）。

したがって、被合併法人の株主等においては、旧株の譲渡損益の繰延べが行われることとなります。

㈲１　株主等に対する剰余金の配当等として交付された金銭その他の資産及び合併に反対する株主等に対するその買取請求に基づく対価として交付される金銭その他の資産を除きます（法法61の２②かっこ書）。

２　特定無対価合併とは、無対価合併のうち第４章第１の１⑵ハ②に掲げる関係があるものをいいます（法法61の２②、法令119の７の２②）。

〈被合併法人の株主等の税務仕訳（譲渡損益が生じない場合）〉

（借方）		（貸方）	
合併法人株式等	××	譲渡対価㈲	××
		みなし配当	××
譲渡原価	××	被合併法人株式（旧株）	××

㈲　譲渡原価と同額となります。

〈譲渡対価と譲渡原価を相殺した場合〉

（借方）		（貸方）	
合併法人株式等	××	被合併法人株式（旧株）	××
		みなし配当	××

(ロ)　譲渡損益が生じる場合

上記(イ)以外の場合には、被合併法人株式を時価で譲渡したものとして譲渡損益が生じます。ただし、その譲渡対価の額からは、上記イのみなし配当の金額が控除されます（法法61の２①）。

この場合に取得する合併法人株式その他の株式の取得価額は、その時の価額となります（法令119①二十七）。

〈被合併法人の株主等の税務仕訳（譲渡損益が生じる場合）〉

（借方）		（貸方）	
合併法人株式等（時価）	××	譲渡対価(注)	××
金銭等	××	みなし配当	××
譲渡原価(注)	××	被合併法人株式	××

(注)　譲渡損益＝譲渡対価－譲渡原価

〈譲渡対価と譲渡原価を相殺した場合〉

（借方）		（貸方）	
合併法人株式等（時価）	××	被合併法人株式	××
金銭等	××	みなし配当	××
		譲渡益	××

２　適格合併の場合

(1)　被合併法人の処理

内国法人が適格合併により合併法人にその有する資産（新設合併における他の被合併法人株式を含みます。）及び負債の移転をしたときは、合併法人に移転をした資産及び負債の適格合併に係る最後事業年度終了の時の帳簿価額による引継ぎをしたものとされ、譲渡損益は生じません（法法62の２①、法令123①、123の３①）。この場合、資本金等の額の全額及び利益積立金額の全額が減少する旨を定めた明文規定はありませんが、被合併法人の資本金等の額の全額及び利益積立金額の全額が合併法人に引き継がれることとなります。

〈被合併法人の税務仕訳（資産負債の簿価引継）〉

（借方）		（貸方）	
諸負債	××	諸資産	××
資本金等の額（全額）	××		
利益積立金額（全額）	××		

また、内国法人が適格合併により合併法人に移転をする負債には、その内国法人の法人税（退職年金等積立金に対する法人税その他一定の法人税及び附帯税を除きます。）及び地方法人税（基準法人税額（退職年金等積立金の額につき一定の方法により計算した法人税額をいいます。）に対する地方法人税その他一定の地方法人税及び附帯税を除きます。）として納付する金額並びに地方税法の規定によりその法人税に係る道府県民税及び市町村民税（都民税及びこれらの税に係る均等割を含みます。）として納付する金額でその申告書の提出期限が合併の日以後であるもの及び内国法人の合併により消滅する新株予約権又は株式引受権に代えて新株予約権又は株式引受権を有する者に交付すべき資産の交付に係る債務（その交付すべき資産が合併法人の新株予約権又は株式引受権であるときは、その債務の帳簿価額は、その消滅する新株予約権又は株式引受権の内国法人におけるその消滅の直前の帳簿価額に相当する金額）が含まれます（法令123②③）。

⑵　合併法人の処理

イ　資産負債の帳簿価額による引継ぎ

内国法人が適格合併により被合併法人から資産及び負債の移転を受けた場合には、その移転を受けた資産及び負債の上記⑴の帳簿価額（その資産又は負債が被合併法人（公益法人等に限ります。）の収益事業以外の事業に属する資産又は負債であった場合には、その移転を受けた資産及び負債の価額としてその内国法人の帳簿に記載された金額）による引継ぎを受けたものとされます（法法62の２④、法令123の３③）。

なお、棚卸資産及び減価償却資産については、その帳簿価額に付随費用を加算した金額が取得価額となりますが（法令28③、54①五）、デューディリジェンス費用については、付随費用に該当しないため、加算しないこととされています（国税庁 HP 質疑応答「合併に伴うデューディリジェンス費用の取扱い」）。

ロ　資本金等の額

合併により増加する資本金等の額のうち資本金（出資金を含みます。）の額は、会社法その他の法令の規定等により決まります。一方、合併により増加する資本金以外の資本金等の額は、次のようになります（法令８①五）。ただし、被合併法人の全て又は合併法人が資本又は出資を有しない法人である場合には零となります（法令８①五かっこ書）。

〈合併により増加する資本金以外の資本金等の額〉

増加する資本金以外の資本金等の額（注１）	＝	〔純資産価額〕 被合併法人の適格合併の日の前日の属する事業年度終了の時における資本金等の額に相当する金額	－	増加資本金額等（注２） ＋ 抱合株式（注３）の帳簿価額

㈨１　計算結果がマイナスとなる場合には、資本金等の額から減算します。

２　合併により増加した資本金の額又は出資金の額（新設合併にあっては、その設立の時における資本金の額又は出資金の額）並びに合併により被合併法人の株主等に交付した金銭並びに金銭及び合併法人株式以外の資産（株主等に対する剰余金の配当等として交付した金銭その他の資産及び合併に反対する株主等に対するその買取請求に基づく対価として交付される金銭その他の資産を除きます。）の価額の合計額とされ、適格合併（金銭等不交付合併に限ります。）により被合併法人の株主等に合併親法人株式（合併親法人（第４章第１の１⑴ロ参照）の株式をいいます。）を交付した場合にあっては、その交付した合併親法人株式の適格合併の直前の帳簿価額とされます。

３　上記１⑶イ㈫を参照してください。

ハ　利益積立金額

適格合併により増加する利益積立金額は、次のようになります（法令９二）。ただし、被合併法人が公益法人等である場合には、被合併法人の適格合併の日の前日の属する事業年度終了の時の利益積立金額に相当する金額となります（法令９二かっこ書）。

〈合併により増加する利益積立金額〉

増加する利益積立金額（注１）	＝	被合併法人から移転を受けた資産の帳簿価額	－	被合併法人から移転を受けた負債の帳簿価額 ＋ 増加する資本金以外の資本金等の額（注２） ＋ 増加資本金額等（注３） ＋ 抱合株式（注４）の帳簿価額

(注)１　計算結果がマイナスとなる場合には、利益積立金額から減算します。
　　２　上記ロの計算式を参照してください。
　　３　上記ロ（注２）を参照してください。
　　４　上記１(3)イ(ロ)を参照してください。

二　抱合株式の処理

合併法人が合併直前に有していた抱合株式に係る譲渡損益の計算において、その譲渡対価の額は抱合株式の合併直前の帳簿価額相当額とされ、譲渡損益は生じません（法法61の２②③）。

なお、適格合併の場合には、みなし配当（上記１(3)イ参照）は生じません（法法24①一）。

〈合併法人の税務仕訳〉

（借方）		（貸方）	
諸資産	××	諸負債	××
		資本金（注１）	××
		交付金銭等（注２）	××
		抱合株式	××
		資本金以外の資本金等の額	××
		利益積立金額	××

(注)１　三角合併で金銭等不交付合併の場合には、交付した合併親法人株式の帳簿価額となります。
　　２　金銭等不交付合併の場合には、生じません。

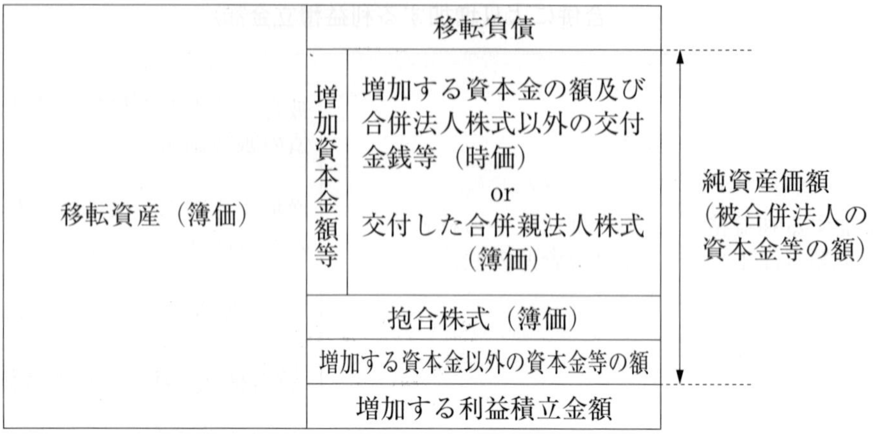

⑶　被合併法人の株主等の処理

イ　みなし配当

適格合併の場合には、みなし配当は生じません（法法24①一）。

ロ　譲渡損益

㈠　譲渡損益が生じない場合（譲渡損益の繰延べ）

内国法人が、旧株（内国法人が有していた株式をいいます。）を発行した法人の合併（金銭等不交付合併に限ります。）によりその株式の交付を受けた場合又は旧株を発行した法人の特定無対価合併により旧株を有しないこととなった場合における旧株の譲渡損益の計算については、その譲渡対価の額は、旧株の金銭等不交付合併又は特定無対価合併の直前の帳簿価額に相当する金額とされ、譲渡損益は生じません（法法61の２②、法令119の７の２①②）。

この場合に取得する合併法人株式又は親法人の株式の取得価額は、旧株の合併の直前の帳簿価額に相当する金額（合併法人株式又は親法人の株式の交付を受けるために要した費用がある場合にはその費用の額を加算した金額）となります（法令119①五）。また、特定無対価合併の場合には、旧株の帳簿価額をその保有している合併法人株式の帳簿価額に付け替えることとなります（法令119の３⑳、119の４①）。

したがって、被合併法人の株主等においては、旧株の譲渡損益の繰延べが行われることとなります。

〈被合併法人の株主等の税務仕訳（譲渡損益が生じない場合）〉

（借方）		（貸方）	
合併法人株式等	××	譲渡対価(注)	××
譲渡原価	××	被合併法人株式（旧株）	××

(注)　譲渡原価と同額となります。

〈譲渡対価と譲渡原価を相殺した場合〉

（借方）		（貸方）	
合併法人株式等	××	被合併法人株式（旧株）	××

(ロ)　譲渡損益が生じる場合

上記(イ)以外の場合には、被合併法人株式を時価で譲渡したものとして譲渡損益が生じます（法法61の２①）。

この場合に取得する合併法人株式その他の株式の取得価額は、その時の価額となります（法令119①二十七）。

〈被合併法人の株主等の税務仕訳（譲渡損益が生じる場合）〉

（借方）		（貸方）	
合併法人株式等（時価）	××	譲渡対価(注)	××
金銭等	××		
譲渡原価(注)	××	被合併法人株式	××

(注)　譲渡損益＝譲渡対価－譲渡原価

〈譲渡対価と譲渡原価を相殺した場合〉

（借方）		（貸方）	
合併法人株式等（時価）	××	被合併法人株式	××
金銭等	××	譲渡益	××

第２　分割型分割

１　非適格分割型分割の場合

⑴　分割法人の処理

イ　資産負債の時価譲渡

内国法人が分割により分割承継法人にその有する資産又は負債の移転をしたときは、分割承継法人に移転をした資産及び負債の分割の時の価額による譲渡をしたものとして、譲渡損益が生じます（法法62①前段）。この場合においては、分割承継法人株式（分割承継法人の株式をいいます。）その他の資産（分割対価資産）を分割の時の価額により取得します（法令119①二十七他）。

なお、分割対価資産の全てが分割法人の株主等に直接に交付される分割型分割及び無対価分割で第４章第２の１⑵ハ①ⅱに掲げる関係がある分割型分割（特定分割型分割）については、分割承継法人から分割対価資産（下記⑶イ㈺の規定により分割法人の株主等が交付を受けたものとみなされる分割承継法人株式を含みます。）をその時の価額により取得したものとされます（法法62①後段、法令122の13）。

〈分割法人の税務仕訳（資産負債の時価譲渡）〉

（借方）		（貸方）	
諸負債	××	諸資産	××
株式等（時価）	××	譲渡益	××

また、内国法人が分割により分割承継法人に移転をする負債には、内国法人の分割により消滅する新株予約権又は株式引受権に代えて新株予約権又は株式引受権を有する者に交付すべき資産の交付に係る債務が含まれます（法令123③）。

ロ　分割対価資産の交付

上記イの内国法人は、直ちに分割対価資産をその株主等（分割法人の株主等）に交付します。

なお、特定分割型分割の場合には、上記イの内国法人は、直ちに分割対価資産をその株主等に交付したものとされます（法法62①後段）。

ハ　資本金等の額

次の算式により計算した金額が資本金等の額の減少額となります（法令８①十五）。

〈分割型分割により減少する資本金等の額〉

減少する資本金等の額（注１）　＝　分割型分割の直前の資本金等の額　×

〔純資産移転割合（注２）〕

分割型分割の直前の移転資産（分割型分割により分割法人から分割承継法人に移転をした資産をいいます。）の帳簿価額から移転負債（分割型分割により分割法人から分割承継法人に移転をした負債をいいます。）の帳簿価額を控除した金額（注３）

／

分割型分割の日の属する事業年度の前事業年度（注４）終了の時の資産の帳簿価額から負債（新株予約権及び株式引受権に係る義務を含みます。）の帳簿価額を減算した金額（注５）

㈱1　計算した金額が分割型分割により分割法人の株主等に交付した分割承継法人株式その他の資産の価額（その分割型分割が特定分割型分割である場合にあっては、分割法人の株主等に交付したものとされる分割対価資産又は分割承継法人株式の価額）を超えるときは、その超える部分の金額を減算した金額となります。

２　分割型分割の直前の資本金等の額が零以下である場合には零と、その直前の資本金等の額及び分子の金額が零を超え、かつ、分母の金額が零以下である場合には１とし、この割合に小数点以下３位未満の端数があるときはこれを切り上げます。

３　その金額が分母の金額を超える場合（分母の金額が零に満たない場合を除きます。）には、分母の金額となります。

４　分割型分割の日以前６月以内に法人税法72条１項に規定する期間について同項各号に掲げる事項を記載した中間申告書を提出し、かつ、その提出した日から分割型分割の日までの間に確定申告書を提出していなかった場合には、その中間申告書に係る同項に規定する期間となります。

５　その終了の時から分割型分割の直前の時までの間に資本金等の額又は利益積立金額（法人税法施行令９条１号及び６号に掲げる金額を除きます。）が増加し、又は減少した場合には、その増加した金額を加算し、又はその減少した金額を減算した金額となります。

ニ　利益積立金額

株主等に交付した金銭の額及び金銭以外の資産の価額の合計額（特定分割型分割にあっては、分割法人の株主等に交付したものとされる分割対価資産又は分割承継法人株式のその特定分割型分割の時の価額）から上記ハの減少する資本金等の額を減算した金額が利益積立金額の減少額となります（法令９九）。

〈分割型分割により減少する利益積立金額〉

減少する利益積立金額 ＝ 交付金銭等の合計額 － 資本金等の額の減少額

〈分割法人の税務仕訳（分割対価資産の交付）〉

（借方）		（貸方）	
資本金等の額	××	株式等	××
利益積立金額	××		

⑵　分割承継法人の処理

イ　資産負債の時価取得

分割承継法人は、分割法人から移転を受けた資産及び負債をその時の価額により取得します（法令32①三他）。

ロ　資本金等の額

分割型分割により増加する資本金等の額のうち資本金（出資金を含みます。）の額は、会社法その他の法令の規定等により決まります。一方、分割型分割により増加する資本金以外の資本金等の額は、次のようになります（法令８①六）。ただし、分割承継法人が資本又は出資を有しない法人である場合には零となります（法令８①六かっこ書）。

〈分割型分割により増加する資本金以外の資本金等の額〉

増加する資本金以外の資本金等の額（注１）	＝	〔純資産価額〕 分割法人（分割対価資産の全てが分割法人の株主等に直接に交付される分割型分割にあっては、その株主等）に交付した分割承継法人株式その他の資産の価額の合計額（注２、３）	－	増加資本金額等（注４） ＋ 無対価分割（注５）の場合の分割法人株式（注６）の分割純資産対応帳簿価額（注７） ＋ みなし割当て（注８）に係るみなし配当の金額

㈱１　計算結果がマイナスとなる場合には、資本金等の額から減算します。

２　法人税法62条の８第１項に規定する非適格合併等（第７章参照）に該当しないもの（無対価分割に該当するものを除きます。）にあっては、移転資産の価額から移転負債の価額を減算した金額となります。

３　無対価分割のうち、第４章第２の１⑵ハ①ⅱに掲げる関係があるものの場合には、移転資産（営業権にあっては、独立取引営業権（第７章第２の２参照）に限ります。）の価額（資産調整勘定（第７章第２の４⑴参照）の金額を含みます。）から移転負債の価額（負債調整勘定（第７章第２の３及び５参照）の金額を含みます。）を控除した金額となります。

４　分割型分割により増加した資本金の額又は出資金の額（新設分割にあっては、その設立の時における資本金の額又は出資金の額）並びに分割型分割により分割法人（その分割型分割が特定分割型分割である場合にあっては、分割法人の株主等）に交付した金銭並びに金銭及び分割承継法人株式以外の資産の価額の合計額をいいます。

５　第４章第２の１⑵ハ①ⅰ又はⅱに掲げる関係があるものに限ります。

６　分割法人の株式をいいます。

７　下記⑶ロ㈠を参照してください。

８　下記⑶イ㈡を参照してください。

ハ　利益積立金額

非適格分割型分割の場合には、分割承継法人の利益積立金額は増加しません。

ニ　資産調整勘定又は差額負債調整勘定の計上

移転を受ける資産及び負債の時価純資産価額と交付する金銭等の額とに差額が生じる一定の場合には、正ののれんに相当する資産調整勘定又は負ののれんに相当する差額負債調整勘定を計上します（法法62の８①③）。詳しくは第７章を参照してください。

〈分割承継法人の税務仕訳（法人税法62条の８の適用がある場合）〉

（借方）		（貸方）	
諸資産	××	諸負債	××
資産調整勘定	××	資本金	××
		交付金銭等	××
		分割法人株式（注１）	××
		みなし配当（注２）	××
		資本金以外の資本金等の額	××

(注)１　無対価分割（第４章第２の１(2)ハ①ⅰ又はⅱに掲げる関係があるものに限ります。）の場合の分割法人株式の分割純資産対応帳簿価額となります。

２　みなし割当て（下記(3)イ(ロ)参照）に係るみなし配当の金額となります。

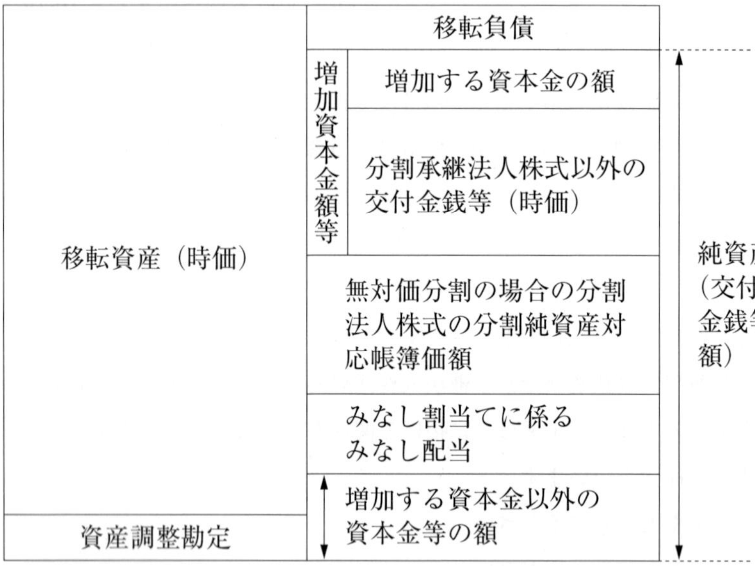

〈分割承継法人の税務仕訳（法人税法62条の８の適用がない場合）〉

（借方）		（貸方）	
諸資産	××	諸負債	××
		資本金	××
		交付金銭等	××
		分割法人株式（注１）	××
		みなし配当（注２）	××
		資本金以外の資本金等の額	××

(注)１　無対価分割（第４章第２の１(2)ハ① i 又は ii に掲げる関係があるものに限ります。）の場合の分割法人株式の分割純資産対応帳簿価額となります。

２　みなし割当て（下記(3)イ(ロ)参照）に係るみなし配当の金額となります。

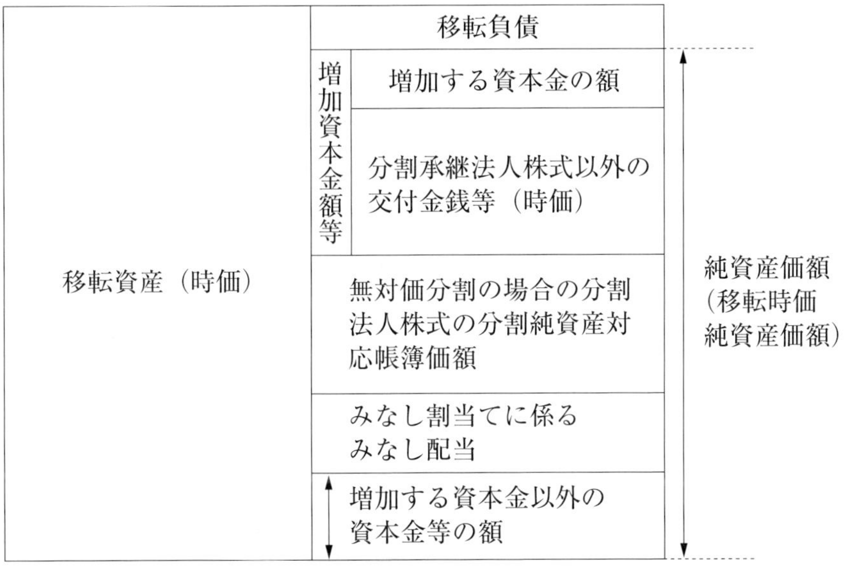

(3)　分割法人の株主等の処理

イ　みなし配当

(イ)　内容

法人（公益法人等及び人格のない社団等を除きます。）の株主等（株主又は合名会社、合資会社若しくは合同会社の社員その他法人の出資者をいいます（法法２十四）。）である内国法人がその法人の非適格分割型分割により金銭その他の資産の交付を受けた場合において、その金銭の額及び金銭以外の資産の価額の合計額がその法人の資本金等の額のうちその交付の基因となったその法人の株式又は出資に対応する部分の金額（下記算式参照）を超えるときは、その超える部分の金額は、剰余金の配当若しくは利益の配当又は剰余金の分配の額とみなされ（法法24①二、法令23①二）、受取配当等の益金不算入の適用対象になります（法法23①）。

なお、分割法人は、各株主等に１株当たりのみなし配当の金額その他一定事項を通知することとされています（法令23④）。

〈みなし配当の金額〉

みなし配当の金額	＝	交付を受けた金銭の額及び金銭以外の資産の価額の合計額	－	資本金等の額のうち交付の基因となった法人の株式又は出資に対応する部分の金額

〈資本金等の額のうち交付の基因となった法人の株式又は出資に対応する部分の金額〉

資本金等の額のうち交付の基因となった法人の株式又は出資に対応する部分の金額	＝	（分割法人の分割型分割の直前の資本金等の額 × 純資産移転割合（注１））／分割法人の分割型分割に係る株式の総数（注２）	×	内国法人が分割型分割の直前に有していた分割法人の分割型分割に係る株式の数

㈲１　上記⑴ハを参照してください。

２　無対価分割のうち、第４章第２の１⑵ハ①ⅱに掲げる関係があるものの場合には、分割型分割の直前の発行済株式等の総数となります。なお、無対価分割については、下記㈺を参照してください。

㈺　分割承継法人株式の交付が省略されたと認められる場合のみなし割当て

無対価分割のうち、分割承継法人株式の交付が省略されたと認められるもの（具体的には、第４章第２の１⑵ハ①ⅱに掲げる関係があるもの）の場合には、分割法人が分割型分割により分割承継法人に移転をした資産（営業権にあっては、独立取引営業権（第７章第２の２参照）に限ります。）の価額（資産調整勘定（第７章第２の４⑴参照）の金額を含みます。）から分割法人が分割型分割により分割承継法人に移転をした負債の価額（負債調整勘定（第７章第２の３及び５参照）の金額を含みます。）を控除した金額を分割法人のその分割型分割直前の発行済株式等の総数で除し、これに分割法人の株主等が分割型分割の直前に有していた分割法人株式の数を乗じて計算した金額に相当する分割承継法人株式の交付を受けたものとみなして、上記(ｲ)の規定を適用することとされています（法法24③、法令23⑥⑦）。

ロ　譲渡損益

(ｲ)　譲渡損益が生じない場合（譲渡損益の繰延べ）

内国法人が所有株式（その内国法人が有する株式をいいます。）を発行した法人の行った分割型分割により分割承継法人株式その他の資産の交付を受けた場合には、その所有株式のうち分割型分割により分割承継法人に移転した資産及び負債に対応する部分の譲渡を行ったものとみなして、譲渡損益の計算を行います。この場合において、分割対価資産として分割承継法人又は分割承継法人と分割承継法人以外の法人との間にその法人による完全支配関係がある場合のその法人（親法人）のうちいずれか一の法人の株式以外の資産が交付されなかったもの（その株式が分割法人の発行済株式等の総数又は総額のうちに占めるその分割法人の各株主等の有するその分割法人株式の数又は金額の割合に応じて交付されたものに限ります。以下、金銭等不交付分割型分割といいます。）により分割承継法人株式又は親法人の株式の交付を受けたときにおける譲渡損益の計算については、譲渡対価の額及び譲渡原価の額は、いずれもその所有株式の分割型分割の直前の分割純資産対応帳簿価額（下記算式参照）とされ、譲渡損益は生じません（法法61の２④、法令119の７の２③、119の８①）。

この場合に取得する分割承継法人株式又は親法人の株式の取得価額は、分割法人株式の分割純資産対応帳簿価額に相当する金額（上記イのみなし配当の金額がある場合にはその金額を、分割承継法人株式又は親法人の株式の交付を受けるために要した費用がある場合にはその費用の額を、それぞれ加算した金額）となります（法令119①六）。また、無対価分割のうち、第４章第２の１(2)ハ①ⅱに掲げる関係があるものの場合には、所有株式の分割純資産対応帳簿価額をその保有している分割承継法人株式の帳簿価額に付け替える（上記イのみなし配当の金額がある場合には、その金額を加算します。）こととなります（法令119の３㉑㉒、119の４①）。

したがって、分割法人の株主等においては譲渡損益の繰延べが行われることとなります。

〈分割純資産対応帳簿価額〉

分割純資産対応帳簿価額＝分割型分割直前の所有株式の帳簿価額×純資産移転割合㈸

㈸　上記⑴ハを参照してください。

〈分割法人の株主等の税務仕訳（譲渡損益が生じない場合）〉

（借方）		（貸方）	
分割承継法人株式等	××	譲渡対価㈸	××
		みなし配当	××
譲渡原価㈸	××	分割法人株式（所有株式）㈸	××

㈸　分割純資産対応帳簿価額となります。

〈譲渡対価と譲渡原価を相殺した場合〉

（借方）		（貸方）	
分割承継法人株式等	××	分割法人株式（所有株式）	××
		みなし配当	××

㈺　譲渡損益が生じる場合

金銭等不交付分割型分割に該当しない分割型分割により分割承継法人株式その他の資産の交付を受けたときにおける譲渡損益の計算については、分割法人株式を時価で譲渡したものとして譲渡損益が生じます。この場合の譲渡原価の額は、その所有株式の上記㈵の分割純資産対応帳簿価額とされ、譲渡対価の額からは、上記イのみなし配当の金額が控除されます（法法61の２①④、法令119の８①）。

この場合に取得する分割承継法人株式その他の株式の取得価額は、その時の価額となります（法令119①二十七）。

〈分割法人の株主等の税務仕訳（譲渡損益が生じる場合）〉

（借方）		（貸方）	
分割承継法人株式等（時価）	××	譲渡対価（注１）	××
金銭等（時価）	××	みなし配当	××
譲渡原価（注１、２）	××	分割法人株式（注２）	××

㈸１　譲渡損益＝譲渡対価－譲渡原価

２　分割純資産対応帳簿価額となります。

〈譲渡対価と譲渡原価を相殺した場合〉

(借方)		(貸方)	
分割承継法人株式等（時価）	××	分割法人株式	××
金銭等（時価）	××	みなし配当	××
		譲渡益	××

2　適格分割型分割の場合

(1)　分割法人の処理

イ　資産負債の帳簿価額による引継ぎ

内国法人が適格分割型分割により分割承継法人にその有する資産又は負債の移転をしたときは、分割承継法人に移転をした資産及び負債の適格分割型分割の直前の帳簿価額による引継ぎをしたものとされ、譲渡損益は生じません（法法62の2②）。

この場合に取得する分割承継法人株式又は分割承継親法人株式（分割承継親法人（第4章第2の1(1)ロ参照）の株式をいいます。）の取得価額は、次の算式により計算した金額とされます（法法62の2③、法令123の3②）。ただし、適格分割型分割である特定分割型分割の場合には、分割法人による分割承継法人株式等（分割承継法人株式又は分割承継親法人株式をいいます。）の取得はありません（取得したものとする規定もありません。）。したがって、分割承継法人株式等の計上の処理は行わず、下記ロの分割型分割により減少する資本金等の額の算式により計算した資本金等の額の減少の処理を行います（法令8①十五）。

〈分割承継法人株式等の取得価額〉

分割承継法人株式等の取得価額　＝　分割型分割直前の資本金等の額　×　純資産移転割合(注)

(注)　上記1(1)ハの純資産移転割合を参照してください。

なお、内国法人が分割により分割承継法人に移転をする負債には、内国法人の分割により消滅する新株予約権又は株式引受権に代えて新株予約権又は株式引受権を有する者に交付すべき資産の交付に係る債務（適格分割に係るその交付すべき資産が分割承継法人の新株予約権又は株式引受権であるときは、その債務の帳簿価額は、その消滅する新株予約権又は株式引受権の内国法人におけるその消滅の直前の帳簿価額に相当する金額）が含まれます（法令123③）。

また、次の算式により計算した金額が利益積立金額の減少額となります(法令９十)。

〈分割型分割により減少する利益積立金額〉

減少する利益積立金額（注１） ＝ 分割承継法人に移転した資産の帳簿価額 － (分割承継法人に移転した負債の帳簿価額 ＋ 分割型分割により減少する資本金等の額（注２）)

(注)１　計算結果がマイナスとなる場合には、利益積立金額に加算します。
　　２　下記ロの算式を参照してください（分割承継法人株式等の取得価額と同額です。)。

〈分割法人の税務仕訳（資産負債の簿価引継)〉

(借方)		(貸方)	
諸負債	××	諸資産	××
分割承継法人株式等(注)	××		
利益積立金額	××		

(注)　特定分割型分割の場合には、資本金等の額となります。

ロ　分割対価資産の交付

上記イの内国法人（特定分割型分割の場合の内国法人を除きます。）は、直ちに分割承継法人株式等をその株主等に交付します。この場合の分割承継法人株式等の譲渡対価の額及び譲渡原価の額は、いずれも上記イの分割承継法人株式等の取得価額と同額となり、譲渡損益は生じません（法法61の２⑤)。

この場合、次の算式により計算した金額が資本金等の額の減少額となります（法令８①十五)。

〈分割型分割により減少する資本金等の額〉

減少する資本金等の額＝分割型分割の直前の資本金等の額×純資産移転割合(注)

(注)　上記１⑴ハの純資産移転割合を参照してください。

〈分割法人の税務仕訳（分割対価資産の交付）〉

（借方）		（貸方）	
資本金等の額	××	譲渡対価(注)	××
譲渡原価(注)	××	分割承継法人株式等	××

(注)　分割承継法人株式等の取得価額と同額となります。

(2)　分割承継法人の処理

イ　資産負債の帳簿価額による引継ぎ

内国法人が適格分割型分割により分割法人から資産又は負債の移転を受けた場合には、その移転を受けた資産及び負債の上記(1)イの帳簿価額による引継ぎを受けたものとされます（法法62の２④、法令123の３③）。

ロ　資本金等の額

分割型分割により増加する資本金等の額のうち資本金（出資金を含みます。）の額は、会社法その他の法令の規定等により決まります。一方、分割型分割により増加する資本金以外の資本金等の額は、次のようになります（法令８①六）。ただし、分割承継法人が資本又は出資を有しない法人である場合には零となります（法令８①六かっこ書）。

〈分割型分割により増加する資本金以外の資本金等の額〉

増加する資本金以外の資本金等の額（注１）	＝	〔純資産価額〕 分割法人における分割型分割により減少する資本金等の額（注２）に相当する金額	−	（増加資本金額等（注３） ＋ 無対価分割（注４）の場合の分割法人株式の分割純資産対応帳簿価額（注５)）

(注)１　計算結果がマイナスとなる場合には、資本金等の額から減算します。

２　上記(1)ロを参照してください。

３　分割型分割により増加した資本金の額又は出資金の額（新設分割にあっては、その設立の時における資本金の額又は出資金の額）となり、適格分割型分割により分割法人に分割承継親法人株式を交付した場合（三角分割の場合）にあっては、その交付した分割承継親法人株式の適格分割型分割の直前の帳簿価額となります。

４　第４章第２の１(2)ハ①ⅰ又はⅱに掲げる関係があるものに限ります。

5　上記１⑶ロ⑴を参照してください。

ハ　利益積立金額

適格分割型分割により増加する利益積立金額は、次のようになります（法令９三）。

〈分割型分割により増加する利益積立金額〉

増加する利益積立金額（注１）	＝	分割法人から移転を受けた資産の帳簿価額	－	（分割法人から移転を受けた負債の帳簿価額 ＋ 増加した資本金等の額（注２） ＋ 交付した分割承継親法人株式の帳簿価額 ＋ 無対価分割（注３）の場合の分割法人株式の分割純資産対応帳簿価額（注４））

㈲１　計算結果がマイナスとなる場合には、利益積立金額から減算します。

２　新設分割にあっては、設立の時の資本金等の額となります。

３　第４章第２の１⑵ハ①ⅰ又はⅱに掲げる関係があるものに限ります。

４　上記１⑶ロ⑴を参照してください。

〈分割承継法人の税務仕訳〉

（借方）		（貸方）	
諸資産	××	諸負債	××
		資本金（注１）	××
		分割法人株式（注２）	××
		資本金以外の資本金等の額	××
		利益積立金額	××

㈲１　三角分割の場合には、交付した分割承継親法人株式の帳簿価額となります。

２　無対価分割（第４章第２の１⑵ハ①ⅰ又はⅱに掲げる関係があるものに限ります。）の場合の分割法人株式の分割純資産対応帳簿価額となります。

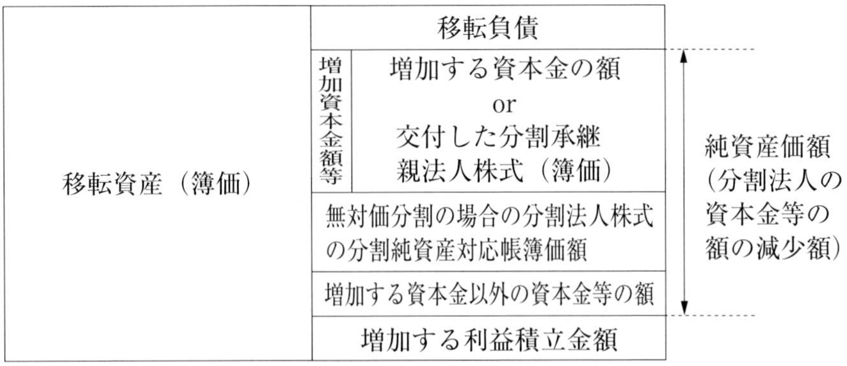
移転資産（簿価）
移転負債
増加資本金額等
増加する資本金の額
or
交付した分割承継
親法人株式（簿価）
無対価分割の場合の分割法人株式
の分割純資産対応帳簿価額
増加する資本金以外の資本金等の額
増加する利益積立金額
純資産価額
（分割法人の
資本金等の
額の減少額）

⑶　分割法人の株主等の処理

イ　みなし配当

適格分割型分割の場合には、みなし配当は生じません（法法24①二）。

ロ　譲渡損益（譲渡損益の繰延べ）

内国法人が所有株式（その内国法人が有する株式をいいます。）を発行した法人の行った分割型分割により分割承継法人株式その他の資産の交付を受けた場合には、その所有株式のうち分割型分割により分割承継法人に移転した資産及び負債に対応する部分の譲渡を行ったものとみなして、譲渡損益の計算を行います。この場合において、金銭等不交付分割型分割（上記１⑶ロ(ｲ)参照）により分割承継法人株式又は親法人（上記１⑶ロ(ｲ)参照）の株式の交付を受けたときにおける譲渡損益の計算については、譲渡対価の額及び譲渡原価の額は、いずれもその所有株式の分割型分割の直前の分割純資産対応帳簿価額（下記算式参照）とされ、譲渡損益は生じません（法法61の２④、法令119の７の２③、119の８①）。

この場合に取得する分割承継法人株式又は親法人の株式の取得価額は、分割法人株式の分割純資産対応帳簿価額に相当する金額（分割承継法人株式又は親法人の株式の交付を受けるために要した費用がある場合にはその費用の額を加算した金額）となります（法令119①六）。また、無対価の適格分割型分割のうち、第４章第２の１⑵ハ①ⅱに掲げる関係があるものの場合には、所有株式の分割純資産対応帳簿価額をその保有している分割承継法人株式の帳簿価額に付け替えることとなります（法令119の３㉑㉒、119の４①）。

したがって、分割法人の株主等においては譲渡損益の繰延べが行われることとなります。

〈分割純資産対応帳簿価額〉

分割純資産対応帳簿価額＝分割型分割直前の所有株式の帳簿価額×純資産移転割合㈱

㈱　上記１⑴ハを参照してください。

〈分割法人の株主等の税務仕訳〉

（借方）		（貸方）	
分割承継法人株式等	××	譲渡対価㈱	××
譲渡原価㈱	××	分割法人株式（所有株式）㈱	××

㈱　分割純資産対応帳簿価額となります。

〈譲渡対価と譲渡原価を相殺した場合〉

（借方）		（貸方）	
分割承継法人株式等	××	分割法人株式（所有株式）	××

第３　分社型分割

１　非適格分社型分割の場合

⑴　分割法人の処理

内国法人が分割により分割承継法人にその有する資産又は負債の移転をしたときは、分割承継法人に移転をした資産及び負債の分割の時の価額による譲渡をしたものとして、譲渡損益が生じます（法法62①）。

この場合に取得する分割承継法人株式その他の資産の取得価額は、分割の時の価額となります（法令119①二十七他）。なお、無対価分割で分割法人が分割承継法人の発行済株式等の全部を保有する関係があるものである場合には、移転資産（その分社型分割により分割承継法人に移転した資産をいい、営業権にあっては、独立取引営業権（第７章第２の２参照）に限ります。）の価額（資産調整勘定（第７章第２の４⑴参照）の金額を含みます。）から移転負債（その分社型分割により分割承継法人に移転した負債をいいます。）の価額（負債調整勘定（第７章第２の３及び５参照）の金額を含みます。）を控除した金額をその保有している分割承継法人株式の帳簿価額に加算することとなります（法令119の３㉓一、119の４①）。

〈分割法人の税務仕訳（資産負債の時価譲渡）〉

（借方）		（貸方）	
諸負債	××	諸資産	××
株式等（時価）	××	譲渡益	××

また、内国法人が分割により分割承継法人に移転をする負債には、内国法人の分割により消滅する新株予約権又は株式引受権に代えて新株予約権又は株式引受権を有する者に交付すべき資産の交付に係る債務が含まれます（法令123③）。

⑵　分割承継法人の処理

イ　資産負債の時価取得

分割承継法人は、分割法人から移転を受けた資産及び負債をその時の価額により取得します（法令32①三他）。

ロ　資本金等の額

分社型分割により増加する資本金等の額のうち資本金（出資金を含みます。）の額は、会社法その他の法令の規定等により決まります。一方、分社型分割により増加する資本金以外の資本金等の額は、次のようになります（法令８①七）。

〈分社型分割により増加する資本金以外の資本金等の額〉

増加する資本金以外の資本金等の額（注１）	＝	〔純資産価額〕 分割法人に交付した分割承継法人株式その他の資産の価額の合計額（注２、３）	－	増加資本金額等（注４）

(注)１　計算結果がマイナスとなる場合には、資本金等の額から減算します。

２　法人税法62条の８第１項に規定する非適格合併等（第７章参照）に該当しないもの（無対価分割に該当するものを除きます。）にあっては、移転資産の価額から移転負債の価額を減算した金額となります。

３　無対価分割で分割法人が分割承継法人の発行済株式等の全部を保有する関係があるものにあっては、移転資産（営業権にあっては、独立取引営業権（第７章第２の２参照）に限ります。）の価額（資産調整勘定（第７章第２の４(1)参照）の金額を含みます。）から移転負債の価額（負債調整勘定（第７章第２の３及び５参照）の金額を含みます。）を控除した金額となります。

４　分社型分割により増加した資本金の額又は出資金の額（新設分割にあっては、その設立の時における資本金の額又は出資金の額）並びに分社型分割により分割法人に交付した金銭並びに金銭及び分割承継法人株式以外の資産の価額の合計額をいいます。

ハ　利益積立金額

非適格分社型分割の場合には、分割承継法人の利益積立金額は増加しません。

ニ　資産調整勘定又は差額負債調整勘定の計上

移転を受ける資産及び負債の時価純資産価額と交付する金銭等の額とに差額が生じる一定の場合には、正ののれんに相当する資産調整勘定又は負ののれんに相当する差額負債調整勘定を計上します（法法62の８①③）。詳しくは第７章を参照してください。

〈分割承継法人の税務仕訳（法人税法62条の８の適用がある場合）〉

（借方）		（貸方）	
諸資産	××	諸負債	××
資産調整勘定	××	資本金	××
		交付金銭等	××
		資本金以外の資本金等の額	××

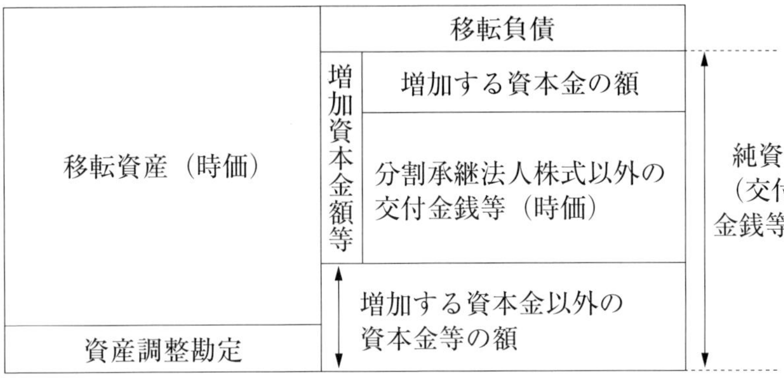

〈分割承継法人の税務仕訳（法人税法62条の８の適用がない場合）〉

（借方）		（貸方）	
諸資産	××	諸負債	××
		資本金	××
		交付金銭等	××
		資本金以外の資本金等	××

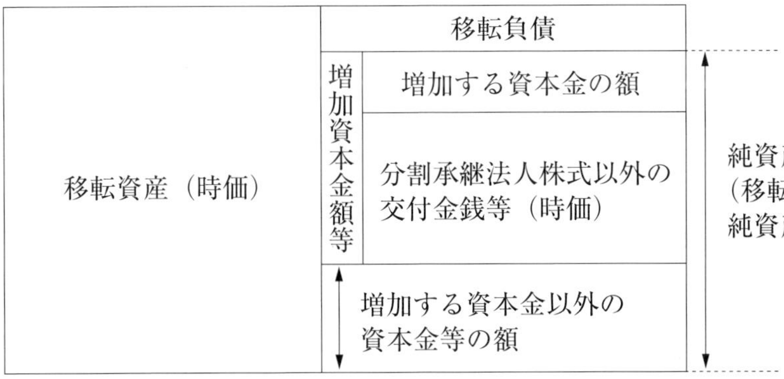

２　適格分社型分割の場合

⑴　分割法人の処理（資産負債の帳簿価額による譲渡）

内国法人が適格分社型分割により分割承継法人にその有する資産又は負債の移転をしたときは、分割承継法人に移転をした資産及び負債の適格分社型分割の直前の帳簿価額による譲渡をしたものとして、譲渡損益は生じません（法法62の３①）㈲。

この場合に取得する分割承継法人株式又は分割承継親法人株式の取得価額は、適格分社型分割の直前の移転資産（適格分社型分割により分割承継法人に移転した資産をいいます。）の帳簿価額から移転負債（適格分社型分割により分割承継法人に移転した負債をいいます。）の帳簿価額を減算した金額（これらの株式の交付を受けるために要した費用がある場合には、その費用の額を加算した金額）となります（法令119①七）。

また、無対価の適格分社型分割の場合には、移転をした資産の帳簿価額から移転をした負債の帳簿価額を減算した金額をその保有している分割承継法人株式の帳簿価額に加算することとなります（法令119の３㉓二、119の４①）。

㈲　内国法人が分割により分割承継法人に移転をする負債に、内国法人の分割により消滅する新株予約権又は株式引受権に代えて新株予約権又は株式引受権を有する者に交付すべき資産の交付に係る債務が含まれるものとされる規定（法令123③）が適用されるのは、条文上、法人税法62条（非適格合併、非適格分割型分割、非適格分社型分割の時価による譲渡の規定）及び法人税法62条の２（適格合併、適格分割型分割の帳簿価額の引継ぎの規定）とされており、法人税法62条の３（適格分社型分割の帳簿価額による譲渡の規定）は含まれていません。しかしながら、適格分社型分割の場合のみを排除する合理的な理由はないものと思われます。

〈分割法人の税務仕訳（資産負債の簿価譲渡）〉

（借方）		（貸方）	
諸負債	××	諸資産	××
分割承継法人株式等	××		

⑵　分割承継法人の処理

イ　資産負債の帳簿価額による取得

内国法人が適格分社型分割により分割法人から資産又は負債の移転を受けた場合には、その移転を受けた資産及び負債の取得価額は、上記⑴の帳簿価額に相当する金額（その取得のために要した費用がある場合には、その費用の額を加算した金額）となります（法法62の３②、法令123の４）。

ロ　資本金等の額

分社型分割により増加する資本金等の額のうち資本金（出資金を含みます。）の額は、会社法その他の法令の規定等により決まります。一方、分社型分割により増加する資本金以外の資本金等の額は、次のようになります（法令８①七）。

〈分社型分割により増加する資本金以外の資本金等の額〉

増加する資本金以外の資本金等の額（注１）	＝	〔純資産価額〕 分割法人における移転資産の帳簿価額から移転負債の帳簿価額を減算した金額	－	増加資本金額等（注２）

(注)１　計算結果がマイナスとなる場合には、資本金等の額から減算することとなります。

２　分社型分割により増加した資本金の額又は出資金の額（新設分割にあっては、その設立の時における資本金の額又は出資金の額）となり、適格分社型分割により分割法人に分割承継親法人株式を交付した場合（三角分割の場合）にあっては、その交付した分割承継親法人株式の適格分社型分割の直前の帳簿価額となります。

ハ　利益積立金額

適格分社型分割の場合には、分割承継法人の利益積立金額は増加しません。

〈分割承継法人の税務仕訳〉

（借方）		（貸方）	
諸資産	××	諸負債	××
		資本金(注)	××
		資本金以外の資本金等の額	××

(注)　三角分割の場合には、交付した分割承継親法人株式の帳簿価額となります。

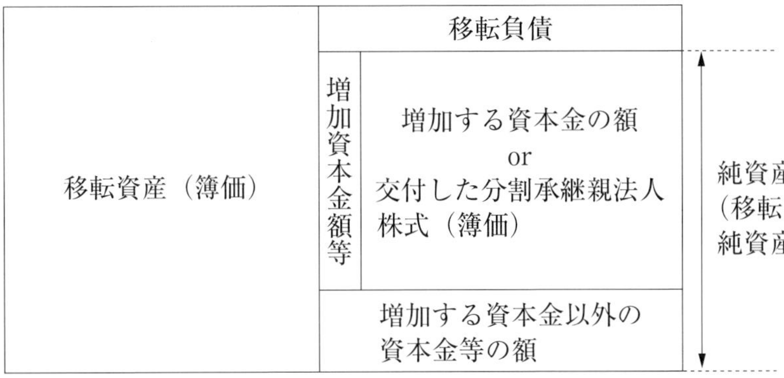

第４　現物出資

１　非適格現物出資の場合

⑴　現物出資法人の処理

内国法人が非適格現物出資により被現物出資法人にその有する資産の移転をし、又はこれと併せてその有する負債の移転をしたときは、被現物出資法人に移転をした資産及び負債の現物出資の時の価額による譲渡をしたものとして、譲渡損益が生じます（法法22、22の２④他）。この場合においては、被現物出資法人株式（被現物出資法人の株式をいいます。）を現物出資により給付をした資産の価額により取得し（法令119①二）、その他の資産をその時の価額により取得します（法令32①三他）。

〈現物出資法人の税務仕訳（資産負債の時価譲渡）〉

（借方）		（貸方）	
諸負債	××	諸資産	××
株式等（時価）	××	譲渡益	××

⑵　被現物出資法人の処理

イ　資産負債の時価取得

被現物出資法人は、現物出資法人から移転を受けた資産及び負債をその時の価額により取得します（法令32①三他）。

ロ　資本金等の額

現物出資により増加する資本金等の額のうち資本金（出資金を含みます。）の額は、会社法その他の法令の規定等により決まります。一方、現物出資により増加する資本金以外の資本金等の額は、次の場合に応じてそれぞれ次のようになります（法令８①一、九）。

〈現物出資により増加する資本金以外の資本金等の額〉

①　法人税法62条の８第１項に規定する非適格合併等（第７章参照）に該当しない場合

増加する資本金以外の資本金等の額（注１）	＝	給付を受けた金銭以外の資産の価額その他の対価の額	－	増加した資本金の額又は出資金の額（注２）

②　法人税法62条の８第１項に規定する非適格合併等に該当する場合

増加する資本金以外の資本金等の額（注１）	＝	現物出資法人に交付した被現物出資法人株式の非適格現物出資の時の価額	－	増加した資本金の額又は出資金の額（注２）

㊟１　計算結果がマイナスとなる場合には、資本金等の額から減算します。

２　新設現物出資にあっては、その設立の時における資本金の額又は出資金の額となります。

ハ　利益積立金額

非適格現物出資の場合には、被現物出資法人の利益積立金額は増加しません。

ニ　資産調整勘定又は差額負債調整勘定の計上

移転を受ける資産及び負債の時価純資産価額と交付する金銭等の額とに差額が生じる一定の場合には、正ののれんに相当する資産調整勘定又は負ののれんに相当する差額負債調整勘定を計上します（法法62の８①③）。詳しくは第７章を参照してください。

〈被現物出資法人の税務仕訳（法人税法62条の８の適用がない場合）〉

（借方）		（貸方）	
諸資産	××	諸負債	××
		資本金	××
		資本金以外の資本金等の額	××

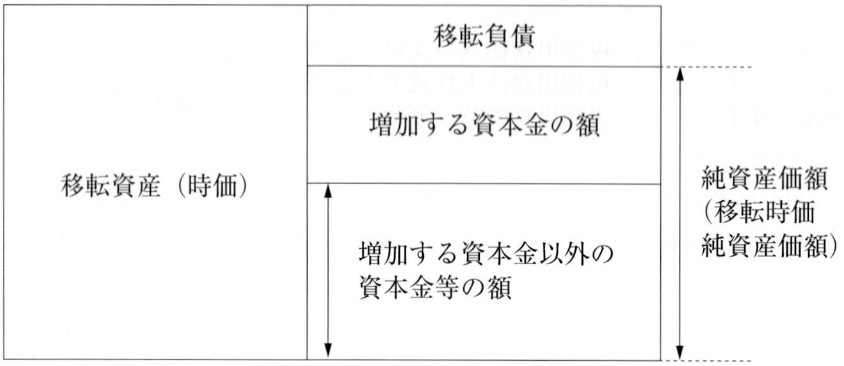

〈被現物出資法人の税務仕訳（法人税法62条の８の適用がある場合）〉

（借方）		（貸方）	
諸資産	××	諸負債	××
資産調整勘定	××	資本金	××
		資本金以外の資本金等の額	××

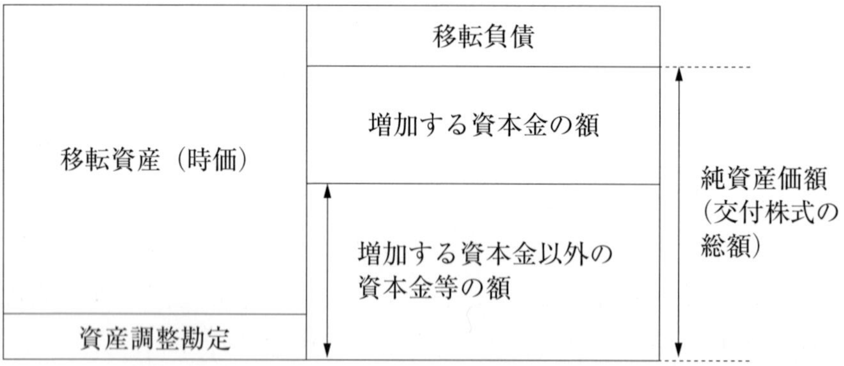

２　適格現物出資の場合

⑴　現物出資法人の処理（資産負債の帳簿価額による譲渡）

内国法人が適格現物出資により被現物出資法人にその有する資産の移転をし、又はこれと併せてその有する負債の移転をしたときは、被現物出資法人に移転をした資産及び負債の適格現物出資の直前の帳簿価額による譲渡をしたものとして、譲渡損益は生じません（法法62の４①）。

この場合に取得する被現物出資法人株式の取得価額は、適格現物出資の直前の移転資産（適格現物出資により被現物出資法人に移転した資産をいいます。）の帳簿価額から移転負債（適格現物出資により被現物出資法人に移転した負債をいいます。）の帳簿価額を減算した金額（その株式の交付を受けるために要した費用がある場合には、その費用の額を加算した金額）となります（法令119①七）。

〈現物出資法人の税務仕訳（資産負債の簿価譲渡）〉

（借方）		（貸方）	
諸負債	××	諸資産	××
被現物出資法人株式	××		

⑵　被現物出資法人の処理

イ　資産負債の帳簿価額による取得

内国法人が適格現物出資により現物出資法人から資産の移転を受け、又はこれと併せて負債の移転を受けた場合には、その移転を受けた資産及び負債の取得価額は、上記⑴の帳簿価額に相当する金額（その取得のために要した費用がある場合にはその費用の額を加算した金額となり、その資産又は負債が現物出資法人（公益法人等又は人格のない社団等に限ります。）の収益事業以外の事業に属する資産又は負債であった場合にはその移転を受けた資産及び負債の価額としてその内国法人の帳簿に記載された金額となります。）となります（法法62の４②、法令123の５）。

ロ　資本金等の額

適格現物出資により増加する資本金等の額のうち資本金（出資金を含みます。）の額は、会社法その他の法令の規定等により決まります。一方、適格現物出資により増加する資本金以外の資本金等の額は、次のようになります（法令８①八）。

〈適格現物出資により増加する資本金以外の資本金等の額〉

		〔純資産価額〕		
増加する資本金以外の資本金等の額（注１）	＝	現物出資法人における移転資産の帳簿価額（注２）から移転負債の帳簿価額（注３）を減算した金額をいいます。	－	増加した資本金の額又は出資金の額（注４）

㈲１　計算結果がマイナスとなる場合には、資本金等の額から減算することとなります。

２　その資産が現物出資法人である公益法人等又は人格のない社団等の収益事業以外の事業に属する資産であった場合には、その資産の価額としてその法人の帳簿に記載された金額となります。

３　その負債が現物出資法人である公益法人等又は人格のない社団等の収益事業以外の事業に属する負債であった場合には、その負債の価額としてその法人の帳簿に記載された金額となります。

４　新設現物出資にあっては、その設立の時における資本金の額又は出資金の額となります。

ハ　利益積立金額

適格現物出資の場合には、被現物出資法人の利益積立金額は増加しません。

〈被現物出資法人の税務仕訳〉

（借方）		（貸方）	
諸資産	××	諸負債	××
		資本金	××
		資本金以外の資本金等の額	××

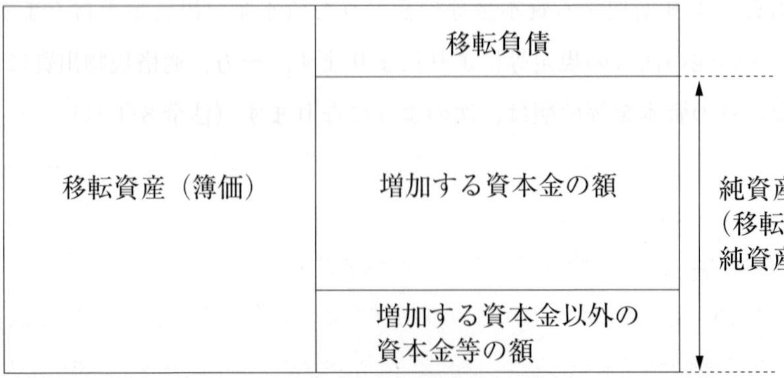

第５　現物分配

１　非適格現物分配の場合

(1)　現物分配法人の処理

イ　資産の時価譲渡

内国法人が非適格現物分配により被現物分配法人その他の者にその有する資産の移転をしたときは、被現物分配法人その他の者に移転した資産のその現物分配の時の価額による譲渡をしたものとして、譲渡損益が生じます（法法22、22の２④他）。内国法人が非適格現物分配である残余財産の全部の分配又は引渡しにより被現物分配法人その他の者にその有する資産の移転をするときは、被現物分配法人その他の者に移転をする資産のその残余財産の確定の時の価額による譲渡をしたものとして、譲渡損益が生じます（法法62の５①）。

残余財産の全部の分配又は引渡しにより被現物分配法人その他の者に移転をする資産のその移転による譲渡に係る譲渡利益額（残余財産の確定の時の価額が譲渡に係る原価の額を超える場合におけるその超える部分の金額をいいます。）又は譲渡損失額（譲渡に係る原価の額が残余財産の確定の時の価額を超える場合におけるその超える部分の金額をいいます。）は、その残余財産の確定の日の属する事業年度の所得の金額の計算上、益金の額又は損金の額に算入します（法法62の５②）。

なお、内国法人の残余財産の確定の日の属する事業年度に係る事業税の額及び特別法人事業税の額は、その事業年度の所得の金額の計算上、損金の額に算入します（法法62の５⑤）。

ロ　資本金等の額

非適格現物分配が資本の払戻し（資本剰余金の額の減少に伴う剰余金の配当のうち分割型分割によるもの及び株式分配以外のものをいいます㈱。）及び解散による残余財産の一部の分配（以下、資本の払戻し等といいます。）又は自己株式の取得等（第２章第５③から⑤に掲げる行為をいいます。）によるものである場合には、それぞれに掲げる金額が資本金等の額の減少額となります（法令８①十八、二十）。

㈱　資本剰余金と利益剰余金の両方を原資とする配当が行われた場合には、利益剰余金を原資とする部分も含めて資本の払戻しに該当します（国税庁 HP 質疑応答「適格現物分配による資本の払戻しを行った場合の税務上の処理について」）。

①　資本の払戻し等

次に掲げる場合に応じてそれぞれ掲げる算式により計算した減資資本金額

ⅰ　資本の払戻しをした法人が１の種類の株式を発行していた法人である場合又は解散による残余財産の一部の分配である場合

〈減資資本金額〉

$$\text{減資資本金額（注１、２）} = \text{資本の払戻し等の直前の資本金等の額} \times \frac{\text{〔純資産減少割合（注３）〕資本の払戻しにより減少した資本剰余金の額又は解散による残余財産の一部の分配により交付した資産の価額（注４）の合計額（注５）}}{\text{資本の払戻し等の日の属する事業年度の前事業年度（注６）終了の時の資産の帳簿価額から負債（新株予約権及び株式引受権に係る義務を含みます。）の帳簿価額を減算した金額（注７、８）}}$$

㈱１　計算した金額が資本の払戻し等により交付した資産の価額（適格現物分配に係る資産にあっては、その交付の直前の帳簿価額）の合計額を超える場合には、その超える部分の金額を減算した金額となります。

２　資本の払戻し等が資本の払戻しである場合において、その計算した金額がその資本の払戻しにより減少した資本剰余金の額を超えるときは、その超える部分の金額を控除した金額となります。

３　資本の払戻し等の直前の資本金等の額が零以下である場合には零と、その直前の資本金等の額が零を超え、かつ、分母の金額が零以下である場合には１とし、その割合に小数点以下３位未満の端数があるときはこれを切り上げます。

４　適格現物分配に係る資産にあっては、その交付の直前の帳簿価額となります。

５　減少した資本剰余金の額又はその合計額が分母の金額を超える場合には、分母の金額となります。

なお、資本剰余金と利益剰余金の両方を原資とする資本の払戻しが行われた場合においても、この分子の金額は、減少した資本剰余金の額となります（国税庁 HP 質疑応答「適格現物分配による資本の払戻しを行った場合の税務上の処理について」）。

６　資本の払戻し等の日以前６月以内に法人税法72条１項に規定する期間について同項各号に掲げる事項を記載した中間申告書を提出し、かつ、その提出した日から資本の払戻し等の日までの間に確定申告書を提出していなかった場合には、その中間申告書に係る同項に規定する期間となります。

7　その終了の時から資本の払戻し等の直前の時までの間に資本金等の額又は利益積立金額（法人税法施行令９条１号及び６号に掲げる金額を除きます。）が増加し、又は減少した場合には、その増加した金額を加算し、又はその減少した金額を減算した金額となります。

8　条文上は、資本の払戻し等を法人税法施行令８条１項15号イの分割型分割とみなした場合における同号イに掲げる金額と規定されています（法令８①十八イ⑴）。

ⅱ　資本の払戻しを行った法人が２以上の種類の株式を発行していた法人である場合

〈減資資本金額〉

減資資本金額（注１）　＝　資本の払戻しに係る株式の種類ごとに、次に掲げる算式により計算した金額（注２）の合計額

直前種類資本金額（注３）　×　〔純資産減少割合（注４）〕
資本の払戻しにより減少した資本剰余金の額のうちその種類の株式に係る部分の金額（注５、６）
───────────────
資本の払戻しの日の属する事業年度の事前事業年度（注７）終了の時の資産の帳簿価額から負債（新株予約権及び株式引受権に係る義務を含みます。）の帳簿価額を減産した金額（注８、９）　×　直前種類資本金額 ／ 資本の払戻しの直前の資本金等の額

㊟１　計算した金額が資本の払戻しにより交付した資産の価額（適格現物分配に係る資産にあっては、その交付の直前の帳簿価額）の合計額を超える場合には、その超える部分の金額を減算した金額となります。

2　計算した金額が資本の払戻しにより減少した資本剰余金の額のうちその種類の株式に係る部分の金額を超える場合には、その超える部分の金額を控除した金額となります。

3　直前種類資本金額とは、資本の払戻しの直前のその種類の株式に係る種類資本金額をいいます。なお、種類資本金額とは、資本の払戻しの直前までのその種類の株式の交付に係る増加した資本金の額又は出資金の額並びに一定の加減算（法令８①一～十一、十五～二十二）をした金額をいいます（法令８②）。

4　直前種類資本金額又は資本の払戻しの直前の資本金等の額が零以下である場合には零と、直前種類資本金額及びその直前の資本等の額が零を超え、かつ、分母の金額が零以下である場合には１とし、その割合に小数点以下３位未満の端数があると

きはこれを切り上げます。

5　その金額が明らかでない場合は、次に掲げる算式により計算した金額（算式の分母の金額が零である場合には、分数を１として計算した金額）となります（法令８①十八ロ⑵(ii)）。

$$\text{資本の払戻しにより減少した資本剰余金の額} \times \frac{\text{直前種類資本額}}{\text{資本の払戻しの直前のその資本の払戻しに係る各種類の株式に係る種類資本金額（零以下である場合には、零）の合計額}}$$

6　その金額が分母の金額を超える場合には、分母の金額となります。

7　資本の払戻しの日以前６月以内に法人税法72条１項に規定する期間について同項各号に掲げる事項を記載した中間申告書を提出し、かつ、その提出した日から資本の払戻しの日までの間に確定申告書を提出していなかった場合には、その中間申告書に係る同項に規定する期間となります。

8　その終了の時から資本の払戻しの直前の時までの間に資本金等の額又は利益積立金額（法人税法施行令９条１号及び６号に掲げる金額を除きます。）が増加し、又は減少した場合には、その増加した金額を加算し、又はその減少した金額を減算した金額となります。

9　条文上は、資本の払戻しを法人税法施行令８条１項15号イの分割型分割とみなした場合における同号イに掲げる金額と規定されています（法令８①十八イ⑴）。

②　自己株式の取得等

次に掲げる場合に応じてそれぞれ掲げる算式により計算した取得資本金額

i　自己株式の取得等をした法人が１の種類の株式を発行していた法人（口数の定めがない出資を発行する法人を含みます。）である場合

〈取得資本金額〉

$$\text{取得資本金額(注)} = \frac{\text{自己株式の取得等の直前の資本金等の額}}{\text{自己株式の取得等の直前の発行済株式等の総数}} \times \text{自己株式の取得等に係る株式の数}$$

(注)　自己株式の取得等の直前の資本金等の額が零以下である場合には零となり、計算した金額が自己株式の取得等により交付した資産の価額（適格現物分配に係る資産

にあっては、その交付の直前の帳簿価額）の合計額を超える場合には、その超える部分の金額を減算した金額となります。

ⅱ　自己株式の取得等をした法人が２以上の種類の株式を発行していた法人である場合

〈取得資本金額〉

取得資本金額（注１）	＝	自己株式の取得等の直前の自己株式の取得等に係る株式と同一の種類の株式に係る種類資本金額（注２） ―――――――――― 自己株式の取得等の直前の自己株式の取得等に係る株式と同一の種類の株式（自己株式の取得等をした法人がその直前に有していた自己の株式を除きます。）の総数	×	自己株式の取得等に係るその種類の株式の数

㈱１　自己株式の取得等の直前のその種類資本金額が零以下である場合には零となり、計算した金額が自己株式の取得等により交付した資産の価額（適格現物分配に係る資産にあっては、その交付の直前の帳簿価額）の合計額を超える場合には、その超える部分の金額を減算した金額となります。

２　自己株式の取得等の直前までのその種類の株式の交付に係る増加した資本金の額又は出資金の額並びに一定の加減算（法令８①一～十一、十五～二十二）をした金額をいいます（法令８②）。

ハ　利益積立金額

次に掲げる事由に応じてそれぞれに掲げる金額が利益積立金額の減少額となります（法令９八、十二、十四）。

①　利益剰余金の配当等（剰余金の配当（株式又は出資に係るものに限るものとし、資本剰余金の額の減少に伴うもの並びに分割型分割によるもの及び株式分配を除きます。）若しくは利益の配当（分割型分割によるもの及び株式分配を除きます。）又は剰余金の分配（出資に係るものに限ります。）をいいます。）

株主等に交付する資産（交付資産）の価額の合計額

② 資本の払戻し等

次の算式により計算した金額

〈資本の払戻し等により減少する利益積立金額〉

減少する利益積立金額 ＝ 交付資産の価額の合計額 － 減資資本金額

③ 自己株式の取得等

次の算式により計算した金額

〈自己株式の取得等により減少する利益積立金額〉

減少する利益積立金額 ＝ 交付資産の価額の合計額 － 取得資本金額

〈現物分配法人の税務仕訳（利益剰余金の配当等）〉

（借方）		（貸方）	
利益積立金額	××	資産	××
		譲渡益	××

〈現物分配法人の税務仕訳（資本の払戻し等・自己株式の取得等）〉

（借方）		（貸方）	
資本金等の額	××	資産	××
利益積立金額	××	譲渡益	××

⑵ 被現物分配法人の処理

イ 資産の時価取得

被現物分配法人は、現物分配法人から移転を受けた資産をその時の価額により取得します（法令32①三他）。

ロ 利益剰余金の配当等の場合の収益（配当）

上記⑴ハ①の利益剰余金の配当等の場合には、現物分配法人から移転を受けた資産のその時の価額により収益（受取配当）が生じ、受取配当等の益金不算入の適用対象となります（法法23①）。なお、この場合には、下記ハ及びニの規定は適用されません。

ハ　みなし配当

法人（公益法人等及び人格のない社団等を除きます。）の株主等（株主又は合名会社、合資会社若しくは合同会社の社員その他法人の出資者をいいます（法法２十四）。）である内国法人がその法人の上記(1)ロの資本の払戻し若しくは解散による残余財産の分配（払戻し等）又は自己株式の取得等により資産の交付を受けた場合において、その資産の価額の合計額がその法人の資本金等の額のうちその交付の基因となったその法人の株式又は出資に対応する部分の金額（下記算式参照）を超えるときは、その超える部分の金額は、剰余金の配当若しくは利益の配当又は剰余金の分配の額とみなされ（法法24①、法令23①四、六）、受取配当等の益金不算入の適用対象になります（法法23①）。

なお、払戻し等又は自己株式の取得等を行う法人は、各株主等に１株当たりのみなし配当の金額その他一定事項を通知することとされています（法令23④）。

〈みなし配当の金額〉

みなし配当の金額	＝	交付を受けた資産の価額の合計額	－	資本金等の額のうち交付の基因となった法人の株式又は出資に対応する部分の金額

〈資本金等の額のうち交付の基因となった法人の株式又は出資に対応する部分の金額〉

①　資本の払戻しを行った法人が１の種類の株式を発行していた法人である場合又は解散による残余財産の分配である場合

$$\text{資本金等の額のうち交付の基因となった法人の株式又は出資に対応する部分の金額} = \frac{\text{直前資本金額等（注１）} \times \text{純資産減少割合（注２）}\ \text{（注３）}}{\text{払戻等法人の払戻し等に係る株式の総数}} \times \text{内国法人が払戻し等の直前に有していた払戻法人の払戻し等に係る株式の数}$$

(注)１　払戻し等を行った法人（払戻等法人）のその払戻し等の直前の資本金等の額をいいます。

２　上記(1)ロ①ⅰの純資産減少割合と同様に計算します。この場合、直前資本金額等が零以下である場合には零と、直前資本金額等が零を超え、かつ、純資産減少割合の分母の金額が零以下である場合又は直前資本金額等が零を超え、かつ、残余財産の全部の分配を行う場合には１とし、その割合に小数点以下３位未満の端数があるときはこれを切り上げます。

3　資本の払戻し等が資本の払戻しである場合において、直前資本金額等に純資産減少割合を乗じて計算した金額がその資本の払戻しにより減少した資本剰余金の額を超えるときは、その超える部分の金額を控除した金額となります。

②　資本の払戻しを行った法人（払戻法人）が２以上の種類の株式を発行していた法人である場合

資本金等の額のうち交付の起因となった法人の株式又は出資に対応する部分の金額 ＝ 資本の払戻しの直前に有していた払戻法人のその払戻しに係る株式の種類ごとに、次に掲げる算式により計算した金額の合計額

$$\frac{\text{直前種類資本金額} \times \text{種類払戻割合（注１）}\ \text{（注２）}}{\text{払戻法人の払戻しに係る種類株式の総数}} \times \text{内国法人が払戻しの直前に有していた払戻法人の払戻しに係る種類株式の数}$$

(注)１　上記(1)ロ①ⅱの純資産減少割合と同様に計算します。この場合、直前種類資本金額又は払戻しの直前の資本金等の額が零以下である場合には零と、直前種類資本金額及び直前の資本金等の額が零を超え、かつ、純資産減少割合の分母の金額が零以下である場合には１とし、その割合に小数点以下３位未満の端数があるときはこれを切り上げます。

２　直前種類資本金額に純資産減少割合を乗じて計算した金額が資本の払戻しにより減少した資本剰余金の額のうちその種類の株式に係る部分の金額（その金額が明らかでない場合は、上記(1)ロ①ⅱ（注５）の算式により計算した金額）を超える場合には、その超える部分の金額を控除した金額となります。

③　自己株式の取得等をした法人（取得等法人）が１の種類の株式を発行していた法人（口数の定めがない出資を発行する法人を含みます。）である場合

$$\text{資本金等の額のうち交付の基因となった法人の株式又は出資に対応する部分の金額(注)} = \frac{\text{取得等法人の自己株式の取得等の直前の資本金等の額}}{\text{取得等法人の自己株式の取得等の直前の発行済株式等の総数}} \times \text{内国法人が自己株式の取得等の直前に有していた取得等法人の自己株式の取得等に係る株式の数}$$

(注)　自己株式の取得等の直前の資本金等の額が零以下である場合には、零となります。

④　自己株式の取得等をした法人（取得等法人）が２以上の種類の株式を発行していた法人である場合

資本金等の額のうち交付の基因となった法人の株式又は出資に対応する部分の金額(注)	＝	取得等法人の自己株式の取得等の直前の自己株式の取得等に係る株式と同一の種類の株式に係る種類資本金額 ―――――――――― 取得等法人の自己株式の取得等の直前の自己株式の取得等に係る株式と同一の種類の株式（取得等法人が直前に有していた自己の株式を除きます。）の総数	×	内国法人が自己株式の取得等の直前に有していた取得等法人の自己株式の取得等に係るその種類の株式の数

(注)　自己株式の取得等の直前のその種類資本金額が零以下である場合には、零となります。

二　現物分配法人株式の譲渡損益

(イ)　払戻し等の場合

内国法人が所有株式（その内国法人が有する株式をいいます。）を発行した法人の払戻し等により金銭その他の資産の交付を受けた場合には、所有株式の譲渡があったものとして譲渡損益が生じます。この場合の譲渡損益の計算については、その譲渡原価の額は、次の算式により計算した金額となり、譲渡対価の額からは、上記ハのみなし配当の金額が控除されます（法法61の２①⑱、法令119の９①）。

〈払戻し等の場合の譲渡原価〉

①　資本の払戻しを行った法人が１の種類の株式を発行していた法人である場合又は解散による残余財産の分配である場合

譲渡原価の額＝　所有株式の帳簿価額　×　純資産減少割合(注)

(注)　上記ハ①（注２）を参照してください。

②　資本の払戻しを行った法人が２以上の種類の株式を発行していた法人である場合

譲渡原価の額＝　所有株式の帳簿価額　×　種類払戻割合(注)

(注)　上記ハ②（注１）を参照してください。

(ロ)　自己株式の取得等の場合

内国法人がその有する株式を発行した法人の自己株式の取得等があった場合の譲

渡損益の計算については、その譲渡原価の額については、通常の譲渡の場合と同様となり㈴、その譲渡対価の額からは、上記ハのみなし配当の金額が控除されます（法法61の２①）。

㈴　口数の定めがない出資に係る出資の払戻しの場合には、その譲渡原価の額は、所有する出資の帳簿価額にその払戻しの直前の出資の金額のうちにその払戻しに係る出資の金額の占める割合を乗じて計算した金額に相当する金額とされます（法法61の２⑲）。

〈被現物分配法人の税務仕訳（利益剰余金の配当等）〉

（借方）		（貸方）	
資産（時価）	××	受取配当	××

〈被現物分配法人の税務仕訳（払戻し等）〉

（借方）		（貸方）	
資産（時価）	××	譲渡対価（注１）	××
		みなし配当	××
譲渡原価（注1、2）	××	現物分配法人株式（注２）	××

㈴１　譲渡損益＝譲渡対価－譲渡原価

２　現物分配法人株式（現物分配法人の株式をいいます。）の帳簿価額×純資産減少割合

〈譲渡対価と譲渡原価を相殺した場合〉

（借方）		（貸方）	
資産（時価）	××	現物分配法人株式	××
		みなし配当	××
		譲渡益	××

〈被現物分配法人の税務仕訳（自己株式の取得等）〉

（借方）		（貸方）	
資産（時価）	××	譲渡対価㈴	××
		みなし配当	××
譲渡原価㈴	××	現物分配法人株式	××

㈴　譲渡損益＝譲渡対価－譲渡原価

〈譲渡対価と譲渡原価を相殺した場合〉

（借方）		（貸方）	
資産（時価）	××	現物分配法人株式	××
		みなし配当	××
		譲渡益	××

２　適格現物分配の場合

⑴　現物分配法人の処理

イ　資産の帳簿価額による譲渡

内国法人が適格現物分配により被現物分配法人にその有する資産の移転をしたときは、被現物分配法人に移転をした資産の適格現物分配の直前の帳簿価額（適格現物分配が残余財産の全部の分配である場合には、その残余財産の確定の時の帳簿価額）による譲渡をしたものとして、譲渡損益は生じません（法法62の５③）。

なお、内国法人の残余財産の確定の日の属する事業年度に係る事業税の額及び特別法人事業税の額は、その事業年度の所得の金額の計算上、損金の額に算入します（法法62の５⑤）。

ロ　資本金等の額

適格現物分配が次に掲げる事由によるものである場合には、それぞれに掲げる金額が資本金等の額の減少額となります（法令８①十八、二十）。

①　上記１⑴ロ①の資本の払戻し等

減資資本金額（上記１⑴ロ①を参照してください。）

②　上記１⑴ロ②の自己株式の取得等

取得資本金額（上記１⑴ロ②を参照してください。）

ハ　利益積立金額

次に掲げる事由に応じてそれぞれに掲げる金額が利益積立金額の減少額となります（法令９八、十二、十四）。

①　上記１⑴ハ①の利益剰余金の配当等

株主等に交付する資産（交付資産）の交付直前の帳簿価額の合計額

②　資本の払戻し等

次の算式により計算した金額

〈資本の払戻し等により減少する利益積立金額〉

減少する利益積立金額＝交付資産の交付直前の帳簿価額の合計額－減資資本金額

③　自己株式の取得等

次の算式により計算した金額

〈自己株式の取得等により減少する利益積立金額〉

減少する利益積立金額＝交付資産の交付直前の帳簿価額の合計額－取得資本金額

〈現物分配法人の税務仕訳（利益剰余金の配当等）〉

（借方）		（貸方）	
利益積立金額	××	資産	××

〈現物分配法人の税務仕訳（資本の払戻し等・自己株式の取得等）〉

（借方）		（貸方）	
資本金等の額	××	資産	××
利益積立金額	××		

(2)　被現物分配法人の処理

イ　資産の帳簿価額による取得

内国法人が適格現物分配により現物分配法人から資産の移転を受けた場合には、その資産の取得価額は、上記(1)イの帳簿価額に相当する金額となります（法法62の５⑥、法令123の６①）。

ロ　利益剰余金の配当等の場合の収益（配当）

上記(1)ハ①の利益剰余金の配当等の場合には、現物分配法人から移転を受けた資産の上記(1)イの帳簿価額に相当する額の収益（受取配当）が生じることとなりますが、適格現物分配により資産の移転を受けたことによる収益として、その全額が益金の額に算入されません（法法62の５④）(注)。なお、この場合には、下記ハからホの規定は適用されません。

(注)　受取配当等の益金不算入の規定は適用されません（法法23①）。

〈被現物分配法人の税務仕訳（利益剰余金の配当等）〉

（借方）		（貸方）	
資産（帳簿価額）	××	受取配当	××

ハ　みなし配当

法人（公益法人等及び人格のない社団等を除きます。）の株主等（株主又は合名会社、合資会社若しくは合同会社の社員その他法人の出資者をいいます（法法２十四）。）である内国法人がその法人の適格現物分配に該当する上記１(2)ハの払戻し等又は自己株式の取得等により資産の交付を受けた場合において、その資産の上記(1)イの帳簿価額の合計額がその法人の資本金等の額のうちその交付の基因となったその法人の株式又は出資に対応する部分の金額（注１）を超えるときは、その超える部分の金額は、剰余金の配当若しくは利益の配当又は剰余金の分配の額とみなされ（法法24①、法令23①四、六)、適格現物分配により資産の移転を受けたことによる収益として、その全額が益金の額に算入されません（法法62の５④）（注２）。

なお、払戻し等又は自己株式の取得等を行う法人は、各株主等に１株当たりのみなし配当の金額その他一定事項を通知することとされています（法令23④）。

(注)１　その計算方法は、上記１(2)ハの場合と同様です。

２　受取配当等の益金不算入の規定は適用されません（法法23①）。

〈みなし配当の金額〉

みなし配当の金額	＝	交付資産の交付した法人における交付直前の資産の帳簿価額の合計額	－	資本金等の額のうち交付の基因となった法人の株式又は出資に対応する部分の金額

ニ　現物分配法人株式の譲渡損益

適格現物分配となる払戻し等又は自己株式の取得等は、完全支配関係がある他の内国法人の株式をその発行法人に対して譲渡することに該当するため、グループ法人税制の適用を受けます（第８章第１の２参照）。この場合の現物分配法人株式の譲渡損益の計算においては、その譲渡対価の額は、譲渡原価の額(注)と同額とされ、譲渡損益は生じません（法法61の２⑰）。詳しくは、第８章第１の２(2)を参照してください。

(注)　譲渡原価の計算は、上記１(2)ニを参照してください。

ホ　資本金等の額

上記ニの規定の適用により譲渡対価の額が譲渡原価の額と同額とされるため、現物分配法人株式の譲渡対価に係る税務上の仕訳において、譲渡対価の額及びみなし配当の額の合計額（貸方金額）と交付を受けた資産の取得価額（借方金額）とが一致しなくなります（貸借不一致）。

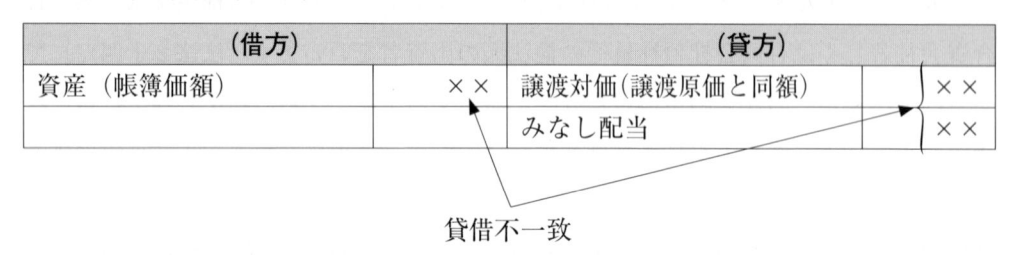

（借方）		（貸方）	
資産（帳簿価額）	××	譲渡対価（譲渡原価と同額）	××
		みなし配当	××

貸借不一致

この貸借不一致については、資本金等の額で調整することとなり、借方金額が不足する場合には、借方に資本金等の額を計上し（資本金等の額の減少）、貸方金額が不足する場合には、貸方に資本金等の額を計上します（資本金等の額の増加）。これにより、本来生ずべき譲渡損相当額分だけ資本金等の額を減少させることとなり、本来生ずべき譲渡益相当額分だけ資本金等の額を増加させることとなります（法令８①二十二）。詳しくは、第８章第１の２(3)を参照してください。

〈被現物分配法人の税務仕訳（払戻し等・自己株式の取得等）〉

○　資本金等の額が減少する場合

（借方）		（貸方）	
資産（帳簿価額）	××	譲渡対価(注)	××
資本金等の額（譲渡損相当額）	××	みなし配当	××
譲渡原価	××	現物分配法人株式	××

(注)　譲渡原価と同額となります。

〈譲渡対価と譲渡原価を相殺した場合〉

（借方）		（貸方）	
資産（帳簿価額）	××	現物分配法人株式	××
資本金等の額（譲渡損相当額）	××	みなし配当	××

〈被現物分配法人の税務仕訳（払戻し等・自己株式の取得等）〉

○　資本金等の額が増加する場合

（借方）		（貸方）	
資産（帳簿価額）	××	譲渡対価㈱	××
		みなし配当	××
		資本金等の額（譲渡益相当額）	××
譲渡原価	××	現物分配法人株式	××

㈱　譲渡原価と同額となります。

〈譲渡対価と譲渡原価を相殺した場合〉

（借方）		（貸方）	
資産（帳簿価額）	××	現物分配法人株式	××
		みなし配当	××
		資本金等の額（譲渡益相当額）	××

第６　株式分配

１　非適格株式分配の場合

⑴　現物分配法人の処理

イ　資産の時価譲渡

内国法人が非適格株式分配により被現物分配法人その他の者にその有する完全子法人株式（完全子法人の株式をいいます。）その他の資産の移転をしたときは、被現物分配法人その他の者に移転をした完全子法人株式その他の資産のその株式分配の時の価額による譲渡をしたものとして、譲渡損益が生じます（法法22、22の２④他）。

ロ　資本金等の額

次の算式により計算した金額が資本金等の額の減少額となります（法令８①十七）。

〈株式分配により減少する資本金等の額〉

減少する資本金等の額（注１）	＝	株式分配直前の資本金等の額	×	〔純資産減少割合（注２）〕 （分子）株式分配の直前の完全子法人株式の帳簿価額に相当する金額（注３） （分母）株式分配の日の属する事業年度の前事業年度（注４）終了の時の資産の帳簿価額から負債（新株予約権及び株式引受権に係る義務を含みます。）の帳簿価額を減算した金額（注５、６）

㈱１　計算した金額が株式分配により現物分配法人の株主等に交付した完全子法人株式その他の資産の価額を超える場合には、その超える部分の金額を減算した金額となります。

２　株式分配の直前の資本金等の額が零以下である場合には零と、その直前の資本金等の額及び分子の金額が零を超え、かつ、分母の金額が零以下である場合には１とし、その割合に小数点以下３位未満の端数があるときはこれを切り上げます。

３　その金額が零以下であれば零とし、分母の金額を超える場合（分母の金額が零に満たない場合を除きます。）には、分母の金額となります。

４　株式分配の日以前６月以内に法人税法72条１項に規定する期間について同項各号に掲げる事項を記載した中間申告書を提出し、かつ、その提出した日から株式分配の日までの間に確定申告書を提出していなかった場合には、その中間申告書に係る同項に規定する期間となります。

5　その終了の時から株式分配の直前の時までの間に資本金等の額又は利益積立金額（法人税法施行令９条１号及び６号に掲げる金額を除きます。）が増加し、又は減少した場合には、その増加した金額を加算し、又はその減少した金額を減算した金額となります。

6　条文上は、株式分配を法人税法施行令８条１項15号イの分割型分割とみなした場合における同号イに掲げる金額と規定されています（法令８①十七イ）。

ハ　利益積立金額

株主等に交付した完全子法人株式その他の資産の価額の合計額から上記ロの減少する資本金等の額を減算した金額が利益積立金額の減少額となります（法令９十一）。

〈株式分配により減少する利益積立金額〉

減少する利益積立金額	＝	完全子法人株式その他の資産の価額の合計額	−	資本金等の額の減少額

〈株式分配の税務仕訳〉

（借方）		（貸方）	
資本金等の額	××	完全子法人株式	××
利益積立金額	××	資産	××
		譲渡益	××

(2)　被現物分配法人の処理（現物分配法人の株主等の処理）

イ　みなし配当

法人（公益法人等及び人格のない社団等を除きます。）の株主等（株主又は合名会社、合資会社若しくは合同会社の社員その他法人の出資者をいいます（法法２十四）。）である内国法人がその法人の非適格株式分配により資産の交付を受けた場合において、その資産の価額の合計額がその法人の資本金等の額のうちその交付の基因となったその法人の株式又は出資に対応する部分の金額（下記算式参照）を超えるときは、その超える部分の金額は、剰余金の配当若しくは利益の配当又は剰余金の分配の額とみなされ（法法24①、法令23①三）、受取配当等の益金不算入の適用対象になります（法法23①)。

なお、現物分配法人は、各株主等に１株当たりのみなし配当の金額その他一定事項を通知することとされています（法令23④)。

〈みなし配当の金額〉

みなし配当の金額	＝	交付を受けた完全子法人株式その他の資産の価額の合計額	−	資本金等の額のうち交付の基因となった法人の株式又は出資に対応する部分の金額

〈資本金等の額のうち交付の基因となった法人の株式又は出資に対応する部分の金額〉

資本金等の額のうち交付の基因となった法人の株式又は出資に対応する部分の金額	＝	（現物分配法人の株式分配直前の資本金等の額 × 純資産減少割合㈱）÷ 現物分配法人の株式分配に係る株式の総数	×	内国法人が株式分配の直前に有していた現物分配法人の株式分配に係る株式の数

㈱　上記⑴ロを参照してください。

ロ　譲渡損益

(イ)　譲渡損益が生じない場合（譲渡損益の繰延べ）

内国法人が所有株式（その内国法人が有する株式をいいます。）を発行した法人の行った株式分配により完全子法人株式その他の資産の交付を受けた場合には、その所有株式のうち完全子法人株式に対応する部分の譲渡を行ったものとみなして、譲渡損益の計算を行います。この場合において、完全子法人株式以外の資産が交付されなかったもの（その株式が現物分配法人の発行済株式等の総数又は総額のうちに占める現物分配法人の各株主等の有する現物分配法人株式の数又は金額の割合に応じて交付されたものに限ります。以下、金銭等不交付株式分配といいます。）により完全子法人株式の交付を受けたときにおける譲渡損益の計算については、譲渡対価の額及び譲渡原価の額は、いずれもその所有株式の株式分配の直前の完全子法人株式対応帳簿価額（下記算式参照）とされ、譲渡損益は生じません（法法61の２⑧、法令119の８の２①)。

この場合に取得する完全子法人株式の取得価額は、現物分配法人の株式の完全子法人株式対応帳簿価額に相当する金額（上記イのみなし配当の金額がある場合にはその金額を、完全子法人株式の交付を受けるために要した費用がある場合にはその費用の額を、それぞれ加算した金額）となります（法令119①八）。

したがって、被現物分配法人においては譲渡損益の繰延べが行われることとなります。

〈完全子法人株式対応帳簿価額〉

完全子法人株式対応帳簿価額	＝	株式分配直前の所有株式の帳簿価額	×	純資産減少割合(注)

(注)　上記(1)ロを参照してください。

〈被現物分配法人の税務仕訳（譲渡損益が生じない場合）〉

（借方）		（貸方）	
完全子法人株式	××	譲渡対価(注)	××
		みなし配当	××
譲渡原価(注)	××	現物分配法人株式（所有株式）(注)	××

(注)　完全子法人株式対応帳簿価額となります。

〈譲渡対価と譲渡原価を相殺した場合〉

（借方）		（貸方）	
完全子法人株式	××	現物分配法人株式（所有株式）	××
		みなし配当	××

(ロ)　譲渡損益が生じる場合

金銭等不交付株式分配に該当しない株式分配により完全子法人株式その他の資産の交付を受けたときにおける譲渡損益の計算については、現物分配法人株式を時価で譲渡したものとして譲渡損益が生じます。この場合の譲渡原価の額は、その所有株式の上記(イ)の完全子法人株式対応帳簿価額とされ、譲渡対価の額からは、上記イのみなし配当の金額が控除されます（法法61の2①⑧、法令119の8の2①）。

この場合に取得する完全子法人株式その他の株式の取得価額は、その時の価額となります（法令119①二十七）。

〈被現物分配法人の税務仕訳（譲渡損益が生じる場合）〉

（借方）		（貸方）	
完全子法人株式（時価）	××	譲渡対価（注１）	××
資産（時価）	××	みなし配当	××
譲渡原価（注１、２）	××	現物分配法人株式（注２）	××

㈱１　譲渡損益＝譲渡対価－譲渡原価

２　完全子法人株式対応帳簿価額となります。

〈譲渡対価と譲渡原価を相殺した場合〉

（借方）		（貸方）	
完全子法人株式（時価）	××	現物分配法人株式	××
資産（時価）	××	みなし配当	××
		譲渡益	××

２　適格株式分配の場合

⑴　現物分配法人の処理

イ　資産の帳簿価額による譲渡

内国法人が適格株式分配により被現物分配法人その他の株主等に完全子法人株式の移転をしたときは、被現物分配法人その他の株主等に移転をした完全子法人株式の適格株式分配の直前の帳簿価額による譲渡をしたものとして、譲渡損益は生じません（法法62の５③）。

ロ　資本金等の額

適格株式分配により株主等に交付した完全子法人株式の帳簿価額に相当する金額が、資本金等の額の減少額となります（法令８①十六）。

ハ　利益積立金額

適格株式分配の場合には、現物分配法人の利益積立金額は減少しません。

〈株式分配の税務仕訳〉

(借方)		(貸方)	
資本金等の額	××	完全子法人株式	××

(2)　被現物分配法人の処理（現物分配法人の株主等の処理）

イ　みなし配当

適格株式分配の場合には、みなし配当は生じません（法法24①三）。

ロ　譲渡損益（譲渡損益の繰延べ）

内国法人が所有株式（その内国法人が有する株式をいいます。）を発行した法人の行った株式分配により完全子法人株式その他の資産の交付を受けた場合には、その所有株式のうち完全子法人株式に対応する部分の譲渡を行ったものとみなして、譲渡損益の計算を行います。この場合において、金銭等不交付株式分配（上記1(2)ロ(イ)参照）により完全子法人株式の交付を受けたときにおける譲渡損益の計算については、譲渡対価の額及び譲渡原価の額は、いずれもその所有株式の株式分配の直前の完全子法人株式対応帳簿価額（下記算式参照）とされ、譲渡損益は生じません（法法61の2⑧、法令119の8の2①）。

この場合に取得する完全子法人株式の取得価額は、現物分配法人株式の完全子法人株式対応帳簿価額に相当する金額（完全子法人株式の交付を受けるために要した費用がある場合にはその費用の額を加算した金額）となります（法令119①八）。

したがって、被現物分配法人においては譲渡損益の繰延べが行われることとなります。

〈完全子法人株式対応帳簿価額〉

完全子法人株式対応帳簿価額	＝	株式分配直前の所有株式の帳簿価額	×	純資産減少割合(注)

(注)　上記1(1)ロを参照してください。

〈被現物分配法人の税務仕訳（譲渡損益が生じない場合）〉

（借方）		（貸方）	
完全子法人株式	××	譲渡対価(注)	××
譲渡原価(注)	××	現物分配法人株式（所有株式）(注)	××

(注)　完全子法人株式対応帳簿価額となります。

〈譲渡対価と譲渡原価を相殺した場合〉

（借方）		（貸方）	
完全子法人株式	××	現物分配法人株式（所有株式）	××

第７　株式交換等

１　非適格株式交換等の場合

⑴　株式交換等完全子法人の処理

イ　時価評価資産の時価評価

㈠　内容

内国法人が自己を株式交換等完全子法人とする非適格株式交換等㈨を行った場合には、内国法人が非適格株式交換等の直前の時において有する時価評価資産（下記㈡参照）の評価益の額（非適格株式交換等の直前の時の価額がその時の帳簿価額を超える場合のその超える部分の金額をいいます。）又は評価損の額（非適格株式交換等の直前の時の帳簿価額がその時の価額を超える場合のその超える部分の金額をいいます。）は、非適格株式交換等の日の属する事業年度の所得の金額の計算上、益金の額又は損金の額に算入されます（法法62の９①）。

㈨　株式交換の直前に株式交換完全子法人と株式交換完全親法人との間に完全支配関係がある場合の非適格株式交換は、グループ法人税制の適用によりこの時価評価の規定は適用されません（第８章第２の２参照）。

㈡　時価評価資産

時価評価資産とは、固定資産、土地等（土地及び土地の上に存する権利を含むものをいい、固定資産に該当するものを除きます。）、有価証券、金銭債権及び繰延資産で次に掲げるもの以外のものをいいます（法法62の９①、法令123の11①）。

〈時価評価資産から除外される資産〉

①	非適格株式交換等の日の属する事業年度開始の日前５年以内に開始した各事業年度（前５年内事業年度）において次に掲げる規定の適用を受けた減価償却資産（その減価償却資産が適格合併、適格分割、適格現物出資又は適格現物分配により被合併法人、分割法人、現物出資法人又は現物分配法人（被合併法人等）から移転を受けたものである場合には、その被合併法人等の前５年内事業年度において次に掲げる規定の適用を受けたものを含みます。） ⅰ　法人税法42条１項 、２項、５項又は６項（国庫補助金等で取得した固定資産等の圧縮額の損金算入） ⅱ　法人税法44条１項又は４項（特別勘定を設けた場合の国庫補助金等で取得した固定資産等の圧縮額の損金算入） ⅲ　法人税法45条１項 、２項、５項又は６項（工事負担金で取得した固定資産等の圧縮額の損金算入） ⅳ　法人税法47条１項 、２項、５項又は６項（保険金等で取得した固定資産等の圧縮額の損金算入） ⅴ　法人税法49条１項又は４項（特別勘定を設けた場合の保険金等で取得した固定資産等の圧縮額の損金算入） ⅵ　租税特別措置法67条の４第１項若しくは２項（転廃業助成金等に係る課税の特例）（同条９項において準用する場合を含みます。）又は同条３項（同条10項において準用する場合を含みます。）
②	法人税法61条の３第１項１号（売買目的有価証券の評価益又は評価損の益金又は損金算入等）に規定する売買目的有価証券
③	法人税法施行令119条の14（償還有価証券の帳簿価額の調整）に規定する償還有価証券
④	資産の帳簿価額（資産を一定の単位㈲に区分した後のそれぞれの資産の帳簿価額となります。）が1,000万円に満たない場合のその資産
⑤	資産の価額（資産を一定の単位㈲に区分した後のそれぞれの資産の価額となります。）とその帳簿価額との差額（前５年内事業年度において①に掲げる規定の適用を受けた固定資産（①に規定する減価償却資産を除きます。）で、その価額がその帳簿価額を超えるものについては、その前５年内事業年度において①に掲げる規定により損金の額に算入された金額又はその超える部分の金額のいずれか少ない金額を控除した金額）が内国法人の資本金等の額の２分の１に相当する金額又は1,000万円のいずれか少ない金額に満たない場合のその資産
⑥	その内国法人との間に完全支配関係がある他の内国法人（次に掲げるものに限ります。）の株式又は出資で、その価額がその帳簿価額に満たないもの ⅰ　清算中のもの ⅱ　解散（合併による解散を除きます。）をすることが見込まれるもの ⅲ　当該他の内国法人との間に完全支配関係がある内国法人との間で適格合併を行うことが見込まれるもの
⑦	その内国法人が通算法人である場合におけるその内国法人が有する他の通算法人（法人税法施行令24条の３に規定する初年度離脱通算子法人及び通算親法人を除きます。）の株式又は出資

㈱　一定の単位は、次に掲げる資産の区分に応じそれぞれに掲げるところにより区分した後の単位となります（法規27の15①、27の16の２）。

①　金銭債権

一の債務者ごとに区分します。

②　減価償却資産

次に掲げる区分に応じそれぞれ次に定めるところによります。

ⅰ　建物

一棟（建物の区分所有等に関する法律１条の規定に該当する建物にあっては、同法２条１項に規定する建物の部分）ごとに区分します。

ⅱ　機械及び装置

一の生産設備又は一台若しくは一基（通常一組又は一式をもって取引の単位とされるものにあっては、一組又は一式）ごとに区分します。

ⅲ　その他の減価償却資産

ⅰ又はⅱに準じて区分します。

③　土地等

土地等を一筆（一体として事業の用に供される一団の土地等にあっては、その一団の土地等）ごとに区分します。

④　有価証券

その銘柄の異なるごとに区分します。

⑤　その他の資産

通常の取引の単位を基準として区分します。

〈株式交換等完全子法人の税務仕訳（時価評価損益の計上）〉

（借方）		（貸方）	
諸資産	××	評価益	××

ロ　資本金等の額

㈠　全部取得条項付種類株式に係る取得決議の場合

下記⑵ロ㈠の全部取得条項付種類株式に係る取得決議により、全部取得条項付種類株式（旧株）を取得し、その取得の対価として自己の株式（新株）の交付をした場合（株主において全部取得条項付種類株式の譲渡損益の繰延べが適用される場合（下記⑵ロ㈠参照）に限ります㈱。）には、次に掲げる算式により計算した金額（この場合、全部取得条項付種類株式に係る種類資本金額の全額に相当する金額となります。）を、その新株と同一の種類の株式に係る種類資本金額に加算し、その旧株と同一の種類の株式に係る種類資本金額から減算します（法令８⑦）。

㈱　株主において全部取得条項付種類株式の譲渡損益の繰延べが適用されない場合には、みなし配当が生ずる自己株式の取得に該当し（法法24①五）、取得をした株式数に対応する部分の資本金等の額（取得資本金額）を減少させます（法令８①二十）。この場合、全部取得条項付種類株式に係る種類資本金額の全額を減少させます。一方、取得の対価として交付する株式に係る種類資本金額については、その対価の額に相当する金額を増加させます（法令８①一、青木孝徳他『平成18年版　改正税法のすべて』247頁（大蔵財務協会　平成18年））。

また、株主に交付した金銭その他の資産の価額が取得資本金額を超える場合のその超える部分の金額について、みなし配当として利益積立金額を減少させます（法令９十四）。

〈旧株の種類資本金額から新株の種類資本金額へ付け替える金額〉

$$\text{旧株の種類資本金額から新株の種類資本金額へ付け替える金額} = \frac{\text{全部取得条項付種類株式の取得決議の直前の旧株と同一の種類の株式に係る種類資本金額}}{\text{全部取得条項付種類株式の取得決議の直前の旧株と同一の種類の株式㈱の総数}} \times \text{取得をした旧株の株式の数}$$

㈱　自己が有する自己の株式を除きます。

〈株式交換等完全子法人の税務仕訳〉

（借方）		（貸方）	
資本金等の額（旧株）	××	資本金等の額（新株）	××

㈺　上記㈰以外の株式交換等の場合

上記㈰以外の株式交換等の場合には、資本金等の額の変動は生じません（１株未満の端数処理として自己株式の買取りを行った場合を除きます（下記ハ㈱参照）。）。

ハ　１株未満の端数処理

１株未満の端数処理において、競売又は市場価格等による売却㈱によりその株主等に交付すべきものとして収入する金額は、益金の額に算入せず、また、その競売等によりその株主等に交付した金額は、損金の額に算入しないこととなります（法令139の３）。詳しくは第２章第12の２を参照してください。

なお、株式交換及び株式売渡請求に係る承認の場合には、株式交換等完全子法人において１株未満の端数処理は生じません。

㊟　１株未満の端数処理の方法には、他に自己株式の買取りがあります。この自己株式の買取りは、みなし配当が生じる自己株式の取得から除かれており（法法24①五かっこ書、法令23③九）、この場合には、買取金額相当額の資本金等の額を減少させます（法令８①二十一）。

⑵　株式交換等完全親法人の処理

イ　株式交換の場合

㈠　株式交換完全子法人株式の時価による取得

株式交換完全親法人は、株式交換完全子法人株式（株式交換完全子法人の株式をいいます。）をその時の価額により取得します（法令119①二十七）㊟。

㊟　下記⑶イ㈠の金銭等不交付株式交換（無対価株式交換にあっては、株主均等割合保有関係（第４章第６の２⑵ハ参照）があるものに限ります。）で、その直前に株式交換完全親法人と株式交換完全子法人との間に完全支配関係があった場合には、下記２⑵イ㈠と同様の処理になります（法令119①十かっこ書）。

㈡　資本金等の額

株式交換（無対価株式交換で株主均等割合保有関係（第４章第６の２⑵ハ参照）がないものを除きます。）により増加する資本金等の額のうち資本金の額は、会社法その他の法令の規定等により決まります。一方、株式交換により増加する資本金以外の資本金等の額は、次のようになります（法令８①十）。

〈株式交換により増加する資本金以外の資本金等の額〉

増加する資本金以外の資本金等の額（注１）	＝	株式交換完全子法人株式の取得価額（付随費用は除きます。）	－	増加資本金額等（注２）

㊟１　計算結果がマイナスとなる場合には、資本金等の額から減算します。

２　株式交換により増加した資本金の額、株式交換により株式交換完全子法人の株主に交付した金銭並びに金銭及び株式交換完全親法人株式（株式交換完全親法人の株式をいいます。）以外の資産（株主に対する剰余金の配当として交付した金銭その他の資産を除きます。）の価額並びに株式交換完全子法人の株式交換により消滅をした新株予約権に代えて株式交換完全親法人の新株予約権を交付した場合のその新株予約権の価額に相当する金額（株式交換に伴い株式交換完全親法人が新株予約権に対応する債権を取得する場合には、その債権の価額を減算した金額）の合計額となります。

〈株式交換完全親法人の税務仕訳〉

（借方）		（貸方）	
株式交換完全子法人株式（時価）	××	資本金	××
		交付金銭等	××
		新株予約権	××
		資本金以外の資本金等の額	××

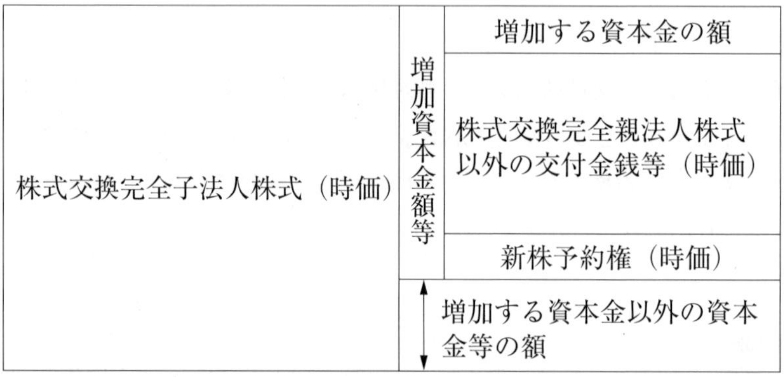

ロ　全部取得条項付種類株式に係る取得決議の場合

(イ)　譲渡損益（譲渡損益の繰延べ）

全部取得条項付種類株式に係る取得決議（その取得の対価としてその取得をされる株主等にその取得をする法人の株式（その株式と併せて交付されるその取得をする法人の新株予約権を含みます。）以外の資産（その取得の価格の決定の申立てに基づいて交付される金銭その他の資産を除きます。）が交付されない場合の取得決議に限ります。）により、全部取得条項付種類株式を譲渡し、かつ、その対価として取得をする法人の株式の交付を受けた場合（その交付を受けた株式の価額がその譲渡をした株式とおおむね同額となっていないと認められる場合を除きます。）には、譲渡対価の額は、全部取得条項付種類株式の譲渡の直前の帳簿価額に相当する金額とされ、譲渡損益は生じません（法法61の２⑭三）㊟。

また、この場合に取得する株式交換等完全子法人株式（株式交換等完全子法人の株式をいいます。）の取得価額は、その全部取得条項付種類株式に係る取得決議の直前の帳簿価額に相当する金額（その交付を受けるために要した費用がある場合には、その費用を加算した金額）となります（法令119①十八、十九）。

したがって、株式交換等完全親法人においては、譲渡損益の繰延べが行われることとなります。

㊟　この規定の適用要件を満たさない場合には、全部取得条項付種類株式を時価で譲渡したものとして譲渡損益が生じることとなります（法法61の２①）

なお、全部取得条項付種類株式を有する株主に金銭が交付された場合において、その金銭が、全部取得条項付種類株式の取得の対価として交付すべきその取得をする法人の株式に１株未満の端数が生じたために、その１株未満の株式の合計数に相当する数の株式を譲渡し、又は買い取った代金として交付されたものであるときは、その株主に対してその１株未満の株式に相当する株式を交付したことになります。ただし、その交付された金銭が、その取得の状況その他の事由を総合的に勘案して実質的にその株主に対して支払うその全部取得条項付種類株式の取得の対価であると認められるときは、その取得の対価として金銭が交付されたものとして取り扱われます（法基通２－３－１）。

(ロ)　みなし配当

上記(イ)に該当する場合には、みなし配当は生じません（法法24①五かっこ書）㊟。

㊟　上記(イ)の適用要件を満たさない場合には、みなし配当が生ずる自己株式の取得に該当します（法法24①五）。

〈株式交換等完全親法人の税務仕訳〉

（借方）		（貸方）	
株式交換等完全子法人株式 （普通株式）	××	譲渡対価㊟	××
譲渡原価	××	株式交換等完全子法人株式 （全部取得条項付種類株式）	××

㊟　譲渡原価と同額になります。

〈譲渡対価と譲渡原価を相殺した場合〉

(借方)		(貸方)	
株式交換等完全子法人株式 (普通株式)	××	株式交換等完全子法人株式 (全部取得条項付種類株式)	××

(ハ)　１株未満の端数処理

株式交換等完全親法人が１株未満の端数の合計数に相当する数の株式を競売等により取得する場合には、株式交換等完全親法人は株式交換等完全子法人株式をその時の価額により取得します（法令119①二十七）。

〈株式交換等完全親法人の税務仕訳〉

(借方)		(貸方)	
株式交換等完全子法人株式	××	現金	××

ハ　株式の併合の場合（１株未満の端数処理）

株式交換等完全親法人が１株未満の端数の合計数に相当する数の株式を競売等により取得する場合には、株式交換等完全親法人は株式交換等完全子法人株式をその時の価額により取得します（法令119①二十七）。

〈株式交換等完全親法人の税務仕訳〉

(借方)		(貸方)	
株式交換等完全子法人株式	××	現金	××

ニ　株式売渡請求に係る承認の場合（株式交換等完全子法人株式の時価による取得）

株式売渡請求に係る承認の場合には、株式交換等完全親法人は株式交換等完全子法人株式をその時の価額により取得します（法令119①二十七）。

〈株式交換等完全親法人の税務仕訳〉

(借方)		(貸方)	
株式交換等完全子法人株式	××	現金	××

(3)　株式交換等完全子法人の株主の処理

イ　株式交換の場合

(イ)　譲渡損益が生じない場合（譲渡損益の繰延べ）

内国法人が、旧株（内国法人が有していた株式をいいます。）を発行した法人の行った株式交換（その法人の株主に株式交換完全親法人又は株式交換完全親法人と株式交換完全親法人以外の法人との間にその法人による完全支配関係がある法人（親法人）のうちいずれか一の法人の株式以外の資産（注１）が交付されなかったものに限ります。以下、金銭等不交付株式交換といいます。）により株式の交付を受けた場合又は旧株を発行した法人の行った特定無対価株式交換（注２）により旧株を有しないこととなった場合における旧株の譲渡損益の計算については、その譲渡対価の額は、旧株の金銭等不交付株式交換又は特定無対価株式交換の直前の帳簿価額に相当する金額とされ、譲渡損益は生じません（法法61の２⑨、法令119の７の２④⑤）。

この場合に取得する株式交換完全親法人株式又は親法人の株式の取得価額は、旧株の株式交換の直前の帳簿価額に相当する金額（株式交換完全親法人株式又は親法人の株式の交付を受けるために要した費用がある場合にはその費用の額を加算した金額）となります（法令119①九）。また、特定無対価株式交換の場合には、旧株の帳簿価額をその保有している株式交換完全親法人株式の帳簿価額に付け替えることとなります（法令119の３㉕、119の４①）。

したがって、株式交換完全子法人の株主においては、旧株の譲渡損益の繰延べが行われることとなります。

(注)１　株主に対する剰余金の配当として交付された金銭その他の資産及び株式交換に反対する株主に対するその買取請求に基づく対価として交付される金銭その他の資産を除きます。

２　特定無対価株式交換とは、無対価株式交換のうち株主均等割合保有関係（第４章第６の２(2)ハ参照）があるものをいいます（法法61の２⑨、法令119 の７の２⑤）。

〈株式交換完全子法人の株主の税務仕訳（譲渡損益が生じない場合）〉

（借方）		（貸方）	
株式交換完全親法人株式等	××	譲渡対価(注)	××
譲渡原価	××	株式交換完全子法人株式（旧株）	××

(注)　譲渡原価と同額となります。

〈譲渡対価と譲渡原価を相殺した場合〉

(借方)		(貸方)	
株式交換完全親法人株式等	××	株式交換完全子法人株式（旧株）	××

(ロ)　譲渡損益が生じる場合

上記(イ)以外の場合には、株式交換完全子法人株式を時価で譲渡したものとして譲渡損益が生じます（法法61の２①）。

この場合に取得する株式交換完全親法人株式その他の株式の取得価額は、その時の価額となります（法令119①二十七）。

〈株式交換完全子法人の株主の税務仕訳（譲渡損益が生ずる場合)〉

(借方)		(貸方)	
株式交換完全親法人株式等（時価）	××	譲渡対価(注)	××
金銭等	××		
譲渡原価(注)	××	株式交換完全子法人株式	××

(注)　譲渡損益＝譲渡対価－譲渡原価

〈譲渡対価と譲渡原価を相殺した場合〉

(借方)		(貸方)	
株式交換完全親法人株式等	××	株式交換完全子法人株式	××
金銭等	××	譲渡益	××

ロ　全部取得条項付種類株式に係る取得決議の場合（１株未満の端数処理)

株主は、全部取得条項付種類株式の取得の対価として１株未満の端数に相当する株式の交付を受け直ちにこれを競売等により譲渡したものとして譲渡損益を計上することになるため（法法61の２①、⑭三、法基通２－３－25)、結果として、全部取得条項付種類株式を時価で譲渡した場合と同様の処理となります。

〈株式交換等完全子法人の株主の税務仕訳〉

(借方)		(貸方)	
現金	××	譲渡対価(注)	××
譲渡原価(注)	××	株式交換等完全子法人株式	××

(注)　譲渡損益＝譲渡対価－譲渡原価

〈譲渡対価と譲渡原価を相殺した場合〉

(借方)		(貸方)	
現金	××	株式交換等完全子法人株式	××
		譲渡益	××

ハ　株式の併合の場合（１株未満の端数処理）

１株未満の端数に相当する株式を競売等により譲渡する場合には、株式交換等完全子法人株式を時価で譲渡したものとして譲渡損益が生じます（法法61の２①）。

〈株式交換等完全子法人の株主の税務仕訳〉

(借方)		(貸方)	
現金	××	譲渡対価(注)	××
譲渡原価(注)	××	株式交換等完全子法人株式	××

(注)　譲渡損益＝譲渡対価－譲渡原価

〈譲渡対価と譲渡原価を相殺した場合〉

(借方)		(貸方)	
現金	××	株式交換等完全子法人株式	××
		譲渡益	××

ニ　株式売渡請求に係る承認の場合（株式交換等完全子法人株式の時価による売却）

株式売渡請求に係る承認の場合には、株式交換等完全子法人株式を株式交換等完全親法人に時価で譲渡したものとして譲渡損益が生じます（法法61の２①）。

〈株式交換等完全子法人の株主の税務仕訳〉

(借方)		(貸方)	
現金	××	譲渡対価(注)	××
譲渡原価(注)	××	株式交換等完全子法人株式	××

(注)　譲渡損益＝譲渡対価－譲渡原価

〈譲渡対価と譲渡原価を相殺した場合〉

(借方)		(貸方)	
現金	××	株式交換等完全子法人株式	××
		譲渡益	××

2　適格株式交換等の場合

(1)　株式交換等完全子法人の処理

イ　資本金等の額

(イ)　全部取得条項付種類株式に係る取得決議の場合

下記(2)ロ(イ)の全部取得条項付種類株式に係る取得決議により、全部取得条項付種類株式（旧株）を取得し、その取得の対価として自己の株式（新株）の交付をした場合（株主において全部取得条項付種類株式の譲渡損益の繰延べが適用される場合（下記(2)ロ(イ)参照）に限ります(注)。）には、次に掲げる算式により計算した金額（この場合、全部取得条項付種類株式に係る種類資本金額の全額に相当する金額となります。）を、その新株と同一の種類の株式に係る種類資本金額に加算し、その旧株と同一の種類の株式に係る種類資本金額から減算します（法令8⑦）。

(注)　株主において全部取得条項付種類株式の譲渡損益の繰延べが適用されない場合には、みなし配当が生ずる自己株式の取得に該当し（法法24①五）、取得をした株式数に対応する部分の資本金等の額（取得資本金額）を減少させます（法令8①二十）。この場合、全部取得条項付種類株式に係る種類資本金額の全額を減少させます。一方、取得の対価として交付する株式に係る種類資本金額については、その対価の額に相当する金額を増加させます（法令8①一、青木孝徳他『平成18年版　改正税法のすべて』247頁（大蔵財務協会　平成18年））。

　また、株主に交付した株式の価額が取得資本金額を超える場合のその超える部分の金額について、みなし配当として利益積立金額を減少させます（法令9十四）。

〈旧株の種類資本金額から新株の種類資本金額へ付け替える金額〉

旧株の種類資本金額から新株の種類資本金額へ付け替える金額	＝	全部取得条項付種類株式の取得決議の直前の旧株と同一の種類の株式に係る種類資本金額 ―――――――――― 全部取得条項付種類株式の取得決議の直前の旧株と同一の種類の株式㊟の総数	×	取得をした旧株の株式の数

㊟　自己が有する自己の株式を除きます。

〈株式交換等完全子法人の税務仕訳〉

(借方)		(貸方)	
資本金等の額（旧株）	××	資本金等の額（新株）	××

(ロ)　上記(イ)以外の株式交換等の場合

上記(イ)以外の株式交換等の場合には、資本金等の額の変動は生じません（１株未満の端数処理として自己株式の買取りを行った場合を除きます（下記ロ㊟参照）。）。

ロ　１株未満の端数処理

１株未満の端数処理において、競売又は市場価格等による売却㊟によりその株主等に交付すべきものとして収入する金額は、益金の額に算入せず、また、その競売等によりその株主等に交付した金額は、損金の額に算入しないこととなります（法令139の３）。詳しくは第２章第12の２を参照してください。

なお、株式交換及び株式売渡請求に係る承認の場合には、株式交換等完全子法人において１株未満の端数処理は生じません。

㊟　１株未満の端数処理の方法には、他に自己株式の買取りがあります。この自己株式の買取りは、みなし配当が生じる自己株式の取得から除かれており（法法24①五かっこ書、法令23③九）、この場合には、買取金額相当額の資本金等の額を減少させます（法令８①二十一）。

⑵　株式交換等完全親法人の処理

イ　株式交換の場合

㈠　株式交換完全子法人株式の帳簿価額等による取得

株式交換完全親法人は、適格株式交換等（金銭等不交付株式交換に限ります㈱。）により次に掲げる場合の区分に応じそれぞれ次に定める金額の株式交換完全子法人株式を取得します（法令119①十）。

㈱　金銭等不交付株式交換以外の株式交換の場合における株式交換完全子法人株式の取得価額は、その取得の時におけるその株式の取得のために通常要する価額となります（法令119①二十七）。

〈株式交換完全子法人株式の取得価額〉

①	適格株式交換等の直前において株主の数が50人未満である株式交換完全子法人株式の取得をした場合
	株式交換完全子法人の株主が有していた株式交換完全子法人株式の適格株式交換等の直前の帳簿価額（注１）に相当する金額の合計額（株式交換完全子法人株式の取得をするために要した費用がある場合には、その費用の額を加算した金額）
②	適格株式交換等の直前において株主の数が50人以上である株式交換完全子法人株式の取得をした場合
	株式交換完全子法人の適格株式交換等の日の属する事業年度の前事業年度（注２）終了の時の資産の帳簿価額から負債の帳簿価額を減算した金額（注３）に相当する金額（注４）（株式交換完全子法人株式の取得をするために要した費用がある場合にはその費用の額を加算した金額）

㈱１　株主が公益法人等又は人格のない社団等であり、かつ、株式交換完全子法人株式がその収益事業以外の事業に属するものであった場合には株式交換完全子法人株式の価額として株式交換完全親法人の帳簿に記載された金額となり、株主が個人である場合にはその個人が有していた株式交換完全子法人株式の適格株式交換等の直前の取得価額となります。

２　適格株式交換等の日以前６月以内に法人税法72条１項に規定する期間について同項各号に掲げる事項を記載した中間申告書を提出し、かつ、その提出の日から適格株式交換等の日までの間に確定申告書を提出していなかった場合には、その中間申告書に係る同項に規定する期間となります。

３　その終了の時から適格株式交換等の直前の時までの間に資本金等の額又は利益積立金額（法人税法施行令９条１号及び６号に掲げる金額を除きます。）が増加し、又は減少した場合には、その増加した金額を加算し、又はその減少した金額を減算した金額となります。

4　適格株式交換等の直前に株式交換完全子法人株式を有していた場合にはその相当する金額に株式交換完全子法人の適格株式交換等の直前の発行済株式の総数のうちに適格株式交換等により取得をした株式交換完全子法人株式の数の占める割合を乗ずる方法その他一定の合理的方法（法規26の11）により計算した金額となります。

⑵　資本金等の額

株式交換により増加する資本金等の額のうち資本金の額は、会社法その他の法令の規定等により決まります。一方、株式交換により増加する資本金以外の資本金等の額は、次のようになります（法令8①十）。

〈株式交換により増加する資本金以外の資本金等の額〉

増加する資本金以外の資本金等の額（注1）	＝	株式交換完全子法人株式の取得価額（付随費用は除きます。）	－	増加資本金額等（注2）

㈱1　計算結果がマイナスとなる場合には、資本金等の額から減算します。

2　株式交換により増加した資本金の額、株式交換完全子法人の株主に交付した金銭並びにその金銭及び株式交換完全親法人株式以外の資産（その株主に対する剰余金の配当として交付した金銭その他の資産を除きます。）の価額並びに株式交換完全子法人の株式交換により消滅をした新株予約権に代えて株式交換完全親法人の新株予約権を交付した場合のその消滅の直前のその消滅をした新株予約権の帳簿価額に相当する金額（株式交換に伴い株式交換完全親法人が新株予約権に対応する債権を取得する場合には、その債権の価額を減算した金額）の合計額となり、適格株式交換等（金銭等不交付株式交換に限ります。）により株式交換完全支配親法人株式（株式交換完全支配親法人（第4章第6の2⑴ロ参照）の株式をいいます。）を交付した場合にあっては、その消滅した新株予約権の帳簿価額に相当する金額にその交付した株式交換完全支配親法人株式の適格株式交換等の直前の帳簿価額を加算した金額となります。

〈株式交換完全親法人の税務仕訳〉

（借方）		（貸方）	
株式交換完全子法人株式 （帳簿価額等）	××	資本金（注１）	××
		交付金銭等（注２）	××
		新株予約権（簿価）	××
		資本金以外の資本金等の額	××

(注)１　三角株式交換で金銭等不交付株式交換の場合には、交付した株式交換完全支配親法人株式の帳簿価額となります。

２　金銭等不交付株式交換の場合には生じません。

<table>
<tr><td rowspan="3">株式交換完全子法人株式
株主における株式の簿価
or
子法人の前事業年度終了時の簿価純資産価額(注)
or
株式交換完全子法人株式の取得の時におけるその取得のために通常要する価額（時価）</td><td rowspan="2">増加資本金額等</td><td>増加する資本金の額
及び株式交換完全親法人株式以外の
交付金銭等（時価）
or
交付した株式交換完全支配親法人株式（簿価）</td></tr>
<tr><td>新株予約権（簿価）</td></tr>
<tr><td colspan="2">増加する資本金以外の資本金等の額</td></tr>
</table>

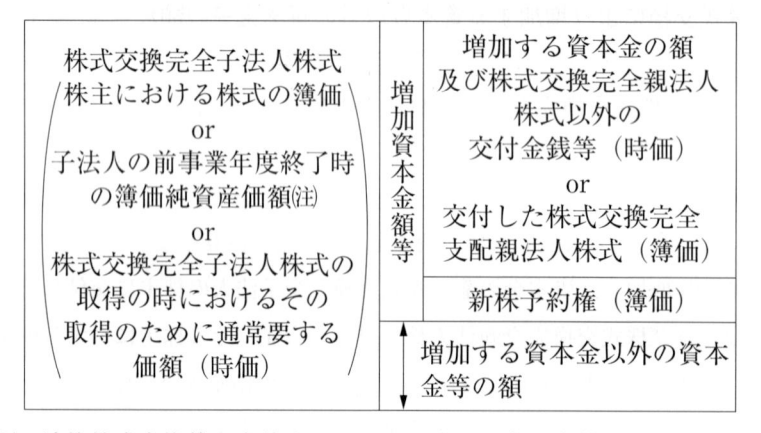

(注)　適格株式交換等の直前までの間に子法人の資本金等の額又は利益積立金額（法人税法施行令９条１号及び６号に掲げる金額を除きます。）の増減があった場合には、その増加額を加算し、その減少額を減算します。

ロ　全部取得条項付種類株式に係る取得決議の場合

(イ)　譲渡損益（譲渡損益の繰延べ）

全部取得条項付種類株式に係る取得決議（その取得の対価としてその取得をされる株主等にその取得をする法人の株式以外の資産（その取得の価格の決定の申立てに基づいて交付される金銭その他の資産を除きます。）が交付されない場合の取得決議に限ります。）により、全部取得条項付種類株式を譲渡し、かつ、その対価として取得をする法人の株式の交付を受けた場合（その交付を受けた株式の価額がその譲渡をした株式とおおむね同額となっていないと認められる場合を除きます。）には、譲渡対価の額は、全部取得条項付種類株式の譲渡の直前の帳簿価額に相当する金額とされ、譲渡損益は生じません（法法61の２⑭三）(注)。

また、この場合に取得する株式交換等完全子法人株式の取得価額は、その全部取得条項付種類株式に係る取得決議の直前の帳簿価額に相当する金額（その交付を受けるために要した費用がある場合には、その費用を加算した金額）となります（法令119①十八）。

したがって、株式交換等完全親法人においては、譲渡損益の繰延べが行われることとなります。

㊟　この規定の適用要件を満たさない場合には、全部取得条項付種類株式を時価で譲渡したものとして譲渡損益が生じることとなります（法法61の２①）。

なお、全部取得条項付種類株式を有する株主に金銭が交付された場合において、その金銭が、全部取得条項付種類株式の取得の対価として交付すべきその取得をする法人の株式に１株未満の端数が生じたために、その１株未満の株式の合計数に相当する数の株式を譲渡し、又は買取った代金として交付されたものであるときは、その株主に対してその１株未満の株式に相当する株式を交付したことになります。ただし、その交付された金銭が、その取得の状況その他の事由を総合的に勘案して実質的にその株主に対して支払うその全部取得条項付種類株式の取得の対価であると認められるときは、その取得の対価として金銭が交付されたものとして取り扱われます（法基通２－３－１）。

㈺　みなし配当

上記㈰に該当する場合には、みなし配当は生じません（法法24①五かっこ書）㊟。

㊟　上記㈰の適用要件を満たさない場合には、みなし配当が生ずる自己株式の取得に該当します（法法24①五）。

〈株式交換等完全親法人の税務仕訳〉

（借方）		（貸方）	
株式交換等完全子法人株式（普通株式）	××	譲渡対価㊟	××
譲渡原価	××	株式交換等完全子法人株式（全部取得条項付種類株式）	××

㊟　譲渡原価と同額になります。

〈譲渡対価と譲渡原価を相殺した場合〉

（借方）		（貸方）	
株式交換等完全子法人株式（普通株式）	××	株式交換等完全子法人株式（全部取得条項付種類株式）	××

⑻　１株未満の端数処理

株式交換等完全親法人が１株未満の端数の合計数に相当する数の株式を競売等により取得する場合には、株式交換等完全親法人は株式交換等完全子法人株式をその時の価額により取得します（法令119①二十七）。

〈株式交換等完全親法人の税務仕訳〉

（借方）		（貸方）	
株式交換等完全子法人株式	××	現金	××

ハ　株式の併合の場合（１株未満の端数処理）

株式交換等完全親法人が１株未満の端数の合計数に相当する数の株式を競売等により取得する場合には、株式交換等完全親法人は株式交換等完全子法人株式をその時の価額により取得します（法令119①二十七）。

〈株式交換等完全親法人の税務仕訳〉

（借方）		（貸方）	
株式交換等完全子法人株式	××	現金	××

ニ　株式売渡請求に係る承認の場合（株式交換等完全子法人株式の時価による取得）

株式売渡請求に係る承認の場合には、株式交換等完全親法人は株式交換等完全子法人株式をその時の価額により取得します（法令119①二十七）。

〈株式交換等完全親法人の税務仕訳〉

（借方）		（貸方）	
株式交換等完全子法人株式	××	現金	××

⑶　株式交換等完全子法人の株主の処理

イ　株式交換の場合

㈠　譲渡損益が生じない場合（譲渡損益の繰延べ）

内国法人が、旧株（内国法人が有していた株式をいいます。）を発行した法人の株式交換（金銭等不交付株式交換に限ります。）によりその株式の交付を受けた場合又は旧株を発行した法人の特定無対価株式交換により旧株を有しないこととなった場合における旧株の譲渡損益の計算については、その譲渡対価の額は、旧株の金銭等不交付株式交換又は特定無対価株式交換の直前の帳簿価額に相当する金額とされ、譲渡損益は生じません（法法61の２⑨、法令119の７の２④⑤）。

この場合に取得する株式交換完全親法人株式又は親法人の株式の取得価額は、旧株の株式交換の直前の帳簿価額に相当する金額（株式交換完全親法人株式又は親法人の株式の交付を受けるために要した費用がある場合にはその費用の額を加算した金額）となります（法令119①九）。また、特定無対価株式交換の場合には、旧株の帳簿価額をその保有している株式交換完全親法人株式の帳簿価額に付け替えることとなります（法令119の３㉕、119の４①）。

したがって、株式交換完全子法人の株主においては、旧株の譲渡損益の繰延べが行われることとなります。

〈株式交換完全子法人の株主の税務仕訳（譲渡損益が生じない場合）〉

（借方）		（貸方）	
株式交換完全親法人株式等	××	譲渡対価㈱	××
譲渡原価	××	株式交換完全子法人株式（旧株）	××

㈱　譲渡原価と同額となります。

〈譲渡対価と譲渡原価を相殺した場合〉

（借方）		（貸方）	
株式交換完全親法人株式等	××	株式交換完全子法人株式（旧株）	××

㈡　譲渡損益が生じる場合

上記㈠以外の場合には、株式交換完全子法人株式を時価で譲渡したものとして譲渡損益が生じます（法法61の２①）。

この場合に取得する株式交換完全親法人株式その他の株式の取得価額は、その時の価額となります（法令119①二十七）。

〈株式交換完全子法人の株主の税務仕訳（譲渡損益が生じる場合）〉

（借方）		（貸方）	
株式交換完全親法人株式等（時価）	××	譲渡対価(注)	××
金銭等	××		
譲渡原価(注)	××	株式交換完全子法人株式	××

(注)　譲渡損益＝譲渡対価－譲渡原価

〈譲渡対価と譲渡原価を相殺した場合〉

（借方）		（貸方）	
株式交換完全親法人株式等（時価）	××	株式交換完全子法人株式	××
金銭等	××	譲渡益	××

ロ　全部取得条項付種類株式に係る取得決議の場合（１株未満の端数処理）

株主は、全部取得条項付種類株式の取得の対価として１株未満の端数に相当する株式の交付を受け直ちにこれを競売等により譲渡したものとして譲渡損益を計上することになるため（法法61の２①、⑭三、法基通２－３－25）、結果として、全部取得条項付種類株式を時価で譲渡した場合と同様の処理となります。

〈株式交換等完全子法人の株主の税務仕訳〉

（借方）		（貸方）	
現金	××	譲渡対価(注)	××
譲渡原価(注)	××	株式交換等完全子法人株式	××

(注)　譲渡損益＝譲渡対価－譲渡原価

〈譲渡対価と譲渡原価を相殺した場合〉

（借方）		（貸方）	
現金	××	株式交換等完全子法人株式	××
		譲渡益	××

ハ　株式の併合の場合（１株未満の端数処理）

１株未満の端数に相当する株式を競売等により譲渡する場合には、株式交換等完全子法人株式を時価で譲渡したものとして譲渡損益が生じます（法法61の２①）。

〈株式交換等完全子法人の株主の税務仕訳〉

（借方）		（貸方）	
現金	××	譲渡対価(注)	××
譲渡原価(注)	××	株式交換等完全子法人株式	××

(注)　譲渡損益＝譲渡対価－譲渡原価

〈譲渡対価と譲渡原価を相殺した場合〉

（借方）		（貸方）	
現金	××	株式交換等完全子法人株式	××
		譲渡益	××

ニ　株式売渡請求に係る承認の場合（株式交換等完全子法人株式の時価による売却）

株式売渡請求に係る承認の場合には、株式交換等完全子法人株式を株式交換等完全親法人に時価で譲渡したものとして譲渡損益が生じます（法法61の２①）。

〈株式交換等完全子法人の株主の税務仕訳〉

（借方）		（貸方）	
現金	××	譲渡対価(注)	××
譲渡原価(注)	××	株式交換等完全子法人株式	××

(注)　譲渡損益＝譲渡対価－譲渡原価

〈譲渡対価と譲渡原価を相殺した場合〉

（借方）		（貸方）	
現金	××	株式交換等完全子法人株式	××
		譲渡益	××

第８　株式移転

１　非適格株式移転の場合

⑴　株式移転完全子法人の処理（時価評価資産の時価評価）

内国法人が自己を株式移転完全子法人とする非適格株式移転（注１）を行った場合には、内国法人が非適格株式移転の直前の時において有する時価評価資産（注２）の評価益の額（非適格株式移転の直前の時の価額がその時の帳簿価額を超える場合のその超える部分の金額をいいます。）又は評価損の額（非適格株式移転の直前の時の帳簿価額がその時の価額を超える場合のその超える部分の金額をいいます。）は、非適格株式移転の日の属する事業年度の所得の金額の計算上、益金の額又は損金の額に算入されます（法法62の９①）。

㈨１　株式移転の直前に株式移転完全子法人と他の株式移転完全子法人との間に完全支配関係がある場合の非適格株式移転は、グループ法人税制の適用によりこの時価評価の規定は適用されません（第８章第２の２参照）。

２　時価評価資産の定義については、第７の１⑴イ㈺を参照してください（法法62の９①、法令123の11①）。

〈株式移転完全子法人の税務仕訳（時価評価損益の計上）〉

（借方）		（貸方）	
諸資産	××	評価益	××

⑵　株式移転完全親法人の処理

イ　株式移転完全子法人株式の時価による取得

株式移転完全親法人は、株式移転完全子法人株式（株式移転完全子法人の株式をいいます。）をその時の価額により取得します（法令119①二十七）㈨。

㈨　株式移転（株式移転完全子法人の株主に株式移転完全親法人の株式以外の資産（株式移転に反対する株主に対する買取請求に基づく対価として交付される金銭その他の資産を除きます。）が交付されなかったものに限ります。）の直前に株式移転完全子法人と他の株式移転完全子法人との間に完全支配関係があった場合には、下記２⑵イと同様の処理になります（法令119①十二かっこ書）。

ロ　資本金等の額

株式移転により増加する資本金等の額のうち資本金の額は、会社法その他の法令の規定等により決まります。一方、株式移転により増加する資本金以外の資本金等の額は、次のようになります（法令８①十一）。

〈株式移転により増加する資本金以外の資本金等の額〉

増加する資本金以外の資本金等の額（注１）	＝	株式移転完全子法人株式の取得価額（付随費用は除きます。）	－	株式移転の時の資本金の額 ＋ 株式移転により株式移転完全子法人の株主に交付した株式移転完全親法人株式（注２）以外の資産の価額 ＋ 株式移転完全子法人の株式移転により消滅をした新株予約権に代えて新株予約権を交付した場合の新株予約権の価額に相当する金額（注３）

㈱１　計算結果がマイナスとなる場合には、資本金等の額から減算します。

２　株式移転完全親法人の株式をいいます。

３　株式移転に伴い新株予約権に対応する債権を取得する場合には、その債権の価額を減算した金額となります。

〈株式移転完全親法人の税務仕訳〉

（借方）		（貸方）	
株式移転完全子法人株式（時価）	××	資本金	××
		交付資産	××
		新株予約権	××
		資本金以外の資本金等の額	××

<table>
<tr><td rowspan="4">株式移転完全子法人株式(時価)</td><td>株式移転の時の資本金の額</td></tr>
<tr><td>株式移転完全親法人株式以外の交付資産（時価）</td></tr>
<tr><td>新株予約権（時価）</td></tr>
<tr><td>↕ 増加する資本金以外の資本金等の額</td></tr>
</table>

⑶　株式移転完全子法人の株主の処理

イ　譲渡損益が生じない場合（譲渡損益の繰延べ）

内国法人が、旧株（内国法人が有していた株式をいいます。）を発行した法人の行った株式移転（その法人の株主に株式移転完全親法人株式以外の資産㈱が交付されなかったものに限ります。）により株式の交付を受けた場合における旧株の譲渡損益の計算については、その譲渡対価の額は、旧株の株式移転の直前の帳簿価額に相当する金額とされ、譲渡損益は生じません（法法61の２⑪）。

また、この場合に取得する株式移転完全親法人株式の取得価額は、旧株の株式移転の直前の帳簿価額に相当する金額（株式移転完全親法人株式の交付を受けるために要した費用がある場合にはその費用の額を加算した金額）となります（法令119①十一）。

したがって、株式移転完全子法人の株主においては、旧株の譲渡損益の繰延べが行われることとなります。

㈱　株式移転に反対する株主に対するその買取請求に基づく対価として交付される金銭その他の資産を除きます。

〈株式移転完全子法人の株主の税務仕訳〉

（借方）		（貸方）	
株式移転完全親法人株式	××	譲渡対価㈱	××
譲渡原価	××	株式移転完全子法人株式（旧株）	××

㈱　譲渡原価と同額となります。

〈譲渡対価と譲渡原価を相殺した場合〉

（借方）		（貸方）	
株式移転完全親法人株式	××	株式移転完全子法人株式（旧株）	××

ロ　譲渡損益が生じる場合

上記イ以外の場合には、株式移転完全子法人株式を時価で譲渡したものとして譲渡損益が生じます（法法61の２①）。

この場合に取得する株式移転完全親法人株式の取得価額は、その時の価額となります（法令119①二十七）。

〈株式移転完全子法人の株主の税務仕訳〉

（借方）		（貸方）	
株式移転完全親法人株式（時価）	××	譲渡対価㈱	××
交付資産（時価）	××		
譲渡原価㈱	××	株式移転完全子法人株式	××

㈱　譲渡損益＝譲渡対価－譲渡原価

〈譲渡対価と譲渡原価を相殺した場合〉

（借方）		（貸方）	
株式移転完全親法人株式	××	株式移転完全子法人株式	××
交付資産	××	譲渡益	××

２　適格株式移転の場合

⑴　株式移転完全子法人の処理

適格株式移転の場合には、株式移転完全子法人は何ら処理を要しません。

⑵　株式移転完全親法人の処理

イ　株式移転完全子法人株式の帳簿価額等による取得

株式移転完全親法人は、次に掲げる場合の区分に応じそれぞれ次に定める金額により株式移転完全子法人株式を取得します（法令119①十二）。

〈株式移転完全子法人株式の取得価額〉

①	適格株式移転の直前において株主の数が50人未満である株式移転完全子法人の株式の取得をした場合
	株式移転完全子法人の株主が有していた株式移転完全子法人株式の適格株式移転の直前の帳簿価額（注１）に相当する金額の合計額（株式移転完全子法人株式の取得をするために要した費用がある場合には、その費用の額を加算した金額）
②	適格株式移転の直前において株主の数が50人以上である株式移転完全子法人の株式の取得をした場合
	株式移転完全子法人の適格株式移転の日の属する事業年度の前事業年度（注２）終了の時の資産の帳簿価額から負債の帳簿価額を減算した金額（注３）に相当する金額（株式移転完全子法人の株式の取得をするために要した費用がある場合には、その費用の額を加算した金額）

㈱１　株主が公益法人等又は人格のない社団等であり、かつ、株式移転完全子法人株式がその収益事業以外の事業に属するものであった場合には株式移転完全子法人株式の価額として株式移転完全親法人の帳簿に記載された金額となり、株主が個人である場合にはその個人が有していた株式移転完全子法人株式の適格株式移転の直前の取得価額となります。

２　適格株式移転の日以前６月以内に法人税法72条１項に規定する期間について同項各号に掲げる事項を記載した中間申告書を提出し、かつ、その提出の日から適格株式移転の日までの間に確定申告書を提出していなかった場合には、その中間申告書に係る同項に規定する期間となります。

３　その終了の時から適格株式移転の直前の時までの間に資本金等の額又は利益積立金額（法人税法施行令９条１号及び６号に掲げる金額を除きます。）が増加し、又は減少した場合には、その増加した金額を加算し、又はその減少した金額を減算した金額となります。

ロ　資本金等の額

株式移転により増加する資本金等の額のうち資本金の額は、会社法その他の法令の規定等により決まります。一方、株式移転により増加する資本金以外の資本金等の額は、次のようになります（法令８①十一）。

〈株式移転により増加する資本金以外の資本金等の額〉

増加する資本金以外の資本金等の額（注１）	＝	株式移転完全子法人株式の取得価額（付随費用は除きます。）	－	（株式移転の時の資本金の額 ＋ 株式移転完全子法人の適格株式移転により消滅をした新株予約権に代えて新株予約権を交付した場合の株式移転完全子法人のその消滅の直前のその消滅をした新株予約権の帳簿価額に相当する金額（注２））

㊟１　計算結果がマイナスとなる場合には、資本金等の額から減算します。

２　株式移転に伴い新株予約権に対応する債権を取得する場合には、その債権の価額を減算した金額となります。

〈株式移転完全親法人の税務仕訳〉

（借方）		（貸方）	
株式移転完全子法人株式（簿価）	××	資本金	××
		新株予約権（簿価）	××
		資本金以外の資本金等の額	××

株式移転完全子法人株式 （株主における株式の簿価 or 子法人の前事業年度終了時の簿価純資産価額㊟）	株式移転の時の資本金の額
	新株予約権（簿価）
	増加する資本金以外の資本金等の額

㊟　適格株式移転の直前までの間に子法人の資本金等の額又は利益積立金額（法人税法施行令９条１号及び６号に掲げる金額を除きます。）の増減があった場合には、その増加額を加算し、その減少額を減算します。

⑶　株式移転完全子法人の株主の処理（譲渡損益の繰延べ）

内国法人が、旧株（内国法人が有していた株式をいいます。）を発行した法人の行った株式移転（その法人の株主に株式移転完全親法人株式以外の資産㈲が交付されなかったものに限ります。）により株式の交付を受けた場合における旧株の譲渡損益の計算については、その譲渡対価の額は、旧株の株式移転の直前の帳簿価額に相当する金額とされ、譲渡損益は生じません（法法61の２⑪）。

また、この場合に取得する株式移転完全親法人株式の取得価額は、旧株の株式移転の直前の帳簿価額に相当する金額（株式移転完全親法人株式の交付を受けるために要した費用がある場合にはその費用の額を加算した金額）となります（法令119①十一）。

したがって、株式移転完全子法人の株主においては、旧株の譲渡損益の繰延べが行われることとなります。

㈲　株式移転に反対する株主に対するその買取請求に基づく対価として交付される金銭その他の資産を除きます。

〈株式移転完全子法人の株主の税務仕訳〉

（借方）		（貸方）	
株式移転完全親法人株式	××	譲渡対価㈲	××
譲渡原価	××	株式移転完全子法人株式（旧株）	××

㈲　譲渡原価と同額となります。

〈譲渡対価と譲渡原価を相殺した場合〉

（借方）		（貸方）	
株式移転完全親法人株式	××	株式移転完全子法人株式（旧株）	××

第９　合併法人等が保有する親法人株式の取扱い

１　合併法人等が有する親法人株式のみなし譲渡

⑴　内容

内国法人が、自己を合併法人、分割承継法人又は株式交換完全親法人（合併法人等）とする合併、分割又は株式交換（合併等）により親法人株式（合併等の直前にその内国法人とその内国法人以外の法人との間にその法人による完全支配関係がある法人に該当することが合併等に係る契約をする日（契約日）において見込まれる法人の株式をいいます。）を交付しようとする場合において、契約日に親法人株式を有していたとき、又は契約日後に下記⑵の一定の事由により親法人株式の移転を受けたときは、その契約日又はその移転を受けた日（契約日等）において、これらの親法人株式（内国法人のその契約日等において有していた親法人株式の数（出資にあっては金額）及びその契約日等において移転を受けた親法人株式の数の合計数（出資にあっては合計額）がその契約に基づき合併等により交付しようとする親法人株式の数を超える場合におけるその超える部分の数に相当するものを除きます。）をその契約日等における価額により譲渡し、かつ、これらの親法人株式をその価額により取得したものとみなして、親法人株式の譲渡損益が生じます（法法61の２㉓、法令119の11の２①③）。

〈合併法人等の税務仕訳〉

（借方）		（貸方）	
親法人株式（時価）	××	譲渡対価㈲	××
譲渡原価㈲	××	親法人株式	××

㈲　譲渡損益＝譲渡対価－譲渡原価

〈譲渡対価と譲渡原価を相殺した場合〉

（借方）		（貸方）	
親法人株式（時価）	××	親法人株式	××
		譲渡益	××

⑵　一定の事由

上記⑴の一定の事由は、次に掲げる事由（これらの事由により上記⑴の見込まれる法人（その見込まれる法人が分割承継法人となる③に掲げる事由のうち分割対価資産の全てが分割法人の株主等に直接に交付される分割型分割以外の事由にあっては、その事由に係る分割法人）から親法人株式の移転を受ける場合におけるこれらの事由を除きます。）となります（法令119の11の２②）。

①	内国法人を合併法人、分割承継法人、被現物出資法人又は被現物分配法人とする適格合併若しくは非適格合併で法人税法61条の11第１項（第８章第１の１参照）の規定の適用があるもの（非適格合併にあっては、親法人株式が譲渡損益調整資産に該当する場合における合併に限ります。）、適格分割、適格現物出資又は適格現物分配
②	内国法人が旧株（内国法人が有していた株式をいいます。）を発行した法人の法人税法61条の２第２項に規定する金銭等不交付合併（上記第１の１⑶ロ(イ)、第１の２⑶ロ(イ)参照）により合併法人から親法人株式の交付を受けた場合における金銭等不交付合併
③	内国法人が所有株式（内国法人が有する株式をいいます。）を発行した法人の法人税法61条の２第４項に規定する金銭等不交付分割型分割（上記第２の１⑶ロ(イ)、第２の２⑶ロ参照）により分割対価資産の交付を受けた場合でその分割対価資産が親法人株式であるときにおける金銭等不交付分割型分割
④	内国法人を分割法人とする適格分社型分割により親法人株式の交付を受けた場合における適格分社型分割
⑤	内国法人が所有株式（内国法人が有する株式をいいます。）を発行した法人の法人税法61条の２第８項に規定する金銭等不交付株式分配（上記第６の１⑵ロ(イ)、第６の２⑵ロ参照）により法人税法２条12号の15の２に規定する完全子法人の株式の交付を受けた場合でその完全子法人の株式が親法人株式であるときにおける金銭等不交付株式分配
⑥	内国法人が旧株（内国法人が有していた株式をいいます。）を発行した法人の法人税法第61条の２第９項に規定する金銭等不交付株式交換（上記第７の１⑶イ(イ)、第７の２⑶イ(イ)参照）により株式交換完全親法人から親法人株式の交付を受けた場合における金銭等不交付株式交換

⑶　１単位当たりの帳簿価額の調整等

内国法人が契約日後に上記⑵の一定の事由により親法人株式の移転を受けた場合におけるその親法人株式でこのみなし譲渡の規定の適用を受ける前のものについては、その内国法人の移転前から有していた親法人株式と銘柄が異なる株式として、譲渡の規定（法法61の２）及び有価証券の１単位当たりの帳簿価額及び時価評価金額に関する規定（法令119～119の16）が適用されます（法令119の11の２④）。

２　適格合併等により交付する合併親法人株式等の譲渡損益

内国法人が自己を合併法人等とする金銭等不交付合併である適格合併、適格分割、金銭等不交付株式交換である適格株式交換（適格合併等）により合併親法人株式、分割承継親法人株式、株式交換完全支配親法人株式（合併親法人株式等）を交付した場合における譲渡損益の計算については、その譲渡対価の額は、その合併親法人株式等の適格合併等の直前の帳簿価額に相当する金額とされ、譲渡損益は生じません（法法61の２⑥⑦⑩）。

〈合併法人等の親法人株式の譲渡損益の取扱い〉

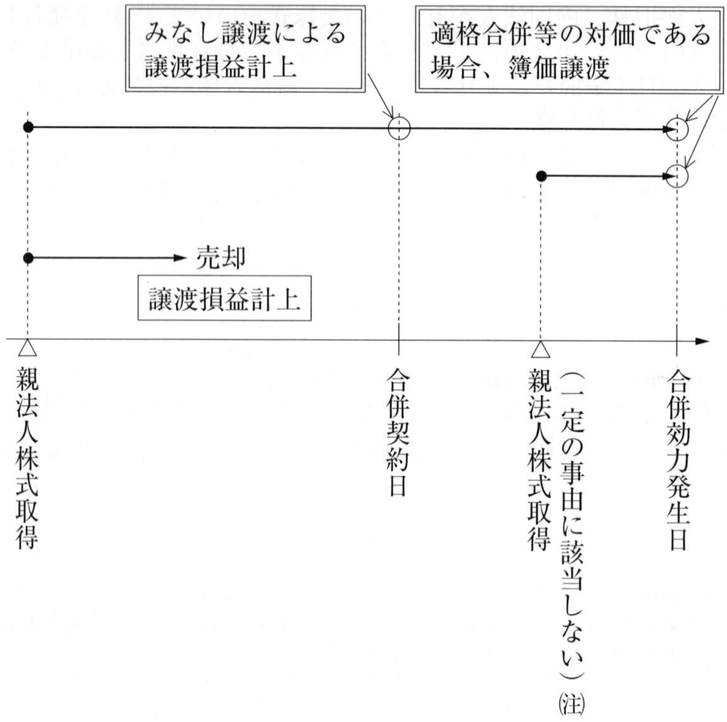

（財務省資料に加筆）

㈱　一定の事由に該当する場合には、みなし譲渡による譲渡損益の計上が行われます。

第10　被合併法人等の新株予約権者の取扱い

内国法人がその有する旧新株予約権等（新株予約権及び新株予約権付社債をいいます。）を発行した法人を被合併法人、分割法人、株式交換完全子法人又は株式移転完全子法人（被合併法人等）とする合併、分割、株式交換又は株式移転（合併等）により旧新株予約権等に代えて合併等に係る合併法人、分割承継法人、株式交換完全親法人又は株式移転完全親法人の新株予約権（新株予約権付社債を含みます。）のみの交付を受けた場合における旧新株予約権等の譲渡損益の計算については、その譲渡対価の額は、その旧新株予約権等の合併等の直前の帳簿価額に相当する金額とされ、譲渡損益は生じません（法法61の2⑫）。

この場合における新株予約権の取得価額は、その旧新株予約権等の合併等の直前の帳簿価額に相当する金額（新株予約権の交付を受けるために要した費用がある場合には、その費用の額を加算した金額）とされます（法令119①十三）。

したがって、被合併法人等の新株予約権者においては、消滅の対価として新株予約権のみの交付を受けた場合には、その旧新株予約権等の譲渡損益の繰延べが行われることとなります。

〈被合併法人等の新株予約権者の税務仕訳〉

（借方）		（貸方）	
新株予約権	××	譲渡対価(注)	××
譲渡原価	××	旧新株予約権等	××

(注)　譲渡原価と同額になります。

〈譲渡対価と譲渡原価を相殺した場合〉

（借方）		（貸方）	
新株予約権	××	旧新株予約権等	××

第11　外国における組織再編行為

内国法人が外国法人の株式又は出資を有する場合において、その外国法人が外国法に基づき組織再編行為を行ったときには、その株主等である内国法人の課税関係は、基本的に我が国の法人税法等の規定により決められることとなりますが、我が国の法人税法における組織再編税制の対象となる「合併」等は、我が国における「合併」等を前提としているため、その組織再編行為が我が国における「合併」等と同様に取り扱われるべきか否かを判断する必要があります。

この点については、平成24年８月に公益社団法人日本租税研究協会が公表した報告書「〔国際的組織再編等課税問題検討会報告書〕外国における組織再編成に係る我が国租税法上の取扱いについて」において、基本的な考え方及び国別事例が示されており、参考になるものと思われます。

ちなみに、内国法人（Ａ社）が有する英国法人（Ｂ社）及びオランダ法人（Ｃ社）同士の合併は、欧州議会及び欧州理事会2005/56EC 指令に関する英国及びオランダの各国内実施法を準拠法として行われるものであり、①被合併企業から合併企業へのすべての資産及び負債の自動的譲渡（包括承継）、②被合併企業の清算なしの解散（自動消滅）という法的効果が生じることから、我が国の会社法上の合併の本質的要素（①消滅会社の権利義務の全部が存続会社に包括承継されること及び②消滅会社は清算手続を経ることなく自動的に解散して消滅すること）を具備すると認められるため、我が国の法人税法上の合併に該当するものとして取り扱うのが相当であるとされた事例があります（平成31年２月18日付大阪国税局審理課長文書回答「英国子会社がオランダ法人と行う合併の取扱いについて」）。

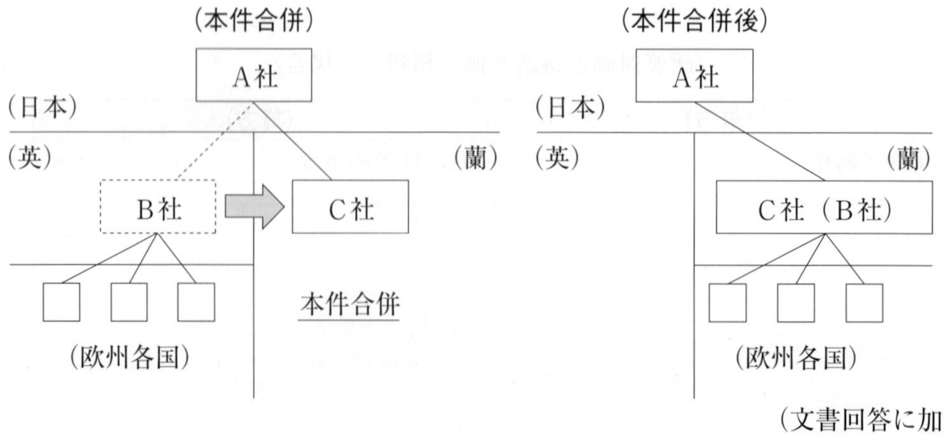

（文書回答に加筆）

図表‐1　非適格合併の処理例（被合併法人の資産・負債の移転が時価譲渡となる処理例）

次の合併法人、被合併法人、被合併法人の法人株主の間には、いずれも完全支配関係がないものとする。
また、被合併法人に係る未納法人税等については、考慮しないものとする。

合併法人

②合併取得貸借対照表

資産　1,000	負債　500
	資本金等の額　200
	合併交付金　300

※資産・負債の時価取得
※資本金等の額：法令８①五

被合併法人

①貸借対照表（資産・負債移転前）

資産　800（含み益200）	負債　500
	資本金等の額　200
	利益積立金額　100

・発行済株式数：10
・１株の時価純資産価額：50

借方		貸方	
負債	500	資産	800
現金	300	譲渡益	200
株式	200		

※資産・負債の時価譲渡：法法62①前段

③貸借対照表（資産・負債移転後）

現金　300 株式　200	資本金等の額　200
	利益積立金額　300

借方		貸方	
資本金等の額	200	現金	300
利益積立金額	300	株式	200

※株式等の時価取得・交付：法法62①後段

被合併法人の法人株主（１株保有）

〔例１〕旧株式の帳簿価額10の場合

現金30・新株20：配当30、譲渡対価20
譲渡対価20と譲渡原価10（旧株）の差額：譲渡益10

借方		貸方	
現金	30	配当	30
新株	20	譲渡対価	20
譲渡原価	10	旧株	10

※株式の時価譲渡：法法61の２①
※みなし配当：法法24①一、法令23①一

〔例２〕旧株式の帳簿価額30の場合

現金30・新株20：配当30、譲渡対価20
譲渡対価20と譲渡原価30（旧株）の差額：譲渡損10

借方		貸方	
現金	30	配当	30
新株	20	譲渡対価	20
譲渡原価	30	旧株	30

※株式の時価譲渡：法法61の２①
※みなし配当：法法24①一、法令23①一

(注)　図表‐１～３、８～11は、「平成13年改正税法のすべて」（大蔵財務協会）の図に修正を加えたものであり、図表６、13は「平成29年改正税法のすべて」（大蔵財務協会）の図に修正を加えたものです。また、これらの図表は、会社法の取扱いを前提としています。

図表-２　非適格分割型分割の処理例（分割法人の資産・負債の移転が時価譲渡となる処理例）

次の分割法人、分割承継法人、分割法人の株主の間には、いずれも完全支配関係がないものとする。

分割法人

①分割法人の分割前貸借対照表

資産　1,000（移転資産の含み益 300）	負債　400
	資本金等の額　400
	利益積立金額　200

・発行済株式数：10
・１株の時価純資産価額：90

負債	200	資産	500
現金	100	譲渡益	300
株式	500		

※資産・負債の時価譲渡：法法 62①

資本金等の額	200	現金	100
利益積立金額	400	株式	500

※株式等の時価取得・交付
※資本金等の額：法令８①十五
※利益積立金額：法令９九
（注１）　資本金等の額200は、分割前の資本金等の額400に分割前の簿価純資産価額600のうちに移転資産・負債の簿価純資産価額300の占める割合を乗じて計算した金額
（注２）　利益積立金額400は、株主に対する交付株式の時価500と現金100の合計額600が（注１）の200を超過する部分の金額

分割後の分割法人・分割承継法人

③分割法人の分割後貸借対照表

資産　500	負債　200
	資本金等の額　200
	利益積立金額　100

②分割承継法人の分割取得貸借対照表

資産　800	負債　200
	資本金等の額　500
	分割交付金　100

※資本金等の額：法令８①六
㈸　資本金等の額500は、移転資産・負債の純資産価額600から分割交付金100を減算した金額

分割法人の株主　（１株保有）

〔例１〕旧株式の帳簿価額20の場合

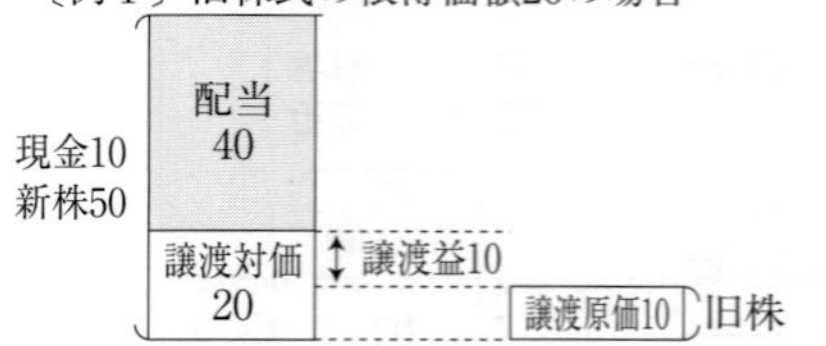

現金	10	配当	40
新株	50	譲渡対価	20
譲渡原価	10	旧株	10

※株式の時価譲渡：法法 61の２①④、法令119の８①
※みなし配当：法法24①二、法令23①二

〔例２〕旧株式の帳簿価額60の場合

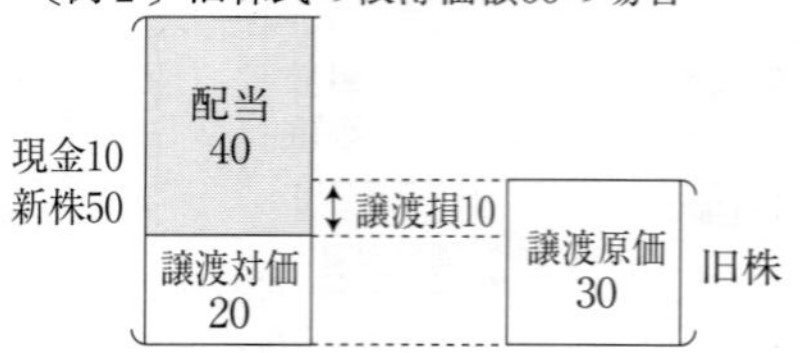

現金	10	配当	40
新株	50	譲渡対価	20
譲渡原価	30	旧株	30

※株式の時価譲渡：法法61の２①④、法令119の８①
※みなし配当：法法24①二、法令23①二

㈸　旧株の金額10と30は、旧株の帳簿価額20と60に、分割前の簿価純資産価額600のうちに移転資産・負債の簿価純資産価額300の占める割合を乗じた金額（法令119の８①）

図表-3　非適格分社型分割の処理例（分割法人の資産・負債の移転が時価譲渡となる処理例）

次の分割法人、分割承継法人の間には、完全支配関係がないものとする。

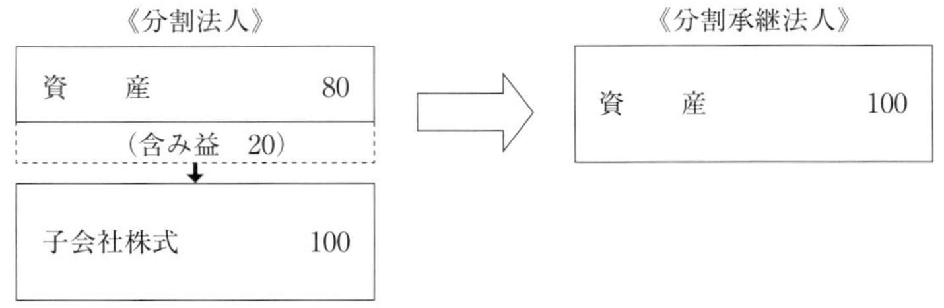

《分割法人》

〔子会社株式 100 ／ 資産 80
　　　　　　　　　　譲渡益 20〕

※資産・負債の時価譲渡：法法62①

《分割承継法人》

〔資産 100 ／ 資本金等の額 100〕

※資産・負債の時価取得
※資本金等の額：法令8①七

図表-4　非適格現物出資の処理例（現物出資法人の資産・負債の移転が時価譲渡となる処理例）

次の現物出資法人、被現物出資法人の間には、完全支配関係がないものとする。

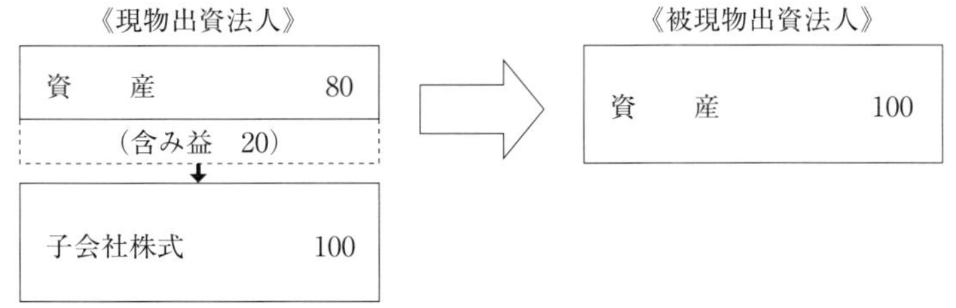

《現物出資法人》

〔子会社株式 100 ／ 資産 80
　　　　　　　　　　譲渡益 20〕

※資産・負債の時価譲渡：法法22、22の2④他

《被現物出資法人》

〔資産 100 ／ 資本金等の額 100〕

※資産・負債の時価取得
※資本金等の額：法令8①一

図表-5　非適格現物分配の処理例（利益剰余金を配当原資とする配当として行われる現物分配で現物分配法人の資産の移転が時価譲渡となる処理例）

次の現物分配法人、被現物分配法人の間には、完全支配関係がないものとする。また、株式分配に該当しないものとする。

《現物分配法人》

利益積立金額 100 ／
　　　　　　　　資　産 80
　　　　　　　　譲渡益 20

※資産・負債の時価譲渡
：法法22、22の2④他
※利益積立金額：法令9八

《被現物分配法人》

資　産 100 ／
　　　　　　受取配当金 100

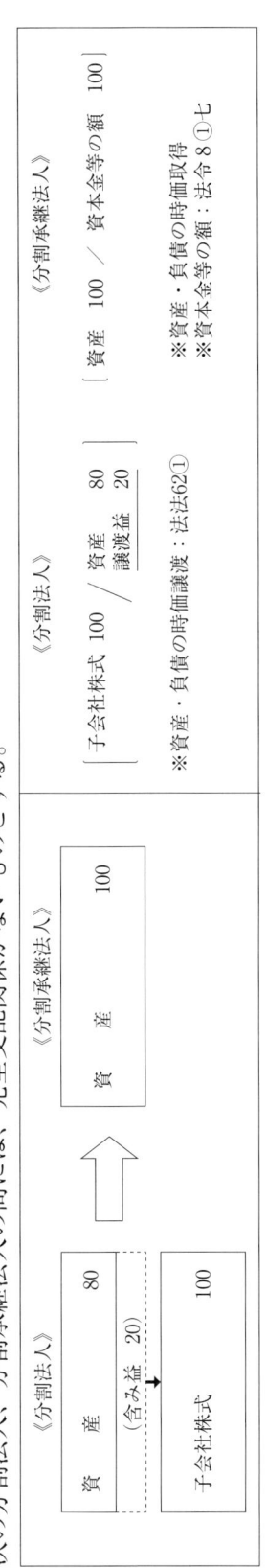

※資産・負債の時価取得

図表－６　非適格株式分配（現物分配法人の資産の移転が時価譲渡となる処理例）

次の現物分配法人、被現物分配法人の間には、完全支配関係がないものとする。

現物分配法人

現物分配法人の株式分配前貸借対照表

完全子法人株式 300（含み益 200）	負債　400
上記以外の資産　700	資本金等の額　400
	利益積立金額　200

・発行済株式数：10
・一株の時価純資産価額：80

⇩

借方		貸方	
資本金等の額	200	現金	100
利益積立金額	400	完全子法人株式	300
		譲渡益	200

※資本金等の額：法令８①十七
※利益積立金額：法令９十一

（注１）資本金等の額200は、株式分配直前の資本金等の額400に、株式分配直前の簿価純資産価額600のうちに完全子法人株式の帳簿価額300の占める割合を乗じた金額

（注２）利益積立金額400は、株主に対して交付した完全子法人株式の時価500と現金100の合計額600から減少資本金等の額200を減算した金額

完全子法人

完全子法人の株式分配前後貸借対照表

資産　300（含み益　200）	資本金等の額　300

被現物分配法人（現物分配法人の法人株主）（１株保有）

〔例１〕旧株式の帳簿価額20の場合

借方		貸方	
現金	10	配当	40
新株	50	旧株	10
		譲渡益	10

※株式の時価譲渡：法法61の２①⑧、法令119の８の２①
※みなし配当：法法24①三、法令23①三

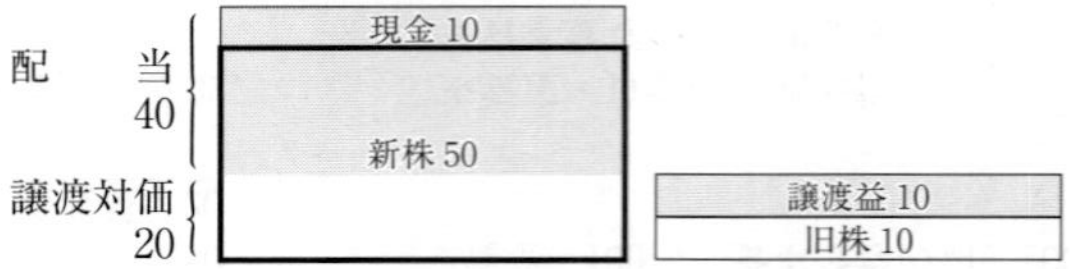

〔例２〕旧株式の帳簿価額100の場合

借方		貸方	
現金	10	配当	40
新株	50	旧株	50
譲渡損	30		

※株式の時価譲渡：法法61の２①⑧、法令119の８の２①
※みなし配当：法法24①三、法令23①三

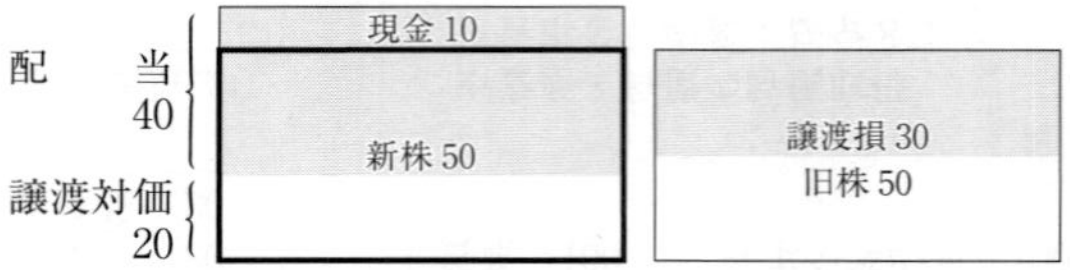

（注）旧株の譲渡原価10又は50は、旧株の帳簿価額20又は100に、現物分配法人の株式分配直前の簿価純資産価額600のうちに完全子法人株式の帳簿価額300の占める割合を乗じた金額（法令119の８の２①）

図表-7　非適格株式交換又は非適格株式移転によるときの処理（完全子法人の資産を時価評価する処理例）

次の完全子法人、完全親法人、完全子法人の株主の間には、株式交換又は株式移転の前にはいずれも完全支配関係がないものとする。

完全子法人

資産　800 （含み益 200）	負債　500
	資本金等の額　200
	利益積立金額　100

・発行済株式総数：10
・１株の時価純資産価額：50

［資産 200　／　評価益 200］

※資産の時価評価：法法62の９

⇩

資産　1,000	負債　500
	資本金等の額　200
	利益積立金額　300

完全親法人

完全子法人株式 500	資本金等の額　200
	交付金等　300

※完全子法人株式の時価取得
　：法令 119①二十七
※資本金等の額：法令８①十、十一

完全子法人の株主（１株保有）

〔例１〕旧株の帳簿価額30の場合

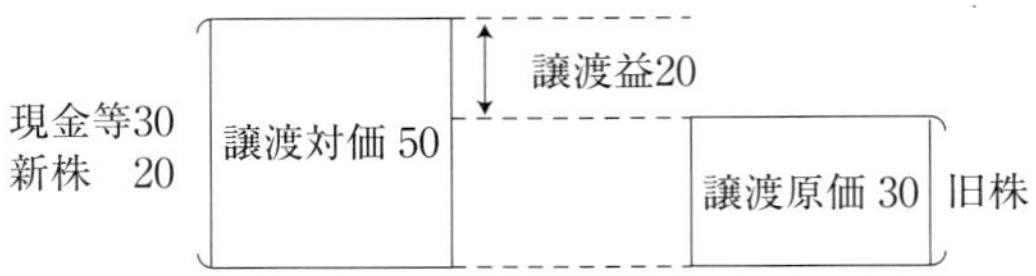

現金等　30	／	譲渡対価 50
新株　20	／	
譲渡原価 30	／	旧株　30

※株式の時価譲渡：法法 61 の２①

〔例２〕旧株の帳簿価額60の場合

現金等　30	／	譲渡対価 50
新株　20	／	
譲渡原価 60	／	旧株　60

※株式の時価譲渡：法法61の２①

図表-8　適格合併の処理例（被合併法人の資産・負債の移転が簿価引継ぎとなる処理例）

次の合併法人、被合併法人、被合併法人の法人株主の間には、いずれも完全支配関係がないものとする。

合　併　法　人

②合併取得貸借対照表

資産　800 （含み益 200）	負債　500
	資本金等の額　200
	利益積立金額　100

※資産・負債の簿価引継ぎ：法令123の3③
※資本金等の額：法令8①五
※利益積立金額：法令9二

被　合　併　法　人

①貸借対照表（資産・負債移転前）

資産　800 （含み益 200）	負債　500
	資本金等の額　200
	利益積立金額　100

・発行済株式数：10
・1株の時価純資産価値額：50

負債	500	資産	800
資本金等の額	200		
利益積立金額	100		

※資産・負債の簿価引継ぎ
：法法62の2①

被合併法人の法人株主（1株保有）

〔例1〕旧株式の帳簿価額10の場合

新株［譲渡対価 10］……［譲渡原価 10］旧株

新株	10／	譲渡対価	10
譲渡原価	10／	旧株	10

※株式の簿価譲渡：法法61の2②、
法令119①五

〔例2〕旧株式の帳簿価額30の場合

新株［譲渡対価 30］……［譲渡原価 30］旧株

新株	30／	譲渡対価	30
譲渡原価	30／	旧株	30

※株式の簿価譲渡：法法61の2②、
法令119①五

図表-9　適格分割型分割の処理例（分割法人の資産・負債の移転が簿価引継ぎとなる処理例）

次の分割法人、分割承継法人、分割法人の株主の間には、いずれも完全支配関係がないものとする。

分　割　法　人

①分割法人の分割前貸借対照表

資産　1,000 （移転資産の含み益 300）	負債　400
	資本金等の額　400
	利益積立金額　200

・発行済株式数：10
・１株の時価純資産価額：90

〔負債　200 ／ 資産　500
株式　200
利益積立金額　100〕

※資産・負債の簿価引継ぎ：法法62の２②
※利益積立金額：法令９十
〔資本金等の額　200 ／株式　200〕
※株式の簿価譲渡：法法61の２⑤、法法62の２③
※資本金等の額：法令８①十五

分割後の分割法人・分割承継法人

③分割法人の分割後貸借対照表

資産　500	負債　200
	資本金等の額　200
	利益積立金額　100

②分割承継法人の分割取得貸借対照表

資産　500 （資産の含み益 300）	負債　200
	資本金等の額　200
	利益積立金額　100

※資産・負債の簿価引継ぎ：法令 123 の３③
※資本金等の額：法令８①六
※利益積立金額：法令９三
（注１）　資本金等の額200は、分割法人の減少する資本金等の額 200
（注２）　利益積立金額100は、移転資産・負債の簿価純資産価額300から増加した資本金等の額200を減算した金額

分割法人の法人株主（１株保有）

〔例１〕旧株式の帳簿価額20の場合

新株〔譲渡対価 10〕……〔譲渡原価 10〕旧株

〔新株　10／ 譲渡対価　10
譲渡原価　10／ 旧株　10〕

※株式の簿価譲渡：法法61の２④、法令119①六

〔例２〕旧株式の帳簿価額60の場合

新株〔譲渡対価 30〕……〔譲渡原価 30〕旧株

〔新株　30／ 譲渡対価　30
譲渡原価　30／ 旧株　30〕

※株式の簿価譲渡：法法61の２④、法令119①六

（注１）　資本金等の額200は、分割前の資本金等の額400に分割前の簿価純資産価額600のうちに移転資産・負債の簿価純資産価額300の占める割合を乗じた金額
（注２）　利益積立金額100は、移転資産・負債の簿価純資産価額から（注１）の減少する資本金等の額200を減算した金額

㈱　旧株の金額10と30は、旧株の帳簿価額20と60に、分割前の簿価純資産価額600のうちに移転資産・負債の簿価純資産価額300の占める割合を乗じた金額（法令119の８①）

図表-10　適格分社型分割の処理例（分割法人の資産・負債の移転が簿価譲渡となる処理例）

《分割法人》

資　　産　　80
（含み益　20）

↓

子会社株式　80
（含み益　20）

⇨ 《分割承継法人》

資　　産　　80
（含み益　20）

《分割法人》

子会社株式　80／
　　　資　　産　80

※資産・負債の簿価譲渡
　：法法62の３①

《分割承継法人》

資　　産　　80／
　　資本金等の額　80

※資産・負債の簿価取得
　：法令123の４
※資本金等の額：法令８
　①七

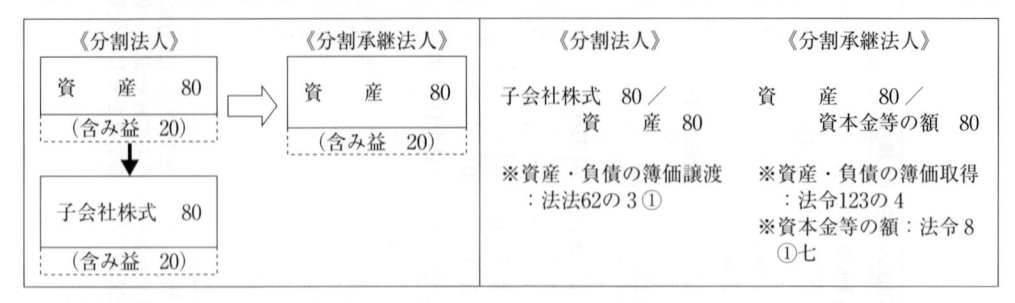

図表-11　適格現物出資の処理例（現物出資法人の資産・負債の移転が簿価譲渡となる処理例）

《現物出資法人》

資　　産　　80
（含み益　20）

↓

子会社株式　80
（含み益　20）

⇨ 《被現物出資法人》

資　　産　　80
（含み益　20）

《現物出資法人》

子会社株式80／資産80

※資産・負債の簿価譲渡
　：法法 62の４①

《被現物出資法人》

資産　80／資本金等の額
80

※資産・負債の簿価取得
　：法令123の５
※資本金等の額：法令８
　①八

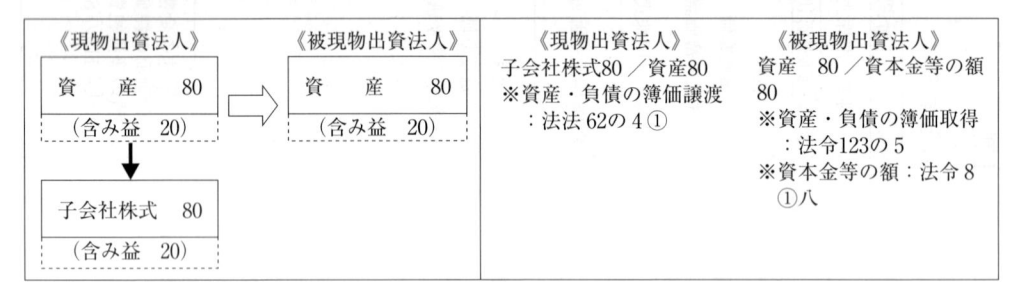

図表-12　適格現物分配の処理例（利益剰余金を配当原資とする配当として行われる現物分配で現物分配法人の資産の移転が簿価譲渡となる処理例）

《現物分配法人》

資　　産　　80
（含み益　20）

⇨ 《被現物分配法人》

資　　産　　80
（含み益　20）

《現物分配法人》

利益積立金額　80／
　　　　資　産　　80

※資産・負債の簿価譲渡
　：法法62の５③
※利益積立金額：法令９
　八

《被現物分配法人》

資　産　　80／
　　利益積立金額　80

※資産・負債の簿価取得
　：法令123の６①
※収益の額の益金不算入
　：法法62の５④
※利益積立金額：法令９
　四

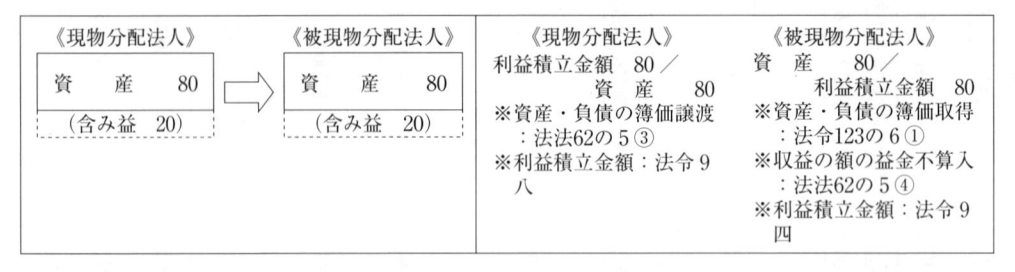

図表-13　適格株式分配の処理例（現物分配法人の完全子法人株式の移転が簿価譲渡となる処理例）

次の現物分配法人、被現物分配法人の間には、完全支配関係がないものとする。

現物分配法人	完全子法人	被現物分配法人（現物分配法人の法人株主）（１株保有）
現物分配法人の株式分配前貸借対照表 ［完全子法人株式　300（含み益200）｜負債　400］ ［上記以外の資産　700｜資本金等の額　400］ ［　｜利益積立金額　200］ ・発行済株式数：10 ・一株の時価純資産価額：80 ⇩ 〔資本金等の額　　300／ 　完全子法人株式　300〕 ※資産の簿価譲渡：法令62の５③ ※資本金等の額：法令８①十六 （注）資本金等の額300は、株主に交付した完全子法人株式の帳簿価額に相当する金額	完全子法人の株式分配前後貸借対照表 ［資産　300（含み益　200）｜資本金等の額　300］	〔例１〕旧株式の帳簿価額20の場合 ［新株　　10／旧株　　10］ ※株式の簿価譲渡：法法61の２⑧、法令119①八 譲渡対価10｛新株10｜旧株10 〔例２〕旧株式の帳簿価額100の場合 ［新株　　50／旧株　　50］ ※株式の簿価譲渡：法法61の２⑧、法令119①八 譲渡対価50｛新株50｜旧株50 （注）旧株の譲渡原価10又は50は、旧株の帳簿価額20又は100に、現物分配法人の株式分配直前の簿価純資産価額600のうちに完全子法人株式の帳簿価額300の占める割合を乗じた金額（法令119の８の２①）

図表-14　適格株式交換又は適格株式移転によるときの処理

完全子法人の株主数は50人以上とし、株式交換又は株式移転前に完全親法人は、完全子法人の株式は保有していないものとする。

完全子法人	完全親法人	完全子法人の株主（1株保有）
資産　800（含み益200）／負債　500 資本金等の額 200 利益積立金額　100 ・発行済株式総数：10 ・1株の時価純資産価額：50 処理無し ※法法62の9①	完全子法人株式 300／資本金等の額 300 ※完全子法人株式の簿価純資産価額による取得：法令119①十ロ、十二ロ ※資本金等の額：法令8①十、十一	〔例1〕旧株の帳簿価額30の場合 新株［譲渡対価 30］……［譲渡原価 30］旧株 ［新株 30／譲渡対価 30 譲渡原価 30／旧株 30］ ※株式の簿価譲渡：法法61の2⑨⑪、法令119①九、十一 〔例2〕旧株の帳簿価額60の場合 新株［譲渡対価 60］……［譲渡原価 60］旧株 ［新株 60／譲渡対価 60 譲渡原価 60／旧株 60］ ※株式の簿価譲渡：法法61の2⑨⑪、法令119①九、十一

第６章　組織再編税制における繰越欠損金額・譲渡等損失額の取扱い

第１　繰越欠損金額の取扱い

１　適格合併等における未処理欠損金額の引継ぎ・繰越欠損金額の利用制限等

⑴　未処理欠損金額の引継ぎと帰属事業年度

イ　内容

内国法人を合併法人とする適格合併が行われた場合又は内国法人との間に完全支配関係（その内国法人による完全支配関係又は一の者との間に当事者間の完全支配の関係がある法人相互の関係に限ります。）がある他の内国法人でその内国法人が発行済株式若しくは出資の全部若しくは一部を有するものの残余財産が確定した場合（以下、その内国法人を株主等法人といい、当該他の内国法人を残余財産確定法人といいます。）において、その適格合併に係る被合併法人又はその残余財産確定法人（以下、⑴において被合併法人等といいます。）のその適格合併の日前10年以内に開始し、又はその残余財産の確定の日の翌日前10年以内に開始した各事業年度（以下、前10年内事業年度といいます。）において生じた未処理欠損金額（注１）があるときのその前10年内事業年度において生じた未処理欠損金額は、それぞれその未処理欠損金額の生じた前10年内事業年度開始の日の属するその内国法人の各事業年度（その内国法人の合併等事業年度（適格合併の日の属する事業年度又は残余財産の確定の日の翌日の属する事業年度をいいます。）開始の日以後に開始したその被合併法人等のその前10年内事業年度において生じた未処理欠損金額にあっては、その合併等事業年度の前事業年度）において生じた欠損金額とみなすこととされています（法法57②）（注２）。

ただし、繰越欠損金額を利用した租税回避を防止する観点から、下記⑶の制限措置が設けられています。

㈲１　被合併法人等がその欠損金額（この引継ぎの規定によりその被合併法人等の欠損金額とみなされたものを含み、法人税法58条１項の規定によりないものとされたもの（青色申告書を提出する事業年度でない事業年度において生じたもののうち、法人税法58条１項に規定する災害損失金額を超える部分の金額）及び設立当初からの欠損金の損金算入（法法59）に使用されたもの並びに下記⑷の規定によりないものとされたものを除きます。）の生じた前10年内事業年度について確定申告書を提出し、かつ、その後において連続して確定申告書を提出していることとする要件を満たしている場合におけるその欠損金額に限るものとし、その被合併法人等の前10年内事業年度の所得の金額の計算上損金の額に算入されたもの及び還付を受けるべき金額の計算の基礎となったものを除きます（法法57②、法令112①）。

2　平成30年4月1日前に開始した事業年度において生じた欠損金額については、「前10年」を「前9年」と読み替えます（平27年改正法附則27①）。

〈適格合併の場合の未処理欠損金額の帰属〉

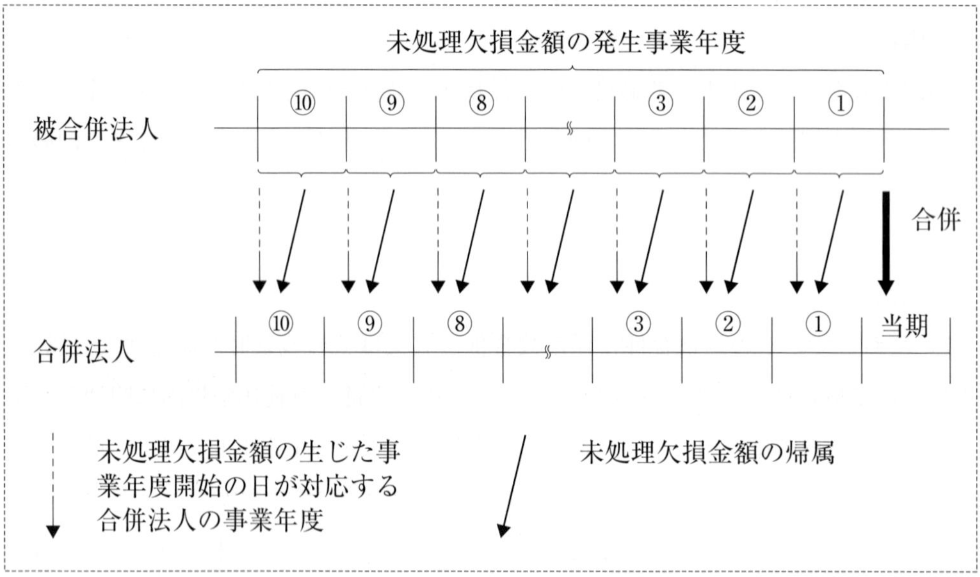

※　被合併法人の未処理欠損金の生じた事業年度開始の日 Ⓐ が合併法人の合併等事業年度開始の日 Ⓑ 以後である場合

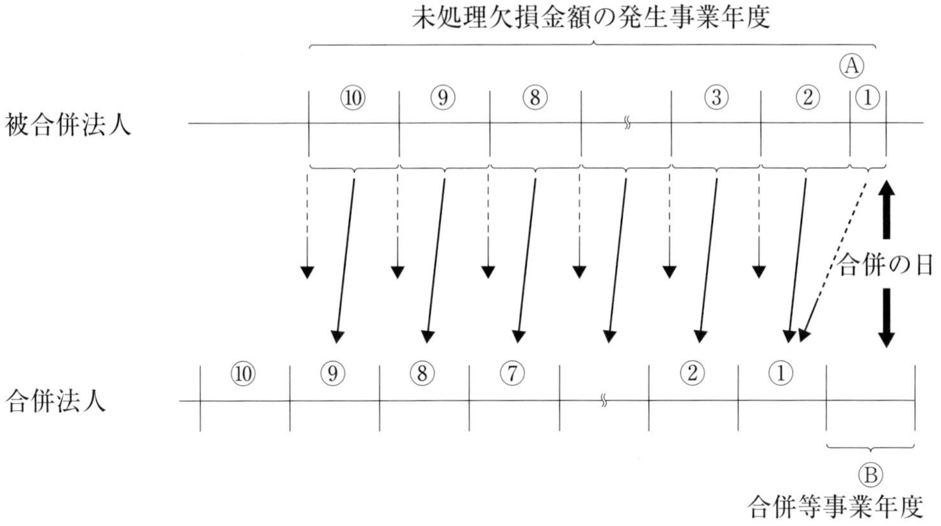

（財務省資料を一部修正）

ロ　合併法人等に対応する事業年度がない場合の特例

合併法人又は株主等法人（合併法人等）が被合併法人等の未処理欠損金額を引き継ぐ場合に、合併法人等にその未処理欠損金額の生じた事業年度開始の日に対応する事業年度がないときには、その対応する事業年度があるものとみなす特例が設けられています。

すなわち、合併法人等の合併等事業年度開始の日前10年以内に開始した各事業年度のうち最も古い事業年度（合併等事業年度が合併法人等の設立の日の属する事業年度である場合にはその合併等事業年度）開始の日（合併法人等10年前事業年度開始日）が被合併法人等の前10年内事業年度（被合併法人等前10年内事業年度）で未処理欠損金額が生じた事業年度のうち最も古い事業年度開始の日（その適格合併が新設合併である場合にあっては、その開始の日が最も早い被合併法人等の事業年度開始の日。以下、被合併法人等10年前事業年度開始日といいます。）後である場合には、被合併法人等10年前事業年度開始日から合併法人等10年前事業年度開始日の前日までの期間をその期間に対応する被合併法人等10年前事業年度開始日に係る被合併法人等の被合併法人等前10年内事業年度ごとに区分したそれぞれの期間（その前日の属する期間にあっては、被合併法人等のその前日の属する事業年度開始の日から合併法人等10年前事業年度開始日の前日までの期間）を合併法人等のそれぞれの事業年度とみなし、合併等事業年度が合併法人等の設立の日（設立日）の属する事業年度の場合において、被合併法人等10年前事業年度開始日が設立日以後であるときには、被合併法人等の設立日の前日の属する事業年度開始の日（被合併法人等が設立日以後に設立されたものである場合には、その設立日の１年前の日）からその前日までの期間を合併法人等の事業年度とみなすこととされています（法令112②）(注)。

(注)　平成30年４月１日前は上記の「10年」を「９年」と読み替えます（平27年改正政令附則１五）。

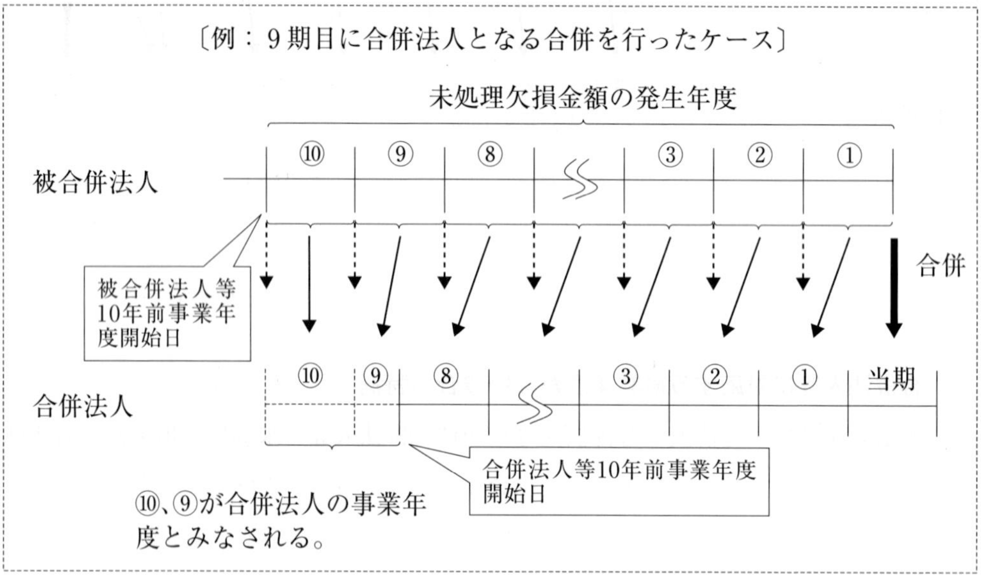

（財務省資料を一部修正）

(2)　株主等が２以上ある場合の引き継ぐ欠損金額

上記(1)の場合において、その残余財産確定法人に株主等が２以上ある場合には、その未処理欠損金額をその残余財産確定法人の発行済株式又は出資（その残余財産確定法人が有する自己の株式又は出資は除きます。）の総数又は総額で除し、これにその株主等法人の有するその残余財産確定法人の株式又は出資の数又は金額を乗じて計算した金額、すなわち未処理欠損金額に株式又は出資の保有割合を乗じて計算した金額を引き継ぐこととされています（法法57②）。

この場合の欠損金額の引継ぎは、残余財産確定法人と株主等法人との間に株主等法人による完全支配関係又は一の者との間に当事者間の完全支配の関係がある法人相互の関係がある場合に限られていますので、例えば、親会社が解散して残余財産が確定した場合において、子会社が親会社の株式の一部を保有していたとしても、親会社の未処理欠損金額は子会社には引き継がれないこととされています（国税庁HP質疑応答その２問６）。

〈計算例〉

$$\frac{\text{未処理欠損金額}}{\text{発行済株式又は出資（自己株式又は出資を除きます。）の総数又は総額}} \times \text{株主等法人の持株数又は出資の金額} = \text{引き継ぐ未処理欠損金}$$

〈計算例〉

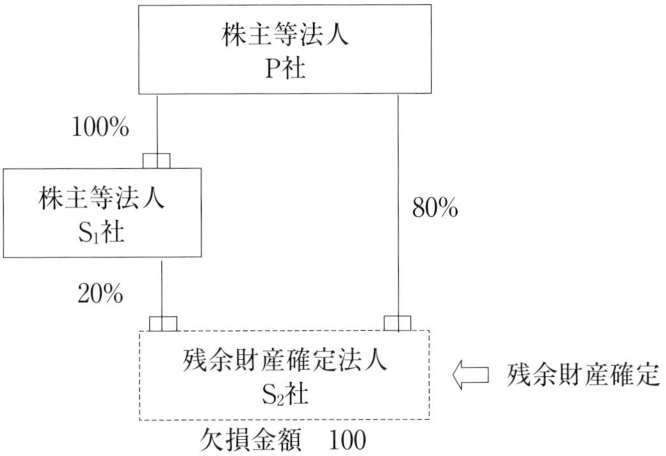

P 社に引き継ぐ欠損金額：欠損金額(100)×保有割合(80%)＝80

S_1 社に引き継ぐ欠損金額：欠損金額(100)×保有割合(20%)＝20

⑶　未処理欠損金額の引継制限

イ　原則

㈐　内容

上記⑴の適格合併に係る被合併法人（上記⑴の内国法人（その内国法人がその適格合併により設立された法人である場合にあっては他の被合併法人）との間に支配関係があるものに限ります。）又は残余財産確定法人（被合併法人等）の未処理欠損金額には、その適格合併が下記ロのみなし共同事業要件を満たす場合又は下記ハの５年経過時等の場合に掲げる場合のいずれにも該当しない場合には、次のように被合併法人等の未処理欠損金額の引継制限措置が課されることとされています（法法57③、法令112③④⑤）。

ただし、青色申告書を提出する事業年度でない事業年度において生じた欠損金額のうち、法人税法58条１項に規定する災害損失金額に達するまでの金額については、この規定は適用されません（法法58②）。

また、一般財団法人その他の株主等が存在しない法人間で適格合併を行った場合には、支配関係がない法人間の適格合併となりますので、被合併法人の未処理欠損金額の引継ぎにつき、この規定による制限を受けることはありません（国税庁 HP 質疑応答「一般財団法人間において適格合併を行った場合の青色欠損金額の引継ぎ」）。

〈引継制限を受ける未処理欠損金額〉

①	最後に支配関係を有することとなった日（下記(ロ)参照）の属する事業年度（支配関係事業年度）前の各事業年度の未処理欠損金額	これらの未処理欠損金額は、一切引き継ぐことができません。
②	支配関係事業年度以後の各事業年度の未処理欠損金額	これらの未処理欠損金額のうち特定資産譲渡等損失額に相当する金額から成る部分の金額（下記(ハ)参照）は、引き継ぐことができません。

(ロ)　最後に支配関係を有することとなった日

最後に支配関係を有することとなった日とは、内国法人と被合併法人等との間において、適格合併の日又は残余財産の確定の日の直前まで継続して支配関係がある場合のその支配関係を有することとなった日とされています（法基通12－１－５(1)）。

すなわち、下記の設例においては、合併法人（法人Ａ）と被合併法人（法人Ｂ）の適格合併の日（Ｘ3年４月１日）の直前まで継続して支配関係があることとなる③の時点（Ｘ2年４月１日）が、最後に支配関係を有することとなった日となります（平成22年通達改正趣旨説明）。

（設例）

①　Ｘ年４月１日法人Ａが法人Ｂの発行済株式等の50％超を取得（支配関係の発生）。

②　Ｘ１年４月１日法人Ａが法人Ｂの発行済株式等の一部を売却したことにより、その発行済株式等の保有割合が50％以下となる（支配関係の消滅）。

③　Ｘ２年４月１日法人Ａが法人Ｂの発行済株式等の一部を再度取得したことにより、その発行済株式等の保有割合が50％超となる（支配関係の発生）。

④　X３年４月１日法人Ａを合併法人、法人Ｂを被合併法人とする適格合併が行われる。

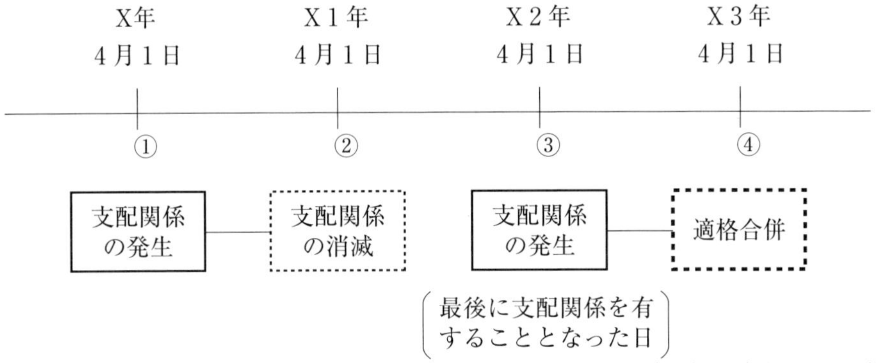

（国税庁資料を一部修正）

ちなみに、合併法人（Ａ社）と被合併法人（Ｂ社）との間に同一の者による支配関係がある場合において、Ｂ社につき民事再生計画に基づく発行済株式の全部の取得及び消却（いわゆる100％減資）とその同一の者が保有するＢ社宛債権の現物出資（いわゆるDES）が同日に行われ、そのDESによりその同一の者がＢ社の発行済株式の全部を保有することとなったときには、Ａ社とＢ社との間の支配関係は、100％減資により途切れることなく継続していることとされた事例があります（平成25年９月26日付大阪国税局審理課長文書回答「同一の者による支配関係がある法人間において、一方が民事再生計画に基づき、「100％減資」及び「債権の現物出資を受けて新株を発行するDES」を同日に行った場合の支配関係の継続について」）。

(ハ)　特定資産譲渡等損失額に相当する金額から成る部分の金額

a　内容

特定資産譲渡等損失額に相当する金額から成る部分の金額とは、支配関係事業年度以後の各事業年度で前10年内事業年度に該当する事業年度（下記第２の特定資産の譲渡等損失額の損金不算入の適用を受ける場合の下記第２の１(1)の対象期間又は下記第３の５の欠損等法人の資産の譲渡等損失額の損金不算入の規定の適用を受ける場合の下記第３の５(1)の適用期間内の日の属する事業年度は除かれます。以下、対象事業年度といいます。）ごとに次の①の金額から②の金額を控除した金額をいいます（法令112⑤）（注１）。

①	対象事業年度に生じた欠損金額（上記(1)の規定により被合併法人等の欠損金額とみなされたもの及び設立当初からの欠損金の損金算入（法法59）に使用されたもの並びに下記(4)の規定によりないものとされたものを含み、青色申告書を提出しなかった事業年度の欠損金の特例（法法58）の適用がある欠損金額及び欠損金の繰戻し還付（法法80）の適用を受けた災害損失欠損金額を除きます。）のうち、その対象事業年度を下記第２の特定資産の譲渡等損失額の損金不算入の規定が適用される事業年度として、上記(ロ)の最後に支配関係を有することとなった日（以下、ｂにおいて支配関係発生日といいます。）の属する事業年度開始の日前から有していた資産（注２）につき同規定を適用した場合に下記第２の１(2)の特定資産譲渡等損失額となる金額に達するまでの金額
②	対象事業年度に生じた欠損金額のうち、欠損金の繰越控除（法法57）、設立当初からの欠損金の損金算入（法法59）及び欠損金の繰戻し還付（法法80）に使用されたもの並びに下記(4)の規定によりないものとされたもの

(注)１　平成30年４月１日前は上記の「前10年」を「前９年」と読み替えます（平27年改正政令附則１五）。

２　同日を特定適格組織再編成等の日（下記第２の１(1)参照）とみなした場合に下記第２の１(2)ロ①から⑤に掲げる資産に該当するものを除きます。

〈欠損金額の引継制限等と特定資産譲渡等損失額の損金不算入のイメージ〉

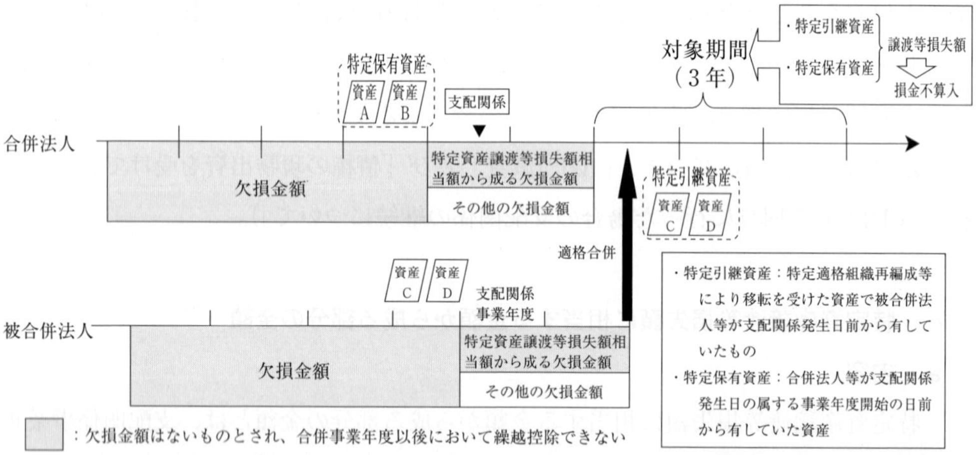

（財務省資料を一部修正）

ｂ　合併等前２年以内期間内に特定適格組織再編成等があった場合の特例

上記(イ)の被合併法人等に係る適格合併の日又は残余財産の確定の日以前２年以内の期間（支配関係発生日以後の期間に限ります。以下、合併等前２年以内期間といいます。）内にその被合併法人等又は特定支配関係法人（上記(イ)の内国法人及びその被合併法人等との間に支配関係がある法人をいいます。）を合併法人、分割承継法人、被現物出資法人又は被現物分配法人とし、特定支配関係法人を被合併法人、分割法人、現物出資法人又は現物分配法人とする１又は２以上の特定適格組織再編成等（下記第２の１⑴参照）が行われていた場合において、その１又は２以上の特定適格組織再編成等により移転があった資産㈡のうちその被合併法人等が有することとなったもの（その１又は２以上の特定適格組織再編成等に係る被合併法人、分割法人、現物出資法人又は現物分配法人である特定支配関係法人のいずれかが支配関係発生日の属する事業年度開始の日前から有していたものに限ります。）については、その被合併法人等が支配関係発生日の属する事業年度開始の日前から有していたものとみなして、上記ａを適用することとされています（法令112⑥）。

㈡　次に掲げる資産は除きます（法令112⑥ただし書、法規26の２①②）。

①　合併等前２年以内期間内に行われた適格組織再編成等（下記⑷参照）で特定適格組織再編成等に該当しないものにより移転があった資産

②　合併等前２年以内期間内に行われた非適格合併により移転があった資産で法人税法61条の11第１項に規定する譲渡損益調整資産（第８章第１の１⑴ロ参照）以外のもの

③　①、②に掲げる資産以外の資産で次に掲げるものに該当するもの

ⅰ　資産を一定の単位に区分した後のそれぞれの資産の支配関係発生日の属する事業年度開始の日における帳簿価額又は取得価額が1,000万円に満たないもの

この一定の単位は、次に掲げる資産の区分に応じそれぞれに掲げるところによります。

(ⅰ)　金銭債権

一の債務者ごとに区分します。

(ⅱ)　減価償却資産

次に掲げる区分に応じそれぞれ次に掲げるところによります。

・　建物

一棟（建物の区分所有等に関する法律１条の規定に該当する建物にあっては、同法２条１項に規定する建物の部分）ごとに区分します。

・　機械及び装置

一の生産設備又は一台若しくは一基（通常一組又は一式をもって取引の単位とされるものにあっては、一組又は一式）ごとに区分します。

・　その他の減価償却資産

建物又は機械及び装置に準じて区分します。

(ⅲ)　土地等（土地及び土地の上に存する権利を含むものをいいます。）

土地等を一筆（一体として事業の用に供される一団の土地等にあっては、

その一団の土地等）ごとに区分します。

(iv)　有価証券

その銘柄の異なるごとに区分します。

(v)　資金決済に関する法律２条５項に規定する暗号資産

その種類の異なるごとに区分します。

(vi)　その他の資産

通常の取引の単位を基準として区分します。

ii　支配関係発生日の属する事業年度開始の日における価額が同日における帳簿価額を下回っていない資産（適格合併の日又は残余財産の確定の日の翌日の属する事業年度の確定申告書、修正申告書又は更正請求書に支配関係発生日の属する事業年度開始の日におけるその資産の価額及びその帳簿価額に関する明細を記載した書類の添付があり、かつ、その資産に係る同日の価額の算定の基礎となる事項を記載した書類その他の一定の書類を保存している場合におけるその資産に限ります。）

〈合併等前２年以内期間内に特定適格組織再編成等があった場合の特例〉

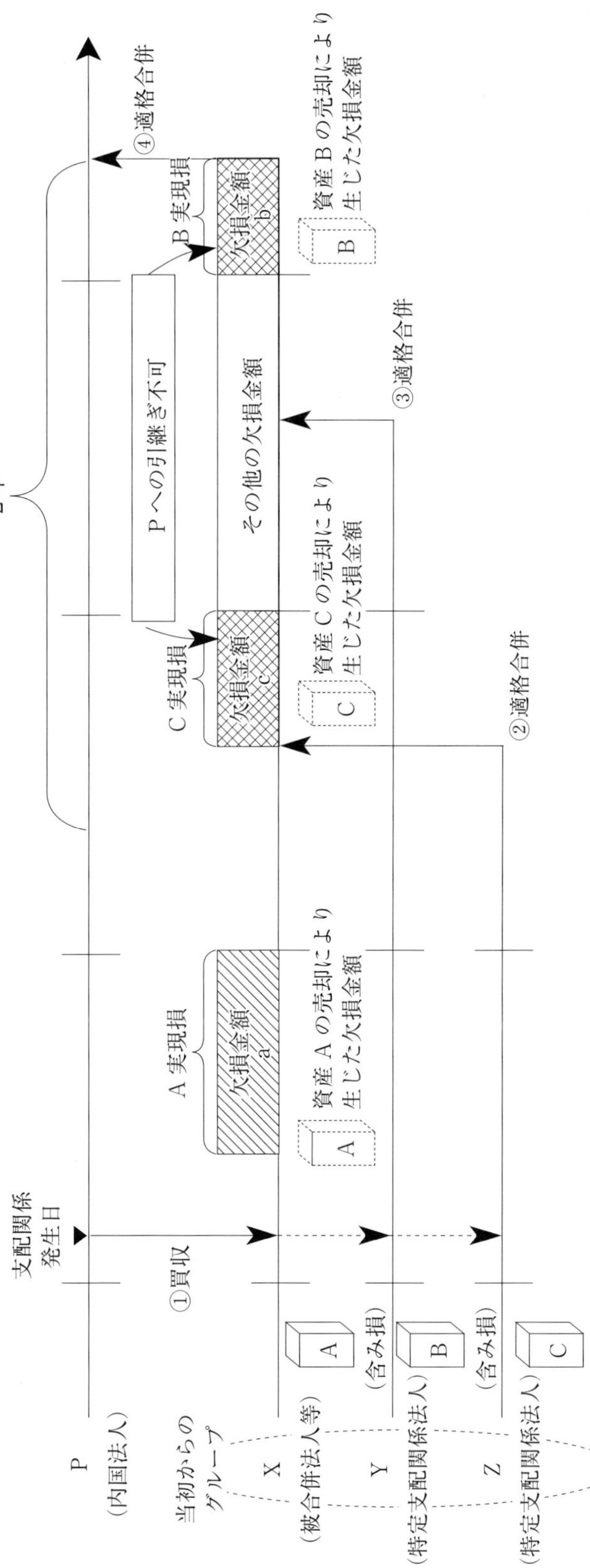

（財務省資料を一部修正）

c　合併等前２年以内適格合併があった場合等の特例

(a)　内容

合併等前２年以内適格合併（注１）が行われていた場合又は合併等前２年以内期間内に１若しくは２以上の特定支配関係法人（注２）の残余財産が確定していた場合において、上記(1)の規定により関連法人（下記(b)参照）から引継ぎを受けてその被合併法人等の各事業年度において生じた欠損金額とみなされたもののうちに下記(b)の特定資産譲渡等損失相当欠損金額に相当する金額が含まれているときは、上記ａ①の特定資産譲渡等損失額となる金額は、その金額に特定資産譲渡等損失相当欠損金額を加算した金額とされています（法令112⑦）。また、上記ｂの規定は、この規定を適用する場合において準用されます（法令112⑧）。

ただし、下記ロのみなし共同事業要件を満たす合併が行われたことに基因して上記(1)によりその被合併法人等又は他の関連法人の各事業年度において生じた欠損金額とみなされたものについては、この適用はありません（法令112⑦ただし書）。

㈱１　合併等前２年以内適格合併とは、上記(イ)の被合併法人等に係る合併等前２年以内期間内の１若しくは２以上の適格合併（特定支配関係法人を被合併法人とし、その被合併法人等又はその特定支配関係法人との間に支配関係がある他の特定支配関係法人を合併法人とするもの並びに特定支配関係法人及びその特定支配関係法人との間に支配関係がある他の特定支配関係法人を被合併法人とする適格合併で法人を設立するものに限ります。）をいいます。

２　その被合併法人等又は他の特定支配関係法人との間に完全支配関係（その被合併法人等若しくは当該他の特定支配関係法人による完全支配関係又は一の者との間に当事者間の完全支配の関係がある法人相互の関係に限ります。）があるもので、かつ、その被合併法人等又は当該他の特定支配関係法人が発行済株式又は出資の全部又は一部を有するものに限ります。

(b)　特定資産譲渡等損失相当欠損金額

特定資産譲渡等損失相当欠損金額とは、各関連法人（上記(a)の合併等前２年以内適格合併に係る被合併法人である特定支配関係法人又は合併等前２年以内期間内に残余財産が確定した特定支配関係法人をいいます。）の支配関係発生日（上記(イ)の内国法人及びその被合併法人等がその関連法人との間に最後に支配関係を有することとなった日をいいます。）の属する事業年度以後の事業年度でその合併等前２年以内適格合併の日前10年以内に開始し、又はその関連法人の残余財産の確定の日の翌日前10年以内に開始した各事業年度（その関連法人が下記第２の特定資産の譲渡等損失額の損金不算入の適用を受ける場合の下記第２の１⑴の対象期間又は下記第３の５の欠損等法人の資産の譲渡等損失額の損金不算入の規定の適用を受ける場合の下記第３の５⑴の適用期間内の日の属する事業年度は除かれます。以下、関連法人対象事業年度といいます。）ごとに次の①の金額から②の金額を控除した金額（上記⑴の規定により他の関連法人の各事業年度において生じた欠損金額とみなされた金額にあっては、他の関連法人において欠損金の繰越控除（法法57）、設立当初からの欠損金の損金算入（法法59）及び欠損金の繰戻し還付（法法80）に使用されたもの並びに下記⑷の規定によりないものとされたもの及び上記(イ)の規定により当該他の関連法人の未処理欠損金額に含まないこととされたものを除きます。）をいいます（法令112⑦）㈱。

①	関連法人対象事業年度に生じた欠損金額（上記⑴の規定によりその関連法人の欠損金額とみなされたもの（関連法人の欠損金額とみなされたもののうち各関連法人の特定資産譲渡等損失相当欠損金額から成る部分の金額を除きます。）及び設立当初からの欠損金の損金算入（法法59）に使用されたもの並びに下記⑷の規定によりないものとされたものを含み、青色申告書を提出しなかった事業年度の欠損金の特例（法法58）の適用がある欠損金額及び欠損金の繰戻し還付（法法80）の適用を受けた災害損失欠損金額を除きます。）のうち、その関連法人対象事業年度を下記第２の特定資産の譲渡等損失額の損金不算入の規定が適用される事業年度として、その関連法人が支配関係発生日の属する事業年度開始の日前から有していた資産（同日を下記第２の１⑴の特定適格組織再編成等の日とみなした場合に下記第２の１⑵ロ①から⑤までに掲げる資産に該当するものを除きます。）につき同規定を適用した場合に下記第２の特定資産譲渡等損失額となる金額に達するまでの金額
②	関連法人対象事業年度に生じた欠損金額（上記⑴の規定によりその関連法人の欠損金額とみなされたもの及び設立当初からの欠損金の損金算入（法法59）に使用されたもの並びに下記⑷の規定によりないものとされたものを含み、青色申告書を提出しなかった事業年度の欠損金の特例（法法58）の適用がある欠損金額及び欠損金の繰戻し還付（法法80）の適用を受けた災害損失欠損金額を除きます。）のうち、その関連法人において欠損金の繰越控除（法法57）、設立当初からの欠損金の損金算入（法法59）及び欠損金の繰戻し還付（法法80）に使用された金額並びに下記⑷の規定によりないものとされた金額及び上記(イ)の規定によりその関連法人の未処理欠損金額に含まないものとされた金額（他の関連法人の特定資産譲渡等損失相当欠損金額の計算上控除された金額がある場合には、その金額を控除した金額）

㈱　平成30年４月１日前は上記の「前10年」を「前９年」と読み替えます（平27年改正政令附則１五）。

〈合併等前2年以内適格合併があった場合等の特例〉

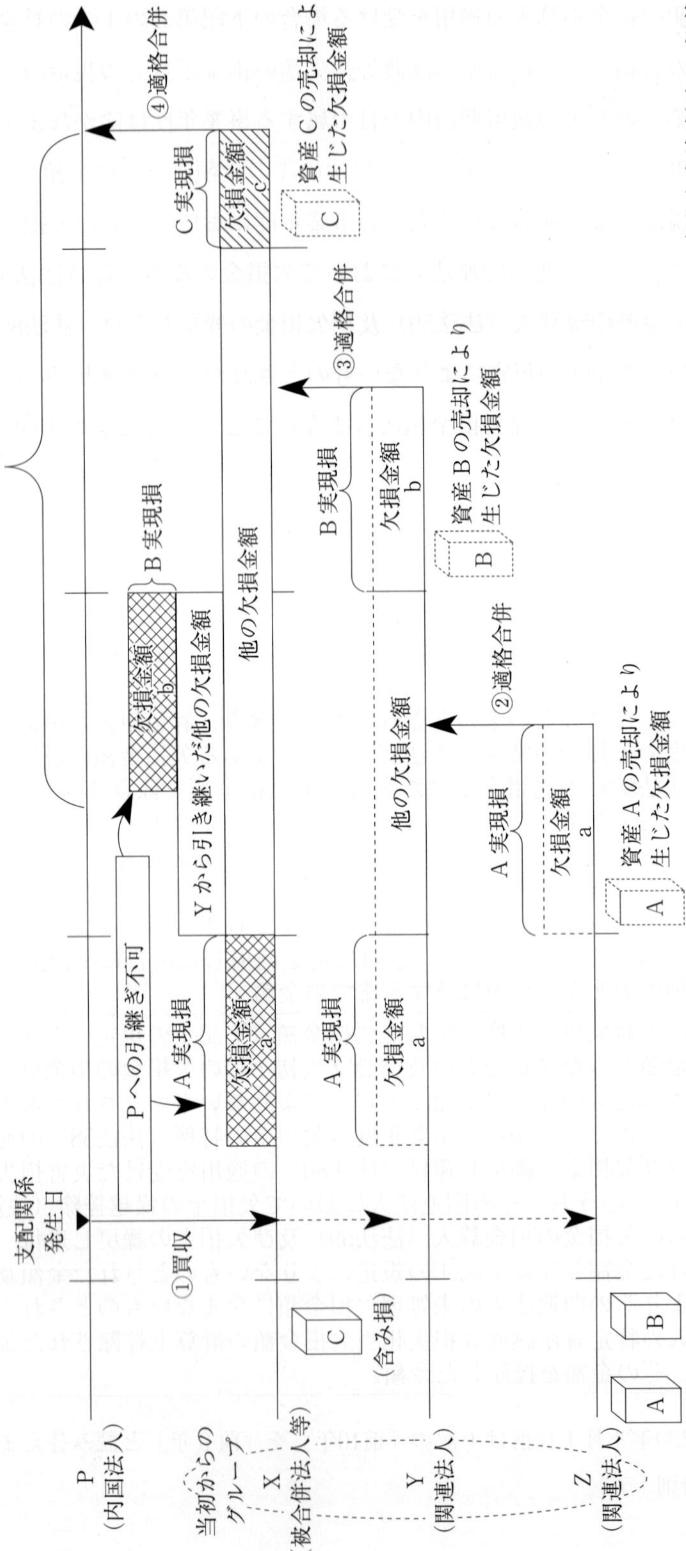

(財務省資料を一部修正)

ロ　みなし共同事業要件を満たす場合

(イ)　概要

その適格合併がみなし共同事業要件を満たす場合は、上記イの制限措置は適用されません。

みなし共同事業要件を満たす場合とは、次の①又は②に該当するものをいいます（法法57③、法令112③）。

① （４要件型）	下記(ロ)のａからｄまでに掲げる要件（事業の相互関連性に関する要件、事業の相対的な規模に関する要件、被合併事業の同等規模継続に関する要件、合併事業の同等規模継続に関する要件）の全てに該当するもの
② （２要件型）	下記(ロ)のａ及びｅに掲げる要件（事業の相互関連性に関する要件、特定役員に関する要件）のいずれにも該当するもの

(ロ)　要件の内容

ａ　事業の相互関連性に関する要件（事業関連性要件）

被合併法人の被合併事業（被合併法人の適格合併の前に行う主要な事業のうちのいずれかの事業をいいます。ａからｃまでにおいて同じ。）と合併法人（合併法人が適格合併により設立された法人である場合には、適格合併に係る他の被合併法人。(ロ)において同じ。）の合併事業（合併法人の適格合併の前に行う事業（合併法人が適格合併により設立された法人である場合には、適格合併に係る他の被合併法人の被合併事業）のうちのいずれかの事業をいいます。ｂ及びｄにおいて同じ。）とが相互に関連するものであること。

この場合の被合併事業と合併事業が相互に関連するものであるかどうかの判定については、共同事業を行うための組織再編成における適格要件に係る事業関連性の判定の規定（法規３）を準用します（法規26）。なお、事業関連性の判定の規定については、第４章第９を参照してください。

ｂ　事業の相対的な規模に関する要件（事業規模要件）

被合併事業と合併事業（被合併事業と関連する事業に限ります。ｂ及びｄにおいて同じ。）のそれぞれの売上金額、被合併事業と合併事業のそれぞれの従業者の数、被合併法人と合併法人のそれぞれの資本金の額（出資金の額を含みます。）又はこれらに準ずるものの規模の割合が概ね５倍を超えないこと。

なお、この要件は、適格合併の共同事業を行う場合の適格要件における事業規模要件（第４章第１の３⑶①参照）と同じ内容です。

c　被合併事業の同等規模継続に関する要件（被合併事業規模継続要件）

被合併事業が、被合併法人が合併法人との間に最後に支配関係を有することとなった時（被合併法人が、その時から適格合併の直前の時までの間に合併法人、分割承継法人又は被現物出資法人（ｄにおいて合併法人等といいます。）となる適格合併、適格分割又は適格現物出資（ｃ及びｄにおいて適格合併等といいます。）により被合併事業の全部又は一部の移転を受けている場合には、適格合併等の時。ｃにおいて被合併法人支配関係発生時といいます。）から適格合併の直前の時まで継続して行われており、かつ、被合併法人支配関係発生時と適格合併の直前の時における被合併事業の規模（ｂにおいて規模の割合の計算に用いた指標と同じ指標に限ります。）の割合が概ね２倍を超えないこと。

ｄ　合併事業の同等規模継続に関する要件（合併事業規模継続要件）

合併事業が、合併法人が被合併法人との間に最後に支配関係を有することとなった時（合併法人が、その時から適格合併の直前の時までの間に合併法人等となる適格合併等により合併事業の全部又は一部の移転を受けている場合には、適格合併等の時。ｄにおいて合併法人支配関係発生時といいます。）から適格合併の直前の時まで継続して行われており、かつ、合併法人支配関係発生時と適格合併の直前の時における合併事業の規模（ｂにおいて規模の割合の計算に用いた指標と同じ指標に限ります。）の割合が概ね２倍を超えないこと。

〈被合併事業規模継続要件・合併事業規模継続要件〉

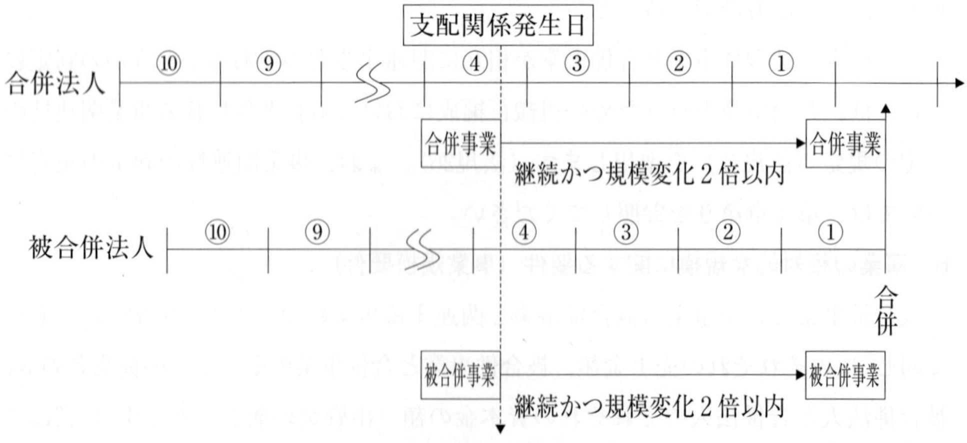

e　特定役員に関する要件（特定役員要件）

次に掲げる者が、適格合併の後に合併法人（適格合併が法人を設立するものである場合には、その適格合併により設立された法人）の特定役員（社長、副社長、代表取締役、代表執行役、専務取締役、常務取締役（常務クラス以上の役員）又はこれらに準ずる者で法人の経営に従事している者をいいます。）となることが見込まれていること。

①	被合併法人の適格合併の前における特定役員である者のいずれかの者（被合併法人が合併法人との間に最後に支配関係を有することとなった日前（その支配関係がその被合併法人となる法人又はその合併法人となる法人の設立により生じたものである場合には、同日。ｅにおいて同じ。）において被合併法人の役員又は常務クラス以上の役員に準ずる者（同日において被合併法人の経営に従事していた者に限ります。）であった者に限ります。）
②	合併法人の適格合併の前における特定役員である者のいずれかの者（その最後に支配関係を有することとなった日前において合併法人の役員又は常務クラス以上の役員に準ずる者（同日において合併法人の経営に従事していた者に限ります。）であった者に限ります。）

〈特定役員要件〉

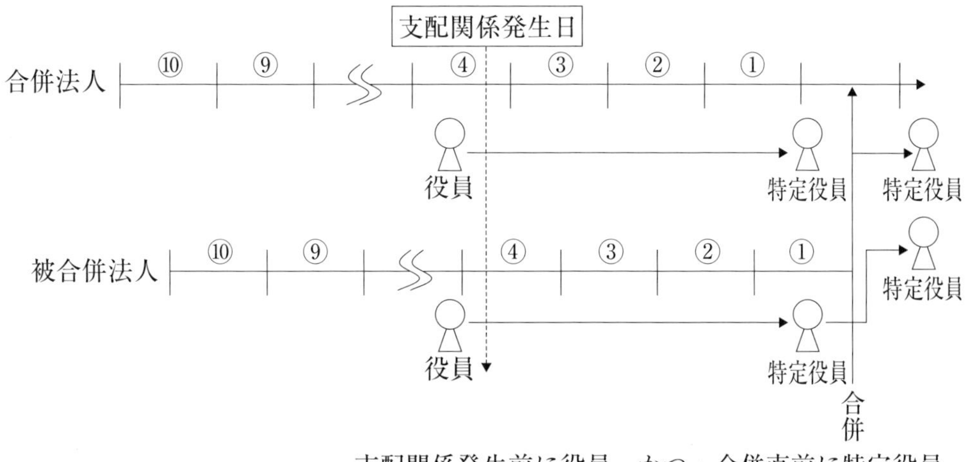

支配関係発生前に役員、かつ、合併直前に特定役員であり、合併後に特定役員となる見込み

〈みなし共同事業要件のまとめ〉

各要件	４要件型	２要件型
事業関連性要件	必要	必要
事業規模要件	必要	－
被合併事業規模継続要件	必要	－
合併事業規模継続要件	必要	－
特定役員要件	－	必要

ハ　５年経過時等の場合

(イ)　内容

次に掲げる場合には、上記イの制限措置は適用されません（法法57③、法令112④）。

除外（制限措置の適用なし）	
	①　上記イ(イ)の被合併法人等と上記イ(イ)の内国法人との間にその内国法人の適格合併の日の属する事業年度開始の日（注）の５年前の日又は残余財産の確定の日の翌日の属する事業年度開始の日の５年前の日（５年前の日といいます。）から継続して支配関係がある場合
	②　上記イ(イ)の被合併法人等又は上記イ(イ)の内国法人が５年前の日後に設立された法人である場合（下記(ロ)に掲げる場合を除きます。）であってその被合併法人等とその内国法人との間にその被合併法人等の設立の日又はその内国法人の設立の日のいずれか遅い日から継続して支配関係があるとき

(注)　その適格合併が新設合併である場合には、その適格合併の日。

〈適格合併の日の属する事業年度開始の日の５年前の日から継続して支配関係がある場合（上記①の場合）〉

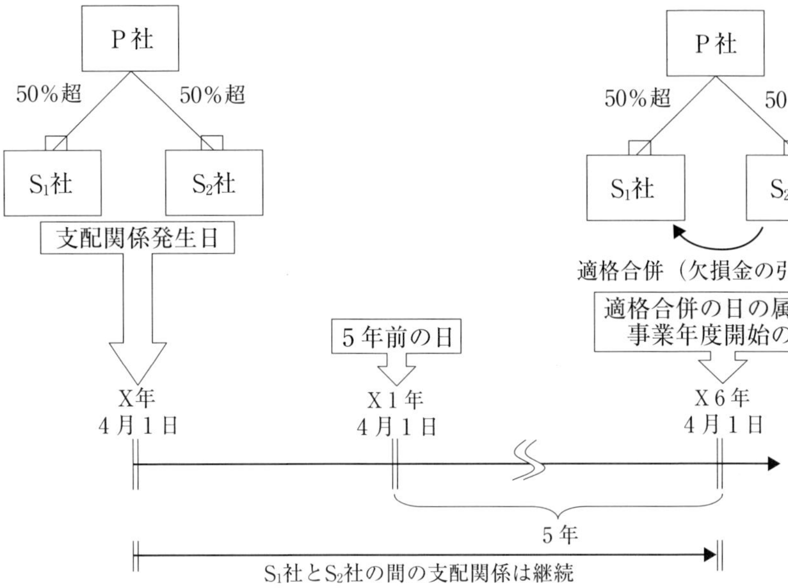

〈適格合併の日の属する事業年度開始の日の５年前の日後に一の者が変わっている場合（上記①の場合）〉

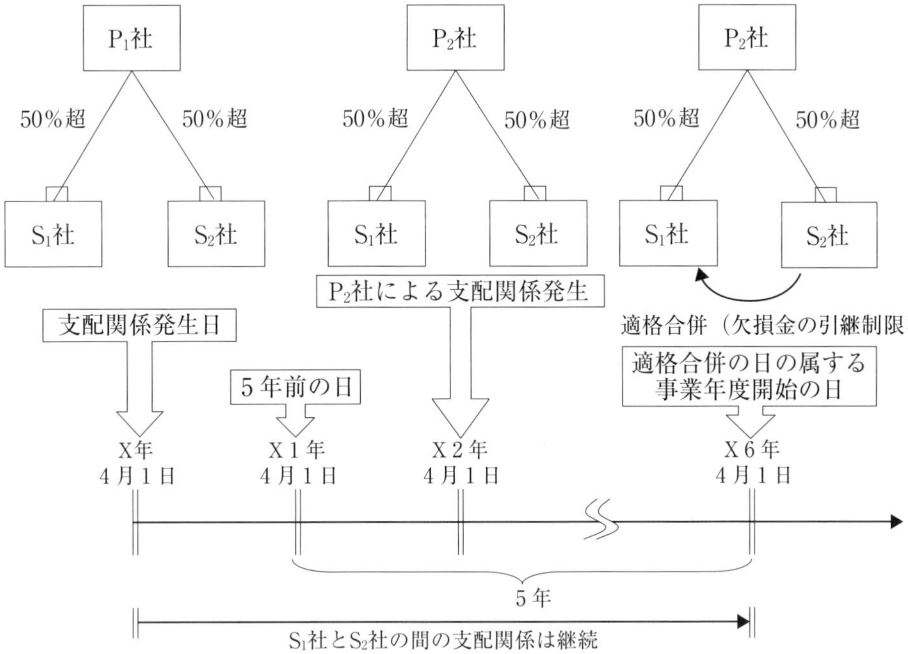

S_1社とS_2社の間の支配関係は、一の者がP_1社からP_2社に変わっているものの、X

年４月１日からＸ６年４月１日まで消滅することなく継続していることとなります。

なお、同様の趣旨の事例が国税庁より文書回答事例として公表されています（平成29年11月７日付名古屋国税局審理課長文書回答「株主が個人である法人が適格合併を行った場合の未処理欠損金額の引継ぎについて（支配関係の継続により引継制限の判定をする場合）」、平成29年12月12日付名古屋国税局審理課長文書回答「株式の保有関係が変更している場合の支配関係の継続要件の判定について」）。

〈被合併法人 S_2社が適格合併の日の属する事業年度開始の日の５年前の日後に設立されている場合（上記②の場合）〉

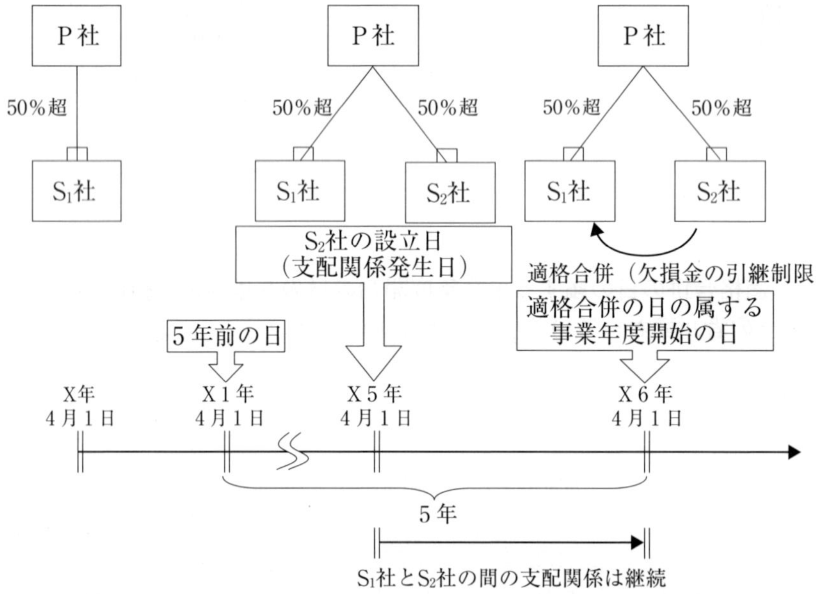

㈺　欠損金利用を目的として法人を設立したと考えられる場合

上記㈠②の場合において、次の欠損金を利用する目的で法人を設立したものと考えられる場合については、上記㈠の制限措置の除外対象から除かれています（法令112④二イ～ハ）。

欠損金利用を目的として法人を設立したと考えられる場合	①　その内国法人との間に支配関係がある他の内国法人を被合併法人とする適格合併で、その被合併法人等を設立するもの又はその内国法人が当該他の内国法人との間に最後に支配関係を有することとなった日（注１）以後に設立されたその被合併法人等を合併法人とするものが行われていた場合（注２）
	②　その内国法人が他の内国法人との間に最後に支配関係を有することとなった日以後に設立されたその被合併法人等との間に完全支配関係がある当該他の内国法人（注３）でその被合併法人等が発行済株式又は出資の全部又は一部を有するものの残余財産が確定していた場合（注４）
	③　その被合併法人等との間に支配関係がある他の法人を被合併法人、分割法人、現物出資法人又は現物分配法人とする適格組織再編成等で、その内国法人を設立するもの又はその被合併法人等が当該他の法人との間に最後に支配関係を有することとなった日以後に設立されたその内国法人を合併法人、分割承継法人、被現物出資法人若しくは被現物分配法人とするものが行われていた場合（注５）

㈲１　適格合併の日又は残余財産の確定の日の直前まで継続して支配関係がある場合のその支配関係を有することとなった日をいいます（法基通12－１－５⑴）。

２　同日が上記(イ)の５年前の日以前である場合を除きます。

したがって、例えば、合併法人（X）と被合併法人（Y）による適格合併（適格合併２）の日の前日以前に、その合併法人（X）との間に支配関係がある他の内国法人（y1、y2）を被合併法人とする適格合併（適格合併１）で、被合併法人（Y）を設立するものが行われていた場合で、その合併法人（X）が他の内国法人（y1、y2）との間に最後に支配関係を有することとなった日が、適格合併（適格合併２）の日の属する事業年度開始の日の５年前の日以前である場合には、この制限はなく、被合併法人（Y）の未処理欠損金額を引き継ぐことができます（国税庁 HP 質疑応答「被合併法人から引継ぎを受ける未処理欠損金額に係る制限の適用除外について」）。

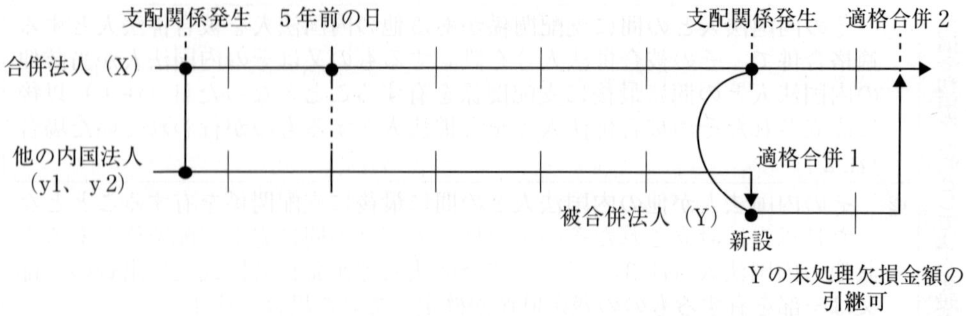

（国税庁 HP 質疑応答を一部修正）

3　その内国法人との間に支配関係があるものに限ります。

4　同日が上記(イ)の５年前の日以前である場合を除きます。

5　同日が上記(イ)の５年前の日以前である場合を除きます。

〈欠損金利用を目的として法人を設立したと考えられる場合（上記①の場合）〉

Ｐ社（内国法人）が①欠損金を有するＡ社（他の内国法人）の株式を取得してＰ社とＡ社との間に支配関係が成立し、②Ｐ社がＢ社（被合併法人等）を新設し、③Ｂ社がＡ社を吸収合併（適格合併）しＡ社の欠損金を引継ぎ、④Ｐ社がＢ社を吸収合併（適格合併）する場合

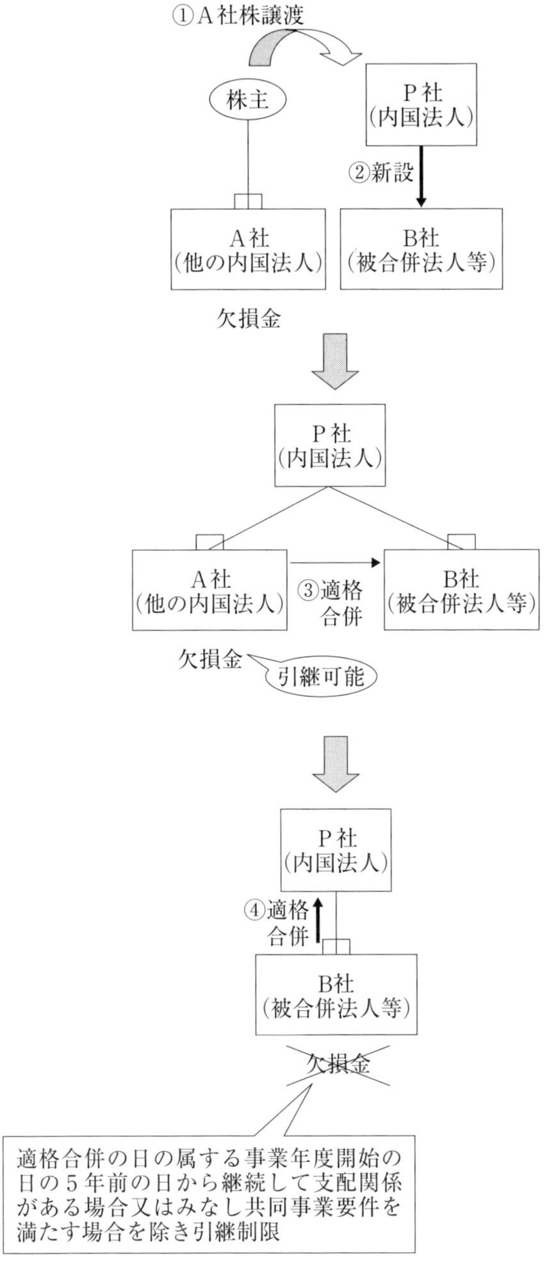

〈欠損金利用を目的として法人を設立したと考えられる場合（上記②の場合）〉

Ｐ社（内国法人）が①欠損金を有するＡ社（他の内国法人）の全株式を取得してＰ社とＡ社との間に完全支配関係が成立し、②Ｐ社がＢ社（被合併法人等）を新設し、③Ｐ社がＢ社にＡ社の全株式を譲渡し、④Ａ社を清算し残余財産を確定させＢ社がＡ社の欠損金を引継ぎ、⑤Ｐ社がＢ社を吸収合併（適格合併）する場合

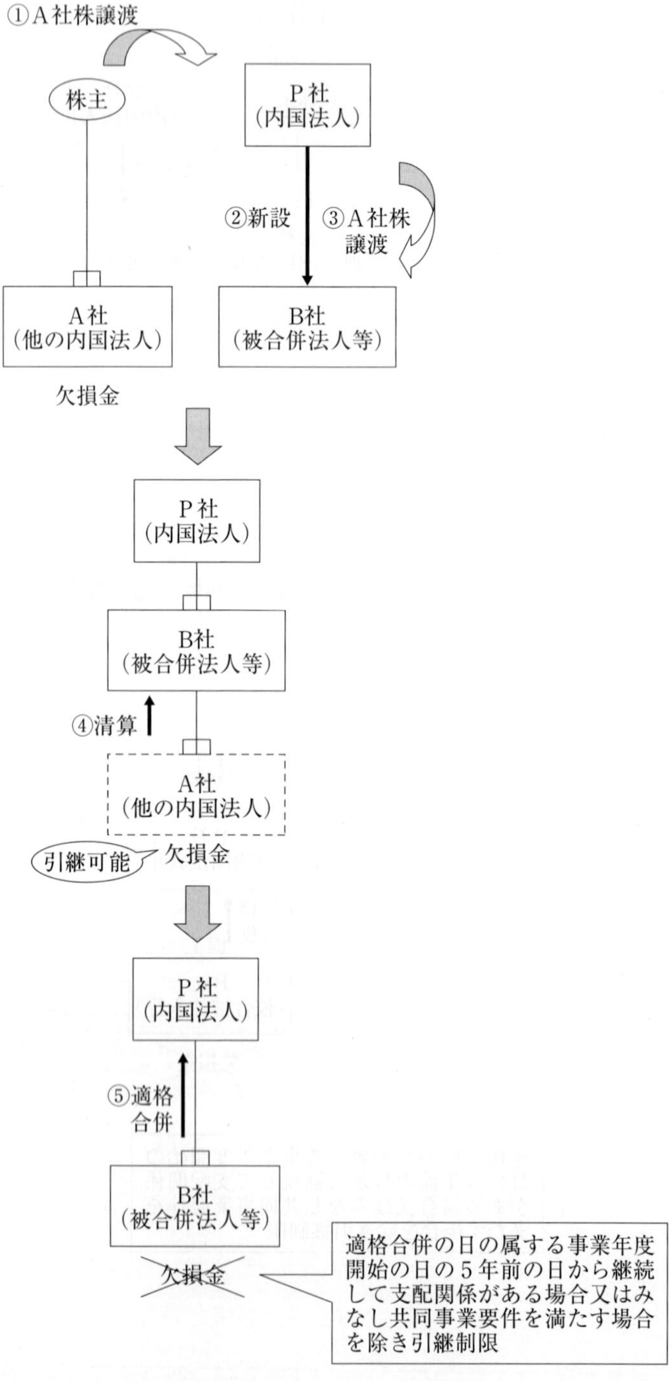

〈欠損金利用を目的として法人を設立したと考えられる場合（上記③の場合）〉

Ｐ社（他の法人）が、①欠損金を有するＡ社（被合併法人等）の株式を取得してＰ社とＡ社との間に支配関係が成立し、②Ｐ社がＢ社（内国法人）を新設分割（適格分割）により設立し、③Ｂ社がＡ社を吸収合併する場合

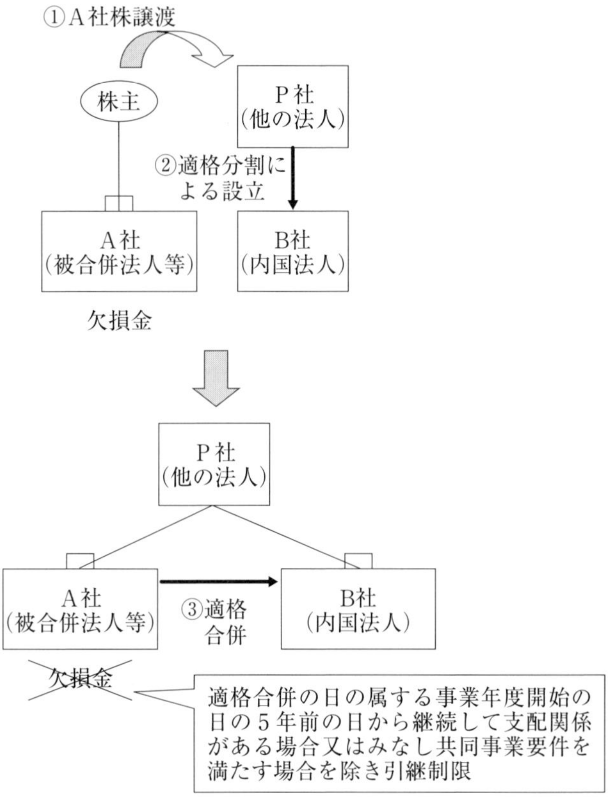

ハ　まとめ

引継制限措置の原則的な適用内容をまとめると次のようになります。

原則（適用あり）	(1)の適格合併に係る被合併法人(注) 又は (1)の残余財産が確定した他の内国法人	次のいずれにも該当しない場合 ○その適格合併がみなし共同事業要件を満たす場合 又は ○５年経過時等の場合の制限措置の除外に掲げる場合	①	最後に支配関係を有することとなった日の属する事業年度（支配関係事業年度）前の各事業年度の未処理欠損金額	引き継ぐことができません。
			②	支配関係事業年度以後の各事業年度の未処理欠損金額のうち特定資産譲渡等損失額に相当する金額から成る部分の金額	引き継ぐことができません。

(注)　支配関係があるものに限ります。

〈支配関係の発生時期による欠損金の引継制限〉

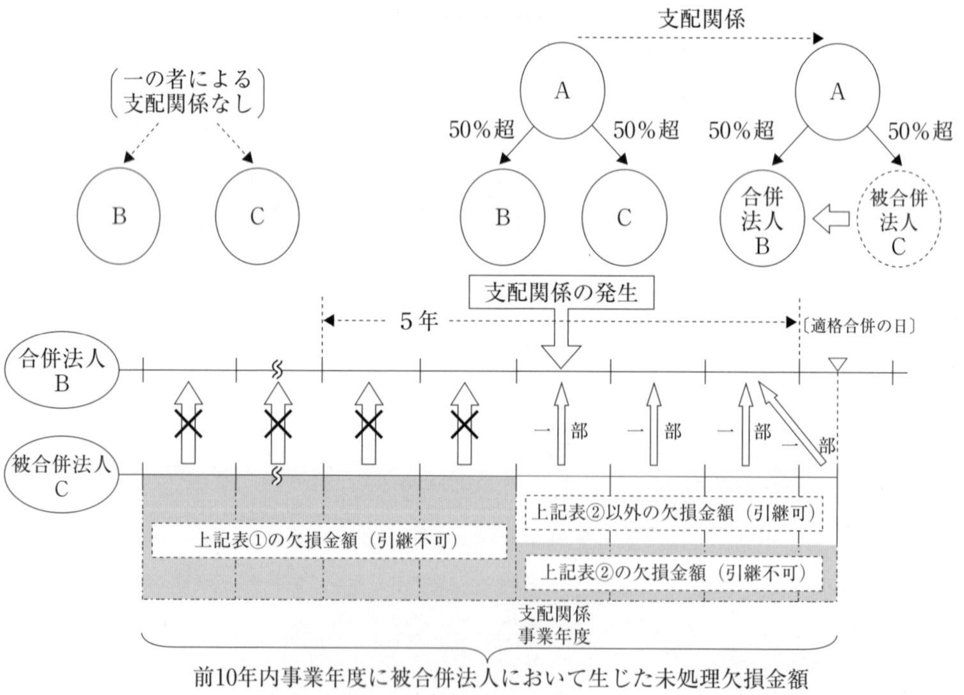

（国税庁資料を一部修正）

⑷　合併法人等の繰越欠損金額の利用制限

イ　原則

内国法人と支配関係法人（その内国法人との間に支配関係がある法人をいいます。）との間でその内国法人を合併法人、分割承継法人、被現物出資法人又は被現物分配法人とする適格合併若しくは非適格合併で法人税法61条の11の規定による譲渡損益の繰延べ（第８章第１の１参照）の適用があるもの、適格分割、適格現物出資又は適格現物分配（適格組織再編成等）が行われた場合（下記ハの５年経過時の場合に掲げる場合を除きます。）において、その適格組織再編成等（適格現物分配を除きます。）が下記ロのみなし共同事業要件を満たす場合に該当しないとき及び適格現物分配であるときは、その適格組織再編成等の日（その適格組織再編成等が残余財産の全部の分配の場合には、その残余財産の確定の日の翌日）の属する事業年度（組織再編成事業年度）以後の各事業年度においては、次のようにその内国法人の有する欠損金の繰越控除（法法57）に係る繰越欠損金額の利用制限が課されることとされています（法法57④、法令112⑨⑩⑪）。

ただし、青色申告書を提出する事業年度でない事業年度において生じた欠損金額のうち、法人税法58条１項に規定する災害損失金額に達するまでの金額については、この規定は適用されません（法法58②）。

また、一般財団法人その他の株主等が存在しない法人間で適格合併を行った場合には、支配関係がない法人間の適格合併となりますので、合併法人の繰越欠損金額の利用につき、この規定による制限を受けることはありません（国税庁 HP 質疑応答「一般財団法人間において適格合併を行った場合の青色欠損金額の引継ぎ」）。

〈利用制限を受ける欠損金額〉

①	最後に支配関係を有することとなった日（注１）の属する事業年度（支配関係事業年度）前の各事業年度で前10年内事業年度（組織再編成事業年度開始の日前10年以内に開始した各事業年度をいいます。）に該当する事業年度において生じた欠損金額（前10年内事業年度の所得の金額の計算上損金の額に算入されたもの及び還付を受けるべき金額の計算の基礎となったものを除きます。②において同じ。）（注２）	これらの欠損金額は全てないものとされます。

②	支配関係事業年度以後の各事業年度において生じた欠損金額	これらの欠損金額のうち特定資産譲渡等損失額に相当する金額から成る部分の金額（注３）は、ないものとされます。

(注)１　適格組織再編成等の日の直前まで継続して支配関係がある場合のその支配関係を有することとなった日をいいます（法基通12－１－５(1)）。
２　平成30年４月１日前に開始した事業年度において生じた欠損金額については、「前10年」を「前９年」と読み替えます（平27年改正法附則27①）。
３　上記(3)イ(ハ)ａからｃに準じて計算がされます（法令112⑪）。

ロ　みなし共同事業要件を満たす場合

(イ)　概要

その適格組織再編成等（適格現物分配を除きます。ロにおいて同じ。）がみなし共同事業要件を満たす適格組織再編成等に該当するときは、上記イの制限措置は適用されません。

みなし共同事業要件を満たす適格組織再編成等とは、次の①又は②に該当するものをいいます（法法57④、法令112⑩③）。

① （４要件型）	下記(ロ)のａからｄまでに掲げる要件（事業の相互関連性に関する要件、事業の相対的な規模に関する要件、被合併事業の同等規模継続に関する要件、合併事業の同等規模継続に関する要件）の全てに該当するもの
② （２要件型）	下記(ロ)のａ及びｅに掲げる要件（事業の相互関連性に関する要件、特定役員に関する要件）のいずれにも該当するもの

(ロ)　要件の内容

ａ　事業の相互関連性に関する要件（事業関連性要件）

適格合併（その適格組織再編成等が非適格合併、適格分割又は適格現物出資である場合には、その非適格合併、適格分割又は適格現物出資。(ロ)において同じ。）に係る被合併法人（その適格組織再編成等が適格分割又は適格現物出資である場合には、分割法人又は現物出資法人。(ロ)において同じ。）の被合併事業（被合併法人の適格合併の前に行う主要な事業のうちのいずれかの事業、分割法人の適格組織再編成等に係る分割事業（分割法人の分割前に行う事業のうち、その分割により分割承継法人において行われることとなるものをいいます。）又は現物出資法人の適格組織再編成等に係る現物出資事業（現物出資法人の現物出資前に行う事業のうち、その現物出資により被現物出資法人において行われることとなるものをいいます。）をいいます。ａからｃにおいて同じ。）と合併法人（その適格組織再編成等が適格分割又は適格現物出資である場合には分割承継法人又は被現物出資法人とし、その合併法人、分割承継法人又は被現物出資法人がその適格合併により設立された法人である場合には、その適格合併に係る他の被合併法人。⑵において同じ。）の合併事業（合併法人の適格合併の前に行う事業（合併法人が適格合併により設立された法人である場合には、適格合併に係る他の被合併法人の被合併事業）のうちのいずれかの事業をいいます。ｂ及びｄにおいて同じ。）とが相互に関連するものであること。

この場合の被合併事業と合併事業が相互に関連するものであるかどうかの判定については、共同事業を行うための組織再編成における適格要件に係る事業関連性の判定の規定（法規３）を準用します（法規26）。なお、事業関連性の判定の規定については、第４章第９を参照してください。

ｂ　事業の相対的な規模に関する要件（事業規模要件）

被合併事業と合併事業（被合併事業と関連する事業に限ります。ｂ及びｄにおいて同じ。）のそれぞれの売上金額、被合併事業と合併事業のそれぞれの従業者の数、被合併法人と合併法人のそれぞれの資本金の額（出資金の額を含みます。）又はこれらに準ずるものの規模（適格分割又は適格現物出資の場合には、被合併事業と合併事業のそれぞれの売上金額、被合併事業と合併事業のそれぞれの従業者の数又はこれらに準ずるものの規模）の割合が概ね５倍を超えないこと。

なお、この要件は、適格合併等の共同事業を行う場合の適格要件における事業規模要件（第４章第１の３⑶①他参照）と同じ内容です。

ｃ　被合併事業の同等規模継続に関する要件（被合併事業規模継続要件）

被合併事業が、被合併法人が合併法人との間に最後に支配関係を有することとなった時（被合併法人が、その時から適格合併の直前の時までの間に合併法人、分割承継法人又は被現物出資法人（ｄにおいて合併法人等といいます。）となる適格合併、適格分割又は適格現物出資（ｃ及びｄにおいて適格合併等といいます。）により被合併事業の全部又は一部の移転を受けている場合には、適格合併等の時。ｃにおいて被合併法人支配関係発生時といいます。）から適格合併の直前の時まで継続して行われており、かつ、被合併法人支配関係発生時と適格合併の直前の時における被合併事業の規模（ｂにおいて規模の割合の計算に用いた指標と同じ指標に限ります。）の割合が概ね２倍を超えないこと。

d　合併事業の同等規模継続に関する要件（合併事業規模継続要件）

合併事業が、合併法人が被合併法人との間に最後に支配関係を有することとなった時（合併法人が、その時から適格合併の直前の時までの間に合併法人等となる適格合併等により合併事業の全部又は一部の移転を受けている場合には、適格合併等の時。ｄにおいて合併法人支配関係発生時といいます。）から適格合併の直前の時まで継続して行われており、かつ、合併法人支配関係発生時と適格合併の直前の時における合併事業の規模（ｂにおいて規模の割合の計算に用いた指標と同じ指標に限ります。）の割合が概ね２倍を超えないこと。

e　特定役員に関する要件（特定役員要件）

次に掲げる者が、適格合併の後に合併法人（適格合併が法人を設立するものである場合には、その適格合併により設立された法人）の特定役員（社長、副社長、代表取締役、代表執行役、専務取締役、常務取締役（常務クラス以上の役員）又はこれらに準ずる者で法人の経営に従事している者をいいます。）となることが見込まれていること。

①	被合併法人の適格合併の前における特定役員等（合併にあっては特定役員、適格分割又は適格現物出資にあっては役員又は常務クラス以上の役員に準ずる者で法人の経営に従事している者をいいます。）である者のいずれかの者（被合併法人が合併法人との間に最後に支配関係を有することとなった日前（その支配関係がその被合併法人となる法人又はその合併法人となる法人の設立により生じたものである場合には、同日。ｅにおいて同じ。）において被合併法人の役員又は常務クラス以上の役員に準ずる者（同日において被合併法人の経営に従事していた者に限ります。）であった者に限ります。）
②	合併法人の適格合併の前における特定役員である者のいずれかの者（その最後に支配関係を有することとなった日前において合併法人の役員又は常務クラス以上の役員に準ずる者（同日において合併法人の経営に従事していた者に限ります。）であった者に限ります。）

ハ　５年経過時等の場合

(イ)　内容

次に掲げる場合には、上記イの制限措置は適用されません（法法57④、法令112⑨④）。

除外(制限措置の適用なし)	①　上記イの内国法人と上記イの支配関係法人との間にその内国法人の組織再編成事業年度開始の日の５年前の日（５年前の日といいます。）から継続して支配関係がある場合
	②　上記イの内国法人又は上記イの支配関係法人が５年前の日後に設立された法人である場合（下記(ロ)に掲げる場合を除きます。）であってその内国法人とその支配関係法人との間にその内国法人の設立の日又はその支配関係法人の設立の日のいずれか遅い日から継続して支配関係があるとき

〈組織再編成事業年度開始の日の５年前の日から継続して支配関係がある場合（上記①の場合）〉

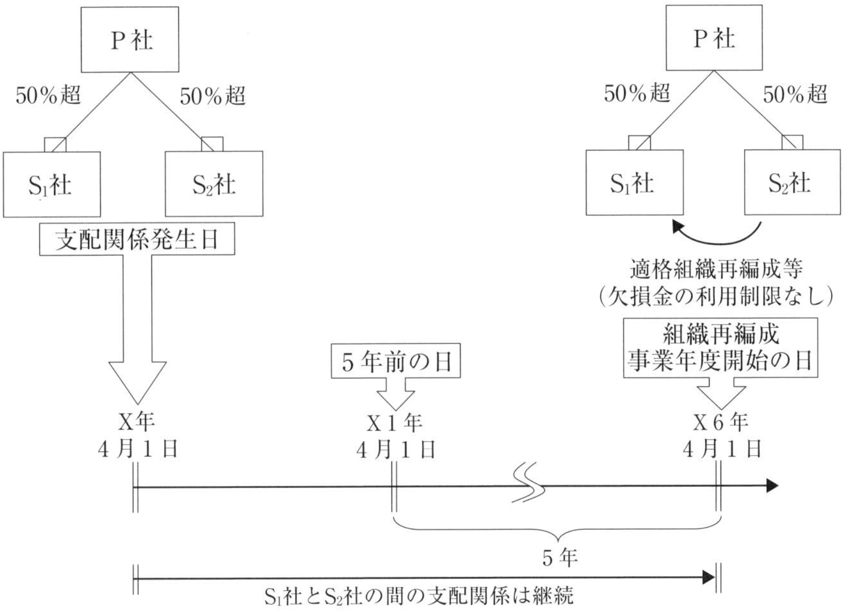

〈組織再編成事業年度開始の日の５年前の日後に
一の者が変わっている場合（上記①の場合）〉

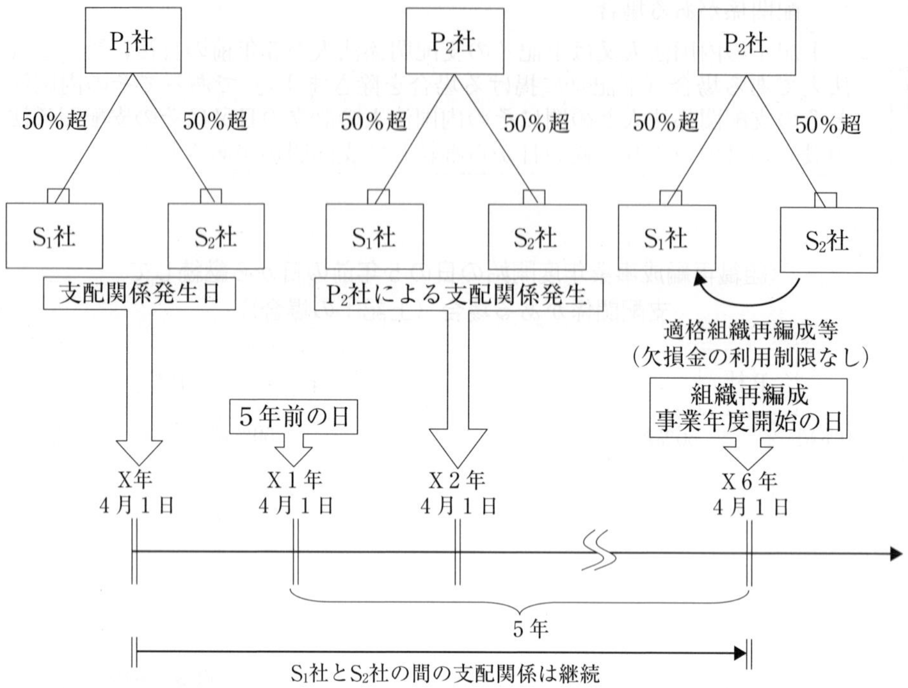

S_1社とS_2社の間の支配関係は、一の者がP_1社からP_2社に変わっているものの、X年４月１日からX６年４月１日まで消滅することなく継続していることとなります。

〈支配関係法人 S_2社が組織再編成事業年度開始の日の
５年前の日後に設立されている場合（上記②の場合）〉

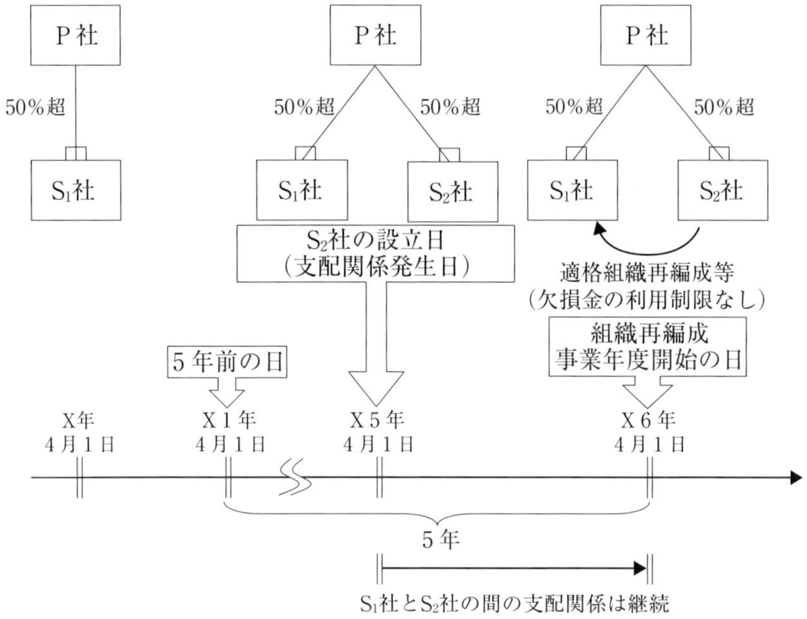

㈺　欠損金利用を目的として法人を設立したと考えられる場合

上記㈰②の場合において、次の欠損金を利用する目的で法人を設立したものと考えられる場合については、上記㈰の制限措置の除外対象から除かれています（法令112⑨④二イ～ハ）。

欠損金利用を目的として法人を設立したと考えられる場合	①　その支配関係法人との間に支配関係がある他の内国法人を被合併法人とする適格合併で、その内国法人を設立するもの又はその支配関係法人が当該他の内国法人との間に最後に支配関係を有することとなった日（注１）以後に設立されたその内国法人を合併法人とするものが行われていた場合（注２）
	②　その支配関係法人が他の内国法人との間に最後に支配関係を有することとなった日以後に設立されたその内国法人との間に完全支配関係がある当該他の内国法人（注３）でその内国法人が発行済株式又は出資の全部又は一部を有するものの残余財産が確定していた場合（注４）
	③　その内国法人との間に支配関係がある他の法人を被合併法人、分割法人、現物出資法人又は現物分配法人とする適格組織再編成等で、その支配関係法人を設立するもの又はその内国法人が当該他の法人との間に最後に支配関係を有することとなった日以後に設立されたその支配関係法人を合併法人、分割承継法人、被現物出資法人若しくは被現物分配法人とするものが行われていた場合（注５）

(注)１　適格組織再編成等の日の直前まで継続して支配関係を有する場合のその支配関係があることとなった日をいいます（法基通12－１－５(1)）。

２　同日が上記(イ)の５年前の日以前である場合を除きます。

したがって、例えば、合併法人（X）と被合併法人（Y）による適格合併（適格合併２）の日の前日以前に、その合併法人（X）との間に支配関係がある他の内国法人（y1、y2）を被合併法人とする適格合併（適格合併１）で、被合併法人（Y）を設立するものが行われていた場合で、その合併法人（X）と他の内国法人（y1、y2）との間に最後に支配関係があることとなった日が、適格合併（適格合併２）の日の属する事業年度開始の日の５年前の日以前である場合には、この制限はなく、合併法人（X）の繰越欠損金額の利用制限はありません（上記(3)ハ(ロ)(注)２参照）。

３　その支配関係法人との間に支配関係があるものに限ります。

４　同日が上記(イ)の５年前の日以前である場合を除きます。

５　同日が上記(イ)の５年前の日以前である場合を除きます。

〈欠損金利用を目的として法人を設立したと考えられる場合（上記①の場合）〉

Ｐ社（支配関係法人）が①欠損金を有するＡ社（他の内国法人）の株式を取得してＰ社とＡ社との間に支配関係が成立し、②Ｐ社がＢ社（内国法人）を新設し、③Ｂ社がＡ社を吸収合併（適格合併）しＡ社の欠損金を引き継ぎ、④Ｐ社がＢ社に対して適格組織再編成等により資産等を移転する場合

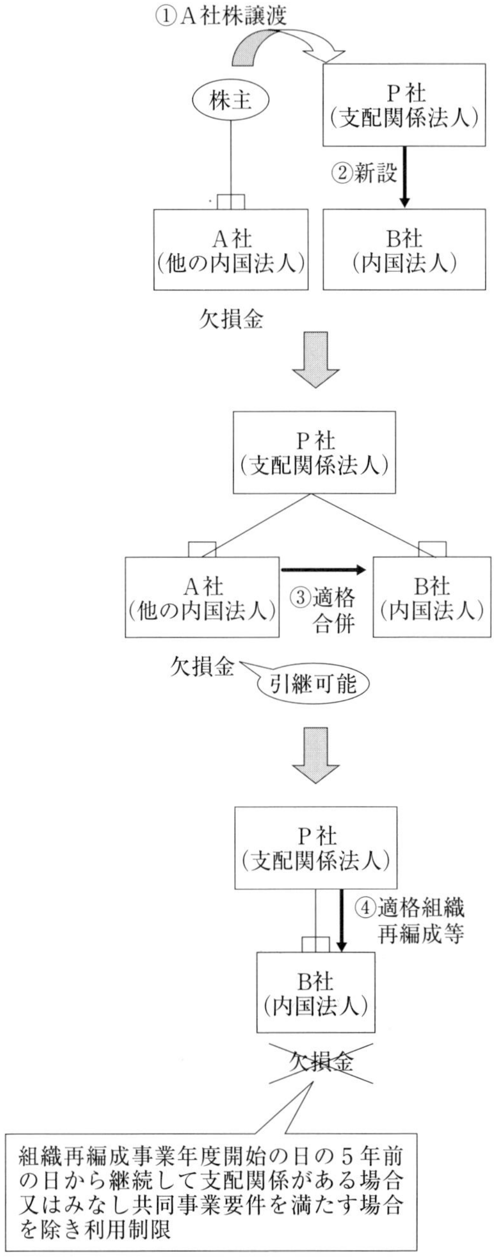

〈欠損金利用を目的として法人を設立したと考えられる場合（上記②の場合）〉

Ｐ社（支配関係法人）が①欠損金を有するＡ社（他の内国法人）の全株式を取得してＰ社とＡ社との間に完全支配関係が成立し、②Ｐ社がＢ社（内国法人）を新設し、③Ｐ社がＢ社にＡ社の全株式を譲渡し、④Ａ社を清算し残余財産を確定させＢ社がＡ社の欠損金を引継ぎ、⑤Ｐ社がＢ社に対して適格組織再編成等により資産等を移転する場合

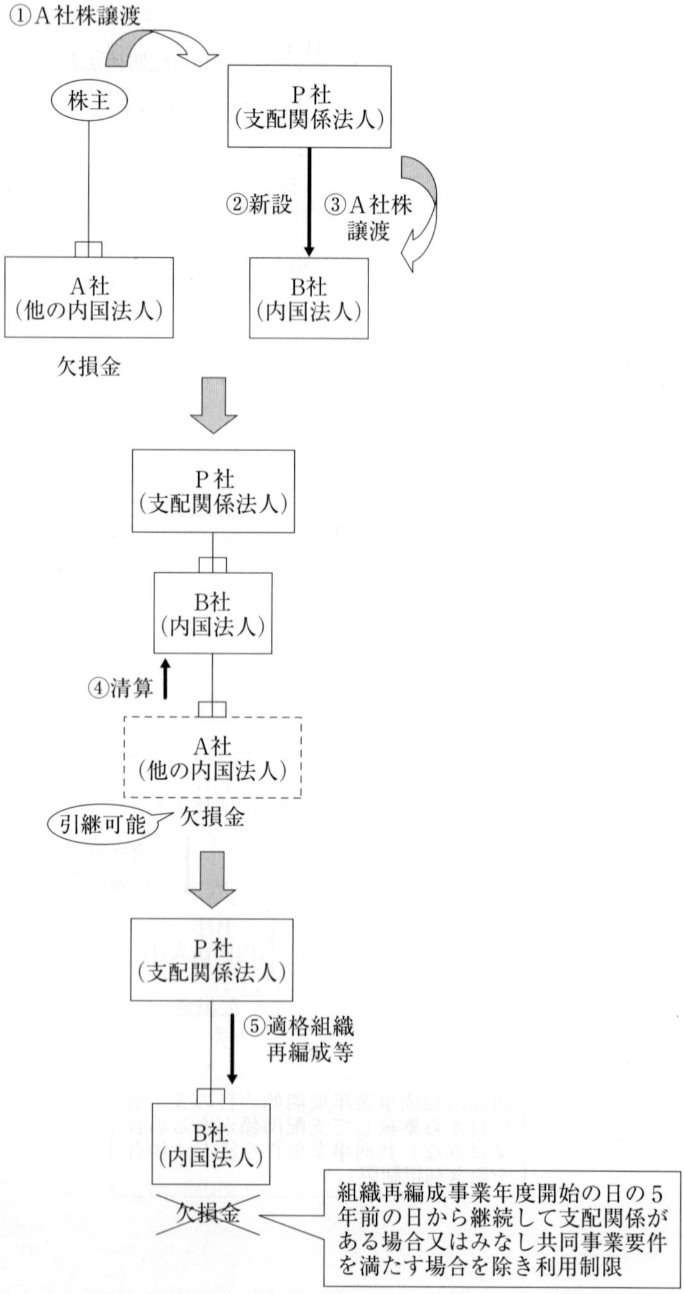

〈欠損金利用を目的として法人を設立したと考えられる場合（上記③の場合）〉

Ｐ社（他の法人）が、①欠損金を有するＡ社（内国法人）の株式を取得してＰ社とＡ社との間に支配関係が成立し、②Ｐ社がＢ社（支配関係法人）を新設分割（適格分割）により設立し、③Ｂ社がＡ社に対して適格組織再編成等により資産等を移転する場合

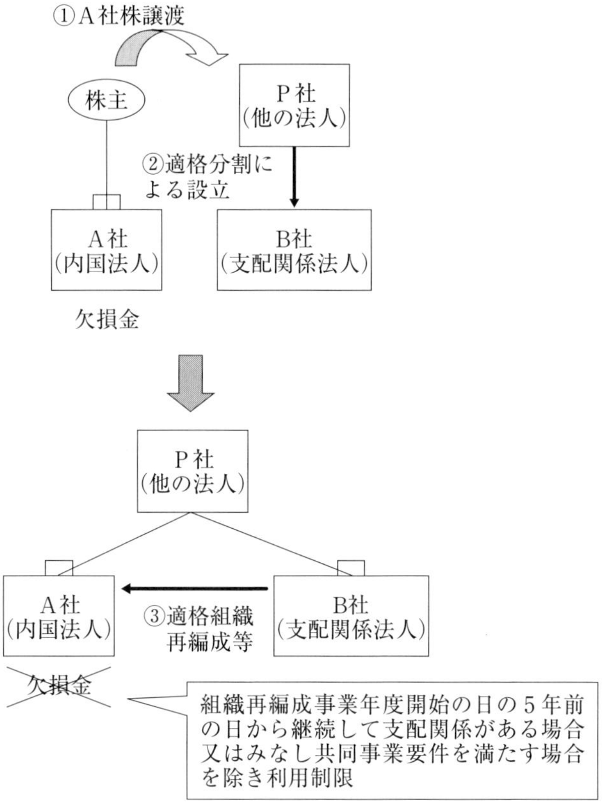

⑸　未処理欠損金額等の制限対象金額の計算の特例

イ　概要

上記⑶の制限又は⑷の制限の対象となる欠損金額がある法人の支配関係事業年度の前事業年度終了の時に有する資産及び負債について時価評価を行う場合には、その時価評価の状況に応じてその制限を受ける金額をその時価評価を基礎として計算した金額とすることができます（法令113）㈲。

㈲　平成30年４月１日前は、下記ロ以降の「前10年」は「前９年」と読み替えます（平27年改正政令附則１五）。

ロ　未処理欠損金額に係る制限の対象となる金額の計算の特例

次の(イ)から(ハ)までに掲げる場合には、被合併法人等の未処理欠損金額に含まれないこととされる金額について、それぞれ(イ)から(ハ)までに定めるところによることができます（法令113①）。

(イ)　時価純資産超過額が支配関係前未処理欠損金額の合計額以上である場合

被合併法人等の支配関係事業年度の前事業年度終了の時における時価純資産超過額が支配関係前未処理欠損金額の合計額以上であるときは、制限を受ける未処理欠損金額はないものとされます（法令113①一）。したがって、未処理欠損金額の全額が合併法人等に引き継がれることになります。

時価純資産超過額とは、時価純資産価額（その有する資産の価額の合計額からその有する負債の価額の合計額を減算した金額をいいます。）が簿価純資産価額（その有する資産の帳簿価額の合計額からその有する負債の帳簿価額の合計額を減算した金額をいいます。）を超える場合におけるその超える部分の金額をいいます。

また、支配関係前未処理欠損金額の合計額とは、被合併法人等の支配関係事業年度開始の日前10年以内に開始した各事業年度において生じた繰越欠損金額（支配関係事業年度開始の時までに上記⑴の規定により被合併法人等の欠損金額とみなされたものを含み、支配関係事業年度前の各事業年度において欠損金の繰越控除（法法57）、設立当初からの欠損金の損金算入（法法59）並びに欠損金の繰戻し還付（法法80）に使用されたもの、青色申告書を提出しなかった事業年度の欠損金の特例（法法58）の適用があるもの及び支配関係事業年度開始の時までに上記⑷の規定によりないものとされたものを除きます。）の合計額をいいます。

(ロ)　時価純資産超過額が支配関係前未処理欠損金額の合計額に満たない場合

被合併法人等の支配関係事業年度の前事業年度終了の時における時価純資産超過額が支配関係前未処理欠損金額の合計額に満たない場合には、次のａ及びｂのとおりとされます（法令113①二）。

a　支配関係事業年度前の事業年度に係る未処理欠損金額

支配関係事業年度前の事業年度に係る未処理欠損金額のうち制限を受ける金額は、支配関係前未処理欠損金額の合計額から時価純資産超過額を控除した金額（制限対象金額）が支配関係前未処理欠損金額のうち最も古いものから順次成るものとした場合に、制限対象金額を構成するものとされた支配関係前未処理欠損金額があることとなる事業年度（被合併法人等の合併等事業年度の前10年内事業年度に限ります。）ごとに①に掲げる金額から②に掲げる金額を控除した金額とされます。

①	その事業年度の支配関係前未処理欠損金額のうち制限対象金額を構成するものとされた部分に相当する金額
②	その事業年度の支配関係前未処理欠損金額のうち支配関係事業年度から適格合併の日の前日又は残余財産の確定の日の属する事業年度までの各事業年度において欠損金の繰越控除（法法57）、設立当初からの欠損金の損金算入（法法59）に使用された金額及び上記(4)の規定によりないものとされた金額

したがって、合併法人等に引き継ぐことができる未処理欠損金額は、それぞれの事業年度の未処理欠損金額からその事業年度について上記により計算された金額を控除した金額となります。

（参考） この場合の概要を示すと次のようになります。

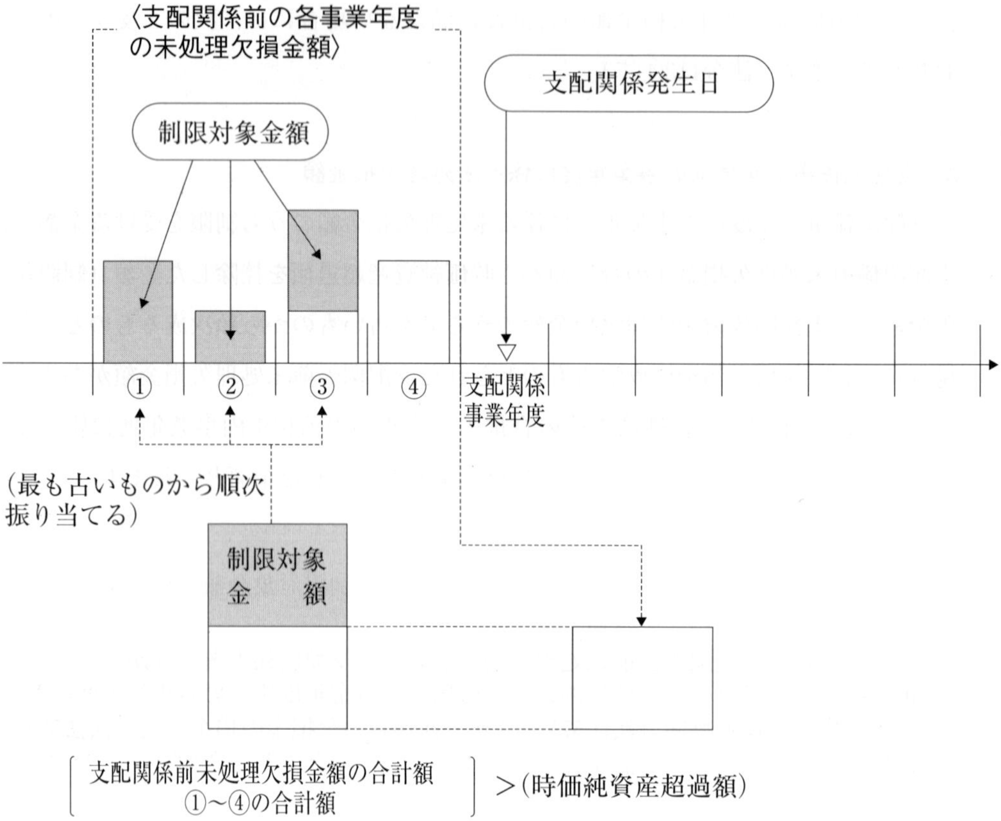

ｂ　支配関係事業年度以後の事業年度に係る未処理欠損金額のうち特定資産譲渡等損失相当額から成る部分の金額

支配関係事業年度以後の事業年度に係る制限を受ける未処理欠損金額はないものとされます。

したがって、その事業年度に係る未処理欠損金額の全額が合併法人等に引き継がれることになります。

(ハ)　簿価純資産超過額が支配関係事業年度以後の特定資産譲渡等損失相当額の合計額に満たない場合

被合併法人等の支配関係事業年度の前事業年度終了の時における簿価純資産超過額（時価純資産価額が簿価純資産価額に満たない場合におけるその満たない部分の金額をいいます。）が支配関係事業年度以後の特定資産譲渡等損失相当額（上記(3)

イ(ハ)ａ①に掲げる金額をいいます。）の合計額に満たない場合には、次のａ及びｂのとおりとされます（法令113①三）。

ａ　支配関係事業年度前の事業年度に係る未処理欠損金額

支配関係事業年度前の事業年度に係る未処理欠損金額の全額が引き継げないことになります。

ｂ　支配関係事業年度以後の事業年度に係る未処理欠損金額のうち特定資産譲渡等損失相当額から成る部分の金額

支配関係事業年度以後の事業年度に係る未処理欠損金額のうち合併法人等に引き継ぐことができない金額は、簿価純資産超過額に相当する金額が支配関係事業年度以後の事業年度における特定資産譲渡等損失相当額のうち最も古いものから順次成るものとした場合に、それぞれの事業年度ごとに①に掲げる金額から②に掲げる金額を控除した金額とされます。

①	その事業年度の特定資産譲渡等損失相当額のうち簿価純資産超過額に相当する金額を構成するものとされた部分に相当する金額
②	その事業年度の繰越欠損金額のうち前10年内事業年度において欠損金の繰越控除（法法57）設立当初からの欠損金の損金算入（法法59）及び欠損金の繰戻し還付（法法80）に使用された金額並びに上記(4)の規定によりないものとされた金額

したがって、合併法人等に引き継ぐことができる未処理欠損金額は、それぞれの事業年度の未処理欠損金額からその事業年度について上記により計算された金額を控除した金額となります。

(参考)　この場合の概要を示すと次のようになります。

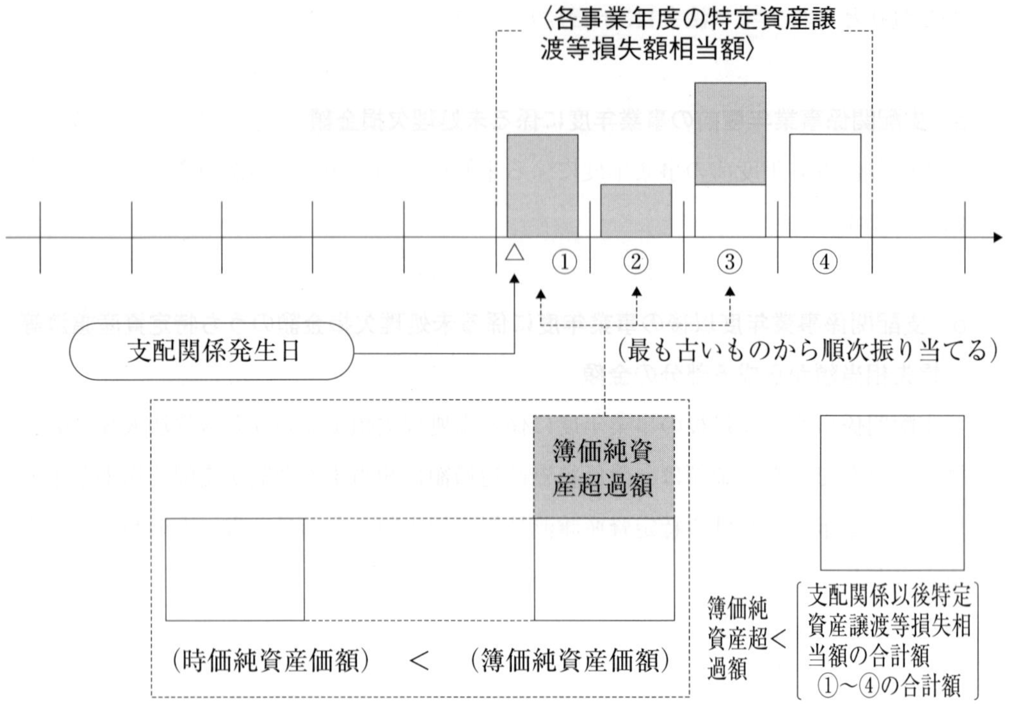

ハ　関連法人の特定資産譲渡等損失相当欠損金額の計算の特例

上記(3)イ(ハ)ｃの規定の適用がある場合において、その関連法人の支配関係事業年度（内国法人及び被合併法人等とその関連法人との間に最後に支配関係を有することとなった日の属する事業年度をいいます。）の前事業年度終了の時に次に掲げる場合に該当するときは、次に掲げる区分に応じそれぞれに掲げる金額をその関連法人の上記(3)イ(ハ)ｃ(b)①の金額（特定資産譲渡等損失相当額）とすることができることとされています（法令113⑧）。

①	時価純資産価額≧簿価純資産価額の場合
	0
②	簿価純資産超過額＜上記(3)イ(ハ)ｃ(b)①の金額（特定資産譲渡等損失相当額）の場合
	簿価純資産超過額相当額

ニ　繰越欠損金額に係る利用制限の対象となる金額の計算の特例

(イ)　未処理欠損金額の引継制限の特例の準用

繰越欠損金額に係る利用制限措置の適用を受ける合併法人、分割承継法人、被現物出資法人又は被現物分配法人についても上記ロ及びハと同様の特例が設けられています（法令113④⑪）。

(ロ)　事業を移転しない適格分割等の場合の特例

適格組織再編成等が事業を移転しない適格分割若しくは適格現物出資である場合又は適格現物分配である場合において、その適格組織再編成等に係る分割承継法人、被現物出資法人又は被現物分配法人である内国法人の利用制限を受ける繰越欠損金額は、次のａからｃまでに定めるところによることができます（法令113⑤）。この場合には上記(イ)の特例（上記ロと同様の特例に限ります。）との重複適用はできません。

なお、分割法人又は現物出資法人が分割承継法人又は被現物出資法人に対してその有する株式のみを移転する適格分割又は適格現物出資は、「事業を移転しない適格分割又は適格現物出資」に該当します（法基通12－１－６）。

ａ　移転時価資産価額が移転簿価資産価額以下である場合

その内国法人がその適格組織再編成等により移転を受けた資産の移転の直前（残余財産の全部の分配である適格現物分配にあっては、その残余財産の確定の時。ａからｃまでにおいて同じ。）の移転時価資産価額（その移転を受けた資産（その内国法人の株式又は出資を除きます。）の価額の合計額をいいます。）が移転の直前の移転簿価資産価額（その移転を受けた資産（その内国法人の株式又は出資を除きます。）の帳簿価額の合計額をいいます。）以下である場合には、利用制限を受ける繰越欠損金額は、ないものとされます（法令113⑤一）。

ｂ　移転時価資産超過額が支配関係前欠損金額の合計額以下である場合

その内国法人がその適格組織再編成等により移転を受けた資産の移転の直前の移転時価資産価額が移転の直前の移転簿価資産価額を超える場合において、移転時価資産価額から移転簿価資産価額を減算した金額（移転時価資産超過額）がその内国法人の支配関係前欠損金額（支配関係事業年度前の各事業年度で前10年内事業年度に該当する事業年度において生じた繰越欠損金額のうち、前10年内事業年度において欠損金の繰越控除（法法57）、設立当初からの欠損金の損金算入（法法59）並びに欠損金の繰戻し還付（法法80）に使用されたもの、青色申告書を提出しなかった事業年度の欠損金の特例（法法58）の適用があるもの及び上記⑷の規定によりないものとされた金額を控除した金額をいいます。）の合計額以下であるときは、利用制限を受ける繰越欠損金額のうち上記⑷イ①の金額は、移転時価資産超過額に相当する金額が支配関係前欠損金額のうち最も古いものから順次成るものとした場合にその移転時価資産超過額に相当する金額を構成するものとされた支配関係前欠損金額があることとなる事業年度ごとにその事業年度の支配関係前欠損金額のうちその移転時価資産超過額に相当する金額を構成するものとされた部分に相当する金額とされ、上記⑷イ②の金額はないものとされます（法令113⑤二）。

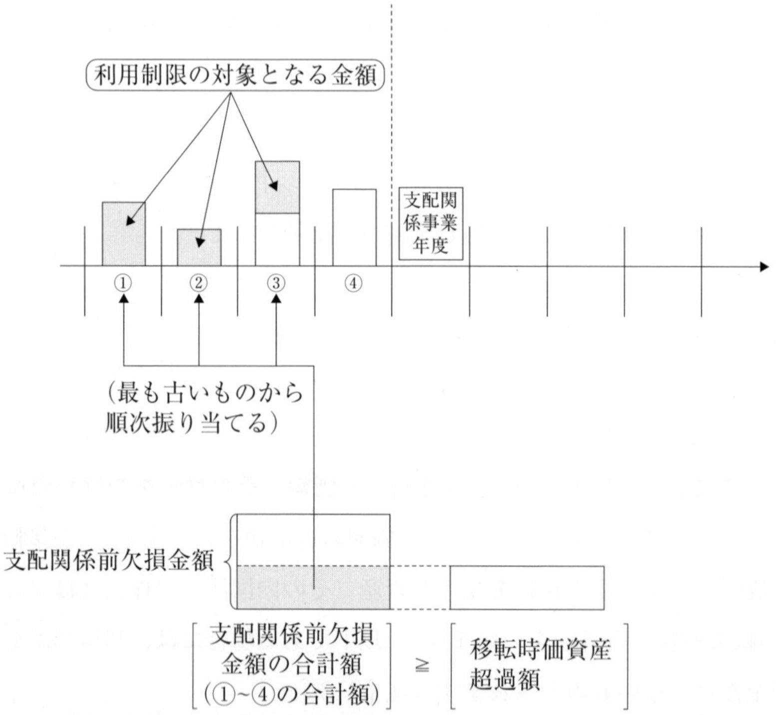

c　移転時価資産超過額が支配関係前欠損金額の合計額を超える場合

その内国法人がその適格組織再編成等により移転を受けた資産の移転の直前の移転時価資産価額が移転の直前の移転簿価資産価額を超える場合において、移転時価資産超過額がその内国法人の支配関係前欠損金額の合計額を超えるときは、利用制限を受ける繰越欠損金額は、次の①及び②の合計額とされます（法令113⑤三）。

①	上記⑷イ①の欠損金額
②	移転時価資産超過額から①の欠損金額を控除した金額（制限対象金額）が支配関係事業年度以後の各事業年度において生じた上記⑷イ②の特定資産譲渡等損失相当額から成る部分の欠損金額に相当する金額（支配関係後欠損金額）のうち最も古いものから順次成るものとした場合に制限対象金額を構成するものとされた支配関係後欠損金額があることとなる事業年度ごとにその事業年度の支配関係後欠損金額のうち制限対象金額を構成するものとされた部分に相当する金額

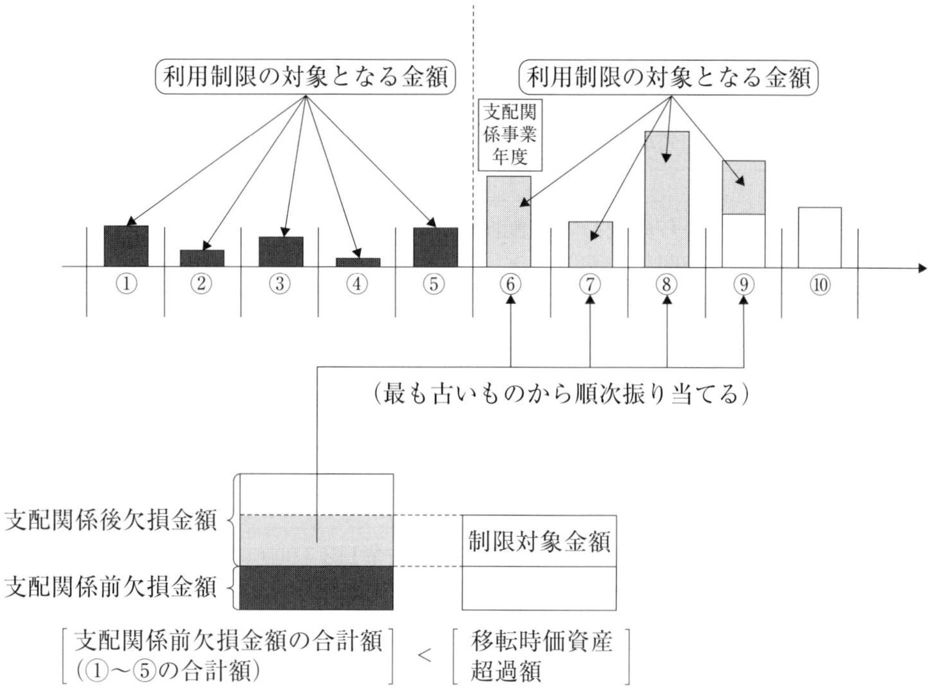

ホ　適用要件

上記ロからニの特例（上記ニ⑶で移転を受けた資産がその内国法人の株式又は出資のみである場合を除きます。）は、それぞれの合併法人、分割承継法人、被現物出資法人又は被現物分配法人である内国法人が、合併等事業年度又は組織再編成事業年度の確定申告書、修正申告書又は更正請求書にロからニの計算に関する明細書を添付し、かつ、時価純資産価額又は移転時価資産価額の算定の基礎となる事項を記載した書類等を保存している場合に限り、適用することができます（法令113②④⑥⑨⑪、法規26の２の４）。また、その書類等の保存がない場合においても、税務署長がその書類等の保存がなかったことについてやむを得ない事情があると認めるときは、この特例を適用することができます（法令113③④⑦⑩⑪）。

2　繰越欠損金の引継ぎ・利用制限のまとめ

(1)　適格合併の場合における繰越欠損金の利用制限

原則—繰越欠損金を引き継ぐ
例外—租税回避防止の観点から、一部制限

なお、分割、現物出資、現物分配においては、分割法人・現物出資法人・現物分配法人に繰越欠損金が残存します（残余財産の全部の分配を除きます）。

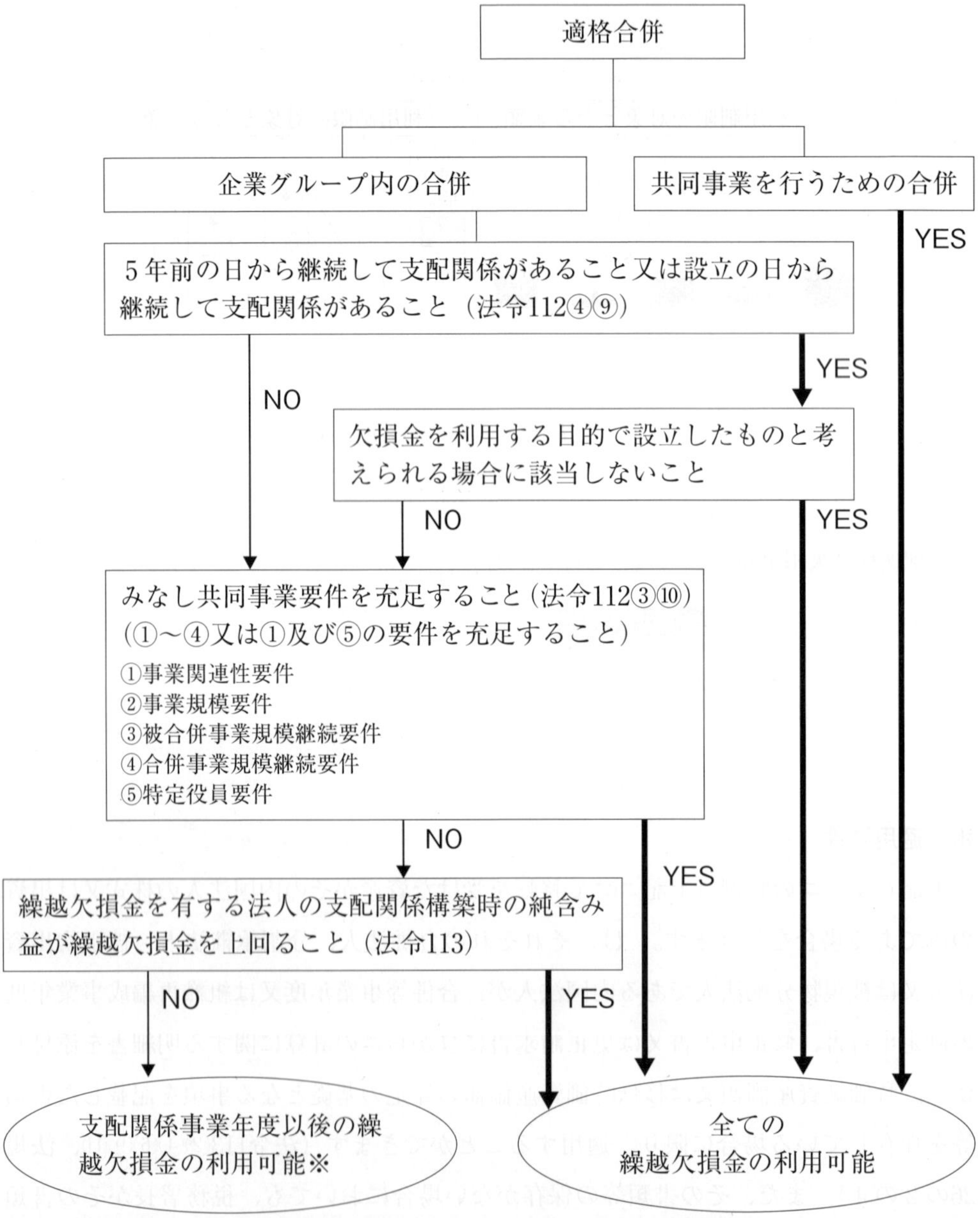

※最後に支配関係を有することとなった日の属する事業年度開始の日前から有していた資産の支配関係事業年度以後の譲渡等による欠損により生じた繰越欠損金の利用は不可

（本図表は、経団連経済本部税制グループ作成のものに加筆したものです。）

(2) 残余財産が確定した場合における繰越欠損金の利用制限

原則—繰越欠損金を引き継ぐ
例外—租税回避防止の観点から、一部制限

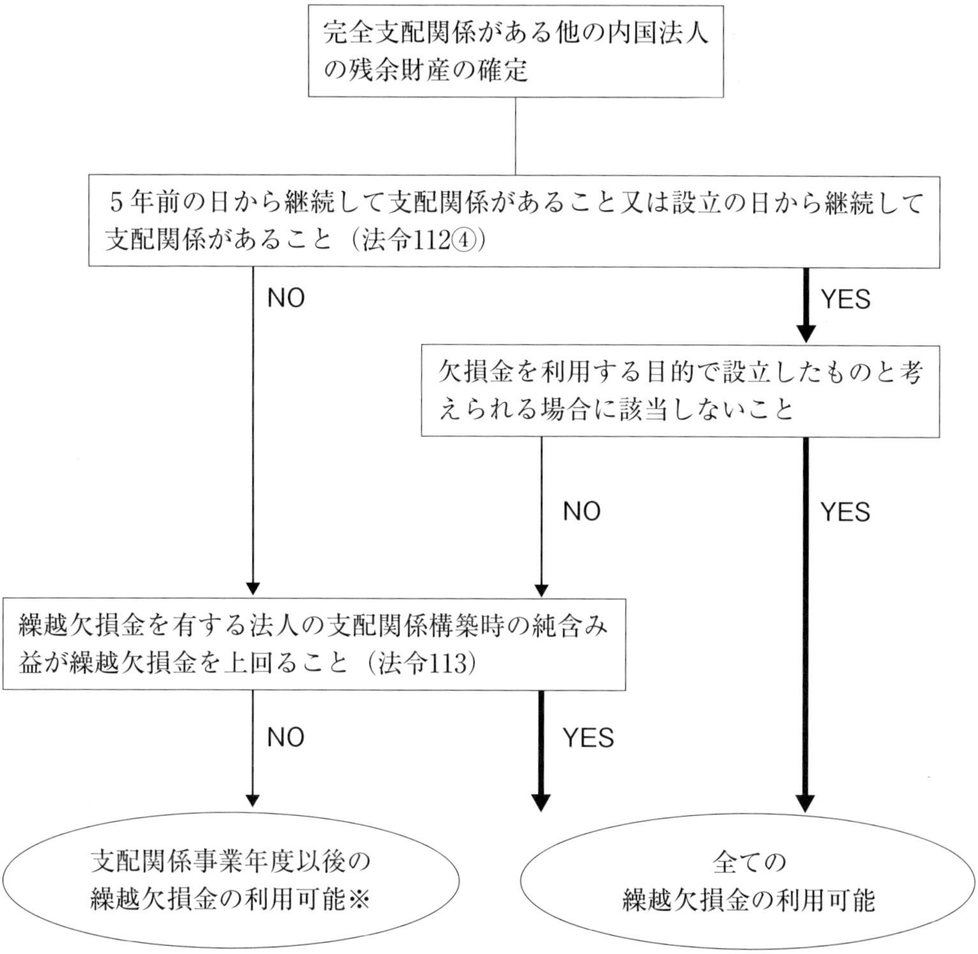

※最後に支配関係を有することとなった日の属する事業年度開始の日前から有していた資産の支配関係事業年度以後の譲渡等による欠損により生じた繰越欠損金の利用は不可

（本図表は、経団連経済本部税制グループ作成のものに加筆したものです。）

(3)　適格合併の場合における欠損金額の制限

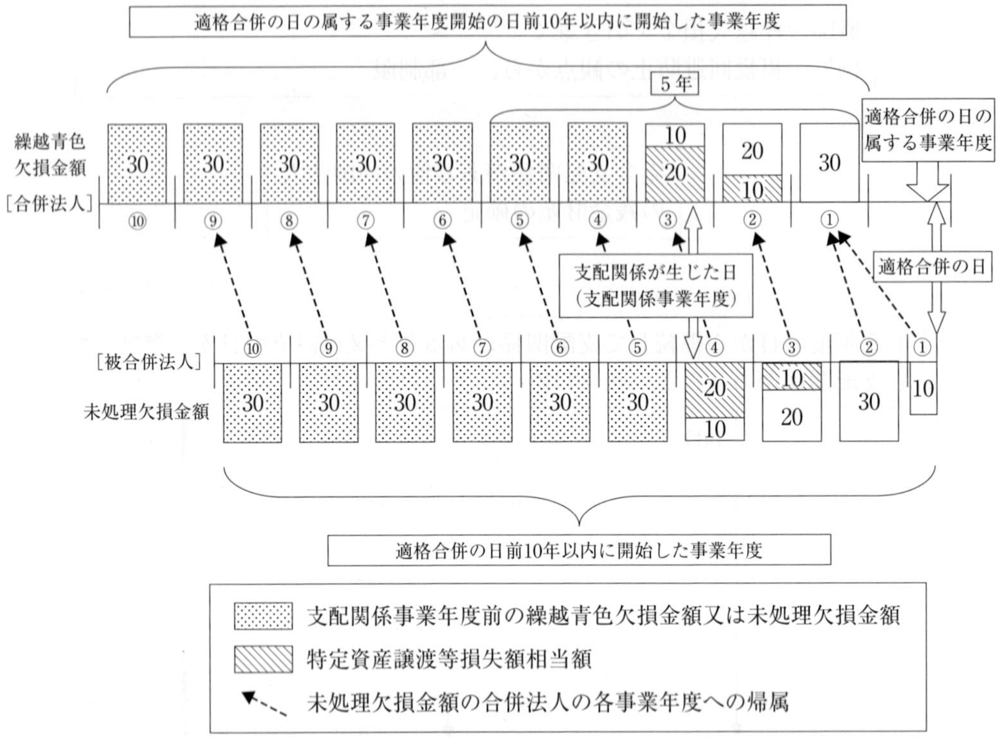

○　被合併法人の未処理欠損金額に含まれないこととされる金額は、次の①及び②の合計額となります。

①　支配関係事業年度前の事業年度に係る未処理欠損金額

30＋30＋30＋30＋30＋30＝180

②　支配関係事業年度以後の事業年度に係る未処理欠損金額のうち特定資産譲渡等損失額相当額から成る部分の金額

20＋10＝30

○　合併法人の適格合併の日の属する事業年度以後において繰越控除の対象とならない繰越青色欠損金額は、次の①及び②の合計額となります。

①　支配関係事業年度前の事業年度に係る繰越青色欠損金額

30＋30＋30＋30＋30＋30＋30＝210

②　支配関係事業年度以後の事業年度に係る繰越青色欠損金額のうち特定資産譲渡等損失額相当額から成る部分の金額

20＋10＝30

⑷　残余財産が確定した場合における欠損金額の制限

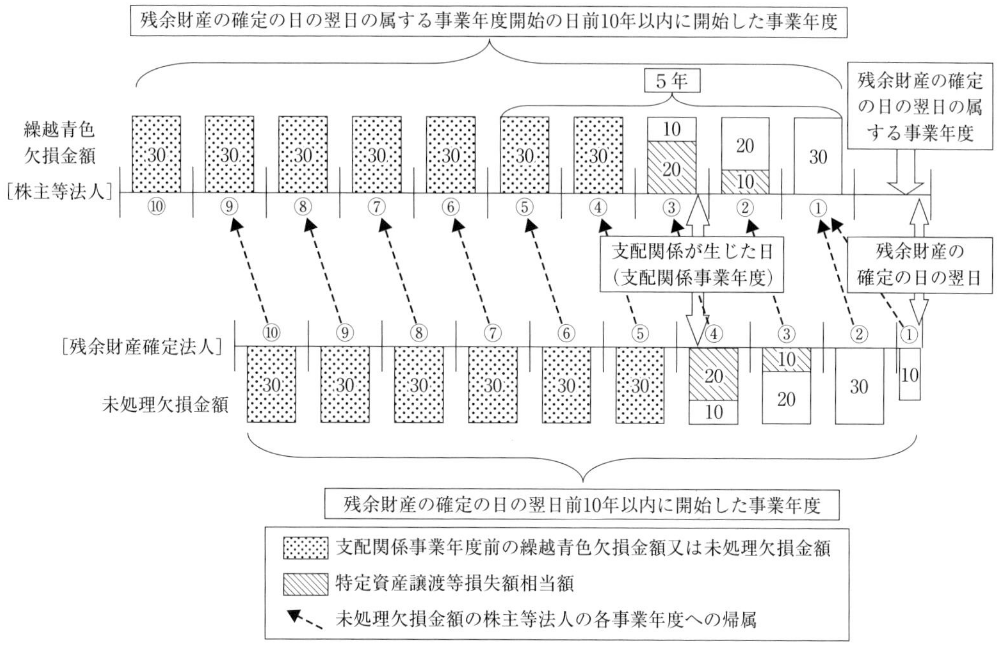

○　残余財産確定法人の未処理欠損金額に含まれないこととされる金額は、次の①及び②の合計額となります。

①　支配関係事業年度前の事業年度に係る未処理欠損金額

30＋30＋30＋30＋30＋30＝180

②　支配関係事業年度以後の事業年度に係る未処理欠損金額のうち特定資産譲渡等損失額相当額から成る部分の金額

20＋10＝30

○　株主等法人の適格現物分配となる残余財産の全部の分配に係る残余財産の確定の日の翌日の属する事業年度以後において繰越控除の対象とならない繰越青色欠損金額は、次の①及び②の合計額となります。

①　支配関係事業年度前の事業年度に係る繰越青色欠損金額

30＋30＋30＋30＋30＋30＋30＝210

②　支配関係事業年度以後の事業年度に係る繰越青色欠損金額のうち特定資産譲渡等額損失相当額から成る部分の金額

20＋10＝30

第2　特定資産の譲渡等損失額の損金不算入

1　原則

(1)　内容

内国法人と支配関係法人（その内国法人との間に支配関係がある法人をいいます。）との間でその内国法人を合併法人、分割承継法人、被現物出資法人又は被現物分配法人とする特定適格組織再編成等（適格合併若しくは非適格合併で法人税法61条の11の適用による譲渡損益の繰延べ（第8章第1の1参照）の適用があるもの、適格分割又は適格現物出資のうち、上記第1の1(4)ロのみなし共同事業要件を満たす適格組織再編成等に該当しないもの及び適格現物分配をいいます。）が行われた場合（下記2に掲げる場合を除きます。）には、その内国法人の対象期間（その特定適格組織再編成等の日（その特定適格組織再編成等が残余財産の全部の分配である場合には、その残余財産の確定の日の翌日）の属する事業年度（以下、特定組織再編成事業年度といいます。）開始の日から同日以後3年を経過する日（その経過する日が、その内国法人がその支配関係法人との間に最後に支配関係を有することとなった日(注)以後5年を経過する日後となる場合にあっては、その5年を経過する日）までの期間をいいます。）において生じた下記(2)の特定資産譲渡等損失額は、損金の額に算入しないこととされています（法法62の7①、57④、法令123の8①、112③⑩）。

(注)　特定適格組織再編成等の日の直前まで継続して支配関係がある場合のその支配関係を有することとなった日をいいます（法基通12の2－2－5）。以下、第2において同じです。

〈欠損金額の引継制限等と特定資産譲渡等損失額の損金不算入のイメージ〉

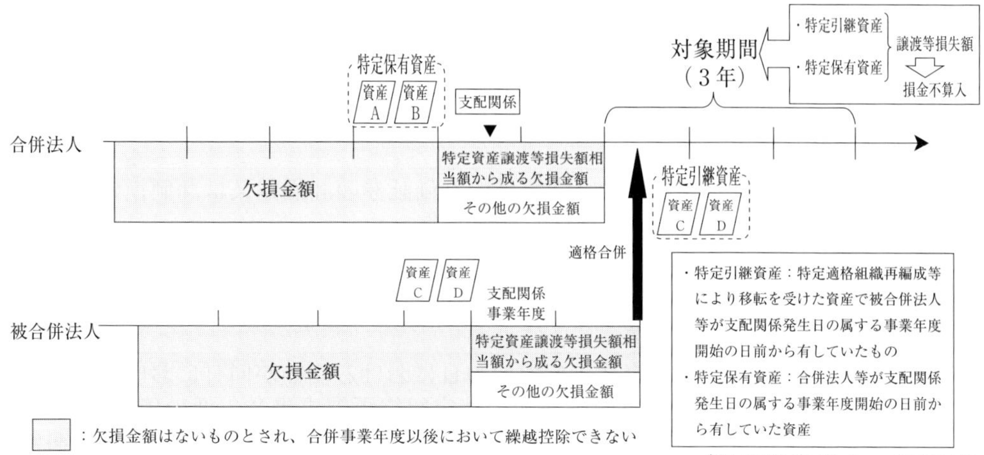

（財務省資料を一部修正）

⑵　特定資産譲渡等損失額

イ　内容

特定資産譲渡等損失額とは、次に掲げる金額の合計額をいいます（法法62の７②）。

〈特定資産譲渡等損失額〉

①	内国法人が支配関係法人から特定適格組織再編成等により移転を受けた資産で支配関係法人が最後に支配関係を有することとなった日（支配関係発生日）の属する事業年度開始の日前から有していたもの（注）（特定引継資産）の譲渡、評価換え、貸倒れ、除却その他の事由による損失の額（下記ホ参照）の合計額から特定引継資産の譲渡、評価換えその他の事由による利益の額（下記へ参照）の合計額を控除した金額
②	内国法人が支配関係発生日の属する事業年度開始の日前から有していた資産（注）（特定保有資産）の譲渡、評価換え、貸倒れ、除却その他の事由による損失の額（下記ホ参照）の合計額から特定保有資産の譲渡、評価換えその他の事由による利益の額（下記へ参照）の合計額を控除した金額

㈱　これに準ずるもの（下記ニ参照）が含まれます。

ロ　特定引継資産から除外される資産

上記イ①の特定引継資産からは、次に掲げる資産は除外されます（法法62の７②一、法令123の８②）。

〈特定引継資産から除外される資産〉

①	棚卸資産（土地等（土地及び土地の上に存する権利を含むものをいいます。）を除きます。）
②	法人税法61条２項（短期売買商品等の譲渡損益及び時価評価損益）に規定する短期売買商品等
③	法人税法61条の３第１項１号（売買目的有価証券の評価益又は評価損の益金又は損金算入等）に規定する売買目的有価証券
④	特定適格組織再編成等の日における帳簿価額又は取得価額（資産を一定の単位（注１）に区分した後のそれぞれの資産の帳簿価額又は取得価額となります。）が1,000万円に満たない資産
⑤	支配関係発生日の属する事業年度開始の日における価額が同日における帳簿価額を下回っていない資産（内国法人の特定組織再編成事業年度の確定申告書、修正申告書又は更正請求書に同日におけるその資産の価額及びその帳簿価額に関する明細を記載した書類の添付があり、かつ、その資産に係る同日の価額の算定の基礎となる事項を記載した書類その他の一定の書類（注２）を保存している場合におけるその資産に限ります。）
⑥	非適格合併により移転を受けた資産で法人税法61条の11第１項に規定する譲渡損益調整資産以外のもの

㈱1　一定の単位は、次に掲げる資産の区分に応じそれぞれに掲げるところにより区分した後の単位となります（法規27の15①）。

①　金銭債権

一の債務者ごとに区分します。

②　減価償却資産

次に掲げる区分に応じそれぞれ次に掲げるところによります。

ｉ　建物

一棟（建物の区分所有等に関する法律１条の規定に該当する建物にあっては、同法２条１項に規定する建物の部分）ごとに区分します。

ⅱ　機械及び装置

一の生産設備又は一台若しくは一基（通常一組又は一式をもって取引の単位とされるものにあっては、一組又は一式）ごとに区分します。

ⅲ　その他の減価償却資産

ｉ又はⅱに準じて区分します。

③　土地等

土地等を一筆（一体として事業の用に供される一団の土地等にあっては、その一団の土地等）ごとに区分します。

④　有価証券

その銘柄の異なるごとに区分します。

⑤　資金決済に関する法律２条５項に規定する暗号資産

その種類の異なるごとに区分します。

⑥　その他の資産

通常の取引の単位を基準として区分します。

2　一定の書類は、その資産に係る次に掲げる書類となります（法規27の15②）。

①　資産の種類、名称、構造、取得価額、その取得をした日、支配関係発生日の属する事業年度開始の日における帳簿価額その他その資産の内容を記載した書類

②　次に掲げるいずれかの書類で①の資産の支配関係発生日の属する事業年度開始の日における価額を明らかにするもの

i　その資産の価額が継続して一般に公表されているものであるときは、その公表された価額が示された書類の写し

ii　内国法人が、支配関係発生日の属する事業年度開始の日における価額を算定し、これを同日における価額としているときは、その算定の根拠を明らかにする事項を記載した書類及びその算定の基礎とした事項を記載した書類

iii　i 又は ii に掲げるもののほかその資産の価額を明らかにする事項を記載した書類

ハ　特定保有資産から除外される資産

上記イ②の特定保有資産からは、上記ロの①から⑤までに掲げる資産（④については「特定適格組織再編成等の日」を「特定適格組織再編成等の日の属する事業年度開始の日」と読み替えます。）は除外されます（法法62の７②二、法令123の８⑨）。

ニ　支配関係発生日の属する事業年度開始の日前から有していた資産に準ずるもの

㈠　内容

次の①の場合においては、①に掲げる移転資産は、支配関係法人が支配関係発生日の属する事業年度開始の日前から有していた資産に準ずるものに該当し、次の②の場合においては、②に掲げる移転資産は、内国法人が支配関係発生日の属する事業年度開始の日前から有していた資産に準ずるものに該当することとされています（法令123の８③⑨）。

①	内国法人が支配関係法人から特定適格組織再編成等により移転を受けた資産（注１）のうちにその前２年以内期間（注２）内に行われた１又は２以上の前特定適格組織再編成等（注３）により移転があった資産で関連法人のいずれかが関連法人支配関係発生日（注４）の属する事業年度開始の日前から有していたもの（注５）（移転資産）がある場合
②	内国法人が特定適格組織再編成等の日の属する事業年度開始の日から特定適格組織再編成等の直前の時までの間のいずれかの時において有する資産（注６）のうちにその前２年以内期間（注２）内に行われた１又は２以上の前特定適格組織再編成等（注３）により移転があった資産で関連法人のいずれかが関連法人支配関係発生日（注４）の属する事業年度開始の日前から有していたもの（注５）（移転資産）がある場合

㈲１　上記ロの資産を除きます。

２　その特定適格組織再編成等の日以前２年以内の期間（下記２⑵の含み損利用を目的として法人を設立したと考えられる場合に該当しない場合には、支配関係発生日以後の期間に限ります。）をいいます。

３　特定適格組織再編成等で関連法人（その内国法人及びその支配関係法人との間に支配関係がある法人をいい、下記２⑵の含み損利用を目的として法人を設立したと考えられる場合に該当する場合には下記２⑵の「他の法人」を含みます。）を被合併法人、分割法人、現物出資法人又は現物分配法人とし、①にあってはその支配関係法人又は他の関連法人を、②にあってはその内国法人又は他の関連法人を合併法人、分割承継法人、被現物出資法人又は被現物分配法人とする他の特定適格組織再編成等をいいます。

４　その内国法人及びその支配関係法人がその関連法人との間に最後に支配関係を有することとなった日（上記（注３）の「他の法人」にあっては、その内国法人又はその支配関係法人が当該他の法人との間に最後に支配関係を有することとなった日）をいいます。

５　下記㈺の資産を除きます。

６　上記ハの資産を除きます。

㈺　移転資産から除外される資産

次に掲げる資産については、上記㈵の規定は適用されません（法令123の８③かっこ書⑨）。

〈移転資産から除外される資産〉

①	前２年以内期間内に行われた適格組織再編成等（下記２⑵①参照）で特定適格組織再編成等に該当しないものにより移転があった資産
②	前２年以内期間内に行われた非適格合併により移転があった資産で譲渡損益調整資産以外のもの
③	①及び②に掲げる資産以外の資産で次に掲げるもの ⅰ　資産を一定の単位（注１）に区分した後のそれぞれの資産の関連法人支配関係発生日の属する事業年度開始の日における帳簿価額又は取得価額が1,000万円に満たない資産 ⅱ　関連法人支配関係発生日の属する事業年度開始の日における価額が同日における帳簿価額を下回っていない資産（特定組織再編成事業年度の確定申告書、修正申告書又は更正請求書に同日におけるその資産の価額及びその帳簿価額に関する明細を記載した書類の添付があり、かつ、その資産に係る同日の価額の算定の基礎となる事項を記載した書類その他の一定の書類（注２）を保存している場合におけるその資産に限ります。）

㈲１　一定の単位については、上記ロ（注１）を参照してください（法規27の15③）。

２　一定の書類については、上記ロ（注２）を参照してください（法規27の15④）。その場合、上記ロ（注２）の「支配関係発生日」とあるのは「関連法人支配関係発生日」と読み替えてください。

ホ　損失の額の意義

㈦　内容

上記イの損失の額とは、次のそれぞれに掲げる事由（下記㈺の除外特定事由を除きます。）が生じた場合におけるそれぞれに掲げる金額（その事業年度の損金の額に算入されないものを除きます。）をいいます（法令123の８④⑨）。

①	譲渡その他の移転（⑤及び⑥に掲げる事由に該当するものを除きます。）（譲渡等） 譲渡等をした資産のその譲渡等の直前の帳簿価額がその譲渡等に係る収益の額を超える場合におけるその超える部分の金額

②	次に掲げる事由（評価換え等） i　内国法人が有する資産の評価換えにより生じた損失の額につき法人税法33条２項（資産の評価損の損金不算入等）の規定の適用がある場合のその評価換え ii　内国法人が事業年度終了の時に有する外貨建資産等又は適格分割、適格現物出資又は残余財産の全部の分配以外の適格現物分配（適格分割等）により分割承継法人、被現物出資法人若しくは被現物分配法人に移転する外貨建資産等について、外国為替の売買相場が著しく変動した場合の外貨建資産等の期末換算の特例（法令122の３）に基づきその終了の時又はその適格分割等の直前の時に外貨建資産等の取得又は発生の基因となった外貨建取引を行ったものとみなして外貨建取引の換算の規定（法法61の８①）又は外貨建資産等の期末換算差益又は期末換算差損の益金又は損金算入等の規定（法法61の９①）の適用を受ける場合のその外貨建取引（外貨建取引を行ったものとみなしたことによりその帳簿価額がその直前の帳簿価額を下回ることとなるものに限ります。） iii　内国法人が有する法人税法62条の９第１項（非適格株式交換等に係る株式交換完全子法人等の有する資産の時価評価損益）に規定する時価評価資産、法人税法64条の11第１項（通算制度の開始に伴う資産の時価評価損益）に規定する時価評価資産、同条２項に規定する株式若しくは出資、法人税法64条の12第１項（通算制度への加入に伴う資産の時価評価損益）に規定する時価評価資産、同条２項に規定する株式若しくは出資又は法人税法64条の13第１項（通算制度からの離脱等に伴う資産の時価評価損益）に規定する時価評価資産（時価評価資産）のこれらの規定に規定する評価損の額につきこれらの規定の適用を受ける場合の評価損の額が損金の額に算入されることになったこと
	評価換え等に係る資産のその評価換え等の直前の帳簿価額からその評価換え等の直後の帳簿価額を控除した金額
③	貸倒れ、除却その他これらに類する事由（④に掲げる事由に該当するものを除きます。）（貸倒等）
	その貸倒れ等による損失の額
④	個別評価金銭債権（前事業年度において損金算入された貸倒引当金勘定の金額（特定適格組織再編成等により引継ぎを受けた貸倒引当金勘定の金額又は期中個別貸倒引当金勘定の金額を含みます。）があるものに限ります。）の貸倒れ
	その個別評価金銭債権の貸倒れによる損失の額からその個別評価金銭債権に係る貸倒引当金勘定の金額でその事業年度の益金の額に算入される金額を控除した金額
⑤	繰延ヘッジ処理（法法61の６）を適用している場合におけるヘッジ対象資産（デリバティブ取引等によりヘッジ対象資産等損失額を減少させようとする資産をいいます。）の譲渡
	ヘッジ対象資産の譲渡により生じた損失の額からそのデリバティブ取引等に係る有効性割合が概ね80％から125％までとなっていた直近の有効性判定におけるそのデリバティブ取引等に係る利益額に相当する金額を控除した金額（デリバティブ取引等に係る損失額に相当する金額がある場合には、そのヘッジ対象資産の譲渡により生じた損失の額にその損失額に相当する金額を加算した金額）

⑥	時価ヘッジ処理（法法61の７）を適用している売買目的外有価証券の譲渡	売買目的外有価証券の譲渡直前の帳簿価額を譲渡事業年度の前事業年度における時価ヘッジ処理後の売買目的外有価証券の帳簿価額とした場合にその帳簿価額が法人税法61条の２における譲渡対価の額を超えるときのその超える部分の金額
⑦	内国法人が譲渡損益調整資産に係る譲渡損失額（法法61の11①）に相当する金額につき法人税法61条の11第１項（完全支配関係がある法人の間の取引の損益）の規定の適用を受け、かつ、同条２項から４項までの規定により各事業年度の所得の金額の計算上損金の額に算入されていない金額がある場合において、同条２項に規定する一定の事由が生じたこと又は同条３項若しくは４項に規定する一定の場合に該当することとなったこと	その事由が生じたこと又はその該当することとなったことに基因して法人税法61条の11第２項から４項までの規定により損金の額に算入されることとなる金額に相当する金額
⑧	法人税法62条の８第１項（非適格合併等により移転を受ける資産等に係る調整勘定の損金算入等）に規定する資産調整勘定の金額を有する内国法人がその内国法人を被合併法人とする非適格合併を行った場合又はその内国法人の残余財産が確定した場合において、同条４項の規定によりその合併の日の前日又はその残余財産の確定の日の属する事業年度において資産調整勘定の金額を減額すべきこととなったこと（その減額すべきこととなった金額がその事業年度が合併の日の前日又は残余財産の確定の日の属する事業年度でなかったとした場合に同項の規定により減額すべきこととなる資産調整勘定の金額に満たない場合を除きます。）	法人税法62条の８第４項の規定により減額すべきこととなった資産調整勘定の金額に相当する金額（その減額すべきこととなった金額がその事業年度が合併の日の前日又は残余財産の確定の日の属する事業年度でなかったとした場合に同項の規定により減額すべきこととなる資産調整勘定の金額を超える部分の金額に限ります。）から次のｉからⅳに掲げる金額の合計額を控除した金額 ｉ　非適格合併に伴い退職給与引受従業者が内国法人の従業者でなくなったこと（その退職給与引受従業者に対して退職給与を支給する場合を除きます。）に基因して退職給与負債調整勘定の金額を有するその内国法人が減額すべきこととなった金額 ⅱ　非適格合併又は残余財産の確定に基因して短期重要負債調整勘定の金額を有する内国法人が減額すべきこととなった金額 ⅲ　差額負債調整勘定の金額を有する内国法人が非適格合併の日の前日又は残余財産の確定の日の属する事業年度に減額すべきこととなった差額負債調整勘定の金額（その減額すべきこととなった金額がその事業年度が合併の日の前日又は残余財産の確定の日の属する事業年度でなかったとした場合に減額すべきこととなる差額負債調整勘定の金額を超える部分の金額に限ります。） ⅳ　非適格合併によりその非適格合併に係る合併法人が有することとなった資産調整勘定の金額に相当する金額

㈺　損失の額に係る除外特定事由

次に掲げる事由については、上記㈠の事由から除かれています（法令123の８⑤）。

①	災害による資産の滅失又は損壊
②	会社更生法又は金融機関等の更生手続の特例等に関する法律の規定による更生手続開始の決定があった場合における、これらの法律に規定するその更生会社又は更生協同組織金融機関の更生手続開始の決定の時からその更生手続開始の決定に係る更生手続の終了の時までの期間（更生期間）において資産について生じた上記（イ）に掲げる事由
③	固定資産（土地等を除きます。）又は繰延資産（評価換対象資産）につき行った評価換えで法人税法33条２項（資産の評価損の損金不算入等）の規定の適用があるもの（その評価換対象資産につき特定適格組織再編成等の日前に同項に規定する事実（評価損を計上することができる一定の事実）が生じており、かつ、その事実に基因してその評価換対象資産の価額がその帳簿価額を下回ることとなっていることが明らかであるものを除きます。）
④	再生手続開始の決定があった場合（法人税法33条４項に規定する再生計画認可の決定に準ずる事実が生じた場合を含みます。）における、民事再生法に規定する再生債務者（再生計画認可の決定に準ずる事実が生じた場合にあっては、その債務者）である内国法人の再生手続開始の決定の時からその再生手続開始の決定に係る再生手続の終了の時まで（再生計画認可の決定に準ずる事実が生じた場合にあっては、その事実が生じた日の属する事業年度開始の日からその事実が生じた日まで）の期間（再生等期間）において資産について生じた上記（イ）に掲げる事由
⑤	減価償却資産の除却（除却事業年度開始の日における帳簿価額が、その減価償却資産につき除却事業年度において採用している償却方法で取得日から償却を行ったものとした場合に計算される除却事業年度開始の日における帳簿価額相当額の概ね２倍を超える場合におけるその減価償却資産の除却を除きます。）
⑥	譲渡損益調整資産の譲渡で法人税法61条の11第１項（完全支配関係がある法人の間の取引の損益）の規定の適用があるもの
⑦	収用等による資産の譲渡及び換地処分等による資産の譲渡
⑧	租税特別措置法67の４第１項（転廃業助成金等に係る課税の特例）に規定する法令の制定等があったことに伴い、その営む事業の廃止又は転換をしなければならないこととなった法人のその廃止又は転換をする事業の用に供していた資産の譲渡、除却その他の処分

へ　利益の額の意義

(イ)　内容

上記イの利益の額とは、次のそれぞれに掲げる事由（下記(ロ)の除外特定事由を除きます。）が生じた場合におけるそれぞれに掲げる金額（その事業年度の益金の額に算入されないものを除きます。）をいいます（法令123の８⑥⑨）。

①	譲渡（④に掲げる事由に該当するものを除きます。） 譲渡をした資産のその譲渡に係る収益の額がその譲渡の直前の帳簿価額を超える場合におけるその超える部分の金額
②	次に掲げる事由（外貨建取引等） ⅰ　内国法人が事業年度終了の時に有する外貨建資産等又は適格分割等（上記ホ(イ)②ⅱ参照）により分割承継法人、被現物出資法人若しくは被現物分配法人に移転する外貨建資産等につき外国為替の売買相場が著しく変動した場合の外貨建資産等の期末換算の特例（法令122の３）に基づきその終了の時又はその適格分割等の直前の時に外貨建資産等の取得又は発生の基因となった外貨建取引を行ったものとみなして外貨建取引の換算の規定（法法61の８①）又は外貨建資産等の期末換算差益又は期末換算差損の益金又は損金算入等の規定（法法61の９①）の適用を受ける場合のその外貨建取引（その外貨建取引を行ったものとみなしたことによりその外貨建資産等の帳簿価額がその直前の帳簿価額を超えることとなるものに限ります。） ⅱ　内国法人が有する時価評価資産（上記ホ(イ)②ⅲ参照）の法人税法62条の９第１項（非適格株式交換等に係る株式交換完全子法人等の有する資産の時価評価損益）、法人税法64条の11第１項（通算制度の開始に伴う資産の時価評価損益）若しくは２項、法人税法64条の12第１項（通算制度への加入に伴う資産の時価評価損益）若しくは２項又は法人税法64条の13第１項（通算制度からの離脱等に伴う資産の時価評価損益）に規定する評価益の額につきこれらの規定の適用を受ける場合の評価益の額が益金の額に算入されることになったこと 外貨建取引等をした資産のその外貨建取引等の直後の帳簿価額がその外貨建取引等の直前の帳簿価額を超える場合におけるその超える部分の金額
③	内国法人が譲渡損益調整資産に係る譲渡利益額（法法61の11①）に相当する金額につき法人税法61条の11第１項（完全支配関係がある法人の間の取引の損益）の規定の適用を受け、かつ、同条２項から４項までの規定により各事業年度の所得の金額の計算上益金の額に算入されていない金額がある場合において、同条２項に規定する一定の事由が生じたこと又は同条３項若しくは４項に規定する一定の場合に該当することとなったこと その事由が生じたこと又はその該当することとなったことに基因して法人税法61条の11第２項から４項までの規定により益金の額に算入されることとなる金額に相当する金額
④	資産の譲渡につき収用等に伴い代替資産を取得した場合の課税の特例等（措法64～65の５の２）又は特定の資産の買換えの場合の課税の特例等（措法65の７～66）の規定によりその譲渡をした事業年度の所得の金額の計算上損金の額に算入される金額（資産の譲渡に係る特別控除額の特例（措法65の６）の規定により損金の額に算入されない金額がある場合には、その金額を控除した金額）（損金算入額）がある場合のその譲渡 資産の譲渡に係る収益の額からその資産の譲渡直前の帳簿価額及びその損金算入額に相当する金額の合計額を控除した金額

⑤	内国法人が資産の譲渡に伴い設けた租税特別措置法64条の２第10項若しくは11項（収用等に伴い特別勘定を設けた場合の課税の特例）その他一定の規定による特別勘定の金額がこれらの規定により法人税法62条の９第１項（非適格株式交換等に係る株式交換完全子法人等の有する資産の時価評価損益）に規定する非適格株式交換等の日の属する事業年度、法人税法64条の11第１項（通算制度の開始に伴う資産の時価評価損益）に規定する通算開始直前事業年度、法人税法64条の12第１項（通算制度への加入に伴う資産の時価評価損益）に規定する通算加入直前事業年度又は法人税法64条の13第１項（通算制度からの離脱等に伴う資産の時価評価損益）に規定する通算終了直前事業年度の所得の金額の計算上益金の額に算入されることとなったこと
	その益金の額に算入される金額

(ロ)　利益の額に係る除外特定事由

次に掲げる事由については、上記(イ)の事由から除かれています（法令123の８⑦）。

①	更生期間（上記ホ(ロ)②参照）において資産について生じた上記(イ)に掲げる事由
②	再生等期間（上記ホ(ロ)③参照）において資産について生じた上記ホに掲げる事由
③	交換により取得した資産の圧縮額の損金算入制度（法法50）の適用を受けた譲渡資産の交換による譲渡
④	譲渡損益調整資産の譲渡で法人税法61条の11第１項（完全支配関係がある法人の間の取引の損益）の規定の適用があるもの

〈支配関係発生日の属する事業年度開始の日前から有していた資産に準ずるもの〉

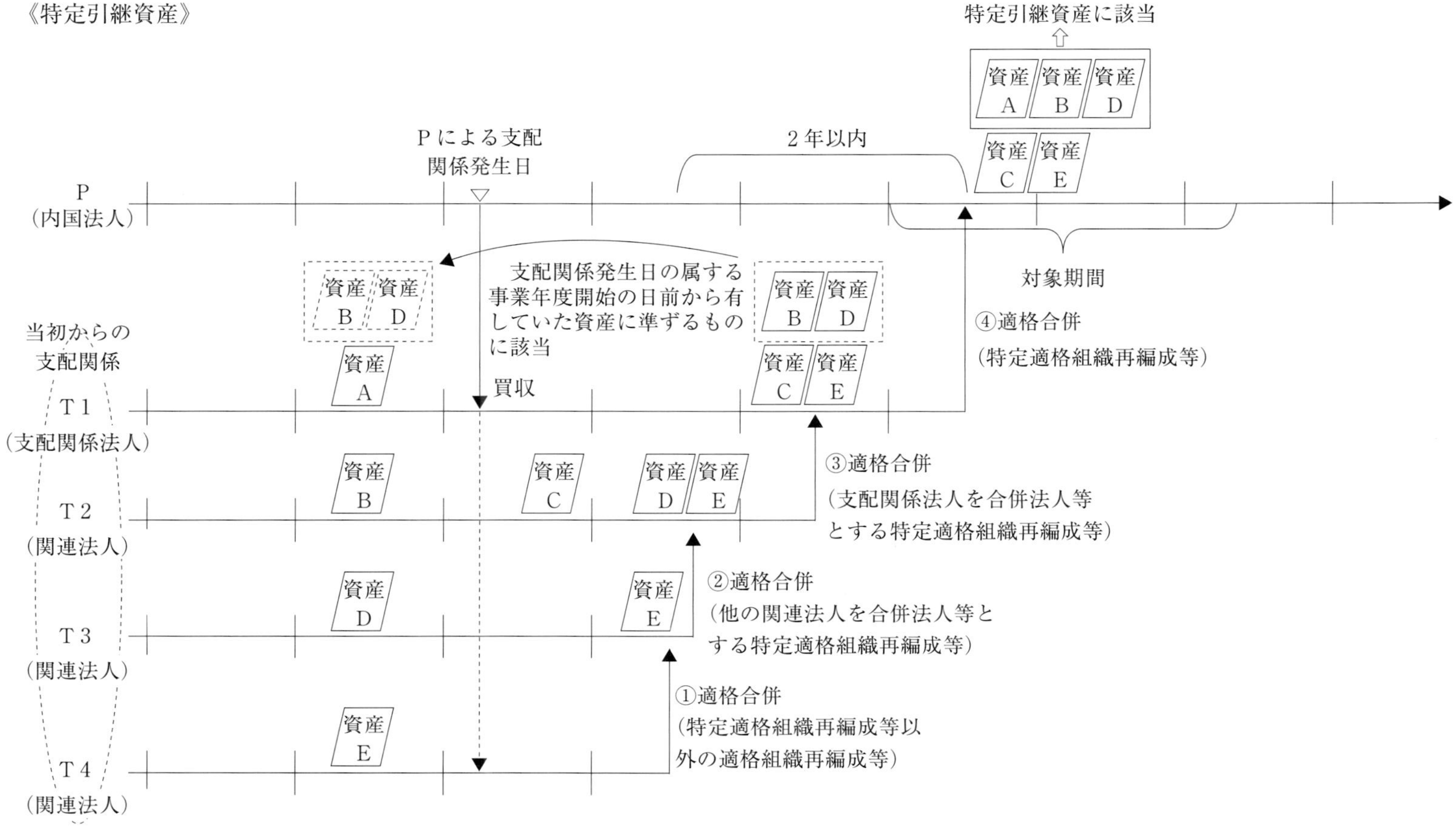

《特定保有資産》

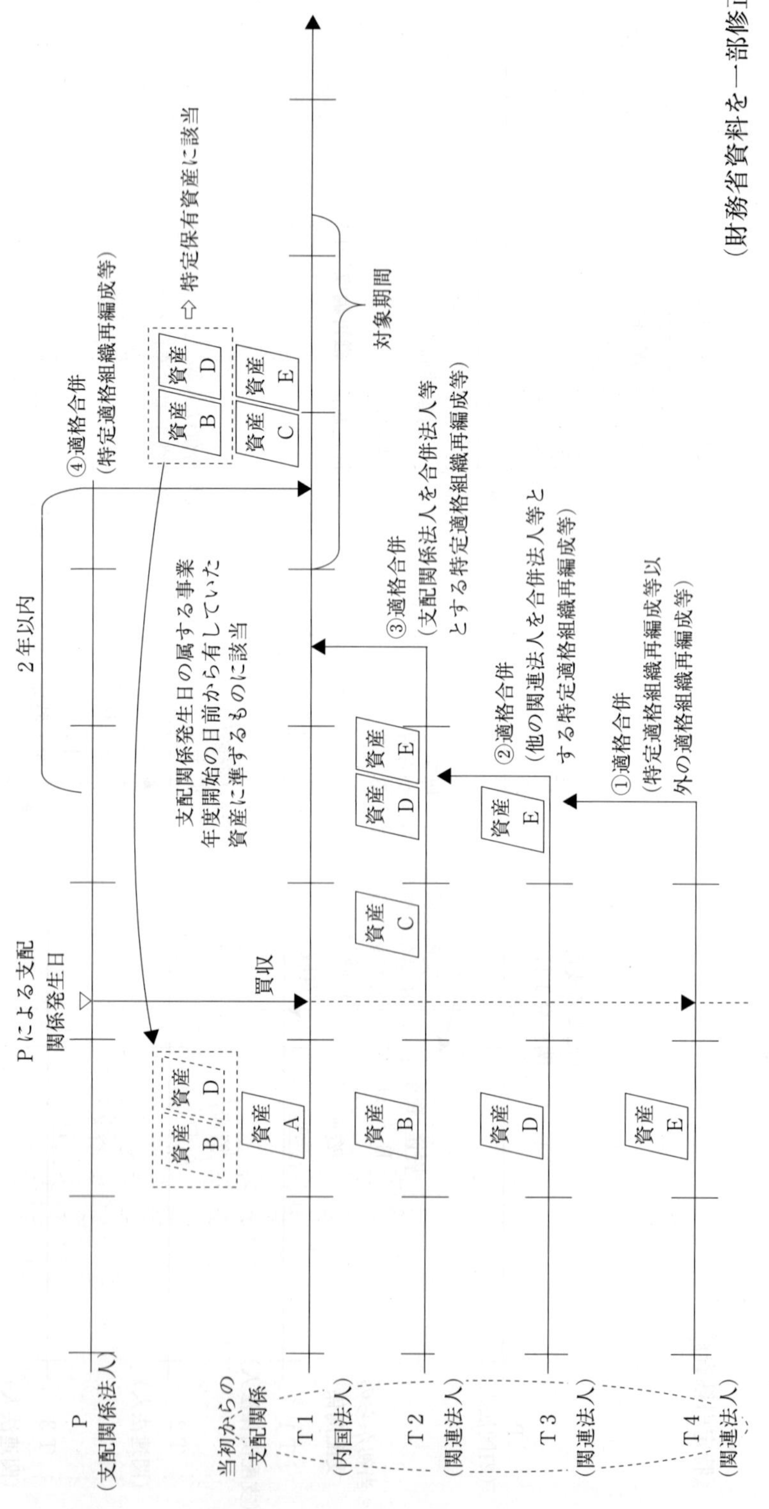

（財務省資料を一部修正）

２　適用除外

⑴　内容

次の場合には、上記１の適用はありません（法法62の７①、法令123の８①）。

除外（制限措置の適用なし）	①　内国法人と支配関係法人との間に特定組織再編成事業年度開始の日の５年前の日（５年前の日といいます。）から継続して支配関係がある場合
	②　内国法人又は支配関係法人が５年前の日後に設立された法人である場合（下記⑵に掲げる場合を除きます。）であってその内国法人とその支配関係法人との間にその内国法人の設立の日又はその支配関係法人の設立の日のいずれか遅い日から継続して支配関係があるとき

⑵　含み損利用を目的として法人を設立したと考えられる場合

上記⑴②の場合において、次の①又は②の含み損を利用する目的で法人を設立したものと考えられる場合については、上記⑴の制限措置の除外対象から除かれています（法令123の８①二イロ）。

含み損利用を目的として法人を設立したと考えられる場合	①　その内国法人との間に支配関係がある他の法人を被合併法人、分割法人、現物出資法人又は現物分配法人とする適格組織再編成等（適格合併若しくは非適格合併で法人税法61条の11の規定による譲渡損益の繰延べ（第８章第１の１参照）の適用があるもの、適格分割、適格現物出資又は適格現物分配をいいます。）で、その支配関係法人を設立するもの又はその内国法人が当該他の法人との間に最後に支配関係を有することとなった日以後に設立されたその支配関係法人を合併法人、分割承継法人、被現物出資法人若しくは被現物分配法人とするものが行われていた場合（注）
	②　その支配関係法人との間に支配関係がある他の法人を被合併法人、分割法人、現物出資法人又は現物分配法人とする適格組織再編成等で、その内国法人を設立するもの又はその支配関係法人が当該他の法人との間に最後に支配関係を有することとなった日以後に設立されたその内国法人を合併法人、分割承継法人、被現物出資法人若しくは被現物分配法人とするものが行われていた場合（注）

㈱　同日が上記⑴の５年前の日以前である場合を除きます。

〈含み損利用を目的として法人を設立したと考えられる場合（上記①の場合）〉

Ｐ社（他の法人）が①Ａ社（内国法人）の株式を取得してＰ社とＡ社との間に支配関係が成立し、②Ｐ社がＢ社（支配関係法人）を新設分割（適格分割）により設立し、③Ａ社がＢ社を吸収合併（適格合併）する場合

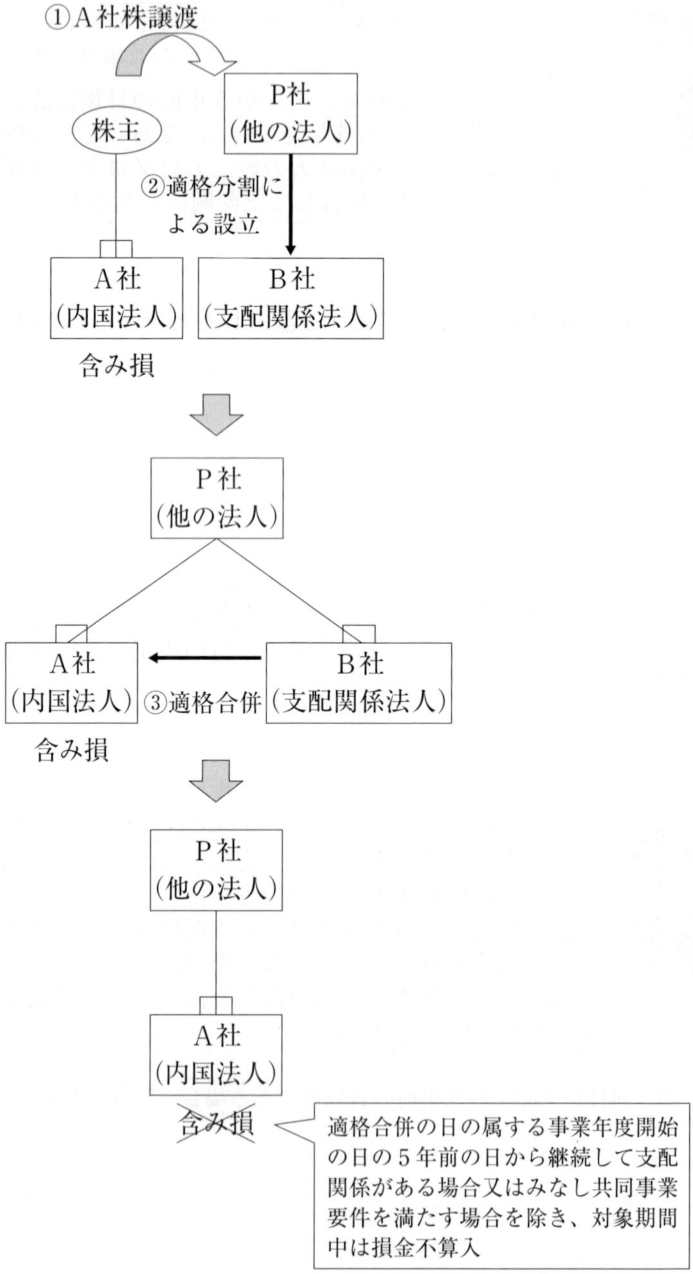

〈含み損利用を目的として法人を設立したと考えられる場合（上記②の場合）〉

Ｐ社（他の法人）が①Ａ社（支配関係法人）の株式を取得してＰ社とＡ社との間に支配関係が成立し、②Ｐ社がＢ社（内国法人）を新設分割（適格分割）により設立し、③Ｂ社がＡ社を吸収合併（適格合併）する場合

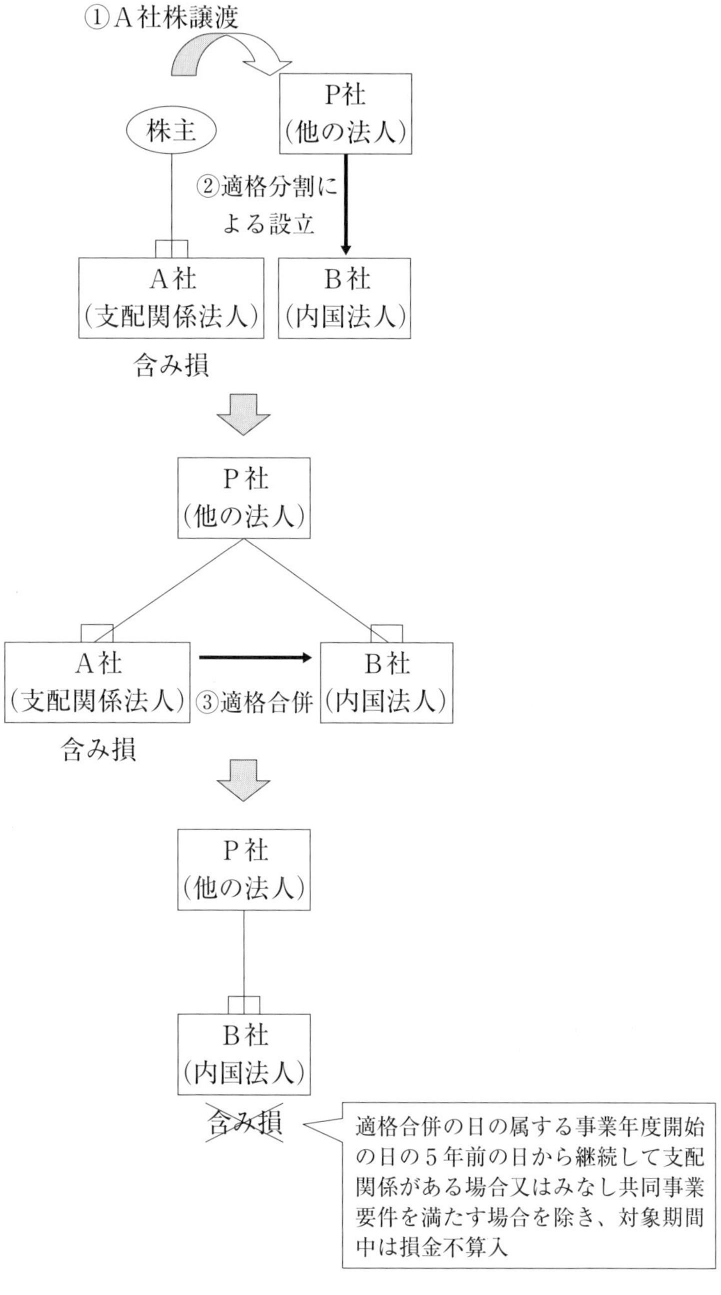

3　損金不算入額の計算の特例

⑴　特定引継資産・特定保有資産の共通の特例

イ　概要

特定引継資産に係る譲渡等損失額の計算をする場合に、その内国法人が支配関係法人の支配関係事業年度の前事業年度終了の時に有する資産及び負債の時価評価を行うときは、支配関係法人の時価評価額等の状況に応じて特定引継資産に係る譲渡等損失額をその時価評価を基礎として計算した金額とすることができます（法令123の９①）。

また、その内国法人がその法人の支配関係事業年度の前事業年度終了の時に有する資産及び負債の時価評価を行うときは、その内国法人の時価評価額等の状況に応じて特定保有資産に係る譲渡等損失額をその時価評価を基礎として計算した金額とすることができます（法令123の９⑦）。

ロ　特例による場合の特定引継資産に係る譲渡等損失額

次の㈠又は㈡に掲げる場合には、特定引継資産に係る譲渡等損失額は、それぞれ㈠又は㈡に掲げるところによることができます（法令123の９①）。

㈠　時価純資産価額が簿価純資産価額以上である場合

支配関係法人の支配関係事業年度（その内国法人との間に最後に支配関係を有することとなった日の属する事業年度をいいます。）の前事業年度終了の時における時価純資産価額（その有する資産の価額の合計額からその有する負債（新株予約権及び株式引受権に係る業務を含みます。以下、㈠において同じ。）の価額の合計額を減算した金額をいいます。）が簿価純資産価額（その有する資産の帳簿価額の合計額からその有する負債の帳簿価額の合計額を減算した金額をいいます。）以上である場合には、特定引継資産に係る特定資産譲渡等損失額はないものとされます（法令123の９①一）。

したがって、この㈠に該当する場合には、特定引継資産の譲渡等により損失が生じた場合であっても本制度による損金不算入となる金額はないことになります。

㈡　時価純資産価額が簿価純資産価額に満たない場合

支配関係法人の支配関係事業年度の前事業年度終了の時における時価純資産価額が簿価純資産価額に満たない場合には、対象期間内の日の属する事業年度におけるその事業年度の対象期間の特定引継資産に係る特定資産譲渡等損失額は、その特定資産譲渡等損失額のうち、その満たない部分の金額（簿価純資産超過額）から次の①及び②に掲げる金額の合計額を控除した金額に達するまでの金額となります（法令123の９①二）。

①	その内国法人が支配関係法人の未処理欠損金額の引継ぎに係る制限（法法57③）について引継対象外未処理欠損金額の計算に係る特例（法令113①）の適用を受けた場合に、その特例の計算において特定資産譲渡等損失相当額のうち簿価純資産超過額に相当する金額を構成するものとされた部分に相当する金額の合計額（上記第１の１⑸ロ㈠ｂ①の金額の合計額）
②	その事業年度前の適用期間内の日の属する各事業年度の特定引継資産に係る特定資産譲渡等損失額の合計額

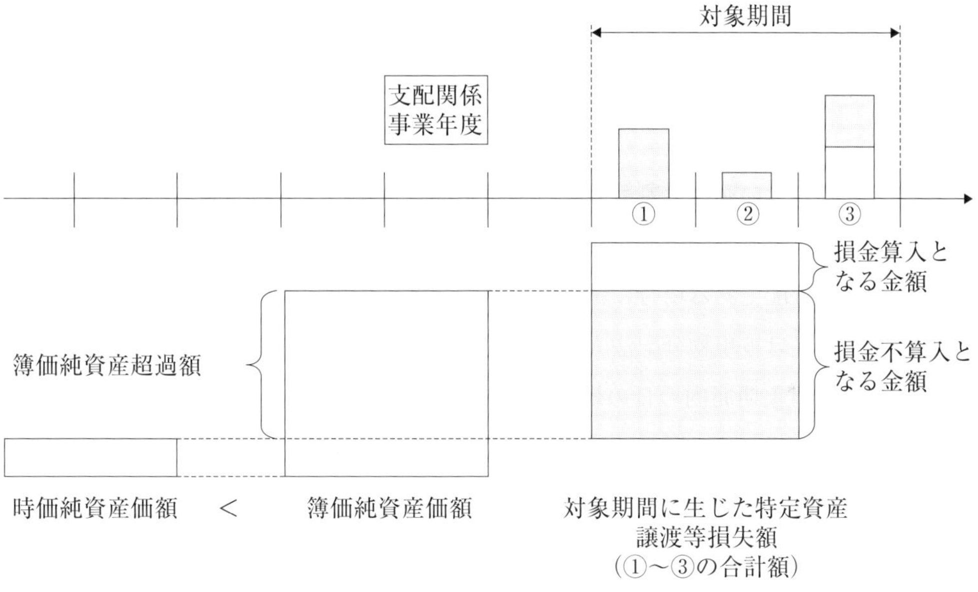

※法人税法施行令113条１項の適用を受けた金額はないものとする。

ハ　特例による場合の特定保有資産に係る譲渡等損失額

次の㈰又は㈪に掲げる場合には、特定保有資産に係る譲渡等損失額は、それぞれ㈰又は㈪に掲げるところによることができます（法令123の９⑦①）。

㈰　時価純資産価額が簿価純資産価額以上である場合

その内国法人の支配関係事業年度（支配関係法人との間に最後に支配関係を有することとなった日の属する事業年度をいいます。）の前事業年度終了の時における時価純資産価額が簿価純資産価額以上である場合には、特定保有資産に係る譲渡等損失額はないものとされます（法令123の９⑦①一）。

(ロ)　時価純資産価額が簿価純資産価額に満たない場合

その内国法人の支配関係事業年度の前事業年度終了の時における時価純資産価額が簿価純資産価額に満たない場合には、対象期間内の日の属する事業年度におけるその事業年度の対象期間の特定保有資産に係る譲渡等損失額は、その特定資産譲渡等損失額のうち、その満たない部分の金額（簿価純資産超過額）から次の①及び②に掲げる金額の合計額を控除した金額に達するまでの金額とされます（法令123の9⑦①二）。

①	その内国法人がその内国法人の繰越欠損金額に係る制限（法法57④）について繰越欠損金額の計算に係る特例（法令113④）の適用を受けた場合（上記第１の１(5)ニ(イ)参照）に、その特例の計算において特定資産譲渡等損失相当額のうち簿価純資産超過額に相当する金額を構成するものとされた部分に相当する金額の合計額
②	その事業年度前の対象期間内の日の属する各事業年度の特定保有資産に係る特定資産譲渡等損失額の合計額

(2)　事業を移転しない適格分割等の場合の特定保有資産に係る譲渡等損失額の特例

特定適格組織再編成等が事業を移転しない適格分割若しくは適格現物出資である場合又は適格現物分配である場合には、その特定適格組織再編成等に係る分割承継法人、被現物出資法人又は被現物分配法人である内国法人は、特定組織再編成事業年度以後の各事業年度（対象期間内の日の属する事業年度に限ります。）における対象期間内の特定保有資産に係る特定資産譲渡等損失額は、次のイ又はロに掲げるところによることができます。この場合には、上記(1)ハの特例との重複適用はできません（法令123の９⑩）。

なお、分割法人又は現物出資法人が分割承継法人又は被現物出資法人に対してその有する株式のみを移転する適格分割又は適格現物出資は、「事業を移転しない適格分割若しくは適格現物出資」に該当します（法基通12の２－２－７）。

イ　移転時価資産価額が移転簿価資産価額以下である場合又は移転時価資産価額が移転簿価資産価額を超え、かつ、その超える部分の金額が特例切捨欠損金額以下である場合

その内国法人がその特定適格組織再編成等により移転を受けた資産の移転の直前(残余財産の全部の分配である適格現物分配にあっては、その残余財産の確定の時。イ及びロにおいて同じ。）の移転時価資産価額（その移転を受けた資産（その内国法

人の株式又は出資を除きます。）の価額の合計額をいいます。）がその移転直前の移転簿価資産価額（その移転を受けた資産（その内国法人の株式又は出資を除きます。）の帳簿価額の合計額をいいます。）以下である場合又は移転時価資産価額が移転簿価資産価額を超え、かつ、その超える部分の金額が特例切捨欠損金額（上記第１の１(5)ニ(ロ)の適用により利用制限対象とされた繰越欠損金額をいいます。）以下である場合には、対象期間内の特定保有資産に係る特定資産譲渡等損失額は、ないものとされます（法令123の９⑩一）。

ロ　移転時価資産価額が移転簿価資産価額を超える場合

その内国法人がその特定適格組織再編成等により移転を受けた資産の移転の直前の移転時価資産価額が移転の直前の移転簿価資産価額を超える場合（その超える部分の金額（移転時価資産超過額）が特例切捨欠損金額以下である場合を除きます。）には、対象期間内の日の属する事業年度におけるその事業年度の対象期間の特定保有資産に係る特定資産譲渡等損失額は、特定資産譲渡等損失額のうち、移転時価資産超過額から特例切捨欠損金額及び実現済額（その事業年度前の対象期間内の日の属する各事業年度の特定保有資産に係る特定資産譲渡等損失額の合計額をいいます。）の合計額を控除した金額に達するまでの金額とされます（法令123の９⑩二）。

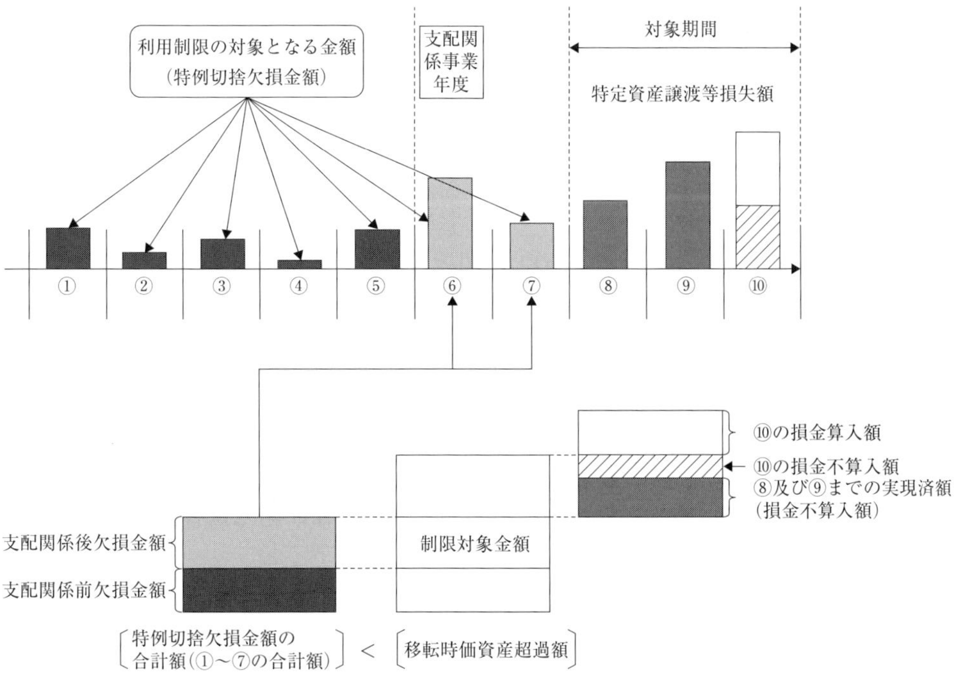

⑶　適用要件

上記の⑴、⑵の特例（上記⑵で移転を受けた資産がその内国法人の株式又は出資のみである場合を除きます。）は、その内国法人の特定組織再編成事業年度（上記⑴ロ(ロ)、⑴ハ(ロ)又は⑵ロに掲げる場合には、特定組織再編成事業年度後の対象期間内の日の属する事業年度（それぞれにより計算した譲渡等損失額が上記⑴ロ(ロ)、⑴ハ(ロ)又は⑵ロにおける控除した金額に達した後の事業年度を除きます。）を含みます。）の確定申告書、修正申告書又は更正請求書に、特例による譲渡等損失額の計算に関する明細書の添付があり、時価純資産価額又は移転時価純資産価額の算定の基礎となる事項を記載した書類等を保存している場合に限り、適用することとされています（法令123の９②⑦⑪、法規27の15の２）。また、その書類等の保存がない場合においても、税務署長がその書類等の保存がなかったことについてやむを得ない事情があると認めるときは、この特例を適用することができます（法令123の９③⑦⑫）。

⑷　支配関係発生日の属する事業年度開始の日前から有していた資産に準ずるものに係る損失額等の特例計算

特定適格組織再編成等に係る合併法人、分割承継法人、被現物出資法人又は被現物分配法人である内国法人の特定組織再編成事業年度以後の各事業年度（対象期間内の日の属する事業年度に限ります。）における対象期間内の特定引継資産に係る特定資産譲渡等損失額の計算において、上記１⑵ニの支配関係発生日の属する事業年度開始の日前から有していた資産に準ずるもの（前特定適格組織再編成等移転資産）に係る上記１⑵イの損失の額（損失額）又は上記１⑵イの利益の額（利益額）がある場合には、その損失額及び利益額については、その前特定適格組織再編成等移転資産を関連法人支配関係発生日（上記１⑵ニ(イ)①の関連法人支配関係発生日をいいます。）前から有する上記１⑵ニ(イ)①の前特定適格組織再編成等に係る被合併法人、分割法人、現物出資法人又は現物分配法人である関連法人（上記１⑵ニ(イ)①の関連法人をいいます。）ごとに次に掲げる場合の区分に応じそれぞれに掲げるところによることができることとされています（法令123の９④）。

なお、この規定は、特定保有資産の損失額又は利益額がある場合について準用されます（法令123の９⑦）。

また、この規定については、上記⑶の適用要件と同様の規定が設けられています（法令123の９⑤⑥⑦）。

<table>
<tr><td rowspan="2">①</td><td>その関連法人の関連法人支配関係事業年度（関連法人支配関係発生日の属する事業年度をいいます。）の前事業年度終了の時における時価純資産価額が簿価純資産価額以上である場合（時価純資産価額≧簿価純資産価額）</td></tr>
<tr><td>その対象期間内におけるその関連法人に係る前特定適格組織再編成等移転資産の損失額及び利益額は、ないものとされます。</td></tr>
<tr><td rowspan="2">②</td><td>その関連法人の関連法人支配関係事業年度の前事業年度終了の時における時価純資産価額が簿価純資産価額に満たない場合（時価純資産価額＜簿価純資産価額）</td></tr>
<tr><td>対象期間内の日の属する事業年度におけるその事業年度の対象期間のその関連法人に係る前特定適格組織再編成等移転資産の損失額はその損失額からその前特定適格組織再編成等移転資産の利益額を控除した金額のうちその満たない部分の金額から次のⅰ及びⅱに掲げる金額の合計額を控除した金額に達するまでの金額とし、前特定適格組織再編成等移転資産の利益額はないものとされます。
ⅰ　その関連法人の関連法人支配関係発生日以後の各事業年度に生じた欠損金額に係る上記第１の１⑶イ(ハ)ｃ(b)に規定する特定資産譲渡等損失相当欠損金額につき上記第１の１⑸ハの規定の適用を受けた場合に上記第１の１⑶イ(ハ)ｃ(b)①の金額（特定資産譲渡等損失相当額）となる金額の合計額
ⅱ　その内国法人のその事業年度前の対象期間内の日の属する各事業年度のその関連法人に係る前特定適格組織再編成等移転資産の損失額から利益額を控除した金額の合計額</td></tr>
</table>

〈前特定適格組織再編成等移転資産に係る損失額等の特例計算〉

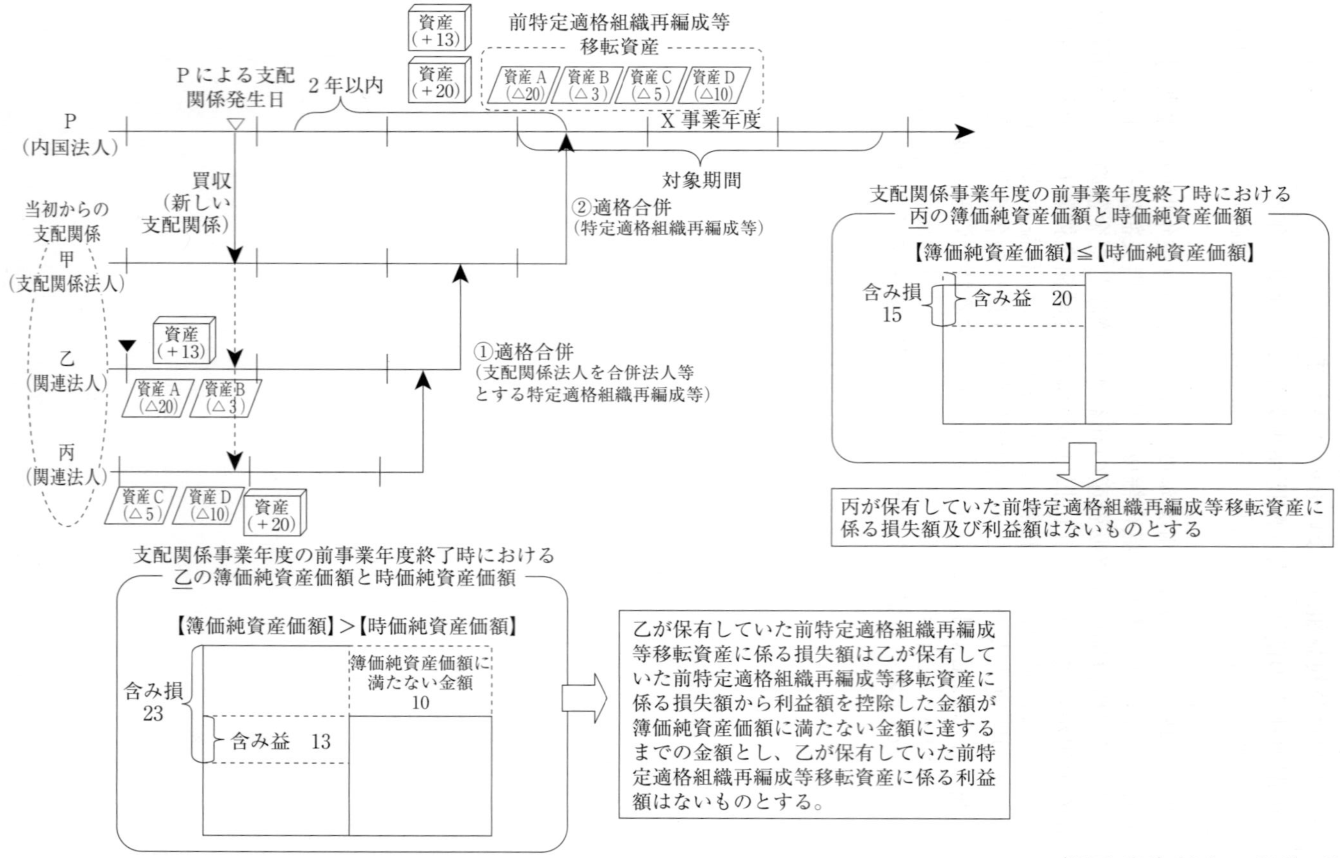

（財務省資料を一部修正）

４　法人を設立する特定適格組織再編成等の場合の本制度の適用

上記１から３までは、既存の法人同士が特定適格組織再編成等を行った場合における本制度の内容について記述していますが、本制度は、支配関係がある被合併法人等（被合併法人、分割法人及び現物出資法人をいいます。）と他の被合併法人等との間で法人を設立する特定適格組織再編成等が行われた場合においても適用されます（法法62の７③）。

この場合、被合併法人等から移転を受けた資産と他の被合併法人等から移転を受けた資産とを区分して、それぞれの資産に係る譲渡等損失額を計算することになります。その内容については、上記１から３までに記載したものと同様です（法法62の７③、法令123の８⑩⑪⑫、123の９⑧⑨、法規27の15、27の15の２）。

5　まとめ

(1)　特定適格組織再編成等における含み損の取扱い

原則：随時の実現可能
例外：租税回避防止の観点から、グループ内再編の場合の含み損の実現に伴う損金算入を一部制限

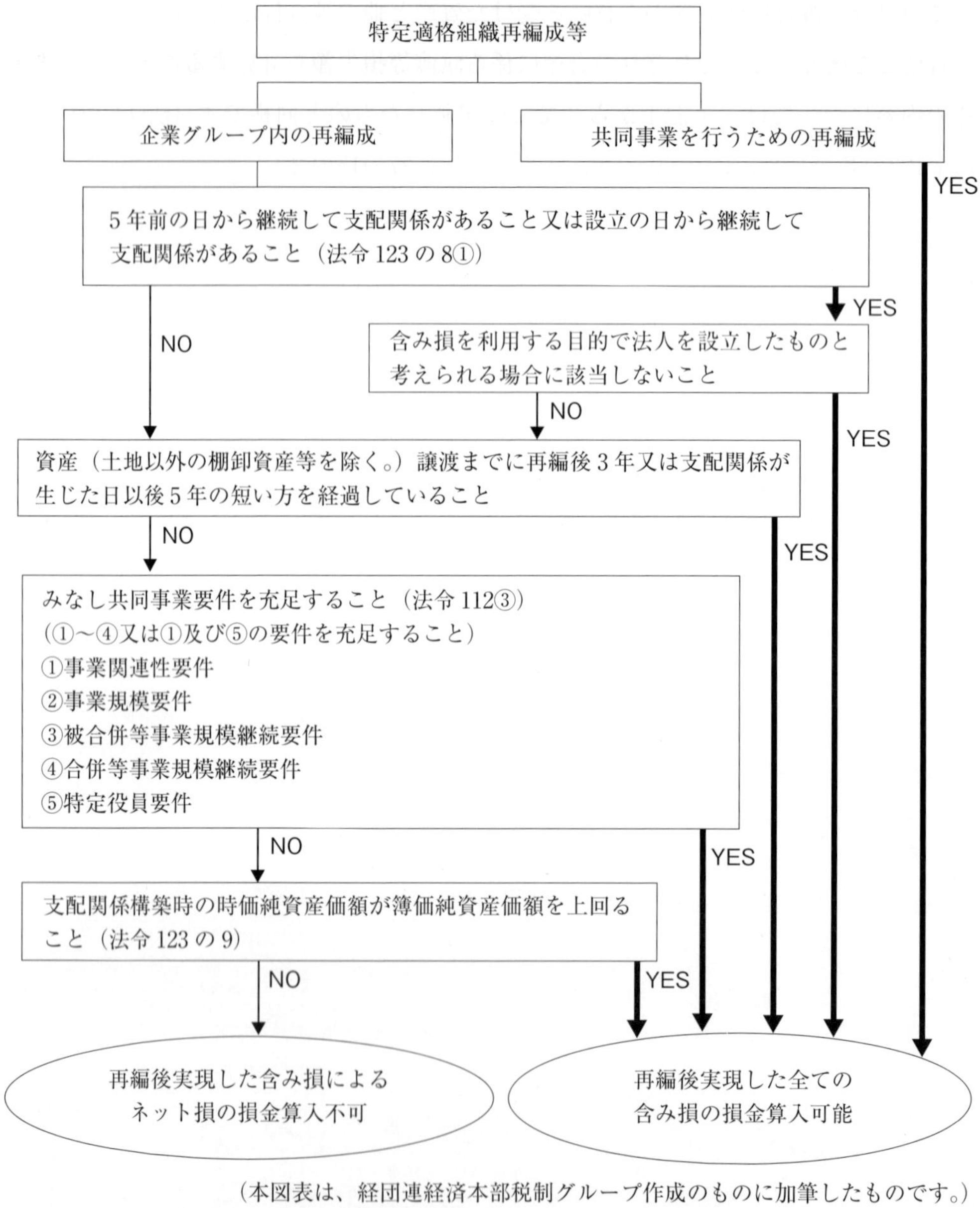

（本図表は、経団連経済本部税制グループ作成のものに加筆したものです。）

(2) 支配関係と対象期間

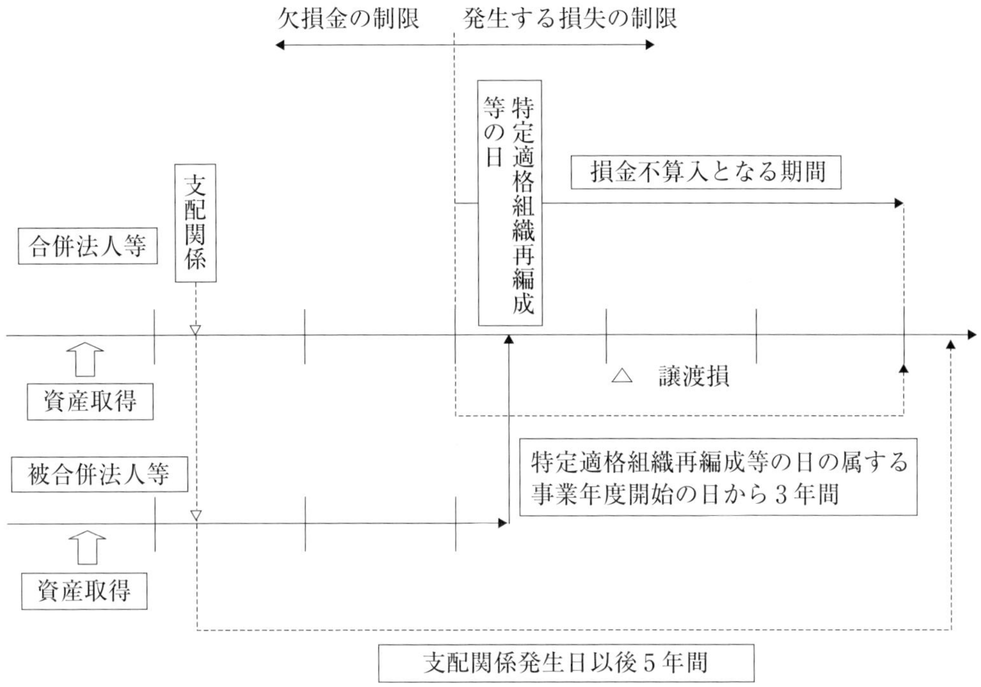

(注)　特定適格組織再編成等の日の属する事業年度開始の日から３年（支配関係発生日以後５年を経過する日が早い場合にはその５年を経過する日）の間に支配関係発生日の属する事業年度開始の日前から有していた特定保有資産あるいは支配関係法人が有していた特定引継資産を譲渡等したことにより生じた損失の額については損金の額に算入しないこととされています。

(参　考)

〈欠損金の引継制限等の全体イメージ〉

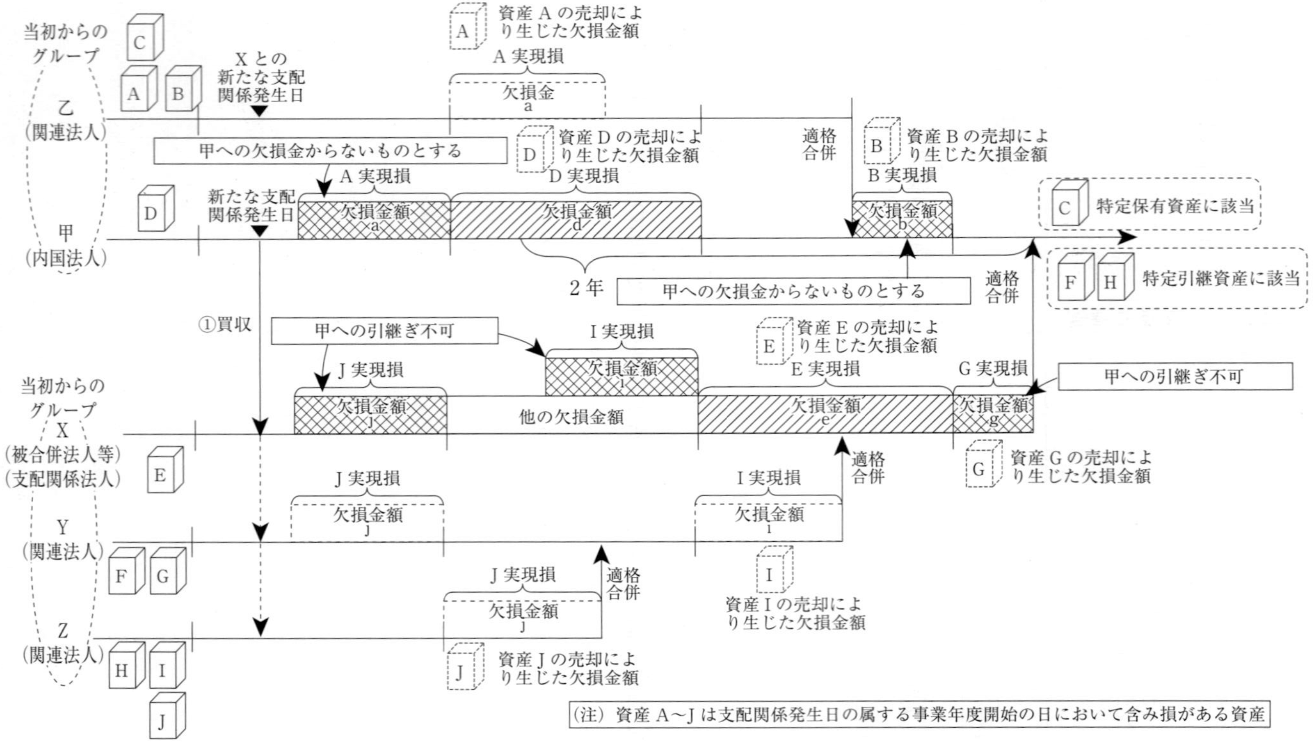

(財務省資料を一部修正)

第３　欠損等法人に係る繰越欠損金額及び資産の譲渡等損失額の取扱い

１　概要

欠損等法人（下記２参照）が、その支配日（その欠損等法人が特定支配関係を有することとなった日をいいます。）から５年以内に、従前から営む事業を廃止し、かつ、その事業規模を大幅に超える事業を開始したこと等一定の事由（下記３参照）に該当するときは、その該当する日の属する事業年度前において生じた欠損金額について欠損金の繰越控除制度は適用されません（法法57の２）。また、その該当する日の属する事業年度開始の日から３年以内（その支配日から５年を限度）に生ずる特定の資産の譲渡等損失額は損金の額に算入されません（法法60の３）。

この場合の特定支配関係とは、他の者（その者の組合関連者（注１）を含みます。）と法人との間の当該他の者による支配関係（当該他の者と法人との間に同一者支配関係（注２）がある場合におけるその支配関係を除きます。）をいい（法法57の２①、法令113の３①～④）、適格合併、適格分割、適格現物出資、適格株式交換等、適格株式移転によって生じたものは特定支配関係に該当しませんが、適格合併、適格分割、適格現物出資、適格株式交換等、適格株式移転によって、内国法人（他の者との間に当該他の者による特定支配関係があるものに限ります。）が、関連者（当該他の者との間に当該他の者による特定支配関係がある者をいいます。）との間にその関連者による支配関係を有することとなるものは特定支配関係に該当します（法令113の３⑤一）。

また、債務処理計画（次に掲げる事実に関して策定された債務処理に関する計画をいいます。）に基づいて行われる株式の発行又は譲渡によって生じたものも特定支配関係に該当しません（法法57の２①、法令113の３⑤二、117の２、117の３、法基通12－３－１）。したがって、一定の事業再生等に基づくものは、欠損等法人の欠損金の繰越しの不適用及び欠損等法人の資産の譲渡等損失額の損金不算入の適用を受けることはありません。

〈債務処理計画に該当する事実〉

①	更生手続開始の決定
②	再生手続開始の決定
③	特別清算開始の命令
④	破産手続開始の決定
⑤	法人税法施行令24条の２第１項（再生計画認可の決定に準ずる事実等）に規定する事実
⑥	②から⑤に掲げる事実に準ずる事実

㈲１　組合関連者とは、一の法人又は個人が締結している組合契約等（民法667条１項に規定する組合契約、投資事業有限責任組合契約に関する法律３条１項に規定する投資事業有限責任組合契約及び有限責任事業組合契約に関する法律３条１項に規定する有限責任事業組合契約並びに外国におけるこれらの契約に類する契約（組合契約）をいい、次に掲げるものを含みます。）に係る他の組合員である者をいいます（法令113の３④）。

①　法人又は個人が締結している組合契約による組合（これに類するものを含みます。②、③において同じです。）が締結している組合契約

②　①又は③に掲げる組合契約による組合が締結している組合契約

③　②に掲げる組合契約による組合が締結している組合契約

２　同一者支配関係とは、当該他の者（法人に限ります。）とその法人との間に同一の者による支配関係がある場合における支配関係をいい（法令113の３②）、この場合において、同一の者の組合関連者（その同一の者が個人である場合には、その個人との間に法人税法施行令４条１項に規定する特殊の関係（第３章第１の３参照）のある個人の組合関連者を含みます。）の有する当該他の者又はその法人の株式（出資を含みます。１及び３において同じ。）は、その同一の者が有するものとみなされます（法令113の３③）。

〈欠損等法人の欠損金、譲渡損等の損金算入制限〉

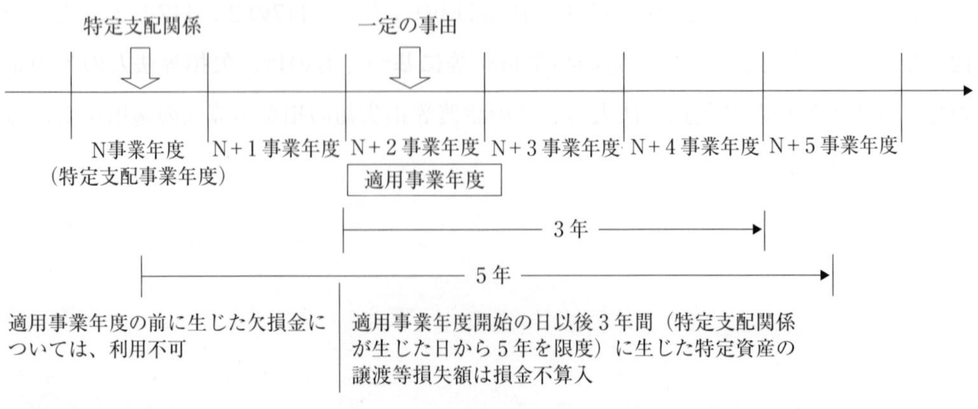

2　欠損等法人の意義

この規定の適用を受ける欠損等法人とは、他の者との間に当該他の者による特定支配関係を有することとなった日（支配日）の属する事業年度（特定支配事業年度）においてその特定支配事業年度前の各事業年度において生じた欠損金額（欠損金の繰越控除の規定（法法57①）の適用があるものに限ります。）又は評価損資産を有するものをいいます（法法57の２①）。

この場合の評価損資産とは、法人が特定支配事業年度開始の日に有する一定の資産（注１）で同日における価額（資産を一定の単位（注２）に区分した後のそれぞれの資産の価額）が同日における帳簿価額（資産をその一定の単位に区分した後のそれぞれの資産の帳簿価額）に満たないもの（その満たない金額がその法人の資本金等の額の２分の１に相当する金額と1,000万円とのいずれか少ない金額（以下、基準額といいます。）に満たないものを除きます。）をいいます（法令113の３⑥）。

㈱１　次に掲げる資産をいいます。

①　固定資産

②　土地（土地の上に存する権利を含み、固定資産に該当するものを除きます。）

③　有価証券（法人税法61条の３第１項１号（売買目的有価証券の評価益又は評価損の益金又は損金算入等）に規定する売買目的有価証券及び法人税法施行令119条の14（償還有価証券の帳簿価額の調整）に規定する償還有価証券を除きます。）

④　金銭債権

⑤　繰延資産

⑥　法人税法施行令122条の12第14項（完全支配関係がある法人の間の取引の損益）に規定する調整勘定の金額に係る資産（第８章参照）

⑦　法人税法62条の８第１項（非適格合併等により移転を受ける資産等に係る調整勘定の損金算入等）に規定する資産調整勘定の金額に係る資産（第７章参照）

２　一定の単位については、上記第２の１⑵ロ（注１）を参照してください（法規26の５①）。

3　適用要件

欠損等法人が、支配日以後５年を経過した日の前日まで（次の⑴に掲げる一定の事実が生じた場合には、その一定の事実が生じた日まで）に次の⑵に掲げる一定の事由に該当する場合に適用されます（法法57の２①）。

(1)　一定の事実

一定の事実とは、次に掲げる事実をいいます（法法57の２①、法令113の３⑦～⑨）。

①	上記１の他の者が有する欠損等法人の株式が譲渡されたことその他の事由により、欠損等法人が当該他の者との間に当該他の者による特定支配関係を有しなくなった場合に該当すること
②	欠損等法人の債務につき、次に掲げる行為によって欠損等法人に生ずる債務の消滅による利益の額が、欠損等法人のその行為の日の属する事業年度開始の時における欠損金額等㈱のおおむね90％に相当する金額を超える場合（その行為によって消滅する債務の額が欠損等法人のその行為の直前における債務の総額の50％に相当する金額を超える場合には、その消滅による利益の額がその欠損金額等のおおむね50％に相当する金額を超えるとき）におけるその行為があったこと ⅰ　欠損等法人がその債権者から受ける債務の免除（その債権者においてその免除により生ずる損失の額が寄附金の額に該当しないものに限ります。） ⅱ　欠損等法人がその債権者から受ける自己債権（欠損等法人に対する債権をいいます。以下同じ。）の現物出資
③	欠損等法人について生じた更生手続開始の決定等（上記１の債務処理計画に該当する事実をいいます。）
④	欠損等法人について生じた解散（解散後の継続、次の(2)②に規定する資金借入れ等又は次の(2)④の事由に該当する残余財産の確定の見込みがないものに限り、欠損等法人の支配日前の解散及び合併による解散を除きます。）

㈱　欠損金額等とは、欠損金の繰越控除の規定（法法57①）の適用がある欠損金額で、欠損等法人がその事業年度の直前の事業年度終了の時において評価損資産を有している場合には、その評価損資産の評価損（その時の価額がその時の帳簿価額に満たない場合のその満たない部分の金額をいい、その金額が基準額（上記２参照）に満たないものを除きます。）の合計額（その資産のその時の価額からその時の帳簿価額を控除した金額が基準額を超えるものがある場合には、その資産のその控除した金額の合計額を控除した金額）を含みます。

(2)　一定の事由

一定の事由とは、次に掲げる事由をいいます（法法57の２①、法令113の２⑩～⑲）。

①	欠損等法人が支配日の直前において事業を営んでいない場合（清算中の場合を含みます。）において、支配日以後に事業を開始すること（清算中の欠損等法人が継続することを含みます。）

②	欠損等法人が旧事業（支配日の直前において営む事業）の全てを支配日以後に廃止し、又は廃止することが見込まれている場合において、旧事業の支配日の直前における事業規模（売上金額、収入金額その他の事業の種類に応じた一定の規模）のおおむね５倍を超える資金借入れ等（資金の借入れ又は出資による金銭その他の資産の受入れをいい、合併又は分割による資産の受入れを含み、資金借入れ等による金銭その他の資産のおおむね全部が欠損等法人の債務の弁済に充てられることが明らかなもの及び欠損等法人がその債権者から受ける自己債権の現物出資を除きます。以下同じ。）を行うこと
③	上記１の他の者又は関連者（当該他の者との間に特定支配関係（欠損等法人との間の特定支配関係を除きます。）がある者）が当該他の者及び関連者以外の者から欠損等法人に対する特定債権（欠損等法人に対する債権でその取得の対価の額がその債権の額の50％に相当する金額に満たない場合で、かつ、その債権の額（欠損等法人の債権で当該他の者又は関連者が既に取得しているものの額を含みます。）の取得の時における欠損等法人の債務の総額のうちに占める割合が50％を超える場合におけるものをいいます。）を取得している場合（支配日前に特定債権を取得している場合を含むものとし、特定債権につき支配日以後に欠損等法人がその債権者から受ける債務の免除（その債権者においてその免除により生ずる損失の額が寄附金の額に該当しないものに限ります。）又は欠損法人等がその債権者から受ける自己債権の現物出資（これらの行為によって消滅する欠損等法人の債務の額がその行為の直前における債務の総額の50％に相当する金額を超える場合のその行為に限ります。）が行われることが見込まれる場合を除きます。以下、「特定債権が取得されている場合」といいます。）において、欠損等法人が旧事業の支配日の直前における事業規模のおおむね５倍を超える資金借入れ等を行うこと
④	①若しくは②に規定する場合又は③の「特定債権が取得されている場合」において、欠損等法人が自己を被合併法人とする適格合併を行い、又は欠損等法人（他の内国法人との間に当該他の内国法人による完全支配関係があるものに限ります。）の残余財産が確定すること
⑤	欠損等法人が特定支配関係を有することとなったことに基因して、欠損等法人の支配日の直前の役員（社長、副社長、代表取締役、代表執行役、専務取締役若しくは常務取締役又はこれらに準ずる者で法人の経営に従事している者に限ります。）の全てが退任（業務を執行しないものとなることを含みます。）をし、かつ、旧使用人（支配日の直前において欠損等法人の業務に従事する使用人をいいます。）の総数のおおむね20％以上に相当する数の者が欠損等法人の使用人でなくなった場合において、欠損等法人の非従事事業（旧使用人が支配日以後その業務に実質的に従事しない事業をいいます。）の事業規模が旧事業の支配日の直前における事業規模のおおむね５倍を超えることとなること（欠損等法人の事業規模算定期間（上記②の旧事業の事業規模を算定する場合に区分される一定の期間をいいます。以下同じ。）における非従事事業の事業規模（事業規模算定期間において欠損等法人を合併法人、分割承継法人又は被現物出資法人とする合併、分割又は現物出資（それぞれいわゆる適格組織再編成における共同事業要件（法令４の３④⑧⑮）の全てを満たすものに限ります。）を行っている場合には、その合併、分割又は現物出資により移転を受けた事業に係る部分を除きます。）がその事業規模算定期間の直前の事業規模算定期間における非従事事業の事業規模のおおむね５倍を超えない場合を除きます。）

〈休眠会社と特定支配関係を有することとなった場合（上記①の場合）〉

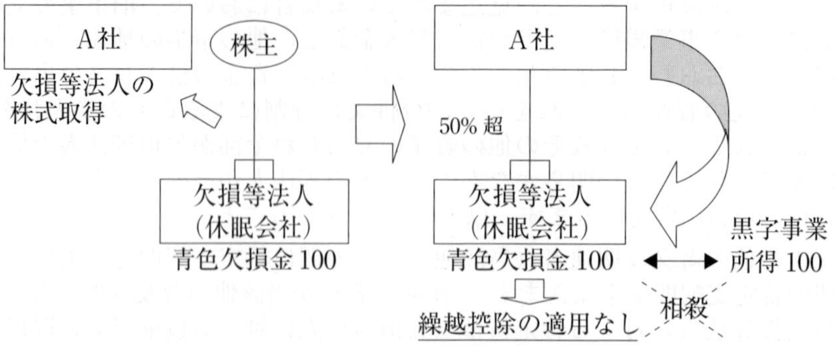

（財務省資料に加筆）

４　欠損金の繰越控除の制限

⑴　内容

上記３⑵に掲げる一定の事由に該当することとなった日（上記３⑵④に掲げる事由（適格合併の部分に限ります。）に該当する場合にあっては、その適格合併の日の前日。以下、該当日といいます。）の属する事業年度（適用事業年度）以後の各事業年度においては、適用事業年度前の各事業年度において生じた欠損金額については、欠損金の繰越控除の規定（青色申告書を提出する事業年度でない事業年度において生じた欠損金額のうち、法人税法58条１項に規定する災害損失金額に達するまでの金額に係る部分を除きます。）（法法57①）は、適用できません（法法57の２①、58②）。

⑵　欠損等法人について組織再編成等が行われる場合の欠損金に関する規定の不適用

イ　欠損等法人を合併法人等とする適格合併等が行われる場合

欠損等法人と他の法人との間でその欠損等法人の該当日以後に合併、分割、現物出資又は現物分配が行われる場合には、次に掲げる欠損金額については、それぞれに掲げる規定は適用されません（法法57の２②）。

①	欠損等法人を合併法人とする適格合併が行われる場合におけるその適格合併に係る被合併法人の適格合併の日の前日の属する事業年度以前の各事業年度において生じた欠損金額（適格合併が欠損等法人の適用事業年度開始の日以後３年を経過する日（その経過する日が特定支配日以後５年を経過する日後となる場合にあっては、同日。以下、３年経過日といいます。）後に行われるものである場合には、その欠損金額のうち、その生じた事業年度開始の日が適用事業年度開始の日前であるものに限ります。） 法人税法57条２項（上記第１の１(1)参照）及び３項（上記第１の１(3)参照）
②	欠損等法人を合併法人、分割承継法人、被現物出資法人又は被現物分配法人とする法人税法57条４項に規定する適格組織再編成等（上記第１の１(4)イ参照）が行われる場合における欠損等法人の適用事業年度前の各事業年度において生じた欠損金額 法人税法57条４項（上記第１の１(4)参照）

ロ　欠損等法人が発行済株式又は出資の全部又は一部を有する内国法人の残余財産が確定する場合

欠損等法人の該当日以後に欠損等法人との間に上記第１の１(1)イの完全支配関係がある内国法人で欠損等法人が発行済株式又は出資の全部又は一部を有するものの残余財産が確定する場合におけるその内国法人の残余財産の確定の日の属する事業年度以前の各事業年度において生じた欠損金額（残余財産の確定の日が欠損等法人の３年経過日以後である場合には、その欠損金額のうち、その生じた事業年度開始の日が欠損等法人の適用事業年度開始の日前であるものに限ります。）については、法人税法57条２項（上記第１の１(1)参照）及び３項（上記第１の１(3)参照）の規定は、その欠損等法人については適用されません（法法57の２③）。

ハ　欠損等法人を被合併法人とする適格合併等が行われる場合

内国法人と欠損等法人との間で内国法人を合併法人とする適格合併が行われる場合又は内国法人との間に上記第１の１(1)イの完全支配関係がある他の内国法人である欠損等法人の残余財産が確定する場合には、これらの欠損等法人の適用事業年度前の各事業年度において生じた欠損金額については、法人税法57条２項（上記第１の１(1)参照）及び３項（上記第１の１(3)参照）の規定は適用されません（法法57の２④）。

5　欠損等法人の資産の譲渡等損失額の損金不算入

(1)　内容

欠損等法人の適用事業年度開始の日から同日以後３年を経過する日（その経過する日が支配日以後５年を経過する日後となる場合にあっては、同日）までの期間（適用期間）において生ずる下記(2)の特定資産の譲渡、評価換え、貸倒れ、除却その他の事由（譲渡等特定事由）による損失の額（譲渡等損失額）は、欠損等法人の各事業年度の所得の金額の計算上、損金の額に算入されません（法法60の３①）。

適用期間は、その期間に終了する各事業年度において、次の規定の適用を受ける場合には、その適用事業年度の開始の日から次の規定の適用を受ける事業年度終了の日までの期間をいいます（法法60の３①）。

①	法人税法62条の９第１項（非適格株式交換等に係る株式交換完全子法人等の有する資産の時価評価損益）
②	法人税法64条の11第１項（通算制度の開始に伴う資産の時価評価損益）
③	法人税法64条の12第１項（通算制度への加入に伴う資産の時価評価損益）
④	法人税法64条の13第１項（１号に係る部分に限ります。）（通算制度からの離脱等に伴う資産の時価評価損益）

(2)　特定資産

特定資産とは、欠損等法人が特定支配事業年度開始の日において有し、又は適格分割等（上記１の他の者を分割法人若しくは現物出資法人とする適格分割若しくは適格現物出資又は上記３(2)③の関連者を被合併法人、分割法人、現物出資法人若しくは現物分配法人とする適格組織再編成等（適格合併若しくは非適格合併で法人税法61条の11第１項（完全支配関係がある法人の間の取引の損益）の規定の適用があるもの、適格分割、適格現物出資又は適格現物分配をいいます。以下、(4)において同じ。）をいいます。）により移転を受けた一定の資産（注１）（これらの資産のうち、特定支配事業年度開始の日又は適格分割等の日における価額（一定の単位（注２）に区分した後のそれぞれの価額）とその帳簿価額（資産をその一定の単位に区分した後のそれぞれの帳簿価額）との差額が特定支配事業年度開始の日又は適格分割等の日における欠損等法人の資本金等の額の２分の１に相当する金額と1,000万円とのいずれか少ない金額に満たないものを除きます。）をいいます（法法60の３①、法令118の３①）。

(注)１　次に掲げる資産をいいます（①から⑤の資産で非適格合併により移転を受けた資産にあっては、法人税法61条の11第１項の規定の適用があるものに限ります）。

① 固定資産

② 土地（土地の上に存する権利を含み、固定資産に該当するものを除きます。）

③ 有価証券（法人税法61条の３第１項１号（売買目的有価証券の評価益又は評価損の益金又は損金算入等）に規定する売買目的有価証券及び法人税法施行令119条の14（償還有価証券の帳簿価額の調整）に規定する償還有価証券を除きます。）

④ 金銭債権

⑤ 繰延資産

⑥ 法人税法施行令122条の12第14項（完全支配関係がある法人の間の取引の損益）に規定する調整勘定の金額に係る資産（第８章参照）

⑦ 法人税法62条の８第１項（非適格合併等により移転を受ける資産等に係る調整勘定の損金算入等）に規定する資産調整勘定の金額に係る資産（第７章参照）

2 一定の単位については、上記第２の１⑵ロ（注１）を参照してください。

⑶ 譲渡等損失額

譲渡等損失額は、その譲渡等特定事由が生じた日の属する事業年度の適用期間において生ずる特定資産の譲渡又は評価換えその他の事由による利益の額がある場合には、その利益の額を控除した金額となり（法法60の３①）、法人税法施行令123条の８第４項から７項までの規定（上記第２の１⑵ニ及びホ）は、この譲渡等損失額について準用されます（法令118の３②）。

⑷ 欠損等法人を被合併法人等とする適格組織再編成等が行われる場合

欠損等法人がその適用期間内に自己を被合併法人、分割法人、現物出資法人又は現物分配法人とする適格組織再編成等によりその有する特定資産（評価損資産に該当するものに限ります。）をその適格組織再編成等に係る合併法人、分割承継法人、被現物出資法人又は被現物分配法人（合併法人等）に移転した場合には、その合併法人等を欠損等法人とみなして、この規定が適用されます（法法60の３②）。

第７章　非適格合併等により移転を受ける資産等に係る調整勘定の損金算入等

第１　概　要

一定の非適格合併等により資産等の移転を受けた場合には、その非適格合併等に伴い引継ぎを受けた従業者の退職給与債務引受額等を負債に計上するほか、その資産及び負債の時価純資産価額とその移転の対価の額との差額を正ののれんに相当する資産調整勘定又は負ののれんに相当する差額負債調整勘定の金額とし、一定の事由が生じたときはその事由に応じ、又は５年均等で、これらの金額の減額処理を行うことになります（法法62の８）。

〈非適格合併等の受入れ処理〉

資産調整勘定計上時

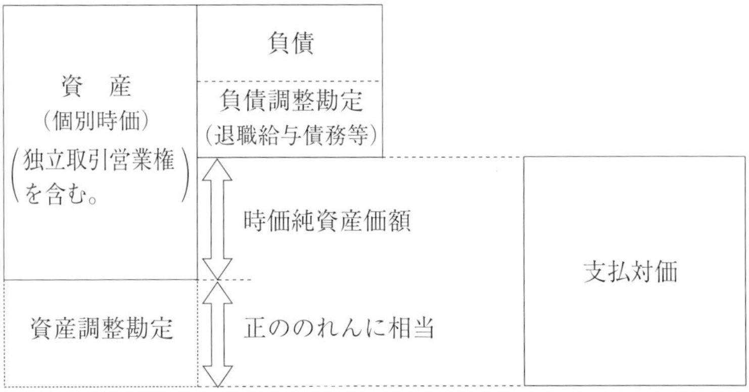

差額負債調整勘定計上時

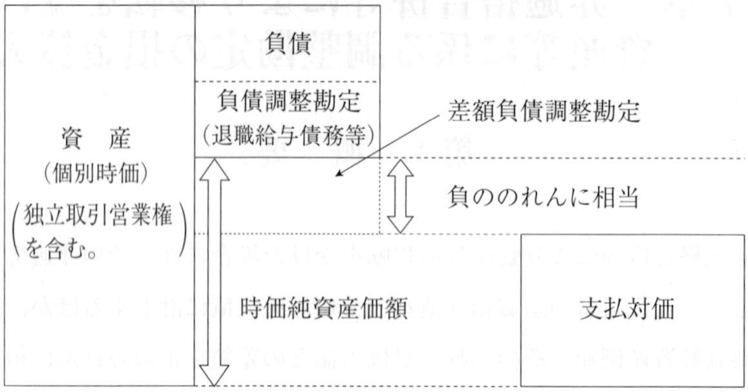

（財務省公表資料を基に作成）

第２　各　論

1　適用の対象となる組織再編行為

この規定の適用を受ける非適格合併等とは、①非適格合併と②非適格分割等（非適格分割、非適格現物出資、事業の譲受）のうちその行う事業とその事業に係る主要な資産・負債のおおむね全部が移転するものをいいます（法法62の８①、法令123の10①）。

2　資産・負債の受入れ

非適格合併等により受け入れる資産及び負債については、それぞれの個別の時価によります。また、受入れに伴い計上する営業権は、独立した資産として取引される慣習があるもの（独立取引営業権）に限ります（正ののれんについては、別に資産調整勘定として計上します。）（法令123の10③）。

3　退職給与負債調整勘定等の計上

(1)　退職給与負債調整勘定

内国法人が非適格合併等に伴い被合併法人等（非適格合併等に係る被合併法人、分割法人、現物出資法人、事業の譲受けに係る事業の移転をした法人をいいます。）から引継ぎを受けた従業者につき退職給与債務引受けをした場合には、その従業者に係る退職給与債務引受額を退職給与負債調整勘定として計上します（法法62の８②一、法令123の10②）。

「退職給与債務引受け」とは、非適格合併等後の退職その他の事由によりその非適格合併等に伴い引継ぎを受けた従業者に支給する退職給与の額につき、非適格合併等前における在職期間その他の勤務実績等を勘案して算定する旨を約し、かつ、これに伴う負担の引受けをすることをいいます（法法62の８②一かっこ書）。

「退職給与債務引受額」とは、非適格合併等の時におけるその引継ぎを受けた従業者に係る退職給付引当金の額（一般に公正妥当と認められる会計処理の基準に従って算定され、かつ、その額につき申告書に添付する明細書に記載がある場合のその退職給付引当金の額に限ります。）に相当する金額をいいます（法令123の10⑦）。

(2)　短期重要負債調整勘定

内国法人が非適格合併等により被合併法人等から移転を受けた事業に係る将来の債

務（その事業の利益に重大な影響を与えるものに限り、上記(1)の退職給与債務引受けに係るもの及び確定債務を除きます。）で、その履行がその非適格合併等以後おおむね３年以内に見込まれるものについてその履行に係る負担の引受けをした場合には、その債務の額を短期重要負債調整勘定として計上します（法法62の８②二）。ただし、その移転を受けた事業につき生ずるおそれのある損失の見込額が移転を受けた資産の取得価額の総額の20％を超える場合におけるその債務の額に限ります（法法62の８②二、法令123の10⑧）。

4　資産調整勘定の計上

(1)　資産調整勘定

内国法人が非適格合併等により被合併法人等から資産又は負債の移転を受けた場合において、非適格合併等対価額（その非適格合併等により交付した金銭及び金銭以外の資産（非適格合併にあっては新株等（第５章第１の１(1)イ参照））の価額の合計額（非適格合併等において被合併法人等から支出を受けた法人税法37条７項に規定する寄附金の額に相当する金額を含み、被合併法人等に対して支出をした寄附金の額に相当する金額を除きます。）をいいます。）が移転を受けた資産及び負債の時価純資産価額（その資産（上記２の独立取引営業権を含みます。）の取得価額（法人税法61条の11の適用による非適格合併による資産及び負債の移転（第８章第２の１(1)）の適用がある場合には、その適用がないものとした場合の取得価額）の合計額からその負債の額（上記３の退職給与負債調整勘定等の金額を含みます。）の合計額を控除した金額をいいます。）を超えるときは、その超過額（資産の取得価額の合計額が負債の額の合計額に満たない場合には、その満たない部分の金額を加算した金額）を資産調整勘定の金額とします（法法62の８①）。これは、いわゆる正ののれんに相当するものです。なお、資産調整勘定の金額からは次の(2)の資産等超過差額に相当する金額は除きます（法令123の10④）。

(2)　資産等超過差額

資産等超過差額とは、次に掲げる場合の区分に応じそれぞれに掲げる金額（いずれにも該当する場合には、それぞれに掲げる金額の合計額）をいいます（法規27の16①）。

①	非適格合併等対価資産（非適格合併等により交付された内国法人の株式その他の資産をいいます。）の非適格合併等の時における価額（交付時価額）が非適格合併等により非適格合併等対価資産を交付することを約した時の価額（約定時価額）と著しい差異を生じている場合（非適格合併等対価資産の交付時価額が約定時価額の２倍を超える場合に限ります。）	i又はiiに掲げる金額（その内国法人がiに掲げる金額の算定をしていない場合又はその算定の根拠を明らかにする事項を記載した書類及びその算定の基礎とした事項を記載した書類を保存していない場合にあっては、iiに掲げる金額） i　非適格合併等対価資産の交付時価額から非適格合併等により移転を受けた事業の価値に相当する金額としてその事業により見込まれる収益の額を基礎として合理的に見積もられる金額を控除した金額 ii　非適格合併等対価資産の交付時価額から約定時価額を控除した金額（時価純資産価額が約定時価額を超える場合にあっては、交付時価額から時価純資産価額を控除した金額）
②	非適格合併等が非適格合併又は非適格分割である場合において、上記(1)の超過額が合併又は分割により移転を受ける事業により見込まれる収益の額の状況その他の事情からみて実質的に合併又は分割に係る被合併法人又は分割法人の欠損金額（移転を受ける事業による収益の額によって補てんされると見込まれるものを除きます。）に相当する部分から成ると認められる金額があるとき	その欠損金額に相当する部分から成ると認められる金額

支払対価額の異常な高騰（上記①）　…次のいずれかの金額

○　**交付時価額から移転事業価値を控除した金額**

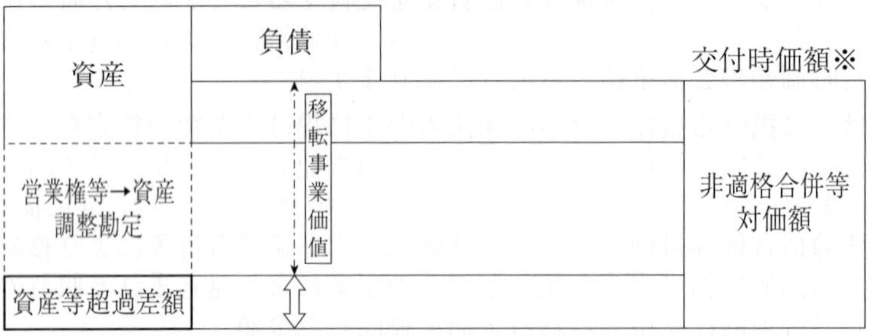

※（約定時価額の２倍超）

○　**交付時価額から約定時価額を控除した金額**

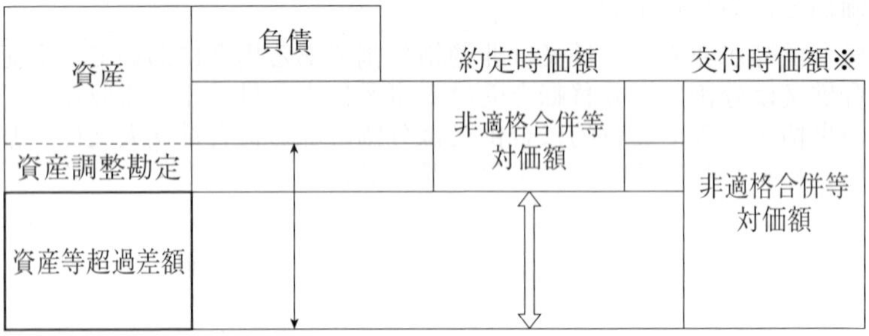

※（約定時価額の２倍超）

被合併法人等の欠損代替額（上記②）

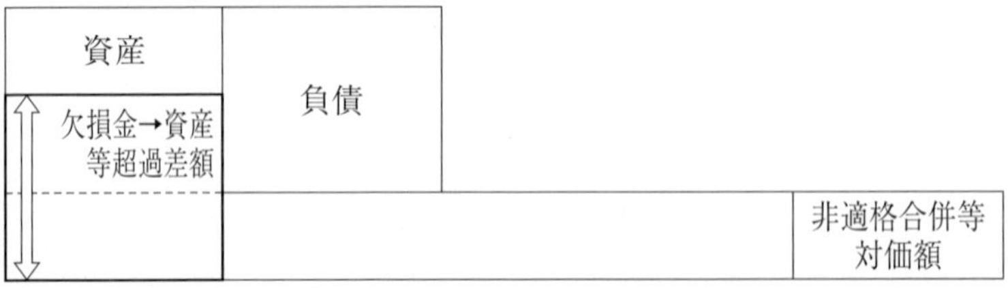

（財務省資料を一部修正）

5　差額負債調整勘定の計上

内国法人が非適格合併等により被合併法人等から資産又は負債の移転を受けた場合において、その非適格合併等対価額が移転を受けた資産及び負債の時価純資産価額に満たないときは、その満たない部分の金額を差額負債調整勘定として計上します（法法62の８③）。これは、いわゆる負ののれんに相当するものです。

6　被合併法人等の株主等が特定報酬株式を有していた場合における資産調整勘定及び差額負債調整勘定

内国法人が、非適格合併等により被合併法人等から資産又は負債の移転を受けた場合において、被合併法人等の株主等が特定報酬株式（役務の提供の対価として被合併法人等により交付された被合併法人等の株式（出資を含み、その役務の提供後に交付されたものを除きます。）のうち、株式と引換えに給付された債権（その役務の提供の対価として生じた債権に限ります。）がない場合における株式をいいます。）を有していたときは、資産調整勘定の金額及び差額負債調整勘定の金額の計算については、非適格合併等対価額には、非適格合併等に際して株主等に交付した金銭の額及び金銭以外の資産の価額の合計額のうち、①に掲げる金額から②に掲げる金額（非適格合併等が分割型分割の場合には、③に掲げる金額）を控除した金額に相当する金額を含まないものとされます（法令123の10⑮、法規27の16②）。

①	特定報酬株式の交付された時の価額㈵
②	その役務の提供に係る費用の額のうち被合併法人等の非適格合併等の日前に終了した各事業年度において受けた役務の提供に係る部分の金額（特定報酬株式が法人税法54条1項に規定する特定譲渡制限付株式である場合には、同項の規定の適用がないものとした場合のその金額）
③	ⅰに掲げる金額とⅱに掲げる金額との合計額その他の合理的な方法により計算した金額 ⅰ　①に掲げる金額×(1－純資産移転割合(第5章第2の1⑴ハ参照)) ⅱ　(①に掲げる金額－ⅰに掲げる金額)×ⅲ ⅲ　特定報酬株式の交付の日から特定報酬株式に係る役務の提供の終了の日（特定報酬株式が特定譲渡制限付株式である場合には、法人税法施行令111条の2第1項1号に規定する譲渡制限期間終了の日）までの期間の日数のうちに交付の日から非適格合併等の日の前日までの期間の日数の占める割合（その割合が1を超える場合には、1）

㈵　次に掲げる場合には、それぞれ次に掲げる金額とされます。

①　特定報酬株式が法人税法施行令71条の3第1項に規定する確定数給与の支給として交付されたものである場合（②に掲げる場合を除きます。）

同項に規定する交付決議時価額

②　特定報酬株式の交付が正常な取引条件で行われたものでない場合

その役務の提供に係る費用の額

7　非適格合併等が無対価合併又は無対価分割である場合における資産調整勘定及び差額負債調整勘定

非適格合併等が無対価合併又は無対価分割の場合における資産調整勘定の金額及び差額負債調整勘定の金額の計算については、次に掲げる場合の区分に応じそれぞれに掲げるところによります（法法62の8⑫、法令123の10⑯）。

なお、無対価合併又は無対価分割が次に掲げる場合のいずれにも該当しないときには、通常どおり上記４又は５の規定により資産調整勘定又は差額負債調整勘定の金額を計算します。

①	非適格合併等が無対価合併のうち第４章第１の１(2)ハ②に掲げる関係があるもの又は無対価分割のうち第４章第２の１(2)ハ①ⅱ若しくは②に掲げる関係があるものであるときにおいて、その非適格合併等に際して資産評定（注１）が行われた場合（②に掲げる場合を除きます。）
	ⅰに掲げる金額がⅱに掲げる金額を超える場合におけるその超える部分の金額を資産調整勘定の金額とし、ⅱに掲げる金額がⅰに掲げる金額を超える場合におけるその超える部分の金額を差額負債調整勘定の金額とされます。 ⅰ　非適格合併等により移転を受けた事業に係る営業権（独立取引営業権を除きます。）の資産評定による価額（注２） ⅱ　非適格合併等により移転を受けた事業に係る将来の債務（上記３(1)の退職給与債務引受け又は上記３(2)の負担の引受けに係るもの及び確定債務を除きます。）で内国法人がその履行に係る負担の引受けをしたものの金額（注３）
②	非適格合併等により移転を受けた資産（営業権にあっては、独立取引営業権に限ります。）の取得価額（非適格合併等に際して上記①の資産評定を行っている場合には、上記①ⅰに掲げる金額を含みます。）の合計額がその非適格合併等により移転を受けた負債の額（退職給与負債調整勘定の金額、短期重要負債調整勘定の金額及び上記①ⅱに掲げる金額を含みます。）の合計額に満たない場合
	非適格合併等に係る資産調整勘定の金額及び差額負債調整勘定の金額は、ないものとされます。

(注)１　資産評定とは、非適格合併等により移転する資産及び負債の価額の評定（公正な価額によるものに限ります。）で、その非適格合併等後にその資産及び負債の譲渡を受ける者、その資産及び負債を有する法人の株式若しくは出資の譲渡を受ける者その他の利害関係を有する第三者又は公正な第三者が関与して行われるものとされています（法規27の16③）。

２　この「営業権」は法人税法上に定義がありませんが、一般的に事業の全部又は重要な一部を譲り受ける場合の個々の資産・負債の時価と事業全体の時価との差額概念としてののれんは営業権に該当すると解されていることからすれば、差額概念としてののれんはこの「営業権」に該当すると解され、これはマイナスの差額概念である負ののれんについても同様と解されます。そのため、負ののれんであっても、その価額が一定の資産評定に基づくものであれば、この「営業権」の価額として認められるとされた事例があります（国税庁 HP 質疑応答「無対価の非適格分社型分割が行われた場合における差額負債調整勘定の金額について」）。

３　履行に係る負担の引受けをしたものの金額とは、内国法人がその履行に係る負担の引受けをした将来の債務のうち 次に掲げるものの額とされています（法規27の16④）。

①　資産評定による価額がその資産評定を基礎として作成された貸借対照表に計上されている負債に係るもの

②　その額、その算定の根拠を明らかにする事項及びその算定の基礎とした事項を記載した書類を保存している場合のその書類に記載されているもの

8　資産調整勘定等の減額

上記3から7の規定により計上された資産調整勘定又は各負債調整勘定の金額は、次のとおり減額し損金の額又は益金の額に算入します。

⑴　資産調整勘定

資産調整勘定の金額は、その当初計上した金額を60で除してそれにその事業年度の月数（その事業年度がその資産調整勘定の金額に係る非適格合併等の日の属する事業年度である場合には、同日からその事業年度終了の日までの期間の月数）を乗じて計算した金額（その内国法人が自己を被合併法人とする非適格合併を行う場合又はその内国法人の残余財産が確定した場合にあっては、その合併の日の前日又はその残余財産の確定の日の属する事業年度終了の時の金額）を減額し、その事業年度の損金の額に算入します（法法62の8④⑤）。

⑵　退職給与負債調整勘定

退職給与引受従業者（退職給与債務引受けの対象とされた従業者をいいます。）が退職その他の事由（退職等）によりその内国法人の従業者でなくなった場合又はその者に対して退職給与を支給する場合には、その者に係る退職給与負債調整勘定の金額を減額しその事業年度の益金の額に算入します（法法62の8⑥一⑧）。

この場合の減額すべき金額は、減額対象従業者（退職給与引受従業者のうち、その事業年度においてその内国法人の従業者でなくなったもの（その事業年度終了の日の翌日に行われた内国法人を被合併法人とする合併に伴い、その内国法人の従業者でなくなったものを含みます。）又は退職給与の支給を受けたものをいいます。）に係る退職給与負債調整勘定の金額のうちその減額対象従業者に係る退職給与負債相当額の合計額となります（法令123の10⑩）。

ここにいう「退職給与負債相当額」とは、退職給与負債調整勘定の金額に係る当初計上額（非適格合併等の時に退職給与負債調整勘定の金額とするものとされた金額をいい、既にこの規定により減額した金額を除きます。）を退職給与引受従業者（既にその内国法人の従業者でなくなったもの及び退職給与の支給を受けたものを除きま

す。）の数で除して計算した金額をいいます（法令123の10⑩）。

また、その退職給与負債相当額については、内国法人が退職給与引受従業者ごとの退職給付引当金額の計算に関する明細を記載した書類を保存している場合には、その退職給与引受従業者ごとの退職給付引当金額に相当する金額とすることができるという特例規定があります（法令123の10⑫）。ただし、その退職等の日の属する事業年度（退職事業年度）前に退職等の事実があった場合にはその事実があった事業年度につきこの特例規定を適用していること、又は退職事業年度終了の日前に下記９②の適格分割等があった場合には引継ぎの対象となる退職給与負債調整勘定の金額の計算につきこの特例規定を適用していることが要件となります（法令123の10⑫ただし書）。

⑶　短期重要負債調整勘定

短期重要負債調整勘定に係る損失の額が生じた場合には、その損失相当額を減額し、非適格合併等の日から３年が経過した場合又は自己を被合併法人とする非適格合併を行った場合若しくはその残余財産が確定した場合にはその短期重要負債調整勘定の金額の全額を減額しその事業年度の益金の額に算入します（法法62の８⑥二⑧）。

⑷　差額負債調整勘定

差額負債調整勘定の金額は、その当初計上した金額を60で除してそれにその事業年度の月数（その事業年度がその差額負債調整勘定の金額に係る非適格合併等の日の属する事業年度である場合には、同日からその事業年度終了の日までの期間の月数）を乗じて計算した金額（その内国法人が自己を被合併法人とする非適格合併を行う場合又はその内国法人の残余財産が確定した場合にあっては、その合併の日の前日又はその残余財産の確定の日の属する事業年度終了の時の金額）を減額し、その事業年度の益金の額に算入します（法法62の８⑦⑧）。

９　非適格合併等の後に適格組織再編成が行われた場合

非適格合併等により計上した資産調整勘定等を有する内国法人を被合併法人、分割法人、現物出資法人とする適格合併等（適格合併、適格分割、適格現物出資をいいます。）を行った場合には、次の適格合併等の区分に応じて、それぞれに掲げる資産調整勘定等の金額が合併法人等（合併法人、分割承継法人、被現物出資法人をいいます。）に引き継がれることとされています（法法62の８⑨、法令123の10⑤⑪⑬）。

①	適格合併 適格合併直前の次のそれぞれの金額 i　資産調整勘定の金額 ii　退職給与負債調整勘定の金額のうち、内国法人が適格合併を行ったことに伴いその退職給与引受従業者が適格合併に係る合併法人の業務に従事することとなった場合（合併法人において退職給与債務引受けがされた場合に限ります。）のその退職給与引受従業者に係る退職給与負債相当額㈲の合計額 iii　短期重要負債調整勘定の金額 iv　差額負債調整勘定の金額 v　資産等超過差額
②	適格分割等（適格分割、適格現物出資をいいます。） 適格分割等直前の次の負債調整勘定の金額 i　退職給与負債調整勘定の金額のうち、内国法人が適格分割等を行ったことに伴いその退職給与引受従業者が分割承継法人等（分割承継法人、被現物出資法人をいいます。）の業務に従事することとなった場合（分割承継法人等において退職給与債務引受けがされた場合に限ります。）のその退職給与引受従業者に係る退職給与負債相当額㈲の合計額 ii　内国法人の適格分割等の直前における短期重要負債調整勘定の金額に係る移転事業（当初の非適格合併等により移転を受けた事業をいいます。）が適格分割等により移転をする場合におけるその短期重要負債調整勘定の金額（ただし、その内国法人において適格分割等以後も移転事業に相当する事業が行われることが見込まれる場合にあっては、その移転事業が適格分割等により移転をする場合で、かつ、その移転事業に係る資産及び負債のおおむね全部が適格分割等により移転をするときに限ります。）

㈲　退職給与負債相当額の計算は、上記８⑵に述べた方法と同様であり、その特例規定の適用もありますが、上記８⑵と同様にその適格合併又は適格分割等前に退職等の事実があった場合又は適格分割等があった場合には、それぞれの場合において既にこの特例規定を適用していることが要件となります（法令123の10⑫）。

この規定により合併法人等が引継ぎを受けた資産調整勘定の金額及び各負債調整勘定の金額は、合併法人等がその適格合併等の時において有するものとみなされます（法法62の８⑩）。また、合併法人の資産調整勘定の金額又は差額負債調整勘定の金額を減額する場合（上記８⑴又は⑷）のその金額を計算する際に使用する資産調整勘定又は差額負債調整勘定の当初計上額は、被合併法人におけるその当初計上した金額を引き継ぎ、適格合併の日の属する事業年度におけるその事業年度の月数は、適格合併の日からその事業年度終了の日までの期間の月数となります（法令123の10⑭）。

第8章　組織再編税制とグループ法人税制との関係

平成22年度に導入されたいわゆるグループ法人税制では、完全支配関係にある内国法人同士の資産の譲渡取引等について譲渡損益を繰り延べることや自己株式の取得等の取引について譲渡損益を生じさせないこと等の取扱いが行われており、組織再編税制の処理にも影響を与えています。

本章では、組織再編税制と特に関係が深い「100％グループ内の法人間の資産の譲渡取引」、「100％グループ内の法人の株式の発行法人への譲渡等」の制度の概要を解説するとともに、グループ法人税制の組織再編税制への影響についても解説します。

第1　グループ法人税制の概要

1　100％グループ内の法人間の資産の譲渡取引

⑴　譲渡損益の繰延べ

イ　譲渡利益相当額・譲渡損失相当額の損金算入・益金算入

㈠　内容

内国法人（普通法人又は協同組合等に限ります。以下、譲渡法人といいます。）がその有する下記ロの譲渡損益調整資産をその譲渡法人との間に完全支配関係がある他の内国法人（普通法人又は協同組合等に限ります。以下、譲受法人といいます。）に譲渡（注1）した場合には、その譲渡損益調整資産に係る譲渡利益額（その譲渡に係る収益の額が原価の額を超える場合におけるその超える部分の金額をいいます。）又は譲渡損失額（その譲渡に係る原価の額が収益の額を超える場合におけるその超える部分の金額をいいます。）に相当する金額は、その譲渡した事業年度（その譲渡が非適格合併による合併法人への移転である場合には、最後事業年度）の所得の金額の計算上、調整勘定繰入損又は調整勘定繰入益として損金の額又は益金の額に算入することとされています（法法61の11①）。

この場合の「譲渡に係る収益の額」とは、下記ハに掲げるものを除き、譲渡をした譲渡損益調整資産の引渡しの時の価額をいうこととされています（法法22の2④）。したがって、譲渡損益調整資産の譲渡は、時価取引が前提となります。また、この場合の「譲渡に係る原価の額」とは、譲渡損益調整資産の譲渡直前の帳簿価額（注2）をいうこととされており、不動産売買や有価証券の譲渡に係る手数料等の譲渡に係る付随費用は含まれません（法基通12の４－１－１）。

なお、譲渡法人においては、調整勘定繰入損により繰り入れた調整勘定は負債に、調整勘定繰入益により繰り入れた調整勘定は資産に、それぞれ含むこととされています（法令122の12⑭）（下記(3)参照）。

(注)１　「譲渡」には特段の制限はなく、例えば、法人税法64条の２第３項に規定するリース取引による賃貸人から賃借人へのリース取引の目的となる資産の引渡しも含まれます（国税庁 HP 質疑応答「完全支配関係のある法人間でリース取引を行った場合の譲渡損益の計上について」）。

２　法人が減価償却資産について期首から譲渡時点までの期間に係る減価償却費相当額を会計上償却費として計上した場合には、その減価償却費相当額（その金額がその事業年度の確定した決算において費用として経理されるものに限ります。以下、期中償却額といいます。）は税務上もその事業年度における費用の額として損金の額に算入することになり、譲渡利益額又は譲渡損失額の計算上、その譲渡に係る原価の額には含まれません。

一方、減価償却資産について、期中償却額がない場合には、その譲渡に係る原価の額は、その減価償却資産の譲渡直前の帳簿価額となります（国税庁質疑応答その２問５）。

〈適用対象取引〉

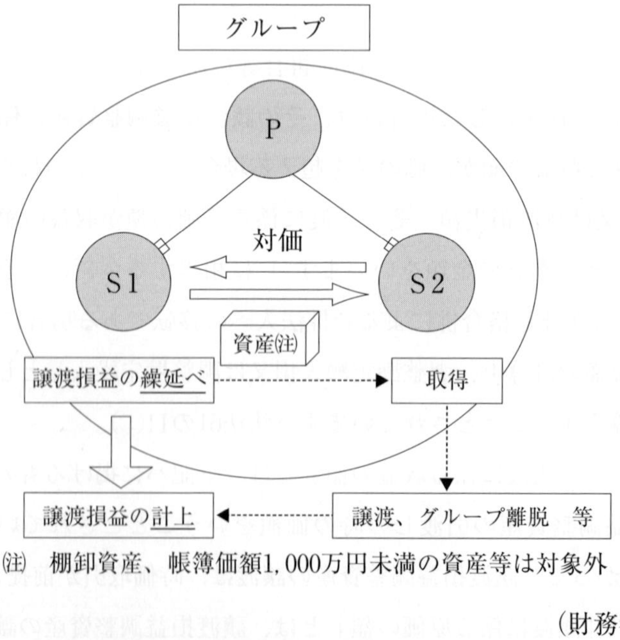

(注)　棚卸資産、帳簿価額1,000万円未満の資産等は対象外

（財務省資料より）

〈適用対象外取引〉

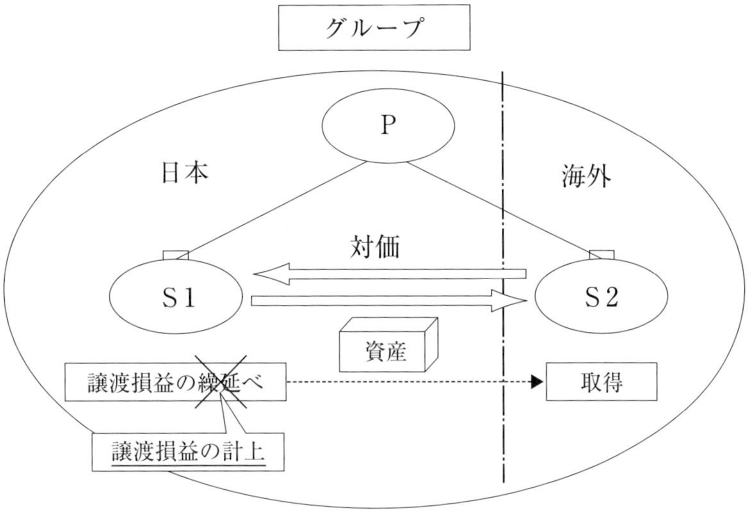

（財務省資料に加筆）

〈譲渡損益の調整〉

○　帳簿価額＜時価のケース

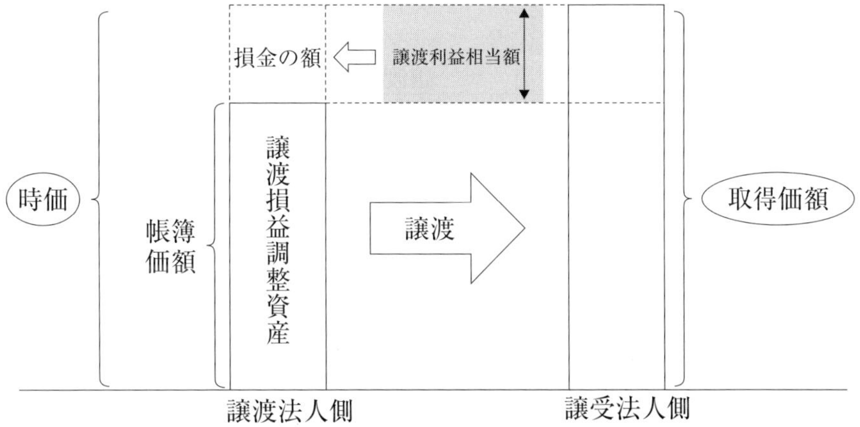

○　帳簿価額＞時価のケース

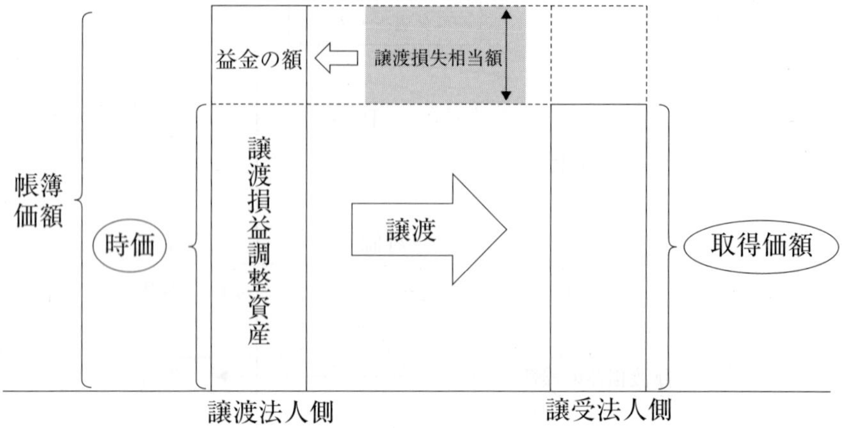

(ロ)　設例

前提　S_1社は、完全支配関係があるS_2社に対して譲渡損益調整資産である土地（帳簿価額100、時価150）を現金150で譲渡した。

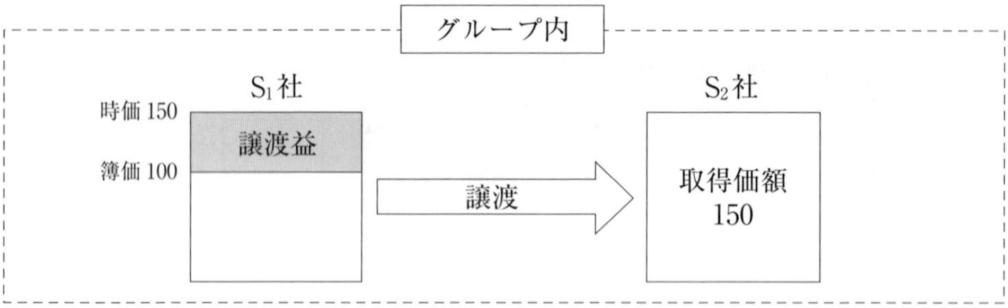

	S_1社の処理				S_2社の処理			
	〈土地の譲渡〉				〈土地の取得〉			
譲渡時	（借方）		（貸方）		（借方）		（貸方）	
	現金	150	土地	100	土地	150	現金	150
			譲渡益	50				
税務調整	〈申告調整：減算・留保〉							
	（借方）		（貸方）					
	調整勘定繰入損	50	調整勘定	50				

S_1社は、譲渡時に譲渡益50を計上しますが、申告調整において調整勘定繰入損50（別表四：減算・留保）、調整勘定（負債）50（別表五（一）Ⅰ：当期減算）の処理を行います。

S_2社は、購入代価150をもって土地の取得価額とします（法令54①一、法基通７－３－16の２）。

ロ　譲渡損益調整資産

(イ)　内容

譲渡損益調整資産とは、固定資産、棚卸資産たる土地（土地の上に存する権利を含みます。）、有価証券、金銭債権及び繰延資産とされていますが、次に掲げるものは除くこととされています（法法61の11①、法令122の12①）。

〈譲渡損益調整資産から除かれる資産〉

①	売買目的有価証券
②	譲受法人において売買目的有価証券とされる有価証券（①又は③に掲げるものを除きます。）
③	譲渡直前の帳簿価額（注１）が1,000万円に満たない資産（①に掲げるもの及び通算法人株式（注２）を除きます。）

(注)１　期中償却額がある場合には、その期中償却額を控除した後のその資産の帳簿価額（国税庁質疑応答その２問５）。

２　通算法人株式とは、譲渡法人が通算法人である場合における他の通算法人（法人税法施行令24条の３（資産の評価益の計上ができない株式の発行法人等から除外される通算法人）に規定する初年度離脱通算子法人及び通算親法人を除きます。）の株式又は出資（当該他の通算法人以外の通算法人に譲渡されたものに限ります。）をいいます。

(ロ)　帳簿価額の判定における単位

上記(イ)③における帳簿価額は、その譲渡した資産を次の単位に区分した後のそれぞれの資産の帳簿価額とされています（法規27の13の２、27の15①）。

〈単位の区分〉

①　金銭債権	一の債務者ごとに区分するものとする
②　減価償却資産	次に掲げる区分に応じそれぞれ次に定めるところによる
ⅰ　建物	一棟（注１）ごとに区分するものとする
ⅱ　機械及び装置	一の生産設備又は一台若しくは一基（注２）ごとに区分するものとする
ⅲ　その他の減価償却資産	ⅰ又はⅱに準じて区分するものとする
③　土地	土地を一筆（注３）ごとに区分するものとする
④　有価証券	その銘柄の異なるごとに区分するものとする
⑤　その他の資産	通常の取引の単位を基準として区分するものとする

(注)１　建物の区分所有等に関する法律１条（建物の区分所有）の規定に該当する建物にあっては、同法２条１項（定義）に規定する建物の部分

２　通常一組又は一式をもって取引の単位とされるものにあっては、一組又は一式

３　一体として事業の用に供される一団の土地にあっては、その一団の土地

ハ　譲渡損益調整資産の譲渡収益の額

上記イにおける「譲渡に係る収益の額」（譲渡収益の額）は、譲渡をした譲渡損益調整資産の引渡しの時の価額とされています（法法22の２④）が、譲渡損益調整資産の譲渡につき次の①から⑧の規定の適用があるときは、これらの規定によりその譲渡対価の額とされる金額を、その譲渡につき次の⑨から⑫の規定の適用があるときは、これらの規定によりその譲渡収益の額とされる金額を、それぞれ譲渡損益調整資産の譲渡収益の額とすることとされています（法令122の12②）。

〈組織再編等があった場合の譲渡収益の額〉

①	有価証券の一般的な譲渡	法法61の２①
②	適格合併による合併親法人株式の譲渡	法法61の２⑥
③	適格分割による分割承継親法人株式の譲渡	法法61の２⑦
④	株式以外の資産が交付されない株式交換による旧株の譲渡	法法61の２⑨
⑤	適格株式交換等による株式交換完全支配親法人株式の譲渡	法法61の２⑩
⑥	株式以外の資産が交付されない株式移転による旧株の譲渡	法法61の２⑪
⑦	取得請求権付株式、取得条項付株式、全部取得条項付種類株式、新株予約権付社債についての社債、取得条項付新株予約権、取得条項付新株予約権が付された新株予約権付社債の一定の事由による譲渡	法法61の２⑭
⑧	完全支配関係がある法人の株式の発行法人への譲渡等	法法61の２⑰
⑨	合併及び分割による資産等の時価による譲渡	法法62
⑩	適格分社型分割による資産等の帳簿価額による譲渡	法法62の３
⑪	適格現物出資による資産等の帳簿価額による譲渡	法法62の４
⑫	現物分配による資産の譲渡	法法62の５

例えば、完全支配関係がある法人の株式の発行法人への譲渡等があった場合（上記⑧）には、その株式の譲渡対価の額は、譲渡原価の額相当額とされ、譲渡損益は計上されません（下記２参照）。したがって、その株式は譲渡直前の帳簿価額が1,000万円に満たない場合を除き、譲渡損益調整資産に該当しますが、譲渡収益の額は、譲渡原

価の額相当額とされることにより、譲渡利益額又は譲渡損失額が生じず、調整勘定繰入損又は調整勘定繰入益を損金の額又は益金の額に算入する処理は生じないこととなります。

なお、株式等を対価とする株式の譲渡に係る所得の計算の特例（措法66の２）（529頁参照）の規定の適用がある場合においても、その譲渡対価の額とされる金額を譲渡損益調整資産の譲渡収益の額とすることとされています（措令39の10の２③三）。

ニ　圧縮記帳の適用を受けた場合の譲渡利益額

譲渡損益調整資産を譲受法人に譲渡した場合において、その譲渡につき交換により取得した資産の圧縮額の損金算入等（法法50、措法64～65の５の２、65の７～65の10）の規定によりその譲渡した事業年度の所得の金額の計算上損金の額に算入される金額（資産の譲渡に係る特別控除額の特例（措法65の６）の規定により損金の額に算入されない金額がある場合には、その金額を控除した金額。以下、損金算入額といいます。）があるときは、その譲渡損益調整資産に係る譲渡利益額は、その損金算入額を控除した金額とされています（法令122の12③）。

〈圧縮記帳の適用を受けた場合〉

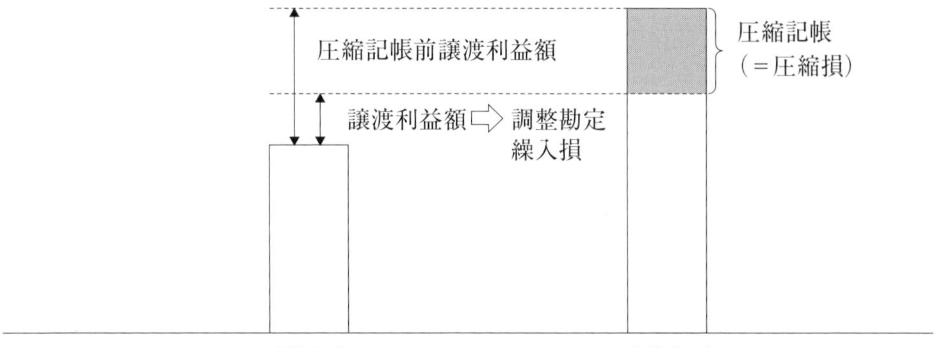

ホ　非適格合併による譲渡損益調整資産の移転

グループ内の他の内国法人との間での非適格合併による譲渡損益調整資産の移転についても譲渡損益の繰延べの適用を受けることになります。

この場合の取扱いについては、下記第２の１を参照してください。

ヘ　非適格分割型分割における分割対価資産の交付

分割型分割に係る分割対価資産は、会社法上、分割承継法人から分割法人に交付された上で、剰余金の配当により分割法人の株主等に交付されることとなりますが、非適格分割型分割に係る分割承継法人から分割対価資産が交付された場合には、その分割承継法人からその分割型分割に係る分割法人の株主等に対してその分割対価資産が譲渡されたものとみなして、上記イを適用することとされています（法令122の12⑮）。

〈非適格分割型分割における分割対価資産の交付〉

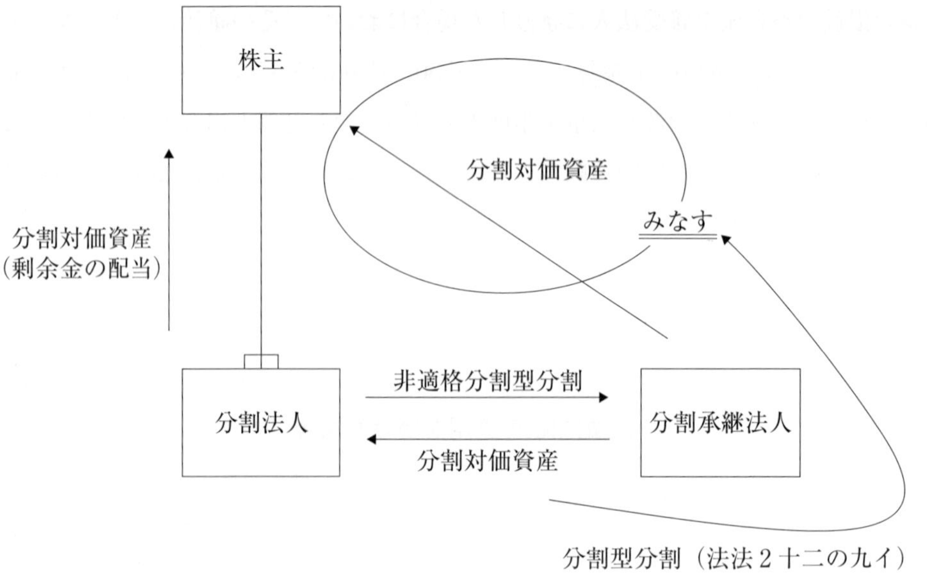

(2)　譲渡損益の戻入れ

イ　譲渡、償却、評価換え、貸倒れ、除却その他これらに類する事由による戻入れ

譲渡法人が譲渡損益調整資産に係る譲渡利益額又は譲渡損失額につき上記(1)イの適用を受けた場合において、譲受法人においてその譲渡損益調整資産に次の①から⑧の戻入事由（下記第２の１(3)ロの適用があるものを除きます。）が生じたときは、その譲渡損益調整資産に係る譲渡利益額又は譲渡損失額に相当する金額につき、その戻入事由の区分に応じた戻入額（その金額とその譲渡利益額又は譲渡損失額に係る調整済額(注)とを合計した金額がその譲渡利益額又は譲渡損失額に相当する金額を超える場合には、その超える部分の金額を控除した金額）を、その事由が生じた日の属するその譲受法人の事業年度終了の日の属するその譲渡法人の事業年度（その譲渡損益調整資産に係る譲渡利益額又は譲渡損失額につき下記ロ又はハの適用を受ける事業年度以後

の事業年度を除きます。）の所得の金額の計算上、調整勘定戻入益又は調整勘定戻入損として益金の額又は損金の額に算入することとされています（法法61の11②、法令122の12④）。

㈱　調整済額とは、譲渡損益調整資産に係る譲渡利益額又は譲渡損失額に相当する金額につき、既にその譲渡法人の各事業年度の所得の金額の計算上、調整勘定戻入益又は調整勘定戻入損として益金の額又は損金の額に算入された金額の合計額をいいます（法令122の12⑤）。

〈戻入事由と戻入額〉

	戻入事由（注１）	戻入額
①	譲渡（注２、３）、貸倒れ、除却その他これらに類する事由（注４）（②から⑧までに掲げる事由を除きます。）、適格分割型分割による分割承継法人への移転、普通法人又は協同組合等であるその譲受法人が公益法人等に該当することとなったこと	譲渡損益調整資産に係る譲渡利益額又は譲渡損失額相当額
②	資産の評価益の益金算入等の適用による評価換え	譲渡損益調整資産に係る譲渡利益額又は譲渡損失額相当額
③	譲受法人において減価償却資産に該当し、その償却費が損金の額に算入されたこと	譲渡損益調整資産に係る譲渡利益額又は譲渡損失額相当額 × 譲受法人において償却費として損金の額に算入された金額 ／ 譲受法人における譲渡損益調整資産の取得価額
④	譲受法人において繰延資産に該当し、その償却費が損金の額に算入されたこと	譲渡損益調整資産に係る譲渡利益額又は譲渡損失額相当額 × 譲受法人において償却費として損金の額に算入された金額 ／ 譲受法人における譲渡損益調整資産の額
⑤	資産の評価損の損金算入等の適用による評価換え	譲渡損益調整資産に係る譲渡利益額又は譲渡損失額相当額

⑥	譲渡損益調整資産と銘柄を同じくする有価証券（売買目的有価証券を除きます。）の譲渡（その譲受法人が取得したその銘柄を同じくする有価証券である譲渡損益調整資産の数に達するまでの譲渡に限ります。）	譲渡損益調整資産に係る譲渡利益額又は譲渡損失額相当額のうちその譲渡をした数に対応する部分の金額
⑦	譲受法人において償還有価証券に該当し、その調整差益又は調整差損が益金の額又は損金の額に算入されたこと	譲渡損益調整資産に係る譲渡利益額又は譲渡損失額相当額（調整済額を控除した金額） $\times \dfrac{\text{その事業年度の日数}}{\text{その事業年度開始の日から償還日までの日数}}$
⑧	通算制度の開始等に伴う資産の時価評価損益の規定により評価損益が損金の額又は益金の額に算入されたこと	譲渡損益調整資産に係る譲渡利益額又は譲渡損失額相当額

㊟１　上記に掲げる事由は、譲受法人において①の事由が生じた日の属するその譲受法人の事業年度終了の日、譲受法人において②から⑤まで、⑦若しくは⑧の事由により益金の額若しくは損金の額に算入された譲受法人の事業年度終了の日又は⑥の譲渡の日の属する譲受法人の事業年度終了の日に生じたものとすることとされています（法令122の12⑩）。

〈戻入時期〉

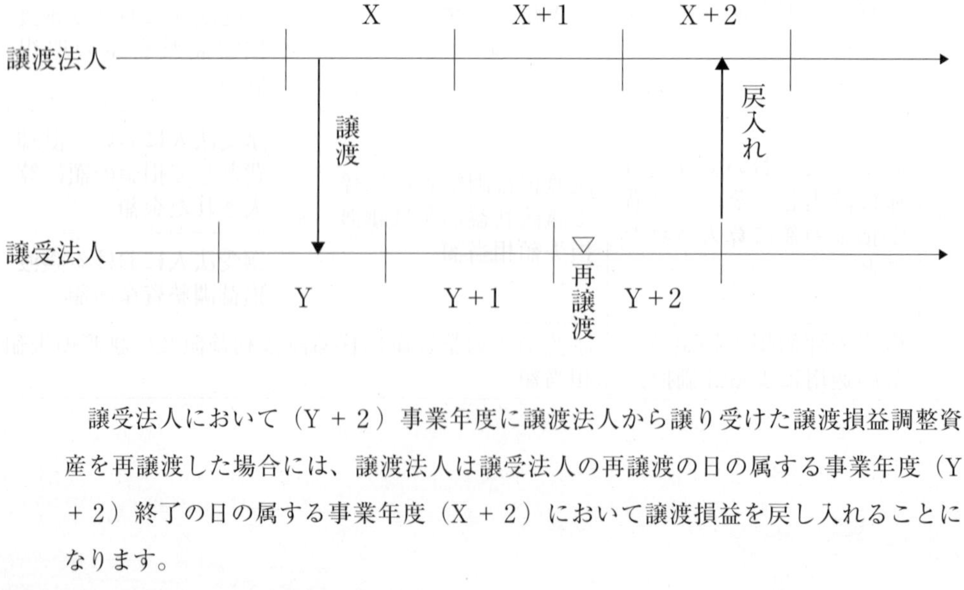

譲受法人において（Y＋２）事業年度に譲渡法人から譲り受けた譲渡損益調整資産を再譲渡した場合には、譲渡法人は譲受法人の再譲渡の日の属する事業年度（Y＋２）終了の日の属する事業年度（X＋２）において譲渡損益を戻し入れることになります。

2 「譲渡」には、完全支配関係がある他の法人に対する譲渡も含まれます。この制度の趣旨からすればグループ外に資産が譲渡されるまでは繰り延べた譲渡損益の戻入れは行わないでおくことが本来のあり方ではあるものの、グループ内の法人間で何度も転売されることは一般的に想定されないことや実務の簡便化を考慮し、グループ内で再譲渡が行われた場合には、繰り延べた譲渡損益を戻し入れることとされています（国税庁質疑応答その１問８、泉恒有他『平成22年版　改正税法のすべて』197頁（大蔵財務協会　平成22年））。

また、譲渡損益調整資産である株式若しくは出資が法人税法61条の２第２項の無対価の適格合併により消滅した場合のその消滅も譲渡に含まれます（平成24年８月３日付札幌国税局審理官文書回答「グループ法人税制における譲渡損益の実現事由について」）。

3 譲渡損益調整資産に係る譲渡利益額につき上記(1)イの適用を受けた場合において、譲受法人の有するその譲渡損益調整資産につき、土地区画整理法による土地区画整理事業の換地処分、都市再開発法による第一種市街地再開発事業の権利変換等があったことにより「換地処分等に伴い資産を取得した場合の課税の特例」の適用を受ける場合には、その換地処分等に係る譲渡は、その譲渡損益調整資産に係る戻入事由に該当しない（交換取得資産とともに補償金等又は保留地の対価を取得した場合には、その譲渡利益額のうちその補償金等又は保留地の対価の額に相当する部分の金額として一定の方法により計算した金額が戻入額として益金の額に算入されます。）こととされています（措法65⑩）。

この場合、譲受法人が換地処分等により取得した資産を譲渡損益調整資産とみなすこととされています（措法65⑪）。

4 「その他これらに類する事由」には、例えば、次に掲げる事由が該当することとされています（法基通12の４－３－１）。

i　金銭債権　譲受法人においてその全額が回収されたこと又は債権の取得差額に係る調整差損益の計上の取扱い（法基通２－１－34）の適用を受けたこと

ii　償還有価証券　譲受法人においてその全額が償還期限前に償還されたこと

iii　固定資産　譲受法人において災害等により滅失したこと

また、譲渡法人が譲渡損益調整資産に該当する株式を譲受法人に譲渡した後、その株式がその譲受法人を被合併法人とする適格合併によりその株式の発行法人である合併法人に移転する場合において、合併法人がその株式を自己株式として消却する場合におけるその「自己株式の消却」が戻入事由に該当することとされた事例があります（平成29年11月29日付広島国税局審理官文書回答「グループ法人税制で繰り延べた譲渡利益の戻入の要否」）。

〈譲渡損益調整資産の譲渡と戻入れ〉

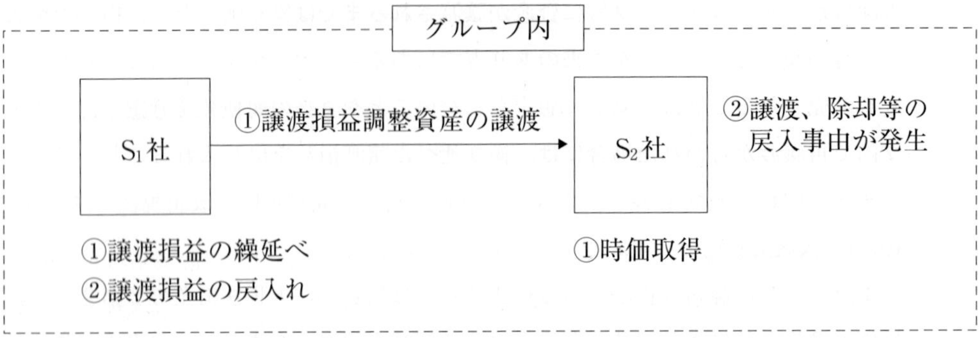

ロ　完全支配関係を有しないこととなったことによる戻入れ

譲渡法人が譲渡損益調整資産に係る譲渡利益額又は譲渡損失額につき上記⑴イの適用を受けた場合（その譲渡損益調整資産の非適格合併による合併法人への移転により上記⑴イの適用を受けた場合を除きます。）において、その譲渡法人がその譲渡損益調整資産に係る譲受法人との間に完全支配関係を有しないこととなったときは、その譲渡損益調整資産に係る譲渡利益額又は譲渡損失額に相当する金額のうち、その有しないこととなった日の前日の属する事業年度前の各事業年度の所得の金額の計算上益金の額又は損金の額に算入された金額以外の金額は、その譲渡法人のその有しないこととなった日の前日の属する事業年度の所得の金額の計算上、調整勘定戻入益又は調整勘定戻入損として益金の額又は損金の額に算入することとされています（法法61の11③）。

ただし、次に掲げる事由に基因して完全支配関係を有しないこととなった場合は除きます。

〈完全支配関係を有しないこととなった場合から除かれる事由〉

①	譲渡法人の適格合併（合併法人（法人を設立する適格合併にあっては、他の被合併法人の全て。②において同じ。）がその譲渡法人との間に完全支配関係がある内国法人であるものに限ります。）による解散
②	譲受法人の適格合併（合併法人がその譲受法人との間に完全支配関係がある内国法人であるものに限ります。）による解散

ちなみに、清算中の法人について、残余財産が確定し、その残余財産の分配及び清算結了をする場合における「完全支配関係を有しないこととなったとき」とは、残余

財産の確定の日の翌日とされています（泉恒有他『平成22年版　改正税法のすべて』199頁（大蔵財務協会　平成22年）、国税庁 HP 質疑応答「清算結了する場合におけるグループ法人税制で繰り延べた譲渡損益の取扱いについて」）。

ハ　通算制度の開始等に伴う戻入れ

通算制度の開始等に伴う資産の時価評価制度（法法64の11①、法法64の12①又は法法64の13①）の対象となる内国法人が時価評価事業年度（注１）以前の各事業年度において譲渡損益調整資産に係る譲渡利益額又は譲渡損失額につき上記(1)イの適用を受けた譲渡法人である場合には、その譲渡損益調整資産に係る譲渡利益額又は譲渡損失額に相当する金額のうち、その時価評価事業年度前の各事業年度の所得の金額の計算上益金の額又は損金の額に算入された金額以外の金額（以下、譲渡損益調整額といいます。）は、その時価評価事業年度の所得の金額の計算上、調整勘定戻入益又は調整勘定戻入損として益金の額又は損金の額に算入することとされています（法法61の11④、法令122の12⑪）。

ただし、この規定の適用は、次に掲げる譲渡損益調整額を除くこととされています。

〈適用除外となる譲渡損益調整額〉

<table>
<tr><td colspan="2">①　譲渡損益調整資産に係る譲渡利益額又は譲渡損失額からその譲渡損益調整資産に係る調整済額を控除した金額が1,000万円に満たない場合におけるその譲渡損益調整資産に係る譲渡損益調整額</td></tr>
<tr><td colspan="2">②　次に掲げる法人の区分に応じそれぞれ次に掲げる譲渡損益調整額</td></tr>
<tr><td rowspan="2">i</td><td>法人税法64条の11第１項に規定する内国法人（同項に規定する親法人を除きます。）</td></tr>
<tr><td>法人税法施行令131条の13第２項２号ロ（時価評価資産の範囲）に規定する初年度離脱開始子法人の有する譲渡損益調整額</td></tr>
<tr><td rowspan="2">ii</td><td>法人税法64条の12第１項に規定する他の内国法人</td></tr>
<tr><td>法人税法施行令131条の13第３項２号ロに規定する初年度離脱加入子法人の有する譲渡損益調整額</td></tr>
</table>

	法人税法64条の13第１項に規定する通算法人のうち、通算法人の株式又は出資を有する他の通算法人において同項に規定する通算終了直前事業年度終了の時後にその株式又は出資の譲渡又は一定の評価換えによる損失の額が生ずることが見込まれているもの
iii	上記①若しくはⅰ又はⅱに掲げる譲渡損益調整額及び次に掲げる要件のいずれかに該当しない譲渡損益調整額 （ⅰ）10億円を超えること （ⅱ）譲渡損失額に係るものであること （ⅲ）譲渡損益調整資産に係る譲受法人において、その譲渡損益調整資産につき、上記⑵イ①、②、⑤、⑥又は⑧に掲げる事由（下記第２の１⑶ロの適用があるものを除きます。）が生ずることが見込まれていること若しくは通算法人がその譲渡損益調整資産に係る譲受法人との間に完全支配関係を有しないこととなること（注２）が見込まれていること

㈲１　時価評価事業年度とは、法人税法64条の11第１項（通算制度の開始に伴う資産の時価評価損益）に規定する通算開始直前事業年度、法人税法第64条の12第１項（通算制度への加入に伴う資産の時価評価損益）に規定する通算加入直前事業年度又は法人税法64条の13第１項（通算制度からの離脱等に伴う資産の時価評価損益）に規定する通算終了直前事業年度をいいます。

２　上記⑵ロ①又は②に掲げる事由に基因して完全支配関係を有しないこととなる場合を除きます。

ニ　通産法人における戻入れの不適用

通算法人が譲渡損益調整資産に係る譲渡利益額又は譲渡損失額につき上記⑴イの規定の適用を受けた場合において、その譲渡損益調整資産の譲渡が他の通算法人（法人税法施行令24条の３（資産の評価益の計上ができない株式の発行法人等から除外される通算法人）に規定する初年度離脱通算子法人及び通算親法人を除きます。）の株式又は出資の当該他の通算法人以外の通算法人に対する譲渡であるときは、その譲渡損益調整資産については、上記イからハの規定を適用しないこととされています（法法61の11⑧）。

⑶　調整勘定の性質

譲渡法人が譲渡損益調整資産に係る譲渡利益額又は譲渡損失額につき上記⑴イの適用を受けた場合（その譲渡損益調整資産の非適格合併による合併法人への移転により上記⑴イの適用を受けた場合を除きます。）には、その譲渡法人の負債又は資産には、その譲渡利益額又は譲渡損失額（上記⑵二の適用があるもの及び調整済額を除きます。）に相当する調整勘定を含むものとし、譲渡法人を被合併法人とする適格合併につき下記第２の１(3)イの適用があるときは、その適格合併により合併法人に引き継がれる負債又は資産には、下記第２の１(3)イによりその合併法人が譲渡利益額又は譲渡損失額につき上記(1)イの適用を受けたものとみなされる場合のその譲渡利益額又は譲渡損失額（その譲渡法人における調整済額を除きます。）に相当する調整勘定を含むものとされています（法令122の12⑭）。

２　100％グループ内の法人の株式の発行法人への譲渡等

(1)　株式の発行法人への譲渡等の一般的取扱い

有価証券の譲渡損益の計算においては、その有価証券の譲渡の時における有償によるその有価証券の譲渡により通常得べき対価の額のうち、みなし配当の額を除いた部分が、有価証券の譲渡対価の額とされ、その金額と譲渡原価の額との差額を譲渡損益の額とすることとされています（法法61の２①）。

この場合、みなし配当の額は、法人（公益法人等及び人格のない社団等を除きます。）の株主等である内国法人がその法人の次に掲げる事由により金銭等の交付を受けた場合において、その金銭等の価額（適格現物分配に係る資産にあっては、その法人のその交付の直前の資産の帳簿価額相当額）の合計額がその法人の資本金等の額のうちその交付の基因となったその法人の株式等に対応する部分の金額（対応資本金等の額）を超えるときの、その超える部分の金額とされています（法法24①）。

〈みなし配当事由〉

①	非適格合併
②	非適格分割型分割
③	非適格株式分配
④	資本の払戻し（資本剰余金の額の減少に伴う配当のうち、分割型分割によるもの及び株式分配以外のもの並びに出資等減少分配（投資法人による出資総額等の減少に伴う金銭の分配として一定のものをいいます。）をいいます。）又は解散による残余財産の分配
⑤	自己の株式又は出資の取得（市場における購入による取得その他の一定の取得㈱及び法人税法61条の２第14項１号から３号までに掲げる株式又は出資の同項に規定する場合に該当する場合における取得を除きます。）
⑥	出資の消却（取得した出資について行うものを除きます。）、出資の払戻し、社員その他法人の出資者の退社又は脱退による持分の払戻しその他株式又は出資をその発行した法人が取得することなく消滅させること

⑦	組織変更（組織変更に際して組織変更をした法人の株式又は出資以外の資産を交付したものに限ります。）

㈜　市場における購入による取得その他の一定の取得とは、次に掲げるものをいいます（法令23③）。

i　金融商品取引法２条16項に規定する金融商品取引所（これに類するもので外国の法令に基づき設立されたものを含みます。）の開設する市場における購入

ii　店頭売買登録銘柄（株式で、金融商品取引法２条13項に規定する認可金融商品取引業協会が、その定める規則に従い、その店頭売買につき、その売買価格を発表し、かつ、その株式の発行法人に関する資料を公開するものとして登録したものをいいます。）として登録された株式のその店頭売買による購入

iii　金融商品取引法２条８項に規定する金融商品取引業のうち同項10号に掲げる行為を行う者が同号の有価証券の売買の媒介、取次ぎ又は代理をする場合におけるその売買（同号ニに掲げる方法により売買価格が決定されるものを除きます。）

iv　事業の全部の譲受け

v　合併又は分割若しくは現物出資（適格分割若しくは適格現物出資又は事業を移転し、かつ、その事業に係る資産に分割若しくは現物出資に係る分割承継法人若しくは被現物出資法人の株式が含まれている場合の分割若しくは現物出資に限ります。）による被合併法人又は分割法人若しくは現物出資法人からの移転

vi　適格分社型分割（分割承継親法人（第４章第２の１⑴ロ参照）の株式が交付されるものに限ります。）による分割承継法人からの交付

vii　法人税法61条の２第９項に規定する金銭等不交付株式交換（株式交換の直前に株式交換完全親法人と株式交換完全親法人以外の法人との間にその法人による完全支配関係がある法人の株式が交付されるものに限ります。）による株式交換完全親法人からの交付

viii　合併に反対する被合併法人の株主等の買取請求に基づく買取り

ix　会社法182条の４第１項（「資産の流動化に関する法律」38条又は50条１項において準用する場合を含みます。）、192条１項又は234条４項（会社法235条２項又は他の法律において準用する場合を含みます。）の規定による買取り

x　法人税法61条の２第14項３号に規定する全部取得条項付種類株式を発行する旨の定めを設ける法人税法13条１項に規定する定款等の変更に反対する株主等の買取請求に基づく買取り（その買取請求の時において、その全部取得条項付種類株式の同号に定める取得決議に係る取得対価の割当てに関する事項（その株主等に交付するその買取りをする法人の株式の数が１に満たない端数となるものに限ります。）がその株主等に明らかにされている場合（法人税法61条の２第14項に規定する場合に該

当する場合に限ります。）におけるその買取りに限ります。）

xi　法人税法61条の２第14項３号に規定する全部取得条項付種類株式に係る取得決議（取得決議に係る取得の価格の決定の申立てをした者でその申立てをしないとしたならば取得の対価として交付されることとなるその取得をする法人の株式の数が１に満たない端数となるものからの取得（同項に規定する場合に該当する場合における取得に限ります。）に係る部分に限ります。）

xii　会社法167条３項若しくは283条に規定する１株に満たない端数（これに準ずるものを含みます。）又は「投資信託及び投資法人に関する法律」88条の19に規定する１口に満たない端数に相当する部分の対価としての金銭の交付

〈グループ法人税制が適用されない場合の譲渡損益課税のイメージ図〉

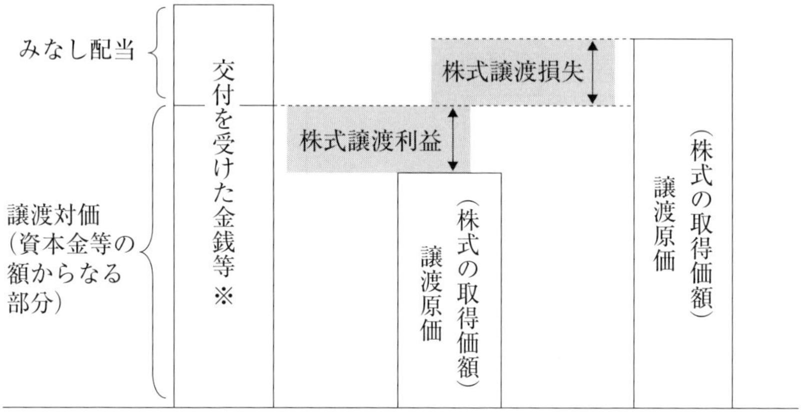

※有価証券の譲渡の時における有償によるその有価証券の譲渡により通常得べき対価の額の交付を受けたものとする。

(2)　100％グループ内の法人の株式の発行法人への譲渡等

内国法人が、所有していた株式（所有株式）を発行した他の内国法人（その内国法人との間に完全支配関係があるものに限ります。）の上記(1)の〈みなし配当事由〉に掲げる事由（非適格合併のうち株主において譲渡損益が生じないもの（法法61の２②）、非適格分割型分割のうち株主において譲渡損益が生じないもの（金銭等不交付分割型分割（法法61の２④））及び非適格株式分配のうち株主において譲渡損益が生じないもの（金銭等不交付株式分配（法法61の２⑧））を除きます。）により金銭その他の資産の交付を受けた場合（当該他の内国法人の非適格分割型分割、非適格株式分配、資本の払戻し若しくは解散による残余財産の一部の分配又は口数の定めがない出資についての出資の払戻しに係るものである場合にあっては、その交付を受けた時に

おいてその所有株式を有する場合に限ります。以下、⑶において同じです。）又はその事由により当該他の内国法人の株式を有しないこととなった場合（残余財産の分配を受けないことが確定した場合を含みます。以下、⑶において同じです。）における株式等の譲渡対価の額は、譲渡原価の額に相当する金額とされ、譲渡損益は生じないこととされています（法法61の２⑰）。

〈グループ法人税制の適用有無のイメージ図〉

○　譲渡利益が生じていたケース

（グループ法人税制適用なし）　　　　（グループ法人税制適用あり）

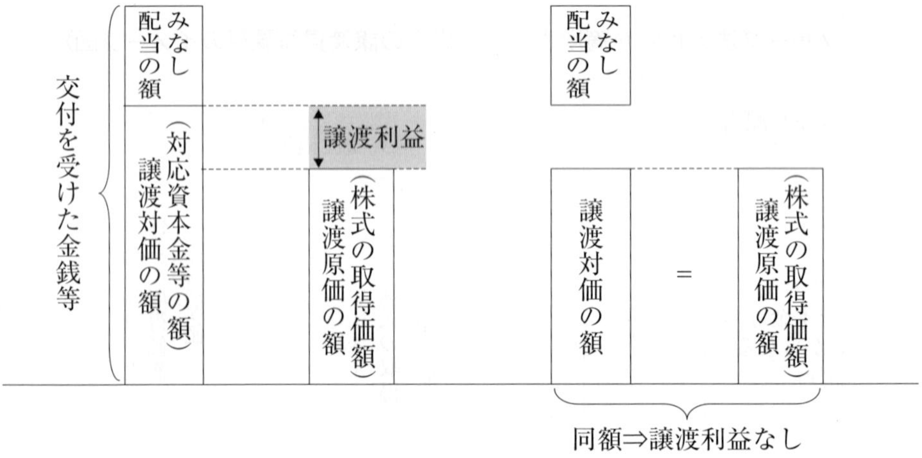

○　譲渡損失が生じていたケース

（グループ法人税制適用なし）　　　　（グループ法人税制適用あり）

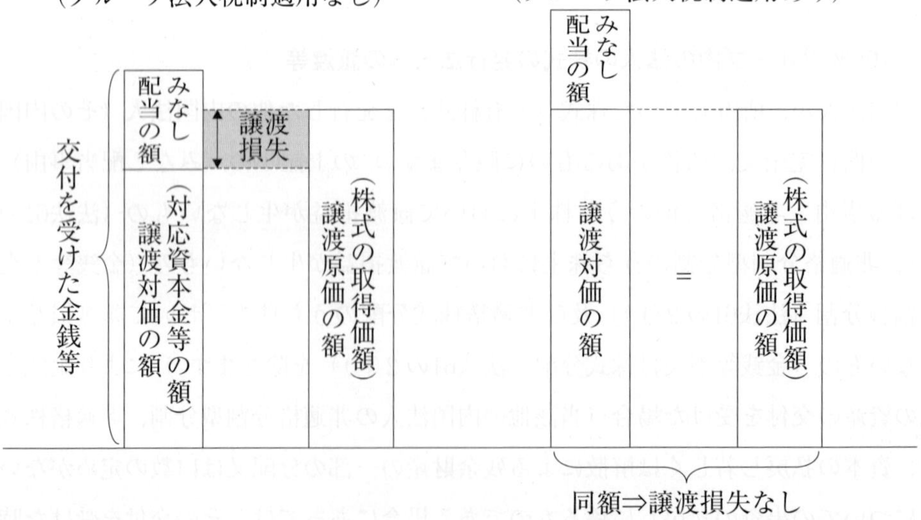

(3) 譲渡損益相当額の調整

イ　資本金等の額の調整

上記(2)の適用を受ける場合のみなし配当の金額及び譲渡対価の額とされる金額の合計額からその金銭の額及びその資産の価額（適格現物分配に係る資産にあっては、その資産の取得価額とされる金額）の合計額を減算した金額に相当する金額（譲渡損益相当額）は、資本金等の額から減算することとされています（法令８①二十二）。計算結果がマイナスとなる場合には、マイナス金額の減算となるため、資本金等の額は増加することとなります。

すなわち、グループ法人税制の適用がない場合（上記(1)の場合）において生ずる譲渡損益に相当する金額は、資本金等の額の減少額又は増加額として処理されることとなります。

（算式）

> （みなし配当の金額＋譲渡対価とされる金額）－交付を受けた金銭等の額
> ＝資本金等の額の減少（計算結果がプラスの場合）又は資本金等の額の増加（計算結果がマイナスの場合）

〈資本金等の額が減少する場合〉

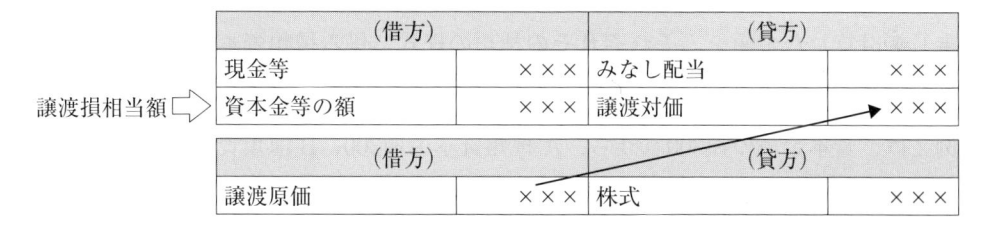

（借方）		（貸方）	
現金等	×××	みなし配当	×××
資本金等の額	×××	譲渡対価	×××

譲渡損相当額 ⇨ 資本金等の額

（借方）		（貸方）	
譲渡原価	×××	株式	×××

〈資本金等の額が増加する場合〉

（借方）		（貸方）	
現金等	×××	みなし配当	×××
		譲渡対価	×××
		資本金等の額	×××

資本金等の額 ⇦ 譲渡益相当額

（借方）		（貸方）	
譲渡原価	×××	株式	×××

〈譲渡損益相当額の調整〉

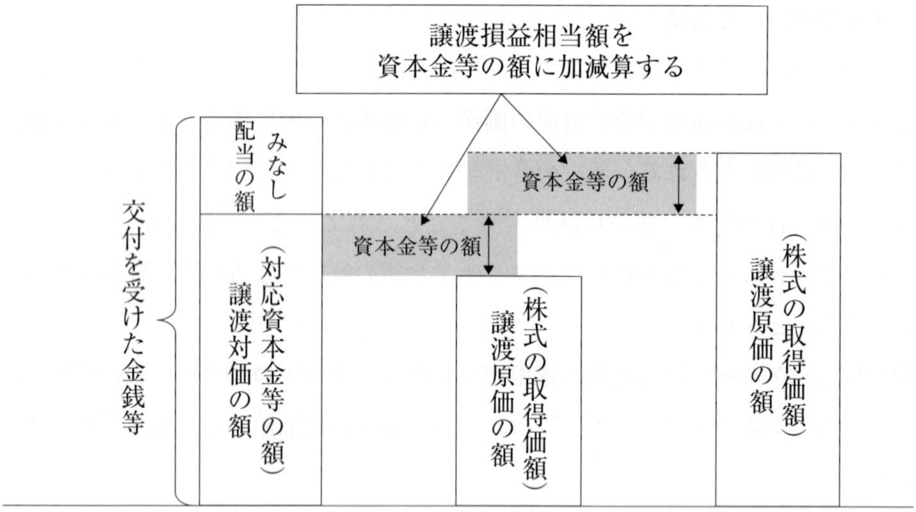

ロ　種類資本金額の調整

上記イにより、みなし配当事由が生じた場合には、株主は自らの資本金等の額を加減することとされています。

そこで２以上の種類の株式を発行する法人が上記イに該当する場合には、上記イの金額をその法人の発行済株式又は出資（自己の株式及び償還株式を除きます。）のそのみなし配当事由が生じた時の直後の価額の合計額で除し、これに株式の種類ごとにその種類の株式（自己の株式及び償還株式を除きます。）のその直後の価額の合計額を乗じて計算した金額を、それぞれその種類の株式に係る種類資本金額から減算することとされています（法令８⑥）。

例えば、資本金等の額300（うち、Ａ種類資本金額200、Ｂ種類資本金額100）、資本金等の額の減算額が60の場合、次のようになります。

○　A種類資本金額の減算額

$$\frac{60}{300} \times 200 = 40$$

○　B種類資本金額の減算額

$$\frac{60}{300} \times 100 = 20$$

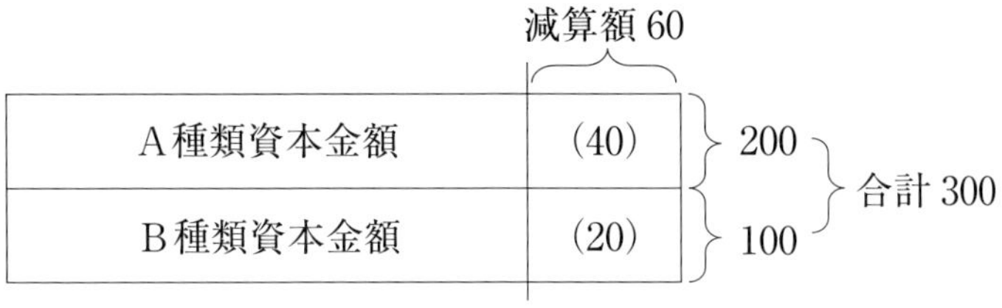

第２　グループ法人税制の組織再編税制への影響

１　譲渡損益調整資産の移転

⑴　非適格合併による資産及び負債の移転

被合併法人が非適格合併により合併法人にその有する資産及び負債の移転をしたときは、被合併法人がその移転する資産及び負債を合併時の価額（時価）により合併法人に譲渡したものとして譲渡損益を計上することとなります（法法62）が、100％グループ内の法人間の非適格合併にあっては譲渡損益調整資産の移転につき譲渡損益の繰延べ（上記第１の１⑴参照）の適用を受けることになります（法法61の11①）。

しかしながら、合併が行われた場合には、被合併法人は消滅することから、その後の譲渡損益の戻入れができないことになります。このため、非適格合併に係る被合併法人がその合併による譲渡損益調整資産の移転につき譲渡損益の繰延べの適用を受けた場合には、その譲渡損益調整資産に係る譲渡利益額に相当する金額はその合併に係る合併法人のその譲渡損益調整資産の取得価額に算入しないものとし、その譲渡損益調整資産に係る譲渡損失額に相当する金額はその合併法人のその譲渡損益調整資産の取得価額に算入することとされています（法法61の11⑦）。

〈合併における資産等の流れと合併後の資本関係〉

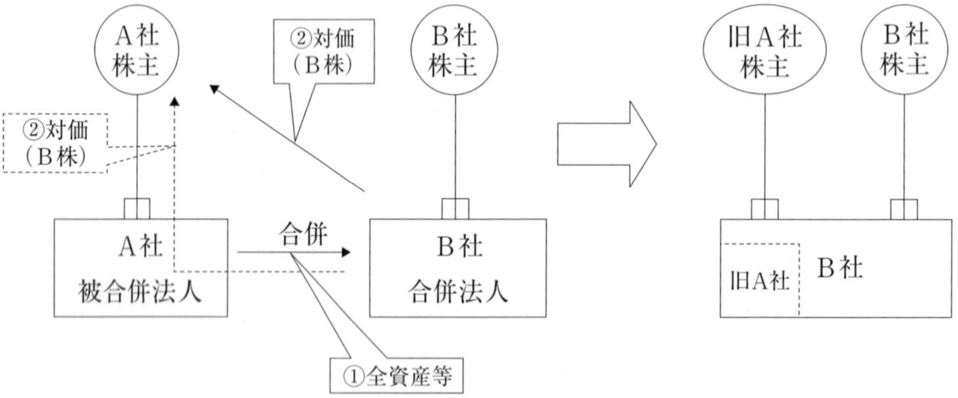

〈グループ法人間の合併の課税関係〉

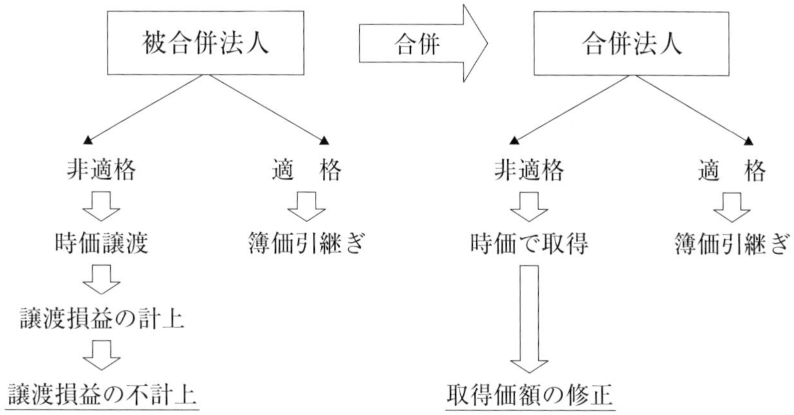

なお、譲渡利益額に相当する金額を取得価額に算入しないこととされる金額については、利益積立金額を減少し、譲渡損失額に相当する金額を取得価額に算入することとされる金額については、利益積立金額を増加することとされています（法令９一タ）。

〈帳簿価額が時価を下回る場合（帳簿価額＜時価）〉

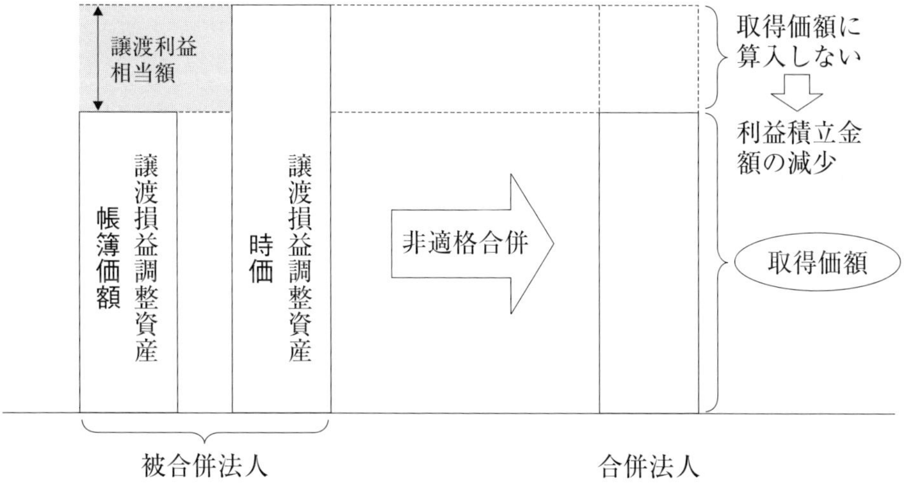

〈帳簿価額が時価を上回る場合（帳簿価額＞時価）〉

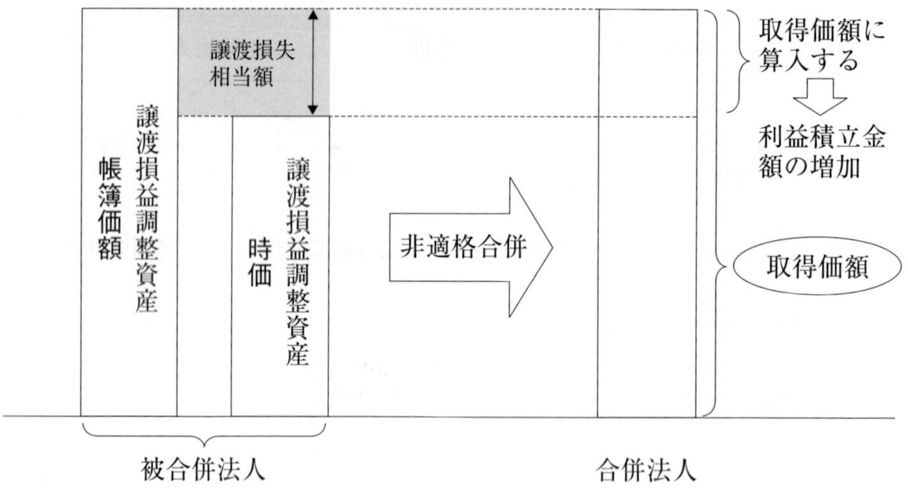

また、非適格合併に係る被合併法人がその合併による譲渡損益調整資産の移転につき譲渡損益の繰延べの適用を受けた場合には、合併法人は繰越欠損金額の利用制限（法法57④）及び特定資産の譲渡等損失額の損金不算入制度（法法62の７）の適用対象とされることから留意が必要です（第６章参照）。

⑵　非適格合併による譲渡損益調整資産の移転の設例

被合併法人の貸借対照表が、資産100（時価150）、資本金等の額100である場合それぞれの法人は、次のように処理することになります。

〈被合併法人〉

（借方）		（貸方）	
現金等	150	資産	100
		譲渡益	50

（借方）		（貸方）	
調整損	50	社外流出	50

〈合併法人〉

（借方）		（貸方）	
資産	150	現金等	150

（借方）		（貸方）	
利益積立金額	50	資産	50

非適格合併により譲渡損益調整資産を移転する場合の譲渡利益額又は譲渡損失額に相当する金額を損金の額又は益金の額に算入する金額については、社外流出として取り扱われ、調整勘定は負債又は資産に含まれません（法令122の12⑭）。

被合併法人における調整損の具体的な調整は、申告書別表四「38欄」において行うことになります。

本件の場合、非適格合併による譲渡利益50と調整損50が通算されて、結果として記載不要となります。

（参　考）

別表四　記載要領（一部抜粋）

法人が適格合併に該当しない合併により当該法人との間に完全支配関係がある他の内国法人に対して移転した法第61条の11第１項（完全支配関係がある法人の間の取引の損益）に規定する譲渡損益調整資産に係る同項に規定する譲渡利益額又は譲渡損失額に相当する金額について、同項の規定により損金の額又は益金の額に算入される金額がある場合には、「非適格合併又は残余財産の全部分配等による移転資産等の譲渡利益額又は譲渡損失額（38）」の欄は、当該損金の額又は益金の額に算入される金額を減算し、又は加算した金額を記載すること。

⑶　譲渡取引後に適格組織再編成が行われた場合

イ　譲渡法人が適格合併により解散した場合

譲渡法人が譲渡損益調整資産に係る譲渡利益額又は譲渡損失額につき上記第１の１⑴イの適用を受けた場合において、その譲渡法人が適格合併（合併法人（法人を設立する適格合併にあっては、他の被合併法人の全て）がその譲渡法人との間に完全支配関係がある内国法人であるものに限ります。）により解散したときは、その適格合併に係る合併法人のその適格合併の日の属する事業年度以後の各事業年度においては、その合併法人をその譲渡利益額又は譲渡損失額につき上記第１の１⑴イの適用を受けた譲渡法人とみなすこととされています（法法61の11⑤）。

この場合、上記第１の１⑵ロの「その有しないこととなった日の前日の属する事業年度前の各事業年度の所得の金額の計算上益金の額又は損金の額に算入された金額」及び上記第１の１⑵ハの「その時価評価事業年度前の各事業年度の所得の金額の計算上益金の額又は損金の額に算入された金額」には、その譲渡損益調整資産に係る譲渡利益額又は譲渡損失額に相当する金額で被合併法人である譲渡法人のその適格合併の日の前日の属する事業年度以前の各事業年度の所得の金額の計算上益金の額又は損金の額に算入された金額を含むこととされています（法令122の12⑬）。

〈譲渡法人がグループ内の適格合併により解散した場合〉

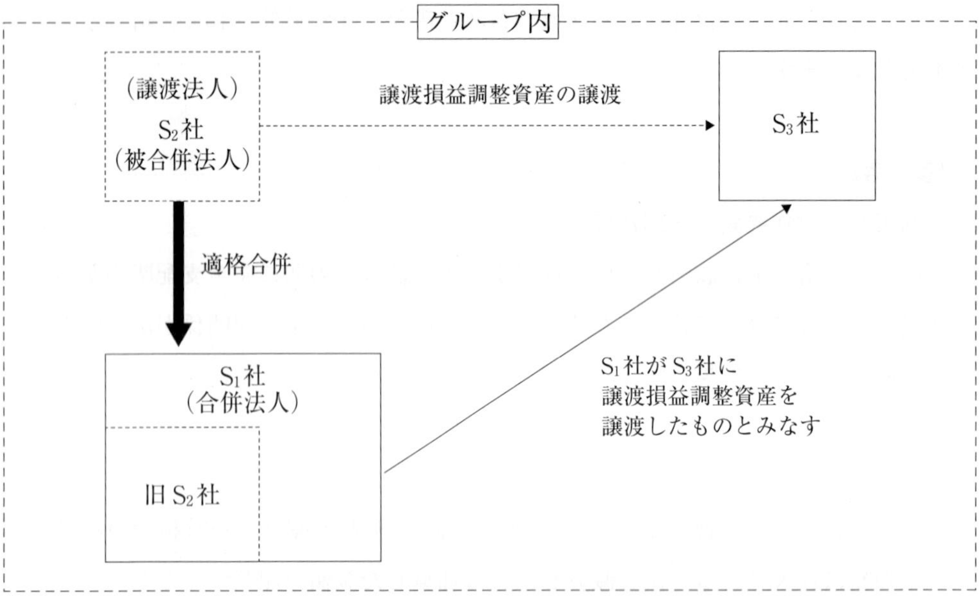

S_1社が、譲渡損益調整資産を譲渡してその調整勘定繰入益又は調整勘定繰入損を益金の額又は損金の額に算入した S_2社（S_1社との間に完全支配関係があります。）との間で、S_2社を被合併法人とする適格合併を行った場合には、S_1社がその譲渡損益調整資産を譲渡したものとみなして、その後の繰り延べた譲渡損益の戻入れを行います。

ロ　譲受法人が適格合併等により譲渡損益調整資産を移転した場合

譲渡法人が譲渡損益調整資産に係る譲渡利益額又は譲渡損失額につき上記第１の１⑴イの適用を受けた場合において、その譲渡損益調整資産に係る譲受法人が適格合併、適格分割、適格現物出資又は適格現物分配（合併法人、分割承継法人、被現物出資法人又は被現物分配法人（法人を設立する適格合併、適格分割又は適格現物出資にあっては、他の被合併法人、他の分割法人又は他の現物出資法人の全て）がその譲受法人との間に完全支配関係がある内国法人であるものに限ります。）により合併法人、分割承継法人、被現物出資法人又は被現物分配法人（以下、合併法人等といいます。）にその譲渡損益調整資産を移転したときは、その移転した日以後に終了するその譲渡法人の各事業年度においては、その合併法人等をその譲渡損益調整資産に係る譲受法人とみなすこととされています（法法61の11⑥）。

〈譲受法人がグループ内の適格合併等により譲渡損益調整資産を移転した場合〉

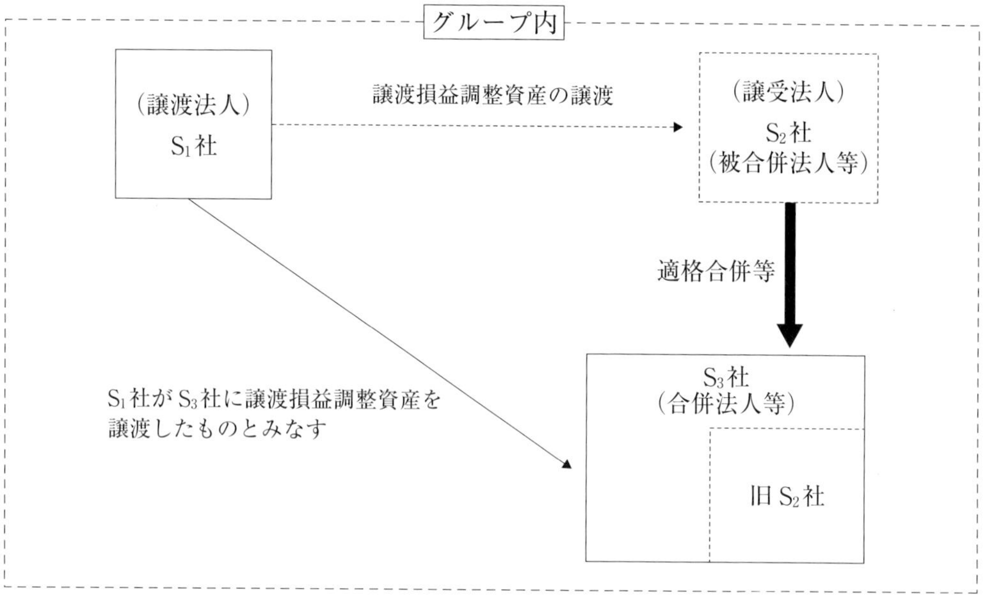

S_2社が自己を被合併法人、分割法人、現物出資法人又は現物分配法人とする適格合併、適格分割、適格現物出資又は適格現物分配によりグループ内のS_3社に譲渡損益調整資産を移転した場合には、S_1社は、S_3社を譲受法人とみなしてその後の繰り延べた譲渡損益の戻入れを行います。

２　非適格株式交換等に係る株式交換等完全子法人等の有する資産の時価評価制度

内国法人が自己を株式交換等完全子法人又は株式移転完全子法人とする非適格株式交換等又は非適格株式移転（以下、非適格株式交換等といいます。）を行った場合には、その内国法人がその非適格株式交換等の直前の時において有する時価評価資産の評価益の額又は評価損の額は、その非適格株式交換等の日の属する事業年度の所得の金額の計算上、益金の額又は損金の額に算入することとされています（第５章第７の１(1)イ(イ)、第８の１(1)参照）が、100％グループ間で非適格合併による資産の移転を行った場合の譲渡損益調整資産の譲渡損益を繰り延べる規定（上記１参照）との整合性を図る観点から、100％グループ内で行われた非適格株式交換等については、この時価評価損益の規定の対象外とされています（法法62の９①かっこ書）。

〈グループ法人税制での取扱い〉

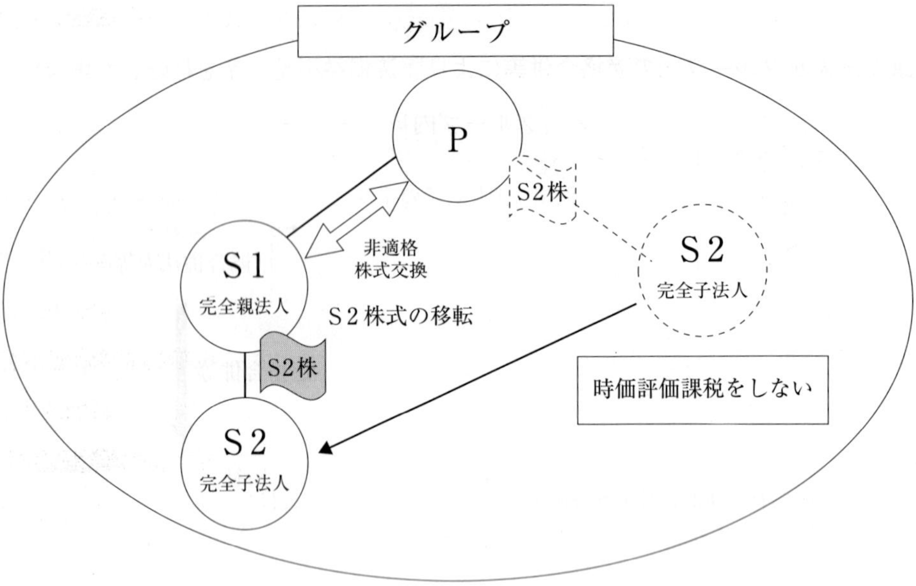

（財務省資料を一部修正）

（参考）

株式等を対価とする株式の譲渡に係る所得の計算の特例（株式交付の特例）

令和元年に改正された会社法において、組織再編行為として、株式交付が創設され、令和３年３月１日から適用が開始されました（会社法の一部を改正する法律（令和元年法律第70号）附則１、会社法の一部を改正する法律の施行期日を定める政令（令和２年政令第325号））。

一方で、法人税法においては、株式交付は、事業の移転には該当しないこと及び株式の譲渡が任意であることから、組織再編税制には該当しない㈱こととされています（石井隆太郎他『令和３年版　改正税法のすべて』662頁（大蔵財務協会　令和３年））。

しかしながら、株式交付子会社（下記１参照）の株主に株式交付子会社の株式の譲渡益に対して課税がされることは、株式交付を実行する障害となること等の理由から、租税特別措置法において、株式交付子会社の株式の譲渡損益の計上を繰り延べる税制措置が令和３年度税制改正において設けられ、令和３年４月１日以後に行われる株式交付から適用が開始されました（令３年改正法附則53）。

㈱　株式交付は、現物出資の一種であることには変わりないと考えられることから、組織再編成に係る行為又は計算の否認規定（法法132の２）の対象になるとされています（石井隆太郎他『令和３年版　改正税法のすべて』664頁（大蔵財務協会　令和３年））。

１　株式交付の概要

株式交付とは、株式会社が他の株式会社をその子会社とするために当該他の株式会社の株式を譲り受け、その株式の譲渡人に対してその株式の対価としてその株式会社の株式を交付することをいいます（会社法２三十二の二）。

この場合の子会社とは、会社が他の会社等（会社（外国会社を含みます。）、組合（外国における組合に相当するものを含みます。）及びその他これらに準ずる事業体をいいます。）の財務及び事業の方針の決定を支配している場合（当該他の会社等（注１）の議決権の総数に対する自己（注２）の計算において所有している議決権の数の割合が50％を超えている場合に限ります。）

における当該他の会社等をいいます（会社法２三・三十二の二、会社法施行規則２③二、４の２）。すなわち、株式交付とは、株式会社が他の株式会社を議決権割合50％超の子会社とするために行われるものです。

また、株式交付をする株式会社を株式交付親会社といい、株式交付親会社が株式交付に際して譲り受ける株式を発行する株式会社を株式交付子会社といいます（会社法774の３①一）。

株式交付が行われた場合には、株式交付子会社の株主のうち、株式交付親会社に株式交付子会社株式（株式交付子会社の株式をいいます。）の譲渡の申込みをした者及び譲渡を行う契約をした者で譲渡人となった者は、対価として株式交付親会社株式（株式交付親会社の株式をいいます。）及び金銭その他の資産の交付を受けることになります（会社法774の３①五、774の４他）。

㈱１　他の会社等からは、次に掲げる会社等であって、有効な支配従属関係が存在しないと認められるものを除きます（会社法施行規則３③一かっこ書）。

①　民事再生法の規定による再生手続開始の決定を受けた会社等

②　会社更生法の規定による更生手続開始の決定を受けた株式会社

③　破産法の規定による破産手続開始の決定を受けた会社等

④　その他①から③までに掲げる会社等に準ずる会社等

２　自己には、その子会社（会社が他の会社等の財務及び事業の方針の決定を支配している場合における当該他の会社等をいいます。）及び子法人等（会社以外の会社等が他の会社等の財務及び事業の方針の決定を支配している場合における当該他の会社等をいいます。）を含みます（会社法施行規則３③一かっこ書）。

〈株式交付〉

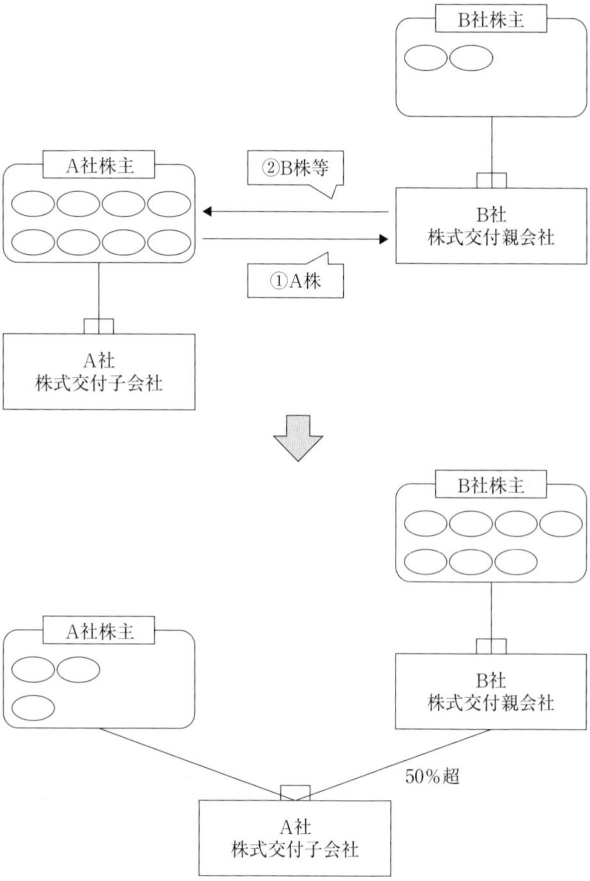

2　株式等を対価とする株式の譲渡に係る所得の計算の特例

⑴　株式交付子会社の株主の課税関係

法人が所有株式（その法人が有する株式をいいます。）を発行した他の法人を株式交付子会社とする株式交付によりその所有株式を譲渡し、その株式交付に係る株式交付親会社株式の交付を受けた場合（その株式交付により交付を受けた株式交付親会社株式の価額が交付を受けた金銭の額及び金銭以外の資産の価額の合計額のうちに占める割合が80%に満たない場合を除きます。）には、その譲渡した株式の譲渡損益の計算における譲渡対価の額は、その所有株式の株式交付の直前の帳簿価額に相当する金額に次の株式交付割合を乗じて計算した金額とその株式交付により交付を受けた金銭の額及び金銭以外の資産の価額の合計額（株式交付親会社株式の価額並びに剰余金の配当として交付を受けた金銭の額及び金銭以外の資産の価額の合計額を除きます。）とを合計した金額とされ、所有株式の譲渡のうち、株式交付親会社に対応する部分については、譲渡損益は生じません（措法66の２①）。

この場合に取得する株式交付親会社株式の取得価額は、株式交付により譲渡した所有株式のその譲渡の直前の帳簿価額に株式交付割合を乗じて計算した金額（株式交付親会社株式の交付を受けるために要した費用がある場合には、その費用の額を加算した金額）とされます（措法66の２②、措令39の10の２③一）。

〈株式交付割合〉

$$\frac{\text{株式交付により交付を受けた株式交付親会社株式の価額}}{\text{株式交付により交付を受けた金銭の額及び金銭以外の資産の価額の合計額㊟}}$$

㊟　剰余金の配当として交付を受けた金銭の額及び金銭以外の資産の価額の合計額を除きます。

〈株式交付子会社の株主の税務仕訳（株式交付親会社株式のみが交付された場合）〉

（借方）		（貸方）	
株式交付親会社株式㊟	××	譲渡対価㊟	××
譲渡原価	××	株式交付子会社株式（所有株式）	××

㊟　株式交付子会社株式の帳簿価額×株式交付割合（100％）

〈譲渡対価と譲渡原価を相殺した場合〉

（借方）		（貸方）	
株式交付親会社株式	××	株式交付子会社株式（所有株式）	××

〈株式交付子会社の株主の税務仕訳（株式交付親会社の株式以外の資産も交付された場合）〉

（借方）		（貸方）	
株式交付親会社株式（注１）	××	譲渡対価（注２、３）	××
金銭等	××		
譲渡原価（注３）	××	株式交付子会社株式（所有株式）	××

(注) 1　株式交付子会社株式の帳簿価額×株式交付割合

2　株式交付子会社株式の帳簿価額×株式交付割合＋金銭の額及び金銭以外の資産の価額

3　譲渡損益＝譲渡対価－譲渡原価

〈譲渡対価と譲渡原価を相殺した場合〉

（借方）		（貸方）	
株式交付親会社株式	××	株式交付子会社株式（所有株式）	××
金銭等	××	譲渡益	××

⑵　株式交付親会社の課税関係

イ　株式交付子会社株式の取得価額

⑴　株式交付親会社株式のみを交付した場合

株式交付親会社は、株式交付により株式交付親会社株式のみを交付した場合には、次に掲げる場合の区分に応じそれぞれに掲げる金額によって、株式交付子会社株式を取得します（措法66の２②、措令39の10の２④一）。

〈株式交付子会社株式の取得価額〉

①	株式交付により株式交付子会社株式を50人未満の株式交付子会社の株主から取得をした場合
	その株主が有していた株式交付子会社株式の取得の直前における帳簿価額（注１）に相当する金額（株式交付子会社株式の取得をするために要した費用がある場合には、その費用の額を加算した金額）
②	株式交付により株式交付子会社株式を50人以上の株式交付子会社の株主から取得をした場合
	株式交付子会社の取得の日を含む事業年度の前事業年度（注２）終了の時の資産の帳簿価額から負債（新株予約権及び株式引受権に係る義務を含みます。）の帳簿価額を減算した金額（注３）に相当する金額に株式交付子会社のその取得の日における発行済株式（株式交付子会社が有する自己の株式を除きます。）の総数のうちにその取得をした株式交付子会社株式の数の占める割合を乗ずる方法その他一定の方法により計算した金額（株式交付子会社株式の取得をするために要した費用がある場合には、その費用の額を加算した金額）

㈱１　株主が公益法人等又は人格のない社団等であり、かつ、株式交付子会社株式がその収益事業以外の事業に属するものであった場合には株式交付子会社株式の価額として株式交付親会社の帳簿に記載された金額となり、株主が個人である場合にはその個人が有していた株式交付子会社株式の取得の直前における取得価額となります。

２　取得の日以前６月以内に法人税法72条１項に規定する期間について同項各号に掲げる事項を記載した中間申告書を提出し、かつ、その提出の日からその取得の日までの間に確定申告書を提出していなかった場合には、その中間申告書に係る同項に規定する期間となります。

３　その終了の時から取得の日までの間に資本金等の額又は利益積立金額（法人税法施行令９条１号及び６号に掲げる金額を除きます。）が増加し、又は減少した場合には、その増加した金額を加算し、又はその減少した金額を減算した金額となります。

㈺　株式交付親会社株式以外の資産も交付した場合

株式交付親会社は、株式交付により株式交付子会社の株主に株式交付親会社株式以外の資産を交付した場合（株式交付子会社の株主に交付した自己の株式の価額がその株式交付により株主に交付した金銭の額及び金銭以外の資産の価額の合計額のうちに占める割合が80％に満たない場合を除きます㈲。）には、次に掲げる金額の合計額（株式交付子会社株式の取得をするために要した費用がある場合には、その費用の額を加算した金額）によって、株式交付子会社株式を取得します（措法66の２②、措令39の10の２④二）。

㈲　その割合が80％に満たない場合には、現物出資に関する規定が適用されます（石井隆太郎他『令和３年版　改正税法のすべて』665頁（大蔵財務協会　令和３年））。

〈株式交付子会社株式の取得価額〉

①	上記(イ)①又は②に掲げる場合の区分に応じそれぞれに掲げる金額に株式交付割合を乗じて計算した金額
②	株式交付により株主に交付した金銭の額及び金銭以外の資産の価額の合計額（株式交付親会社株式の価額並びに剰余金の配当として交付した金銭の額及び金銭以外の資産の価額の合計額を除きます。）

ロ　資本金等の額

株式交付により増加する資本金等の額のうち資本金の額は、会社法その他の法令の規定等により決まります。一方、株式交付により増加する資本金以外の資本金等の額は、次のようになります（措令39の10の２④三）。

〈株式交付により増加する資本金以外の資本金等の額〉

増加する資本金以外の資本金等の額（注１）	＝	株式交付子会社株式の取得価額（付随費用を除きます。）	－	増加資本金額等（注２）

㈲１　計算結果がマイナスとなる場合には、資本金等の額から減算します。

２　株式交付により増加した資本金の額及び上記イ(ロ)②に掲げる金額となります。

〔索　引〕

〔い〕

〔え〕

〔お〕

〔か〕

〔き〕

〔の〕

〔は〕

〔ひ〕

〔ふ〕

〔ほ〕

〔み〕

〔む〕

〔も〕

〔や〕

〔ゆ〕

【著者紹介】

中村慈美（なかむら　よしみ）

昭和30年福岡県生まれ。昭和54年３月中央大学商学部卒業、平成10年７月国税庁を退官、平成10年８月税理士登録、平成15年４月事業再生実務家協会常務理事（平成31年３月まで）、平成17年４月中央大学専門職大学院国際会計研究科特任教授（平成20年３月まで）、平成17年７月整理回収機構企業再生検討委員会委員、平成20年５月全国事業再生・事業承継税理士ネットワーク代表幹事、平成21年８月経済産業省事業再生に係るDES研究会委員、平成22年４月一橋大学法科大学院非常勤講師、中央大学大学院戦略経営研究科兼任講師（平成30年３月まで）、公益社団法人日本租税研究協会法人税研究会専門家委員、平成23年10月一般社団法人東日本大震災・自然災害被災者債務整理ガイドライン運営機関委員（令和３年６月まで）、平成25年６月公益財団法人日本税務研究センター共同研究会研究員、平成25年８月日本商工会議所・一般社団法人全国銀行協会共催経営者保証に関するガイドライン研究会委員、平成26年11月中小企業庁中小企業向けM&Aガイドライン検討会委員、平成27年４月文京学院大学大学院経営学研究科特任教授、平成31年４月一般社団法人事業再生実務家協会常議員

主な著書　平成16～令和４年度「税制改正早わかり」（いずれも共著・大蔵財務協会）、「税理士・経理マン必携 法人税実務マスター講座 交際費」（著・ぎょうせい・2007）、「グループ法人税制の要点解説」（著・大蔵財務協会・2010）、「企業倒産・事業再生の上手な対処法」（共著・民事法研究会・2011）、「法人税務重要事例集」（編・大蔵財務協会・2012）、「不良債権処理と再生の税務」（著・大蔵財務協会・2012）、「早わかり法人税改革」（著・大蔵財務協会・2015）、「法的整理計画策定の実務」（共著・商事法務・2016）、「認定支援機関・事業再生専門家のための事業再生税務必携」（共著・大蔵財務協会・2017）、「新株予約権ハンドブック」（共著・商事法務・2018）、「貸倒損失をめぐる税務処理 専門家からのアドバイス30選」（共著・大蔵財務協会・2019）、「連結納税制度大改正 グループ通算制度早わかり」（著・大蔵財務協会・2020）、「貸倒損失・債権譲渡の税務処理早わかり」（著・大蔵財務協会・2020）、「図解　グループ法人課税」（著・大蔵財務協会・2021）、「法人税重要計算ハンドブック」（共著・中央経済社・2021）、「企業の保険をめぐる税務」（共著・大蔵財務協会・2022）、「図解　中小企業税制」（監修・大蔵財務協会・2022）

（著　者）
なか　むら　よし　み
中　村　慈　美

令和４年版
図　解　組織再編税制

令和４年９月13日　初版印刷
令和４年10月４日　初版発行

不許複製

著　者　中　村　慈　美

（一財）大蔵財務協会　理事長
発行者　木　村　幸　俊

発行所　一般財団法人　大　蔵　財　務　協　会
〔郵便番号　130-8585〕
東京都墨田区東駒形１丁目14番１号
（販　売　部）TEL03（3829）4141・FAX 03（3829）4001
（出版編集部）TEL03（3829）4142・FAX 03（3829）4005
http://www.zaikyo.or.jp

乱丁、落丁の場合は、お取替えいたします。　印刷・㈱フォレスト
ISBN978-4-7547-3021-5